Entscheidungen in Kirchensachen

seit 1946

Begründet von
Prof. Dr. Dr. Carl Joseph Hering und Dr. Hubert Lentz

Fortgeführt von
Prof. Dr. Dr. Dietrich Pirson, Prof. Dr. Wolfgang Rüfner

Herausgegeben von
Prof. Dr. Manfred Baldus
Vorsitzender Richter am Landgericht Köln a. D.,
Prof. Dr. Dr. h.c. Stefan Muckel
Universitätsprofessor an der Universität zu Köln,
Norbert Diel
Rechtsanwalt in Köln

in Verbindung mit dem Institut für Religionsrecht
der Universität zu Köln

Entscheidungen in Kirchensachen

seit 1946

81. Band

01.01. – 30.06.2023

DE GRUYTER

ISBN 978-3-11-165078-4
e-ISBN 978-3-11-165135-4 (PDF)
e-ISBN 978-3-11-165139-2 (EPUB)
https://doi.org/10.1515/9783111651354

Library of Congress Control Number: 2026943839

Bibliografische Information der Deutschen Nationalbibliothek
Die Deutsche Nationalbibliothek verzeichnet diese Publikation in der Deutschen Nationalbibliografie; detaillierte bibliografische Daten sind im Internet über http://dnb.dnb.de abrufbar.

De Gruyter und Walter de Gruyter GmbH sind Teil von De Gruyter Brill.

www.degruyterbrill.com
Fragen zur allgemeinen Produktsicherheit:
productsafety@degruyterbrill.com

Druck und Bindung: CPI books GmbH, Leck

MIX
Papier | Fördert gute Waldnutzung
FSC® C083411

Vorwort und Benutzungshinweise

Die „Entscheidungen in Kirchensachen seit 1946“ (KirchE) wurden im Jahre 1963 von Carl Joseph Hering, damals Ordinarius für Kirchenrecht an der Rechtswissenschaftlichen Fakultät der Universität zu Köln, und seinem Assistenten Hubert Lentz gegründet.

Die Sammlung veröffentlicht vor allem Judikatur deutscher staatlicher Gerichte aus allen Zweigen der Rechtsprechung zum Verhältnis von Kirche und Staat und zu weiteren Problemkreisen, die durch die Relevanz religiöser Belange gekennzeichnet sind. Angesichts dieses breiten Themenkatalogs kann eine Vollständigkeit dieser Sammlung nur angestrebt werden, wenn man eine gewisse zeitliche Distanz in Kauf nimmt.

Die steigende Bedeutung religionsrechtlich relevanter Fragen in der Rechtsprechung des Europäischen Gerichtshofs für Menschenrechte (EGMR) und des Europäischen Gerichtshofs (EuGH), aber auch weiterer europäischer Einrichtungen wie etwa dem Amt der Europäischen Union für geistiges Eigentum (EUIPO) und seiner Beschwerdekammern macht es unerlässlich, auch deren Judikatur zu berücksichtigen. Dabei werden nicht nur Entscheidungen ausgewählt, die aus Verfahren in Deutschland hervorgegangen sind, sondern auch solche, die eine grundsätzliche Bedeutung für die Entwicklung des Religionsrechts in Europa und Deutschland entfalten könnten. Die Veröffentlichung erfolgt in einer Amtssprache oder (nach Möglichkeit) amtlichen Übersetzung, die der Gerichtshof für die amtliche Ausgabe der jeweiligen Entscheidung verwendet hat. Eine von der deutschen Praxis abweichende Form der Entscheidungen und der Abkürzungen bleibt gewahrt. Die in der Zeit von 1965 bis 2001 ergangenen Entscheidungen des EGMR und EuGH zu religionsrechtlichen Fragen sind in einem Sonderband 42 KirchE-EU (2007) dokumentiert.

In Fußnote 1 finden sich Angaben zu den Leitsätzen und Quellen in amtlichen Entscheidungssammlungen und Fachzeitschriften, ggf. auch Hinweise auf Parallelverfahren und weiterführende Aufsätze. Soweit die Fundstelle nur auf einen Leitsatz verweist, ist dies vermerkt. Eine digitale Zugriffsmöglichkeit wird für BeckRS, HUDOC, juris, RWR und, soweit eine andere Veröffentlichung nicht ermittelt werden konnte, für die Justizdatenbank des betreffenden Landes nachgewiesen. Soweit ein Verfahren mit der hier abgedruckten Entscheidung (nicht) zum Abschluss gelangt ist, erscheint in Fußnote 1 ein Hinweis auf den weiteren Verlauf. Etwaige weitere Entscheidungen aus dem Rechtsmittelzug etc., soweit sie wesentliche Ausführungen zu religionsrechtlichen Fragen enthalten, entnehme man späteren Bänden von KirchE. Kurzgefasste Rechtsmittelentscheidungen, die sich im Wesentlichen auf ergänzende Ausführungen beschränken, werden bei der Vorinstanz in Fußnote 1 referiert.

Entscheidungen zum Sonn- und Feiertagsrecht, in denen religiöse Aspekte relevant sind, werden aus Raumgründen in der Regel nur mit einem Urteil etc. im Volltext dokumentiert; weitere einschlägige Entscheidungen im Veröffentlichungszeitraum sind dort in der Fußnote 1 nachgewiesen. Dasselbe gilt für Entscheidungen aus dem Arbeitsrecht, die – wie beispielsweise auf dem Gebiet der Eingruppierung von Dienstkräften – nur am Rande kirchentypische Merkmale aufweisen. Entscheidungen zum Asylrecht werden berücksichtigt, soweit sie religionsrechtliche Verhältnisse in Deutschland oder der Europäischen Union betreffen, etwa den Nachweis des Übertritts zu einer christlichen Konfession als Nachfluchtgrund. Für Erkenntnisse über die religionspolitische Lage in den

https://doi.org/10.1515/9783111651354-202

Herkunftsländern, die in der Judikatur vielfach erörtert werden, stehen der Praxis anderweitige Zugänge offen.

Die Herausgeber haben die Sammlung als Judikatur-Archiv konzipiert. Für die Aufnahme einer Entscheidung ist maßgebend, ob der Verfahrensgegenstand und die religionsrechtlichen Erwägungen für Wissenschaft und Praxis von Interesse sind. Deshalb wurden zum Teil auch instanzgerichtliche Entscheidungen berücksichtigt, die im weiteren Verlauf des Verfahrens keinen Bestand hatten.

Soweit die als amtlich ersichtlichen Leitsätze der Gerichte verwendet wurden, ist dies vermerkt. Im Übrigen wurden die Leitsätze möglichst am religionsrechtlich relevanten Inhalt der Entscheidung orientiert. Dasselbe gilt für die Fassung des Sachverhalts und der Prozessgeschichte und eine eventuelle Kürzung der Entscheidungsgründe. Die in der Entscheidung einer Rechtsmittelinstanz referierten vorinstanzlichen Sachgründe werden nur berücksichtigt, soweit sie nicht – etwa in juris – allgemein zugänglich sind. Der z.T. unterschiedliche Zitier- und Abkürzungsmodus ist angeglichen, wo Verwechslungen in Betracht kommen. Eine in der amtlichen Fassung oder bei juris benutzte Randbezifferung ist in den Entscheidungsgründen (kursiv und in eckigen Klammern) berücksichtigt. Das Abkürzungsverzeichnis wurde im Wesentlichen auf Quellennachweise (Zeitschriften etc.) beschränkt. Zur Auflösung von weiteren juristischen Abkürzungen wird auf Kirchner, Abkürzungsverzeichnis der Rechtssprache, 9. Aufl., Berlin 2018, verwiesen. Soweit in den Urteilen etc. auf andere Entscheidungen Bezug genommen wird, ist ggf. eine Fundstelle in KirchE beim ersten Zitat nachgewiesen. Über die in den Bänden 1–25 erschienene Judikatur informiert zusätzlich ein im Jahr 1993 erschienener Registerband.

Zugänge zur Judikatur kirchlicher Gerichte, die in dieser Sammlung schon aus Raumgründen nicht berücksichtigt werden kann, eröffnen die Rechtsprechungsbeilage zum Amtsblatt der EKD (bis 2013 jeweils Beilage zu Heft 4 eines Jahrganges), danach das elektronische Fachinformationssystem FIS zum Kirchenrecht (unter www.kirchenrecht-ekd.de Rubrik „Rechtsprechung"), und die kirchenrechtlichen Fachzeitschriften, insbesondere das „Archiv für katholisches Kirchenrecht", „Kirche und Recht" und die „Zeitschrift für evangelisches Kirchenrecht". Im Bereich der Katholischen Kirche ist die Spruchpraxis arbeitsrechtlicher Schiedsstellen und Arbeitsgerichte, d.h. der Kirchlichen Arbeitsgerichte Erster Instanz, des Kirchlichen Arbeitsgerichtshofs und des Delegationsgerichts der Apostolischen Signatur (Tribunal Delegatum et a Supremo Signaturae Apostolicae Tribunali Constitutum), u.a. aus der Zeitschrift „Die Mitarbeitervertretung" und der „Zeitschrift für Arbeitsrecht und Tarifpolitik in kirchlichen Unternehmen" sowie über die Homepage der Deutschen Bischofskonferenz zu erschließen.

Seit seiner Gründung erscheint das Werk in Zusammenarbeit mit dem Institut für Kirchenrecht und rheinische Kirchenrechtsgeschichte, jetzt Institut für Religionsrecht der Universität zu Köln, und wird dort auch redaktionell betreut. Den Mitarbeiterinnen und Mitarbeitern schulden die Herausgeber für ihren Einsatz herzlichen Dank.

Den Benutzern der Sammlung sei versichert, dass die Herausgeber kritische Anmerkungen zur vorliegenden Dokumentation und Hinweise auf unveröffentlichte Entscheidungen sehr zu schätzen wissen.

Köln, im Frühjahr 2026 — Stefan Muckel — Manfred Baldus — Norbert Diel

Inhaltsverzeichnis

Abkürzungsverzeichnis

ABl EU	Amtsblatt der Europäischen Union
AE	Arbeitsrechtliche Entscheidungen
AfkKR	Archiv für katholisches Kirchenrecht
AfP	Zeitschrift für das gesamte Medienrecht
AP	Arbeitsrechtliche Praxis
ArbuR	Arbeit und Recht
ArztR	Arztrecht
AS	Amtliche Sammlung von Entscheidungen
ASR	Anwalt/Anwältin im Sozialrecht
AuA	Arbeit und Arbeitsrecht
AuAS	Ausländer- und asylrechtlicher Rechtsprechungsdienst
AuR	Arbeit und Recht
BAGE	Entscheidungen des Bundesarbeitsgerichts
BauR	Baurecht
BayVBl	Bayerische Verwaltungsblätter
BayVGHE	s. VGHE BY
BB	Der Betriebs-Berater
BB	Brandenburg
BE	Berlin
BeckRS	Beck-Rechtsprechung - Datenbank
BFH/NV	Sammlung amtlich nicht veröffentlichter Entscheidungen des Bundesfinanzhofs
BFHE	Sammlung der Entscheidungen des Bundesfinanzhofs
BGBl I	Bundesgesetzblatt Teil 1
BGHZ	Entscheidungen des Bundesgerichtshofs in Zivilsachen
BGleiG E	Entscheidungssammlung zum BGleiG
BRS	Baurechtssammlung
BSGE	Entscheidungen des Bundessozialgerichts
BStBl	Bundessteuerblatt
BStBl II	Bundessteuerblatt Teil II, Entscheidungen des Bundesfinanzhofs
BtPrax	Betreuungsrechtliche Praxis
BRAK-Mitt	BRAK-Mitteilungen
Buchholz	Sammel- und Nachschlagewerk der Rechtsprechung des Bundesverwaltungsgerichts
BVerfGE	Entscheidungen des Bundesverfassungsgerichts
BVerfGK	Kammerentscheidungen des Bundesverfassungsgerichts
BVerwGE	Entscheidungen des Bundesverwaltungsgerichts
BW	Baden-Württemberg
BY	Bayern
CR	Computer und Recht

https://doi.org/10.1515/9783111651354-204

DB	Der Betrieb
DNotZ	Deutsche Notar-Zeitschrift
DÖD	Der Öffentliche Dienst
DÖV	Die öffentliche Verwaltung
DRiZ	Deutsche Richterzeitung
DStR	Deutsches Steuerrecht
DStRE	Deutsches Steuerrecht-Entscheidungsdienst
DStRK	Deutsches Steuerrecht kurzgefasst
DStZ	Deutsche Steuer-Zeitung
DVBl	Deutsches Verwaltungsblatt
DWW	Deutsche Wohnungswirtschaft
EAS	Europäisches Arbeits- und Sozialrecht
EFG	Entscheidungen der Finanzgerichte
ErbbauZ	Zeitschrift für Erbbaurecht
ErbR	Zeitschrift für die gesamte erbrechtliche Praxis
ESVGH	Entscheidungssammlung des Hessischen Verwaltungsgerichtshofs und des Verwaltungsgerichtshofs Baden-Württemberg mit Entscheidungen der Staatsgerichtshöfe beider Länder
EuGRZ	Europäische Grundrechte-Zeitschrift
EuZA	Europäische Zeitschrift für Arbeitsrecht
EuZW	Europäische Zeitschrift für Wirtschaftsrecht
EWiR	Entscheidungen zum Wirtschaftsrecht
EzA	Entscheidungssammlung zum Arbeitsrecht
EzAR-NF	Entscheidungssammlung zum Zuwanderungs-, Asyl- und Freizügigkeitsrecht
EzA-SD	EZA Schnelldienst
EzTöD	Entscheidungssammlung zum Tarifrecht im öffentlichen Dienst
FA	Fachanwalt Arbeitsrecht
FamRB	Familien-Rechts-Berater
FamRZ	Zeitschrift für das gesamte Familienrecht
FD-ArbR	Fachdienst Arbeitsrecht
FF	Forum Familienrecht
FGPrax	Praxis der freiwilligen Gerichtsbarkeit
FS	ForumStrafvollzug
FuR	Familie und Recht
Gemeindehaushalt	Der Gemeindehaushalt
GesR	GesundheitsRecht
GewArch	Gewerbearchiv
GmbhR	GmbH-Rundschau
GRUR-Prax	Gewerblicher Rechtsschutz und Urheberrecht in der Praxis
GRUR-RR	Gewerblicher Rechtsschutz und Urheberrecht/Rechtsprechungs-Report
GRUR-RS	Gewerblicher Rechtsschutz und Urheberrecht/Rechtsprechungssammlung

HB	Bremen
HE	Hessen
HFR	Höchstrichterliche Finanzrechtsprechung
HH	Hamburg
HUDOC	Rechtsprechungsdatenbank des Europäischen Gerichtshofs für Menschenrechte
InfAuslR	Informationsbrief Ausländerrecht
InsbürO	Zeitschrift für Insolvenzsachbearbeitung und Entschuldungsverfahren
IPRax	Praxis des Internationalen Privat- und Verfahrensrechts
IPRspr	Die deutsche Rechtsprechung auf dem Gebiete des internationalen Privatrechts
IStR	Internationales Steuerrecht
IWRZ	Zeitschrift für Internationales Wirtschaftsrecht
JA	Juristische Arbeitsblätter
JAmt	Das Jugendamt – Zeitschrift für Jugendhilfe und Familienrecht
JR	Juristische Rundschau
juris	Juris Das Rechtsportal – Datenbank
JuS	Juristische Schulung
Justiz-online	Dachprojekt für die Webaktivitäten der Justiz Nordrhein-Westfalen
JZ	Juristenzeitung
KHE	Entscheidungen zum Krankenhausrecht
KirchE	Entscheidungen in Kirchensachen seit 1946
KommJur	Kommunaljurist
Kommunal-Praxis BY	Zeitschrift für Verwaltung, Organisation und Recht Ausgabe Bayern
KRS	Krankenhaus-Rechtsprechung
KuR	Kirche und Recht
LAGE	Entscheidungen der Landesarbeitsgerichte
LKRZ	Zeitschrift für Landes- und Kommunalrecht Hessen, Rheinland-Pfalz, Saarland
LKV	Landes- und Kommunalverwaltung
LRE	Sammlung lebensmittelrechtlicher Entscheidungen
LS	nur Leitsatz
LSK	Leitsatzkartei des deutschen Rechts
LT-Drs.	Landtagsdrucksache
LVerfGE	Entscheidungen der Verfassungsgerichte der Länder
MDR	Monatsschrift für Deutsches Recht
MedR	Medizinrecht
MV	Mecklenburg-Vorpommern
mwN	mit weiteren Nachweisen

NdsRpfl	Niedersächsische Rechtspflege
NdsVBl	Niedersächsische Verwaltungsblätter
NI	Niedersachsen
NJ	Neue Justiz
NJOZ	Neue Juristische Online-Zeitschrift
NJW	Neue Juristische Wochenschrift
NJW-RR	NJW-Rechtsprechungs-Report Zivilrecht
NJW-spezial	NJW spezial: Die wichtigsten Informationen zu speziellen Rechtsgebieten
NLMR	Newsletter Menschenrechte
NordÖR	Zeitschrift für öffentliches Recht in Norddeutschland
npoR	Zeitschrift für das Recht der Non Profit Organisastionen
NRWE	Rechtsprechungsdatenbank Nordrhein-Westfalen
NStZ	Neue Zeitschrift für Strafrecht
NStZ-RR	Neue Zeitschrift für Strafrecht, Rechtsprechungs-Report
NW	Nordrhein-Westfalen
n.v.	nicht veröffentlicht in Entscheidungssammlungen und Zeitschriften
NVwZ	Neue Zeitschrift für Verwaltungsrecht
NVwZ-RR	Neue Zeitschrift für Verwaltungsrecht, Rechtsprechungsreport
NWVBl	Nordrhein-Westfälische Verwaltungsblätter
NZA	Neue Zeitschrift für Arbeitsrecht
NZBau	Neue Zeitschrift für Baurecht und Vergaberecht
NZA-RR	Neue Zeitschrift für Arbeitsrecht, Rechtsprechungs-Report
NZFam	Neue Zeitschrift für Familienrecht
NZG	Neue Zeitschrift für Gesellschaftsrecht
NZI	Neue Zeitschrift für Insolvenz- und Sanierungsrecht
NZM	Neue Zeitschrift für Miet- und Wohnungsrecht
NZS	Neue Zeitschrift für Sozialrecht
öAT	Zeitschrift für das öffentliche Arbeits- und Tarifrecht
OLGR (mit Ortszusatz)	OLG-Report: Zivilrechtsprechung der Oberlandesgerichte
OLGSt	Entscheidungen der Oberlandesgerichte in Straf-, Ordnungswidrigkeiten- und Ehrengerichtssachen
openJur	openJur – Die freie juristische Datenbank
OstEuR	Osteuropa-Recht
OVGE	Entscheidungen der Oberverwaltungsgerichte
OVGE BE	Entscheidungen des Oberverwaltungsgerichts Berlin
PersV	Die Personalvertretung
PflR	Pflegerecht. Zeitschrift für Rechtsfragen in der stationären und ambulanten Pflege
RdA	Recht der Arbeit
RDG	Rechtsdepesche für das Gesundheitswesen
RdJB	Recht der Jugend und des Bildungswesens
RdL	Recht der Landwirtschaft

RDV	Recht der Datenverarbeitung
RiA	Recht im Amt
RIW	Recht der internationalen Wirtschaft
RJD	Europäischer Gerichtshof für Menschenrechte, Reports of Judgements and Decisions
RNotZ	Rheinische Notar-Zeitschrift
RP	Rheinland-Pfalz
Rpfleger	Der Rechtspfleger
RÜ	RechtsprechungsÜbersicht
RWR	Religion – Weltanschauung – Recht
SAE	Sammlung arbeitsrechtlicher Entscheidungen
SächsVBl	Sächsische Verwaltungsblätter
SchlHA	Schleswig-Holsteinische Anzeigen
Schütz BeamtR	Schütz/Maiwald, Beamtenrecht des Bundes und der Länder
SH	Schleswig-Holstein
SL	Saarland
SN	Sachsen
SozR	Sozialrecht
ST (früher LSA)	Sachsen-Anhalt
StAZ	Das Standesamt
Städte- und Gemeinderat	Verbandsorgan des Städte- und Gemeindebundes Nordrhein-Westfalen
StE	Steuern der Energiewirtschaft
SteuK	Steuerrecht kurzgefaßt
StraFo	Strafverteidiger Forum
StuB	Steuern und Bilanzen
StV	Strafverteidiger
TH	Thüringen
ThürVBl	Thüringer Verwaltungsblätter
TVöD	Tarifvertrag für den öffentlichen Dienst
UPR	Umwelt- und Planungsrecht
UR	Umsatzsteuer-Rundschau
VBlBW	Verwaltungsblätter für Baden-Württemberg
VD	Verkehrsdienst
VersR	Versicherungsrecht
VGHE BY	Entscheidungen des Bayerischen Verwaltungsgerichtshofs mit Entscheidungen des Bayrischen Verfassungsgerichtshofs
VR	Verwaltungsrundschau
WissR	Wissenschaftsrecht
WM	Zeitschrift für Wirtschafts- und Bankrecht, Wertpapier-Mitteilungen, Teil IV
Wolterskluwer-online.de	Portal für die juristische Praxis – Datenbank
WuM	Wohnungswirtschaft und Mietrecht

ZAP	Zeitschrift für die Anwaltspraxis
ZAT	Zeitschrift für Arbeitsrecht und Tarifpolitik in Kirche und Caritas
ZBR	Zeitschrift für Beamtenrecht
ZBVR online	Rechtsprechungsdienst der Zeitschrift für Betriebsverfassungsrecht
ZD	Zeitschrift für Datenschutz
ZErb	Zeitschrift für die Steuer- und Erbrechtspraxis
ZESAR	Zeitschrift für europäisches Sozial- und Arbeitsrecht
ZEV	Zeitschrift für Erbrecht und Vermögensnachfolge
ZevKR	Zeitschrift für evangelisches Kirchenrecht
ZfBR	Zeitschrift für deutsches und internationales Bau- und Vergaberecht
ZFE	Zeitschrift für Familien- und Erbrecht
ZfIR	Zeitschrift für Immobilienrecht
ZfL	Zeitschrift für Lebensrecht
ZfSch	Zeitschrift für Schadensrecht
ZFSH/SGB 2021	Zeitschrift für die sozialrechtliche Praxis
ZInsO	Zeitschrift für das gesamte Insolvenzrecht
ZIP	Zeitschrift für Wirtschaftsrecht
ZKF	Zeitschrift für Kommunalfinanzen
ZKJ	Zeitschrift für Kindschaftsrecht und Jugendhilfe
ZLR	Zeitschrift für das gesamte Lebensmittelrecht
ZMR	Zeitschrift für Miet- und Raumrecht
ZMV	Die Mitarbeitervertretung
Zsteu	Zeitschrift für Steuern und Recht
ZStV	Zeitschrift für Stiftungs- und Vereinswesen
ZTR	Zeitschrift für Tarifrecht
ZUM	Zeitschrift für Urheber- und Medienrecht
ZUM-RD	Zeitschrift für Urheber- und Medienrecht Rechtsprechungsdienst
ZVI	Zeitschrift für Verbraucher- und Privat-Insolvenzrecht
ZWE	Zeitschrift für Wohnungseigentumsrecht

1

1. Die mit dem Verwaltungsratsbeschluss vom 23.10.2009 bei der beklagten Zusatzversorgungskasse beschlossene Neufassung des § 63 der Satzung der Evangelischen Zusatzversorgungskasse (EZVKS) enthält eine wirksame rechtliche Grundlage für die Erhebung von Sanierungsgeldern zur Deckung eines Fehlbetrages hinsichtlich der auf Versicherungszeiten in der Pflichtversicherung bis zum 31.12.2001 beruhenden Anwartschaften und Ansprüche im Abrechnungsverband.
2. Die Erhebung des Sanierungsgeldes gemäß § 63 EZVKS verstößt nicht gegen Tarifrecht. Nach § 17 Abs. 1 Satz 1 ATV-K setzt die Erhebung von Sanierungsgeldern nicht voraus, dass die Zusatzversorgungseinrichtung (weiterhin) eine Umlage erhebt.
3. § 17 Abs. 1 Satz 1 ATV-K stellt auf den zusätzlichen Finanzbedarf ab, der sich nach dem Systemwechsel auf der Leistungsseite – vom Gesamtversorgungssystem zum Punktemodell – aus einer fehlenden finanziellen Deckung der im Gesamtversorgungssystem begründeten Ansprüche und Anwartschaften (des sogenannten Altbestandes) ergibt.
4. Aus § 17 Abs. 1 Satz 1 ATV-K und Nr. 4.1 Abs. 2 AVP 2001 ergibt sich nicht, dass eine nach dem Systemwechsel vollständig im Kapitaldeckungsverfahren finanzierte Zusatzversorgungseinrichtung nicht zur Erhebung von Sanierungsgeldern berechtigt ist.
5. Eine einseitige Leistungsbestimmung i.S.v. § 315 Abs. 1 BGB durch den Verwaltungsratsbeschluss der beklagten Zusatzversorgungseinrichtung vom 23.10.2009 ist zu bejahen, weil sich aus dem Änderungsvorbehalt in § 2 Abs. 2 Satz 1, 5 EZVKS das einseitige Recht des Verwaltungsrats ergibt, Satzungsänderungen auch für bestehende Beteiligungsverhältnisse zu beschließen. Dieser Änderungsvorbehalt in der Satzung der beklagten Zusatzversorgungseinrichtung ist wirksam.

§ 17 Abs. 1 Satz 1 ATV-K; § 315 Abs. 1 BGB; § 63 EZVKS
BGH, Urteil vom 11. Januar 2023 -IV ZR 85/20-[1]

Der Kläger ist Beteiligter der beklagten Zusatzversorgungskasse und begehrt von dieser die Rückzahlung des für das Jahr 2012 entrichteten Sanierungsgeldes nebst Zinsen.

1 Leitsätze Redaktion BeckRS. BeckRS 2023, 2554; juris; MDR 2023, 498; VersR 2023, 545. Das Urteil ist rechtskräftig.

https://doi.org/10.1515/9783111651354-001

Die Beklagte, eine rechtlich selbstständige kirchliche Einrichtung in der Rechtsform einer Anstalt des öffentlichen Rechts, hat die Aufgabe, den privatrechtlich beschäftigten Arbeitnehmern der an sie angeschlossenen kirchlichen und diakonischen Arbeitgeber eine zusätzliche Alters-, Berufsunfähigkeits-, Erwerbsminderungs- und Hinterbliebenenversorgung zu gewähren. Das Beteiligungsverhältnis ist nach § 13 Abs. 1 Satz 1 und 2 ihrer Satzung (im Folgenden: EZVKS) ein privatrechtliches Versicherungsverhältnis zwischen dem Arbeitgeber und der Beklagten, dessen Inhalt durch die Vorschriften der Satzung der Beklagten bestimmt wird.

Im Tarifvertrag über die zusätzliche Altersvorsorge der Beschäftigten des öffentlichen Dienstes – Altersvorsorge-TV-Kommunal – vom 1.3.2002 (im Folgenden: ATV-K) vereinbarte die Vereinigung der kommunalen Arbeitgeberverbände mit den beteiligten Gewerkschaften die rückwirkende Umstellung des Zusatzversorgungssystems von einem an der Beamtenversorgung orientierten Gesamtversorgungssystem auf ein auf dem Punktemodell beruhendes, beitragsorientiertes Betriebsrentensystem mit Ablauf des 31.12.2000.

Der Tarifvertrag Altersvorsorgeplan 2001 (im Folgenden: AVP 2001), der als Anlage 5 im ATV-K und als Anhang 4 in der Satzung der Beklagten enthalten ist, bestimmt auszugsweise:

> „1. Ablösung des Gesamtversorgungssystems
>
> ...
>
> 1.4 Die Umlagefinanzierung wird auch nach dem Systemwechsel beibehalten. Sie kann schrittweise nach den Möglichkeiten der einzelnen Zusatzversorgungskassen durch Kapitaldeckung abgelöst werden (Kombinationsmodell).
>
> ...
>
> 4. Finanzierung
>
> 4.1 Jede Kasse regelt ihre Finanzierung selbst.
> Zusätzlicher Finanzbedarf über die tatsächliche Umlage des Jahres 2001 hinaus (Stichtag 1.11.2001) – mindestens jedoch ab Umlagesatz von 4 v.H. – wird durch steuerfreie, pauschale Sanierungsgelder gedeckt.
>
> ...
>
> 4.4 Bei abnehmendem Finanzierungsbedarf für die laufenden Ausgaben werden die übersteigenden Einnahmen – getrennt und individualisierbar – zum Aufbau einer Kapitaldeckung eingesetzt.
>
> ...“

Der ATV-K (in der Fassung des Änderungstarifvertrags Nr. 5 vom 30.5.2011) bestimmt unter anderem:

„§ 15 Finanzierungsgrundsätze und zusatzversorgungspflichtiges Entgelt
(1) Die Finanzierung der Pflichtversicherung wird von den Zusatzversorgungseinrichtungen eigenständig geregelt. Nach den Möglichkeiten der einzelnen Zusatzversorgungseinrichtungen kann die Umlagefinanzierung schrittweise durch eine kapitalgedeckte Finanzierung abgelöst werden (Kombinationsmodell).
...
§ 16 Umlagen
...
§ 17 Sanierungsgelder
(1) Zur Deckung des infolge der Schließung des Gesamtversorgungssystems und des Wechsels vom Gesamtversorgungssystem zum Punktemodell zusätzlichen Finanzbedarfs, der über die am 1.11.2001 jeweils geltende Umlage hinausgeht, erhebt die Zusatzversorgungseinrichtung vom Arbeitgeber Sanierungsgelder. Diese Sanierungsgelder sind kein steuerpflichtiger Arbeitslohn.
(2) Sanierungsgelder kommen nicht in Betracht, wenn der am 1. November 2001 jeweils gültige Umlagesatz weniger als vier v.H. des zusatzversorgungspflichtigen Entgelts betragen hat.
§ 18 Beiträge im Kapitaldeckungsverfahren
...
§ 19 Bonuspunkte
(1) Die Zusatzversorgungseinrichtung stellt jährlich bis zum Jahresende für das vorangegangene Geschäftsjahr fest, in welchem Umfang aus verbleibenden Überschüssen (Absatz 2) Bonuspunkte (§ 8 Abs. 1 Satz 1 Buchst. c) vergeben werden können. ... Grundlage für die Feststellung und Entscheidung ist eine auf anerkannten versicherungsmathematischen Grundsätzen (Anlage 4) beruhende und durch den Verantwortlichen Aktuar erstellte fiktive versicherungstechnische Bilanz für die Verpflichtungen gegenüber den Pflichtversicherten und den beitragsfrei Versicherten mit erfüllter Wartezeit von 120 Umlage-/Beitragsmonaten. Soweit eine Kapitaldeckung vorhanden ist, werden dabei die tatsächlich erzielten Kapitalerträge veranschlagt. Soweit keine Kapitaldeckung vorhanden ist, wird die durchschnittliche laufende Verzinsung der zehn nach der Bilanzsumme größten Pensionskassen gemäß dem zum Zeitpunkt der Fertigstellung der Bilanz nach Satz 4 jeweils aktuellen Geschäftsbericht des Bundesaufsichtsamtes für das Versicherungswesen bzw. der Nachfolgebehörde zugrunde gelegt. ...“

In Anlage 4 zum ATV-K, deren Überschrift „Versicherungsmathematische Grundsätze für die Bewertung der Verpflichtungen im Rahmen der versicherungstechnischen Bilanz“ lautet, ist auszugsweise geregelt:

„3. Rechnungsgrundlagen
Als biometrische Rechnungsgrundlagen dienen die Richttafeln 1998 von Klaus Heubeck:
Als Altersgrenze ist die Vollendung des 65. Lebensjahres in Ansatz zu bringen.
Der Rechnungszins beträgt 3,25% in der Zeit bis zum Eintritt eines Versorgungsfalles und 5,25% nach Eintritt eines Versorgungsfalles.
4. Verwaltungskostenrückstellung
Eine Verwaltungskostenrückstellung wird nicht gebildet.
...“

Mit Neufassung ihrer Satzung vom 18.4.2002 ersetzte die Beklagte rückwirkend zum 1.1.2002 ihr vormals endgehaltsbezogenes Gesamtversorgungssystem durch ein auf einem Punktemodell beruhendes Betriebsrentensystem. Zugleich stellte sie ihre Finanzierung vom zuvor geltenden Umlageverfahren in Form eines Abschnittsdeckungsverfahrens auf ein vollständig kapitalgedecktes Verfahren um. In ihrer Satzung ist zur Finanzierung unter anderem geregelt:

> „§ 55 Getrennte Verwaltung
> (1) Die Kasse führt drei getrennte Abrechnungsverbände, und zwar
> a) für Anwartschaften und Ansprüche, die auf Versicherungszeiten in der Pflichtversicherung nach dem 31. Dezember 2001 beruhen (Abrechnungsverband P),
> b) für Anwartschaften und Ansprüche, die auf nach dem 31. Dezember 2001 entstandenen freiwilligen Versicherungen und Rückdeckungsversicherungen beruhen (Abrechnungsverband F), und
> c) für Anwartschaften und Ansprüche, die auf Versicherungszeiten in der Pflichtversicherung bis zum 31. Dezember 2001 beruhen (Abrechnungsverband S).
> Für die Pflichtversicherung (Abrechnungsverband S und P) und den Abrechnungsverband F werden jeweils getrennte versicherungstechnische Bilanzen erstellt.
> ...
> § 56 Versicherungstechnische Deckungsrückstellungen
> (1) Für die Abrechnungsverbände nach § 55 Abs. 1 wird in der Bilanz jeweils eine eigene Deckungsrückstellung in Höhe des versicherungsmathematischen Barwerts aller am Bilanzstichtag bestehenden Anwartschaften und Ansprüche eingestellt.
> (2) Der für die Ermittlung zu berücksichtigende Rechnungszins und die Verwaltungskosten werden im Rahmen des versicherungstechnischen Geschäftsplans festgelegt.
> ...
> § 60 Verwaltungskosten und Rechnungslegung
> (1) Geschäftsjahr ist das Kalenderjahr.
> ...
> (3) Die Kasse hat für jedes Geschäftsjahr eine Jahresrechnung zu erstellen.
> (4) Die Jahresrechnung besteht aus
> a) dem Jahresabschluss (Bilanz, Gewinn- und Verlustrechnung und Anhang),
> ...“

Der Verwaltungsrat der Beklagten, der nach § 3 a Abs. 1 Buchst. e EZVKS für die Beschlussfassung über die gemeinsamen Vorschläge von Vorstand und Aufsichtsrat zur Festsetzung des Sanierungsgeldes zuständig ist, beschloss am 23.10.2009 folgende Neufassung des § 63 EZVKS:

> „§ 63 Sanierungsgeld
> (1) Die Kasse kann ein Sanierungsgeld zur Deckung eines Fehlbetrages im Abrechnungsverband S erheben (§ 3 a Abs. 1 Buchst. e).
> (2) Bemessungsgrundlage für das pauschal durch die Beteiligten zu entrichtende Sanierungsgeld ist die Summe aus den dem Abrechnungsverband S zuzuordnenden Jahresanwartschaften auf Regelaltersrente und den Jahresrenten. Das Sanierungsgeld beträgt

...
ab dem Jahr 2012 pro Jahr das 0,18-fache der Bemessungsgrundlage des jeweiligen vorletzten Geschäftsjahres, mindestens jedoch der Bemessungsgrundlage des Geschäftsjahres 2010.
Jährlich ist zu prüfen, ob und in welcher Höhe ein Sanierungsgeld weiter zu zahlen ist.
(3) Das Sanierungsgeld wird den Beteiligten in den Tarifgebieten West und Ost im Verhältnis der Deckungsrückstellung ihres Tarifgebietes zur gesamten Deckungsrückstellung beider Tarifgebiete zugeordnet, wobei jeweils auf die Deckungsrückstellung des nach Absatz 2 maßgebenden Geschäftsjahres abzustellen ist. Der auf den einzelnen Beteiligten entfallende Anteil des Sanierungsgeldes entspricht dem Verhältnis der Summe der zusatzversorgungspflichtigen Entgelte seiner Pflichtversicherten im Abrechnungsverband S zur Gesamtsumme der zusatzversorgungspflichtigen Entgelte aller Pflichtversicherten seines Tarifgebiets im Abrechnungsverband S, bezogen jeweils auf das nach Absatz 2 maßgebende Geschäftsjahr.
(4) Das Sanierungsgeld wird von der Kasse nach Abschluss der Jahresabrechnung des nach Absatz 2 maßgebenden Geschäftsjahres für das nachfolgende Kalenderjahr erhoben
...
..."

Für die Aufstellung der versicherungstechnischen Bilanz für das Jahr 2010 galt der am 13.12.2010 erstellte Technische Geschäftsplan für die Pflichtversicherung, Version 3.0, der Beklagten (im Folgenden: technischer Geschäftsplan 3.0). Dieser regelt unter anderem:

„5.1 Netto-Deckungsrückstellung
Als Rechnungsgrundlagen für die Ermittlung der Netto-Deckungsrückstellung werden die Richttafeln 2005 G von Klaus Heubeck für Männer/Frauen mit dem Schlussalter 64 angewendet.
...
Der Rechnungszins beträgt 3,25% bzw. ... 4,21% für die Zeit vor bzw. nach Eintritt des Versorgungsfalles. Mit dem Ansatz ... [des] Rechnungszinses in der Leistungsphase ist die in § 37 der Satzung der [Beklagten] vorgesehene Anpassung der laufenden Renten um 1% zum 1.7. eines jeden Jahres bereits in der Netto-Deckungsrückstellung berücksichtigt.
..."

Für das Jahr 2012 zahlte der Kläger an die Beklagte ein von dieser mit Schreiben vom 5.10.2011 berechnetes Sanierungsgeld in Höhe von 20.126,88 €, das er nebst Zinsen mit seiner Klage zurückverlangt. Das Sanierungsgeld diente zur Deckung eines im Jahresabschluss 2010 der Beklagten ausgewiesenen Bilanzverlusts im Abrechnungsverband S von 380.871.057,72 €.

Das Landgericht hat der Klage stattgegeben. Auf die Berufung der Beklagten hat das Oberlandesgericht die Klage abgewiesen und die Revision zugelassen. Mit seiner Revision begehrt der Kläger die Wiederherstellung des landgerichtlichen Urteils.

Die Revision hatte Erfolg. Sie führt zur Aufhebung des Berufungsurteils und zur Zurückverweisung der Sache an das Berufungsgericht.

Aus den Gründen:

[13] I. Das Berufungsgericht, dessen Entscheidung unter anderem in VersR 2020, 1132 veröffentlicht ist, hat ausgeführt, dem Kläger stehe kein Rückzahlungsanspruch aus § 812 Abs. 1 Satz 1 Alt. 1 BGB zu. Rechtsgrund für die Erhebung des Sanierungsgeldes bildeten die Satzungsbestimmungen der Beklagten und der Verwaltungsratsbeschluss vom 23.10.2009. Die für die Sanierungsgelderhebung maßgeblichen Vorgaben der EZVKS und des ATV-K seien eingehalten worden. § 17 Abs. 1 Satz 1 ATV-K finde nicht nur auf solche Zusatzversorgungseinrichtungen Anwendung, die auch nach dem Systemwechsel (teilweise) am Umlageverfahren festhielten, und sei auch nach Sinn und Zweck der Regelung nicht nur auf den zusätzlichen Finanzbedarf beschränkt, der durch einen Systemwechsel auf der Leistungsseite bedingt sei. Mit dem zusätzlichen Finanzbedarf im Sinne des § 17 Abs. 1 Satz 1 ATV-K sei die Deckungslücke gemeint, die sich aus einer Gegenüberstellung des zum Zeitpunkt der Schließung des Gesamtversorgungssystems vorhandenen Kapitals mit den zu diesem Zeitpunkt bestehenden Versorgungsverpflichtungen ergebe. Vor dem Hintergrund der Nr. 4.1 AVP 2001 und des § 17 Abs. 2 ATV-K werde deutlich, dass die Erhebung von Sanierungsgeldern nicht etwa von einer (teilweisen) Fortführung der Umlagefinanzierung abhänge, sondern – unabhängig von der Art der Finanzierung – nur dann in Betracht kommen solle, wenn die Zusatzversorgungseinrichtung bis zum Stichtag durch die tatsächlich erhobene Umlage angemessen finanziert gewesen sei und die Umlage – in Gestalt des mit ihr finanzierten Vermögens – zur Deckung der bisher entstandenen Verpflichtungen auch zur Verfügung stehe. Diese Vorgaben seien eingehalten worden.

[14] Das Berufungsgericht hat ferner ausgeführt, der Kläger habe keine Umstände dargelegt, die die Annahme rechtfertigten, die Beklagte habe bei der Festsetzung des Sanierungsgeldes als einseitige Leistungsbestimmung durch den Verwaltungsratsbeschluss vom 23.10.2009 die Grenzen des billigen Ermessens (§ 315 Abs. 1 BGB) nicht eingehalten. Dem Verwaltungsratsbeschluss liege keine unrichtig ermittelte Deckungslücke zugrunde. Der Beitrags- oder Umlagesatz der Beklagten habe bei der Bestimmung des zusätzlichen Finanzbedarfs nach §§ 63 Abs. 1, 55 Abs. 1 Satz 2 EZVKS keine Rolle gespielt. Nach den Vorgaben des § 17 Abs. 1 Satz 1 ATV-K sei der zusätzliche Finanzbedarf bei einer kapitalgedeckten Zusatzversorgungseinrichtung auch nicht zwingend unter Heran-

ziehung des Umlage- beziehungsweise Beitragssatzes zu ermitteln. Die Verwendung der Richttafeln 2005 G statt der Richttafeln 1998 von Klaus Heubeck stimme mit dem technischen Geschäftsplan 3.0 überein und verstoße nicht gegen Tarifrecht; insbesondere sei Nr. 3 der Anlage 4 zum ATV-K auf die Berechnung des zusätzlichen Finanzbedarfs im Sinne des § 17 Abs. 1 Satz 1 ATV-K nicht anwendbar. Der von der Beklagten vorgetragene Rechnungszinssatz, den der Kläger nicht konkret bestritten habe, entspreche dem technischen Geschäftsplan 3.0 und den vom Kläger für maßgeblich gehaltenen Vorgaben in Nr. 3 der Anlage 4 zum ATV-K. Der Ansatz eines pauschalen Nachreservierungsaufwands für die Anpassung der Startgutschriften unter Heranziehung eines Aktuars und versicherungsmathematischer Grundsätze sei im Hinblick auf die nach dem Urteil des Bundesgerichtshofs vom 14.11.2007 (-IV ZR 74/06-) erforderliche Neuberechnung der rentenfernen Startgutschriften nicht ermessensfehlerhaft. Die pauschale Stärkung der Deckungsrückstellung im Geschäftsjahr 2010 habe der Sachverständige als weder unüblich noch unangemessen bewertet. Anlass, ein vom Kläger beantragtes Obergutachten einzuholen, bestehe nicht. Der Kläger habe lediglich ins Blaue hinein behauptet, dass die für den Zeitraum nach 2011 durchgerechneten 21 Testfälle nicht ausreichend für eine sachverständige Bewertung seien. Die nach dem technischen Geschäftsplan 3.0 zu bildende Verwaltungskostenrückstellung sei versicherungsmathematisch korrekt angesetzt worden; Nr. 4 der Anlage 4 zum ATV-K sei nicht anwendbar. Die Berücksichtigung eines Rententrends von 1% werde von § 37 EZVKS vorgegeben, was auch von Nr. 5.1 Abs. 3 des technischen Geschäftsplans 3.0 aufgenommen werde. Die Einbeziehung verfallbarer Anwartschaften in die Bemessungsgrundlage für das Sanierungsgeld stimme mit der Satzung, insbesondere § 56 Abs. 1 EZVKS, überein. Der konkrete Ansatz der Anwartschaften der Versicherten ohne erfüllte Wartezeit in Höhe von 55% für das Jahr 2010 sei auch nicht ermessensfehlerhaft. Der Vortrag des Klägers zum Vermögensbestand der Beklagten sei im Hinblick auf deren substantiiertes Bestreiten unschlüssig.

[15] II. Das hält revisionsrechtlicher Nachprüfung in einem entscheidungserheblichen Punkt nicht stand.

[16] 1. Die Revision ist zulässig, insbesondere – entgegen der Annahme der Beklagten – gemäß § 543 Abs. 1 Nr. 1 ZPO aufgrund der Zulassung durch das Berufungsgericht insgesamt statthaft. Eine Beschränkung der Revisionszulassung lässt sich dem Berufungsurteil nicht entnehmen. Soweit das Berufungsgericht nach den Entscheidungsgründen die Rechtsfragen für klärungsbedürftig hält, „ob eine Sanierungsgelderhebung gemäß § 17 Abs. 1 Satz 1 ATV-K nur für solche Zusatzversorgungseinrichtungen in Betracht kommt, die (teilweise) am Umlageverfahren festhalten, und ob der sich aus der Veränderung der Lebens-

erwartung der Versicherten ergebende Kapitalbedarf nach dem Regelungsgehalt des § 17 Abs. 1 Satz 1 ATV-K geeignet ist, einen für die Erhebung von Sanierungsgeld vorausgesetzten Finanzbedarf auszulösen", liegt darin lediglich eine Begründung für die Zulassung der Revision (vgl. Senatsurteil vom 31.3.2021 -IV ZR 221/19- BGHZ 229, 266 Rn 19).

[17] 2. Die Revision ist auch begründet. Das Berufungsgericht durfte einen Anspruch des Klägers auf Rückzahlung des von ihm für das Jahr 2012 geleisteten Sanierungsgeldes aus § 812 Abs. 1 Satz 1 Alt. 1 BGB mit der gegebenen Begründung nicht verneinen.

[18] a) Allerdings enthält die mit dem Verwaltungsratsbeschluss vom 23.10.2009 beschlossene Neufassung des § 63 EZVKS entgegen der Auffassung der Revision eine wirksame rechtliche Grundlage für die Erhebung von Sanierungsgeldern zur Deckung eines Fehlbetrages hinsichtlich der auf Versicherungszeiten in der Pflichtversicherung bis zum 31.12.2001 beruhenden Anwartschaften und Ansprüche im Abrechnungsverband S.

[19] aa) Zutreffend hat das Berufungsgericht angenommen, dass für die Erhebung des Sanierungsgeldes nicht allein die Vorgaben der Satzung der Beklagten, sondern auch die Bestimmungen des ATV-K und des AVP 2001 maßgeblich sind. Dies ergibt die Auslegung der Satzung, für die es auf die Verständnismöglichkeiten eines durchschnittlichen an der Beklagten beteiligten Arbeitgebers ankommt, dem die Grundgegebenheiten der Zusatzversorgung der Beklagten bekannt sind (vgl. Senatsurteil vom 6.10.2021 -IV ZR 96/19- BGHZ 231, 179 Rn 47 f. mwN). Anders als die Revisionserwiderung meint, wird ein durchschnittlicher beteiligter Arbeitgeber davon ausgehen, dass die Festsetzung des Sanierungsgeldes auch den zugrundeliegenden tarifvertraglichen Beschränkungen unterworfen sein soll, obwohl sich aus dem Wortlaut des § 63 Abs. 1 EZVKS keine entsprechende Beschränkung ergibt. Zwar gibt § 13 Abs. 1 Satz 2 EZVKS vor, dass der Inhalt des Beteiligungsverhältnisses an der Beklagten durch die Vorschriften der Satzung bestimmt wird. Ein durchschnittlicher beteiligter Arbeitgeber wird diese Aufzählung aber nicht als abschließend ansehen. Er erkennt zunächst, dass der AVP 2001 in der Satzung der Beklagten als Anhang 4 enthalten ist, und geht daher davon aus, dass dessen Regelungen ebenfalls von der Beklagten zu beachten sind. Zudem entnimmt er – anders als die Beklagte meint – § 2 Abs. 3 EZVKS, dass der Inhalt der Tarifverträge über die Versorgung der Arbeitnehmer im öffentlichen Dienst zusätzlich zu berücksichtigen ist. Nach dieser Vorschrift können bei Änderungen oder Ergänzungen der Bestimmungen dieses Versorgungstarifrechts, die Auswirkungen auf die Satzung haben, die notwendigen Änderungen oder Ergänzungen der Satzung der Beklagten auf

Beschluss ihres Vorstands ab dem in den Tarifverträgen vereinbarten Zeitpunkt auch vor Abschluss des Satzungsänderungsverfahrens angewendet werden.

[20] Aus der Sicht eines durchschnittlichen beteiligten Arbeitgebers können geänderte Bestimmungen des Versorgungstarifrechts aber nur dann Auswirkungen auf die Satzung der Beklagten haben, wenn in dem dort geregelten Beteiligungsverhältnis das Versorgungstarifrecht zusätzlich zu berücksichtigen ist. Unerheblich ist daher, dass die Satzung der Beklagten nicht ausdrücklich die Anwendung des geltenden Versorgungstarifrechts oder eines inhaltsgleichen Rechts zur Voraussetzung des Beteiligungserwerbs macht (vgl. zu einer solchen Satzungsbestimmung Senatsurteil vom 9.12.2015 -IV ZR 336/14- BetrAV 2016, 61 Rn 32).

[21] bb) Die Erhebung des Sanierungsgeldes gemäß § 63 EZVKS verstößt entgegen der Ansicht der Revision nicht gegen Tarifrecht. Nach § 17 Abs. 1 Satz 1 ATV-K setzt die Erhebung von Sanierungsgeldern nicht voraus, dass die Zusatzversorgungseinrichtung (weiterhin) eine Umlage erhebt. Das ergibt die Auslegung der Tarifnorm.

[22] (1) Die Auslegung des normativen Teils eines Tarifvertrages folgt den für die Auslegung von Gesetzen geltenden Regeln. Auszugehen ist zunächst vom Wortlaut des Tarifvertrages. Zu erforschen ist der maßgebliche Sinn der Erklärung, ohne am Buchstaben zu haften (§ 133 BGB). Dabei ist der wirkliche Wille der Tarifvertragsparteien über den reinen Wortlaut hinaus nur zu berücksichtigen, soweit er in den tariflichen Normen seinen Niederschlag gefunden hat. Abzustellen ist ferner auf den tariflichen Gesamtzusammenhang, weil dieser Anhaltspunkte für den wirklichen Willen der Tarifvertragsparteien liefern und nur so der Sinn und Zweck der Tarifnorm zutreffend ermittelt werden kann (Senatsurteil vom 10.10.2012 -IV ZR 10/11- BGHZ 195, 93 Rn 20 mwN; BAG NZA 2019, 113 Rn 17). Im Zweifel gebührt derjenigen Auslegung der Vorzug, die zu einem sachgerechten, zweckorientierten, praktisch brauchbaren und gesetzeskonformen Verständnis der Regelung führt (BAG aaO mwN).

[23] (2) Nach diesen Maßstäben ist zunächst festzustellen, dass § 17 Abs. 1 Satz 1 ATV-K auf den zusätzlichen Finanzbedarf abstellt, der sich nach dem Systemwechsel auf der Leistungsseite – vom Gesamtversorgungssystem zum Punktemodell – aus einer fehlenden finanziellen Deckung der im Gesamtversorgungssystem begründeten Ansprüche und Anwartschaften (des sogenannten Altbestandes) ergibt (vgl. Kiefer/Langenbrinck/Kulok, Betriebliche Altersversorgung im öffentlichen Dienst § 17 ATV Erl. 2 und § 17 ATV-K Erl. 1 [Stand: Oktober 2022]; Sponer/Steinherr, TVöD/TV-L Gesamtausgabe § 17 ATV Rn 5 f. [Stand: Januar 2022]).

[24] (a) Nach dem Wortlaut des § 17 Abs. 1 Satz 1 ATV-K ist das Sanierungsgeld zwar auf zusätzlichen Finanzbedarf infolge des Systemwechsels auf der Leistungsseite beschränkt. Dass das Sanierungsgeld darüber hinaus dem Regelungszusammenhang nach dazu dienen soll, sämtliche Deckungslücken in der Finanzierung der Versorgungsansprüche und -anwartschaften zu decken, findet im Wortlaut der tarifvertraglichen Vorschriften dagegen keine Stütze (Senatsurteil vom 9.12.2015 -IV ZR 336/14- BetrAV 2016, 61 Rn 34). Eine am Wortlaut des § 17 Abs. 1 Satz 1 ATV-K orientierte Beschränkung des Sanierungsgeldes auf zusätzlichen Finanzbedarf infolge der Umstellung des Leistungssystems führt aber – wie das Berufungsgericht zutreffend erkannt hat – nicht zu einem sachgerechten Verständnis der tarifvertraglichen Bestimmungen. Der Systemwechsel auf Leistungsseite kann für sich genommen keinen zusätzlichen Finanzbedarf erzeugen, weil die nach dem Punktemodell zu ermittelnden Versorgungsansprüche erwartbar geringer ausfallen als die Ansprüche aufgrund des Gesamtversorgungssystems (Senatsurteil vom 9.12.2015 aaO mwN).

[25] (b) Ein derart enges Verständnis war von den Tarifvertragsparteien auch erkennbar nicht gewollt. Vielmehr soll das Sanierungsgeld die im Zuge der Schließung des Gesamtversorgungssystems entstandenen Finanzierungslücken schließen und die Finanzierung der vor dem 1.1.2002 begründeten Ansprüche und Anwartschaften sicherstellen (vgl. auch Senatsurteil vom 20.7.2011-IV ZR 76/09- BGHZ 190, 314 Rn 97). Denn Anlass des Systemwechsels vom bisherigen Gesamtversorgungssystem zum neuen Punktemodell waren unter anderem erhebliche Finanzierungsschwierigkeiten der Zusatzversorgungseinrichtungen (vgl. Senatsurteil vom 20.7.2011 aaO Rn 77 mwN). Dementsprechend verfolgt der ATV-K ausweislich seiner Präambel den Zweck, die Zukunftsfähigkeit der Zusatzversorgung im öffentlichen Dienst sicherzustellen. Dabei konnten die Tarifvertragsparteien aufgrund der ihnen vorliegenden Zahlen annehmen, dass neben der Umstellung des Leistungssystems auch eine Erhöhung der Einnahmen der Zusatzversorgungseinrichtungen unumgänglich war, um die entstandenen Finanzierungsschwierigkeiten vollständig zu überwinden (vgl. auch Senatsurteil vom 20.7.2011 aaO). Diesem Zweck diente die Einführung der Sanierungsgelder an Stelle einer weiteren Erhöhung der Umlagen (vgl. Senatsurteil vom 20.7.2011 aaO Rn 78). Hieraus ergibt sich der enge Zusammenhang des Sanierungsgeldes mit dem Systemwechsel auf Leistungsseite (vgl. Senatsurteil vom 20.7.2011 aaO Rn 97), den die Tarifvertragsparteien durch die Bezugnahme auf den schließungsbedingten Finanzbedarf in § 17 Abs. 1 Satz 1 ATV-K zum Ausdruck gebracht haben.

[26] (c) Gestützt wird dieses Verständnis eines auf den Altbestand bezogenen Finanzbedarfs in § 17 Abs. 1 Satz 1 ATV-K durch die weit gefasste Nr. 4.1

Abs. 2 AVP 2001. Danach wird zusätzlicher Finanzbedarf „über die tatsächliche Umlage des Jahres 2001 hinaus (Stichtag 1.11.2001) – mindestens jedoch ab Umlagesatz von 4 v.H. –" durch steuerfreie, pauschale Sanierungsgelder gedeckt. Der AVP 2001 ist nach Satz 1 Halbsatz 2 der Präambel des ATV-K zugleich dessen Geschäftsgrundlage und daher bei der Auslegung heranzuziehen. Aus dem Mindestumlagesatz von 4% ergibt sich, dass die im Punktemodell neu entstehenden Verpflichtungen nicht mit Sanierungsgeldern, sondern mit Umlagen (vgl. § 16 ATV-K) oder Beiträgen (vgl. § 18 ATV-K) zu finanzieren sind. Denn im Punktemodell werden die Leistungen zugesagt, die sich ergeben würden, wenn eine Gesamt-Beitragsleistung von 4% des zusatzversorgungspflichtigen Entgelts vollständig in ein kapitalgedecktes System eingezahlt würde (vgl. Satz 2 der Präambel des ATV-K).

[27] (3) Indes ergibt sich aus § 17 Abs. 1 Satz 1 ATV-K und Nr. 4.1 Abs. 2 AVP 2001 nicht, dass eine nach dem Systemwechsel vollständig im Kapitaldeckungsverfahren finanzierte Zusatzversorgungseinrichtung – wie die Beklagte – nicht zur Erhebung von Sanierungsgeldern berechtigt ist (vgl. OLG Köln, Urteil vom 31.7.2014 -7 U 196/13- KirchE 64, 147; Breier/Dassau/Kiefer, TV-L § 17 ATV Rn 2 f. [Stand: September 2021]; a.A. OLG Hamm KirchE 69, 327 Rn 95 ff.; OLG Hamm, Urteil vom 8.6.2017 -6 U 132/16-; Dietsch/Hußlein/Stirner, Die Zusatzversorgung des öffentlichen und kirchlichen Dienstes, 3. Aufl. S. 127). Die Sanierungsgelderhebung setzt nicht voraus, dass die Zusatzversorgungseinrichtung eine Umlage (mindestens) in Höhe des zum 1.11.2001 geltenden Umlagesatzes nach diesem Stichtag weiterhin erhebt und diese Umlage nicht zur Deckung des wegen des Altbestandes bestehenden Finanzbedarfs genügt.

[28] (a) Bereits der Wortlaut des § 17 Abs. 1 Satz 1 ATV-K bietet keinen Anhaltspunkt dafür, dass der zusätzliche Finanzbedarf im Rahmen einer fortgesetzten Umlagefinanzierung entstehen muss. Die Regelung stellt auf den „zusätzlichen Finanzbedarf [...], der über die am 1. November 2001 jeweils geltende Umlage hinausgeht", ab. Das ist bei wörtlicher Interpretation der tariflichen Regelung so zu verstehen, dass die an diesem Stichtag geltende Umlage als Bezugsgröße für die Zulässigkeit der Finanzierung des Altbestandes über Sanierungsgelder gelten soll. Dass es sich dabei um die Untergrenze handelt, macht § 17 Abs. 2 ATV-K deutlich, der Sanierungsgelder ausschließt, „wenn der am 1. November 2001 jeweils gültige Umlagesatz weniger als vier v.H. des zusatzversorgungspflichtigen Entgelts betragen hat". Ebenso wie diese Umsetzungsvorschrift nennt bereits die zugrundeliegende tarifvertragliche Regelung in Nr. 4.1 Abs. 2 AVP als Voraussetzung für die Erhebung von Sanierungsgeldern einen zusätzlichen Finanzbedarf „über die tatsächliche Umlage des Jahres 2001 hinaus (Stichtag 1.11.2001) – mindestens jedoch ab Umlagesatz von vier v.H.".

Auch dem Wortlaut dieser Regelungen lässt sich nicht entnehmen, dass zusätzlicher Finanzbedarf hinsichtlich des Altbestandes nur bei Fortführung einer umlagegedeckten Finanzierung über den 1.11.2001 hinaus durch Sanierungsgelder gedeckt werden soll.

[29] (b) Auch die systematische Stellung des § 17 ATV-K spricht nicht zwingend dafür, dass eine Erhebung von Sanierungsgeldern durch vollständig kapitalgedeckt finanzierte Zusatzversorgungseinrichtungen nicht in Betracht kommt. Zwar folgt der die Erhebung von Sanierungsgeldern regelnde § 17 ATV-K auf die Bestimmungen zur Umlagefinanzierung in § 16 ATV-K und steht vor der Regelung der Beiträge im Kapitaldeckungsverfahren in § 18 ATV-K. Diese Regelungsreihenfolge kann aber auch dem zugrundeliegenden Regelfall einer schrittweisen Überleitung der Umlagefinanzierung auf ein Kapitaldeckungssystem (§ 15 Abs. 1 Satz 2 ATV-K, Nr. 1.4 Satz 2 AVP 2001) geschuldet sein und lässt keinen Willen der Tarifvertragsparteien dergestalt erkennen, dass sie nur weiterhin umlagefinanzierten Zusatzversorgungseinrichtungen hinsichtlich des Altbestandes die Deckung zusätzlichen Finanzbedarfs durch Sanierungsgelder vorgeben wollten. Auch aus dem Umstand, dass § 19 Abs. 1 Satz 4 und 5 ATV-K bei der Vergabe von Bonuspunkten danach differenziert, ob eine Kapitaldeckung vorhanden ist oder nicht, lässt sich nicht herleiten, dass § 17 ATV-K lediglich die Erhebung von Sanierungsgeldern bei fortgeführtem Umlageverfahren erlaubt.

[30] (c) Ein solcher Wille lässt sich auch nicht aus dem Gesamtzusammenhang des ATV-K und des AVP 2001 ableiten. Den Tarifvertragsparteien kam es maßgeblich darauf an, eine für die Beschäftigten und die Arbeitgeber finanziell tragbare Umstellung des Versorgungssystems zu erreichen (vgl. Hebler/Langenbrinck, BetrAV 2018, 32 [33 f.]). Eine Deckung des zusätzlichen Finanzbedarfs durch eine Erhöhung der Umlagen lehnten die Tarifvertragsparteien – insbesondere die Gewerkschaften – ab, weil dies im Hinblick auf die damit verbundenen zusätzlichen Steuern und Sozialversicherungsbeiträge zulasten der Nettogehälter der aktiven Beschäftigten gegangen wäre. Hintergrund dieser Haltung war – worauf die Beklagte zutreffend hinweist –, dass die aktiven Beschäftigten bereits ein abgesenktes Leistungsrecht infolge des Systemwechsels zum Punktemodell hinnehmen mussten (vgl. auch Hebler/Langenbrinck, aaO, 33). Mit Blick darauf haben die Tarifvertragsparteien für die anteilig von den Beschäftigten zu tragenden Umlageteile in § 16 Abs. 1 Satz 3 ATV-K ein Festhalten an den am 1.11.2001 geltenden Umlagesätzen vereinbart und sich in § 17 Abs. 1 Satz 1 ATV-K für die Einführung von ausschließlich von den Arbeitgebern zu tragenden Sanierungsgeldern als weiteres Finanzierungsmittel entschieden (vgl. auch Hebler/Langenbrinck, aaO). Dabei sind sie davon ausgegangen, dass

die Sanierungsgelder kein steuerpflichtiger Arbeitslohn sind (vgl. § 17 Abs. 1 Satz 2 ATV-K). Damit war gewährleistet, dass den aktiven Beschäftigten durch die Umstellung des Versorgungssystems keine finanziellen Nachteile entstanden.

[31] Selbst wenn die Tarifvertragsparteien auch eine finanzielle Doppelbelastung der Arbeitgeber durch eine gleichzeitige Finanzierung der Verpflichtungen aus dem bisherigen Gesamtversorgungssystem und der im Punktemodell entstehenden Verpflichtungen vermeiden wollten (vgl. auch Hebler/Langenbrinck, aaO, 33), haben sie die Erhebung von Sanierungsgeldern weder von einer Fortführung der Umlagefinanzierung abhängig gemacht noch gar für den Fall des Wechsels zu einer kapitalgedeckten Finanzierung untersagt. Die gegebenenfalls zu vermeidende Doppelbelastung der Arbeitgeber durch die gleichzeitige Finanzierung des bisherigen Gesamtversorgungssystems und des neuen Punktemodells auf Leistungsseite mag Anlass für die Einführung des steuerfreien Sanierungsgeldes gewesen sein, ist allerdings unabhängig von der Finanzierungsseite mittels Umlagen oder Kapitaldeckung.

[32] Zudem wird nach § 15 Abs. 1 Satz 1 ATV-K die Finanzierung der Pflichtversicherung von den Zusatzversorgungseinrichtungen eigenständig geregelt, sodass – wie die Beklagte zutreffend anmerkt – eine Umstellung des Finanzierungssystems auf ein Kapitaldeckungsverfahren grundsätzlich zulässig ist. Eine Ablösung der Umlagefinanzierung durch eine kapitalgedeckte Finanzierung (Kombinationsmodell) ist in § 15 Abs. 1 Satz 2 ATV-K schrittweise nach den Möglichkeiten der einzelnen Zusatzversorgungseinrichtungen vorgesehen (so auch Nr. 1.4 Satz 2 AVP 2001) und damit abhängig von der Ausfinanzierung der Altlasten. Zu einer sofortigen Umstellung der Finanzierung auf eine Kapitaldeckung verpflichtet der Tarifvertrag nicht (vgl. Senatsurteil vom 9.12.2015 -IV ZR 336/14- BetrAV 2016, 61 Rn 34); er verbietet sie aber auch nicht.

[33] cc) Zu Recht hat das Berufungsgericht § 63 EZVKS auch im Übrigen für wirksam gehalten. Wie dargelegt, übernimmt die Bestimmung mit der Einführung und Erhebung von Sanierungsgeldern von den Tarifvertragsparteien getroffene tarifrechtliche Grundentscheidungen, die von der Beklagten nicht aufgrund ihrer originären Satzungsgewalt außer Acht gelassen werden können. Soweit die Regelung danach einer Überprüfung anhand des deutschen Verfassungsrechts und des europäischen Gemeinschaftsrechts unterliegt, verstößt sie hiergegen nicht. Einer darüberhinausgehenden inhaltlichen Kontrolle anhand der §§ 307 ff. BGB ist § 63 EZVKS mit Blick auf den Schutz der Tarifautonomie nach Art. 9 Abs. 3 GG entzogen (vgl. Senatsurteile vom 9.12.2015 -IV ZR 336/14- BetrAV 2016, 61 Rn 17; vom 5.12.2012 -IV ZR 110/10- VersR 2013, 219 Rn 19, KirchE 60l 407; IV ZR 111/10; vom 20.7.2011 -IV ZR 76/09- BGHZ 190, 314).

[34] b) Ungeachtet der wirksamen Rechtsgrundlage hält die Annahme des Berufungsgerichts, die streitgegenständliche Festsetzung des Sanierungsgeldes für das Jahr 2012 sei nicht zu beanstanden, der rechtlichen Nachprüfung nicht in jeder Hinsicht stand.

[35] aa) Zutreffend hat das Berufungsgericht in der durch den Verwaltungsratsbeschluss vom 23.10.2009 beschlossenen Neufassung des § 63 EZVKS eine einseitige Leistungsbestimmung der Beklagten nach § 315 Abs. 1 BGB gesehen.

[36] (1) Unerheblich ist, dass – anders als in den bislang vom Senat entschiedenen Fällen (vgl. Senatsurteile vom 9.12.2015 -IV ZR 336/14- BetrAV 2016, 61 Rn 7 f., 27; vom 5.12.2012 -IV ZR 110/10- VersR 2013, 219 Rn 4 f., 22; vom 5.12.2012 -IV ZR 111/10-) – die Satzung der Beklagten nicht lediglich einen Rahmen für das Sanierungsgeld vorsieht und die Festlegung der Sanierungsgeldhöhe dem Verwaltungsrat überlässt. Der Verwaltungsrat der Beklagten hat mit Beschluss vom 23.10.2009 die Bestimmung über das Sanierungsgeld in § 63 EZVKS neu gefasst und in dessen Abs. 2 auch die Bemessungsgrundlage – die Summe der aus dem Abrechnungsverband S zuzuordnenden Jahresanwartschaften auf Regelaltersrente und den Jahresrenten – sowie die maßgeblichen Multiplikatoren für das Jahr 2011 und ab dem Jahr 2012 (das 0,18-fache der Bemessungsgrundlage des jeweiligen vorletzten Geschäftsjahres, mindestens jedoch der Bemessungsgrundlage des Geschäftsjahres 2010) abschließend geregelt. Entgegen der Auffassung der Beklagten kann die einseitige Leistungsbestimmung nicht zeitlich nach hinten auf die Mitteilung der konkreten Sanierungsgeldberechnung im Oktober 2011 verlagert werden. Aus der Satzung der Beklagten ergibt sich kein einseitiges Leistungsbestimmungsrecht, das mit einer solchen Mitteilung hätte ausgeübt werden können. Vielmehr gibt die Mitteilung lediglich das Ergebnis der konkreten Sanierungsgeldberechnung nach den abschließenden Vorgaben des § 63 EZVKS wieder.

[37] (2) Eine einseitige Leistungsbestimmung im Sinne von § 315 Abs. 1 BGB durch den Verwaltungsratsbeschluss vom 23.10.2009 ist jedenfalls deshalb zu bejahen, weil sich aus dem Änderungsvorbehalt in § 2 Abs. 2 Satz 1, 5 EZVKS das einseitige Recht des Verwaltungsrats der Beklagten ergibt, Satzungsänderungen auch für bestehende Beteiligungsverhältnisse zu beschließen. Der Senat hat vergleichbare Änderungsvorbehalte in Satzungen von Zusatzversorgungseinrichtungen für wirksam gehalten. Dabei ist er davon ausgegangen, dass die Interessen der Arbeitgeber und daher die Grenzen des Änderungsvorbehalts gewahrt sind, wenn Satzungsänderungen von den Tarifpartnern ausgehandelt worden sind und der Genehmigung durch die Aufsichtsbehörde unterliegen (vgl. Senatsurteil vom 20.7.2011 -IV ZR 76/09- BGHZ 190, 314 Rn 96; vgl. auch Senatsurteil vom 16.3.1988 -IVa ZR 154/87- BGHZ 103, 370 unter I 2 e). Zwar wa-

ren die kirchlichen und diakonischen Arbeitgeber (vgl. § 1 Abs. 1 Satz 2 EZVKS) nicht an den Tarifverhandlungen beteiligt. Dies ist aber unschädlich, da die Interessen der an den Tarifverhandlungen beteiligten Arbeitgeber mit denen der an der Beklagten beteiligten Arbeitgeber weitgehend identisch sind. Zudem bedarf die Satzungsänderung nach § 2 Abs. 2 Satz 3 EZVKS der aufsichtsrechtlichen Genehmigung.

[38] bb) Soweit der geänderte § 63 Abs. 2 EZVKS nach den vorstehenden Ausführungen auf die Einhaltung billigen Ermessens nach § 315 Abs. 1 BGB zu überprüfen ist, fehlen zum Teil die erforderlichen Feststellungen.

[39] (1) Die tatrichterlichen Ausführungen zur Anwendung des § 315 BGB können vom Revisionsgericht nur daraufhin überprüft werden, ob das Berufungsgericht den Begriff der Billigkeit verkannt, ob es die gesetzlichen Grenzen seines Ermessens überschritten oder von dem Ermessen in einer dem Zweck der Ermächtigung nicht entsprechenden Weise Gebrauch gemacht hat und ob es von einem rechtlich unzutreffenden Ansatz ausgegangen ist, der ihm den Zugang zu einer fehlerfreien Ermessensausübung versperrt hat (Senatsurteil vom 5.12.2012 -IV ZR 110/10- VersR 2013, 219 Rn 26). Billigkeit im Sinne des § 315 BGB bezeichnet die Grenzen des Ermessens, die eingehalten werden müssen, damit die getroffene Entscheidung für den Empfänger der Bestimmungserklärung verbindlich ist. Es sind die beiderseitigen Interessen objektiv gegeneinander abzuwägen. Die Ausübung des billigen Ermessens ist gerichtlich dahingehend nachprüfbar, ob die Grenzen des Ermessens eingehalten sind und ob nicht sachfremde oder willkürliche Motive für die Bestimmung maßgebend gewesen sind. Die Entscheidungskontrolle ist nicht auf eine Ergebniskontrolle verengt; auch der subjektive Ermessensfehlgebrauch ist von Bedeutung. Demgemäß hatte das Berufungsgericht auch zu prüfen, ob der Entscheidung über die Festsetzung des Sanierungsgeldes ein unzutreffender Sachverhalt in Form eines weit überhöhten umstellungsbedingten Finanzierungsbedarfs zugrunde lag (vgl. Senatsurteil vom 5.12.2012 aaO Rn 27).

[40] (2) Diesen Anforderungen wird die Prüfung des Berufungsgerichts nur in einem Punkt nicht gerecht.

[41] (a) Ohne Erfolg rügt die Revision, dem Verwaltungsratsbeschluss vom 23.10.2009 liege eine unrichtig ermittelte Deckungslücke zugrunde, weil die Beklagte ihren zusätzlichen Finanzbedarf auf der Grundlage des ab dem 1.1.2002 erhobenen Beitragssatzes von 4% des zusatzversorgungspflichtigen Entgelts erhoben habe, während der nach § 17 Abs. 1 Satz 1 ATV-K maßgebliche Umlagesatz zum Stichtag des 1.11.2001 4,25% betragen habe. Es kann dahinstehen, ob dieser Umlagesatz nur für den Fall der Fortführung des Umlageverfahrens von Bedeutung ist und keine Funktion bei einer Umstellung auf vollständi-

ge Kapitaldeckung hat, wie die Beklagte meint. Jedenfalls hat das Berufungsgericht unter Bezugnahme auf das Gutachten des gerichtlichen Sachverständigen rechtsfehlerfrei festgestellt, dass der Beitragssatz der Beklagten bei der Bestimmung des zusätzlichen Finanzbedarfs im Abrechnungsverband S keine Rolle gespielt habe. Wie das Berufungsgericht zutreffend ausgeführt hat, macht § 63 Abs. 1 EZVKS die Ermittlung eines Fehlbetrages im Abrechnungsverband S nicht von einem bestimmten Umlage- oder Beitragssatz abhängig. Ob hinsichtlich des Altbestandes eine Deckungslücke besteht, ergibt sich aus der für diesen Abrechnungsverband gemäß § 55 Abs. 1 Satz 2 EZVKS gesondert zu erstellenden versicherungstechnischen Bilanz.

[42] (b) Entgegen der Auffassung der Revision hat das Berufungsgericht zu Recht keine Bedenken gegen die Verwendung der Richttafeln 2005 G an Stelle der Richttafeln 1998 von Klaus Heubeck bei Ermittlung der Deckungslücke gehabt.

[43] (aa) Dies entspricht nach den rechtsfehlerfreien Feststellungen des Berufungsgerichts den Vorgaben des technischen Geschäftsplans 3.0, von dem das Berufungsgericht zutreffend ausgegangen ist. Entgegen der Ansicht der Revision ist dieser technische Geschäftsplan zugrunde zu legen, was aus § 63 Abs. 2 Satz 2 EZVKS folgt. Aus dem Schreiben der Beklagten vom 5.10.2011 ergibt sich kein Anhaltspunkt für die Anwendung eines früheren technischen Geschäftsplans. Auch die von der Revision gerügte Absenkung der Altersgrenze für den Übergang in die Altersrente auf 64 Jahre entspricht dem technischen Geschäftsplan 3.0.

[44] (bb) Zudem hat das Berufungsgericht im Ergebnis zu Recht angenommen, dass dem Wechsel der biometrischen Rechnungsgrundlagen weder § 17 Abs. 1 Satz 1 ATV-K noch Nr. 3 Abs. 1 der Anlage 4 zum ATV-K entgegensteht.

[45] (α) § 17 Abs. 1 Satz 1 ATV-K stellt auf den zusätzlichen Finanzbedarf ab, der sich aus einer fehlenden finanziellen Deckung der im Gesamtversorgungssystem begründeten Ansprüche und Anwartschaften (sogenannter Altbestand) ergibt. Dabei handelt es sich um den tatsächlichen Finanzbedarf, der erst mit der Auszahlung der letzten Versorgungsleistung endgültig feststeht. Bis dahin ist der Finanzbedarf unter Einbeziehung biometrischer Rechnungsgrundlagen zum jeweiligen Stichtag zu schätzen. Anders, als die Revision meint, liegt hier keine nach der Systemumstellung eingetretene, den Finanzbedarf erhöhende Veränderung vor. Vielmehr betrifft der Wechsel der Richttafeln nur die Prognose der Lebenserwartung und damit die Berechnungsmethode des finanziellen Mehrbedarfs, während der zur Erhebung von Sanierungsgeldern berechtigende tatsächliche Finanzbedarf aufgrund des Altbestandes dem Grunde nach derselbe bleibt (vgl. auch Kiefer/Langenbrinck/Kulok, Betriebliche Altersversorgung

im öffentlichen Dienst § 17 ATV Erl. 3 [Stand: Oktober 2022]). Mit Blick darauf kommt es entgegen der Auffassung des Klägers nicht darauf an, dass die steigende Lebenserwartung nicht mit der Umstellung des Leistungs- oder Finanzierungssystems zusammenhängt.

[46] (β) Die Verwendung der Richttafeln 2005 G mit einer Altersgrenze von 64 Jahren verstößt entgegen der Rüge der Revision nicht gegen Nr. 3 der Anlage 4 zum ATV-K, da diese Anlage aus systematischen Gründen vorliegend nicht anwendbar ist. Sie enthält zwar nach ihrer Überschrift „Versicherungsmathematische Grundsätze für die Bewertung der Verpflichtungen im Rahmen der versicherungstechnischen Bilanz". Nach Nr. 3 Abs. 1 der Anlage 4 zum ATV-K dienen die Richttafeln 1998 von Klaus Heubeck als biometrische Rechnungsgrundlage, und als Altersgrenze ist die Vollendung des 65. Lebensjahres in Ansatz zu bringen. § 17 ATV-K verweist aber im Gegensatz zu § 19 Abs. 1 Satz 4 ATV-K im Hinblick auf die Erstellung einer fiktiven versicherungstechnischen Bilanz als Grundlage für die Vergabe von Bonuspunkten nicht auf die Anlage 4 zum ATV-K. Es ist auch nicht ersichtlich, dass die Tarifvertragsparteien trotz einer solchen fehlenden Verweisung die Vorgaben der Anlage 4 zum ATV-K auf die Berechnung des zusätzlichen Finanzbedarfs im Sinne des § 17 Abs. 1 Satz 1 ATV-K anwenden wollten. Dagegen spricht vielmehr, dass die Tarifvertragsparteien das Sanierungsgeld zur Deckung eines zusätzlichen Finanzbedarfs wegen des Altbestandes eingeführt haben. Es ist nicht davon auszugehen, dass sie dabei eine neue Finanzierungslücke schaffen wollten, indem bei der Ermittlung des zusätzlichen Finanzbedarfs an veralteten biometrischen Rechnungsgrundlagen festzuhalten wäre, die auf einen geringeren als den – dem Grunde nach von Anfang an – tatsächlich bestehenden Finanzbedarf schließen ließen. Dementsprechend haben sie keine Obergrenze für das konkrete Sanierungsgeld definiert (vgl. auch Kiefer/Langenbrinck/Kulok, Betriebliche Altersversorgung im öffentlichen Dienst § 17 ATV Erl. 3 [Stand: Oktober 2022]).

[47] (c) Anders, als der Kläger meint, hat die Beklagte der Ermittlung der Deckungslücke auch nicht einen falschen (veränderten) Rechnungszins zugrunde gelegt. Das Berufungsgericht ist rechtsfehlerfrei davon ausgegangen, dass die Beklagte für die Berechnung der Deckungslücke einen Rechnungszins in Höhe von 3,25% bis zum Eintritt des Versorgungsfalls und in Höhe von 5,25% nach Eintritt des Versorgungsfalls zugrunde gelegt hat. Diese Zinssätze entsprechen nach den Feststellungen des Berufungsgerichts den Vorgaben sowohl im technischen Geschäftsplan 3.0 als auch in der vom Kläger für maßgeblich gehaltenen Nr. 3 der Anlage 4 zum ATV-K.

[48] (d) Ebenfalls ohne Erfolg wendet sich die Revision gegen den pauschalen Ansatz eines Nachreservierungsaufwandes für die Anpassung der Startgut-

schriften bei der Ermittlung der Deckungslücke. Einen Verstoß gegen den technischen Geschäftsplan 3.0 hat die Revision – zu Recht – insoweit nicht geltend gemacht. Das Berufungsgericht hat ohne Rechtsfehler ausgeführt, dass aufgrund des Senatsurteils vom 14.11.2007 (-IV ZR 74/06- BGHZ 174, 127), mit dem die Berechnung der rentenfernen Startgutschriften für unzulässig erklärt und den Tarifvertragsparteien, deren Neuberechnung vorbehalten wurde, für das Geschäftsjahr 2010 feststand, dass diese Neuberechnung zu höheren Startgutschriften und damit zu einer höheren Deckungslücke führt. Mangels einer damaligen Einigung der Tarifvertragsparteien über die Neuberechnung ist der von der Beklagten unter Heranziehung eines Aktuars und versicherungsmathematischer Grundsätze pauschal in Ansatz gebrachte Nachreservierungsaufwand aus Rechtsgründen nicht zu beanstanden. Dabei kommt es entgegen der Auffassung des Klägers nicht darauf an, ob bereits im Jahr 2012 Leistungen unter Berücksichtigung erhöhter Startgutschriften zu erbringen waren. Die Deckungsrückstellung ist nach § 56 Abs. 1 EZVKS in Höhe des versicherungsmathematischen Barwerts aller am Bilanzstichtag bestehenden Anwartschaften und Ansprüche einzustellen, sodass bei deren Berechnung auch eine Erhöhung der Startgutschriften zu berücksichtigen ist.

[49] (e) Entgegen der Auffassung des Klägers ist die Berücksichtigung einer Verwaltungskostenrückstellung nicht zu beanstanden. Nach den rechtsfehlerfreien Feststellungen des Berufungsgerichts stimmt die konkrete Berechnung der Verwaltungskostenrückstellung mit Nr. 5.2 des technischen Geschäftsplans 3.0 überein, auf den § 56 Abs. 2 EZVKS insoweit verweist. Anders, als der Kläger meint, liegt auch kein Verstoß gegen Nr. 4 der Anlage 4 zum ATV-K vor. Danach wird zwar eine Verwaltungskostenrückstellung nicht gebildet. Anlage 4 zum ATV-K ist aber, wie bereits dargelegt, bei der Erhebung von Sanierungsgeldern nach § 17 ATV-K nicht anwendbar.

[50] (f) Ebenfalls ohne Erfolg wendet sich der Kläger gegen die Berücksichtigung eines Rententrends von 1% bei der Ermittlung der Deckungslücke. Ein solcher Rententrend, d.h. eine jährliche Anpassung der Renten, wird – wie das Berufungsgericht zutreffend ausgeführt hat – von § 37 EZVKS vorgegeben und entspricht Nr. 5.1 des technischen Geschäftsplans 3.0. Er verstößt nicht gegen tarifrechtliche Vorgaben. Anders, als der Kläger meint, besteht insoweit ein Finanzbedarf im Sinne des § 17 Abs. 1 Satz 1 ATV-K. Der Rententrend dient lediglich als Berechnungsparameter der Bestimmung des Altbestandes. Ein aus anderen Gründen bestehendes Finanzierungsdefizit wird dadurch nicht ausgeglichen.

[51] (g) Entgegen der Auffassung des Klägers hat die Beklagte bei der Ermittlung des Sanierungsgeldbedarfs nicht fehlerhaft verfallbare Anwartschaften

einbezogen. Das Berufungsgericht hat richtig erkannt, dass nach § 56 Abs. 1 EZVKS die Deckungsrückstellung in Höhe des versicherungsmathematischen Barwerts aller am Bilanzstichtag bestehenden Anwartschaften und Ansprüche eingestellt wird. Dazu gehören mangels anderslautender Bestimmung auch Anwartschaften beitragsfrei Versicherter, welche die Wartezeit noch nicht erfüllt haben (vgl. Senatsurteil vom 5.12.2012 -IV ZR 110/10- VersR 2013, 219 Rn 29 zu einer abweichenden Satzungsbestimmung, nach der nur unverfallbare Anwartschaften zu berücksichtigen waren). Dabei ist es nicht zu beanstanden, dass die Anwartschaften von beitragsfrei Versicherten ohne erfüllte Wartezeit nicht in voller Höhe, sondern mit 55% in Ansatz gebracht wurden. Das Berufungsgericht hat rechtsfehlerfrei darauf abgestellt, dass die Festlegung des Ansatzes in Höhe von 55% nicht willkürlich gewählt sei, weil die Reaktivierungsfälle des Jahres 2010 berücksichtigt und zudem nur die verfallbaren Anwartschaften derjenigen Versicherten erfasst worden seien, die zum Stichtag 31.12.2010 noch nicht das 67. Lebensjahr vollendet hätten.

[52] (h) Anders, als der Kläger meint, schließt der Vermögensbestand der Beklagten einen zur Erhebung von Sanierungsgeldern berechtigenden Finanzbedarf nicht aus. Ohne Rechtsfehler hat das Berufungsgericht unter Bezugnahme auf den von der Beklagten vorgelegten Prüfungsbericht des Jahresabschlusses für das Geschäftsjahr 2010 angenommen, dass auf den hier maßgeblichen Abrechnungsverband S im Geschäftsjahr 2010 lediglich Vermögenswerte von 3,3 Milliarden Euro bei Verpflichtungen von circa 3,7 Milliarden Euro entfielen. Dagegen hat der Kläger keine konkreten Einwände erhoben.

[53] (i) Die Angriffe der Revision gegen die Würdigung des Gutachtens des gerichtlich bestellten Sachverständigen greifen teilweise durch.

[54] (aa) Ohne Erfolg verlangt die Revision die Einholung eines weiteren Gutachtens nach § 412 ZPO zu der Frage, ob die Vorgaben des technischen Geschäftsplans bei der Berechnung der Deckungsrückstellung eingehalten worden seien. Insoweit bestand keine Veranlassung zu einer weiteren Sachaufklärung (vgl. BGH, Urteil vom 4.11.2010 -III ZR 45/10- VersR 2011, 1409 Rn 30; Zöller/Greger, ZPO 34. Aufl. § 412 Rn 1 f.). Es ist nicht zu beanstanden, dass das Berufungsgericht von einer hinreichenden Aussagekraft des Sachverständigengutachtens ausgegangen ist. Es hat sich damit auseinandergesetzt, dass der Sachverständige für den Zeitraum nach 2011 nur 21 Testfälle untersucht hat und nach den Ausführungen des Sachverständigen bei der Übertragbarkeit dieses Ergebnisses auf das Geschäftsjahr 2010 eine gewisse Unsicherheit ohne konkrete Berechnung besteht. Dabei hat es ohne Rechtsfehler maßgeblich auf die sehr geringe Abweichung der Ergebnisse bei den 21 Testfällen und darauf abgestellt, dass die Beklagte die anfängliche Deckungslücke fortschreibt, sodass an den

Veränderungen in den Folgejahren gesehen werden könne, ob die Berechnung stabil sei.

[55] (bb) Hingegen wendet sich die Revision mit Erfolg gegen die auf der Grundlage der Ausführungen des gerichtlichen Sachverständigen getroffene Feststellung des Berufungsgerichts, dass die pauschale Stärkung der Deckungsrückstellung im Jahr 2010 dem technischen Geschäftsplan 3.0 entspreche.

[56] (α) Allerdings ist die Würdigung erhobener Beweise und damit auch die von Sachverständigengutachten grundsätzlich dem Tatrichter vorbehalten. Das Revisionsgericht prüft lediglich nach, ob sich der Tatrichter entsprechend dem Gebot des § 286 ZPO mit dem Prozessstoff und den Beweisergebnissen umfassend und widerspruchsfrei auseinandergesetzt hat, die Beweiswürdigung also vollständig und rechtlich möglich ist und nicht gegen Denkgesetze und Erfahrungssätze verstößt (Senatsurteil vom 19.7.2017 -IV ZR 535/15- VersR 2017, 1134 Rn 24 mwN). Der Tatrichter muss auf die Aufklärung von Widersprüchen hinwirken, die sich sowohl innerhalb der Begutachtung durch einen Sachverständigen wie auch zwischen mehreren Sachverständigen als auch aus einem von der Partei vorgelegten Privatgutachten ergeben können (vgl. BGH, Urteil vom 24.9.1996 -VI ZR 303/95- VersR 1996, 1535 II 2 a bb; vgl. auch Senatsurteil vom 19.7.2017 OaaO Rn 25).

[57] (β) Das Berufungsgericht hat bei seiner Würdigung – wie die Revision zu Recht rügt – eine wesentliche Aussage des Sachverständigen unbeachtet gelassen. Es geht zwar unter Bezugnahme auf die Äußerungen des Sachverständigen in der mündlichen Verhandlung davon aus, dass der technische Geschäftsplan 3.0 im Geschäftsjahr 2010 bei der Stärkung der Deckungsrückstellung eingehalten worden sei. Dabei hat es aber versäumt, sich mit den Ausführungen des Sachverständigen in seinem schriftlichen Gutachten vom 12.2.2019 auseinanderzusetzen. Danach sei mit der erstmaligen Anwendung des technischen Geschäftsplans vom 23.11.2009 (Version 2.0) die Deckungsrückstellung verstärkt worden. Die Verteilung des Nachreservierungsbedarfs sei allerdings abweichend vom technischen Geschäftsplan auf 20 Jahre angesetzt worden. Dies hat sich nach den weiteren Ausführungen des Sachverständigen, auf die er in der mündlichen Verhandlung zudem Bezug genommen hat, auch auf die „Verstärkung der Deckungsrückstellung 31.12.2010“ ausgewirkt. Das Berufungsgericht hat nicht auf die Aufklärung dieses Widerspruchs hingewirkt, was zugleich auf eine unzureichende Befassung mit diesem Teil des Prozessstoffs hindeutet. Dabei hätte es klären müssen, ob die vorgenommene Stärkung der Deckungsrückstellung im Geschäftsjahr 2010 mit dem zu diesem Zeitpunkt anwendbaren technischen Geschäftsplan 3.0 in Einklang steht, der vorsieht, dass bei Feststellung der Notwendigkeit einer Stärkung der Deckungsrückstellung

der Anpassungsbedarf gegebenenfalls über mehrere Jahre verteilt zuzuführen ist (Anlage B 5 S. 8). Anders als das Berufungsgericht meint, kommt es insoweit nicht darauf an, ob die pauschale Stärkung der Deckungsrückstellung an sich unüblich oder unangemessen ist.

2

1. Ist eine Pflegefamilie mit türkischem oder muslimischem Hintergrund nicht verfügbar, so kann die Betreuung des in Obhut genommenen Kindes auch bei Pflegeeltern erfolgen, die anderen Kulturen und Religionen besonders aufgeschlossen gegenüberstehen, so dass das Pflegekind die Möglichkeit hat, eine gewisse Bindung an die eigene kulturelle und religiöse Herkunft aufzubauen.
2. Eine Sprachbarriere ist bei der Kommunikation zwischen Eltern und kleinen Kindern, die selbst noch nicht sprechen können, unbeachtlich. Vielmehr zählt hier eine nonverbale Kommunikation, die vom Einfühlungsvermögen der Pflegeeltern, der Körpersprache und der Fähigkeit, die Bedürfnisses des Kindes zu erkennen und darauf zu reagieren, abhängt.

Art 8 MRK, Art 9 MRK
EGMR, Urteil vom 12. Januar 2023 -27700/15-[1]

VERFAHREN

[1] Unter Berufung auf Artikel 8 und im Wesentlichen auch auf Artikel 9 der Konvention beanstandeten die Beschwerdeführer, dass die innerstaatlichen Gerichte sich geweigert hätten, ihre beiden jüngsten Kinder, R. und M., in ihre Obhut zurückzugeben, und dass die Unterbringung der Kinder in österreichischen christlichen Pflegefamilien, die kein Türkisch sprachen, im Februar 2011 bzw. Februar 2012 ihnen ihre türkische und muslimische Identität genommen und sie von ihrer Kultur und Religion entfremdet habe.

SACHVERHALT

[2] Die Beschwerdeführer wurden 1975 bzw. 1974 geboren und leben in Wien. Sie wurden von Herrn T., einem in Wien zugelassenen Rechtsanwalt, vertreten.

---

1 Leitsätze der Redaktion NLMR. Übersetzung: Redaktion KirchE. juris; NLMR 2023, 52. Das Urteil ist rechtskräftig.

https://doi.org/10.1515/9783111651354-002

[3] Die Regierung wurde durch ihren Bevollmächtigten, Herrn H., Leiter der Abteilung für Völkerrecht im Bundesministerium für europäische und internationale Angelegenheiten, vertreten.

[4] Der Sachverhalt lässt sich wie folgt zusammenfassen.

[5] Die Beschwerdeführer sind ein Ehepaar türkischer Staatsangehörigkeit und muslimischen Glaubens. Sie haben fünf gemeinsame Kinder, die 1999, 2000, 2004, 2007 und 2010 geboren wurden. Im Zuge der Ereignisse, auf die sich der vorliegende Fall bezieht, wurde den beiden jüngsten Kindern zusätzlich zu ihrer türkischen Staatsangehörigkeit die österreichische Staatsangehörigkeit verliehen, um die Verwaltungsangelegenheiten für ihre Pflegeeltern zu vereinfachen.

[6] Im Jahr 2006 wurden die damals drei Kinder der Beschwerdeführer allein auf der Straße aufgefunden. Kurz darauf wurden die Kinder erneut allein aufgefunden, diesmal in der Wohnung der Familie, die sich in einem unhygienischen Zustand befand. Infolgedessen brachte das Jugendamt Wien (Jugendwohlfahrtsträger, das später, im Jahr 2013, umbenannt wurde Kinder- und Jugendhilfeträger – im Folgenden „YWO“) die drei Kinder als Notfallmaßnahme in einer Kinderbetreuungseinrichtung unter. Da die Beschwerdeführer anschließend mit der YWO kooperierten und ihre Wohnung renovierten, wurden die Kinder wieder in ihre Obhut zurückgegeben.

[7] Im Oktober 2010 informierte ein Schornsteinfeger, der in der Wohnung der Beschwerdeführer Arbeiten durchführte, die YWO darüber, dass sich die Wohnung erneut in einem alarmierend unhygienischen Zustand befand. Aus Sicherheitsgründen erließ er ein Verbot für die weitere Nutzung der Heizgeräte (Heizverbot). Bei einem sofort durchgeführten Besuch fand die YWO vier der fünf Kinder allein in der Wohnung vor, die sich in einem schmutzigen und unbewohnbaren Zustand befand. Der gesamte Boden war mit Kleidung, Schmutz, Essensresten und schmutzigen Windeln bedeckt. In der Küche befanden sich große Mengen schmutziger Teller und Pfannen sowie verschimmelte Essensreste. In der Wohnung gab es kaum freie Wege, überall lagen Müllberge herum. Die damals drei-Jahre alte R. (geboren 2007) litt unter Windelausschlag und hatte extrem beschädigte Zähne. Die drei Monate alte M. (geboren 2010) war schmutzig und weinte. Nach den Angaben der Regierung, die in diesem Punkt unbestritten blieben, zeigten sowohl M. als auch R. Anzeichen einer schwerwiegenden Entwicklungsverzögerung.

[8] Die YWO hat als Sofortmaßnahme alle fünf Kinder sofort aus der Obhut der Beschwerdeführer genommen (Kindesabnahme). Gemäß Artikel 211 des Bürgerlichen Gesetzbuches (vgl. Rn 79 unten) wurde das Sorgerecht für die

Kinder (im Rahmen der einstweiligen Maßnahme, d.h. Betreuung und Erziehung) daher vorübergehend auf die YWO übertragen.

[9] Laut den Stellungnahmen der Regierung, die auf schriftlichen Kommentaren der YWO vom 14.10.2010 basieren, baten die Beschwerdeführer unmittelbar nach der Wegnahme ihrer Kinder den zuständigen Sozialarbeiter, dafür zu sorgen, dass ihre Kinder nicht innerhalb des erweiterten Familienkreises untergebracht werden. Nach Angaben der Regierung prüfte die YWO dennoch die Möglichkeit einer Unterbringung bei Verwandten, da Artikel 209 des Bürgerlichen Gesetzbuchs dieser Option Vorrang einräumt (vgl. Rn 82). Da die Großeltern jedoch nicht in der Lage waren, für die Kinder zu sorgen, wurden die drei ältesten Kinder in einer Kinderbetreuungseinrichtung untergebracht. Da die beiden jüngsten Kinder, R. und M., besondere Unterstützung benötigten, wurden sie in die Obhut separater Notfall-Pflegeeltern gegeben (vgl. Rn 83). Dem Gericht wurden keine weiteren Informationen darüber vorgelegt, welche Schritte die YWO unternommen hatte, um die Fähigkeit der Familienmitglieder zur Betreuung der Kinder zu überprüfen.

[10] Nachdem die Kinder im Oktober 2010 aus ihrer Obhut genommen worden waren, wurde den Beschwerdeführern ein Besuchsrecht in Anwesenheit erfahrener, öffentlich finanzierter Sozialarbeiter gewährt, deren Aufgabe es war, die Beschwerdeführer im Umgang mit ihren Kindern zu unterstützen und die Kommunikation zwischen den Parteien zu erleichtern. Aus den dem Gericht vorliegenden Unterlagen und den Schriftsätzen der Beschwerdeführer geht nicht eindeutig hervor, in welchen Abständen die YWO ihnen ursprünglich gestattete, ihre beiden jüngsten Kinder bis Februar 2011 bzw. 2012 zu sehen (s. Rn 12 unten). Während eines Kontakttreffens mit R. im Oktober 2010 schlug die Beschwerdeführerin zu 1) – in Anwesenheit des Kindes – der Sozialarbeiterin, die den Besuch begleitete, heftig ins Gesicht und beleidigte sie mit Worten wie „Dummkopf“ und „Hure“.

[11] Ab dem 18.11.2010, nachdem die Beschwerdeführer ihre Wohnung erneut renoviert und wieder in einen bewohnbaren Zustand versetzt hatten (s. Rn 28 unten), durften die drei ältesten Töchter die Wochenenden bei ihren Eltern verbringen.

[12] Ab Februar 2011, als R. in die Obhut einer gewöhnlichen Pflegemutter gegeben wurde (vgl. Rn 31), wurde das vom Jugendamt festgelegte vorläufige Besuchsrecht (vgl. Rn 10) auf eine Stunde pro Monat reduziert. Als M. im Februar 2012 in die Obhut gewöhnlicher Pflegeeltern gegeben wurde, reduzierte die YWO auch die Besuchsrechte der Beschwerdeführer auf eine Stunde pro Monat (vgl. Rn 34). Dem Gericht liegen keine Einzelheiten zu den Erwägungen vor, auf

denen die YWO ihre Entscheidung über den Umfang der Besuchsrechte zu diesem Zeitpunkt gestützt hat.

[13] Am 22.8.2012, nach einem Besuch in den Sommerferien, brachten die Beschwerdeführer ihre drei ältesten Töchter nicht in ihr Pflegeheim zurück. Die YWO bot ihnen die Möglichkeit, die Kinder stattdessen nach dem folgenden Wochenende zurückzubringen, was sie jedoch nicht taten. Nach weiteren Interventionen der YWO brachte die Beschwerdeführerin zu 1) am 29.8.2012 zwei der ältesten Kinder zu einer Polizeistation und schimpfte lautstark bei der Übergabe an die Polizei. Die dritte Tochter wurde von den Behörden in der Wohnung der Beschwerdeführer abgeholt. Gegen die Beschwerdeführer wurde Strafanzeige wegen Kindesentführung gestellt. Die Ermittlungen wurden später eingestellt.

[14] Nach diesen Ereignissen durften die drei ältesten Töchter die Wochenenden nicht mehr bei ihren Eltern verbringen. Die Beschwerdeführer durften sie nur noch zweimal pro Woche für jeweils zwei Stunden im Kinderheim sehen.

[15] Am 23.8.2012 besuchten die Beschwerdeführer R. in Anwesenheit eines Sozialarbeiters. Das Mädchen trug eine Halskette mit einem kleinen Kreuz (vgl. Rn 18). Die Beschwerdeführer waren schockiert, als sie das sahen. Die Beschwerdeführerin zu 1) wurde wütend und zog R., die Angst hatte, am Arm. Als der Sozialarbeiter, der die Besichtigung begleitete, eingriff, reagierten die Eltern mit Schreien und Beschimpfungen. Beide Beschwerdeführer zerrten R. hinter sich her und schrien etwas auf Türkisch. Daraufhin packte der Beschwerdeführer zu 2) das Kind gewaltsam und rannte mit ihr davon. Passanten konnten ihn aufhalten, und R. wurde zu ihrer Pflegemutter zurückgebracht. R. war durch den Vorfall schwer traumatisiert und hatte Angst vor beiden Beschwerdeführern.

[16] Infolge des Entführungsversuchs hat die YWO zu einem unbekannten Zeitpunkt das Besuchsrecht der Beschwerdeführer in Bezug auf R. und M. ausgesetzt.

GERICHTSVERFAHREN

[17] Im Februar 2011 und Mai 2012 erhielt das Bezirksgericht Leopoldstadt (Bezirksgericht – im Folgenden „das Bezirksgericht“), das zuständige Gericht für das Sorgerechtsverfahren sowie für das Verfahren bezüglich des Besuchsrechts der Beschwerdeführer, zwei Stellungnahmen vom Jugendgerichtshilfeamt Wien (Jugendgerichtshilfe, vgl. Rn 30 und 37), das 2013 umstrukturiert und in Wiener Familien- und Jugendgerichtshilfeamt umbenannt wurde (Familien- und Jugendgerichtshilfe; s. Rn 69 unten). Das Gericht holte außerdem im März 2011 (vgl. Rn 32) ein Gutachten eines allgemeinen Psychologen, im März 2012 (vgl. Rn 35) ein Gutachten eines Psychiaters und im September 2012 (vgl. Rn 37) ein Gutachten eines Kinder- und Familienpsychologen ein, um den Umfang des Be-

suchsrechts der Beschwerdeführer zu bestimmen und ihre Fähigkeiten zur Kinderbetreuung zu bewerten. Während der mündlichen Verhandlungen hatten die Beschwerdeführer in Anwesenheit ihres Anwalts Gelegenheit, die Psychologen zu befragen (vgl. Rn 32 und 37).

[18] Während einer der mündlichen Verhandlungen erinnerte das Bezirksgericht die Pflegemutter von R. daran, dass sie die Zugehörigkeit des Kindes zur muslimischen Religion respektieren müsse. Die Pflegemutter antwortete, dass sie selbst „locker" christlich sei, aber R. ihre Religion keineswegs aufzwinge und deren Religion respektiere (zu ihrer Haltung in dieser Hinsicht vgl. Rn 31). Sie erklärte, warum das Mädchen bei dem Treffen im August 2012 eine Halskette mit einem Kreuz getragen hatte. R. hatte die Halskette während ihres letzten Urlaubs aus einem Kaugummiautomaten gezogen. Am Tag des Besuchs hatte sich das Mädchen vehement geweigert, die Beschwerdeführer zu sehen. Die Pflegemutter hatte lange gebraucht, um sie davon zu überzeugen, sich für das Treffen anzuziehen und fertig zu machen. R. hatte sich schließlich ins Badezimmer zurückgezogen, wo sie die Halskette wiederentdeckt hatte, und darauf bestanden, sie während des Kontakts mit den Beschwerdeführern zu tragen. Die Pflegemutter hatte die Halskette nicht entfernt, um das Mädchen, das ohnehin schon extrem aufgeregt war, nicht noch mehr unter Druck zu setzen.

[19]. Am 27.12.2012 wies das Bezirksgericht die Anträge der Beschwerdeführer auf Aufhebung der Notmaßnahme, alle fünf Kinder aus ihrer Obhut zu nehmen, sowie einen Sorgerechtsantrag der Großeltern mütterlicherseits zurück, behielt sich jedoch seine Entscheidung über einen Sorgerechtsantrag der YWO vor, da ein weiterer solcher Antrag der Großmutter väterlicherseits noch geprüft wurde (vgl. Rn 39). Es gewährte den Beschwerdeführern ein Besuchsrecht für die älteren Kinder an den Wochenenden und für M. alle vier Wochen für eine Stunde in Anwesenheit eines Sozialarbeiters, wie es vor dem Vorfall im August 2012 der Fall gewesen war (vgl. Rn 11 und 12). Es wies die Anträge der Beschwerdeführer auf Besuchsrecht in Bezug auf R. zurück. Das Bezirksgericht stützte seine Entscheidung über das Besuchsrecht hauptsächlich auf das erste Gutachten des Kinder- und Familienpsychologen (vgl. Rn 17 und 37), der die jüngsten Interaktionen zwischen den Beschwerdeführern und ihren Kindern beobachtet und die versuchte Entführung von R. berücksichtigt hatte (vgl. Rn 15). Das Bezirksgericht stellte fest, dass die Besuche M. und R. sehr belastet hatten (Einzelheiten zu den Besuchen vgl. Rn 40–42). M. konnte keine längeren Besuche als eine Stunde pro Monat verkraften. Das Besuchsrecht in Bezug auf R. musste für einen Zeitraum von sechs Monaten ausgesetzt werden, da sie durch die Flucht der Beschwerdeführerin zu 2) mit ihr traumatisiert worden war. Sie brauchte Zeit, um sich zu stabilisieren.

[20] Das Bezirksgericht wies die Pflegemutter von R. erneut darauf hin, dass sie die Zugehörigkeit von R. zur muslimischen Religion zu respektieren habe. Es wies einen Antrag der Beschwerdeführer auf ein besonderes Besuchsrecht anlässlich des muslimischen Bayram-Festes zurück, da sie auf die Aufforderung des Bezirksgerichts, das Datum ihres Festes zu klären, nicht geantwortet hatten.

[21] Am 12.4.2013 gab das Landgericht Wien (Landgericht für Zivilrechtssachen; im Folgenden „das Landgericht") einer Berufung der Beschwerdeführer gegen die Entscheidung des Amtsgerichts vom 27.12.2012 in mehreren Punkten statt und wies das Amtsgericht an, weiter zu prüfen, wie die Beziehung zwischen den Kindern und ihren Eltern unter Berücksichtigung von Artikel 8 der Konvention aufrechterhalten werden könnte (vgl. Rn 47).

[22] Am 30.8.2013, im Anschluss an eine Entscheidung des Bezirksgerichts vom 28.8.2013, wurden die drei ältesten Kinder wieder in die Obhut der Beschwerdeführer zurückgegeben (vgl. Rn 49). Das Bezirksgericht wies die Beschwerdeführer an, die Unterstützung der Nichtregierungsorganisation (NGO) „Now – future for all" (Jetzt – Zukunft für alle) anzunehmen, die Beratung auf Türkisch anbot und sich auf in Österreich lebende Personen muslimischen Glaubens konzentrierte, sowie alle vierzehn Tage an Sitzungen mit einem türkischsprachigen Therapeuten der NGO „Gemeinsam lernen" (Miteinander Lernen) teilzunehmen. Die Beschwerdeführer erhielten seit Herbst 2012 Unterstützung von „Now - future for all". Sie hatten einige Fortschritte bei der Annahme von Unterstützung gemacht. Obwohl ihre Fähigkeiten zur Kinderbetreuung noch immer stark zu wünschen übrigließen, wurden sie als fähig befunden, ihren drei ältesten, weitgehend selbstständigen Kindern unter der Voraussetzung intensiver und regelmäßiger Unterstützung und Überwachung die erforderliche Mindestbetreuung zukommen zu lassen (vgl. Rn 49). Das Bezirksgericht behielt sich seine Entscheidung über das Besuchs- und Sorgerecht für R. und M. vor, da es noch auf ein von ihm angeordnetes ergänzendes Gutachten wartete (das vierte Gutachten des Kinder- und Familienpsychologen, vgl. Rn 51).

[23] Am 14.4.2014 übertrug das Bezirksgericht auf der Grundlage eines ergänzenden Gutachtens des Kinder- und Familienpsychologen zu R. und M. sowie weiterer Beweise das alleinige Sorgerecht für R. und M. an die YWO (vgl. Rn 51–57). Den Beschwerdeführern wurde ein Besuchsrecht für jedes Kind in Höhe von einer Stunde alle vier Wochen in Anwesenheit von Sozialarbeitern gewährt. In Bezug auf R. ordnete das Bezirksgericht an, dass die Beschwerdeführer sich durch die Teilnahme an fünf Sitzungen mit einer türkischsprachigen Therapeutin auf die Besuche vorbereiten sollten, um ihnen zu helfen, die Ängste von R. zu verstehen (vgl. Rn 25). Zu Beginn sollte die Therapeutin auch bei den Besuchen zwischen R. und ihren Eltern anwesend sein (ebenda). Das er-

gänzende schriftliche Gutachten zu R. und M. wurde erneut in einer mündlichen Verhandlung erörtert, in der die Beschwerdeführer und ihr Vertreter Gelegenheit hatten, der Sachverständigen Fragen zu stellen und ihre Schlussfolgerungen zu hinterfragen.

[24]. Das Bezirksgericht stellte fest, dass die Kinder aufgrund des Verhaltens der Beschwerdeführer während der Besuche (vgl. Rn 40–41 und 54–55) sehr aufgeregt waren. Die Beschwerdeführer hatten zwar begonnen, die Vorteile einer Unterstützung in ihrem Alltag mit ihren drei ältesten Kindern zu erkennen, zeigten jedoch weiterhin kein Verständnis für ihr problematisches Verhalten gegenüber R. und M. und ihren Bedarf an Unterstützung während der Kontaktbesuche. Daher war die YWO nur in begrenztem Umfang in der Lage, eine solche Unterstützung zu leisten.

[25] Die Beobachtung der Besuche hatte gezeigt, dass M. zu Beginn des Besuchs motiviert war, auf seine Eltern zuzugehen, dass ihn jedoch die unangemessenen Reaktionen und der Mangel an Empathie der Beschwerdeführer dazu veranlassten, sich zurückzuziehen. Das Verhalten der Beschwerdeführer entmutigte ihn und überforderte ihn. Ein umfangreicheres Besuchsrecht würde M. schaden. Es würde seinen Widerstand verstärken und dazu führen, dass er das Vertrauen in sein Umfeld, einschließlich seiner Pflegeeltern, verliert (vgl. Rn 55). Was R. betrifft, die immer noch Angst vor den Beschwerdeführern hatte (vgl. Rn 15), empfahl die Sachverständige in ihrem ergänzenden schriftlichen Gutachten, die Besuche in Bezug auf sie erst dann wieder aufzunehmen, wenn die Beschwerdeführer in der Lage seien, angemessener auf M. zu reagieren. Sie erklärte, dass R. ein Gefühl der Selbstsicherheit brauche, um sich ihren Eltern nähern zu können. Andernfalls würde sie erneut durch die Besuche überfordert sein (vgl. Rn 54). Die Beschwerdeführer waren jedoch derzeit nicht zu einem solch sensiblen Vorgehen in der Lage. Während einer mündlichen Verhandlung, vermutlich im Februar 2014 (vgl. Rn 51) war die Sachverständige bereit, ihre Empfehlung hinsichtlich der Wiederaufnahme der Besuche zwischen den Beschwerdeführern und R. nach der therapeutischen Vorbereitung der Beschwerdeführer und in Anwesenheit des Therapeuten zu ändern (vgl. Rn 23). Solange die Beschwerdeführer nicht in der Lage waren, angemessen auf die Bedürfnisse ihrer Kinder einzugehen und ihnen gegenüber mehr Empathie zu zeigen, konnte das Besuchsrecht nicht ausgeweitet werden.

[26]. Die Berufung der Kläger vor dem Landgericht und ihre anschließende außerordentliche Berufung vor dem Obersten Gerichtshof wurden am 28.8.2014 (vgl. Rn 58) und 22.10.2014 (vgl. Rn 60) jeweils zurückgewiesen. Beide Berufungsgerichte bestätigten die Argumentation des Bezirksgerichts hinsichtlich der Besuchsrechte.

SORGERECHTSVERFAHREN

[27] Am 14.10.2010, also innerhalb von acht Tagen, nachdem die fünf Kinder gemäß den gesetzlichen Bestimmungen aus der Obhut der Beschwerdeführer genommen worden waren (vgl. Rn 79) beantragte die YWO beim Bezirksgericht, ihr das Sorgerecht für die Betreuung und Erziehung der Kinder zu übertragen (Antrag auf Übertragung der Obsorge im Bereich Pflege und Erziehung), mit der Begründung, dass dies unter den gegebenen Umständen im besten Interesse der Kinder sei.

[28] Die Beschwerdeführer renovierten ihre Wohnung anschließend erneut (vgl. Rn 6 und 11) und beantragten wiederholt, die Notmaßnahme, ihre Kinder aus ihrer Obhut zu nehmen, aufzuheben (Antrag auf Beendigung der Maßnahme der Kindesabnahme), und dass ihre Kinder wieder in ihre Obhut zurückgegeben werden. Am 5.11.2010 wurde festgestellt, dass sich die Wohnung in einem akzeptablen Zustand befand.

[29] Am 24.11.2010 beantragten die Großeltern mütterlicherseits das vorübergehende Sorgerecht für alle fünf Kinder, bis diese zu den Beschwerdeführern zurückkehren könnten (vgl. Rn 61).

[30] Das Bezirksgericht ordnete ein psychologisches und ein psychiatrisches Gutachten an (vgl. Rn 32 und 35) und holte eine Stellungnahme der Jugendgerichtshilfe Wien zur Erziehungsfähigkeit der Beschwerdeführer ein (vgl. Rn 17; zur zweiten Stellungnahme der Jugendgerichtshilfe Wien vgl. Rn 37). Die Stellungnahme ging offenbar im Februar 2011 beim Gericht ein und empfahl laut Bezirksgericht, R. und M. vorerst nicht zu den Beschwerdeführern zurückzugeben. Sie blieben daher bei ihren jeweiligen Notfallpflegefamilien.

[31] Im Februar 2011 wurde R. aus der Obhut ihrer Notfall-Pflegeeltern genommen und in die Obhut einer normalen Pflegemutter gegeben (vgl. Rn 12). Nach Angaben der Regierung stand zu diesem Zeitpunkt keine türkische und/oder muslimische Familie zur Verfügung (zu den allgemeinen Bemühungen des Staates in dieser Hinsicht vgl. Rn 100). Daher hatte das RAP, eine spezielle Abteilung der YWO für adoptierte und Pflegekinder (vgl. Rn 87 und 92) eine andere geeignete Pflegeelternperson ausgewählt, die die Schulungskurse absolviert hatte und gut darauf vorbereitet war, Kinder anderer kultureller Herkunft aufzunehmen (vgl. Rn 90). Laut den schriftlichen Unterlagen des RAP zum Bewertungsverfahren, die dem Gericht vorgelegt wurden, hatte sich die neue Pflegemutter von R. als besonders offen gegenüber Kindern mit einem anderen kulturellen oder religiösen Hintergrund und gegenüber deren leiblichen Familien erwiesen.

[32] Das psychologische Gutachten scheint im März 2011 beim Bezirksgericht eingegangen zu sein (vgl. Rn 17). Darin wurde empfohlen, R. und M. vor-

erst nicht an die Beschwerdeführer zurückzugeben. Die Sachverständige wurde von den Beschwerdeführern und ihrem Anwalt in einer mündlichen Verhandlung befragt, in der sie ihre Schlussfolgerungen anzweifelten. Am 20.7.2011 beantragte die YWO das alleinige Sorgerecht für die fünf Kinder (Betrauung mit der gesamten Obsorge).

[33]. Im Rahmen einer mündlichen Verhandlung am 1.9.2011 erklärten sich die Beschwerdeführer damit einverstanden, dass die Bearbeitung ihres Antrags auf Rückgabe der Kinder für sechs Monate ausgesetzt werden könnte.

[34] Im Februar 2012 wurde M. aus der Obhut seiner Notfall-Pflegeeltern genommen und bei normalen Pflegeeltern untergebracht (vgl. Rn 12). Auch hier wählte das RAP laut Angaben der Regierung aufgrund eines Mangels an türkischen und/oder muslimischen Pflegeeltern andere geeignete Pflegeeltern aus (vgl. Rn 31). Laut den schriftlichen Unterlagen des RAP zum Bewertungsverfahren hatten sich die Pflegeeltern von M. als besonders offen gegenüber Kindern mit unterschiedlicher Religion oder kultureller Herkunft erwiesen.

[35] Am 8.3.2012 wurde das Sorgerechtsverfahren wieder aufgenommen. Im März 2012 ging das psychiatrische Gutachten zu den Beschwerdeführern ein (vgl. Rn 17). Über den Inhalt dieser Stellungnahme liegen keine Informationen vor.

[36] Am 26.4.2012 beantragten die Großeltern mütterlicherseits das alleinige Sorgerecht für alle fünf Kinder. Zu einem späteren Zeitpunkt im Jahr 2012 beantragte auch die Großmutter väterlicherseits das Sorgerecht (vgl. Rn 61).

[37] Nach dem psychologischen und psychiatrischen Gutachten (vgl. Rn 32 und 35) holte das Bezirksgericht eine zweite Stellungnahme des Jugendgerichtshilfeamtes Wien ein (vgl. Rn 17 und 30), die im Mai 2012 eintraf. Nach Angaben des Bezirksgerichts empfahl dieses Gutachten, das Sorgerecht für R. und M. auf die YWO zu übertragen. Das Bezirksgericht ordnete ein neues Gutachten eines Kinder- und Familienpsychologen über die Erziehungsfähigkeit der Beschwerdeführer an (vgl. Rn 17 und 19). Diese Sachverständige legte ihre erste schriftliche Stellungnahme im September 2012 vor und berücksichtigte dabei den Entführungsversuch von R. am 23.8.2012 (vgl. Rn 15 oben; zu ihren drei nachfolgenden Stellungnahmen vgl. Rn 48 und 51). Ihre erste Stellungnahme wurde von den Beschwerdeführern und ihrem Anwalt in einer mündlichen Verhandlung angefochten. Nach Angaben des Bezirksgerichts kamen alle Sachverständigen, nämlich das Jugendgerichtshilfeamt Wien (vgl. Rn 30), der allgemeine Psychologe (vgl. Rn 32) und der Kinder- und Familienpsychologe, einstimmig zu dem Schluss, dass R. und M. vorerst nicht zu den Beschwerdeführern zurückgebracht werden sollten. Sie blieben daher in Pflegefamilien untergebracht.

[38] Im Rahmen mehrerer mündlicher Verhandlungen, deren genaue Anzahl und Termine dem Gerichtshof nicht bekannt sind, hörte das Bezirksgericht sowohl die beiden Beschwerdeführer, die durch ihren Anwalt vertreten wurden, als auch die Pflegeeltern, die drei ältesten Kinder, die Großeltern mütterlicherseits und Beamte der YWO an. Es ist unklar, zu welchem Zeitpunkt die Großmutter väterlicherseits erstmals angehört wurde, aber das Verfahren bezüglich ihres Sorgerechtsantrags war zu diesem Zeitpunkt noch nicht abgeschlossen (vgl. Rn 39 und 65).

[39] Am 27.12.2012 (vgl. Rn 19) wies das Bezirksgericht die Anträge der Beschwerdeführer auf Aufhebung der Notmaßnahme, alle fünf Kinder aus ihrer Obhut zu nehmen (vgl. Rn 8), und den Antrag der Großeltern mütterlicherseits auf Sorgerecht (vgl. Rn 62–63) zurück, behielt sich jedoch seine Entscheidung über den Sorgerechtsantrag der YWO vor, da die ergänzenden Untersuchungen des Sachverständigen für Kinder- und Familienpsychologie zum Sorgerechtsantrag der Großmutter väterlicherseits noch nicht abgeschlossen waren (ebenda). Es befand, dass die Maßnahme gerechtfertigt gewesen sei und dass die Minderjährigen nach der derzeitigen Lage weiterhin gefährdet wären, wenn sie in die Obhut der Beschwerdeführer zurückkehren würden.

[40] Auf der Grundlage der Gutachten (vgl. Rn 37) und der Ergebnisse der mündlichen Verhandlungen (vgl. Rn 38) stellte das Bezirksgericht fest, dass die Erziehungsfähigkeiten der Beschwerdeführer eindeutig eingeschränkt waren und die Kinder gefährden würden. Während der begleiteten Besuche mit M. und R. hatte die Beschwerdeführerin zu 1) einen Mangel an Empathie und Respekt gegenüber ihren Kindern gezeigt, indem sie beispielsweise ihre Bedürfnisse ignorierte, sie abrupt berührte, obwohl sie deutlich zeigten, dass sie nicht berührt werden wollten, ihre Grenzen überschritt und sie gegen ihren Willen fütterte, was dazu führte, dass sie sich von ihr abwandten. Sie wurde von ihren eigenen Motiven getrieben und war ihren Kindern gegenüber nicht rücksichtsvoll. Es wurde festgestellt, dass sie insbesondere die Bedürfnisse von R. nicht erkennen konnte und sich wütend und unterschwellig aggressiv verhalten hatte ihr gegenüber. Sie verlangte Nähe und Aufmerksamkeit von R. Beispielsweise kitzelte die Beschwerdeführerin zu 1) sie ohne ihre Zustimmung grob und unterbrach sie wiederholt beim Spielen. Sie sah R. mit einem durchdringenden Blick an, der einschüchternd wirkte. R. zeigte Abwehrsignale, die die Beschwerdeführerin zu)1 nicht wahrnahm, was dazu führte, dass sie R. gegenüber aggressiv reagierte. In Bezug auf M. wurde festgestellt, dass die Beschwerdeführerin zu 1) keine Kenntnisse im Umgang mit ihm besaß, sondern vielmehr die Aufmerksamkeit der anwesenden Erwachsenen suchte. Ihre Aufmerksamkeit gegenüber M. schwankte; abgesehen vom Füttern beschäftigte sie sich während

ihrer Besuchszeit kaum mit ihm. Sie konnte die Bedürfnisse von M. nicht erkennen und reagierte nicht angemessen auf die Kinder. Insgesamt reagierte die Beschwerdeführerin zu 1) wütend, wenn die Kinder ihr gegenüber zurückhaltend waren. Wenn sie hingegen selbst etwas sagen wollte, reagierte sie abrupt defensiv (forsch abwehrend) gegenüber den Versuchen der Kinder, sich ihr zu nähern. Es wurde festgestellt, dass beide Beschwerdeführer trotz der beträchtlichen Zeit, die sie bereits in Österreich gelebt hatten, nur wenig Deutsch sprachen.

[41] Die Beschwerdeführerin zu 1) hatte sich nicht sonderlich bemüht, mit seinen Kindern zu spielen oder sie zum Spielen anzuregen, und hatte während ihrer Besuche kaum mit ihnen gesprochen. Sein grundlegendes Verständnis für die Bedürfnisse der Kinder war begrenzt. Positiv zu vermerken ist, dass er während der Treffen aufmerksam und präsent war, sie beobachtete und akzeptierte, wenn sie sich abwandten. Aus diesem Grund waren die Kinder von sich aus auf ihren Vater zugegangen und hatten körperlichen Kontakt zu ihm gesucht. Es wurde jedoch festgestellt, dass er nicht in der Lage war, das grenzüberschreitende Verhalten seiner Frau auszugleichen, da er eher ein passiver Zuschauer war und Konfliktsituationen mit ihr zu vermeiden schien. Er korrigierte sie kaum, sondern neigte dazu, ihren Ideen zu folgen. Beide Elternteile nahmen die Bedürfnisse der Kinder nur in begrenztem Umfang wahr und waren nicht in der Lage, sie zu stimulieren oder die Kommunikation mit ihnen aufrechtzuerhalten.

[42] Zusammenfassend lässt sich sagen, dass die begleiteten Besuche eine erhebliche Belastung für M. und R. darstellten, die nach den Besuchen Anzeichen von Stress zeigten. Darüber hinaus waren die Beschwerdeführer in der Praxis nicht in der Lage, die Zeit, die sie mit R. und M. verbrachten, für den Umgang mit ihnen zu nutzen, und keiner der Beschwerdeführer zeigte Verständnis für sein Fehlverhalten gegenüber seinen Kindern. Sie konnten die Hilfsangebote der YWO nur in sehr begrenztem Umfang annehmen und hielten sie nicht für notwendig.

[43] Das Bezirksgericht stellte ferner fest, dass die beiden ältesten Kinder, als sie noch mit ihren jüngeren Geschwistern zusammenlebten, starke Symptome der „Parentifizierung“ gegenüber ihren Eltern entwickelt hatten, was bedeutet, dass sie gegenüber ihren Eltern die Rolle der Eltern übernahmen. Die dritte Tochter zeigte gegenüber den Beschwerdeführern regressives Verhalten. Zwei der Kinder mussten eine Brille tragen. Die Beschwerdeführerin zu 1) mochte jedoch keine Brillen und hielt sie für unnötig. Der Beschwerdeführer zu 2) betrachtete das Tragen einer Brille eher als „Wunsch des Kindes“ denn als medizinische Notwendigkeit. Offenbar aus Solidarität mit ihren Eltern ließen die

Mädchen ihre Brillen in ihrem Pflegeheim, wenn sie ihre Eltern am Wochenende besuchten.

[44] Das Bezirksgericht ergänzte, dass das vom Vermieter wegen der erheblich nachteiligen Nutzung eingeleitete Verfahren zur Kündigung der Wohnung des Mietvertrags der Beschwerdeführer (erheblich nachteiliger Gebrauch) zum Zeitpunkt der Entscheidung noch anhängig war. Von September bis November 2012 hatte die Beschwerdeführerin zu 1) einen Kurs bei einem Verein für Erwachsenenbildung und Integration absolviert (Erwachsenenbildungs- und Integrationszentrum), um als Kindergartenerzieherin zu arbeiten, ein Beruf, für den keine offizielle Zulassung erforderlich war. Eine Kindergartenerzieherin ist eine Person, die Fachkräfte bei ihren Aufgaben unterstützt und andere Tätigkeiten ausübt, wie beispielsweise die Zubereitung von Mahlzeiten. Es wurde nicht festgestellt, ob die Beschwerdeführerin zu 2) tatsächlich in einem Kindergarten gearbeitet hat.

[45] Aus den oben genannten Gründen wies das Bezirksgericht den Antrag der Beschwerdeführer auf Aufhebung der Notfallmaßnahme zurück. Eine Rückgabe der Kinder an die Beschwerdeführer würde das Wohlergehen aller fünf Kinder gefährden, da die Beschwerdeführer nicht in der Lage waren, deren Bedürfnisse ausreichend zu erkennen, was eine wesentliche Voraussetzung ist. Das Bezirksgericht stellte ferner fest, dass die Zusammenarbeit mit den Beschwerdeführern schwierig sei, da sie bestehende Probleme bagatellisierten, selbst nachgewiesene Tatsachen wie die Tatsache, dass sie die Kinder in der Vergangenheit allein gelassen hatten, leugneten und es aufgrund ihrer intellektuellen und emotionalen Fähigkeiten nicht für notwendig hielten, ihre Fähigkeiten zur Kinderbetreuung zu hinterfragen oder zu verbessern. Sie schienen nicht in der Lage zu sein, Verbesserungsvorschläge umzusetzen.

[46] In einer Berufung vom 22.1.2013 gegen die Entscheidung des Bezirksgerichts vom 27.12.2012 (vgl. Rn 21 und 39) beanstandeten die Beschwerdeführer, dass der Mangel an Kontakt der Kinder mit der türkischen Sprache und Kultur oder mit der muslimischen Religion in ihren Pflegefamilien nicht im besten Interesse der Kinder sei und zu ihrer Entfremdung geführt habe. Sie argumentierten, dass ihre eigene Fähigkeit, Kinder zu erziehen, durch die Tatsache belegt sei, dass die drei ältesten Töchter gut erzogen und unabhängig seien. Sie machten geltend, dass die Entscheidung des Amtsgerichts schlecht begründet und widersprüchlich sei und dass ihre eigenen positiven Eigenschaften nicht berücksichtigt worden seien. Sie führten außerdem an, dass der Beschwerdeführer zu 2) über ausreichende Deutschkenntnisse verfüge und dass der Anwalt der Beschwerdeführer stets auf Deutsch mit ihm kommuniziere.

[47] Am 12.4.2013 gab das Landgericht der Berufung der Beschwerdeführerinnen in mehreren Punkten statt (ebenda). Es wies das Amtsgericht unter anderem an, zu prüfen, ob die einstweilige Anordnung, mit der die drei ältesten Kinder aus der Obhut der Beschwerdeführerin genommen worden waren, aufgehoben werden könne. Das Gutachten musste in dieser Hinsicht ergänzt werden. Darüber hinaus musste die Frage geprüft werden, ob der Kurs zur Erzieherin in einem Kindergarten zu einer Verbesserung der Erziehungsfähigkeit der der Beschwerdeführerin zu 1) geführt hatte.

[48] Das Bezirksgericht hatte inzwischen das im April 2013 erstellte ergänzende Gutachten zur Großmutter väterlicherseits erhalten (vgl. Rn 39). Es handelte sich dabei um das zweite Gutachten des Kinder- und Familienpsychologen, das in einer mündlichen Verhandlung erörtert wurde. Im Anschluss an die Entscheidung des Landgerichts ordnete das Bezirksgericht ein drittes ergänzendes Gutachten des Sachverständigen für Kinder- und Familienpsychologie zu den Erziehungsfähigkeiten der Beschwerdeführer an. Die Sachverständige schloss ihre dritte Stellungnahme im Juli 2013 ab und kam zu dem Schluss, dass die Erziehungsfähigkeiten der Beschwerdeführer zwar nach wie vor eingeschränkt seien, jedoch ausreichend, um die drei ältesten Kinder unter der Bedingung intensiver Unterstützung zurückzugeben. Die Beschwerdeführer haben diese Stellungnahme nicht angefochten und auch nicht beantragt, sie in einer mündlichen Verhandlung zu erörtern.

[49] Am 28.8.2013 gestattete das Bezirksgericht den drei ältesten Kindern, die zu diesem Zeitpunkt 9, 13 und 14 Jahre alt waren, unter bestimmten strengen Auflagen zu den Beschwerdeführern zurückzukehren (vgl. Rn 22). Auf der Grundlage des letzten (dritten) Gutachtens, das im Juli 2013 von einem Kinder- und Familienpsychologen erstellt worden war (vgl. Rn 48), stellte es fest, dass die Kinder inzwischen weitgehend unabhängig und selbstständig waren und auch den klaren Wunsch geäußert hatten, in das Elternhaus zurückzukehren. Die Situation hatte sich leicht verbessert, da die Beschwerdeführer nun – bis zu einem gewissen Grad – akzeptierten, dass sie Hilfe von anderen benötigten, beispielsweise von der Großmutter väterlicherseits und der Nichtregierungsorganisation „Now - future for all" (vgl. Rn 22). Sie hatten sich gegenüber ihrer weiteren Familie, insbesondere der Großmutter väterlicherseits (vgl. Rn 65), geöffnet, was zuvor nicht der Fall gewesen war. Ihre Wohnung war nicht mehr in einem verwahrlosten Zustand, und es war einfacher, den Haushalt zu führen, da nur noch die drei ältesten Töchter am Wochenende zu Besuch kamen. Auch das Zivilverfahren bezüglich der Kündigung des Mietvertrags der Beschwerdeführerinnen für ihre Wohnung (vgl. Rn 44) war mit einer endgültigen Entschei-

dung vom 12.2.2013 abgewiesen worden, was bedeutete, dass ihre Unterbringung nun gesichert war.

[50] Das Bezirksgericht stellte fest, dass die Beschwerdeführerin zu 1) seit einiger Zeit arbeitslos war und dass er glaubte, der Grund dafür sei, dass ihm seine Kinder weggenommen worden waren. Er gab anderen die Schuld für diese Situation. Nach intensiver Unterstützung und Hilfe seit Herbst 2012 (engmaschige Betreuung und Begleitung) durch die NGO (vgl. Rn 22) wurde positiv festgestellt, dass die Beschwerdeführerin zu 1) emotional stabiler geworden ist und die Bedürfnisse ihrer Kinder besser erkennt. Auf der Grundlage des jüngsten (dritten) Gutachtens, das von den Beschwerdeführern unbestritten blieb (vgl. Rn 48), stellte das Bezirksgericht fest, dass dennoch Mängel in ihrer Erziehungsfähigkeit bestanden, insbesondere in Bezug auf die jüngste der drei ältesten Töchter, die noch stärker auf Erwachsene angewiesen war als ihre älteren Schwestern. Die drei Mädchen waren jedoch in hohem Maße aufeinander angewiesen und sollten daher gemeinsam zu ihren Eltern zurückkehren. Um die Jüngste von ihnen ausreichend zu versorgen, wurden die Beschwerdeführer angewiesen, sie in einer Ganztagsbetreuungseinrichtung unterzubringen. Das Bezirksgericht kam zu dem Schluss, dass die Beschwerdeführer ihre Aufgaben der Kinderbetreuung und -versorgung in Bezug auf ihre drei ältesten Kinder unter der Voraussetzung einer intensiven Unterstützung im erforderlichen Mindestmaß erfüllen könnten (ebenda). Nur eine fortgesetzte Zusammenarbeit der Beschwerdeführer mit Nichtregierungsorganisationen und Behörden würde das Wohlergehen der drei ältesten Kinder gewährleisten (zu den weiteren Entwicklungen in dieser Hinsicht vgl. Rn 52 und 69). In Bezug auf R. und M. setzte das Bezirksgericht das Verfahren fort, da das in Bezug auf sie angeordnete (vierte) ergänzende Gutachten des Kinder- und Familienpsychologen noch nicht vorgelegt worden war (vgl. Rn 22).

[51] Im November 2013 erhielt das Bezirksgericht das vierte ergänzende Gutachten der Kinder- und Familienpsychologin (zum ersten, zweiten und dritten Gutachten vgl. Rn 37, 48 und 50) hinsichtlich der Erziehungsfähigkeit der Beschwerdeführer in Bezug auf R. und M. Das Gutachten wurde in einer mündlichen Verhandlung im Februar 2014 erörtert, in der die Beschwerdeführer und ihr Anwalt Gelegenheit hatten, die Sachverständige zu befragen und ihre Schlussfolgerungen anzufechten. Die Beschwerdeführer, die Großeltern und die Onkel väterlicherseits wurden angehört. Am 14.4.2014 übertrug das Bezirksgericht das Sorgerecht für M. und R. offiziell an die YWO und wies die Anträge der Beschwerdeführer auf Rückgabe der Kinder in ihre Obhut sowie die Anträge der Großeltern und Onkel auf Sorgerecht zurück (vgl. Rn 23 und 66).

[52]. Das Bezirksgericht stellte fest, dass kurz nach der Rückkehr der drei ältesten Töchter in den Haushalt der Beschwerdeführer (vgl. Rn 49) eine Freundin eines der Mädchen den Beschwerdeführer zu 2) beschuldigt hatte, sich ihr sexuell genähert zu haben. Die Beschwerdeführerin zu 1) meldete den Beschwerdeführer zu 2) in Begleitung einer ihrer Töchter und ihrer Beraterin von der Nichtregierungsorganisation „Now – future for all" bei der Polizei. Sie behauptete außerdem, der Beschwerdeführer zu 2) habe Gewalt gegen sie angewendet und sei in das Zimmer gekommen, als seine Töchter duschten. Sie erklärte außerdem, sie wolle die Scheidung einreichen. Später zog die Beschwerdeführerin zu 1) ihre Ansprüche zurück. Auf Anraten der Nichtregierungsorganisation schlief der Beschwerdeführer zu 2) vorübergehend im Haus der Großmutter väterlicherseits. Der Beschwerdeführer zu 2) gab außerdem an, er erwäge, sich von der der Beschwerdeführerin zu 1) zu trennen.

[53] Zu einem dem Gericht nicht bekannten Zeitpunkt wurde die Beschwerdeführerin zu 1) vom Vorwurf der moralischen Gefährdung freigesprochen (sittliche Gefährdung) von Personen unter 16 Jahren in Bezug auf die Freundin der Tochter und die strafrechtlichen Ermittlungen wegen häuslicher Gewalt eingestellt. Das jüngste (vierte) Gutachten (vgl. Rn 51) hatte jedoch gezeigt, dass die Beziehung der Beschwerdeführer konfliktreich geworden war und die Situation innerhalb der Familie sehr fragil war. Das Bezirksgericht berücksichtigte die positive Entwicklung der Beschwerdeführerin zu 1) und das Unterstützungsnetzwerk, das die Beschwerdeführer nun akzeptierten (vgl. Rn 22 und 49), wodurch sie gerade noch in der Lage waren, sich um die drei ältesten Kinder in einem Mindestmaß zu kümmern. Nach Ansicht der Sachverständigen, die ihr Gutachten auch in Bezug auf die drei ältesten Töchter ergänzt hatte, waren die Beschwerdeführer jedoch bereits mit dieser Situation stark überfordert und hatten weiterhin Schwierigkeiten, der jüngsten der drei ältesten Töchter ausreichende emotionale Unterstützung zu bieten. Angesichts der jüngsten Entwicklungen (vgl. Rn 52) führte die YWO eine weitere Gefährdungsbeurteilung durch, um die drei ältesten Töchter zu schützen und zu beurteilen, inwieweit sie bei den Beschwerdeführern bleiben konnten. In ihrem vierten ergänzenden Gutachten stellte die psychologische Sachverständige fest, dass die Beschwerdeführer nicht in der Lage waren, zusätzlich die beiden kleinen Kinder R. und M., die zu diesem Zeitpunkt sechs und drei Jahre alt waren und mehr Betreuung benötigten als die älteren Kinder, zu versorgen. Sie zeigten nach wie vor nur sehr wenig Empathie gegenüber ihren jüngsten Kindern und gingen nicht angemessen auf die Bedürfnisse von M. und R. ein, sondern stellten ihre eigenen Bedürfnisse in den Vordergrund. Ihr Verhalten überforderte die Kinder und führte dazu, dass sie die Beschwerdeführer ablehnten.

[54] Das Bezirksgericht stellte fest, dass R. und M. zu diesem Zeitpunkt bereits seit mehr als drei Jahren bzw. mehr als zwei Jahren bei ihren Pflegeeltern lebten und eine starke Bindung zu ihnen aufgebaut hatten. R. war sich bewusst, dass die Beschwerdeführer ihre leiblichen Eltern waren, aber der Vorfall im August 2012 (vgl. Rn 15), was sie als sehr bedrohlich empfunden hatte, hatte sie zutiefst irritiert. Laut dem Experten hatte sie ihre eigenen kindlichen Gedanken und Assoziationen zu diesem Ereignis, was bedeutete, dass ihre Erinnerung autonom war und nicht aktiv beeinflusst worden war. Sie mochte ihre Geschwister, aber nicht ihre Eltern, zu denen sie den Kontakt zu vermeiden versuchte. Ihre Pflegemutter hatte sie ermutigt, mit ihnen zu interagieren, aber auch festgestellt, dass die Kontaktbesuche vor dem Vorfall im August 2012 (ebenda) eine massive Belastung für R. darstellten und sie aufgrund des gegen ihren Willen ausgeübten Bedürfnisses der Beschwerdeführer nach körperlichem Kontakt und ihrer mangelnden Empathie stark überforderten (vgl. Rn 40–42). Das Mädchen hatte nun immer noch Angst vor beiden Beschwerdeführern und vor der Gefahr, dass die Beschwerdeführerin zu 1) erneut mit ihr weglaufen könnte, und äußerte die Befürchtung, dass ihre Eltern es nicht akzeptieren würden, wenn sie eine Brille trug (die sie benötigte), wie es bei ihren älteren Geschwistern der Fall war. Außerdem hatte sie Angst, dass sie nicht bei ihrer Pflegemutter bleiben dürfte, zu der sie eine intensive Bindung aufgebaut hatte.

[55] Das Bezirksgericht stellte fest, dass auch die Pflegeeltern von M. die Besuche der Beschwerdeführer befürworteten und unterstützten, die jedoch die von den Pflegeeltern aufgestellten Regeln missachteten. Während des letzten vom Sachverständigen beobachteten Besuchs hatten die Beschwerdeführer keine Fähigkeit gezeigt, angemessen mit M. umzugehen (vgl. Rn 25). Die Beschwerdeführerin zu 1) hatte ihn verärgert, indem sie ihm vorschlug, mit ihr in einem Taxi nach Hause zu fahren. Sie hatte sich an ihn gekuschelt oder ihn geküsst, dabei seinen Widerstand ignoriert und ihn beim Spielen unterbrochen. Zu Beginn des Besuchs war M. motiviert gewesen, sich seinen Eltern zu nähern, doch ihre unangemessenen Reaktionen und ihr Mangel an Einfühlungsvermögen hatten dazu geführt, dass er sich von seinen Eltern abwandte, sich wiederholt in eine Ecke des Raumes zurückzog und schließlich zu verstehen gab, dass er gehen wollte. Im Laufe des Besuchs zeigte M. Anzeichen von Resignation, weil die Beschwerdeführer seine Bedürfnisse nicht erkennen konnten. Die Pflegeeltern berichteten, dass M. eine starke Angst entwickelt hatte, mit den Beschwerdeführern allein gelassen zu werden und die Pflegefamilie verlassen zu müssen. M. fühlte sich durch die Kontaktbesuche überfordert.

[56] In Bezug auf die Sprachbarriere stellte das Bezirksgericht fest, dass die Beschwerdeführerin zu 1) während des vom Sachverständigen für seinen Ergän-

zungsbericht begleiteten Besuchs zunächst nicht bemerkt hatte, dass M. sie nicht verstehen konnte, wenn sie mit ihm Türkisch sprach. Die beiden kleinen Kinder sprachen nur Deutsch. Während des Besuchs fungierte eine der älteren Töchter, die an dem Treffen teilnahm, als Dolmetscherin, da die Beschwerdeführer nur wenig Deutsch sprachen.

[57] Darüber hinaus waren M. und R. sehr jung und stark vernachlässigt gewesen, als sie den Beschwerdeführern weggenommen worden waren. Da die Kinder bereits einmal von einer Notfall-Pflegefamilie zu normalen Pflegeeltern wechseln mussten (vgl. Rn 12, 31 und 34), befürchteten beide, ihre normalen Pflegefamilien verlassen zu müssen, zu denen sie eine starke Bindung aufgebaut hatten. Eine Rückkehr zu den Beschwerdeführern würde ihnen starken emotionalen Stress verursachen, der zu Verhaltensstörungen führen könnte. Der Sachverständige bezweifelte, dass die Beschwerdeführer mit einer solchen Situation umgehen könnten, insbesondere wenn alle fünf Kinder bei ihnen wären. Die Rückkehr von R. und M. in die Familie würde auch die beiden ältesten Töchter belasten, da sie sich wahrscheinlich um sie kümmern müssten. Insgesamt stellte das Bezirksgericht fest, dass R. und M. bei einer Rückkehr zu ihren Eltern einer schweren Gefahr ausgesetzt wären, die über Anpassungsschwierigkeiten hinausginge. Es wies daher die Anträge der Beschwerdeführer auf Rückgabe von M. und R. in ihre Obhut zurück.

[58] Eine Berufung der Beschwerdeführer gegen die Entscheidung des Bezirksgerichts vom 14.4.2014 wurde vom Landgericht am 28.8.2014 abgewiesen (vgl. Rn 26). Es bestätigte die Feststellung des Bezirksgerichts, dass die Beschwerdeführer nicht ausreichend in der Lage waren, für ihre beiden jüngsten Kinder zu sorgen. In Bezug auf ihre Beschwerde, dass R. und M. bei österreichischen christlichen Familien untergebracht worden waren, wo sie weder mit der muslimischen Religion noch mit der türkischen Kultur und Sprache in Berührung kamen, stellte das Landgericht fest, dass es keine Anzeichen für eine „Christianisierung" der Kinder gab. Was den Entführungsversuch nach dem Vorfall mit dem Kreuz betrifft (vgl. Rn 15), stellte es fest, dass es „in der Natur der Sache liege“, dass die Minderjährigen, die beide in Österreich bei österreichischen Pflegeeltern lebten, mit christlichen Symbolen konfrontiert wurden. Dies stellte keine Gefährdung des Kindeswohls dar. Es gab keine Anzeichen dafür, dass die Pflegeeltern den kulturellen Hintergrund und die Religion der Kinder nicht berücksichtigten. Die Beschwerdeführer hatten die Tatsache ignoriert, dass die Kinder während ihrer Obhut aufgrund ihrer mangelnden Fähigkeit, sie angemessen zu versorgen, gefährdet waren. Ihre Entfernung aus ihrer leiblichen Familie stellte keine erzwungene „Christianisierung", „Entwurzelung" oder „Beraubung ihrer Identität" dar, wie die Beschwerdeführer argu-

mentiert hatten, sondern war eine Schutzmaßnahme der YWO. Die vom erstinstanzlichen Gericht eingeholten Gutachten lieferten schlüssige Beweise für die mangelnde Erziehungsfähigkeit der Beschwerdeführer. Ein weiterer wesentlicher Grund für die Nichtrückgabe von M. und R. in die Obhut der Beschwerdeführer war die fragile Situation innerhalb der Familie, in der bereits drei Kinder lebten (zur Beschwerde der Beschwerdeführer gegen die Ablehnung der Sorgerechtsanträge der Verwandten vgl. Rn 64).

[59] Die Beschwerdeführer legten beim Obersten Gerichtshof eine außerordentliche Rechtsbeschwerde ein (vgl. Rn 26). Sie machten geltend, dass „interkulturelle und religiöse Eingriffe in ihre Grundrechte" stattgefunden hätten. Die Entziehung der Identität der beiden türkischen Kinder, die nun ohne jeglichen Kontakt zum Islam oder ihrer Kultur aufwuchsen, verstoße gegen Artikel 8 der Konvention der Vereinten Nationen (UN) über die Rechte des Kindes.

[60] Die Berufung wurde vom Obersten Gerichtshof am 22.10.2014 abgewiesen. Es befand, dass die Behauptung einer „erzwungenen Christianisierung" durch die Fakten des Falles nicht gestützt wurde, ebenso wenig wie die Behauptung, dass die Pflegeeltern den Hintergrund und die Religion der Kinder nicht respektierten. Nach Ansicht des Obersten Gerichtshofs hatten die Vorinstanzen auf der Grundlage der festgestellten Tatsachen zu Recht angenommen, dass die Rückgabe von R. und M. in die Obhut der Beschwerdeführer zu ihrer Gefährdung geführt hätte. Die Einschränkung des Sorgerechts der Beschwerdeführer war das Ergebnis ihres Verhaltens (zu den Feststellungen des Obersten Gerichtshofs bezüglich der Sorgerechtsanträge der Verwandten vgl. Rn 62). Diese Entscheidung wurde den Beschwerdeführern am 5.12.2014 zugestellt.

SORGERECHTSANTRÄGE DER VERWANDTEN DER BESCHWERDEFÜHRER

[61] Im Laufe des Sorgerechtsverfahrens (vgl. Rn 36) haben sowohl die Eltern der Beschwerdeführerin zu 1) (am 24.11.2010 vorläufig und am 26.4.2012) und die Mutter des Beschwerdeführers zu 2) (zu einem unbekannten Zeitpunkt im Jahr 2012) das Sorgerecht für die fünf Kinder beantragt. Nach Angaben des Bezirksgerichts war der Vater des Beschwerdeführers zu 2) bereits verstorben.

[62] Am 27.12.2012 wies das Bezirksgericht die Anträge der Großeltern mütterlicherseits auf Sorgerecht zurück (vgl. Rn 39). Es stellte fest, dass der Antrag der Großmutter väterlicherseits auf Sorgerecht weiter geprüft werden müsse (vgl. Rn 38).

[63] Das Bezirksgericht stützte seine Entscheidung auf die Aussagen der Großeltern mütterlicherseits während der Anhörung (ebenda) sowie auf den ersten Bericht der Jugendgerichtshilfe vom Februar 2011 (vgl. Rn 30) und auf das erste Gutachten des Familien- und Kinderpsychologen, der auch die Großeltern mütterlicherseits untersucht hatte, vom März 2011 (vgl. Rn 37). Es wurde

festgestellt, dass keine starken Bindungen zwischen ihnen und den Kindern bestanden und dass ihre Wohnung sehr klein war (37 Quadratmeter). Die Großeltern waren nicht ausreichend organisiert oder vorbereitet, um sich um die Kinder zu kümmern, und konnten nicht erklären, wie sie sich das Zusammenleben mit ihnen vorstellten. Es war zu befürchten, dass sie die Kinder in Wirklichkeit wieder bei ihren Eltern leben lassen würden. Nach dem Gutachten verfügten die Großeltern mütterlicherseits nicht über ausreichende Ressourcen, um die Kinder zu versorgen, und die Erwartung der Beschwerdeführer, dass die Großeltern ihnen die Kinder übergeben würden, würde zu Konflikten innerhalb der Familie führen. Aus psychologischer Sicht wurde eine Übertragung des Sorgerechts auf die Großeltern mütterlicherseits nicht empfohlen. Die Großeltern mütterlicherseits legten keine Berufung gegen die Ablehnung ihres Sorgerechtsantrags ein.

[64] Am 12.4.2013 (vgl. Rn 21 und 47) wies das Landgericht die Berufung der Beschwerdeführer gegen die Ablehnung des Sorgerechtsantrags der Großeltern mütterlicherseits zurück und stellte fest, dass sie nicht berechtigt seien, im Namen der Großeltern mütterlicherseits Berufung einzulegen. Es gab jedoch der Beschwerde in anderen Punkten statt und wies das Bezirksgericht an, die Eignung der Großeltern mütterlicherseits für das Sorgerecht für mindestens eines der fünf Kinder weiter zu prüfen (vgl. Rn 21).

[65] In Bezug auf die Großmutter väterlicherseits gab die Sachverständige für Familien- und Kinderpsychologie im April 2013 ihr ergänzendes Gutachten ab (insgesamt ihr zweites Gutachten; zu ihren anderen Gutachten vgl. Rn 37, 48 und 50). Dem Gericht liegen keine Einzelheiten zum Inhalt dieses Gutachtens vor, außer dass die Sachverständige nicht empfohlen hat, R. und M. in ihre Obhut zu übergeben. In einer Entscheidung vom 28.8.2013 über die Rückgabe der drei ältesten Töchter in die Obhut der Beschwerdeführer (vgl. Rn 22 und 49) stellte das Bezirksgericht fest, dass die Großmutter väterlicherseits bei ihrer Befragung bestätigt hatte, dass es schwerwiegende Missstände gegeben habe (Missstände) zum Zeitpunkt der Notfallmaßnahme der YWO. Sie beschrieb, dass die Beschwerdeführerin zu 1) keine Unterstützung annehmen konnte und sie weggeschickt hatte. Außerdem hatte die Großmutter väterlicherseits zum relevanten Zeitpunkt aufgrund von Todesfällen in ihrer Familie selbst mit Herausforderungen zu kämpfen, was zu verschiedenen Aufenthalten in der Türkei führte. Sie erklärte, dass sie sich um die Kinder kümmern würde, schränkte ihr Angebot jedoch ein, da sie intellektuell und körperlich auf Unterstützung angewiesen war und der Meinung war, dass die Kinder bei ihren Eltern leben sollten. Insgesamt sah sie ihre Aufgabe darin, die Familie im Hintergrund zu unterstützen. Das Bezirksgericht behielt sich seine Entscheidung über das Sorgerecht

für R. und M. vor, da das ergänzende (vierte) Gutachten zu ihnen noch nicht vorlag (vgl. Rn 50). In der Zwischenzeit beantragten drei Brüder des Beschwerdeführers zu 2) zu einem unbekannten Zeitpunkt das Sorgerecht für R. und M.

[66] Am 14.4.2014 wies das Bezirksgericht nach Anhörung der Großeltern mütterlicher- und väterlicherseits sowie der Onkel und nach Einholung des vierten ergänzenden Gutachtens des Familien- und Kinderpsychologen vom November 2013 (vgl. Rn 51) die jeweiligen Anträge auf das Sorgerecht für R. und M. zurück.

[67] Auf der Grundlage des vierten Gutachtens des Kinder- und Familienpsychologen (ebenda) kam es zu dem Schluss, dass die Übertragung des Sorgerechts auf diese Verwandten nicht im Interesse der beiden Kinder wäre. Sie hatten keinerlei Beziehung zu ihnen. Die Unterbringung der Kinder bei diesen Verwandten käme einer Entwurzelung gleich, da sie sich erneut in einer unbekannten Umgebung wiederfinden würden. Ein weiterer Verlust ihrer vertrauten Lebensumstände und Bezugspersonen durch die Trennung von ihren Pflegeeltern würde die Kinder in Gefahr bringen, und weder R. noch M. waren in der Lage, damit umzugehen. Diese Gefahr konnte nicht durch die Vorteile aufgewogen werden, die sich aus der Betreuung durch Verwandte ergaben, die den kulturellen Hintergrund der leiblichen Familie teilten.

[68] Eine Berufung der Beschwerdeführer gegen die Entscheidung des Bezirksgerichts vom 14.4.2014 wurde vom Landgericht am 28.8.2014 abgewiesen (vgl. Rn 58). Das Landgericht stellte fest, dass die Verwandten der Beschwerdeführer keine Berufung gegen die Ablehnung ihrer jeweiligen Sorgerechtsanträge eingelegt hatten. Die Beschwerdeführer waren dazu nicht befugt. In seiner Entscheidung vom 22.10.2014 (vgl. Rn 60) prüfte der Oberste Gerichtshof die Sorgerechtsanträge der Großeltern und Onkel sowie die Möglichkeit, die Kinder in ihre Obhut zu geben, und stellte fest, dass die Übertragung des Sorgerechts auf die YWO gegenüber der Übertragung auf Verwandte nachrangig sei. Die Beschwerdeführer hatten jedoch die Feststellung des Bezirksgerichts, die auf der Empfehlung des Sachverständigen beruhte, nicht berücksichtigt, dass weder R. noch M. in der Lage waren, den Verlust ihres derzeitigen Lebens- und Beziehungsumfelds zu verkraften, und dass daher das Aufwachsen bei ihren Verwandten die Gefährdung, der die Kinder ausgesetzt wären, nicht rechtfertigen konnte.

[69] In einer Erklärung vom 23.4.2015 hat die Familien- und Jugendgerichtshilfe, das ehemalige Jugendgerichtshilfeamt, das 2013 umstrukturiert worden war (vgl. Rn 17) festgestellt, dass die Beschwerdeführer die gerichtlichen Anordnungen in Bezug auf die drei ältesten Töchter nicht befolgt hatten. Die wöchentliche Überwachung durch die NGO hatte nicht stattgefunden, eines

der Kinder hatte einen Hautausschlag entwickelt, war jedoch nicht zu einem Dermatologen gebracht worden, und die Schulzeugnisse der drei Töchter hatten sich verschlechtert. Die NGO hatte im Juni 2015 die Unterstützung der Beschwerdeführer eingestellt, da diese ihre Termine nicht eingehalten hatten. Im September 2016 hatte die Schule einer der Töchter die YWO darüber informiert, dass sie in der Schule unter Angstzuständen litt und nicht mehr am Unterricht teilnehmen konnte, die Beschwerdeführer jedoch nicht zu einem Treffen zu diesem Thema erschienen waren. Das Mädchen hatte später die Schule gewechselt und ihre Situation hatte sich verbessert, sodass in dieser Hinsicht keine weiteren Maßnahmen ergriffen wurden. Die YWO hatte eine weitere Risikobewertung in Bezug auf die drei ältesten Kinder durchgeführt, die ein Jahr gedauert hatte.

[70] Die Beschwerdeführer hatten sich an den österreichischen Bürgerbeauftragten gewandt, in denen sie sich über die Unterbringung ihrer jüngsten Kinder in Pflegefamilien und die angebliche Missachtung des kulturellen und religiösen Hintergrunds der Kinder durch die YWO beschwerten. Am 20.8.2015 teilte die Ombudsstelle den Beschwerdeführern mit, dass sie nach Prüfung der Akte zu dem Schluss gekommen sei, dass die Stadt Wien als für das YWO zuständige Behörde ihrer gesetzlichen Verpflichtung, das Wohl der Kinder zu gewährleisten, ordnungsgemäß nachgekommen sei. Sie befand die Beschwerden der Beschwerdeführer für unbegründet.

[71] Am 15.11.2016 reduzierte das Bezirksgericht nach Anhörung aller Parteien und des Kinderbeauftragten, der inzwischen für M. und R. bestellt worden war, nach Einholung mehrerer Stellungnahmen des Jugendamtes die Umgangssitzungen zwischen den Beschwerdeführern und M. auf viermal jährlich und zwischen den Beschwerdeführern und R. auf zweimal jährlich, jeweils für eine Stunde. Die bisherigen Kontakttreffen waren schwierig verlaufen. M. hatte mit Fieber und Bettnässen reagiert. Beide Kinder, damals sechs und neun Jahre alt, hatten vehement ihren Wunsch zum Ausdruck gebracht, die Beschwerdeführer nicht sehen zu wollen. Nach Ansicht der Familien- und Jugendgerichtshilfe würde es ein Gefühl der Hilflosigkeit hervorrufen und sich negativ auf die Entwicklung ihres Selbstbewusstseins und ihrer Selbstständigkeit auswirken, wenn man sie gegen ihren klar geäußerten Willen zu regelmäßigeren Treffen mit den Beschwerdeführern zwingen würde. Eine weitere Psychotherapie für die Beschwerdeführer und die Kinder sowie eine Erziehungsberatung für die Pflegeeltern wurden empfohlen. Dem Gericht liegen keine Informationen darüber vor, ob diese Entscheidung angefochten wurde.

RECHTLICHER RAHMEN UND PRAXIS

INLÄNDISCHES RECHT UND RECHTSPRECHUNG

I. Das Bundesverfassungsgesetz über die Rechte der Kinder

[72] Das Wohlergehen des Kindes wird auf Verfassungsebene durch das Bundesverfassungsgesetz über die Rechte des Kindes geschützt (Bundesverfassungsgesetz über die Rechte von Kindern– im Folgenden „CLRC", Bundesgesetzblatt I Nr. 4/2011). Im Wesentlichen hat die CLRC die Kernelemente der UN-Kinderrechtskonvention (vgl. Rn 102) und Artikel 24 der Charta der Grundrechte der Europäischen Union übernommen. Die einschlägigen Bestimmungen dieser Instrumente legen fest, dass bei allen Maßnahmen, die Kinder betreffen, unabhängig davon, ob sie von öffentlichen oder privaten Einrichtungen getroffen werden, das Wohl des Kindes vorrangig zu berücksichtigen ist. Zu den Garantien des CLRC gehören unter anderem das Recht auf gewaltfreie Erziehung, das Verbot von Kinderarbeit und das Recht auf regelmäßige persönliche Beziehungen und direkten Kontakt zu beiden Elternteilen.

[73] Das in Abschnitt 2 des CLRC verankerte „Recht auf beide Elternteile" kann nur eingeschränkt werden, wenn der regelmäßige Kontakt zu beiden Elternteilen dem Wohl des Kindes zuwiderläuft (Abschnitt 2(1)). Die Rechtmäßigkeit und die Grenzen dieser Einschränkung leiten sich aus Artikel 8 der Konvention ab. Abschnitt 2 (2) des CLRC setzt Artikel 20 § 1 der UN-Konvention über die Rechte des Kindes um und garantiert, dass „ein Kind, das vorübergehend oder dauerhaft aus seiner familiären Umgebung, die das natürliche Umfeld für das Wachstum und die fruchtbare Entwicklung aller ihrer Mitglieder, insbesondere der Kinder, darstellt, herausgenommen wird, [...] Anspruch auf besonderen Schutz und Unterstützung durch den Staat hat". Der Ausdruck „Entzug des familiären Umfelds" ist so zu verstehen, dass er alle Umstände umfasst, die das System der familiären Betreuung unterbrechen, beispielsweise wenn Kinder und Jugendliche zum Schutz ihres Wohls in einer Pflegefamilie oder einer sozialen Einrichtung untergebracht werden.

II. Bestimmungen des Bürgerlichen Gesetzbuchs zum Sorgerecht

[74] Die zentralen Vorschriften zur Vormundschaft über Minderjährige finden sich in den Artikeln 158 ff. des Bürgerlichen Gesetzbuches (Allgemeines Bürgerliches Gesetzbuch). Gemäß Artikel 158 § 1 des Bürgerlichen Gesetzbuches umfasst das Sorgerecht für einen Minderjährigen sowohl seine Betreuung, Erziehung und Vermögensverwaltung als auch seine rechtliche Vertretung in allen Angelegenheiten. Gemäß Artikel 160 § 1 des Bürgerlichen Gesetzbuches umfasst die Betreuung eines Kindes insbesondere Maßnahmen für sein körperliches Wohlbefinden und seine Gesundheit sowie direkte Aufsicht, wobei die Erziehung eines Kindes insbesondere die Gewährleistung seiner körperlichen, geisti-

gen und moralischen Entwicklung, die Förderung seiner Talente, Fähigkeiten, Vorlieben und Entwicklungsmöglichkeiten sowie seine schulische und berufliche Ausbildung umfasst.

[75] Gemäß Artikel 160 § 2 des Bürgerlichen Gesetzbuches hängt der Umfang der Fürsorge und Erziehung von den Lebensbedingungen der Eltern ab. Das Gesetz enthält keine „Familienrichtlinie"; die Gestaltung der Eltern-Kind-Beziehung wird durch Artikel 8 der Konvention vor unverhältnismäßigen Eingriffen geschützt. Die individuellen Lebensbedingungen und die Autonomie der Familie unterliegen jedoch Einschränkungen, wenn das Verhalten der Eltern das Wohl des Kindes gefährden könnte. Das Wohl des Kindes stellt somit eine Grenze für die Rechte der Eltern dar.

[76] Das Wohl des Kindes muss in jedem Einzelfall festgestellt werden. Aspekte der Kinderpsychologie und Erziehung spielen bei einer solchen Prüfung eine besondere Rolle. Durch das Gesetz zur Änderung des Familienrechts und des Namensrechts von 2013 (Kindschafts- und Namensrechts-Änderungsgesetz, Bundesgesetzblatt I Nr. 15/2013; die geänderten Bestimmungen galten auch für zum Zeitpunkt ihres Inkrafttretens anhängige Verfahren, wie das vorliegende) wurden einige Aspekte, die für das Wohl des Kindes typischerweise von Bedeutung sind, in § 138 des Bürgerlichen Gesetzbuches festgelegt, um Eltern und Gerichten eine Orientierungshilfe zu geben. Dazu gehören neben der angemessenen Versorgung mit Nahrung, medizinischer und hygienischer Betreuung und Unterkunft auch die sorgfältige Erziehung, Pflege, Sicherheit und der Schutz der körperlichen und geistigen Unversehrtheit des Kindes sowie sichere Bindungen zu Bezugspersonen und die Lebensbedingungen des Kindes, seiner Eltern und aller anderen Personen in seinem engen Umfeld.

[77] Nach der Rechtsprechung des Obersten Gerichtshofs muss ein Gericht die konkreten Umstände jedes Einzelfalls berücksichtigen und dabei unter anderem die Kultur und Religion des Kindes berücksichtigen. Bei älteren Kindern kann nicht nur eine Veränderung des kulturellen Umfelds als solche, sondern auch der kulturelle Kontrast zwischen dem bisherigen Umfeld, den bisherigen Lebensbedingungen und Ansichten und denen des neuen kulturellen Hintergrunds zu der Annahme führen, dass das Wohl des Kindes gefährdet ist (vgl. Urteil des Obersten Gerichtshofs vom 25.2.2000, Nr. 10 Ob 25/00, in einem Fall, in dem eine Mutter gegen den Willen des Vaters mit ihren Kindern in die Vereinigten Staaten ziehen wollte).

[78] Nach ständiger Rechtsprechung des Obersten Gerichtshofs hat das Wohl des Kindes Vorrang vor den Rechten der Eltern (vgl. als aktuelles Beispiel das Urteil vom 17.4.2020, Nr. 8 Ob 129/19; RIS-Justiz RS0118080). Wenn das Verhalten der Eltern das Wohl des Kindes gefährdet, muss das Gericht – auf

Antrag oder von Amts wegen – die erforderlichen Maßnahmen ergreifen, um das Wohl des Kindes zu sichern. Das Wohl des Kindes ist gefährdet, wenn die Fürsorgepflichten nicht erfüllt oder grob vernachlässigt werden, wenn andere schutzwürdige Interessen des Kindes ernsthaft oder besonders gefährdet sind oder wenn das gesamte Verhalten der Eltern das Wohl des Kindes gefährdet.

[79] Gemäß Artikel 211 § 1 des Bürgerlichen Gesetzbuches kann die YWO in Situationen unmittelbarer Gefahr die erforderlichen Maßnahmen in Bezug auf die Betreuung und Erziehung von Minderjährigen ergreifen, beispielsweise indem sie diese aus der Obhut ihrer Eltern nimmt. In solchen Fällen erhält die YWO kraft Gesetzes das vorläufige Sorgerecht (im Umfang der vorläufigen Maßnahme) für die betroffenen Minderjährigen, bis ein zuständiges Gericht über die betreffenden Maßnahmen entscheidet. Die YWO muss eine solche Entscheidung innerhalb von acht Tagen nach Ergreifen der Maßnahme beantragen. Diese Maßnahmen müssen so wenig eingreifend wie möglich und verhältnismäßig sein (vgl. beispielsweise das Urteil des Obersten Gerichtshofs vom 24.5.2012, Nr. 1 Ob 4/12)

[80] Artikel 181 § 1 des Bürgerlichen Gesetzbuches sieht vor, dass die zur Sicherung des Wohlergehens des Kindes erforderlichen Anordnungen in Form von Einzelmaßnahmen erfolgen können, wie beispielsweise einer gerichtlichen Anordnung zur Heilbehandlung des Kindes oder dem vollständigen oder teilweisen Entzug des Sorgerechts eines oder beider Elternteile. Gemäß Artikel 182 des Bürgerlichen Gesetzbuches darf das Sorgerecht nur in dem Umfang eingeschränkt werden, der zur Sicherung des Wohlergehens des Kindes erforderlich ist. Eine Änderung des Sorgerechts ist daher nur als letztes Mittel in dringenden Fällen anzuordnen, wobei strenge Maßstäbe anzuwenden sind. Der Oberste Gerichtshof hat entschieden, dass für eine solch einschneidende und weitreichende Maßnahme besonders schwerwiegende Gründe vorliegen müssen, die als dringend notwendig anzusehen sind, da sonst das Wohl des Kindes gefährdet wäre (vgl. Urteile vom 9.3.2011, Nr. 7 Ob 25/11 und vom 29.8.2007, Nr. 7 Ob 126/07), beispielsweise wenn der Elternteil, der das Kind betreut, nicht in der Lage ist, das Kind zu erziehen (vgl. Urteil vom 11.5.2005, Nr. 7 Ob 79/05). Dabei ist nicht nur die aktuelle Situation zu prüfen, sondern es sind auch Zukunftsprognosen für eine solche Entscheidung zu erstellen (vgl. zuletzt Urteil vom 25.3.2021, Nr. 8 Ob 19/21 RIS-Justiz RS0048632).

[81] Da eine Einschränkung des Sorgerechts oder der Entzug des Sorgerechts von der sorgeberechtigten Person nur insoweit angeordnet werden darf, als dies zur Sicherung des Kindeswohls erforderlich ist, ist eine entsprechende Anordnung gemäß § 181 Abs. 1 in Verbindung mit § 226 BGB aufzuheben, wenn die Voraussetzungen für eine solche Anordnung nicht mehr gegeben sind. Ein

Antrag des zuvor sorgeberechtigten Elternteils auf Aufhebung einer Fürsorgemaßnahme kann daher nur dann Erfolg haben, wenn davon ausgegangen werden kann, dass das Wohl des Kindes nicht mehr gefährdet ist. Die entscheidende Frage ist nicht, ob die Erziehung und Betreuung des Kindes durch eine andere Person oder durch andere Pflegeeltern für das Kind besser wäre als die ordnungsgemäße Erziehung und Betreuung durch seine leiblichen Eltern. Die einzige entscheidende Frage ist, ob zu befürchten ist, dass das Wohl des Kindes gefährdet wird, wenn das Sorgerecht auf die leiblichen Eltern übertragen wird (vgl. Urteil des Obersten Gerichtshofs vom 21.2.1990, Nr. 1 Ob 511/90; und in jüngerer Zeit vom 22.9.2015, Nr. 4 Ob 143/15).

[82] Gemäß Artikel 209 des Bürgerlichen Gesetzbuches darf das Sorgerecht für einen Minderjährigen nur dann auf die YWO übertragen werden, wenn keine Verwandten oder andere Personen vorhanden sind, die eine enge Beziehung zu dem Minderjährigen haben oder für die Ausübung des Sorgerechts besonders geeignet sind. Daher ist die Übertragung des Sorgerechts auf die YWO subsidiär (vgl. zuletzt das Urteil des Obersten Gerichtshofs vom 3.8.2021, Nr. 8 Ob 75/21; RIS-Justiz RS0123509). Das Ziel der Unterbringung von Kindern in Pflegefamilien ist es, ihnen die Rückkehr in ihre leibliche Familie zu ermöglichen.

[83] Gemäß Artikel 184 des Bürgerlichen Gesetzbuches sind Pflegeeltern Personen, denen ganz oder teilweise die Betreuung und Erziehung eines Kindes anvertraut ist und zu denen eine Beziehung besteht oder hergestellt werden soll, die der Beziehung zwischen leiblichen Eltern und Kindern ähnelt. Das Bürgerliche Gesetzbuch enthält keine Definition des Begriffs „Notfallpflegeeltern", der von der YWO in der Praxis verwendet wird (vgl. Rn 93).

[84] Gemäß Artikel 187 des Bürgerlichen Gesetzbuches haben das Kind und jeder Elternteil, unabhängig vom Sorgerecht, das Recht auf regelmäßige Umgangszeiten, die vom Wohl des Kindes abhängig sind und die Aufnahme und Aufrechterhaltung einer besonderen engen Beziehung zwischen Eltern und Kind gewährleisten. Artikel 189 des Bürgerlichen Gesetzbuches gewährt dem Elternteil, dem das Sorgerecht nicht übertragen wurde, das Recht, rechtzeitig über wichtige Angelegenheiten, die das Kind betreffen, informiert zu werden und dazu Stellung zu nehmen. Diese Stellungnahmen müssen berücksichtigt werden, wenn der darin zum Ausdruck gebrachte Wunsch dem Wohl des Kindes entspricht.

III. Durchführungsbestimmungen zum Wiener Kinder- und Jugendhilfegesetz

[85] Gemäß einer Vereinbarung (Bundesgesetzblatt Band I, Nr. 106/2019), gemäß § 15a des Bundesverfassungsgesetzes abgeschlossen zwischen der Zentralregierung und den Provinzen (Länder), sind die Bundesländer verpflichtet, in ihren Rechtsvorschriften die Instrumente, Mindeststandards und Dienstleis-

tungen zu verankern, die vom Amt für Kinder- und Jugendhilfe bereitzustellen sind. In Wien sind die Durchführungsbestimmungen in den §§ 28 bis 44 des Wiener Kinder- und Jugendhilfegesetzes 2013 (Wiener Kinder- und Jugendhilfegesetz, Reg. Gesetzblatt, Nr. 51/2013). Gemäß den Abschnitten 28 und 34 darf die Erziehungshilfe nur die am wenigsten eingreifende wirksame Maßnahme umfassen, die den Begabungen, Fähigkeiten, Neigungen und Entwicklungsmöglichkeiten des Kindes entspricht. § 30 sieht vor, dass das Jugendamt für die Betreuung und Erziehung sorgen kann, indem es das Kind bei Verwandten, Pflegeeltern oder in einer sozialpädagogischen Einrichtung unterbringt, wenn das Wohl des Kindes gefährdet ist und die Gefahr nur durch die Unterbringung des Kindes außerhalb der Familie oder des bisherigen Lebensumfelds abgewendet werden kann. § 39 sieht vor, dass Pflegeeltern ausgewählt werden müssen, die für das jeweilige Kind geeignet sind. Die Unterbringung muss dem Wohl des Kindes dienen und ihm die bestmögliche individuelle und soziale Entwicklung gewährleisten. Die Abschnitte 40, 42 und 43 regeln die Prüfung und Dokumentation der persönlichen Eignung eines Pflegeelternteilseinschließlich des Abschlusses der Ausbildung (Ausbildung) organisiert vom Amt für Kinder- und Jugendhilfe. Das Amt für Kinder- und Jugendhilfe muss Fortbildungen anbieten (Fortbildungsangebote). Es muss Beratungsunterstützung für Pflegeeltern sowie für Pflegekinder und ihre Herkunftsfamilien anbieten und den Kontakt zu den leiblichen Eltern fördern. Die Betreuungsverhältnisse unterliegen der Aufsicht durch das Jugendamt.

INLÄNDISCHE PRAXIS IN BEZUG AUF PFLEGEFAMILIEN

[86] Die Regierung legte folgende Informationen zum Verfahren für die Auswahl von Pflegeeltern in Wien und zur Nachbetreuung nach der Unterbringung eines Kindes in Pflege vor.

[87] Eine spezielle Abteilung für adoptierte und Pflegekinder (Referat für Adoptiv- und Pflegekinder – Die „RAP“ (Rapport für Adoptiv- und Pflegeeltern) der Wiener Stadtverwaltung ist für die Auswahl der Pflegeeltern und die Prüfung ihrer Qualifikationen zuständig. Das gesamte Qualifizierungsverfahren dauert mehrere Monate und umfasst eine gründliche Prüfung sowie eine umfassende Schulung der Kandidaten, um hohe Qualitätsstandards zu gewährleisten.

[88] Alle Personen, die sich für die Betreuung eines Kindes interessieren, werden zunächst umfassend über die rechtlichen Grundlagen und die Anforderungen der Kinder- und Jugendhilfeorganisation für die Erteilung der Erlaubnis zur Betreuung und Erziehung eines Kindes sowie über die Verpflichtung zur Teilnahme an den entsprechenden Schulungen informiert. Die Schulung besteht aus sieben Grundmodulen, drei Wahlmodulen und einem Seminar zur

Vertiefung ihrer Kenntnisse und ihres Verständnisses. Diese Module umfassen psychologische, pädagogische, soziale, rechtliche und medizinische Themen.

[89] Im vorliegenden Fall wird besonders auf Modul Nr. 3 Bezug genommen. Das Thema dieses Moduls ist die sogenannte „Biografiearbeit" und die Bedeutung der Herkunftsfamilie für das Kind und seine persönliche Identitätssuche. Dieses Modul zielt insbesondere darauf ab, bei den Pflegeeltern ein hohes Maß an Sensibilität für Respekt und Toleranz gegenüber der Herkunftsfamilie zu gewährleisten. Der Schwerpunkt des Seminars liegt auf der Bedeutung des Kontakts zwischen dem Kind und seinen leiblichen Eltern, der Herkunft des Kindes und seiner Ankunft in der neuen Pflegefamilie. Andere Kulturen und Religionen sowie der Kontakt zu Verwandten werden in der Ausbildung der Pflegeeltern berücksichtigt und sind ein wichtiger Bestandteil weiterer verfügbarer Seminare.

[90] Zusätzlich zur fortlaufenden Schulung wird von Sozialarbeitern des RAP eine eingehende Prüfung der Eignung der Bewerber als Pflegeeltern durchgeführt. Die Eignung der Pflegeeltern, insbesondere ihre körperliche und geistige Gesundheit, ihre Einstellung zur Erziehung und ihre Erziehungsfähigkeit, die Stabilität des Familiensystems und die Unterbringungssituation, wird von Sozialarbeitern vor Ort und in Form von behördlichen Anfragen und Gesprächen bewertet. Wesentliche Elemente dieser Gespräche sind die eigene Familiengeschichte der zukünftigen Pflegeeltern, ihre Werte und Vorstellungen vom Zusammenleben mit einem Pflegekind, ihre familiären und sozialen Ressourcen sowie ihre Bereitschaft, den Kontakt zwischen dem Pflegekind und seiner Herkunftsfamilie zu akzeptieren und zu unterstützen und eine positive Haltung gegenüber der Herkunftsfamilie zu zeigen. Die parallele Pflegeelternschulung soll auch die Sensibilität und Reflexionsfähigkeit der Auszubildenden fördern und unterstützen und ihnen diesbezüglich weitere Schulungen und Unterstützung bieten.

[91] Zukünftige Pflegeeltern müssen körperlich und geistig fit und finanziell unabhängig sein, dürfen keine Vorstrafen haben und müssen eine positive Einstellung zur Kindererziehung sowie eine ausgeprägte Wertschätzung und Offenheit gegenüber den religiösen, kulturellen und sprachlichen Hintergründen anderer Menschen zeigen. Nur wenn alle diese Kriterien erfüllt sind und sie ihre Ausbildung als Pflegeeltern abgeschlossen haben, erhalten sie die Erlaubnis, ein Pflegekind zu betreuen.

[92] Wenn ein Kind im Rahmen der Vollpflege außerhalb seiner Familie betreut werden muss, werden insbesondere Säuglinge und Kleinkinder in Pflegefamilien untergebracht. Dies ist immer eine Angelegenheit des RAP, der für jedes betroffene Kind die am besten geeignete Familie auswählt; dabei werden

auch die Herkunft, die Religion und die Muttersprache des Kindes berücksichtigt. Die Wahrscheinlichkeit, dass genau zu dem Zeitpunkt, zu dem ein Kind mit muslimischem und/oder türkischem Hintergrund in Vollpflege genommen wird, Pflegeeltern mit dem gleichen Hintergrund und/oder der gleichen Religionszugehörigkeit verfügbar sind, ist jedoch äußerst gering. Die Situation wird noch dadurch erschwert, dass trotz intensiver Bemühungen und Werbung nur sehr wenige Pflegeeltern mit muslimischem und/oder türkischem Hintergrund für das Wiener YWO zur Verfügung stehen.

[93] Die Aufnahme eines Kindes in Pflege kann in der Regel nicht geplant werden und muss sehr schnell erfolgen. Sie wird nur dann durchgeführt, wenn das Wohl des Kindes ernsthaft gefährdet ist und diese Gefahr weder durch regelmäßige Betreuungsbesuche noch durch eine Übergabe der Betreuung innerhalb der erweiterten Familie ausreichend verhindert werden kann. In diesem Zusammenhang wird in der von der Regierung vorgelegten Informationsbroschüre erläutert, dass Notfall-Pflegeeltern Fachleute sind, die kleine Kinder bis zu einem Alter von drei Jahren für einen kurzen und begrenzten Zeitraum betreuen, während Kinder, die eine längerfristige Pflege benötigen, von den Notfall-Pflegeeltern zu ihren regulären Pflegeeltern übergeben werden (s.o., Rn 83). Es ist zu berücksichtigen, dass es sich bei den Kindern, die in Pflegefamilien untergebracht werden, in der Regel um Säuglinge oder Kleinkinder handelt, die bereits traumatisiert sind und/oder schwer vernachlässigt wurden. Es kann daher nicht im besten Interesse des Kindes liegen, zu warten, bis das Kind an Pflegeeltern ähnlicher Herkunft übergeben werden kann. Es trifft zu, dass in solchen Situationen Pflegeeltern mit einem anderen kulturellen Hintergrund ausgewählt werden, obwohl, wie oben dargelegt, die Pflegeeltern in den Schulungskursen sorgfältig darauf vorbereitet worden sind, sich gegebenenfalls um Kinder aus anderen Kulturkreisen zu kümmern.

[94] In der Praxis sind die meisten Pflegekinder zum Zeitpunkt ihrer Unterbringung so jung, dass sie sich noch nicht in ihrer Muttersprache ausdrücken können oder nur wenige Wörter sprechen. Diese Kinder würden daher zunächst die Sprache der Pflegefamilie lernen; sollten sie später ihre Muttersprache lernen wollen, würden sie dabei von den Pflegeeltern und der Kinder- und Jugendhilfeorganisation unterstützt und gefördert werden. Die Kinder- und Jugendhilfeorganisation würde in solchen Fällen die Kosten für Sprachkurse übernehmen.

[95]. Nachdem ein Kind in einer Pflegefamilie untergebracht wurde, erhält die Familie zu Beginn sehr intensive Unterstützung. Die Fähigkeit des Kindes, sich während des Integrationsprozesses an das neue Familiensystem anzupassen und sich mit vergangenen Erfahrungen auseinanderzusetzen, während es

gleichzeitig den Kontakt zu seiner Herkunftsfamilie aufrechterhält, stellt für das betroffene Kind und die Pflegeeltern eine nicht unerhebliche Herausforderung dar. In dieser schwierigen Phase können die Pflegeeltern zusätzlich zur Unterstützung und Beratung durch Sozialarbeiter verschiedene Formen der Hilfe in Anspruch nehmen, beispielsweise durch Supervision, bei der sie sich mit Gleichgesinnten austauschen können, aber auch durch die Teilnahme an speziellen Schulungen und die Inanspruchnahme von Pflegeeltern-Coaching durch Psychologen des RAP. Diese Möglichkeiten stehen auch allen Pflegefamilien nach der Eingewöhnungsphase offen. Bei Bedarf übernimmt die Kinder- und Jugendhilfeorganisation die Kosten für eine Therapie.

[96] Auch den leiblichen Eltern werden nach der Unterbringung ihres Kindes in einer Pflegefamilie Beratung und Unterstützung durch Sozialarbeiter der Kinder- und Jugendhilfeorganisation angeboten. Diese Unterstützung zielt darauf ab, den Eltern zu helfen, sich der persönlichen und familiären Probleme bewusst zu werden, die zur Einleitung des Betreuungsprozesses geführt haben, und zu akzeptieren, dass ihr Kind (vorübergehend oder für einen längeren Zeitraum) in der Pflegefamilie betreut wird, sowie eine gute Vertrauens- und Kooperationsbasis mit den Pflegeeltern und nicht zuletzt mit ihrem Kind aufzubauen. Damit sollen belastende Loyalitätskonflikte für das Kind vermieden und die Chancen der leiblichen Eltern verbessert werden, bestehende Probleme zu beseitigen und wieder in die Lage zu kommen, ihr Kind selbst zu versorgen.

[97] Zum Schutz und zum Wohl des Kindes sowie zur Unterstützung der leiblichen Eltern findet der Kontakt zwischen den leiblichen Eltern und dem Kind in Anwesenheit von Sozialarbeitern der Kinder- und Jugendhilfe oder einer anderen geeigneten Einrichtung statt, bis zwischen den leiblichen Eltern und den Pflegeeltern ein ausreichendes Vertrauensverhältnis besteht.

STATISTIKEN ZU PFLEGEFAMILIEN IN WIEN

[98] Die Regierung hat folgende Informationen zur Situation von Kindern in Pflegefamilien in Wien und zur Verfügbarkeit von Pflegefamilien mit türkischem und/oder muslimischem Hintergrund vorgelegt.

[99] Zum 30.6.2017 lebten insgesamt 1.404 Kinder, für deren Erziehung und Betreuung die Stadt Wien zuständig war, bei Pflegeeltern. Diese Pflegekinder wuchsen in 724 Pflegefamilien auf, die aus insgesamt 1.252 einzelnen Pflegeeltern bestanden. Da es nur sehr wenige Pflegekinder mit muslimischem und/oder türkischem Hintergrund gab, wurden diese Kinder nicht in separaten Statistiken erfasst.

[100] Die Zahl der Pflegeeltern mit muslimischem und/oder türkischem Hintergrund war ebenfalls sehr gering. Die Stadt Wien hatte mehrere Versuche unternommen, mehr Pflegeeltern aus der muslimischen oder türkischen Ge-

meinschaft zu gewinnen, doch diese Bemühungen waren bislang leider erfolglos geblieben. Selbst Gespräche mit dem türkischen Konsulat im September und Oktober 2010 sowie mit der türkischen Gemeinschaft in den Jahren 2013 und 2014 hatten an der Situation nichts geändert.

[101] Bei der Unterbringung eines Kindes bei Pflegeeltern wurden die Herkunft und die Religionszugehörigkeit des Kindes so weit wie möglich berücksichtigt, und es wurden Pflegeeltern mit ähnlichem Hintergrund kontaktiert, sofern solche verfügbar waren. Bei der Unterbringung eines Kindes bei Pflegeeltern galt stets der Grundsatz, die am besten geeignete aller verfügbaren Pflegefamilien auszuwählen. Die konkreten Umstände der Unterbringung machten es oft schwierig, Pflegeeltern mit derselben Herkunft und/oder religiösen Überzeugung zu finden, wenn ein Kind mit muslimischem und/oder türkischem Hintergrund in Pflege genommen wurde. Wenn keine Pflegeeltern mit demselben sprachlichen, kulturellen und/oder religiösen Hintergrund verfügbar waren, wurden Pflegeeltern mit einem anderen kulturellen Hintergrund ausgewählt, die besonders offen für andere Kulturen und Religionen waren und sorgfältig auf die Betreuung von Kindern anderer kultureller Herkunft vorbereitet worden waren.

INTERNATIONALES RECHT

[102] Die UN-Konvention über die Rechte des Kindes wurde von Österreich am 26.1.1990 unterzeichnet und am 6.8.1992 ratifiziert. Die relevanten Teile der Konvention, die im Bundesgesetz über die Rechte des Kindes (vgl. Rn 72) umgesetzt wurden, lauten wie folgt:

> Artikel 3
> „1. Bei allen Maßnahmen, die Kinder betreffen, sei es durch öffentliche oder private Sozialhilfeeinrichtungen, Gerichte, Verwaltungsbehörden oder Gesetzgebungsorgane, ist das Wohl des Kindes vorrangig zu berücksichtigen.
> ...“
> Artikel 8
> „1. Die Vertragsstaaten verpflichten sich, das Recht des Kindes auf Wahrung seiner Identität, einschließlich seiner Staatsangehörigkeit, seines Namens und seiner Familienbeziehungen, wie sie gesetzlich anerkannt sind, ohne unrechtmäßige Einmischung zu achten.
> 2. Wird einem Kind unrechtmäßig ein Teil oder die Gesamtheit seiner Identität vorenthalten, so leisten die Vertragsstaaten angemessene Hilfe und Schutz, um seine Identität rasch wiederherzustellen.
> ...“
> Artikel 20
> „1. Ein Kind, das vorübergehend oder dauerhaft aus seiner familiären Umgebung herausgelöst ist oder in dessen eigenem Interesse es nicht in dieser Umgebung bleiben kann, hat Anspruch auf besonderen Schutz und Unterstützung durch den Staat.

2. Die Vertragsstaaten sorgen im Einklang mit ihren innerstaatlichen Rechtsvorschriften für eine alternative Betreuung solcher Kinder.
3. Eine solche Betreuung könnte Folgendes umfassen: unter anderem Pflegeunterbringung, kafalah des islamischen Rechts, Adoption oder, falls erforderlich, Unterbringung in geeigneten Einrichtungen für die Betreuung von Kindern. Bei der Prüfung von Lösungen ist der Kontinuität der Erziehung des Kindes sowie seinem ethnischen, religiösen, kulturellen und sprachlichen Hintergrund gebührend Rechnung zu tragen."

DAS RECHT

MÖGLICHE VERLETZUNG VON ARTIKEL 8 DER KONVENTION

[103] Gemäß Artikel 8 und im Wesentlichen auch gemäß Artikel 9 der Konvention beanstandeten die Beschwerdeführer, dass die innerstaatlichen Gerichte sich geweigert hätten, ihre beiden jüngsten Kinder, R. und M., in ihre Obhut zurückzugeben, und dass bei der Unterbringung der Kinder in ihren Pflegefamilien der kulturelle, sprachliche und religiöse Hintergrund der Beschwerdeführer nicht berücksichtigt worden sei. Artikel 8 lautet wie folgt:

„1. Jeder hat das Recht auf Achtung seines Privat- und Familienlebens, seiner Wohnung und seiner Korrespondenz.
2. Es darf keine behördliche Einmischung in die Ausübung dieses Rechts geben, außer wenn dies gesetzlich vorgesehen und in einer demokratischen Gesellschaft im Interesse der nationalen Sicherheit, der öffentlichen Sicherheit oder des wirtschaftlichen Wohlergehens des Landes, zur Verhinderung von Unruhen oder Verbrechen, zum Schutz der Gesundheit oder Moral oder zum Schutz der Rechte und Freiheiten anderer notwendig ist."

I. Umfang des Falles und rechtliche Einordnung der Beschwerden

[104] Zunächst stellt der Gerichtshof fest, dass die Beschwerden der Beschwerdeführer, die Kinder seien ihnen im Rahmen einer Notmaßnahme entzogen worden, ihr Besuchsrecht bei den Kindern sei zu stark eingeschränkt gewesen und das Sorgerecht sei keinem ihrer Verwandten übertragen worden, vom Präsidenten der Abteilung gemäß Regel 54 § 3 als unzulässig erklärt wurden. Die Prüfung des Falles durch den Gerichtshof beschränkt sich somit auf den Teil, der nicht für unzulässig erklärt worden war, nämlich die Weigerung, die Kinder zurückzugeben, das angebliche Fehlen von Maßnahmen zur Erleichterung einer solchen Rückgabe und die angebliche Nichtberücksichtigung des religiösen, sprachlichen und kulturellen Hintergrunds der leiblichen Eltern der Kinder.

[105] Um die jeweiligen Verfahren jedoch richtig zu beurteilen, muss der Gerichtshof sie in ihren Kontext stellen, was zwangsläufig bedeutet, dass er in gewissem Maße die damit zusammenhängenden Verfahren in Bezug auf öffentliche Fürsorge und Kontaktbeschränkungen berücksichtigen muss (vgl. Jovanovic ./. Schweden -10592/12- § 73, 22.10.2015 und mutatis mutandis, E.M. u.a. ./. Norwegen -53471/17- § 60, 20.1.2022).

[106] Soweit sich die Beschwerdeführer im Wesentlichen auch auf Artikel 9 der Konvention berufen haben, stellt der Gerichtshof fest, dass die zwangsweise Inobhutnahme eines Kindes zwangsläufig Einschränkungen der Freiheit der leiblichen Eltern mit sich bringt, ihre religiösen oder sonstigen weltanschaulichen Überzeugungen in der Erziehung ihres Kindes zum Ausdruck zu bringen (vgl. Abdi Ibrahim ./. Norwegen [GC] -15379/16- § 140, 10.12.2021, KirchE 78, 347). Im Falle von „Abdi Ibrahim (ebd.)" war das Gericht der Ansicht, dass unter den Umständen dieses Falles die Beschwerde über die nachteiligen Auswirkungen der Wahl der Pflegefamilie auf den Wunsch der Beschwerdeführerin, ihr Kind gemäß ihrem muslimischen Glauben zu erziehen, als integraler Bestandteil ihrer Beschwerde über ihr Recht auf Achtung ihres Familienlebens gemäß Artikel 8 der Konvention, ausgelegt und angewendet im Lichte von Artikel 9, zu prüfen sei und nicht als separate Frage der angeblichen Verletzung der durch diese Bestimmung geschützten Rechte (ebd. §§ 140-41).

[107] Das Gericht stellt fest, dass die Entscheidung „Abdi Ibrahim", in der die Pflegefamilie des Kindes ausgewählt wurde, nicht in seinen Zuständigkeitsbereich fiel und dass sich die Auswirkungen dieser Entscheidung in späteren Entscheidungen auf die elterliche Verantwortung und die Genehmigung zur Adoption beschränkte (ebd. § 159). Dennoch ist er derjenige, der über die rechtliche Einordnung der Sachverhalte entscheidet (vgl. Söderman ./. Schweden [GC] -5786/08- § 57, EMRK 2013 und Radomilja u.a. ./. Kroatien [GC] -37685/10 und 22768/12- §§ 113-14, 20.3.2018) ist das Gericht der Ansicht, dass unter Berücksichtigung der besonderen Umstände des vorliegenden Falles die Vorbringen der Kläger hinsichtlich der angeblichen Nichtberücksichtigung ihres kulturellen, sprachlichen und religiösen Hintergrunds durch die Behörden allein unter Artikel 8 zu prüfen sind, sofern dies im Lichte des Artikels 9 von Bedeutung ist.

II. Zulässigkeit

[108] Das Gericht stellt fest, dass die Beschwerden nicht offensichtlich unbegründet sind im Sinne von Artikel 35 § 3 (a) des Übereinkommens. Es stellt ferner fest, dass sie aus keinem anderen Grund unzulässig sind. Sie sind daher für zulässig zu erklären.

III. Begründetheit

[109] Der Gerichtshof stellt fest, dass die Beschwerdeführer unter Berufung auf ihre Rechte aus Artikel 8 in Verbindung mit Artikel 9 eine Reihe einzelner Entscheidungen und Maßnahmen der Behörden angefochten haben, wobei sie im Wesentlichen geltend machten, dass diese in ihrer Gesamtheit einen Verstoß gegen die Konvention darstellten. Der Gerichtshof wird zunächst die Fragen im

Zusammenhang mit der Tatsache prüfen, dass R. und M. nicht in die Obhut der Beschwerdeführer zurückgegeben wurden, und anschließend die Fragen im Zusammenhang mit dem angeblichen Versäumnis der Behörden, den religiösen, sprachlichen und kulturellen Hintergrund der Beschwerdeführer zu berücksichtigen. In Anbetracht der Untrennbarkeit der verschiedenen Aspekte der vor ihm formulierten Beschwerden wird der Gerichtshof jedoch unter Berücksichtigung beider Aspekte zu einer Schlussfolgerung darüber gelangen, ob Artikel 8 verletzt wurde oder nicht.

1. Nichtrückgabe von R. und M. in die Obhut der Beschwerdeführer

(a) Die Anträge der Beschwerdeführer

[110] Die Beschwerdeführer machten geltend, dass ihnen ihre Kinder weggenommen worden seien, weil ihre Wohnung schmutzig gewesen sei. Kurz darauf hätten sie ihre Wohnung erfolgreich renoviert. Dennoch hätten die Behörden sich geweigert, ihnen die Kinder zurückzugeben. Die Beschwerdeführer behaupteten, dass die Behörden nicht geprüft hätten, ob R. und M. in ihrer Entwicklung gefährdet wären, wenn sie wieder in ihre Obhut zurückkehren würden. Sie beklagten, dass unzureichende Maßnahmen ergriffen worden seien, um die Kinder wieder in ihre leibliche Familie zu integrieren. Die innerstaatlichen Gerichte hätten sich stattdessen auf die starken Bindungen zwischen den Kindern und ihren jeweiligen Pflegeeltern konzentriert, ohne die Verwandten zu berücksichtigen, die bereit gewesen wären, sich um die Kinder zu kümmern.

(b) Die Stellungnahmen der Regierung

[111] Die Regierung argumentierte, dass sich die österreichischen Gerichte auf zahlreiche Gutachten und Befragungen aller betroffenen Personen gestützt hätten. Die Beschwerdeführer waren von Anfang an in das Verfahren bezüglich der Maßnahme des Jugendwohlfahrtsamtes (YWO) einbezogen worden, waren von den Sachverständigen und vom Gericht angehört worden und hatten Gelegenheit gehabt, ihre Bedenken und Wünsche hinsichtlich einer möglichen Unterbringung ihrer Kinder bei den Großeltern oder Onkeln zu äußern. Die Eltern hatten jedoch bis zu ihrer am 13.1.2013 eingereichten Beschwerde nicht den Wunsch geäußert, dass die Kinder bei einer türkischsprachigen Person mit Verbindungen zum Islam untergebracht werden sollten (vgl. Rn 46), mehr als zwei Jahre nach ihrer Unterbringung, zu einem Zeitpunkt, als die Kinder bereits eine Bindung zu ihren jeweiligen Pflegeeltern aufgebaut hatten. Kurz nachdem die Kinder aus ihrer Obhut genommen worden waren, hatten die Beschwerdeführer sogar den zuständigen Sozialarbeiter gebeten, dafür zu sorgen, dass die Kinder nicht innerhalb des erweiterten Familienkreises untergebracht würden (vgl. Rn 9). Bei ihrer Prognose für die Zukunft hatten die Gerichte sorgfältig geprüft, ob

die beantragte Änderung der Betreuungsregelungen und des sozialen Umfelds nur zu vorübergehenden Anpassungsschwierigkeiten führen würde oder ob zu befürchten war, dass die Entwicklung der beiden Kleinkinder ernsthaft gefährdet sein würde. Nachdem die drei ältesten Kinder zu den Beschwerdeführern zurückgebracht worden waren, hatte sich herausgestellt, dass dies das Maximum war, das sie bewältigen konnten.

[112] Die innerstaatlichen Gerichte hatten umfassend und detailliert dargelegt, dass die Rückgabe der beiden Kinder ihrem Wohl widersprechen würde. Sie hatten festgestellt, dass die Fähigkeit der Beschwerdeführer, ihre jüngsten Kinder zu erziehen, nach wie vor unzureichend war. Den Pflegeeltern hingegen war nachgewiesen worden, dass sie eine solide und stabile Beziehung zu ihren Pflegekindern aufgebaut hatten und deren Entwicklung förderten.

[113] Den Beschwerdeführern waren von Anfang an regelmäßige Kontaktbesuche mit ihren Kindern angeboten worden. Um eine solide Grundlage für Kommunikation und Vertrauen zu schaffen, wurde eine (vom Staat finanzierte) Kontaktbegleitung durch Sozialarbeiter und später – im Fall von R. – durch einen türkischsprachigen Psychotherapeuten eingerichtet (vgl. Rn 10 und 22–23).

[114] Die YWO, die Sachverständigen des Familien- und Jugendgerichtshilfeamtes und die vom Gericht bestellten Sachverständigen hatten jedoch festgestellt, dass fast alle begleiteten Besuche für beide Kinder eine große Belastung darstellten. Das manchmal von den Beschwerdeführern gezeigte verbal und körperlich aggressive Verhalten war für die beiden kleinen Kinder zu viel gewesen; es hatte sie in einen Zustand der Unsicherheit versetzt und ihnen Angst gemacht, weshalb die Kontaktbesuche eingeschränkt worden waren (vgl. Rn 10).

[115] Vor diesem Hintergrund vertrat die Regierung die Auffassung, dass die fortgesetzte Unterbringung der beiden jüngsten Kinder der Beschwerdeführer bei Pflegeeltern erforderlich gewesen sei, um das Wohl der Kinder zu gewährleisten, und somit keinen Verstoß gegen Artikel 8 der Konvention darstelle.

[116] Nach Ansicht der Regierung zeigten die Entscheidungen der innerstaatlichen Gerichte, dass die Stabilisierung des Zustands der beiden Kinder und die Schaffung der Voraussetzungen für eine positive körperliche und geistige Entwicklung und damit das Wohlergehen der Kinder oberste Priorität hatten.

[117] Die Regierung wies ferner darauf hin, dass den Beschwerdeführern die oben genannte Unterstützung für leibliche Eltern angeboten worden sei (vgl. Rn 96). Allerdings waren sie kaum bereit, die Ratschläge und Unterstützung des Jugendamtes anzunehmen. Ihre Reaktion war stets eher ablehnend und manchmal sogar aggressiv. Auch andere Bemühungen des Familien- und Jugendgerichtshilfeamtes und der vom Gericht bestellten Sachverständigen blieben erfolglos.

(c) Die Stellungnahmen Dritter

[118] Die türkische Regierung bekräftigte, dass eine Fürsorgeanordnung als vorübergehende Maßnahme anzusehen sei, die einzustellen sei, sobald die Umstände dies zuließen, und dass alle Maßnahmen zur Umsetzung der vorübergehenden Fürsorge mit dem letztendlichen Ziel der Wiedervereinigung der leiblichen Eltern und des Kindes im Einklang stehen sollten. Die Behörden waren verpflichtet, Maßnahmen zur Erleichterung der Familienzusammenführung so bald wie vernünftigerweise möglich zu ergreifen, wobei stets das Wohl des Kindes zu berücksichtigen war (es wurde unter anderem auf folgende Verfahren verwiesen: K. und T. ./. Finnland [GC] -25702/94- § 155, EMRK 2001-VII).

(d) Die Bewertung des Gerichts

(i) Allgemeine Grundsätze

[119] Die allgemeinen Grundsätze, die für Fälle gelten, in denen es um Maßnahmen zum Schutz des Kindeswohls geht, einschließlich Maßnahmen wie der im vorliegenden Fall in Rede stehenden, sind in der Rechtsprechung des Gerichtshofs gut etabliert und wurden kürzlich in der Rechtssache „Strand Lobben u.a. ./. Norwegen" [GC] -37283/13- §§ 202-13, 10.9.2019, dargelegt, auf die Bezug genommen wird. Für die Zwecke der vorliegenden Analyse bekräftigt der Gerichtshof, dass im Falle der Anordnung einer öffentlichen Fürsorge, die das Familienleben einschränkt, die Behörden eine positive Verpflichtung haben, Maßnahmen zu ergreifen, um die Familienzusammenführung so bald wie möglich zu erleichtern. Ein Leitprinzip besteht darin, dass eine Fürsorgeanordnung als vorübergehende Maßnahme anzusehen ist, die einzustellen ist, sobald die Umstände dies zulassen, und dass alle Maßnahmen zur Durchführung der vorübergehenden Fürsorge mit dem letztendlichen Ziel der Zusammenführung der leiblichen Eltern und des Kindes im Einklang stehen sollten (ebd., §§ 205 u. 208).

[120] Der Gerichtshof bekräftigt, dass sowohl im Völkerrecht als auch darüber hinaus ein breiter Konsens darüber besteht, dass bei allen Entscheidungen, die Kinder betreffen, deren Wohl im Vordergrund stehen muss. Er hat betont, dass in Fällen, in denen es um die Betreuung von Kindern und Kontaktbeschränkungen geht, das Wohl des Kindes Vorrang vor allen anderen Erwägungen haben muss (ebd, § 204 und die dort zitierten Quellen). In Fällen, in denen die Interessen des Kindes und die Interessen der Eltern miteinander in Konflikt stehen, verlangt Artikel 8, dass die innerstaatlichen Behörden einen gerechten Ausgleich zwischen diesen Interessen herstellen und dabei dem Wohl des Kindes besondere Bedeutung beimessen, das je nach Art und Schwere der Interessen Vorrang vor den Interessen der Eltern haben kann (ebd., § 206).

[121] Die positive Verpflichtung, Maßnahmen zur Erleichterung der Familienzusammenführung zu ergreifen, sobald dies vernünftigerweise möglich ist, wird die zuständigen Behörden ab Beginn der Betreuungszeit zunehmend belasten, wobei stets eine Abwägung mit der Verpflichtung zur Berücksichtigung des Kindeswohls vorzunehmen ist. Im Allgemeinen gebietet das Wohl des Kindes einerseits, dass die Bindungen des Kindes zu seiner Familie aufrechterhalten werden müssen, außer in Fällen, in denen sich die Familie als besonders ungeeignet erwiesen hat, da eine Trennung dieser Bindungen bedeutet, das Kind von seinen Wurzeln zu trennen. Die Bindungen zwischen den Mitgliedern einer Familie und die Aussicht auf eine erfolgreiche Familienzusammenführung werden zwangsläufig geschwächt, wenn ihnen Hindernisse in den Weg gelegt werden, die einen einfachen und regelmäßigen Kontakt untereinander erschweren. Daraus folgt, dass familiäre Bindungen nur unter ganz außergewöhnlichen Umständen getrennt werden dürfen und dass alles getan werden muss, um die persönlichen Beziehungen aufrechtzuerhalten und, falls und wenn angemessen, die Familie „wieder aufzubauen". Andererseits liegt es eindeutig auch im Interesse des Kindes, seine Entwicklung in einem gesunden Umfeld sicherzustellen, und ein Elternteil kann sich nicht auf Artikel 8 berufen, um Maßnahmen zu erwirken, die der Gesundheit und Entwicklung des Kindes schaden würden (ebd., §§ 207-08).

[122] Bei der Beurteilung, ob die Gründe für die beanstandeten Maßnahmen im Sinne von Artikel 8 Absatz 2 der Konvention relevant und ausreichend waren, wird das Gericht berücksichtigen, dass die Auffassungen über die Angemessenheit staatlicher Eingriffe in die Kinderbetreuung von Vertragsstaat zu Vertragsstaat unterschiedlich sind, abhängig von Faktoren wie den Traditionen in Bezug auf die Rolle der Familie und staatliche Eingriffe in Familienangelegenheiten sowie der Verfügbarkeit von Ressourcen für staatliche Maßnahmen in diesem speziellen Bereich. In jedem Fall ist jedoch die Berücksichtigung des Kindeswohls von entscheidender Bedeutung. Darüber hinaus ist zu berücksichtigen, dass die nationalen Behörden den Vorteil haben, in direktem Kontakt mit allen betroffenen Personen zu stehen, oft bereits in der Phase, in der Betreuungsmaßnahmen ins Auge gefasst werden, oder unmittelbar nach deren Umsetzung. Aus diesen Überlegungen folgt, dass es nicht Aufgabe des Gerichtshofs ist, sich an die Stelle der innerstaatlichen Behörden zu setzen, wenn diese ihre Zuständigkeit für die Regelung der Betreuung von Kindern und die Rechte von Eltern, deren Kinder in öffentliche Obhut genommen wurden, ausüben, sondern vielmehr, die von diesen Behörden in Ausübung ihres Ermessens getroffenen Entscheidungen im Rahmen der Konvention zu überprüfen (ebd., § 210, und die dort zitierten Behörden).

[123] In Fällen, die Maßnahmen der öffentlichen Fürsorge betreffen, wird das Gericht außerdem den Entscheidungsprozess der Behörden berücksichtigen, um festzustellen, ob dieser so durchgeführt wurde, dass die Ansichten und Interessen der leiblichen Eltern den Behörden bekannt waren und von ihnen gebührend berücksichtigt wurden und dass sie in der Lage waren, rechtzeitig alle ihnen zur Verfügung stehenden Rechtsbehelfe einzulegen. Zu prüfen ist, ob unter Berücksichtigung der besonderen Umstände des Falles und insbesondere der Schwere der zu treffenden Entscheidungen die Eltern in ausreichendem Maße in den Entscheidungsprozess als Ganzes einbezogen wurden, um ihnen den erforderlichen Schutz ihrer Interessen zu gewährleisten, und ob sie ihre Argumente in vollem Umfang vorbringen konnten (ebd., § 212). Ein weiterer Aspekt, den der Gerichtshof prüfen wird, ist, ob die innerstaatlichen Gerichte eine eingehende Prüfung der gesamten familiären Situation vorgenommen haben (vgl. Y.C. ./. Vereinigtes Königreich -4547/10- § 138, 13.3.2012 und, in jüngerer Zeit, M.L. ./. Norwegen -43701/14- § 42, 7.9.2017).

(ii) Anwendung der oben genannten Grundsätze auf den vorliegenden Fall

[124] Die Beschwerden der Beschwerdeführer betreffen eine angebliche Beeinträchtigung ihres Familienlebens, aber gleichzeitig auch eine angebliche Verletzung der positiven Verpflichtung des Staates, die Familienzusammenführung zu erleichtern (s.o. Rn 121). Die Grundsätze für die Beurteilung der positiven und negativen Verpflichtungen eines Staates nach der Konvention sind ähnlich. Es ist auf ein ausgewogenes Verhältnis zwischen den konkurrierenden Interessen des Einzelnen und der Gemeinschaft als Ganzes zu achten, die Ziele in Artikel 8 Absatz 2 sind von einer gewissen Relevanz (vgl. mutatis mutandis, Hämäläinen ./. Finnland [GC] -37359/09- § 65, ECHR 2014).

[125] Vor dem Gerichtshof wurde nicht bestritten, dass die Ablehnung der Anträge der Beschwerdeführer auf Rückgabe der beiden Kinder in ihre Obhut eine „Einmischung" in ihr Recht auf Achtung ihres Familienlebens darstellte und dass die Maßnahme „im Einklang mit dem Gesetz", nämlich dem Bürgerlichen Gesetzbuch, stand (vgl. Rn 80). Der Gerichtshof sieht keinen Grund, zu einer anderen Auffassung zu gelangen. Die von den innerstaatlichen Gerichten in ihrer Entscheidung, R. und M. nicht an die Beschwerdeführer zurückzugeben, angeführten Gründe zeigen, dass sie die Interessen der Kinder schützen wollten. Damit verfolgten sie ein legitimes Ziel im Sinne von Artikel 8 Absatz 2 der Konvention, nämlich den Schutz der Rechte und Freiheiten anderer (vgl. Achim ./. Rumänien -45959/11- § 94, 24.10.2017).

[126] Es bleibt zu prüfen, ob die innerstaatlichen Behörden – mit ihrer Entscheidung, R. und M. nicht an die Beschwerdeführer zurückzugeben, und mit ihrer Wahl der Maßnahmen – einen angemessenen Ausgleich zwischen den

konkurrierenden Interessen im Einklang mit ihren negativen und positiven Verpflichtungen zur Erreichung des legitimen Ziels unter den besonderen Umständen dieses Falles hergestellt haben.

[127] Nach Prüfung des gesamten Verfahrens (vgl. Rn 123) stellt der Gerichtshof zunächst fest, dass die Rechtssache in drei Instanzen verhandelt wurde, wobei es zu einer Zurückverweisung kam. Aus den dem Gerichtshof vorliegenden Unterlagen geht hervor, dass die Beschwerdeführer jede Gelegenheit hatten, ihren Fall darzulegen, und während des gesamten Verfahrens durch einen Anwalt vertreten waren. Sie stellten zahlreiche Anträge in Bezug auf die Fürsorgeverfügung für ihre Kinder und ihr Besuchsrecht, die alle von den innerstaatlichen Gerichten ordnungsgemäß geprüft wurden. Das Bezirksgericht holte zwei Stellungnahmen des Jugendgerichtshilfebüros ein und bestellte im Laufe des Verfahrens drei verschiedene Sachverständige (vgl. Rn 17), nämlich zwei Psychologen und einen Psychiater, um über die Fähigkeit der Beschwerdeführer, für ihre Kinder zu sorgen, und über ihre Interaktion mit ihnen zu berichten. Nach den Feststellungen des Bezirksgerichts waren die Sachverständigen einstimmig zu dem Schluss gekommen, dass die beiden jüngsten Kinder nicht an die Beschwerdeführer zurückgegeben werden sollten (vgl. Rn 37). Die innerstaatlichen Gerichte wiesen die Kinder- und Familienpsychologin an, ihr Gutachten auf der Grundlage einer neuen Begutachtung der Fähigkeit der Beschwerdeführer, für eine angemessene Betreuung zu sorgen, zu ergänzen, um sicherzustellen, dass etwaige Verbesserungen oder Veränderungen berücksichtigt wurden (s.o., Rn 48 u. 51; vgl. Strand Lobben u.a., oben zitiert, § 222, und A.S. ./.Norwegen - 60371/15- § 68, 17.12.2019, wo das Gericht es als bedeutsam ansah, dass keine aktualisierten Sachverständigengutachten eingeholt worden waren). Das Gericht misst ferner der Tatsache Bedeutung bei, dass die psychologischen Gutachten während der mündlichen Verhandlungen erörtert worden waren und dass die innerstaatlichen Gerichte anschließend den Schlussfolgerungen der von den Beschwerdeführern befragten Sachverständigen folgten (s. Rn 48 u. 51 oben; im Gegensatz dazu Abdi Ibrahim, oben zitiert, §§ 39 und 41, wo das inländische Gericht von der Empfehlung des Sachverständigen abgewichen war). Der Gerichtshof ist daher der Ansicht, dass die Beschwerdeführer in einem Maße in den Entscheidungsprozess einbezogen wurden, das ausreichte, um ihnen den erforderlichen Schutz ihrer Interessen zu gewähren, und dass sie ihren Fall vollständig darlegen konnten (vgl. Strand Lobben u.a., oben zitiert, § 212 und Abdi Ibrahim, oben zitiert, § 151).

[128] Der Gerichtshof bekräftigt, dass der Staat bei der Beurteilung der Notwendigkeit, ein Kind in Obhut zu nehmen, über einen weiten Ermessensspielraum verfügt (vgl. Strand Lobben u.a., oben zitiert, § 211, mit weiteren Verwei-

sen). Eine strengere Prüfung ist jedoch in Bezug auf weitere Einschränkungen erforderlich, wie beispielsweise Beschränkungen des Umgangsrechts der Eltern durch die Behörden, sowie in Bezug auf alle rechtlichen Garantien, die einen wirksamen Schutz des Rechts der Eltern und Kinder auf Achtung ihres Familienlebens gewährleisten sollen (ebenda, vgl. auch A.S. ./. Norwegen, oben zitiert, § 62, in einem Fall, der keine Adoption betraf). In diesem Zusammenhang stellt der Gerichtshof fest, dass die Beschwerdeführer im Wesentlichen beanstandeten, dass die von den innerstaatlichen Behörden unternommenen Schritte zur Erleichterung der Zusammenführung von M. und R. mit ihrer leiblichen Familie unzureichend gewesen seien (vgl. Rn 103). Unter Berücksichtigung der in Rn 104 getätigten Darlegungen wird das Gericht dennoch die Kontaktrechte der Beschwerdeführer bei seiner Gesamtbewertung der vom Staat getroffenen Maßnahmen zur Familienzusammenführung berücksichtigen.

[129] Zu Beginn wurden sowohl R. als auch M. in Notfallpflegefamilien untergebracht (vgl. Rn 9), wo R. etwa vier Monate und M. ein Jahr und vier Monate blieb. Dies deutet darauf hin, dass die Unterbringung als vorübergehende Maßnahme gedacht war, um die Kinder gemäß Artikel 181 des Bürgerlichen Gesetzbuches wieder mit ihren Eltern zusammenzuführen (vgl. Rn 80). Eine Familienzusammenführung kann in der Regel nicht ausreichend unterstützt werden, wenn zwischen den einzelnen Kontaktsitzungen Wochen oder sogar Monate liegen (vgl. A.L. u.a. ./. Norwegen -45889/18- § 48, 20.1.2022 und die darin angeführten Fälle). In diesem Zusammenhang stellt der Gerichtshof fest, dass die Beschwerdeführer von Anfang an Kontakt zu R. und M. hatten. Das Bezirksgericht stellte fest, dass der Kontakt erst nach der Unterbringung der Kinder bei gewöhnlichen Pflegeeltern eingeschränkt worden war (vgl. Rn 12), was darauf hindeutet, dass vor diesem Zeitpunkt umfangreichere Besuche stattgefunden hatten. Von Februar 2011 bis 2012 fanden monatliche Besuchskontakte statt, bis diese im August 2012 aufgrund des Verhaltens der Antragsteller, ihrer Unfähigkeit, Unterstützung und Ratschläge in ausreichendem Maße anzunehmen, um ihre Einstellung gegenüber ihren jüngsten Kindern zu ändern, und des dadurch verursachten Stresses für die Kinder vorübergehend ausgesetzt wurden (vgl. Rn 16 oben. Danach gewährte das Bezirksgericht das Besuchsrecht in dem vom Sachverständigen empfohlenen Umfang (vgl. Rn 19 und 23). Das Gericht verliert nicht aus den Augen, dass das Besuchsprogramm sehr begrenzt war (vgl. Strand Lobben u.a., oben zitiert, § 221) und dass die Beschwerdeführer darunter gelitten haben müssen, ihre Kinder so selten zu sehen. Auf der Grundlage von Sachverständigengutachten stellte das Bezirksgericht jedoch detaillierte Tatsachen fest und kam zu dem Schluss, dass das Verhalten der Beschwerdeführer während der Besuche für die Kinder eine Überlastung dargestellt habe (vgl. Rn 25,

40–42 und 54–55). In diesem Zusammenhang bekräftigt der Gerichtshof, dass ein Elternteil nicht berechtigt sein kann, sich unter Berufung auf Artikel 8 Maßnahmen zu verschaffen, die der Gesundheit und Entwicklung des Kindes schaden würden (vgl. Strand Lobben u.a., oben zitiert, § 207, und E.M. u.a. ./. Norwegen -53471/17- § 59, 20.1.2022).

[130] Die von den Parteien vorgelegten Unterlagen, insbesondere die Entscheidungen der innerstaatlichen Gerichte, enthalten keinen Hinweis darauf, dass die Behörden die Unterbringung in Pflegefamilien nicht als vorübergehende Maßnahme mit dem Ziel der Rückführung der Kinder in die Obhut der Beschwerdeführer angesehen hätten (vgl. A.L. u.a. ./. Norwegen, oben zitiert, § 21; K.O. und V.M. ./. Norwegen -64808/16- § 35, 19.11.2019; Strand Lobben u.a., oben zitiert, §§ 75, 221 und 332; A.S. ./. Norwegen, oben zitiert, § 62; Pedersen u.a. ./. Norwegen -39710/15- § 67, 10.3.2020; Hernehult ./. Norwegen -14652/16- § 74, 10.3.2020; und M.L. ./. Norwegen, oben zitiert, § 92, in allen diesen Fällen hatten die zuständigen Gerichte die Pflegeunterbringung als dauerhafte Unterbringung oder als Maßnahme angesehen, die auf eine längere Dauer oder einen längeren Zeitraum ausgelegt war, und diese Erwägung als Argument für eine restriktive Kontaktaufnahme herangezogen, während im Fall von M.L. ./. Norwegen (oben zitiert, § 93) die Behörden das Ziel der Familienzusammenführung bereits zu Beginn des Verfahrens aufgegeben zu haben schienen, selbst als sie die erste Fürsorgeanordnung erließen. Stattdessen akzeptiert das Gericht, dass die innerstaatlichen Behörden zwar die Rückkehr von R. und M. erleichtern wollten, aber aufgrund der ihnen vorliegenden Beweise keinen Grund hatten, von den Empfehlungen der Sachverständigen abzuweichen und die Besuche zu verlängern. Es stellt fest, dass die Beschwerdeführer sich nie über die Rahmenbedingungen der Besuche als solche oder über das Verhalten der Pflegeeltern im Zusammenhang mit diesen Besuchen beschwert haben. Vielmehr scheint es, dass die Pflegeeltern sich hilfsbereit und unterstützend gezeigt haben, um die Besuche so weit wie möglich zum Erfolg zu führen. Allerdings scheint die Feindseligkeit der Beschwerdeführer gegenüber den Jugendämtern während der Kontaktsitzungen ihre Aufmerksamkeit für die Kinder überlagert zu haben (vgl. bspw. o., Rn 10).

[131] Das Gericht stellt fest, dass die innerstaatlichen Gerichte relevante Gründe für die Schlussfolgerung angeführt haben, dass die Besuche zwischen den Beschwerdeführern und ihren Kindern dem Zweck der Familienzusammenführung dienten, dass jedoch das unbestrittene Verhalten der Beschwerdeführer während dieser Besuche und dessen negative Auswirkungen auf das Wohlbefinden der Kinder nicht bewiesen haben, dass sie trotz der Unterstützung durch Sozialarbeiter und später durch einen Therapeuten, die darauf abzielte,

die Interaktion der Beschwerdeführer mit ihren Kindern zu erleichtern, derzeit für ein umfangreicheres Besuchsprogramm geeignet sind. Daher scheint es, dass nicht die Tatsache, dass die Bindungen zwischen den Beschwerdeführern und den Kindern minimal waren, sondern die Gründe, die bei den Beschwerdeführern für diese begrenzten Bindungen lagen, die Grundlage für die Entscheidungen der innerstaatlichen Gerichte bildeten (vgl. M.L. gegen Norwegen, oben zitiert, § 96).

[132] Darüber hinaus prüften die innerstaatlichen Gerichte im Rahmen des Sorgerechtsverfahrens auch die Möglichkeit, die Kinder bei Verwandten unterzubringen (vgl. Rn 9 und 61–68 oben). Aus den von den Parteien eingereichten Unterlagen geht nicht hervor, zu welchem Zeitpunkt das YWO erstmals Schritte unternommen hat, um deren Betreuungsfähigkeiten zu überprüfen. Das Gericht stellt jedoch fest, dass es gerade die Beschwerdeführer waren, die ursprünglich den Wunsch geäußert hatten, R. und M. nicht in der Großfamilie unterzubringen (vgl. Rn 9). Dies steht im Einklang mit der Feststellung des Bezirksgerichts, dass die Beschwerdeführer sich erst in einem relativ späten Stadium des Verfahrens gegenüber ihrer Großfamilie geöffnet hatten (vgl. Rn 49). Im April 2012 reichten die Verwandten von R. und M., nämlich die Großeltern mütterlicherseits, einen formellen Antrag auf Sorgerecht ein (vgl. Rn 61), zu einem Zeitpunkt, als die Kinder bereits bei ihren jeweiligen regulären Pflegeeltern untergebracht waren, und mehr als eineinhalb Jahre nach ihrer Wegnahme von den Beschwerdeführern. Der Gerichtshof weist darauf hin, dass die innerstaatlichen Gerichte über die Sorgerechtsanträge der Großeltern auf der Grundlage von Sachverständigengutachten (vgl. Rn 63 u. 65) und nach sorgfältiger Prüfung ihrer Betreuungsfähigkeiten entschieden haben. Daher kann es sich der nicht näher begründeten Rüge der Beschwerdeführer nicht anschließen, dass die innerstaatlichen Gerichte die Unterbringung der Kinder bei Verwandten nicht in Betracht gezogen hätten (vgl. Rn 110). Es wiederholt, dass es die Rüge der Beschwerdeführer bezüglich der Ablehnung der Sorgerechtsanträge der Verwandten für unzulässig erklärt hat (vgl. Rn 104) bleibt dennoch die Frage offen, ob die Unterbringung bei einem der Verwandten die Rückkehr der Kinder zu den Beschwerdeführern erleichtert hätte. Angesichts der Tatsache, dass die innerstaatlichen Gerichte ihre Feststellung, dass die Beschwerdeführer weiterhin nicht über ausreichende Erziehungsfähigkeiten verfügten, ausführlich begründet haben, hat der Gerichtshof keinen Grund zu der Annahme, dass eine Zusammenführung wahrscheinlicher gewesen wäre, wenn die Kinder bei Verwandten untergebracht worden wären.

[133] Dass die innerstaatlichen Gerichte eine Zusammenführung der Kinder mit ihren Eltern anstrebten, zeigt sich auch daran, dass die drei ältesten Kinder

den Beschwerdeführern zurückgegeben wurden, sobald dies als sicher angesehen wurde. Die vom Bezirksgericht in Auftrag gegebenen Gutachten zu den beiden jüngsten Kindern R. und M. kamen jedoch übereinstimmend und wiederholt zu dem Ergebnis, dass die Beschwerdeführer nicht in der Lage waren, die Bedürfnisse von R. und M. angemessen zu erkennen und für ihr Wohlergehen zu sorgen. Die beiden jüngsten Kinder waren in einem Alter, in dem sie viel mehr Betreuung benötigten, als die Beschwerdeführer leisten konnten (vgl. Rn 53). Es wurde festgestellt, dass die Rückgabe von R. und M. in die Obhut der Beschwerdeführer den beiden kleinen Kindern starken emotionalen Stress verursachen und zur Entwicklung von Verhaltensstörungen führen könnte (vgl. Rn 57). Da die Beschwerdeführer bereits drei Kinder zu versorgen hatten, kamen die innerstaatlichen Gerichte in Übereinstimmung mit den Gutachten zu dem Schluss, dass es eine Überlastung für sie darstellen würde, zusätzlich noch für ihre beiden jüngsten Kinder angemessen zu sorgen. Auf dieser Grundlage lehnten die innerstaatlichen Gerichte es letztendlich ab, die kleinen Kinder an die Beschwerdeführer zurückzugeben, und übertrugen das alleinige Sorgerecht an die YWO. In Anbetracht der unstreitigen Tatsachen kann sich der Gerichtshof der Auffassung der Beschwerdeführer nicht anschließen, dass die innerstaatlichen Gerichte die Gefährdung von R. und M. nicht geprüft hätten (vgl. Rn 110).

[134] Der Gerichtshof stellt fest, dass die innerstaatlichen Gerichte in ihrer Entscheidung bezüglich M. und R. auch das Wohl der älteren Töchter der Beschwerdeführer berücksichtigt und somit die gesamte familiäre Situation geprüft haben, wie es die Rechtsprechung des Gerichtshofs verlangt (s.o., Rn 53, 57–58 und 123). Die drei älteren Töchter waren zwar nicht Teil des Verfahrens, doch stellt der Gerichtshof fest, dass das Jugendamt eingreifen und untersuchen musste, ob sie kurz nach ihrer Rückkehr zu den Beschwerdeführern gefährdet waren. Die familiäre Situation war konfliktträchtig geworden, da strafrechtliche Vorwürfe erhoben worden waren und die Trennung der Beschwerdeführer möglicherweise bevorstand (s.o., Rn 52–53). Erst durch intensive Unterstützung seitens der Behörden (s.o., Rn 22), gelang es den Beschwerdeführern, die Betreuung ihrer drei ältesten Kinder wiederzuerlangen. Sie erhielten auch Unterstützung bei der Bewältigung ihres Alltags und bei der Aufrechterhaltung des Kontakts zu R. und M. In ihren Schriftsätzen schienen die Beschwerdeführer jedoch das Vorliegen von Schwierigkeiten oder Mängeln zu leugnen (vgl. Rn 110).

[135] Das Gericht stellt fest, dass das Bezirksgericht in seiner Entscheidung vom 14.4.2014 zusätzlich festgestellt hat, dass M. und R. eine starke Bindung zu ihren jeweiligen Pflegeeltern aufgebaut haben und dass eine Herausnahme aus ihrer gewohnten Umgebung ebenfalls eine Gefährdung für sie darstellen würde

(vgl. Rn 54 und 57). In diesem Zusammenhang hat der Gerichtshof entschieden, dass, wenn seit der ursprünglichen Inobhutnahme des Kindes eine beträchtliche Zeitspanne vergangen ist, das Interesse des Kindes daran, nicht de facto eine erneute Veränderung der familiären Situation zu erfahren, das Interesse der Eltern an einer Familienzusammenführung überwiegen kann (siehe Strand Lobben u.a., oben zitiert, § 208). Gleichzeitig ist bei der Beurteilung, ob die Behörden ihren Verpflichtungen aus Artikel 8 nachgekommen sind, die Frage relevant, ob sie für eine Situation des Familienzerfalls verantwortlich sind, weil sie ihrer Verpflichtung zur Erleichterung der Familienzusammenführung nicht nachgekommen sind (ebd., vgl. auch Pedersen u.a., oben zitiert, § 68; Hernehult, oben zitiert, § 74; und Abdi Ibrahim., oben zitiert, § 151). Im vorliegenden Fall hat das Gericht jedoch bereits festgestellt, dass die Behörden versucht haben, die Zusammenführung der Beschwerdeführer mit R. und M. zu erleichtern, und dass das Verhalten der Beschwerdeführer ein zentraler Faktor war, der dies verhindert hat (vgl. Rn 131).

[136] Schließlich prüfte der österreichische Ombudsrat auch die Beschwerden der Beschwerdeführer über die Unterbringung ihrer Kinder in Pflegefamilien und kam zu dem Schluss, dass die YWO ihrer Verpflichtung, das Wohl der Kinder zu gewährleisten, ordnungsgemäß nachgekommen war (vgl. Rn 70).

[137] Insgesamt stellt das Gericht fest, dass die von den innerstaatlichen Gerichten angeführten Gründe für die Ablehnung der Anträge der Beschwerdeführer auf Rückgabe ihrer Kinder in ihre Obhut auf umfassenden Zeugenaussagen und Sachverständigengutachten beruhten und dass alle relevanten Argumente bei ihrer Beurteilung berücksichtigt wurden (vergleiche und kontrastiere Strand Lobben u.a., oben zitiert, § 225). Das Gericht ist daher überzeugt, dass die vorgebrachten Gründe nicht nur relevant, sondern auch im Sinne von Artikel 8 Absatz 2 der Konvention ausreichend waren.

2. *Nichtberücksichtigung des kulturellen, sprachlichen und religiösen Hintergrunds der Beschwerdeführer*

(a) Die Anträge der Beschwerdeführer

[138] Die Beschwerdeführer argumentierten, dass die innerstaatlichen Behörden ihren kulturellen, sprachlichen und religiösen Hintergrund völlig ignoriert hätten, als sie ihre Kinder bei christlichen Pflegeeltern unterbrachten, die keinen türkischen oder muslimischen Hintergrund hatten. M. und R. wuchsen ohne Kenntnisse der türkischen Sprache und Kultur und ohne jeglichen Kontakt zur muslimischen Religion auf und wurden von ihrer türkischen Identität entfremdet. Infolgedessen sprachen beide Kinder nur Deutsch. Die Sprachbarriere war für die Beschwerdeführer besonders schwierig, da sie trotz ihrer langjährigen Aufenthaltsdauer in Österreich nur über sehr geringe Deutschkenntnisse ver-

fügten, was die Kommunikation mit M. und R. erschwerte. Darüber hinaus behaupteten sie, dass die innerstaatlichen Gerichte die Möglichkeit einer Unterbringung der kleinen Kinder bei ihren Großeltern oder anderen Verwandten nicht in Betracht gezogen hätten, die denselben kulturellen, sprachlichen und religiösen Hintergrund wie die Beschwerdeführer gehabt hätten, obwohl sie bereit gewesen wären, sich um die Kinder zu kümmern (vgl. Rn 110).

(b) Die Stellungnahmen der Regierung

[139] Die Regierung stellte fest, dass die Beschwerdeführer von Anfang an in das Gerichtsverfahren über die Maßnahmen der YWO einbezogen worden waren. Sie waren von den vom Gericht bestellten Sachverständigen und vom Gericht selbst angehört worden und hatten die Möglichkeit gehabt, ihre Bedenken hinsichtlich einer Unterbringung außerhalb der Familie persönlich oder schriftlich vorzubringen und ihre Präferenz für eine Unterbringung bei den Großeltern oder Onkeln zu äußern. Tatsächlich hatten die Beschwerdeführer unmittelbar nach der Wegnahme der Kinder den zuständigen Sozialarbeiter gebeten, dafür zu sorgen, dass ihre Kinder nicht innerhalb des erweiterten Familienkreises untergebracht würden. Die YWO und später die Gerichte hatten während des Sorgerechtsverfahrens dennoch die Möglichkeit einer Unterbringung bei Verwandten geprüft. Die entsprechenden Untersuchungen hatten jedoch ergeben, dass keiner der Verwandten für die Betreuung der Kinder geeignet war. Daher mussten die Kinder bei externen Pflegeeltern untergebracht werden. Leider standen dem YWO zu diesem Zeitpunkt keine Pflegeeltern mit muslimischem und/oder türkischem Hintergrund zur Verfügung. Beide Kinder wurden daher bei Pflegefamilien untergebracht, die besonders offen für andere Kulturen und Religionen waren (s. Rn 31 u. 34 oben). M. und R. hatten sich anschließend in ihren Pflegefamilien sehr positiv entwickelt. Beide Kinder waren sich ihrer Herkunft bewusst und hielten gemäß der gerichtlichen Anordnung regelmäßigen Kontakt zu ihren Eltern und Geschwistern.

[140] Die Regierung argumentierte, dass die sich aus den Artikeln 8 und 9 der Konvention ergebende Verpflichtung der Behörden und Gerichte in keinem Fall eine Garantie für die leiblichen Eltern darstelle, dass ihr Kind in seiner neuen Umgebung keinen Eindrücken ausgesetzt werde, von denen die leiblichen Eltern das Kind fernhalten möchten. In ihrer Umgebung waren M. und R. nicht nur mit dem Christentum, sondern auch mit anderen Religionen und Kulturen konfrontiert, ohne dass dies auf eine Indoktrination hindeutete. Während die YWO darauf achtete, dass die Pflegeeltern mit den Kindern über ihre kulturellen Wurzeln sprachen und ihr Interesse daran förderten, hatten sich die Beschwerdeführer während der Besuche in einer Weise verhalten, die für die Kinder belastend war, und beide Kinder hatten auf die Besuche mit Schlafstörungen,

psychosomatischen Erkrankungen und Bettnässen reagiert. Da jedoch die Kontaktsitzungen mit den Beschwerdeführern und den drei ältesten Schwestern eine wertvolle Quelle für den Kontakt mit der türkischen Kultur und dem Islam darstellten, wurde besonderer Wert auf die Möglichkeit gelegt, diesen Kontakt auszuweiten.

[141] Die Regierung erklärte, dass die Beschwerdeführer ihren Wunsch, dass nur Personen mit Kenntnissen der türkischen Sprache und einer engen Verbundenheit zum Islam als Pflegeeltern ausgewählt werden sollten, erstmals in ihrer Beschwerde vom 22.1.2013 (vgl. Rn 46) geäußert hatten, zu einem Zeitpunkt, als die Kinder bereits bei ihren regulären Pflegefamilien lebten.

[142] Was die Sprachbarriere zwischen den Beschwerdeführern und ihren beiden jüngsten Kindern angeht, so wiederholte die Regierung, dass M. und R. in sehr jungem Alter (damals drei Jahre und drei Monate) in einer Notfallpflegefamilie untergebracht werden mussten. Die Kinder könnten ihre Muttersprache lernen, wenn sie dies wünschten. Dies würde nicht nur von den Pflegeeltern unterstützt und gefördert, sondern die Kosten für solche Sprachkurse würden auch von der YWO übernommen. Darüber hinaus könne davon ausgegangen werden, dass die Beschwerdeführer nicht zuletzt aufgrund ihrer langen Aufenthaltsdauer in Österreich selbst über gewisse Deutschkenntnisse verfügten. Nach Angaben seines eigenen Rechtsbeistands verfügte die Beschwerdeführerin zu 1) über ausreichende Deutschkenntnisse für den täglichen Gebrauch. Die YWO habe anerkannt, dass beide Beschwerdeführer über gute Deutschkenntnisse verfügten, und erklärt, dass sie bei verschiedenen Gelegenheiten betont hätten, dass sie in Österreich zur Schule gegangen seien.

[143] Die Regierung kam zu dem Schluss, dass angesichts der dringenden Notwendigkeit, eine weitere psychische und physische Vernachlässigung von M. und R. zu verhindern, die Interessen der Beschwerdeführer hinsichtlich der sprachlichen, kulturellen und religiösen Erziehung ihrer Kinder als weniger wichtig anzusehen seien.

(c) Die Stellungnahmen Dritter

[144] Die türkische Regierung machte geltend, dass die Unterbringung von Kindern in Pflegefamilien ohne Berücksichtigung ihres religiösen, kulturellen, ethnischen und sprachlichen Hintergrunds die Rechte ihrer Eltern gemäß Artikel 8 der Konvention verletze. Außerdem verletzte sie ihr Recht, ihre Kinder gemäß ihren eigenen religiösen Überzeugungen zu erziehen, wie es in Artikel 9 der Konvention garantiert ist. Sie argumentierten, dass es in diesem Zusammenhang umso wichtiger sei, dass eine solche Unterbringung eine vorübergehende Maßnahme bleibe und dass das letztendliche Ziel darin bestehen sollte, die leiblichen Eltern wieder mit ihrem Kind zusammenzuführen.

(d) Die Beurteilung des Gerichts

[145] Wie oben dargelegt (vgl. Rn 106), ist die Beschwerde der Beschwerdeführer über die nachteiligen Auswirkungen der Wahl der Pflegefamilie auf ihren Wunsch, dass ihre Kinder im Einklang mit ihrem muslimischen Glauben und ihren sprachlichen und kulturellen Wurzeln erzogen werden, als integraler Bestandteil ihrer Beschwerde über ihr Recht auf Achtung ihres Familienlebens zu prüfen, das durch Artikel 8 der Konvention garantiert ist, und im Lichte von Artikel 9. In diesem Zusammenhang bekräftigt der Gerichtshof, dass die zwangsweise Inobhutnahme eines Kindes zwangsläufig Einschränkungen der Freiheit der leiblichen Eltern mit sich bringt, ihre religiösen oder sonstigen weltanschaulichen Überzeugungen bei der Erziehung ihres Kindes zum Ausdruck zu bringen (vgl. Abdi Ibrahim., oben zitiert, §§ 140-41).

[146] Um dies zu erleichtern, unter anderem bei der Familienzusammenführung, sobald dies vernünftigerweise möglich ist, müssen die Behörden die Rechte der Eltern gebührend berücksichtigen, einschließlich ihres Interesses daran, dass ihre Kinder in einer Pflegefamilie mit einem bestimmten kulturellen, sprachlichen und/oder religiösen Hintergrund untergebracht werden (vgl. im Zusammenhang mit Artikel 2 des Protokolls Nr. 1 zur Konvention Olsson ./. Schweden -10465/83- Bericht der Kommission vom 2.12.1986, § 183 und Tennenbaum ./. Schweden -16031/90- Entscheidung der Kommission vom 3.5.1993). Die Rechte der leiblichen Eltern gemäß Artikel 8 der Konvention, ausgelegt im Lichte von Artikel 9, könnten jedoch nicht nur durch die letztendliche Suche nach einer Pflegefamilie, die ihrem kulturellen und religiösen Hintergrund entspricht, gewahrt werden. Der Gerichtshof verweist auf die Bewertungen der innerstaatlichen Gerichte hinsichtlich der verschiedenen Interessen, die in Fällen dieser Art, in denen das Wohl des Kindes im Vordergrund stehen muss, während des gesamten Verfahrens zu berücksichtigen sind, sowie auf die relativ weitgehende Übereinstimmung im Völkerrecht, dass die innerstaatlichen Behörden unter Umständen wie denen des vorliegenden Falles einer Mittelverpflichtung und nicht einer Ergebnisverpflichtung unterliegen (vgl. Abdi Ibrahim [GC], oben zitiert, § 161).

[147] Im vorliegenden Fall bekräftigt der Gerichtshof, dass die Beschwerden der Beschwerdeführer über die anfängliche Unterbringung in einer Pflegefamilie als Notmaßnahme, ihre eingeschränkten Besuchsrechte und die Ablehnung der Sorgerechtsanträge ihrer Verwandten für unzulässig erklärt wurden (vgl. Rn 104). Es bleibt somit die Frage, ob die Behörden bei der Unterbringung von R. und M. in ihren jeweiligen Pflegefamilien und danach das Interesse der Beschwerdeführer an einer Erziehung ihrer Kinder im Einklang mit ihrer kulturellen und religiösen Herkunft gebührend berücksichtigt haben. Nach den vorlie-

genden Informationen, die von den Beschwerdeführern nicht bestritten wurden, gibt es im Raum Wien nur sehr wenige türkische und/oder muslimische Pflegefamilien, obwohl die Behörden sich aktiv darum bemüht haben, mehr solche Familien zur Bewerbung zu ermutigen (vgl. Rn 100). Als die YWO normale Pflegeeltern für R. und M. suchen musste, standen trotz aller Bemühungen keine Pflegeeltern mit muslimischem und/oder türkischem Hintergrund zur Verfügung. Beide Kinder wurden daher in Pflegefamilien untergebracht, die besonders offen für andere Kulturen und Religionen waren (vgl. Rn 31 u. 34 oben). Darüber hinaus hatte die YWO nach den unbestrittenen Angaben der Regierung darauf geachtet, dass die Pflegeeltern mit den Kindern über ihre kulturellen Wurzeln sprachen und ihr Interesse daran förderten (vgl. Rn 140).

[148] Der Gerichtshof stellt ferner fest, dass die Beschwerdeführer zum Zeitpunkt der Unterbringung der Kinder keinen konkreten Wunsch nach einer bestimmten Pflegefamilie geäußert hatten. Im Oktober 2010 sprachen sich die Beschwerdeführer ausdrücklich dagegen aus, die Kinder bei Verwandten unterzubringen (vgl. Rn 9). Dennoch und entgegen den Behauptungen der Beschwerdeführer, die ihr Vorbringen nicht begründet haben (vgl. Rn 138), bemühten sich die Behörden zu prüfen, ob die Großeltern oder Onkel der Kinder in der Lage waren, die Kinder in ihre Obhut zu nehmen, da das österreichische Recht der Unterbringung von Kindern bei Verwandten Vorrang einräumt (vgl. Rn 82). Allerdings wurde keiner von ihnen als geeignet oder fähig angesehen, die Kinder zu betreuen (vgl. Rn 63 u. 67).

[149] Unter diesen Umständen kann der Gerichtshof akzeptieren, dass sich die innerstaatlichen Behörden – auf der Grundlage der verfügbaren Informationen – bemüht haben, die Kinder der Beschwerdeführer in Familien unterzubringen, die dem kulturellen, sprachlichen und religiösen Hintergrund der Beschwerdeführer entsprechen, dass jedoch nach den unbestrittenen Angaben der Regierung zum Zeitpunkt, als R. und M. in einer normalen Pflegefamilie untergebracht werden mussten, keine solche Familie zur Verfügung stand.

[150] Darüber hinaus misst das Gericht der Tatsache Bedeutung bei, dass aus den vorliegenden Informationen hervorgeht, dass dies erst im Januar 2013 geschehen ist (in ihrer Berufung gegen die Entscheidung des Bezirksgerichts vom 27.12.2012; vgl. Rn 46 oben) oder am 23.8.2012, als R. eine Halskette mit einem Kreuz trug (vgl. Rn 15), dass die Beschwerdeführer erstmals die Frage der Qualifikation und Eignung der Pflegeeltern aufwarfen. Es gibt keine Anzeichen dafür, dass sie sich zu einem früheren Zeitpunkt darüber Gedanken gemacht hätten, dass die beiden Kinder nicht bei einer türkischen und/oder muslimischen Familie untergebracht worden waren. Als die Beschwerdeführer diese Argumente zum ersten Mal vorbrachten, lebte R. also bereits seit mindestens

anderthalb Jahren bei ihrer regulären Pflegemutter und M. seit fast mehreren Monaten bei seinen regulären Pflegeeltern (vgl. Abdi Ibrahim., oben zitiert, § 19, wo die Mutter etwas mehr als einen Monat nach der ersten Unterbringung ausdrücklich den Wunsch äußerte, ihr Kind in einer somalischen oder muslimischen Pflegefamilie unterzubringen).

[151] Das Gutachten hatte gezeigt, dass R. und M. inzwischen eine starke Bindung zu ihren jeweiligen Pflegefamilien aufgebaut hatten, wo das Wohlergehen der Kinder gewährleistet war. Die innerstaatlichen Gerichte gaben einschlägige Gründe an, als sie feststellten, dass es zu diesem Zeitpunkt dem Wohl der Kinder abträglich gewesen wäre, sie erneut aus ihrer gewohnten Umgebung herauszunehmen und in einer anderen Pflegefamilie unterzubringen.

[152] Was die Haltung der zuständigen Behörden im Allgemeinen betrifft, stellt der Gerichtshof fest, dass die innerstaatlichen Gerichte nach dem Entführungsversuch gegen R. (vgl. Rn 15) die Behauptungen der Beschwerdeführer hinsichtlich der religiösen Entfremdung von R. ordnungsgemäß geprüft haben, jedoch zu dem Schluss gelangten, dass es keine Anhaltspunkte dafür gab. Die Erklärung der Pflegemutter, dass es der Wunsch des Mädchens gewesen sei, die Halskette mit dem Kreuz aus einem Kaugummiautomaten zu tragen (vgl. Rn 17), wurde als glaubwürdig angesehen. Das Bezirksgericht wies die Pflegemutter von R. dennoch förmlich darauf hin, dass sie den religiösen Hintergrund von R. zu respektieren habe. Es waren keine weiteren Anzeichen für ein ähnliches Verhalten oder eine ähnliche Indoktrination erkennbar, und die Beschwerdeführer haben nicht behauptet, dass sich weitere derartige Vorfälle ereignet hätten oder dass die Pflegemutter in anderer Weise dem Wohl von R. geschadet hätte. Die entsprechende Behauptung in Bezug auf die Erziehung von M. durch seine Pflegeeltern beschränkte sich auf die bloße Tatsache, dass diese kein Türkisch sprachen und nicht muslimisch waren. Die Regierung hingegen wies nach, dass sie besonders aufgeschlossene Pflegeeltern ausgewählt hatte (vgl. Rn 31, 34 und 142; vgl. Abdi Ibrahim., oben zitiert, §§ 51 und 55, wo die Pflegeeltern aktive Christen waren, die das Pflegekind taufen und seinen Namen ändern wollten). Sie machten glaubwürdige Angaben zum Kontakt der Kinder mit anderen Religionen in ihrem sozialen Alltag.

[153] Der Gerichtshof bekräftigt, dass die Rechte der Beschwerdeführer gemäß Artikel 8 der Konvention, ausgelegt im Lichte von Artikel 9, nicht nur durch die letztendliche Suche nach einer Pflegefamilie, die ihrem kulturellen und religiösen Hintergrund entsprach, gewahrt werden konnten, sondern auch durch spätere Vorkehrungen, die es den Beschwerdeführern ermöglichten, regelmäßigen Kontakt zu ihren Kindern zu halten, wobei das Interesse der Beschwerdeführer, den Kindern zumindest einige Verbindungen zu ihren kulturel-

len und religiösen Wurzeln zu ermöglichen, gebührend berücksichtigt wurde (vgl. Rn 146). Unter Hinweis auf den begrenzten Umfang seiner Prüfung (vgl. Rn 104), wird der Gerichtshof daher nur prüfen, ob die innerstaatlichen Behörden ihrer positiven Verpflichtung in dieser Hinsicht nachgekommen sind. Wie oben dargelegt, hatten die innerstaatlichen Behörden den Beschwerdeführern von Anfang an ermöglicht, in regelmäßigem Kontakt mit R. und M. zu bleiben, soweit dies für die Kinder möglich ist (vgl. Rn 130). Der Gerichtshof stellt fest, dass die innerstaatlichen Gerichte bei der Festlegung der Häufigkeit der Besuchsrechte der Beschwerdeführer einen Ausgleich zwischen dem Recht der Eltern auf Aufrechterhaltung einer Beziehung zu ihren Kindern und dem Interesse der Kinder, keiner schädlichen Situation ausgesetzt zu werden, finden mussten. Das Bezirksgericht folgte den Empfehlungen der Sachverständigen, die zu dem Schluss gekommen waren, dass die Kinder aufgrund des Verhaltens der Beschwerdeführer häufigere Kontaktaufnahmen nicht verkraften könnten. Die Besuchsregelung, die als solche nicht Gegenstand der Beurteilung des Gerichtshofs ist, wurde somit zum Schutz des Wohlergehens der Kinder entwickelt und gab den Beschwerdeführern und ihren Kindern in gewissem Maße die Möglichkeit, ihre kulturellen, sprachlichen und religiösen Bindungen aufrechtzuerhalten.

[154] Nach dem versuchten Entführungsversuch der Beschwerdeführer ihrer Tochter am 23.8.2012 wurden ihre Besuchsrechte in Bezug auf R. von der YWO ausgesetzt, da der Vorfall das Mädchen traumatisiert hatte und es Zeit brauchte, um sich zu stabilisieren (vgl. Rn 15–17). Dies stand im Einklang mit dem Gutachten des Kinder- und Familienpsychologen, der es bis Februar 2014 nicht für sicher hielt, die Wiederaufnahme der Besuche zwischen den Beschwerdeführern und R. unter strengen Auflagen zu empfehlen (vgl. Rn 25). Auf Empfehlung der Sachverständigen stellte das Bezirksgericht mit Unterstützung eines türkischsprachigen Therapeuten das Besuchsrecht wieder her (vgl. Rn 23).

[155] Daher hatten die Beschwerdeführer, mit Ausnahme des Zeitraums von etwa einem Jahr und acht Monaten in Bezug auf R. und vier Monaten in Bezug auf M., in dem das Besuchsrecht aus relevanten Gründen ausgesetzt war, einen gewissen Zugang zu ihren Kindern. Aus den verfügbaren Informationen hat das Gericht keinen Grund zu der Annahme, dass die innerstaatlichen Behörden den kulturellen und religiösen Hintergrund der Beschwerdeführer bei der Auswahl der Pflegeeltern für die Kinder und bei der Festlegung eines Besuchsplans nicht berücksichtigt haben. Die diesbezüglichen Bemühungen zeigen sich auch in dem Versuch des Bezirksgerichts, das Datum der Bayram-Feier der Beschwerdeführer zu klären, um ihnen zu diesem Anlass ein besonderes Besuchsrecht zu gewähren. Die Beschwerdeführer scheinen dem Bezirksgericht zu dieser Frage nicht geantwortet zu haben (vgl. Rn 20).

[156] Der Gerichtshof stellt fest, dass der österreichische Ombudsrat auch die Vorwürfe der Beschwerdeführer hinsichtlich der kulturellen und religiösen Entfremdung ihrer Kinder geprüft und festgestellt hat, dass die YWO ihrer Verpflichtung, das Wohl der Kinder zu gewährleisten, ordnungsgemäß nachgekommen ist (vgl. Rn 70).

[157] Was die angebliche Sprachbarriere angeht, stellt das Gericht fest, dass – auf der Grundlage der Fakten – offenbar keine der beteiligten Parteien die während der Besuche gesprochene Sprache zunächst als Problem empfunden hat. Tatsächlich war M. zum Zeitpunkt der Unterbringung in Pflege nur drei Monate alt. Es scheint, dass die Beschwerdeführer die YWO nicht gebeten haben, während der Besuche einen Dolmetscher zur Verfügung zu stellen. Stattdessen hatte die YWO laut den Ausführungen der Regierung den Eindruck, dass die Beschwerdeführer über gute Deutschkenntnisse verfügten (vgl. Rn 142 oben), und die Beschwerdeführer scheinen während der (beaufsichtigten) Besuche keine Probleme festgestellt zu haben. Als das Bezirksgericht in seiner Entscheidung vom 27.12.2012 feststellte, dass die Beschwerdeführer nur wenig Deutsch sprachen (vgl. Rn 40), bestritten die Beschwerdeführer diese Feststellung in ihrer Berufung und argumentierten, dass der Beschwerdeführer zu 2) tatsächlich über ausreichende Deutschkenntnisse verfüge (vgl. Rn 46 oben). Erst in ihren Schriftsätzen vor dem Gerichtshof machten die Beschwerdeführer geltend, dass zwischen ihnen und ihren Kindern eine Sprachbarriere bestehe (vgl. Rn 138).

[158] Ungeachtet dieser widersprüchlichen Aussagen zum Deutschkenntnisstand der Beschwerdeführer steht außer Frage, dass in ihrem Haushalt Türkisch gesprochen wurde und dass die Beschwerdeführer es verständlicherweise vorzogen, während der Besuche mit ihren Kindern Türkisch zu sprechen (vgl. Rn 56). Darüber hinaus haben die Beschwerdeführer in ihrer Beschwerde vom 22.1.2013, zu einem Zeitpunkt, als die Kinder drei und fünf Jahre alt waren, ihre Besorgnis darüber zum Ausdruck gebracht, dass die Kinder keinen Kontakt zur türkischen Sprache und Kultur hatten (vgl. Rn 46).

[159] In diesem Zusammenhang stellt der Gerichtshof fest, dass das Wohl eines Kindes, das in sehr jungen Jahren in Obhut genommen wurde, in der Regel erfordert, dass das Kind so bald wie möglich und in angemessener Weise seine Muttersprache erlernt, um seinen kulturellen Hintergrund zu bewahren und die Wiedervereinigung mit seiner leiblichen Familie zu erleichtern. Nach Angaben der Regierung werden den Kindern der Beschwerdeführer kostenlos Türkischkurse angeboten (vgl. Rn 94 u.142). Die Beschwerdeführer oder ihr Anwalt scheinen jedoch keine solchen Angebote in Anspruch genommen zu haben.

[160] Wie oben dargelegt (vgl. Rn 153), boten die regelmäßigen Besuche den Beschwerdeführern die Möglichkeit, wenn auch in begrenztem Umfang, ihre kulturellen und sprachlichen Bindungen zu R. und M. aufrechtzuerhalten. Nach den diesbezüglich unstreitigen Tatsachenfeststellungen hatten die Beschwerdeführer trotz der Unterstützung durch die Behörden Schwierigkeiten, die mit ihren Kindern verbrachte Zeit für eine tatsächliche Kommunikation mit ihnen zu nutzen. Der Gerichtshof fügt hinzu, dass Kommunikation im weiteren Sinne nicht nur aus verbaler Interaktion besteht, sondern auch nonverbale Kommunikationsfähigkeiten, Empathie, Körpersprache und die Fähigkeit, auf die Signale des eigenen Kindes zu reagieren, umfasst; dies gilt insbesondere für Säuglinge und Kleinkinder, die noch keine (wesentlichen) Sprachkenntnisse erworben haben. Der Gerichtshof stellt fest, dass aus den vorliegenden Unterlagen hervorgeht, dass die Sprachbarriere selbst nicht das Hauptproblem bei der Kommunikation zwischen den Beschwerdeführern und ihren Kindern war. Viel bedeutender war, dass die Beschwerdeführer nicht in der Lage waren, angemessen auf die Signale ihrer Kinder zu reagieren oder deren Bedürfnisse zu erkennen (z.B. Hunger oder Ablehnung von Körperkontakt; vgl. Rn 40). Der Gerichtshof kommt daher zu dem Schluss, dass die mangelnde effektive Kommunikation zwischen ihnen ursprünglich nicht auf eine Sprachbarriere zurückzuführen war.

[161] Insgesamt stimmt der Gerichtshof mit den innerstaatlichen Gerichten darin überein, dass es keine Anzeichen für eine Indoktrinierung seitens der jeweiligen Pflegeeltern von R. und M. gab, geschweige denn für eine Beeinträchtigung des Wohlergehens der Kinder. Er stellt ferner fest, dass die Wahl ihrer Pflegefamilien den Beschwerdeführern nicht ihr Recht genommen hat, eine Beziehung zu ihren Kindern aufrechtzuerhalten und ihnen ihr kulturelles Erbe weiterzugeben. Die innerstaatlichen Behörden kamen ihren positiven Verpflichtungen nach und sorgten für regelmäßigen Kontakt zwischen den Beschwerdeführern und ihren Kindern sowie für Unterstützung durch gut vorbereitete Pflegeeltern und Sozialarbeiter, wobei sie das Interesse der Beschwerdeführer an der Aufrechterhaltung ihrer kulturellen, sprachlichen und religiösen Bindungen zu R. und M. berücksichtigten.

3. Ergebnis

[162] Unter Berücksichtigung seiner Schlussfolgerungen zu den beiden zentralen Aspekten der Beschwerden der Beschwerdeführer (vgl. Rn 137 u. 161) stellt der Gerichtshof fest, dass es für die innerstaatlichen Behörden relevante und ausreichende Gründe gab, R. und M. nicht in die Obhut der Beschwerdeführer zurückzugeben, da eine Familienzusammenführung nicht vernünftigerweise möglich war und die Behörden während des gesamten Verfahrens das Interesse

der Beschwerdeführer an einer Erziehung ihrer Kinder im Einklang mit ihrer kulturellen, religiösen und sprachlichen Herkunft gebührend berücksichtigt haben. Daher liegt keine Verletzung von Artikel 8 der Konvention vor, weder für sich allein noch im Zusammenhang mit Artikel 9.

AUS DIESEN GRÜNDEN BESCHLIESST DER GERICHTSHOF

1. den Antrag einstimmig für zulässig;

2. mit sechs zu einer Stimme, dass kein Verstoß gegen Artikel 8 der Konvention vorliegt.

ABWEICHENDE MEINUNG VON RICHTER HÜSEYNOV

[1] Ich stimme der Feststellung der Mehrheit, dass kein Verstoß gegen Artikel 8 der Konvention vorliegt, nicht zu. Meiner Ansicht nach sind die österreichischen Behörden ihren positiven Verpflichtungen aus dieser Bestimmung, wie sie im Lichte von Artikel 9 der Konvention ausgelegt wird, nicht nachgekommen, da sie den sprachlichen und kulturellen Hintergrund der Beschwerdeführer zu einem Zeitpunkt nicht berücksichtigt haben, als ihre beiden jüngsten Kinder (R. – geboren im November 2007 und M. – geboren im Juli 2010) sich seit Oktober 2010 in Pflege befanden.

[2] Zunächst stelle ich mit Bedauern fest, dass die Beschwerde der Beschwerdeführer hinsichtlich ihrer eingeschränkten Besuchsrechte gegenüber ihren Kindern zum Zeitpunkt ihrer Übermittlung an die Parteien für unzulässig erklärt wurde. Infolgedessen konnte die Kammer diese wichtige Beschwerde nicht prüfen. Zwar hielt es die Kammer für angemessen, diese Vorwürfe als Teil des Kontextes zu betrachten (vgl. Rn 105), und bezog sich bei der Prüfung der anderen Beschwerden der Beschwerdeführer darauf. Dennoch hat die Mehrheit meiner Ansicht nach die Auswirkungen des eingeschränkten Kontakts zwischen den Beschwerdeführern und ihren beiden jüngsten Kindern auf die Bewahrung der religiösen, sprachlichen und kulturellen Identität der Kinder nicht gebührend berücksichtigt.

[3] Wie aus den Akten hervorgeht, durften die Beschwerdeführer, nachdem R. und M. zunächst in Notfallpflegefamilien und später bei regulären Pflegeeltern untergebracht worden waren, sie einmal im Monat für eine Stunde sehen. Zwischen 2012 und 2013 wurden die Besuchsrechte für R. für etwa ein Jahr und acht Monate und für M. für vier Monate ausgesetzt. Seit 2016 dürfen die Beschwerdeführer M. nur noch viermal im Jahr für jeweils eine Stunde und R. zweimal im Jahr für ebenfalls jeweils eine Stunde sehen. Die Mehrheit räumt ein, dass „die Besuchsregelung sehr eingeschränkt war ... und ... die Beschwerdeführer darunter gelitten haben müssen, ihre Kinder so selten zu sehen“ (vgl. Rn 129).

[4] Allerdings nehme ich zur Kenntnis, dass die österreichischen Jugendämter und Gerichte Gründe angegeben haben (insbesondere in Bezug auf die Betreuung-die Fähigkeiten der leiblichen Eltern, ihr Verhalten während der Besuche und die Bedürfnisse der Kinder) für die anschließende Einschränkung des Besuchsrechts der Beschwerdeführer sowie für die Entscheidung, die beiden jüngsten Kinder nicht zu ihnen zurückzugeben. Der Kernpunkt meiner abweichenden Meinung ist nicht dieser Aspekt des vorliegenden Antrags. Tatsächlich mag es Gründe gegeben haben, für einen bestimmten Zeitraum den Kontakt zwischen den Beschwerdeführern und den Kindern einzuschränken und die Rückgabe der Kinder in die Obhut der Beschwerdeführer zu verweigern. Der entscheidende Punkt, den ich hervorheben möchte, ist, dass das Verhalten der Eltern während der Besuche grundsätzlich nicht rechtfertigen konnte, dass die nationalen Behörden nicht die erforderlichen Maßnahmen ergriffen haben, um die kulturelle, sprachliche und religiöse Identität der Kinder zu bewahren.

[5] In einem kürzlich ergangenen Urteil der Großen Kammer (Abdi Ibrahim ./. Norwegen [GC] -15379/16- 10.12.2021) hat der Gerichtshof den Umfang der positiven Verpflichtungen der Vertragsparteien des Übereinkommens hinsichtlich der Wahrung der religiösen, sprachlichen und kulturellen Identität von Kindern in Pflegeeinrichtungen präzisiert. Besonders hervorzuheben ist Rn 161 dieses Urteils, die ich hier vollständig wiedergebe:

> „Der Gerichtshof stellt fest, dass die Rechte der Beschwerdeführerin gemäß Artikel 8 der Konvention, ausgelegt im Lichte von Artikel 9, nicht nur durch die letztendliche Suche nach einer Pflegefamilie, die ihrem kulturellen und religiösen Hintergrund entsprach, gewahrt werden konnten. Es verweist auf die Bewertungen der innerstaatlichen Gerichte hinsichtlich der verschiedenen Interessen, die in Fällen dieser Art, in denen das Wohl des Kindes im Vordergrund stehen muss, während des gesamten Verfahrens zu berücksichtigen sind (vgl. Rn 23–26, 36–37 und 51–56 oben) und auf die relativ breite Übereinstimmung im Völkerrecht, dass die innerstaatlichen Behörden in Fällen wie dem vorliegenden einer Mittelverpflichtung und nicht einer Ergebnisverpflichtung unterliegen (vgl. Rn 80–82). Der Gerichtshof kann auch nicht in Frage stellen, dass die Behörden nach den vorliegenden Informationen von Anfang an bemüht waren, eine aus dieser Sicht geeignetere Pflegefamilie für X zu finden, was sich jedoch letztlich als erfolglos erwies (siehe oben, Rn 17). Die Große Kammer stimmt jedoch mit der Kammer überein (vgl. Rn 64 des Kammerurteils), dass die danach getroffenen Vorkehrungen hinsichtlich der Möglichkeit der Beschwerdeführerin, regelmäßigen Kontakt zu ihrem Kind zu haben (vgl. Rn 152), die schließlich in der Entscheidung gipfelten, die Adoption von X zu genehmigen (vgl. Rn 44-56 oben), das Interesse der Beschwerdeführerin, X zumindest einige Verbindungen zu seinen kulturellen und religiösen Wurzeln zu erhalten, nicht gebührend berücksichtigten."

[6] Daraus folgt, dass die Verpflichtung der Staaten in ähnlichen Fällen der Kinderbetreuung eine Verpflichtung zu Mitteln und nicht zu Ergebnissen ist.

Die Staaten sind nicht verpflichtet, bei der Unterbringung eines Kindes in Pflegefamilien eine Familie zu finden, die dem kulturellen und religiösen Hintergrund der leiblichen Eltern entspricht. Die innerstaatlichen Behörden können und sollten während des gesamten Verfahrens geeignete Mittel einsetzen, um die Achtung der Rechte der leiblichen Eltern zu gewährleisten, die durch Artikel 8 der Konvention in Verbindung mit Artikel 9 der Konvention garantiert sind. Die Behörden sollten die Wünsche der leiblichen Eltern hinsichtlich der Betreuung und Erziehung ihrer Kinder gebührend berücksichtigen und – sofern dies dem Wohl des Kindes dient – die Bedeutung des fortgesetzten Kontakts der Kinder zu ihren leiblichen Eltern, ihren gemeinsamen kulturellen, sprachlichen und religiösen Hintergrund und die Vermeidung der Entstehung von Kommunikationsbarrieren berücksichtigen, um die Wiedervereinigung der Kinder mit ihren Eltern so bald wie möglich zu erleichtern. Ich bin jedoch der Meinung, dass es im Wesentlichen darauf ankommt, ob der gewährte Kontakt ausreichend sinnvoll und wirksam ist, um die familiären Bindungen zu sichern, zu stärken und zu entwickeln und eine Entfremdung der Kinder von ihrer Kultur und Religion zu vermeiden.

[7] Ebenso bin ich der Ansicht, dass die Achtung des Familienlebens im Sinne von Artikel 9 der Konvention sich nicht auf die Erleichterung des Kontakts beschränken sollte, sondern darüber hinaus auch andere positive Maßnahmen umfassen sollte, um zu verhindern, dass Kinder, insbesondere in sehr jungen Jahren, von ihren kulturellen und religiösen Wurzeln abgeschnitten werden. Die Aufgabe des Gerichtshofs in solchen Fällen besteht meiner Ansicht nach darin, zu prüfen, ob die zuständigen nationalen Behörden alle geeigneten Maßnahmen ergriffen haben, die unter den gegebenen Umständen angemessen sind und bei denen das Wohl des Kindes im Vordergrund steht, um seine sprachliche, kulturelle oder religiöse Entfremdung zu verhindern.

[8] Nun wende ich mich der Frage zu, ob und wie die österreichischen Behörden die oben kurz dargelegten allgemeinen Grundsätze eingehalten haben.

[9] Aus den Akten geht für mich nicht eindeutig hervor, dass die österreichischen Behörden „ihren positiven Verpflichtungen nachgekommen sind und für regelmäßigen Kontakt zwischen den Beschwerdeführern und ihren Kindern sowie für Unterstützung durch gut vorbereitete Pflegeeltern und Sozialarbeiter gesorgt haben, wobei sie das Interesse der Beschwerdeführer an der Aufrechterhaltung ihrer kulturellen, sprachlichen und religiösen Bindungen zu R. und M. berücksichtigt haben“ (vgl. Rn 161). Erstens war, wie ich oben bereits erwähnt habe, der Kontakt zwischen den Beschwerdeführern und ihren beiden jüngsten Kindern sehr begrenzt; zweitens wurden dem Gerichtshof keine Beweise dafür vorgelegt, dass die Pflegeeltern und Sozialarbeiter „das Interesse

der Beschwerdeführer an der Aufrechterhaltung ihrer kulturellen, sprachlichen und religiösen Bindungen zu R. und M." tatsächlich berücksichtigt hatten.

[10] Die Mehrheit stellt fest, dass die beiden jüngsten Kinder in Pflegefamilien untergebracht wurden, „die besonders offen für andere Kulturen und Religionen waren" (vgl. Rn 147). Diese Schlussfolgerung, die sich tatsächlich auf eine Einschätzung des RAP, einer Sonderabteilung des YWO für Adoptiv- und Pflegekinder (vgl. Rn 31), stützt, scheint im Widerspruch zu der Tatsache zu stehen, dass das Bezirksgericht Leopoldstadt die Pflegemutter von R. mindestens zweimal daran erinnert hat, dass sie die Tatsache respektieren müsse, dass R. muslimisch ist (vgl. Rn 18 u. 20). In diesem Zusammenhang bin ich nicht davon überzeugt, dass der Vorfall, bei dem R. eine Halskette mit einem Kreuz trug (vgl. Rn 15), einfach übersehen werden kann.

[11] Der Schwerpunkt liegt im Folgenden jedoch auf dem angeblichen Fehlen sprachlicher Bindungen zwischen den Beschwerdeführern und ihren beiden jüngsten Kindern.

[12] Es war unbestritten, dass in der Familie der Beschwerdeführer Türkisch gesprochen wurde und dass die Beschwerdeführer es verständlicherweise vorzogen, während der Besuche mit ihren Kindern Türkisch zu sprechen (vgl. Rn 56). Darüber hinaus äußerten die Beschwerdeführer in ihrer Berufung vom 22.1.2013, zu einem Zeitpunkt, als die Kinder etwa drei und fünf Jahre alt waren, ihre Besorgnis darüber, dass die Kinder keinen Kontakt zur türkischen Sprache und Kultur hatten (vgl. Rn 46).

[13] Das Wohl eines Kindes, das in sehr jungen Jahren in Pflege genommen wurde, erfordert, dass das Kind so bald wie möglich und in angemessener Weise seine Muttersprache erlernt, um die Wiedervereinigung mit seiner leiblichen Familie zu erleichtern. Nach Angaben der Regierung werden den Kindern kostenlose Türkischkurse angeboten (vgl. Rn 94 u. 142). Dem Gericht wurden jedoch keine Informationen vorgelegt, aus denen geschlossen werden könnte, dass die Pflegeeltern oder die Beschwerdeführer auf solche Kurse hingewiesen worden wären. Es sei darauf hingewiesen, dass es Aufgabe der Behörden ist, die Pflegeeltern über die Möglichkeit von Sprachkursen und anderen Gelegenheiten zum Gebrauch einer Sprache zu informieren und sie diesbezüglich zu beraten. Zwar hat das Jugendamt Wien (YWO) darauf geachtet, dass die Pflegeeltern mit den Kindern über ihre kulturellen Wurzeln sprechen und sie dazu ermutigen, sich dafür zu interessieren (vgl. Rn 140), doch gibt es keinen Hinweis darauf, dass die Pflegeeltern eine solche Beratung erhalten haben. Es ist akzeptabel, dass in bestimmten Fällen das Wohl des Kindes gegen das Erlernen einer zusätzlichen Sprache spricht, beispielsweise wenn ein Sachverständiger den psychischen Zustand des Kindes als zu labil oder seine sprachliche Entwicklung als

bereits beeinträchtigt einschätzt. Im vorliegenden Fall scheinen die innerstaatlichen Gerichte jedoch die Fähigkeit von R. und M., ihre Muttersprache zu lernen, nicht geprüft zu haben. Folglich hatten die innerstaatlichen Gerichte auf der Grundlage der ihnen vorliegenden Unterlagen keinen Grund zu der Annahme, dass es nicht im besten Interesse von R. und M. sei, Türkisch zu lernen.

[14] In seiner Entscheidung vom 14.4.2014 stellte das Bezirksgericht Leopoldstadt fest, dass M. seine Mutter nicht verstand, wenn sie mit ihm auf Türkisch sprach, und dass eine der drei ältesten Töchter als Dolmetscherin fungierte (vgl. Rn 56 des Urteils). Man sollte nicht die Schwierigkeiten aus den Augen verlieren, mit denen die Mitgliedstaaten verständlicherweise konfrontiert wären, wenn von ihnen erwartet würde, Besuche in allen Muttersprachen der Eltern und Kinder zu organisieren. Im vorliegenden Fall wurde jedoch ab April 2014 ein türkischsprachiger Therapeut zur Verfügung gestellt, der an den Besuchen mit R. teilnahm (vgl. Rn 22 des Urteils). Allerdings wurden keine Versuche unternommen, eine geeignete türkischsprachige Person zu finden, die an den Besuchen teilnahm und die Kommunikation zwischen den Eltern und den Kindern in einer früheren Phase erleichterte, und es wurden auch keine Erklärungen dazu gegeben. Stattdessen machte die Regierung geltend, dass die Kinder Türkisch lernen könnten, wenn sie später Interesse daran hätten (vgl. Rn 94 und 142), was wiederum bedeutet, dass die Behörden offenbar nie von sich aus in Betracht gezogen haben, dass R. und M. aktiv mit ihrer Muttersprache in Kontakt kommen sollten.

[15] In Anbetracht der Tatsache, dass R. und M. weder während ihrer Unterbringung bei ihren Pflegeeltern noch während der begrenzten Besuchszeiten die Möglichkeit hatten, ihre Muttersprache zu lernen, bin ich nicht davon überzeugt, dass ausreichende alternative Maßnahmen ergriffen wurden, um die Aufrechterhaltung der sprachlichen Bindungen zwischen den Beschwerdeführern und ihren Kindern zu einem Zeitpunkt zu erleichtern, zu dem noch nicht klar war, ob die Kinder in die Obhut ihrer Eltern zurückkehren würden.

[16] Die innerstaatlichen Gerichte haben offenbar erkannt, dass zwischen den Beschwerdeführern und ihren beiden jüngsten Kindern eine Sprachbarriere bestand (vgl. Rn 40 u. 56), jedoch keine Maßnahmen zur Behebung dieser Situation vorgesehen.

[17] Ich bin nicht davon überzeugt, dass die Besuche, die ohne zusätzliche Maßnahmen speziell im Hinblick auf die Sprachkenntnisse durchgeführt wurden, ausreichten, um R. und M. dazu zu ermutigen, die Muttersprache ihrer leiblichen Eltern zu lernen. Aufgrund dieser sprachlichen Entfremdung gelang es den Behörden nicht, einen sinnvollen Kontakt und eine Wiedervereinigung zu ermöglichen.

[18] Meiner Ansicht nach liefern die vorstehenden Erwägungen, die sich speziell auf das Versäumnis der österreichischen Behörden beziehen, die erforderlichen Maßnahmen zu ergreifen, um die Aufrechterhaltung der sprachlichen Bindungen zwischen den Beschwerdeführern und ihren beiden jüngsten Kindern zu gewährleisten und die sprachliche und kulturelle Entfremdung der Kinder zu verhindern (wobei Sprache ein grundlegender Aspekt der kulturellen Identität ist), eine ausreichende Grundlage für die Schlussfolgerung, dass eine Verletzung der positiven Verpflichtungen des Staates gemäß Artikel 8 der Konvention vorliegt.

3

1. Die Bemessung des besonderen Kirchgelds bei glaubensverschiedenen Ehen auf der Grundlage des gemeinsam zu versteuernden Einkommens der Ehegatten begegnet auch dann keinen verfassungsrechtlichen Bedenken, wenn der kirchensteuerpflichtige Ehegatte über ein eigenes Einkommen verfügt.
2. Es ist nicht zu beanstanden, wenn die Regelungen über das besondere Kirchgeld an den Lebensführungsaufwand des kirchenangehörigen Ehegatten und damit an dessen individuelle Leistungsfähigkeit anknüpfen.
3. Ein „obiter dictum" in einer Entscheidung des Bundesverfassungsgerichts entfaltet keine Bindungswirkung nach § 31 BVerfGG.
4. Die Festsetzung eines besonderen Kirchgelds gegenüber einem kirchenangehörigen Ehegatten, der über ein eigenes Einkommen verfügt, verstößt nicht gegen den Grundsatz der Individualbesteuerung.
5. Die unterschiedlichen Regelungen der evangelischen Landeskirchen und der katholischen Bistümer über die Erhebung eines besonderen Kirchgelds verstoßen angesichts der verfassungsrechtlich geschützten Kirchenautonomie – die auch bei der Festlegung der Grundsätze der Erhebung von Kirchensteuern gilt – nicht gegen den Gleichheitsgrundsatz.

Art. 2 EvKiVtrG RP, Artt. 2 Abs. 1, 3 Abs. 1, 20 Abs. 3, 100 Abs. 1, 140 GG,
Art. 137 Abs. 3 und 6 WRV, § 1360a BGB, §§ 31 Abs. 1, 2 Satz 1 und 2 BVerfGG,
§§ 2 Abs. 1, 26 Abs. 1 Satz 1, 32d Abs. 1, 45 Abs. 5, 51a Abs 2 EStG 1997,
§§ 1 Abs. 1, 5 Abs. 1 Nr. 5 KiStG RP 1971,
§§ 2 Abs. 2 Buchst. b, 2 Abs. 3 Satz 3, 9 Abs. 1 und 3 EvKiStO RP
VG Mainz, Urteil vom 18. Januar 2023 -3 K 1015/20.MZ-[1]

---

1 Amtl. Leitsätze. juris.
Das Urteil ist rechtskräftig.

https://doi.org/10.1515/9783111651354-003

Die Kläger wenden sich die gegen die Festsetzung eines besonderen Kirchgelds zugunsten der Evangelischen Kirche für die Jahre 2017 bis 2019.

Die verheirateten Kläger wurden für die Kalenderjahre 2017, 2018 und 2019 zusammen zur Einkommens- und Kirchensteuer sowie zum Solidarzuschlag veranlagt. Die Klägerin gehört der evangelischen Kirche, der Kläger keiner Kirche an.

In den Jahren 2017, 2018 und 2019 erzielten die Kläger folgende steuerpflichtige Einkünfte:

	Klägerin	Kläger
2017	20.941 €	164.571 €
2018	26.060 €	79.171 €
2019	10.841 €	74.068 €

Mit Bescheid vom 4.7.2018, zuletzt geändert durch Bescheid vom 5.4.2019, setzte das Finanzamt ... für das Veranlagungsjahr 2017 auf der Grundlage eines von den Klägern gemeinsam zu versteuernden Einkommens von 158.031 € gegenüber der Klägerin eine evangelische Kirchensteuer in Form eines besonderen Kirchgelds in Höhe von 1.560 € fest. Hiergegen erhoben die Kläger am 6.8.2018 Widerspruch.

Mit Bescheid vom 3.9.2019 setzte das Finanzamt für das Veranlagungsjahr 2018 auf der Grundlage eines von den Klägern gemeinsam zu versteuernden Einkommens von 75.749 € gegenüber der Klägerin eine evangelische Kirchensteuer in Form eines besonderen Kirchgelds in Höhe von 540 € fest. Hiergegen erhoben die Kläger am 1.10.2019 Widerspruch.

Mit Bescheid vom 11.5.2020 setzte das Finanzamt für das Veranlagungsjahr 2019 auf der Grundlage eines von den Klägern gemeinsam zu versteuernden Einkommens von 59.336 € gegenüber der Klägerin eine evangelische Kirchensteuer in Form eines besonderen Kirchgelds in Höhe von 276 € fest. Hiergegen erhoben die Kläger am 10.6.2020 Widerspruch.

Zur Begründung ihrer Widersprüche trugen die Kläger im Wesentlichen vor, die Erhebung eines besonderen Kirchgeldes gegenüber der aufgrund eigenen Einkommens steuerpflichtigen Klägerin verstoße gegen die Rechtsprechung des Bundesverfassungsgerichts zur Erhebung eines besonderen Kirchgelds.

Die Widersprüche wurden durch Widerspruchsbescheid vom 27.11.2020 zurückgewiesen. Zur Begründung wurde ausgeführt, bei dem besonderen Kirchgeld handele es sich um eine eigenständige Steuer nach einem kircheneigenen Tarif. Unabhängig von der Höhe der eigenen Einkünfte des kirchenangehörigen Ehegatten sei das besondere Kirchgeld dann festzusetzen, wenn die auf die eigenen Einkünfte entfallende Kirchensteuer niedriger als das Kirchgeld sei. Das Bundesverfassungsgericht habe es für verfassungsrechtlich zulässig erachtet, wenn der tatsächliche Lebensführungsaufwand des kirchenangehörigen Ehegatten typisierend an der wirtschaftlichen Leistungsfähigkeit am Einkommen beider Ehegatten bemessen werde. Die Erhebung eines besonderen Kirchgelds sei daher von Verfassungs wegen nicht nur auf die Fallkonstellation beschränkt, in der der kirchenangehörige Ehegatte kein Einkommen erziele; vielmehr sei die Festsetzung eines besonderen Kirchgelds auch dann verfassungskonform, wenn der kirchenangehörige Ehegatte eigenes Einkommen habe.

Mit ihrer gegen den widerspruchsbescheid erhobenen Klage verfolgen sie ihr Begehren unter Vertiefung ihres bisherigen Vorbringens weiter.

Das Gericht hat die Klage abgewiesen.

Aus den Gründen:

[18] Die Klage, über die das Gericht gemäß § 101 Abs. 2 Verwaltungsgerichtsordnung – VwGO – ohne mündliche Verhandlung entscheiden kann, ist zunächst dahingehend auszulegen (§ 88 VwGO), dass die Kläger lediglich die Abänderung der sie betreffenden Steuerbescheide für die Veranlagungsjahre 2017, 2018 und 2019 – die neben der Kirchensteuer auch die Einkommensteuer sowie den Solidarzuschlag festsetzen – begehren, soweit der Klägerin zu 1) gegenüber ein besonderes Kirchgeld festgesetzt wurde. Die Kläger wenden sich ausschließlich gegen die ihrer Ansicht nach rechtswidrige Praxis des Beklagten bei der Festsetzung eines besonderen Kirchgelds.

[19] Die so zu verstehende Klage, für die gemäß § 40 Abs. 1 VwGO i.V.m. § 13 Abs. 1 Kirchensteuergesetz – KiStG – der Verwaltungsrechtsweg eröffnet ist, ist indes nur hinsichtlich der Klägerin zu 1) zulässig. Hinsichtlich des Klägers zu 2) ist sie hingegen mangels Klagebefugnis (§ 42 Abs. 2 VwGO) unzulässig, denn dieser wird durch die Festsetzung des besonderen Kirchgelds nicht in eigenen Rechten verletzt. *(wird ausgeführt)*

[20] Die Klage der Klägerin zu 1) hat in der Sache keinen Erfolg. Die angefochtenen Bescheide vom 4.7.2018 in Gestalt des Änderungsbescheids vom 5.4.2019 (Veranlagungsjahr 2017), vom 3.9.2019 (Veranlagungsjahr 2018) und 11.5.2020 (Veranlagungsjahr 2019) sowie der hierzu ergangene Widerspruchsbescheid vom 27.11.2020 sind im Hinblick auf die allein streitgegenständliche Festsetzung des besonderen Kirchgeldes rechtmäßig und verletzen die Kläger nicht in ihren Rechten (§ 113 Abs. 1 Satz 1 VwGO).

[21] Rechtsgrundlage für die Festsetzung des besonderen Kirchgeldes ist § 1 Abs. 1, § 5 Abs. 1 Nr. 5 KiStG i.V.m. § 1 Satz 1, § 2 Abs. 2 Buchst b), Abs. 3 Abs. 3 Sätze 2 und 3, § 9 Abs. 1 und 3 der Kirchensteuerordnung für die Evangelische Kirche im Bereich des Landes Rheinland-Pfalz vom 29.11.1976 (ABl. 1971 S. 471) in der Fassung der Änderung vom 25.11.2016 (Abl. 2017 S. 6) – KiStO – und der zu § 2 Abs. 3 KiStO ergangenen Anlage. Nach diesen Vorschriften erhebt der Beklagte nach Maßgabe der in der Anlage zu § 2 Abs. 3 KiStO enthaltenen Tabelle zugunsten der Evangelischen Kirche Landeskirchensteuer in Gestalt eines besonderen Kirchgelds von Kirchensteuerpflichtigen, deren Ehegatte nicht kirchensteuerpflichtig ist. Bemessungsgrundlage für das besondere Kirchgeld ist dabei das nach Maßgabe von § 51a Abs. 2 Einkommensteuergesetz – EStG – ermittelte gemeinsam zu versteuernde Einkommen der Ehegatten, welches sich um die nach § 32d Abs. 1 und § 45 Abs. 5 EStG gesondert besteuerten Kapitalerträge des Kirchensteuerpflichtigen erhöht, wenn dieser die Anrechnung der auf die gesondert besteuerten Kapitalerträge entfallenden Kirchensteuer beantragt.

[22] 1) Gegen die Wirksamkeit der Regelung zum besonderen Kirchgeld in § 5 Abs. 1 Nr. 5 KiStG bestehen keine durchgreifenden (verfassungs-)rechtlichen Bedenken. Hierzu hat das Verwaltungsgericht Neustadt/Wstr. in seinem rechtskräftigen Urteil vom 28.3.2022 -3 K 952/21.NW- (KirchE 79, 177) Folgendes ausgeführt:

> *[23]* 1) Die Erhebung eines besonderen Kirchgeldes verstößt nicht gegen höherrangiges Recht (vgl. bereits OVG RP, Urteil vom 10. Dezember 1987 -12 A 55/87- KirchE 25, 388), insbesondere nicht gegen Art. 2 Abs. 1 GG, Art. 3 Abs. 1 GG und Art. 4 Abs. 1 und Abs. 2 GG. Zwar kann den Gegenstand der Besteuerung nicht das einkommenssteuerrechtlich ermittelte Einkommen des nicht einer Kirche angehörigen Ehegatten, wohl aber der Lebensführungsaufwand des kirchenangehörigen Ehegatten den Gegenstand der Besteuerung bilden. Wenn angesichts der Schwierigkeiten der Bestimmung des Lebensführungsaufwandes als Indikator der wirtschaftlichen Leistungsfähigkeit des kirchenangehörigen Ehepartners dieser Aufwand nach dem gemeinsamen Einkommen der Ehegatten bemessen wird, begegnet dies keinen verfassungsrechtlichen Bedenken (stRspr, vgl. BVerfG, Beschluss vom 28.10.2010 -2 BvR 591/06, 2 BvR 1689/09, 2 BvR 2689/09, 2 BvR 2715/09, 2 BvR 148/10 und 2 BvR 816/10- mwN, KirchE 56, 346). Eine Beschränkung auf solche Fälle, in denen der kirchenangehörige Ehegatte einkommenslos ist, lässt sich weder der Rechtsprechung des Bundesverfassungsgerichts noch des Bundesfinanzhofs entnehmen. Insbesondere ergibt sich diese nicht aus dem von der Klägerin zitierten Urteil des Bundesfinanzhofes vom 19.10.2005 -I R 76/04-. Dort führt der Bundesfinanzhof zur verfassungsrechtlichen Rechtfertigung der Erhebung eines besonderen Kirchgeldes unter Bezugnahme auf das Urteil des Bundesverfassungsgerichts vom 14.12.1965 -1 BvR 606/60- (KirchE 7, 352) zwar aus,
>
> *[24]* „dass es unbillig erscheinen könne, wenn Kirchenangehörige, deren wirtschaftliche Leistungsfähigkeit sich durch eine Eheschließung im Hinblick auf das Einkommen des –

konfessionslosen – Ehegatten erhöht habe, mangels eigenen Einkommens im Sinne des Einkommenssteuergesetzes kirchensteuerfrei blieben."

[25] Aus der Tatsache, dass der in dem vorgenannten Verfahren beteiligte kirchenangehörige Ehegatte über kein Einkommen verfügte, lässt sich entgegen dem Vorbringen der Klägerin nicht folgern, dass solche Fallgestaltungen, in denen der kirchenangehörige Ehegatte ein eigenes Einkommen erzielt, von der Erhebung eines besonderen Kirchgeldes ausgeschlossen sind. Der Bundesfinanzhof hat mit Beschlüssen vom 13.2.2019 -I B 27/18- und -I B 28/18- (KirchE 73, 83) und zuletzt vom 5.10.2021 -I B 65/19- (KirchE 78, 225) vielmehr ausdrücklich festgestellt, dass die Erhebung eines besonderen Kirchgeldes auch dann verfassungsgemäß ist, wenn der kirchenangehörige Ehegatte über ein eigenes Einkommen verfügt. Zur Begründung hat der Bundesfinanzhof (vgl. BFH, Beschlüsse vom 13.2.2019, aaO) ausgeführt, dass es ausgehend von den im Urteil des Bundesverfassungsgerichts vom 14.12.1965 -1 BvR 606/60- (KirchE 7, 352) angestellten Billigkeitserwägungen

[26] „ebenfalls unbillig erschiene, wenn ein kirchenangehöriger Ehegatte, der über ein eigenes Einkommen verfügt, dessen wirtschaftliche Leistungsfähigkeit sich durch die Ehe mit einer Person, die ein hohes Einkommen bezieht, aber erhöht hat, trotz eingetretener Leistungsfähigkeitssteigerung kirchensteuerfrei bliebe und sich deswegen nicht an der Finanzierung der kirchlichen Gemeinschaftsaufgaben beteiligten müsste."

[27] Weiter hat der Bundesfinanzhof ausgeführt, dass es sich bei den vorzitierten Erwägungen im Urteil des Bundesverfassungsgerichts vom 14.12.1965 -1 BvR 606/60- um ein obiter dictum und damit eine unverbindliche, rechtspolitische Empfehlung gehandelt habe, der eine rechtliche Verbindlichkeit nicht zukomme. Insbesondere habe der von dem Bundesverfassungsgericht zu entscheidende Fall keine Regelung zum besonderen Kirchgeld zum Gegenstand gehabt, da dieses zum damaligen Zeitpunkt noch nicht existiert habe (vgl. BFH, Beschluss vom 5.10.2021, aaO).

[28] Der vorgenannten Auffassung schließt sich die Kammer vollumfänglich an. Insbesondere verweist das erkennende Gericht mit dem Bundesfinanzhof (vgl. BFH, Beschlüsse vom 13.2.2019 und vom 5.10.2021, jeweils aaO) darauf, dass den von dem Bundesverfassungsgericht zu bewertenden Verfahren in der Fachgerichtsbarkeit, die den Gegenstand des Beschlusses des Bundesverfassungsgerichts vom 28.10.2010, aaO, bildeten und in dem die Verfassungsmäßigkeit der länderspezifischen Regelungen zum besonderen Kirchgeld ausdrücklich festgestellt wurde, auch solche Lebenssachverhalte zugrunde lagen, in denen kirchenangehörigen Ehegatten über ein eigenes Einkommen verfügten. Nach neuerer Rechtsprechung hält der Bundesfinanzhof an einer etwaig abweichenden Auffassung, so sie denn seiner Entscheidung vom 8.10.2013 -I B 109/12- entnommen werden könnte, die in ihrer Begründung auf einen einkommenslosen kirchenangehörigen Ehegatten Bezug nimmt, ausdrücklich nicht fest (vgl. BFH, Beschluss vom 5.10.2021, aaO). Danach kann ein besonderes Kirchgeld beim einkommenslosen kirchenangehörigen Ehegatten, beim kirchenangehörigen Ehegatten mit einem eigenen Einkommen, das wegen geringer Höhe keine Einkommensteuer und damit auch keine Kircheneinkommensteuer auslöst, und beim kirchenangehörigen Ehegatten mit einem eigenen Einkommen, das in Folge der sog. Vergleichsberechnung zur Festsetzung eines gegenüber der Kircheneinkommensteuer höheren besonderen Kirchgeldes führt, festgesetzt werden (vgl. BFH, Beschluss vom 5.10.2021, aaO). Auch insoweit schließt sich die Kammer der überzeugenden Auffassung des Bundesfinanzhofs an, wonach es in allen vorgenannten Fallkonstellationen der Billigkeit widerspräche, wenn ein einkommensschwacher kirchenangehöriger Ehegatte nicht entsprechend der wirtschaftlichen Leistungsfähigkeit beider Ehegatten an

der Finanzierung der kirchlichen Gemeinschaftsaufgaben beteiligt würde, da auch in dieser Fallgruppe der Lebensführungsaufwand des kirchenangehörigen Ehegatten durch das höhere Einkommen des konfessionslosen Ehegatten eine Steigerung erfährt, die es zu berücksichtigen gilt (vgl. BFH, Beschluss vom 5.10.2021, aaO). Hinzukommt, dass eine Besteuerung ausschließlich des nicht über eigenes Einkommen verfügenden, kirchenangehörigen Ehegatten diesen gegenüber Steuerpflichtigen mit eigenem Einkommen gleichheitswidrig belasten würde. Soweit die Klägerin in ihrem Schriftsatz vom 23.3.2022 pauschal behauptet, der BFH habe in dem Beschluss vom 5.10.2021, aaO, die Problematik der Vergleichsberechnung übersehen respektive nicht durchdrungen, so wird dies durch die vorzitierten eindeutigen Ausführungen in der Begründung der Entscheidung widerlegt und bedarf an dieser Stelle keiner weitergehenden Ausführungen. Insbesondere führt der BFH in dem Beschluss nicht aus, dass er die Vergleichsberechnung in der verfassungsrechtlichen Würdigung in der Vielzahl der Entscheidungen nicht berücksichtigt, sondern im Gegenteil berücksichtigt hat, wie sich aus dem Inhalt der nachzitierten Ausführungen in der Entscheidungsbegründung eindeutig ergibt:
[29] „Eine eigenständige verfassungsrechtliche Würdigung der später eingeführten und vollzogenen landesgesetzlichen Ermächtigungsgrundlagen für die Erhebung eines besonderen Kirchgeldes hat neben dem BVerwG (z.B. BVerwG-Urteil in BVerwGE 52, 104, KirchE 16, 76) der Senat in einer Vielzahl von Entscheidungen vorgenommen. Dabei hat er die Heranziehung zum besonderen Kirchgeld in allen drei eingangs erwähnten Sachverhaltskonstellationen gebilligt. Dies trifft insbesondere auch auf die dritte Fallgruppe zu, in der es aufgrund der sog. Vergleichsberechnung (Höhe des besonderen Kirchgeldes übersteigt die Höhe der auf die eigenen Einkünfte des kirchenangehörigen Ehegatten entfallenden Kircheneinkommensteuer) zu einer Festsetzung des besonderen Kirchgeldes gekommen ist (z.B. Senatsurteil vom 21.12.2005 -I R 64/05- [vorgehend Urteil des FG Köln vom 8.6.2005 -11 K 1389/03-]; Senatsbeschluss vom 29.1.2010 -I B 98/09- BFH/NV 2010, 1123, KirchE 55, 40 [vorgehend Urteil des FG Nürnberg vom 18.6.2009 -6 K 49/2008- KirchE 53, 397]; nachfolgend BVerfG-Beschluss vom 28.10.2010 -2 BvR 591/06 u.a.- Höchstrichterliche Finanzrechtsprechung – HFR- 2011, 98, KirchE 56, 346)."
[30] Dabei lagen den von dem BFH vorstehend zitierten, erstinstanzlichen Verfahren (vgl. Urteil des FG Köln vom 8.6.2005, aaO, und Urteil des FG Nürnberg vom 18.6.2009, aaO) Fallkonstellationen zugrunde, in denen ein besonderes Kirchgeld nach der dritten Fallgruppe erhoben wurde, mithin solche Fälle, in denen beim kirchenangehörigen Ehegatten mit einem eigenen Einkommen in Folge der sog. Vergleichsberechnung ein gegenüber der von diesem Kirchenangehörigen zu zahlenden Kircheneinkommensteuer höheres besonderes Kirchgeld festgesetzt wurde. Bedurfte es einer besonderen Erwähnung der Vergleichsberechnung in den Entscheidungen des BFH vom 21.12.2005, aaO, und vom 29.1.2010, aaO, damit nicht und wurde in dem Beschluss des BFH vom 5.10.2021, aaO, die Vergleichsberechnung sogar ausdrücklich für verfassungsmäßig befunden, entbehren die entgegenstehenden Ausführungen der Klägerin in diesem Punkt jeglicher Substanz. Soweit die Klägerin weiter ausführt, dass Leitsatz und Inhalt des Beschlusses vom 5.10.2021, aaO, in Widerspruch stünden, so ist dieses Argument in Ansehung der insoweit objektiv sowohl semantischen als auch inhaltlichen Übereinstimmung schlicht nicht nachvollziehbar.

[31] Schließlich ist eine verfassungsrechtlich bedenkliche (vgl. BFH, Beschluss vom 5.10.2021, aaO), doppelte Belastung der Klägerin mit Kircheneinkommenssteuer und besonderem Kirchgeld entgegen der Auffassung des Prozessbevollmächtigten der Klägerin im vorliegenden Fall bereits deshalb offensichtlich ausgeschlossen, weil § 5 Abs. 2 Satz 4 KiStG eine entsprechende Anrechnungsregelung enthält, die im vorliegenden Fall auch zur Anwendung gekommen ist. Ohne, dass es darauf ankäme, wurde die Verfassungsmäßigkeit der Anrechnungsregelung selbst durch das Bundesverfassungsgericht (vgl. BVerfG, Beschluss vom 28.10.2010, aaO, unter Verweis auf BVerfG, Beschluss vom 23.10.1986 -2 BvL 7/84 und 2 BvL 8/84- KirchE 24, 267) und den Bundesfinanzhof (stRspr, vgl. nur BFH, Beschluss vom 5.10.2021, aaO) wiederholt bestätigt. ...".

[32] Diese Ausführungen, denen ein dem Klägervorbringen im vorliegenden Verfahren im Wesentlichen gleiches Vorbringen der Klägerin im Verfahren -3 K 952/21.MZ- zugrunde lag, macht sich die Kammer zu Eigen.

[33] 2) Auch die weiteren Einwendungen der Klägerin zu 1) rechtfertigen keine andere Beurteilung.

[34] a) Soweit sie geltend macht, die Heranziehung eines kirchenangehörigen Ehegatten, der über ein eigenes Einkommen verfüge, zu einem besonderen Kirchgeld verstoße gegen den im Rechtsstaatsprinzip (Art. 20 Abs. 3 Grundgesetz [GG]) wurzelnden Grundsatz der Tatbestandsmäßigkeit der Besteuerung, weil der Steuertatbestand auf einen von der verfassungsrechtlich maßgeblichen Norm explizit ausgeschlossenen Tatbestand erweitert werde, und diesbezüglich auf das im Urteil des Bundesverfassungsgerichts vom 14.12.1965 (aaO, BVerfGE 19, 268, KirchE 7, 253) enthaltene „obiter dictum" (Rn 38) verweist, welches für die Heranziehung zum besonderen Kirchgeld maßgeblich sei, übersieht sie, dass – wie bereits ausgeführt – das „obiter dictum" keine Bindungswirkung nach § 31 Bundesverfassungsgerichtsgesetz – BVerfGG – entfaltet und dementsprechend auch nicht tatbestandsbegründend sein kann.

[35] § 31 BVerfGG bindet alle Verfassungsorgane des Bundes und der Länder sowie alle Gerichte und Behörden im Geltungsbereich des Gesetzes zwar generell an die Entscheidungen des Bundesverfassungsgerichts. Soweit das Bundesverfassungsgericht eine Gesetzesbestimmung für nichtig oder für gültig erklärt, hat seine Entscheidung nach § 31 Abs. 2 Sätze 1 und 2 BVerfGG Gesetzeskraft. Aber auch in anderen Fällen entfalten die Entscheidungen des Bundesverfassungsgerichts gemäß § 31 Abs. 1 BVerfGG eine über den Einzelfall hinausgehende Bindungswirkung insofern, als die sich aus dem Tenor und den tragenden Gründen der Entscheidung ergebenden Grundsätze für die Auslegung der Verfassung von den Gerichten in allen künftigen Fällen beachtet werden müssen. Die Bindung an den Tenor und die tragenden Gründe verfassungsgerichtlicher Entscheidungen kann sich aber nur auf den Streitgegenstand beziehen, über den das BVerfG entschieden hat. Tragend für eine Entscheidung sind jene

Rechtssätze, die nicht hinweggedacht werden können, ohne dass das konkrete Entscheidungsergebnis nach dem in der Entscheidung zum Ausdruck gekommenen Gedankengang entfiele. Nicht tragend sind dagegen bei Gelegenheit einer Entscheidung gemachte Rechtsausführungen, die außerhalb des Begründungszusammenhangs zwischen genereller Rechtsregel und konkreter Entscheidung stehen. Bei der Beurteilung, ob ein tragender Grund vorliegt, ist von der niedergelegten Begründung in ihrem objektiven Gehalt auszugehen. Angesichts der besonderen Tragweite, die verfassungsgerichtlichen Entscheidungen nach § 31 BVerfGG zukommt, müssen ihre rechtlich bindenden Aussagen auf den auch für Außenstehende erkennbaren Gehalt beschränkt sein. Es kommt nicht darauf an, ob den Richtern bestimmte Rechtsauffassungen wichtig erscheinen, sondern, ob sie erkennbar im Begründungszusammenhang für die Entscheidung des Falles erheblich geworden sind. Ein obiter dictum liegt vor, wenn eine geäußerte Rechtsauffassung für die konkrete Entscheidung des BVerfG unerheblich ist. Ein obiter dictum entfaltet damit weder Bindungswirkung noch hat es Gesetzeskraft (vgl. FG BW, Urteil vom 14.10.2021 -3 K 3268/18- EFG 2022, 173 mwN aus der Rechtsprechung des Bundesverfassungsgerichts).

[36] Das Urteil des Bundesverfassungsgerichts vom 14.12.1965 (aaO) betraf eine Verfassungsbeschwerde gegen eine finanzgerichtliche Entscheidung zu einer Regelung in der Hamburgischen Kirchensteuerordnung, wonach die Kirchensteuer bei getrennt veranlagten Eheleuten nach der Hälfte der zusammengerechneten Einkommensteuer beider Ehegatten erhoben wurde, wenn nur ein Ehegatte der Kirche angehörte (Halbteilungsgrundsatz). Nicht entschieden hat das Bundesverfassungsgericht hingegen über die Zulässigkeit der Erhebung eines besonderen Kirchgelds. Der Hinweis am Ende der Entscheidung (aaO Rn 38), unter welchen Umständen eine Orientierung am Einkommen des nicht kirchenangehörigen Ehegatten möglich sei, steht außerhalb des Begründungszusammenhangs zur Verfassungswidrigkeit des Halbteilungsgrundsatzes. Vielmehr werden damit vom Bundesverfassungsgericht Möglichkeiten einer verfassungsgemäßen Besteuerung aufgezeigt (vgl. VG Schleswig, Urteil vom 11.3.2021 -1 A 275/17-).

[37] Der Hinweis im Urteil des Bundesverfassungsgerichts vom 14.12.1965 enthält im Übrigen auch keine abschließende Aufzählung von Voraussetzungen für die Anwendung des Besteuerungsmerkmals „Lebensführungsaufwand". Für die Berücksichtigung des gemeinsamen zu versteuernden Einkommens ist insbesondere nicht Voraussetzung, dass die Antragstellerin nicht über ein erhebliches eigenes Einkommen verfügt, so dass sie bei Nichtanwendung der Vorschriften des besonderen Kirchgeldes bei glaubensverschiedener Ehe kirchensteuerfrei bliebe. Die Konstellation, in der der kirchenangehörige Ehe-

gatte über kein oder jedenfalls ein nur sehr geringes Einkommen verfügt, mag – angestoßen durch das Bundesverfassungsgericht – zwar der Ausgangspunkt der gesetzgeberischen Überlegungen für die Erhebung des besonderen Kirchgeldes gewesen sein. Die Anwendung der entsprechenden Regeln ist deshalb aber nach Maßgabe des Grundgesetzes nicht auf diese Konstellation beschränkt. Vielmehr ist es nicht zu beanstanden, wenn die kirchenrechtlichen Regelungen – wie die hier maßgeblichen – die Heranziehung zu einem besonderen Kirchgeld unabhängig von dem seitens des kirchenangehörigen Ehegatten erzielten Einkommen allein davon abhängig machen, ob die Eheleute zusammen zur Einkommensteuer veranlagt werden. Dies ist vor allem deshalb sachgerecht, weil auch dem bei der Zusammenveranlagung anzuwendenden Splittingtarif die Vorstellung zugrunde liegt, dass zusammenlebende Ehegatten eine Gemeinschaft des Erwerbs und Verbrauchs bilden, in der jeder Ehegatte an dem Einkommen des anderen zur Hälfte teilhat, auch wenn die Einkünfte als solche von dem anderen Ehegatten im Sinne von § 2 Abs. 1 EStG erzielt werden. Die Wahl des Splittingtarifs „lohnt“ sich auch keineswegs erst dann, wenn ein Ehepartner kein oder ein nur sehr geringes Einkommen hat. Wegen des progressiv ansteigenden Einkommensteuertarifs profitieren die Eheleute von der gemeinsamen Veranlagung vielmehr bereits dann, wenn zwischen ihnen überhaupt eine (merkliche) Einkommensdifferenz besteht. Eine solche liegt ungeachtet des nicht unerheblichen eigenen Einkommens der Antragstellerin gerade auch bei der Antragstellerin und ihrem Ehegatten vor. Wählen die Ehegatten die Zusammenveranlagung, weil die Berücksichtigung des jeweils Erworbenen als gemeinsames Einkommen sich steuerrechtlich zu ihren Gunsten auswirkt, so können sie dann andererseits nicht verlangen, kirchensteuerrechtlich wie getrennt veranlagte Eheleute behandelt zu werden. Ein unzulässiger Eingriff in Art. 2 Abs. 1 GG liegt darin schon deshalb nicht, weil der kirchenangehörige Ehegatte einer Besteuerung des Lebensführungsaufwandes ohne Weiteres dadurch entgehen kann, dass er das Wahlrecht zwischen gemeinsamer und getrennter Veranlagung nach § 26 Abs. 1 Satz 1 EStG zugunsten der getrennten Veranlagung ausübt. Bei der Entscheidung über die gemeinsame Veranlagung haben die Ehegatten mithin die Möglichkeit abzuwägen, ob der Vorteil des Splittingtarifs, mit dem ggf. eine höhere Kirchensteuer in Form des besonderen Kirchgeldes einhergeht, für sie insgesamt günstiger ist als der Vorteil einer getrennten Veranlagung mit einer geringeren oder entfallenden Kirchensteuer. Den Eheleuten die Möglichkeit zu eröffnen, die Vorteile aus der Zusammenveranlagung der Einkommensteuer und hinsichtlich der Kirchensteuer die der getrennten Veranlagung gleichzeitig in Anspruch zu nehmen, ist verfassungsrechtlich nicht geboten (vgl. zu alledem VG Schleswig, Urteil vom 11.3.2021, aaO Rn 28 mwN).

[38] b) Auch der Einwand der Klägerin zu 1), der Beschluss des Bundesverfassungsgerichts 28.10.2010 (-2 BvR 591/06 u.a.- NJW 2011, 365, KirchE 56, 346) vermöge die Festsetzung des besonderen Kirchgelds nicht zu legitimieren, da er auf einer wahrheitswidrigen Tatsachenbehauptung beruhe und damit willkürlich sei und nicht der Bindung an Recht und Gesetz gemäß Art. 20 Abs. 3 GG entspreche, greift nicht durch. Das Bundesverfassungsgericht – dem allein (und nicht der Klägerin zu 1) die Deutungshoheit seiner Entscheidungen zukommt – hat unter Bezugnahme auf seine Rechtsprechung klargestellt, dass die für die Entscheidung im Wesentlichen maßgeblichen verfassungsrechtlichen Fragen geklärt sind und durch die hieran anknüpfende Rechtsprechung der Fachgerichte verfassungsgemäß konkretisiert wurden. Insbesondere sei verfassungsrechtlich nichts dagegen einzuwenden, wenn angesichts der Schwierigkeiten der Bestimmung des Lebensführungsaufwandes als Indikator der wirtschaftlichen Leistungsfähigkeit des kirchenangehörigen Ehepartners dieser Aufwand nach dem gemeinsamen Einkommen der Ehegatten bemessen wird (aaO). Hiergegen ist nichts zu erinnern.

[39] c) Die streitgegenständliche Festsetzung des besonderen Kirchgelds verstößt ferner auch nicht den Grundsatz der Individualbesteuerung.

[40] Der das Einkommensteuerrecht beherrschende Grundsatz der Individualbesteuerung bedeutet, dass die Einkommensteuer eine Personensteuer ist und die im Einkommen zu Tage tretende individuelle Leistungsfähigkeit der einzelnen natürlichen Person erfasst. Die personale Anknüpfung der Einkommensteuer garantiert die Verwirklichung des verfassungsrechtlich fundierten Gebots der Besteuerung nach der wirtschaftlichen Leistungsfähigkeit. Das gilt auch für den Fall der Zusammenveranlagung; auch hier ist Steuersubjekt der einzelne Steuerpflichtige. Diesem Grundsatz widersprechen die Regelungen über das besondere Kirchgeld nicht, weil es – wie oben dargelegt – in zulässiger Weise an den Lebensführungsaufwand des kirchenangehörigen Ehegatten und damit an die individuelle Leistungsfähigkeit anknüpft.

[41] Soweit angesichts der Schwierigkeiten, den Lebensführungsaufwand als Indikator der wirtschaftlichen Leistungsfähigkeit zu bestimmen, das gemeinsame Einkommen der Ehegatten als Hilfsmaßstab herangezogen wird, führt dies nicht zu einer unzulässigen Haushaltsbesteuerung. Denn zwischen dem Lebensführungsaufwand eines Ehegatten und dem Einkommen beider Ehegatten bestehen Abhängigkeiten. Bei der Zugrundelegung des gemeinsam zu versteuernden Einkommens der Ehegatten für die Bemessung des besonderen Kirchgeldes berücksichtigt § 2 Abs. 3 Satz 3 KiStO ausreichend, dass die

wirtschaftliche Leistungsfähigkeit des kirchenangehörigen Ehegatten bei geringerem Einkommen beider Ehegatten stark eingeschränkt ist, dass ein Teil des gemeinsamen Einkommens nicht zur Erhöhung dieses Lebensführungsaufwandes führt und von einer gewissen Einkommenshöhe an der Lebensführungsaufwand nicht mehr steigt, indem sie einer in 13 Stufen gestaffelten Bemessungsgrundlage jeweils ein sich progressiv erhöhendes Kirchgeld zuordnen. Dass in einigen Fällen auf diese Weise mittelbar auch das Einkommen des konfessionslosen Ehegatten in die Kirchenbesteuerung mit einbezogen wird, ist der Anknüpfung an den Lebensführungsaufwand als eigenständigem Besteuerungsmaßstab immanent. Gerechtfertigt ist dies nicht zuletzt dadurch, dass der zivilrechtliche Unterhaltsanspruch des Ehegatten auf einen angemessenen Teil des gemeinsamen Einkommens gemäß § 1360a des Bürgerlichen Gesetzbuchs – BGB – den Gesetzesmaterialien zufolge ausdrücklich auch der Deckung von kirchlichen Mitgliedsbeiträgen dienen soll (vgl. FG Baden-Württemberg, Urteil vom 14.10.2021, aaO mwN).

[42] d) Entgegen der Ansicht der Klägerin zu 1) lässt sich auch aus dem Urteil des Europäischen Gerichtshofs für Menschenrechte vom 6.4.2017 (10138/11 u.a., NJW 2018, 3295, KirchE 69, 173) nicht entnehmen, dass das besondere Kirchgeld nur bei einem einkommenslosen kirchenangehörigen Ehegatten erhoben werden dürfte. Hinzu hat das Finanzgericht Baden-Württemberg in seinem Urteil vom 14.10.2021 folgendes ausgeführt:

> „Anders als die Klägerin behauptet, behandelt die Entscheidung nicht lediglich den Fall einer Verrechnung der Kirchensteuerschuld (in Form des besonderen Kirchgelds) der Ehefrau mit dem Einkommensteuererstattungsanspruch des konfessionslosen Ehemanns. Diese Problematik betraf nur den Beschwerdeführer zu 1) von insg. fünf Beschwerdeführern in vier Individualbeschwerden. Der EGMR hat in der Verrechnung auch keine Verletzung der negativen Religionsfreiheit des Beschwerdeführers zu 1) gesehen, sondern vielmehr einen Eingriff in die durch Art. 9 der Konvention zum Schutz der Menschenrechte und Grundfreiheiten (EMRK) geschützte Religionsfreiheit festgestellt, der aber auf einer gesetzlichen Grundlage beruhte, einem rechtmäßigen Ziel diente und auch notwendig, insbesondere verhältnismäßig war, sodass Art. 9 EMRK nicht verletzt worden war. Die Individualbeschwerde der Beschwerdeführer zu 3) und zu 4) betraf die Festsetzung von Kirchensteuer als Zuschlag zur Einkommensteuer. Lediglich in den Individualbeschwerden der Beschwerdeführer zu 2) und zu 5) ging es um das besondere Kirchgeld und dessen Bemessung am Lebensführungsaufwand, wobei einer der Beschwerdeführer ein eigenes Einkommen erzielt hatte, der andere nicht. In beiden Fällen hat der EGMR schon einen Eingriff in die Rechte der Beschwerdeführer nach Art. 9 EMRK verneint und dies damit begründet, dass es sich bei der Beitragserhebung um eine autonome kirchliche Aktivität handle, die nicht dem beschwerdegegnerischen Staat zugerechnet werden könne. Angesichts der Tatsache, dass die Rolle des Staates auf Kontrollbefugnisse beschränkt sei und die Beschwerdeführer weder ihre Pflicht zur Kirchgeldzahlung noch ihr Recht auf Kirchenaustritt in Frage gestellt hätten, sei der Gerichtshof der Auffassung, dass die deut-

schen Stellen hinreichende Schutzmechanismen zur Wahrung der Religionsfreiheit vorgesehen hätten.
Soweit der EGMR in seiner Darstellung des Hintergrunds der Rechtssachen, der landesrechtlichen Vorschriften und der einschlägigen Rechtsprechung im Zusammenhang mit der Erhebung des besonderen Kirchgelds jeweils nur die Kirchenmitglieder erwähnt, die kein eigenes zu versteuerndes Einkommen haben, so mag dies verkürzt dargestellt sein. Eine Entscheidung, dass die Festsetzung eines besonderen Kirchgelds nur in den Fällen zulässig ist, in denen der – mit seinem nichtkirchenangehörigen Ehegatten zusammenveranlagte – kirchenangehörige Ehegatte über kein eigenes Einkommen verfügt, hat der EGMR entgegen der Behauptung der Klägerin damit aber nicht getroffen. (aaO)“

[45] Dem schließt sich die Kammer an.

[46] e) Soweit die Klägerin zu 1) schließlich darauf verweist, dass andere Kirchen wie die Evangelisch-Lutherische oder das Bistum (...) anerkannt hätten, dass die bisherige Praxis der Erhebung eines besonderen Kirchgelds dem Prinzip der Individualbesteuerung widerspreche und diese (folgerichtig) geändert hätten, und die Evangelische Kirche gut beraten sei, der Argumentation zu folgen, hat sie damit einen Rechtsverstoß nicht aufgezeigt. Insbesondere verstößt eine unterschiedliche Praxis der (evangelischen) Kirchen bei der Erhebung eines besonderen Kirchgelds nicht gegen den Gleichheitsgrundsatz des Art. 3 Abs. 1 GG. Art. 140 GG i.V.m. Art. 137 Abs. 6 der Weimarer Reichsverfassung (WRV) berechtigen die Religionsgesellschaften, welche Körperschaften des öffentlichen Rechts sind, nach Maßgabe der landesrechtlichen Regelungen Steuern zu erheben. Ergänzend hierzu bestimmt Art. 140 GG i.V.m. Art. 137 Abs. 3 WRV, dass jede Religionsgesellschaft ihre Angelegenheiten selbständig innerhalb der Schranken des für alle geltenden Gesetzes ordnet und verwaltet. Hieraus folgt, dass die Evangelische Kirche, bei der es sich um eine weithin selbständige Gliedkirche der Evangelischen Kirche in Deutschland (https://www.ekd.de/Gliedkirchen-der-EKD-10756.htm) in der Rechtsform einer Körperschaft des öffentlichen Rechts (vgl. Art. 2 Abs. 4 der Kirchenordnung) handelt, bei der Festlegung der Grundsätze der Erhebung von Kirchensteuern – wie sie für das besondere Kirchgeld in § 2 Abs. 2 Buchst b), Abs. 3 Sätze 2 und 3 KiStO i.v.m. der Anlage zu § 2 Abs. 3 getroffen worden sind – autonom ist und sich von Rechts wegen nicht an der Praxis anderer Gliedkirchen der Evangelischen Kirche in Deutschland oder gar katholischer Bistümer oder anderer kirchensteuerberechtigter Religionsgesellschaften orientieren muss.

[47] f) Schließlich ist vorliegend auch keine Aussetzung des Verfahrens und Vorlage an das Bundesverfassungsgericht gemäß Art. 100 Abs. 1 GG geboten. Nach dieser Vorschrift (i.V.m. § 80 BVerfGG) hat ein Gericht, das ein Gesetz für verfassungswidrig hält, auf dessen Gültigkeit es bei der Entscheidung ankommt, auszusetzen und die Entscheidung des Bundesverfassungsgerichts

einzuholen. Ungeachtet der hohen Hürden, die einem solchen Vorlagebeschluss anhaften (vgl. hierzu BVerfG, Beschluss vom 15.2.2016 -1 BvL 8/16- NVwZ-RR 2016, 841 mwN) kommt eine Vorlage an das Bundesverfassungsgericht schon deshalb nicht in Betracht, weil die Kammer die für die Erhebung des besonderen Kirchgelds maßgeblichen Vorschriften des Kirchensteuergesetzes und der Kirchensteuerordnung bereits nicht für verfassungswidrig hält.

[48] 3) Die Festsetzung des besonderen Kirchgelds begegnet auch in der Höhe keinen rechtlichen Bedenken. Entsprechend der in der Anlage zu § 2 Abs. 3 KiStO enthaltenen Tabelle für das besondere Kirchgeld hat der Beklagte das besondere Kirchgeld für das Veranlagungsjahr 2017 auf der Grundlage eines gemeinsam zu versteuernden Einkommens von 158.031 € mit 1.560 €, für das Veranlagungsjahr 2018 auf der Grundlage eines gemeinsam zu versteuernden Einkommens von 75.749 € mit 540 € und für das das Veranlagungsjahr 2019 auf der Grundlage eines gemeinsam zu versteuernden Einkommens von 59.336 € mit 276 € zutreffend festgesetzt. Ferner wurde nach § 5 Abs. 2 Satz 4 KiStG die für die Klägerin zu 1) jeweils ermittelte Kirchensteuer auf das besondere Kirchgeld angerechnet.

4

1. Im Anwendungsbereich des Tarifvertrags zur Einführung des Kirchlichen Tarifvertrags Diakonie (KTD) in der Hesterberg und Stadtfeld gGmbH (im Folgenden EinführungsTV) beginnt bei den in den KTD übergeleiteten Beschäftigten die Beschäftigungs- bzw. Erfahrungszeit, die § 14 I KTD für das Erreichen der nächsten Entgeltstufe voraussetzt, bei „null". Vor dem Tag der Ersetzung des bisherigen Rechts durch den KTD zurückgelegte Zeiten werden nach der speziellen Übergangsbestimmung des § 3 II Buchst. b UAbs. 4 Satz 2 EinführungsTV nicht berücksichtigt.

2. Die §§ 14, 22 KTD stellen für einen Stufenaufstieg bei allen Stufen auf die von dem/der Beschäftigten bei dem jeweiligen Anstellungsträger in einem Arbeitsverhältnis zurückgelegte Zeit ab, auch wenn sie unterbrochen ist. Bezugspunkt ist damit stets der erstmalige Beginn eines Arbeitsverhältnisses und, anders als z.B. bei den Entgeltregelungen der Tarifverträge des öffentlichen Dienstes, nicht die in der vorhergehenden Stufe zurückgelegte Stufenlaufzeit.

https://doi.org/10.1515/9783111651354-004

§ 1 TGV

BAG, Urteil vom 19. Januar 2023 -6 AZR 101/22-[1]

Die Parteien streiten über den Zeitpunkt des Aufstiegs der Klägerin in die nächsthöhere Entgeltstufe ihrer Entgeltgruppe.

Die Klägerin ist seit dem 10.11.2003 bei der Beklagten bzw. deren Rechtsvorgängerinnen als Kinderkrankenschwester in der Eingliederungshilfe tätig. Auf das Arbeitsverhältnis fanden zunächst Tarifverträge des öffentlichen Dienstes und ab August 2008 die mit der Gewerkschaft ver.di abgeschlossenen Tarifverträge der Damp Holding AG Anwendung. Letztere wurden zum 1.3.2014 durch den Kirchlichen Tarifvertrag Diakonie (KTD) ersetzt. Zur Ersetzung schlossen der Verband kirchlicher und diakonischer Anstellungsträger in Norddeutschland (VKDA) und die Gewerkschaft ver.di am 28.1.2014 einen Tarifvertrag zur Einführung des Kirchlichen Tarifvertrags Diakonie (KTD) in der Hesterberg und Stadtfeld gGmbH (im Folgenden EinführungsTV) ab. Zwischen den Parteien besteht Einigkeit, dass die Klägerin der Regelung des § 3 Abs. 2 Buchst. b EinführungsTV unterfällt.

Der EinführungsTV hat auszugsweise folgenden Inhalt:

„§ 1 Geltungsbereich
(1) Dieser Tarifvertrag gilt für alle Arbeitnehmerinnen i.S.d. §§ 1 und 2 KTD, die in einem Arbeitsverhältnis mit der Hesterberg und Stadtfeld gGmbH stehen.
§ 2 Ersetzung
Der KTD ersetzt den Tarifvertrag zur Begleitung der Teilbetriebsübergänge in die Hesterberg und Stadtfeld GmbH (TV-Überleitung Hesterberg) vom 25. August 2010, den Manteltarifvertrag Damp vom 2. März 2010, den Entgeltrahmen zum Manteltarifvertrag Damp vom 1. Januar 1999, ...
§ 3 Übergangsbestimmungen
Für Arbeitnehmerinnen, die sich vor dem Zeitpunkt der Ersetzung bereits in einem Arbeitsverhältnis befanden, das danach fortbesteht und für die bis zur Ersetzung die Tarifverträge nach § 2 zur Anwendung kommen, gelten folgende Übergangsbestimmungen:
(1) § 31 Abs. 1 bis 3 KTD werden nicht angewendet.
(2) Die Arbeitnehmerin wird nach § 14 KTD eingruppiert. Die monatlichen Bezüge ergeben sich aus dem Entgelt nach KTD und einer Ausgleichs-zulage. Die Ausgleichszulage berechnet sich aus der Vergütung gemäß den Tarifverträgen unter § 2 am Tage vor der Ersetzung (...) im Folgenden als alte Vergütung bezeichnet, und dem neuen Entgelt.
...

1 Amtl. Leitsätze. juris; NZA 2023, 848.
Das Urteil ist rechtskräftig.

a) Für die Fälle, in denen die alte Vergütung die unterste Entgeltstufe nicht übersteigt, hat die Arbeitnehmerin weiterhin Anspruch auf die alte Vergütung. Diese nimmt an den tariflichen Vergütungserhöhungen teil. Nach zwei Jahren erhält die Arbeitnehmerin Entgelt aus der ersten Entgeltstufe, es sei denn, der Unterschied zwischen dem Betrag der alten Vergütung und dem der ersten Stufe beträgt mehr als 100,- €. In diesem Fall wird zur alten Vergütung nach zwei Jahren eine Zulage von 100,- € gezahlt. Der Anspruch auf Entgelt aus der ersten Stufe entsteht dann erstmals nach vier Jahren.
Für die weiteren Entgeltstufensteigerungen gemäß § 14 Abs. 1 KTD beginnt der Zeitpunkt der Stufenlaufzeit mit Beginn der ersten Entgeltstufe. Der weitere Stufenaufstieg erfolgt entsprechend § 14 Abs. 1 KTD.
b) Für die Arbeitnehmerin, deren alte Vergütung den Wert der höchsten Entgeltstufe in ihrer Eingruppierung nach KTD nicht übersteigt, gilt Folgendes:
Abweichend von § 14 Abs. 1 KTD wird bei Ermittlung der Entgeltstufe nicht die Beschäftigungszeit zu Grunde gelegt, sondern es wird die höchste Entgeltstufe in der jeweiligen Eingruppierung, deren Wert den Wert der alten Vergütung nicht übersteigt, festgelegt.
Die Ausgleichszulage errechnet sich aus dem Unterschied zwischen der alten Vergütung und dem so ermittelten Entgelt nach KTD.
Es besteht Anspruch auf Zahlung dieser Ausgleichszulage bis zur nächsten Entgeltstufensteigerung. Grundsätzlich wird für die erste Entgeltstufensteigerung nach der Ersetzung § 14 Abs. 1 KTD angewendet, wobei die Beschäftigungszeit für den Aufstieg in die nächsthöhere Entgeltstufe ab dem Tage der Ersetzung gewertet wird.
c) Für die Arbeitnehmerin, deren alte Vergütung den Wert der höchsten Entgeltstufe ihrer Eingruppierung nach KTD übersteigt, gilt Folgendes:
Die Arbeitnehmerin hat neben dem Entgelt nach der höchsten Entgeltstufe ihrer Eingruppierung Anspruch auf Zahlung einer Ausgleichszulage, die sich aus der Differenz zwischen der alten Vergütung und dem Wert der höchsten Entgeltstufe nach KTD ergibt.
Auf die Ausgleichszulage sind zukünftige Tariferhöhungen anzurechnen. Im Gegenzug erhält die Arbeitnehmerin jeweils eine der Tariferhöhung entsprechende Einmalzahlung.
...
(8) Für die Dauer des fortbestehenden Arbeitsverhältnisses werden die vor dem Zeitpunkt der Ersetzung anerkannten Beschäftigungszeiten berücksichtigt.
§ 4 Übergangsregelungen
...
§ 5 Inkrafttreten
Dieser Tarifvertrag tritt am 1. März 2014 in Kraft."

Der zum Zeitpunkt der Ersetzung geltende KTD vom 15.8.2002 in der Fassung des Änderungstarifvertrags Nr. 11 vom 14.8.2013 enthielt auszugsweise folgende Regelungen:

„§ 14 Entgeltgrundlagen
(1) Die Entgelte werden nach der überwiegenden Tätigkeit (Entgeltgruppen) und der Beschäftigungszeit (§ 22) bemessen.
...
Die Entgeltgruppen ergeben sich aus der Entgeltordnung (Anlage 1) zu diesem Tarifvertrag.

Die Entgelte in den verschiedenen Entgeltstufen werden in der Anlage 1 a bzw. Anlage 3, Nr. 2 zu diesem Tarifvertrag festgelegt. Die Entgelte richten sich nach folgenden Stufen:

Beginn des Beschäftigungsverhältnisses	1. Entgeltstufe
nach Vollendung von drei Jahren Beschäftigungszeit	2. Entgeltstufe
nach Vollendung von sieben Jahren Beschäftigungszeit	3. Entgeltstufe
nach Vollendung von 12 Jahren Beschäftigungszeit	4. Entgeltstufe.

Durch nachgewiesene einschlägige Berufserfahrung mit der Qualifikation und in der Tätigkeit, die die Entgeltgruppe voraussetzt, in die die Arbeit-nehmerin eingruppiert ist, werden für die Feststellung der Entgeltstufe bis zu drei Jahre Berufserfahrung als Beschäftigungszeit anerkannt.

(2) Zeiten, in denen das Beschäftigungsverhältnis ruht (z.B. Elternzeit), bleiben bei der Festlegung der Entgeltstufe unberücksichtigt.

...

§ 15 Entgeltfortzahlung bei Arbeitsunfähigkeit

...

(3) Nach einer Beschäftigungszeit von 12 Jahren, frühestens jedoch nach Vollendung des 50. Lebensjahres, erhält die Arbeitnehmerin ... einen Krankengeldzuschuss ...

...

§ 22 Beschäftigungszeit

Beschäftigungszeit ist die bei demselben Anstellungsträger in einem Arbeitsverhältnis zurückgelegte Zeit, auch wenn sie unterbrochen ist.

§ 23 Treueleistung

(1) Die Arbeitnehmerin hat nach langen Beschäftigungszeiten Anspruch auf eine Treueleistung. ... erhält sie als Treueleistung mit Vollendung einer Beschäftigungszeit (Fälligkeit)

von 10 Jahren	5 Tage,
von 20 Jahren	10 Tage,
von 30 Jahren	15 Tage,
von 40 Jahren	20 Tage

als zusätzlichen Erholungsurlaub.

...

§ 27 Kündigung

...

(2) Im Übrigen beträgt die Kündigungsfrist

bei einer Beschäftigungszeit

bis zu 1 Jahr	1 Monat,
von mehr als 1 Jahr	6 Wochen,
von mindestens 5 Jahren	3 Monate,
von mindestens 8 Jahren	4 Monate,
von mindestens 10 Jahren	5 Monate,
von mindestens 12 Jahren	6 Monate,
von mindestens 15 Jahren	9 Monate,
von mindestens 20 Jahren	12 Monate

zum Monatsschluss.

...

§ 31 Übergangsregelungen

...“

Mit Umstellungsmitteilung vom 24.3.2014 informierte die Beklagte die Klägerin darüber, dass sie nach der Entgeltordnung des KTD in die Entgeltgruppe 7 einzugruppieren sei. Gemäß § 3 Abs. 2 Buchst. b EinführungsTV werde sie ausgehend von ihrer „alten Vergütung" der Entgeltstufe 3 zugeordnet und erhalte eine Ausgleichszulage. In dem der Umstellungsmitteilung beigefügten Erläuterungsschreiben wird zur Höhe der Ausgleichszulage hinsichtlich des im Fall der Klägerin einschlägigen sog. Wegs B ausgeführt:

> „...Bei diesem Berechnungsweg erfolgt die Zuordnung zu der Entgeltstufe unabhängig von der tatsächlichen Beschäftigungszeit in die Entgeltstufe, deren Wert die Höhe der alten Vergütung nicht übersteigt.
> ...
> Die Ausgleichszulage entfällt mit der nächsten Entgeltstufensteigerung.
> In unseren Beispielen geschieht das wie folgt:
> Beispiel 1:
> KTD Entgeltstufe 3 entspricht 7 Beschäftigungsjahren, die nächste Steigerung in die Stufe 4 erfolgt nach 5 weiteren Beschäftigungsjahren. Somit entfällt die Ausgleichszulage zum 01.03.2019, da ab diesem Zeitpunkt die Entgeltstufe 4 gewährt wird.
> ..."

Ab dem 1.1.2016 erhielt § 14 Abs. 1 KTD durch den Änderungstarifvertrag Nr. 13 vom 4.5.2015 folgende Fassung:

> „(1) Das Entgelt der Arbeitnehmerin wird nach der Entgeltgruppe und der Entgeltstufe bemessen. ...
> Die Entgeltgruppe ergibt sich aus der Entgeltordnung (Anlage 1 bzw. Anlage 5 Nr. 3 Abs. 1). ...
> Arbeitsvorgänge sind Arbeitsleistungen ...
> Die Entgelte in den verschiedenen Entgeltstufen sind in der Anlage ... zu diesem Tarifvertrag festgelegt. Die Entgelte richten sich ... nach folgenden Stufen:

Beginn des Beschäftigungsverhältnisses	1. Entgeltstufe,
nach Vollendung von 3 Jahren Erfahrungszeit	2. Entgeltstufe,
nach Vollendung von 7 Jahren Erfahrungszeit	3. Entgeltstufe und
nach Vollendung von 12 Jahren Erfahrungszeit	4. Entgeltstufe.

> ...
> Die Beschäftigungszeit (§ 22) gilt als Erfahrungszeit. Daneben werden durch nachgewiesene einschlägige Berufserfahrung mit der Qualifikation und in der Tätigkeit, die die Entgeltgruppe voraussetzt, in die die Arbeit-nehmerin eingruppiert ist, bis zu drei Jahren Berufserfahrung als Erfahrungszeit anerkannt.
> Unabhängig von Unterabsatz 5 kann der Anstellungsträger bei der Einstellung zur Deckung des Personalbedarfs ganz oder teilweise weitere Zeiten in förderlicher Tätigkeit als Erfahrungszeit anerkennen. ..."

Mit dem Änderungstarifvertrag Nr. 15 vom 18.9.2017 zum KTD führten die Tarifvertragsparteien mit Wirkung ab 1.1.2018 in Abteilung 2 der Entgeltordnung zu

§ 14 – Anlage 1 zum KTD gesonderte Entgeltgruppen für den Erziehungs- und Sozialdienst ein, die auch die Eingliederungshilfe erfassten. Gemäß den Übergangsbestimmungen in § 2 Abs. 1 dieses Änderungstarifvertrags wurde die Klägerin in die Entgeltgruppe ES 7 übergeleitet. Außerdem erhielt § 14 Abs. 1 KTD nunmehr folgende Fassung:

> „(1) Das Entgelt der Arbeitnehmerin wird nach der Entgeltgruppe und der Entgeltstufe bemessen. ...
> Die Entgeltgruppe ergibt sich aus der Entgeltordnung. ...
> Arbeitsvorgänge sind Arbeitsleistungen ...
> Die Entgelte in den verschiedenen Entgeltstufen und die dazugehörigen Stufenlaufzeiten sind in den jeweiligen Abteilungen der Entgeltordnung (Anlage 1) festgelegt.
> Grundsätzlich gilt: ... Die Beschäftigungszeit (§ 22) gilt als Erfahrungszeit. Daneben werden durch nachgewiesene einschlägige Berufserfahrung mit der Qualifikation und in der Tätigkeit, die die Entgeltgruppe voraussetzt, in die die Arbeitnehmerin eingruppiert ist, bis zu drei Jahren Berufserfahrung als Erfahrungszeit anerkannt. Weitere Einzelheiten bzw. Abweichungen werden in den jeweiligen Abteilungen der Entgeltordnung (Anlage 1) geregelt.
> Unabhängig von Unterabsatz 5 kann der Anstellungsträger bei der Einstellung zur Deckung des Personalbedarfs ganz oder teilweise weitere Zeiten in förderlicher Tätigkeit als Erfahrungszeit anerkennen. ...“

Die Regelungen zum Erziehungs- und Sozialdienst in Abteilung 2 Nr. 2 der Entgeltordnung zu § 14 - Anlage 1 zum KTD lauteten ab 1.1.2018 wie folgt:

„Entgelttabelle zu Abteilung 2

...

Entgelt-gruppe	1. Stufe	2. Stufe	3. Stufe	4. Stufe	5. Stufe
		Nach 3 Jahren	nach 7 Jahren	nach 12 Jahren	nach 20* Jahren
ES 3	...	...	...	...	
ES 4	...	...	...	...	
ES 5	...	...	...	...	
ES 7	2.727	2.991	3.099	3.277	3.360
...	...	...	...	...	...

*Ab 01.01.2021 wird die 5. Stufe nach einer Erfahrungszeit von 18 Jahren erreicht.“

Die Klägerin begehrte mit Schreiben vom 24.8.2019 Vergütung nach der Stufe 4 ihrer Entgeltgruppe. Sie wies darauf hin, dass seit der Überleitung in den KTD fünf Jahre vergangen seien. Die Beklagte lehnte dieses Ansinnen ab.

Die Klägerin hat die Ansicht vertreten, dass sie ab dem 1.3.2019 die für die Stufe 4 erforderliche Beschäftigungs- bzw. nunmehr Erfahrungszeit von zwölf

Jahren erfüllt habe. Der besitzstandswahrende Zweck der Übergangsregelung im EinführungsTV erfordere es, mit der vergütungsbezogenen Zuordnung zu einer Entgeltstufe des KTD auch die dafür erforderliche Beschäftigungszeit – in ihrem Fall sieben Jahre – als geleistet anzuerkennen. Die übergeleiteten Mitarbeiter sollten nicht bei „null" starten. Gemäß § 3 Abs. 8 EinführungsTV würden die vor dem Zeitpunkt der Ersetzung anerkannten Beschäftigungszeiten für die Dauer des fortbestehenden Arbeitsverhältnisses berücksichtigt. Der Tarifwortlaut stehe diesem Verständnis nicht entgegen. Nach § 3 Abs. 2 Buchst. b Unterabs. 4 Satz 2 EinführungsTV werde die Beschäftigungszeit für den Aufstieg in die „nächsthöhere Entgeltstufe" ab dem Tag der Ersetzung gewertet. Dies setze voraus, dass die Arbeitnehmerin bereits in einer Stufe starte, von der aus die für den Aufstieg in die nächsthöhere Stufe noch erforderliche Beschäftigungszeit, in ihrem Fall fünf Jahre, zu berechnen sei. Zudem verdeutliche die Umstellungsmitteilung vom 24.3.2014 diesen Willen der Tarifvertragsparteien. Verstünde man den Tarifvertrag anders, würden sehr lange bei demselben Arbeitgeber tätige, in den KTD übergeleitete Mitarbeiter ungerechtfertigt schlechter behandelt als neu eingestellte Mitarbeiter, bei denen für die Feststellung der Entgeltstufe gemäß § 14 Abs. 1 Unterabs. 5 KTD bis zu drei Jahre einschlägige Berufserfahrung als Beschäftigungszeit anerkannt würden.

Jedenfalls habe ihr die Beklagte den Aufstieg in die Stufe 4 ab dem 1.3.2019 individualvertraglich zugesagt. Dies ergebe die Auslegung der Umstellungsmitteilung vom 24.3.2014 in Verbindung mit dem zugehörigen Erläuterungsschreiben. Diese Schreiben hätten – unstreitig – alle Mitarbeiter standardmäßig erhalten.

Die Klägerin hat beantragt, festzustellen, dass die Beklagte verpflichtet ist, sie seit dem 1.3.2019 nach Stufe 4 der Entgeltgruppe ES 7 KTD Anlage 1, Entgeltordnung Abteilung II Ziffer 2 zu vergüten und die Bruttonachzahlungsbeträge ab dem auf den jeweiligen Fälligkeitszeitpunkt folgenden Tag mit fünf Prozentpunkten über dem Basiszinssatz zu verzinsen.

Die Beklagte hat Klageabweisung beantragt. Sie hat die Auffassung vertreten, als Beschäftigungszeit sei erst die Zeit ab dem 1.3.2014 zu berücksichtigen, so dass die Klägerin im Jahr 2026 in die Stufe 4 aufsteige. Dies folge unmissverständlich aus dem Wortlaut des § 14 Abs. 1 KTD, der nicht von „weiteren Jahren" in einer bestimmten Stufe spreche, sowie des § 3 Abs. 2 Buchst. b Unterabs. 4 Satz 2 EinführungsTV, der die Beschäftigungszeit mit dem Tag der Ersetzung beginnen lasse.

Das Arbeitsgericht hat die Klage abgewiesen. Das Landesarbeitsgericht hat die hiergegen gerichtete Berufung der Klägerin zurückgewiesen. Mit ihrer vom

Landesarbeitsgericht zugelassenen Revision verfolgt die Klägerin ihr Klagebegehren unverändert weiter.

Die Revision hatte keinen Erfolg.

Aus den Gründen:

[15] Die zulässige Revision der Klägerin ist unbegründet. Die Vorinstanzen haben die Klage zu Recht abgewiesen. Diese ist unbegründet. Die als Kinderkrankenschwester tätige Klägerin ist mit der Ersetzung der bis dahin anwendbaren Tarifverträge der Damp Holding AG durch den KTD am 1.3.2014 in die Entgeltgruppe 7 der Entgeltordnung zu § 14 – Anlage 1 zum KTD eingruppiert und gemäß § 3 Abs. 2 Buchst. b EinführungsTV der Stufe 3 dieser Entgeltgruppe zugeordnet worden. Das steht zwischen den Parteien nicht in Streit. In die Stufe 4 der für sie aufgrund der Übergangsbestimmungen in § 2 des Änderungstarifvertrags Nr. 15 vom 18.9.2017 zum KTD seit dem 1.1.2018 maßgeblichen Entgeltgruppe ES 7 ist die Klägerin allerdings nicht bereits zum 1.3.2019 aufgestiegen. Die für den Aufstieg erforderliche Beschäftigungs- bzw. nunmehr Erfahrungszeit ist gemäß § 14 Abs. 1 Unterabs. 4 (idF vom 18.9.2017), § 22 KTD i.V.m. § 3 Abs. 2 Buchst. b Unterabs. 4 Satz 2 EinführungsTV erst mit dem Tag der Ersetzung angelaufen. Der Aufstieg erfolgt daher, sofern keine künftigen Unterbrechungen eintreten, erst zum 1.3.2026.

[16] I. Auf das Arbeitsverhältnis der Parteien waren nach den Feststellungen des Landesarbeitsgerichts zunächst die Tarifverträge der Damp Holding AG und ab dem 1.3.2014 aufgrund des von dem VKDA mit der Gewerkschaft ver.di abgeschlossenen EinführungsTV der ebenfalls von diesen vereinbarte KTD mit den aus dem EinführungsTV ersichtlichen Maßgaben anzuwenden. Dabei besteht kein Anlass, möglichen Bedenken nachzugehen, ob die in § 2 Abs. 1 Satz 4 der Satzung des VKDA formal verankerte Bindung des VKDA an die kirchenrechtliche Grundentscheidung der Synode zur Beschreitung des Zweiten Wegs (im Kirchengesetz über die Regelung der Rechtsverhältnisse der in einem privatrechtlichen Dienstverhältnis beschäftigten Mitarbeiter in der Nordelbischen Evangelisch-Lutherischen Kirche [Arbeitsrechtsregelungsgesetz – ARRG] vom 9.6.1979 in seiner jeweiligen Fassung) die Tariffähigkeit des VKDA in Frage stellen könnte (zum Begriff der Tariffähigkeit vgl.: BVerfG 19.10.1966 -1 BvL 24/65- zu A I der Gründe, BVerfGE 20, 312; BAG 31.1.2018 -10 AZR 695/16 (A)- Rn 19; zu den Voraussetzungen der Tariffähigkeit vgl.: BVerfG 1.3.1979 -1 BvR 532/77 u.a.- zu C IV 1 der Gründe, BVerfGE 50, 290; BAG 22.6.2021 -1 ABR 28/20- Rn 27 mwN; Wiedemann/Oetker TVG 8. Aufl. § 2 Rn 301

ff., insbes. Rn 438 ff.; Winkler in v. Münch/Kunig GG 7. Aufl. Art. 9 Rn 128). Die Klage ist unabhängig davon abzuweisen.

[17] II. § 14 Abs. 1 Unterabs. 4 (idF vom 18.9.2017), § 22 KTD i.V.m. § 3 Abs. 2 Buchst. b Unterabs. 4 Satz 2 EinführungsTV gewähren der Klägerin nach allen denkbaren Auslegungsmaßstäben keinen Anspruch auf Zuordnung zur Stufe 4 ihrer Entgeltgruppe bereits ab dem 1.3.2019.

[18] 1. Bereits nach dem Wortlaut ist offenkundig, dass die Klägerin die Stufe 4 erst nach Vollendung von zwölf Jahren Beschäftigungs- bzw. nunmehr Erfahrungszeit, gerechnet ab dem 1.3.2014 als dem Tag der Ersetzung der bisherigen Tarifverträge durch den KTD, erreicht. Die im Fall der Klägerin anwendbaren speziellen Übergangsbestimmungen des § 3 Abs. 2 Buchst. b EinführungsTV erklären für die erste Entgeltstufensteigerung § 14 Abs. 1 KTD als grundsätzlich anwendbar. Dessen Wortlaut setzt in der Fassung des Änderungstarifvertrags Nr. 11 für das Erreichen der 4. Entgeltstufe die „Vollendung von 12 Jahren Beschäftigungszeit" voraus. Beschäftigungszeit ist gemäß der seit 2014 unverändert gebliebenen Definition in § 22 KTD die bei demselben Anstellungsträger in einem Arbeitsverhältnis zurückgelegte Zeit, auch wenn sie unterbrochen ist. Allerdings legt § 3 Abs. 2 Buchst. b Unterabs. 4 Satz 2 EinführungsTV als spezielle Übergangsbestimmung unmissverständlich fest, dass die Beschäftigungszeit erst ab dem Tag der Ersetzung des bisher geltenden Rechts durch den KTD gewertet, d.h. anerkannt bzw. berücksichtigt (Duden Das Synonymwörterbuch 7. Aufl. Stichwort „werten") wird. In der Zusammenschau dieser drei Normen wird also als für den weiteren Stufenaufstieg erforderliche Beschäftigungszeit erst und nur die Zeit ab der Einführung des KTD in der jeweiligen Einrichtung verstanden. Dass der KTD seit dem 1.1.2016 in seinem § 14 den Begriff der „Erfahrungszeit" statt „Beschäftigungszeit" verwendet, führt insoweit zu keiner inhaltlichen Änderung. Nach § 14 Abs. 1 Unterabs. 5 KTD gilt unverändert die Beschäftigungszeit gemäß § 22 KTD als Erfahrungszeit.

[19] Ein anderes Verständnis folgt entgegen der Annahme der Klägerin nicht aus dem Umstand, dass nach § 3 Abs. 2 Buchst. b Unterabs. 4 Satz 2 EinführungsTV die Beschäftigungszeit für den Aufstieg in die „nächsthöhere Entgeltstufe" ab dem Tag der Ersetzung gewertet wird. Dies erklärt sich aus dem Umstand, dass § 3 Abs. 2 Buchst. b EinführungsTV die Fallgestaltung erfasst, bei der der Arbeitnehmer einer der Stufen 1 bis 3 des KTD zugeordnet wird, sich also weder (wie bei Buchst. c) bereits in der höchsten noch (wie bei Buchst. a) in gar keiner Entgeltstufe des KTD befindet. Das bedingt die Regelung eines Aufstiegs in die „nächsthöhere" Entgeltstufe. Das setzt aber entgegen der Ansicht der Klägerin nicht voraus, dass dabei die zum Erreichen der Stufe, der die Arbeitnehmerin bei Einführung des KTD betragsbezogen zugeordnet worden ist, an

sich erforderlichen Beschäftigungsjahre zugunsten der Arbeitnehmerin fiktiv berücksichtigt werden und darum der Stufenaufstieg erfolgt, sobald die für den Aufstieg in die nächsthöhere Stufe noch erforderliche (Rest-)Beschäftigungszeit zurückgelegt ist. Eine derartige Betrachtungsweise ist sowohl dem KTD als auch dem EinführungsTV fremd. Anders als z.B. die Entgeltregelungen in den Tarifverträgen des öffentlichen Dienstes sehen weder der KTD noch der EinführungsTV eine „Stufenlaufzeit" in der jeweiligen Stufe vor. Sie stellen für den Stufenaufstieg vielmehr bei jeder Stufe grundsätzlich auf die seit Beginn des Arbeitsverhältnisses bei dem jeweiligen Anstellungsträger zurückgelegte Zeit ab, auch wenn sie unterbrochen ist.

[20] 2. Soweit die Revision annimmt, im Zuge der Ersetzung der bisherigen Tarifverträge durch den KTD sei aus Gründen der Besitzstandswahrung mit der entgeltrechtlichen Zuordnung zu einer bestimmten Entgeltstufe nach § 3 Abs. 2 Buchst. b Unterabs. 2 EinführungsTV auch die Anerkennung der hierfür erforderlichen Beschäftigungs- bzw. nunmehr Erfahrungszeit verbunden, geht sie fehl. Ein dahingehender Wille der Vertragsparteien kommt im Wortlaut nicht hinreichend zum Ausdruck (vgl. zu einer solchen Regelung § 3 Abs. 1 Satz 4 Buchst. a Unterabs. 4 Satz 3 des Tarifvertrags zur Überleitung der Beschäftigten in den Kirchlichen Arbeitnehmerinnen Tarifvertrag (TVÜ-KAT) vom 10.1.2007). Die Vertragsparteien des EinführungsTV haben den Gedanken der Besitzstandswahrung rein entgeltrechtlich verstanden. Die Festlegung der nach der Ersetzung durch den KTD maßgeblichen Entgeltstufe erfolgte abweichend von der Regelung in §§ 14, 22 KTD allein vergütungsbezogen ohne Bezug zu bereits zurückgelegten Beschäftigungszeiten.

[21] 3. Auch die Systematik der maßgeblichen Bestimmungen bestätigt, dass die Vollendung von Beschäftigungszeit stets – auch für weitere Stufenaufstiege in eine „nächsthöhere" Stufe – auf den Beginn des Arbeitsverhältnisses bzw. im Fall des § 3 Abs. 2 Buchst. b Unterabs. 4 Satz 2 EinführungsTV auf den Tag der Ersetzung und die seitdem bei demselben Anstellungsträger in einem Arbeitsverhältnis zurückgelegte Zeit bezogen ist.

[22] a) Wie ausgeführt, erfolgt der Stufenaufstieg gemäß § 14 Abs. 1 Unterabs. 3 (idF vom 14.8.2013) bzw. Unterabs. 4 (in den seit 1.1.2016 geltenden Fassungen) KTD nicht nach Vollendung einer Stufenlaufzeit, sondern ausschließlich nach der insgesamt zurückgelegten Beschäftigungs- bzw. Erfahrungszeit. Dafür, dass die Vertragsparteien im Rahmen der ersten Stufensteigerung nach Einführung des KTD in der Einrichtung der Beklagten zum 1.3.2014 von diesem System abweichen wollten, gibt es keine Anhaltspunkte. Soweit die für die Klägerin maßgeblichen Stufenlaufzeiten seit dem 1.1.2018 in Abteilung 2 Nr. 2 der

Entgeltordnung zu § – - Anlage 1 zum KTD festgelegt sind, blieb die zugrundeliegende Systematik erhalten.

[23] b) In der Gesamtschau der Regelungen des EinführungsTV soll die Zeit für den Einstieg in die bzw. den Aufstieg in den Stufen des Entgeltsystems des KTD bei sämtlichen in den KTD übergeleiteten Arbeitnehmern unabhängig von ihrer bisherigen Berufserfahrung, Beschäftigungszeit oder Vergütung mit dem Tag der Ersetzung der bisherigen Tarifverträge durch den KTD einheitlich bei „null" beginnen. Deswegen sieht § 3 Abs. 2 Buchst. b EinführungsTV für diejenigen Arbeitnehmer, deren alte Vergütung zwar die unterste, nicht aber die höchste Entgeltstufe übersteigt, abweichend von § 14 Abs. 1 KTD eine betragsgemäße Stufenzuordnung und aus Gründen der Besitzstandswahrung die Zahlung einer Ausgleichszulage vor. In dieses System fügt sich ebenso § 3 Abs. 2 Buchst. a EinführungsTV ein. Er legt für die Arbeitnehmer, deren alte Vergütung das Entgelt der jeweils maßgeblichen untersten Entgeltstufe des KTD nicht übersteigt, fest, dass ein „Aufstieg" in die erste Entgeltstufe zwei bzw. vier Jahre nach der Ersetzung erfolgt. Außerdem beginnt der Zeitpunkt der Stufenlaufzeit für den weiteren Stufenaufstieg, der sich im Übrigen nach § 14 Abs. 1 KTD richtet, mit dem Beginn der ersten Entgeltstufe. Für diejenigen Arbeitnehmer, deren alte Vergütung den Wert der höchsten Entgeltstufe ihrer Eingruppierung nach KTD zum Zeitpunkt der Ersetzung bereits überstieg (§ 3 Abs. 2 Buchst. c EinführungsTV), erübrigte sich naturgemäß eine entsprechende Regelung zu weiteren Stufenaufstiegen. Diese Arbeitnehmer erhielten bereits ab dem 1.3.2014 das Entgelt aus der höchsten Entgeltstufe zzgl. einer Ausgleichszulage in Höhe der Differenz zwischen ihrer alten Vergütung und dem Wert der höchsten Entgeltstufe nach KTD.

[24] 4. Ein abweichender Wille der Parteien des EinführungsTV lässt sich ungeachtet des Umstands, dass ein solcher in dem eindeutigen Wortlaut keinen hinreichenden Niederschlag gefunden hat, den von der Klägerin angeführten Unterlagen bereits deswegen nicht entnehmen, weil deren Urheberin die Beklagte selbst ist. Demgemäß spiegeln sowohl die Umstellungsmitteilung vom 24.3.2014 nebst dem Erläuterungsschreiben als auch der dem Schriftsatz der Klägerinvertreterin vom 3.9.2021 als Anlage beigefügte Foliensatz lediglich das damalige Verständnis der Beklagten von den Regelungen des EinführungsTV wider. Einen Rückschluss auf den Willen der Parteien des EinführungsTV lassen sie jedoch nicht zu.

[25] 5. Aufgrund des Vorstehenden kann eine Arbeitnehmerin wie die Klägerin auch nicht verlangen, dass ihr zumindest drei Jahre Berufserfahrung als Beschäftigungszeit gemäß § 14 Abs. 1 Unterabs. 5 KTD (in den seit 1.1.2016 geltenden Fassungen) anerkannt werden. § 3 EinführungsTV regelt als speziellere

Bestimmung die Stufenzuordnung und den Stufenaufstieg abschließend. Soweit er für die erste Entgeltstufensteigerung nach der Ersetzung auf den § 14 Abs. 1 KTD insgesamt Bezug nimmt, steht einer solchen Berücksichtigung von einschlägiger Berufserfahrung entgegen, dass nach dem eindeutigen Wortlaut des § 3 Abs. 2 Buchst. b Unterabs. 4 Satz 2 EinführungsTV die Beschäftigungszeit erst ab dem Tag der Ersetzung gewertet wird. Dies schließt die Berücksichtigung vorheriger Zeiten, egal aus welchem Grund, aus.

[26] 6. Aus den gleichen Gründen der Spezialität führt auch § 3 Abs. 8 EinführungsTV, der für die Dauer des fortbestehenden Arbeitsverhältnisses die Berücksichtigung der vor dem Zeitpunkt der Ersetzung anerkannten Beschäftigungszeiten anordnet, im Rahmen der Stufenzuordnung nicht zur Berücksichtigung von Beschäftigungszeiten, die vor dem Tag der Ersetzung liegen. Durch ein solches Verständnis wird diese Regelung nicht sinnentleert. Relevanz hat § 3 Abs. 8 EinführungsTV für den Krankengeldzuschuss gemäß § 15 Abs. 3 KTD, die Treueleistung gemäß § 23 KTD sowie die Länge der Kündigungsfrist gemäß § 27 Abs. 2 KTD.

[27] 7. Die für die Stufenzuordnung und den weiteren Stufenaufstieg maßgeblichen Vorschriften des EinführungsTV und des KTD verstoßen, auch wenn man zugunsten der Klägerin deren Tarifvertragsqualität unterstellt, in vorstehender Auslegung entgegen der Annahme der Revision nicht gegen den Gleichheitssatz des Art. 3 Abs. 1 GG (zu diesem vgl. BVerfG 8.6.2016 -1 BvR 3634/13- Rn 16 und Rn 19; BAG 15.11.2018 -6 AZR 240/17- Rn 31). Der von der Klägerin angeführte Vergleich mit anderen, bei der Beklagten neu eingestellten Beschäftigten, bei denen bis zu drei Jahre Berufserfahrung als Beschäftigungszeit gemäß § 14 Abs. 1 Unterabs. 4 KTD (idF vom 14.8.2013) bzw. ab 1.1.2016 § 14 Abs. 1 Unterabs. 5 Satz 3 KTD anerkannt werden, lässt keine Verletzung des allgemeinen Gleichheitssatzes erkennen. Es liegen nach der Konzeption des EinführungsTV keine vergleichbaren Sachverhalte vor, die gleichbehandelt werden müssten. Die Stufenzuordnung der unter den Geltungsbereich des EinführungsTV fallenden Arbeitnehmer der Beklagten folgt eigenständigen Regeln und beruht auf anderen Voraussetzungen als die Stufenzuordnung derjenigen Arbeitnehmer der Beklagten, die nach dem 1.3.2014 neu eingestellt wurden und unmittelbar dem Anwendungsbereich des KTD unterfallen. Bei ihnen ist kein Übergang aus einer anderen Arbeitsrechtsregelung nötig. Zudem ist es nicht erforderlich, das Schicksal vorheriger Beschäftigungszeiten gesondert zu regeln, was mit dem EinführungsTV für die in den KTD übergeleiteten Arbeitnehmer wie die Klägerin dahingehend erfolgt ist, dass eine betragsgemäße Stufenzuordnung erfolgte und die Beschäftigungszeit für alle mit dem 1.3.2014 bei „null“ begann. Mit der auf den besonderen Bestimmungen des EinführungsTV

beruhenden Differenzierung zwischen unterschiedlichen Gruppen von Arbeitnehmern haben die vertragschließenden Parteien unabhängig davon, ob der VKDA tariffähig ist, die Grenzen ihrer Regelungsmacht nicht überschritten, sondern in zulässiger Weise von der ihnen wie jedem Normgeber zukommenden Einschätzungsprärogative Gebrauch gemacht.

[28] III. Ein Anspruch auf Vergütung nach der Stufe 4 bereits ab dem 1.3.2019 ergibt sich auch nicht aus der Umstellungsmitteilung der Beklagten vom 24.3.2014 i.V.m. dem Erläuterungsschreiben. In diesen hat die Beklagte der Klägerin eine solche Vergütung nicht auf individualvertraglicher Ebene zugesagt.

[29] 1. Unabhängig von der Frage, ob es sich bei diesen Schreiben um eine Individualabrede, eine Einmalbedingung i.S.d. § 310 Abs. 3 Nr. 2 BGB oder eine Allgemeine Geschäftsbedingung i.S.d. § 305 Abs. 1 BGB handelt und nach welchem Maßstab diese Schreiben somit auszulegen sind (dazu BAG 26.5.2021 -7 AZR 248/20- Rn 29 mwN; 28.4.2021 -7 AZR 212/20- Rn 19 f.; für eine Individualabrede BAG 23.4.2009 -6 AZR 533/08- Rn 25; für Allgemeine Geschäftsbedingungen und sog. Einmalbedingungen BAG 18.10.2018 -6 AZR 246/17- Rn 19), lässt sich ihnen nicht der rechtliche Wille der Beklagten entnehmen, der Klägerin die Zahlung einer der Stufe 4 ihrer Entgeltgruppe entsprechenden Vergütung ab dem 1.3.2019 unabhängig von den Vorgaben des EinführungsTV zuzusagen. Das hat das Landesarbeitsgericht zutreffend erkannt.

[30] a) Zum einen handelt es sich ausweislich des Inhalts der beiden Schreiben um eine Erläuterung, wie aus Sicht der Beklagten die Regelungen des EinführungsTV anzuwenden sind. Die Beklagte wollte unabhängig von der Frage, ob sie kirchenrechtlich dazu überhaupt befugt wäre, ersichtlich keinen eigenständigen, über die vorgenannten Regelungen hinausgehenden Anspruch begründen. So heißt es bereits im ersten Absatz der Umstellungsmitteilung vom 24.3.2014, dass die Bestimmungen des KTD auf „der Grundlage" des EinführungsTV Anwendung finden. Die Beklagte möchte die „Daten zur Umstellung der Tarifverträge" mitteilen. Weiter führt die Beklagte aus, dass die tarifvertraglichen Bestimmungen des Entgeltrahmens zum MTV Damp denen des KTD gegenübergestellt würden. Schließlich wird noch die Ausgleichszulage berechnet und hierzu sowie zur künftigen Höhe auf das Erläuterungsschreiben und den „Weg B" verwiesen. Auch das Erläuterungsschreiben setzt die Regelungen des EinführungsTV voraus und erläutert – wie sein Name bereits sagt – diese aus Beklagtensicht. Hierzu bildet die Beklagte Beispiele und stellt dar, wie die Ausgleichszulage „in unseren Beispielen" entfällt. Ein eigenständiger Anspruch folgt aus ihnen nicht.

[31] b) Zum anderen ergänzt das Erläuterungsschreiben die Umstellungsmitteilung lediglich im Hinblick auf die Berechnung der Ausgleichszulage sowie der Darstellung, wie sich künftige Änderungen auf deren Höhe auswirken. Das ergibt sich unmissverständlich aus Seite 2 der Umstellungsmitteilung vom 24.3.2014. Auch deshalb hat die Beklagte nicht unabhängig von den Regelungen des EinführungsTV die Zahlung einer sich aus einem Stufenaufstieg zu einem bestimmten Zeitpunkt ergebenden Vergütung auf individualvertraglicher Ebene zugesagt.

[32] 2. Aus den vorgenannten Gründen ist auch die Annahme der Revision unzutreffend, bei den beiden Schreiben handele es sich um eine Gesamtzusage. Auch bei dieser ist ein Angebot des Arbeitgebers erforderlich, es wird lediglich auf eine gesonderte Erklärung der Annahme gegenüber dem Arbeitgeber gemäß § 151 Satz 1 BGB verzichtet (BAG 10.11.2021 -5 AZR 334/21- Rn 41; 30.1.2019 -5 AZR 450/17- Rn 46, BAGE 165, 168). Ein solches Angebot liegt aber, wie dargelegt, nicht vor.

5

1. Bei § 31 Abs. 4 Satz 1 des Kirchlichen Tarifvertrags Diakonie (KTD) vom 15.8.2002 handelt es sich um eine Besitzstandssicherung, welche zeitlich unbegrenzt auch Arbeitsverhältnisse erfasst, welche vor dem Übergang in den KTD zu einem nichtdiakonischen Arbeitgeber bestanden.
2. § 31 Abs. 4 Satz 1 KTD verlangt auf der Tatbestandsebene lediglich das Vorliegen günstigerer Regelungen zur Entgeltfortzahlung im Krankheitsfall „zum Zeitpunkt des Inkrafttretens dieses Tarifvertrages“. Dies war gemäß § 32 Abs. 1 KTD der 1.10.2002. Lag zu diesem Stichtag eine solch günstigere Regelung vor, ordnet § 31 Abs. 4 Satz 1 KTD als Rechtsfolge an, dass diese Rechte „in der zum Zeitpunkt des Überganges gültigen Fassung“ fortgelten.
3. Unter „Zeitpunkt des Überganges“ ist ausweislich § 31 Abs 2 Buchst a KTD die Wirksamkeit der KTD-Regelung in der jeweiligen Einrichtung zu verstehen. Dieser Zeitpunkt kann nach der Konstruktion des § 31 Abs 4 S 1 KTD auch noch Jahre nach dem 1.10.2002 liegen. § 31 Abs. 4 Satz 1 KTD kennt keine zeitliche Begrenzung, sondern ist gerade auf künftige Übergänge ausgerichtet.
4. Die Besitzstandswahrung des § 31 Abs. 4 Satz 1 KTD greift nicht bei einem Wechsel des begünstigenden Regelungssystems in der Zeit zwischen dem 1.10.2002 und dem Zeitpunkt des Übergangs in den KTD. Sie setzt vielmehr voraus, dass die am 1.10.2002 als dem Tag des Inkrafttretens des KTD geltende günstigere Regelung auch im Zeitpunkt der Einführung des KTD in der jeweiligen Einrichtung weiterhin auf das Arbeitsverhältnis Anwendung findet.

https://doi.org/10.1515/9783111651354-005

§ 1 TVG
BAG, Urteil vom 19. Januar 2023 -6 AZR 105/22-[1]

Die Parteien streiten über die Höhe eines Krankengeldzuschusses.

Der Kläger war seit Januar 1989 zunächst beim Land Schleswig-Holstein als Pflegehelfer und später Krankenpflegehelfer im früheren Landeskrankenhaus beschäftigt. Auf das Arbeitsverhältnis fand der Bundes-Angestelltentarifvertrag (BAT) Anwendung. Nach § 37 Abs. 4 BAT konnte der Kläger bei Arbeitsunfähigkeit infolge Krankheit für längstens 26 Wochen einen Krankengeldzuschuss beanspruchen.

Nach einer Umwandlung des Landeskrankenhauses in die Fachklinik S AöR wurde diese zum 3.11.2005 in die Fachklinik S gGmbH umgewandelt. Seit Juli 2006 firmierte sie als S-Klinikum GmbH. Seit dem 1.11.2006 galten für das Arbeitsverhältnis die Regelungen des Tarifvertrags für den öffentlichen Dienst der Länder (TV-L). Nach § 22 Abs. 3 TV-L wird bei einer Beschäftigungszeit von mehr als drei Jahren ein Krankengeldzuschuss längstens bis zum Ende der 39. Woche seit dem Beginn der Arbeitsunfähigkeit infolge derselben Krankheit gezahlt.

Seit Anfang des Jahres 2008 gehörte die S-Klinikum GmbH zur Damp Holding AG. Infolgedessen fanden seitdem die Tarifverträge der Damp-Gruppe auf das Arbeitsverhältnis Anwendung. Der Manteltarifvertrag Damp vom 2.3.2010 sah in der ab dem 1.1.2007 geltenden Fassung (MTV Damp) u.a. folgende Regelung vor:

> „V. Abschnitt Arbeitsverhinderung
> § 19 Entgeltfortzahlung im Krankheitsfall
> ...
> 3. Der Krankengeldzuschuss wird bei einer Beschäftigungszeit (§ 8) von mehr als einem Jahr längstens bis zum Ende der 13. Woche und von mehr als drei Jahren längstens bis zum Ende der 26. Woche seit Beginn der Arbeitsunfähigkeit infolge derselben Krankheit gezahlt. Für Arbeitnehmer der S-Klinikum GmbH, ..., die ihre Tätigkeit vor dem 1. Januar 2007 aufgenommen haben, gilt bei einer Beschäftigungszeit von mehr als drei Jahren eine Bezugsfrist des Krankengeldzuschusses bis zum Ende der 39. Woche.“

Zum 24.11.2010 übernahm die am 10.6.2010 neu gegründete Beklagte den Bereich der Eingliederungshilfe, in welcher der Kläger tätig war, von der S-Klinikum GmbH. Anlässlich des Betriebsübergangs schloss die Damp Holding AG mit der Gewerkschaft ver.di am 25.8.2010 einen Tarifvertrag zur Begleitung der Teil-

1 Amtl. Leitsätze. juris; NZA 2023, 853.
Das Urteil ist rechtskräftig.

betriebsübergänge in die Hesterberg & Stadtfeld GmbH (im Folgenden TV Überleitung Hesterberg). Dieser galt u.a. für alle Arbeitnehmer der S-Klinikum GmbH, deren Arbeitsverhältnisse im Rahmen eines Teilbetriebsübergangs auf die Beklagte in ihrer damaligen Rechtsform übergingen, und sah in § 2 u.a. vor, dass der MTV Damp in der Fassung vom 2.3.2010 weiterhin dynamisch Anwendung finden sollte. Dementsprechend wandte die Beklagte den MTV Damp weiterhin an.

Am 28.1.2014 schlossen der Verband kirchlicher und diakonischer Anstellungsträger in Norddeutschland (VKDA) und die Gewerkschaft ver.di mit Wirkung zum 1.3.2014 einen Tarifvertrag zur Einführung des Kirchlichen Tarifvertrages Diakonie (KTD) in der Hesterberg & Stadtfeld gGmbH (im Folgenden EinführungsTV). Dieser lautet auszugsweise wie folgt:

> „§ 1 Geltungsbereich
> (1) Dieser Tarifvertrag gilt für alle Arbeitnehmerinnen i.S.d. §§ 1 und 2 KTD, die in einem Arbeitsverhältnis mit der Hesterberg und Stadtfeld gGmbH stehen.
> § 2 Ersetzung
> Der KTD ersetzt den Tarifvertrag zur Begleitung der Teilbetriebsübergänge in die Hesterberg und Stadtfeld gGmbH (TV-Überleitung Hesterberg), vom 25. August 2010, den Manteltarifvertrag Damp vom 2. März 2010,
> ...
> § 3 Übergangsbestimmungen
> Für Arbeitnehmerinnen, die sich vor dem Zeitpunkt der Ersetzung bereits in einem Arbeitsverhältnis befanden, das danach fortbesteht und für die bis zur Ersetzung die Tarifverträge nach § 2 zur Anwendung kommen, gelten folgende Übergangsbestimmungen:
> (1) § 31 Abs. 1 bis 3 KTD werden nicht angewendet.
> ...
> (8) Für die Dauer des fortbestehenden Arbeitsverhältnisses werden die vor dem Zeitpunkt der Ersetzung anerkannten Beschäftigungszeiten berücksichtigt."

Der in Bezug genommene Kirchliche Tarifvertrag Diakonie (im Folgenden KTD) vom 15.8.2002 lautet auszugsweise wie folgt:

> „§ 1 Geltungsbereich
> (1) Dieser Tarifvertrag gilt für alle Arbeitnehmerinnen bei diakonischen Anstellungsträgern, die Mitglied im VKDA sind und zum Zeitpunkt des Inkrafttretens dieses Tarifvertrages nicht der Tarifbindung des KAT-NEK oder KArbT-NEK unterliegen. Im Weiteren gilt dieser Tarifvertrag für alle Arbeitnehmerinnen, die in einem Arbeitsverhältnis zu Mitgliedern des VKDA stehen und für die die Geltung des KTD tarif-vertraglich vereinbart wurde.
> ...
> § 15 Entgeltfortzahlung bei Arbeitsunfähigkeit
> ...
> (2) Die Arbeitnehmerin erhält bis zur Dauer von sechs Wochen Krankenbezüge ...

(3) Nach einer Beschäftigungszeit von zwölf Jahren erhält die Arbeitnehmerin nach Ablauf des nach Absatz 2 maßgebenden Zeitraumes für den Zeitraum, für den ihr Krankengeld oder die entsprechenden Leistungen aus der gesetzlichen Renten- und Unfallversicherung oder nach dem Bundesversorgungsgesetz gezahlt werden, einen Krankengeldzuschuss längstens bis zum Ende der 13. Woche, seit dem Beginn der Arbeitsunfähigkeit, jedoch nicht über den Zeitpunkt der Beendigung des Arbeitsverhältnisses hinaus.

...

§ 31 Übergangsregelungen

(1) Bis zu einem Monat nach Abschluss des Mitbestimmungsverfahrens zur neuen Eingruppierung nach KTD besteht das Recht, sich für die neuen Tarifbedingungen oder die alten Regelungen zu entscheiden. Ein weitergehender Rechtsanspruch auf den Wechsel zwischen dem bisherigen Arbeitsrechtsregelungssystem und dem KTD besteht nicht.

(2) In einem Übergangszeitraum von fünf Jahren sollen die Vor- bzw. Nachteile, die die Einführung des KTD auf den Entgeltanspruch der einzelnen Arbeitnehmerin hat, ausgleichend auf alle Arbeitnehmerinnen verteilt werden.

a) Hierzu wird zum Zeitpunkt des Übergangs (Wirksamkeit der KTD-Regelung in der Einrichtung) die Differenz zwischen den ständigen Bezügen nach KTD und denen nach den bis dahin geltenden Regelungen ermittelt.

...

(4) Für Arbeitnehmerinnen, denen zum Zeitpunkt des Inkrafttretens dieses Tarifvertrages günstigere Regelungen zur Entgeltfortzahlung im Krankheitsfall zustanden, gelten diese Rechte in der zum Zeitpunkt des Überganges gültigen Fassung fort.

...

(6) Die Übergangsbestimmungen der Absätze 1 bis 5 können durch einen jeweils für die Einrichtung geltenden Einführungstarifvertrag abgeändert werden.

§ 32 Inkrafttreten und Laufzeit des Tarifvertrages

(1) Dieser Tarifvertrag tritt am 1. Oktober 2002 in Kraft."

Der Kläger war seit dem 8.1.2020 durchgehend wegen einer Erkrankung arbeitsunfähig und bezog seit dem 19.2.2020 jedenfalls bis Ende des Jahres 2020 Krankengeld. Mit Schreiben seiner gewerkschaftlichen Vertreter vom 13.5.2020 verlangte er einen Krankengeldzuschuss nach § 19 Abs. 3 MTV Damp. Dieser gelte nach § 31 Abs. 4 KTD als günstigere Regelung weiter. Die Beklagte teilte diese Auffassung nicht.

Mit seiner Klage hat der Kläger weiterhin die Ansicht vertreten, sein Anspruch auf Krankengeldzuschuss richte sich nach § 19 Abs. 3 MTV Damp. Nach § 31 Abs. 4 KTD sollten günstigere Regelungen, welche zum „Zeitpunkt des Überganges" Anwendung fanden, aufrechterhalten bleiben. Unter „Zeitpunkt des Überganges" sei nach § 31 Abs. 2 Buchst. a KTD die Wirksamkeit der KTD-Regelung in der jeweiligen Einrichtung zu verstehen. Da der KTD hier seit dem 1.3.2014 Anwendung finde, gelte die damals maßgebliche Regelung in § 19 Abs. 3 MTV Damp weiter, weil sie günstiger als § 15 Abs. 3 KTD sei. Dass § 31 Abs. 4 KTD die Weitergeltung günstigerer Regelungen auch im Fall der Überleitung der Beklagten in die Diakonie ermöglichen sollte, werde durch § 3 Abs. 1

EinführungsTV belegt. Hiernach würden nur § 31 Abs. 1 bis 3 KTD bezüglich dieser Einführung nicht angewendet. Daraus sei zu schließen, dass § 31 Abs. 4 KTD uneingeschränkt Anwendung finden sollte. Die Beklagte sei daher zur Zahlung eines Krankengeldzuschusses i.H.v. 626,01 € verpflichtet.

Das Arbeitsgericht hat einen Anspruch auf einen Krankengeldzuschuss nach § 15 Abs. 3 KTD bejaht und der Klage i.H.v. 132,79 € netto stattgegeben. Im Übrigen hat es die Klage abgewiesen und die Berufung zugelassen. Die Beklagte hat keine Berufung eingelegt, so dass ihre Verurteilung in Rechtskraft erwachsen ist. Der Kläger hat im Umfang seines Unterliegens Berufung eingelegt.

Das Landesarbeitsgericht hat das Urteil des Arbeitsgerichts teilweise abgeändert und die Beklagte zur Zahlung weiterer 493,22 € netto verurteilt. Damit hat es der Klage im Ergebnis vollumfänglich stattgegeben. Mit ihrer vom Landesarbeitsgericht zugelassenen Revision begehrt die Beklagte die Zurückweisung der Berufung des Klägers.

Die Berufung hatte Erfolg.

Aus den Gründen:

[14] Die Revision ist begründet. Das Landesarbeitsgericht hätte die Berufung des Klägers zurückweisen müssen. Über die vom Arbeitsgericht rechtskräftig zugesprochene Zahlung von 132,79 € netto hinaus hat der Kläger keinen Anspruch aus § 31 Abs. 4 Satz 1 KTD auf Zahlung eines höheren Krankengeldzuschusses.

[15] 1. Zwischen den Parteien steht außer Streit, dass die Regelungen des KTD seit dem 1.3.2014 auf das Arbeitsverhältnis Anwendung finden. Es kann unentschieden bleiben, ob es sich bei dem KTD um einen Tarifvertrag im Sinne des Tarifvertragsgesetzes handelt (vgl. hierzu BAG 19.1.2023 -6 AZR 101/22-Rn 16). Der Kläger hat nach allen denkbaren Auslegungsmaßstäben keinen Anspruch aus § 31 Abs. 4 Satz 1 KTD.

[16] a) Bei § 31 Abs. 4 Satz 1 KTD handelt es sich um eine Besitzstandssicherung, welche entgegen der Auffassung der Revision zeitlich unbegrenzt auch Arbeitsverhältnisse erfasst, welche vor dem Übergang in den KTD zu einem nichtdiakonischen Arbeitgeber bestanden. Dies hat das Landesarbeitsgericht zutreffend erkannt.

[17] aa) Schon der Wortlaut des § 31 Abs. 4 Satz 1 KTD ist eindeutig. Er verlangt auf der Tatbestandsebene lediglich das Vorliegen günstigerer Regelungen zur Entgeltfortzahlung im Krankheitsfall „zum Zeitpunkt des Inkrafttretens dieses Tarifvertrages“. Dies war gemäß § 32 Abs. 1 KTD der 1.10.2002. Lag zu diesem Stichtag eine solch günstigere Regelung vor, ordnet § 31 Abs. 4 Satz 1

KTD als Rechtsfolge an, dass diese Rechte „in der zum Zeitpunkt des Überganges gültigen Fassung“ fortgelten. Aus dieser Formulierung ist zu folgern, dass bezüglich der Rechtsfolge nicht auf den 1.10.2002 abzustellen ist. § 31 Abs. 4 Satz 1 KTD statuiert seinem Wortlaut nach zwei maßgebliche Zeitpunkte, nämlich zum ersten den 1.10.2002 als den für das Eingreifen der Besitzstandssicherung maßgeblichen Zeitpunkt und zum zweiten den Tag des Übergangs als den für den Inhalt der Absicherung maßgeblichen Zeitpunkt. Unter „Zeitpunkt des Überganges“ ist ausweislich § 31 Abs. 2 Buchst. a KTD die Wirksamkeit der KTD-Regelung in der jeweiligen Einrichtung zu verstehen. Dieser Zeitpunkt kann nach der Konstruktion des § 31 Abs. 4 Satz 1 KTD auch noch Jahre nach dem 1.10.2002 liegen. § 31 Abs. 4 Satz 1 KTD kennt keine zeitliche Begrenzung, sondern ist gerade auf künftige Übergänge ausgerichtet. Anderenfalls hätte kein Anlass bestanden, die Absicherung nach Maßgabe der zum Zeitpunkt des Wirksamwerdens des KTD in der jeweiligen Einrichtung gültigen Fassung der günstigeren Entgeltfortzahlungsregelung und damit dynamisch vorzunehmen. Dies gilt auch für Übergänge von nichtdiakonischen Arbeitgebern, denn § 31 Abs. 4 Satz 1 KTD enthält keine entsprechende Beschränkung.

[18] bb) Entgegen der Auffassung der Revision ist der Wortlaut des § 31 Abs. 4 Satz 1 KTD jedenfalls bezüglich der hier vorliegenden Konstellation nicht „zu weit“ gefasst. Die von ihr vorgeschlagene teleologische Reduktion auf Arbeitnehmer, die bereits im Jahr 2002 bei diakonischen Anstellungsträgern beschäftigt waren, kommt nicht in Betracht. Es ist insoweit schon keine unbewusste oder nachträglich entstandene Regelungslücke zu erkennen (vgl. hierzu BAG 27.1.2022 -6 AZR 216/21- Rn 20). § 31 Abs. 4 Satz 1 KTD sieht ein stimmiges Konzept bezüglich des Bestandsschutzes von Entgeltfortzahlungsansprüchen jedenfalls für den Fall vor, dass die Arbeitnehmerinnen wie hier sowohl am 1.10.2002 als auch zum Zeitpunkt des Übergangs bei demselben Arbeitgeber oder dessen Rechtsvorgänger beschäftigt waren. Die im KTD vorgesehene Erfassung künftiger Übergänge auch von nichtdiakonischen Arbeitgebern verwirklicht dann widerspruchsfrei das Ziel eines umfassenden Bestandsschutzes. Entgegen der Revision besteht auch kein Grund zur Annahme, dass die zeitlich unbegrenzte Erfassung solcher Übergänge nicht praktikabel sei. Die künftigen Übergänge können unter Berücksichtigung der Verhältnisse in der jeweiligen übergehenden Einrichtung ausgestaltet werden, denn § 31 Abs. 6 KTD sieht die Möglichkeit einer Abänderung auch des § 31 Abs. 4 Satz 1 KTD „durch einen jeweils für die Einrichtung geltenden Einführungstarifvertrag“ vor. Der jeweiligen Situation kann daher durch einen Einführungstarifvertrag Rechnung getragen werden. Ob diese Überlegungen auch dann greifen, wenn die übergeleite-

ten Arbeitnehmerinnen am 1.10.2002 bei einem anderen Arbeitgeber zu günstigeren Konditionen beschäftigt waren, kann unentschieden bleiben.

[19] cc) Dieses Verständnis des § 31 Abs. 4 Satz 1 KTD steht entgegen der Auffassung der Revision nicht im Widerspruch zu § 1 Abs. 1 KTD. Es handelt sich um getrennte Regelungsbereiche. § 1 Abs. 1 KTD definiert in Abgrenzung zu den anderen kirchlichen Tarifverträgen KAT-NEK und KArbT-NEK den Geltungsbereich des KTD bezogen auf diakonische Mitglieder des VKDA (vgl. BAG 25.1.2018 -6 AZR 687/16- Rn 26, KirchE 71, 52). Die Übergangsregelung des § 31 Abs. 4 Satz 1 KTD greift nur dann ein, wenn Arbeitnehmerinnen von dem in § 1 Abs. 1 KTD bestimmten Geltungsbereich des KTD erfasst sind. Die Erfüllung der Voraussetzungen des § 1 Abs. 1 KTD ermöglicht – abgesehen von den Ausnahmen des § 2 KTD – die erstmalige Anwendung des KTD in einer Einrichtung und damit auch der Besitzstandsregelung des § 31 Abs. 4 Satz 1 KTD. Aus § 1 Abs. 1 KTD kann aber nicht geschlossen werden, dass § 31 Abs. 4 Satz 1 KTD sich nur auf Arbeitsverhältnisse bezieht, welche vor der Einführung des KTD bereits zu diakonischen Anstellungsträgern bestanden. Dies hätte vielmehr in der Übergangsregelung des § 31 Abs. 4 Satz 1 KTD selbst bestimmt werden müssen, denn diese regelt bezüglich der vom Geltungsbereich des KTD (nunmehr) erfassten Beschäftigten eigenständig und abschließend die Frage des Bestandsschutzes für günstigere Regelungen im Bereich der Entgeltfortzahlung. Hierbei wird nach § 31 Abs. 4 Satz 1 KTD – wie dargelegt – nicht danach unterschieden, ob die betroffenen Arbeitnehmerinnen vor der Geltung des KTD bei einem diakonischen, anderen kirchlichen oder weltlichen Arbeitgeber beschäftigt waren. Die Revision konstruiert aus § 1 Abs. 1 KTD letztlich ein ungeschriebenes Tatbestandmerkmal, welches aber – selbst wenn es gewollt gewesen wäre – in der maßgeblichen Regelung des § 31 Abs. 4 Satz 1 KTD keinen Niederschlag gefunden hat.

[20] dd) Der Hinweis der Revision auf § 31 Abs. 1 Satz 1 KTD führt nicht weiter. Die Regelung weist keinen Bezug zu § 31 Abs. 4 Satz 1 KTD auf und verhält sich auch nicht generell zu der Frage, ob die Übergangsregelungen zeitlich unbegrenzt Arbeitsverhältnisse erfassen, welche vor dem Übergang in den KTD zu einem nichtdiakonischen Arbeitgeber bestanden. § 31 Abs. 1 Satz 1 KTD setzt den Übergang in den KTD vielmehr voraus und sieht für diesen Fall ein zeitlich begrenztes Wahlrecht der Arbeitnehmerin zwischen dem KTD und den „alten Regelungen“ vor. Eine zeitliche oder arbeitgeberbezogene Voraussetzung für den Übergang kann der Regelung nicht mit hinreichender Sicherheit entnommen werden. Zwar verwendet § 31 Abs. 1 Satz 2 KTD mit dem Begriff des „bisherigen Arbeitsrechtsregelungssystems“ einen auf das kirchliche Arbeitsrecht beschränkten Begriff. Demgegenüber spricht aber § 31 Abs. 1 Satz 1 KTD als

Grundregel neutral von bisher geltenden „alten Regelungen“ und erfasst damit sowohl kirchliche als auch weltliche Entgeltsysteme.

[21] ee) Die dargestellte Auslegung des § 31 Abs. 4 Satz 1 KTD verletzt entgegen der Auffassung der Revision weder „die verfassungsrechtliche Gewährleistung der Tarifautonomie“, „das kirchliche Selbstbestimmungsrecht“ noch „das Selbstverständnis der kirchengemäßen Tarifpartnerschaft nach Maßgabe des Tarifvertrags zur Regelung der Grundlagen einer kirchengemäßen Tarifpartnerschaft vom 05.11.1979“. Die Revision lässt unbeachtet, dass jedwede Form von (kirchlicher) Selbstbestimmung durch den freiwilligen Abschluss des KTD verwirklicht wurde. Dessen Auslegung bestimmt sich nicht nach den finanziellen Interessen der Mitglieder des VKDA, welche durch eine zeitlich unbegrenzte Einbeziehung früher nichtkirchlicher Arbeitsverhältnisse in den Schutz des Besitzstandes nach § 31 Abs. 4 Satz 1 KTD berührt sind, sondern nach den oben dargestellten Auslegungskriterien.

[22] ff) Hinzu kommt im Fall der Beklagten, dass der Übergang in den KTD durch den ebenfalls unstreitig geltenden EinführungsTV vom 28.1.2014 geregelt wurde. Dieser sieht in § 3 spezielle Übergangsbestimmungen vor. Mit § 3 Abs. 1 EinführungsTV haben die Vertragsparteien von der Öffnungsklausel des § 31 Abs. 6 KTD Gebrauch gemacht und die Anwendbarkeit des § 31 Abs. 1 bis 3 KTD ausgeschlossen. Im Umkehrschluss bedeutet dies, dass § 31 Abs. 4 KTD nicht ausgeschlossen werden soll, denn § 3 Abs. 1 EinführungsTV trifft eine absatzbezogene und damit differenzierende Regelung hinsichtlich der in § 31 KTD vorgesehenen Übergangsregelungen.

[23] b) Vorstehendes Auslegungsergebnis bedeutet allerdings nicht, dass die Voraussetzungen von § 31 Abs. 4 KTD von den Parteien des EinführungsTV in jeder Konstellation als erfüllt angesehen wurden. Tatsächlich ist dies jedenfalls bezüglich des Klägers nicht der Fall, weil diesem zum Zeitpunkt des Inkrafttretens des KTD am 1.10.2002 zwar eine günstigere Regelung aus dem BAT zugestanden haben mag, diese aber – auch in einer anderen Fassung bzw. aus dem TV-L als Nachfolgeregelung – zum Zeitpunkt des Übergangs in den KTD am 1.3.2014 nicht mehr auf das Arbeitsverhältnis Anwendung fand. Entgegen der Auffassung des Landesarbeitsgerichts greift die Besitzstandswahrung des § 31 Abs. 4 Satz 1 KTD nicht bei einem Wechsel des begünstigenden Regelungssystems in der Zeit zwischen dem 1.10.2002 und dem Zeitpunkt des Übergangs in den KTD. Sie setzt vielmehr voraus, dass die am 1.10.2002 als dem Tag des Inkrafttretens des KTD geltende günstigere Regelung auch im Zeitpunkt der Einführung des KTD in der jeweiligen Einrichtung – ggf. in einer aktuelleren Fassung – weiterhin auf das Arbeitsverhältnis Anwendung findet. Das ist beim

Kläger nicht der Fall. Er kann daher weder aus dem BAT, dem TV-L oder dem MTV Damp einen Anspruch in Verbindung mit § 31 Abs. 4 Satz 1 KTD ableiten.

[24] aa) Das Landesarbeitsgericht hat zunächst zutreffend gesehen, dass für den Kläger zum Stichtag 1.1ß.2002 im Vergleich zum KTD günstigere Regelungen zur Entgeltfortzahlung im Krankheitsfall galten. Dabei kann offenbleiben, ob sich der vorzunehmende Günstigkeitsvergleich auf den gesamten Komplex der Entgeltfortzahlung beziehen muss oder der Vergleich auf einen Ausschnitt hiervon, vorliegend den Krankengeldzuschuss, beschränkt sein kann. Der damals auf das Arbeitsverhältnis anwendbare BAT war bezogen auf die Entgeltfortzahlung in jeder Hinsicht günstiger als der KTD. Der BAT sah für den Kläger eine Entgeltfortzahlung für maximal 26 Wochen vor (§ 71 Abs. 2 Satz 2 BAT), während § 15 Abs. 2 KTD nur das gesetzliche Maß von sechs Wochen wiedergibt. Bezüglich des Krankengeldzuschusses gewährte § 37 Abs. 4 BAT einen solchen Anspruch bis zum Ende der 26. Woche der Arbeitsunfähigkeit. § 15 Abs. 3 KTD begrenzt den Anspruch hingegen auf 13 Wochen.

[25] bb) Im Folgenden ist das Landesarbeitsgericht allerdings unzutreffend davon ausgegangen, dass § 22 Abs. 2 TVöD – gemeint wohl TV-L – als die „zum Zeitpunkt des Überganges" gültige Fassung der günstigeren Regelung anzusehen ist (a.A. Bachmann PflR 2022, 320 [321]). Das Landesarbeitsgericht hat zwar zutreffend erkannt, dass der 1.3.2014 als Tag des Übergangs in den KTD maßgeblich ist. An diesem Tag galt für das Arbeitsverhältnis des Klägers allerdings weder der BAT noch der nach der Feststellung des Landesarbeitsgerichts seit dem 1.11.2006 Anwendung findende TV-L als Nachfolgeregelung, sondern bereits der MTV Damp. Dieser wiederum enthielt nicht die den Kläger zum 1.10.2002 begünstigende Regelung. Dies wäre nach dem klaren Wortlaut des § 31 Abs. 4 Satz 1 KTD aber die Voraussetzung für eine Besitzstandssicherung. § 31 Abs. 4 Satz 1 KTD sichert ausschließlich „diese Rechte", d.h. die am 1.10.2002 geltenden günstigeren Regelungen. Die folgende Formulierung „in der zum Zeitpunkt des Überganges gültigen Fassung" verdeutlicht ebenso, dass die günstigere Regelung sowohl zum 1.10.2002 als auch zum späteren Zeitpunkt des Übergangs demselben Regelungswerk zu entnehmen sein muss und sich Unterschiede allenfalls aus verschiedenen Fassungen dieses Werks ergeben dürfen. § 31 Abs. 4 Satz 1 KTD berücksichtigt damit die typische Dynamik arbeitsrechtlicher Kollektivregelungen. Nicht erfasst wird jedoch der Wechsel des Regelungssystems zwischen den beiden Stichtagen. Die Parteien des KTD wollten mit § 31 Abs. 4 Satz 1 KTD erkennbar nur die Weitergeltung einer zum 1.10.2002 bereits und zum Zeitpunkt des Übergangs in den KTD noch geltenden günstigeren Regelung. Damit werden auch andere Konstellationen von der Sicherung nicht erfasst. So kann es sein, dass zwar zum 1.10.2002 eine günstigere Regelung

bestanden hat, diese aber vor dem Zeitpunkt des Übergangs in den KTD entfallen ist. Dann findet nach § 31 Abs. 4 Satz 1 KTD ebenfalls keine Sicherung der früheren Begünstigung statt. Die Auffassung des Landesarbeitsgerichts würde demgegenüber aus einer nur fiktiven Geltung des TV-L dessen reale Fortgeltung ableiten. Dies ist von § 31 Abs. 4 Satz 1 KTD nicht gedeckt.

[26] c) Die vom Arbeitsgericht eingeholten Tarifauskünfte sind unbeachtlich. Ihre Einholung war nicht veranlasst. Es bestehen nach Auslegung des § 31 Abs. 4 Satz 1 KTD bereits nicht die für eine Tarifauskunft erforderlichen Zweifel. Zudem darf diese nicht auf die Beantwortung der prozessentscheidenden Rechtsfrage gerichtet sein; die Auslegung von Tarifverträgen und tariflichen Begriffen ist vielmehr Sache der Gerichte für Arbeitssachen (stRspr., z.B. BAG 16.8.2022 -9 AZR 490/21- Rn 24; 24.2.2022 -6 AZR 320/20- Rn 32; 13.10.2021 -4 AZR 365/20- Rn 30). Es ist daher ohne Belang, dass die eingeholten Auskünfte widersprüchlich sind und letztlich nur die Interessen der jeweiligen Seite widerspiegeln.

6

1. Die Inanspruchnahme staatlichen Rechtsschutzes in innerreligiösen Angelegenheiten einer als Körperschaft des öffentlichen Rechts anerkannten Religionsgemeinschaft (hier: Jüdische Gemeinde) ist wegen des verfassungsgemäß gewährleisteten Selbstverwaltungsrechts (Art. 140 GG i.V.m. Art. 137 Abs. 3 Satz 2 WRV) erst nach Erschöpfung des innerreligiösen Rechtswegs zulässig.
2. Die staatlichen Gerichte sind nur dann zur Auslegung und Anwendung des autonomen innerreligiösen Rechts berechtigt und verpflichtet, wenn sie die Religionsgesellschaft hierzu ermächtigt hat. Ansonsten sind sie auf die Prüfung beschränkt, ob Normen des autonomen innerreligiösen Rechts und die darauf gestützten Entscheidungen mit der staatlichen Rechtsordnung vereinbar sind.

Art. 140 GG, Art. 137 Abs. 3 Satz 1 WRV
VG Bremen, Urteil vom 20. Januar 2023 -2 K 2763/19-[1]

Die Kläger begehren die Feststellung der Nichtigkeit zweier Beschlüsse der Mitgliederversammlung der Beklagten.

---

1 Leitsätze Redaktion KirchE. BeckRS 2023, 1689; juris.
Das Urteil ist rechtskräftig. Vgl. auch KirchE 80, 117.

https://doi.org/10.1515/9783111651354-006

Die Kläger sind Gemeindemitglieder der Beklagten. Die Klägerin zu 1) und der Kläger zu 3) waren in den Jahren 2017 und 2018 überdies ehrenamtlich für die Beklagte tätig: Die Klägerin zu 1) als Gemeinderatsmitglied und der Kläger zu 3) als Innenrevisor.

In Prüfberichten vom 8.9.2017 und vom 15.3.2018 kritisierte der Kläger zu 3) zusammen mit dem anderen Revisor der Beklagten u.a. einen laxen Umgang mit den finanziellen Mitteln der Gemeinde und ein ausuferndes Haushaltsdefizit. Zwischen dem Präsidium der Beklagten und den beiden Revisoren kam es in der Folge zu erheblichen Meinungsverschiedenheiten. Am 8.8.2018 verweigerte die Beklagte ihnen die Einsicht in Unterlagen zu Zwecken einer Finanzprüfung, weil sie keine ihnen vom Präsidium vorgelegte Schweigepflichterklärung unterzeichnen wollten. Am 31.8.2018 legten der Kläger zu 3) und sein Mitrevisor einen vorläufigen Prüfbericht der Finanzmittelverwendung vor. Darin empfahlen die Revisoren der Mitgliederversammlung der Beklagten u.a., den Gemeinderat und das Präsidium für das Jahr 2017 nicht zu entlasten. Der Gemeinderat und das Präsidium sollten zudem abgemahnt werden, sich streng an die Verfassung der Beklagten zu halten. Auf Initiative der Beklagten beauftragte daraufhin der Zentralrat der Juden in Deutschland eine Wirtschaftsprüfungsgesellschaft mit der Untersuchung der Jahresrechnung der Beklagten für das Jahr 2017. Die Untersuchung kam zu dem Schluss, dass die Jahresrechnung im Ergebnis nicht zu beanstanden sei. Am 10.2.2019 beschloss die Mitgliederversammlung der Beklagten die Entlastung des Gemeinderats und des Präsidiums für das Berichtsjahr 2017. Am 19.5.2019 beschloss die Mitgliederversammlung der Beklagten zudem die Abwahl des Klägers zu 3) und seines Mitrevisors als Revisoren der Beklagten.

Die Kläger haben am 11.6.2019 zusammen Frau (...) und Herrn (...) Klage vor dem Amtsgericht Bremen erhoben.

Mit Beschluss vom 4.11.2019 hat das Amtsgericht Bremen den Rechtsweg zu den ordentlichen Gerichten für unzulässig erklärt und den Rechtsstreit an das erkennende Verwaltungsgericht verwiesen.

Am 12.11.2019 hat Frau (...) ihre Klage zurückgenommen. Am 16.11.2021 hat Herr (...) die Rücknahme der Klage erklärt, soweit sie den Beschluss der Mitgliederversammlung vom 10.2.2019 betrifft. Mit Beschluss vom 10.1.2023 hat das Gericht die Verfahren der Frau (...) und des Herrn (...) gemäß § 93 VwGO abgetrennt. Die Verfahren werden seitdem unter dem Aktenzeichen -2 K 47/23- und -2 K 48/23- fortgeführt.

Zur Begründung ihrer Klage tragen die Kläger im Wesentlichen vor, das Ehrengericht der Beklagten sei nur für persönliche Streitigkeiten zwischen den Klägern und der Beklagten zuständig. Vorliegend handele es sich um eine Klage wegen Anfechtung zweier Beschlüsse der Mitgliederversammlung, so dass die Zuständigkeit des Ehrengerichts schlicht ausgeschlossen sei. Es handele sich auch nicht um eine innere Angelegenheit der Beklagten, weil das von den Revisoren beanstandete Verhalten strafbewährt sei und zudem die unsachgemäße Verwendung der öffentlichen Gelder (Zuschüsse) in Frage stehe, die die Beklagte jährlich wiederkehrend von der Freien Hansestadt Bremen erhalte.

Die Beklagte hält die Klage bereits für unzulässig, weil das Ehrengericht nicht angerufen worden sei. Die Zuständigkeit des Ehrengerichts ergebe sich in Bezug auf die Klägerin zu 1) und den Kläger zu 3) aus § 17 Abs. 2 der Verfassung der Beklagten wegen ihrer ehrenamtlichen Tätigkeit als Gemeinderevisor bzw. als Gemeinderatsmitglied. In Bezug auf die Klägerin zu 2) ergebe sich die Zuständigkeit aus § 17 Abs. 3 der Verfassung der Beklagten, weil die Streitigkeit ihren Ursprung in den Belangen der Gemeinde habe.

Das Gericht hat die Klage abgewiesen.

Aus den Gründen:

[14] A. Die Klage hat keinen Erfolg. Sie ist bereits unzulässig.

[15] I. Der Verwaltungsrechtsweg ist eröffnet. Das folgt bereits aus der bindenden Verweisung des Rechtsstreits durch das Amtsgericht an das Verwaltungsgericht (§ 17a Abs. 2 Satz 3 GVG).

[16] II. Der Klage mangelt es an dem erforderlichen Rechtschutzbedürfnis.

[17] 1. In der jüngeren Rechtsprechung des Bundesverwaltungsgerichts ist ausdrücklich geklärt, dass die Inanspruchnahme staatlichen Rechtsschutzes in religionsgemeinschaftlichen Angelegenheiten allenfalls subsidiär – erst nach Erschöpfung des innerreligionsgemeinschaftlichen Rechtswegs – und zudem auch inhaltlich nur eingeschränkt möglich ist. Dies gebietet die verfassungsrechtlich geschuldete Rücksichtnahme auf das Selbstbestimmungsrecht der Religionsgesellschaften (Art. 140 GG i.V.m. Art. 137 Abs. 3 WRV) (vgl. BVerwG, Urteil vom 27.2.2014 -2 C 19.12- KirchE 63, 161; Beschlüsse vom 4.1.2017 -2 B 23/16- KirchE 69, 6 und vom 1.3.2016 -2 B 105.15- KirchE 67, 114). Ein Rechtsschutzbedürfnis für die Anrufung der staatlichen Gerichte besteht erst dann, wenn ein von der Religionsgesellschaft eröffneter interner Rechtsweg erfolglos ausgeschöpft worden ist. Diese Reihenfolge ist schon deshalb geboten, weil die staatlichen Gerichte nur dann zur Auslegung und Anwendung des autonomen Rechts berechtigt und verpflichtet sind, wenn sie die Religionsgesellschaft hierzu ermächtigt hat. Ansonsten sind sie auf die Prüfung beschränkt, ob Normen des autonomen Rechts und die darauf gestützten Entscheidungen mit

der staatlichen Rechtsordnung vereinbar sind (vgl. BVerwG, Urteil vom 25.11.2015 -6 C 21/14- mwN).

[18] Im vorliegenden Fall liegen die Voraussetzungen für die Inanspruchnahme staatlichen Rechtsschutzes nicht vor: Die Kläger haben trotz des Vorliegens einer innerreligionsgemeinschaftlichen Angelegenheit (a)) die innerreligionsgemeinschaftlich zur Verfügung stehenden Rechtsbehelfe nicht erfolglos ausgeschöpft (b)).

[19] a) Das Grundgesetz erkennt die Berechtigung der Religionsgesellschaften an, im Bereich ihrer inneren Angelegenheiten autonom Recht zu setzen. Dies folgt aus Art. 140 GG, Art. 137 Abs. 3 Satz 1 WRV; danach ordnet und verwaltet jede Religionsgesellschaft ihre Angelegenheiten selbständig innerhalb der Schranken des für alle geltenden Gesetzes. Damit gewährleistet das Grundgesetz das Selbstbestimmungsrecht der Religionsgesellschaften als unerlässliche Voraussetzung für die grundrechtlich geschützte Entfaltung des religiösen Selbstverständnisses (vgl. BVerwG, Urteil vom 25.11.2015 -6 C 21/14-). Das Selbstbestimmungsrecht umfasst jedenfalls die Pflege, Weiterentwicklung und Tradierung der Glaubensinhalte in Form der Theologie, die Regelung von Kultus und Liturgie, die Regelung der inneren Organisation unter Einschluss des Beitragsrechts, die Wohlfahrtstätigkeit der Kirchen, ihre Vermögensverwaltung und Haushaltsführung sowie die Auswahl der Mitarbeiter und die Ausgestaltung der Beschäftigungsverhältnisse der Religionsgesellschaft (vgl. BVerwG, Urteil vom 27.2.2014 -2 C 19/12- KirchE 63, 161). Die hier streitigen Beschlüsse der Mitgliederversammlung der Beklagten vom 10.2.2019 und vom 19.5.2019 betreffen unmittelbar die innere Organisation der Beklagten und tangieren mittelbar die Verwaltung des Gemeindevermögens. Sie sind allein in Anwendung des innerreligionsgemeinschaftlichen Rechts der Beklagten – nämlich ihrer Verfassung – erlassen worden und können nur unter Anwendung und Auslegung des innerreligionsgemeinschaftlichen Rechts einer rechtlichen Bewertung unterzogen werden. Es handelt sich mithin um innerreligionsgemeinschaftliche Angelegenheiten, die keine Außenwirkungen in den staatlichen (bürgerlichen) Bereich entfalten und die deshalb den Kernbereich des verfassungsrechtlich gewährleisteten Selbstbestimmungsrechts der Religionsgesellschaften betreffen. Daran ändert entgegen der Auffassung der Kläger auch der Umstand nichts, dass die Beschlüsse der Mitgliederversammlung im äußeren Zusammenhang mit der Verwendung öffentlicher Gelder durch die Beklagte stehen und diese Verwendung nach dem Dafürhalten der Kläger unsachgemäß erfolgt sei und sogar strafrechtliche Relevanz habe. Die Kläger übersehen dabei, dass diese äußeren Umstände unabhängig von der inneren Organisation und Verfasstheit der Beklagten bestehen. Die angegriffenen Beschlüsse der Mitgliederversamm-

lung sind im autonom geregelten Bereich der Religionsgesellschaft unter Anwendung innerreligionsgemeinschaftlichen Rechts gegen Mitglieder der Gemeinde ergangen. Sie erschöpfen sich in der allein innerreligionsgemeinschaftliche Wirkung entfaltenden Entlastung des Gemeinderats und des Präsidiums für das Berichtsjahr 2017 sowie der Abwahl der Gemeinderevisoren. Davon strikt zu trennen ist die Frage, ob der Beklagten aufgrund der klägerseits behaupteten unsachgemäßen Verwendung öffentlicher Gelder z.B. staatliche Regressansprüche oder den seinerzeitigen Amtsträgern der Beklagten gar strafrechtliche Verfolgung drohen.

[20] b) Die Organisationsgewalt der Religionsgemeinschaften schließt die Befugnis ein, die verbindliche Entscheidung interner Streitigkeiten auf eigens eingerichtete Spruchkörper zu übertragen (vgl. BVerwG, Urteil vom 25.11.2015 -6 C 21/14-). Das ist hier in Gestalt des Ehrengerichts der Beklagten gemäß § 17 der Verfassung der Beklagten geschehen. Den Klägern hätte es oblegen, vor Anrufung der staatlichen Gerichte zunächst das Ehrengericht der Beklagten anzurufen. Es ist nicht ersichtlich, dass das Ehrengericht für die vorliegende Streitigkeit sachlich unzuständig wäre.

[21] In Bezug auf den Kläger zu 3) folgt die sachliche Zuständigkeit des Ehrengerichts aus § 17 Abs. 2 der Verfassung der Beklagten. Danach unterwerfen sich Mitglieder des Gemeinderates und sonstige für die Gemeinde ehrenamtlich Tätige mit der Annahme ihrer Ämter der Gerichtsbarkeit des Ehrengerichtes für alle sich zwischen ihnen und/oder zwischen ihnen und der Gemeinde ergebende persönliche Streitigkeiten, soweit diese Streitigkeiten mittelbar oder unmittelbar mit ihrem Amt im Zusammenhang stehen. Der Kläger zu 3) war für die Beklagte ehrenamtlich als Innenrevisor tätig. Er wurde am 19.5.2019 zusammen mit seinem Mitrevisor durch Beschluss der Mitgliederversammlung der Beklagten von seinem Amt abgewählt und begehrt nunmehr die Feststellung der Nichtigkeit dieses Beschlusses sowie des weiteren Beschlusses der Mitgliederversammlung vom 10.2.2019 betreffend die Entlastung des Gemeinderats und des geschäftsführenden Präsidiums für das Berichtsjahr 2017. Es liegt mithin eine Streitigkeit zwischen dem Kläger zu 3) und der Gemeinde vor, die den Kläger zu 3. in seinem Amt als Innenrevisor der Beklagten persönlich betrifft und unmittelbar mit diesem Amt in Zusammenhang steht.

[22] In Bezug auf die Klägerinnen zu 1) und 2) folgt die sachliche Zuständigkeit des Ehrengerichts jedenfalls aus § 17 Abs. 3 der Verfassung der Beklagten. Danach ist das Ehrengericht für sonstige Streitigkeiten zwischen den Bediensteten der Gemeinde und der Gemeinde oder für vermögensrechtliche bzw. nichtvermögensrechtliche Streitigkeiten der Gemeindemitglieder untereinander bzw. der Gemeindemitglieder gegenüber der Gemeinde nur dann sachlich zuständig,

wenn diese Streitigkeiten ihren Ursprung in den Belangen der Gemeinde haben. Die Klägerinnen zu 1) und 2) begehren ebenfalls die Nichtigkeitsfeststellung der vorgenannten Beschlüsse der Mitgliederversammlung. Die Streitigkeit betrifft die innere Organisation der Beklagten und hat ihren Ursprung in der gemeindlichen Vermögensverwaltung, einem wesentlichen Belang der Gemeinde.

[23] Damit fehlt es wegen der Subsidiarität der Inanspruchnahme staatlichen Rechtsschutzes in religionsgemeinschaftlichen Angelegenheiten an dem erforderlichen Rechtsschutzbedürfnis.

[24] 2. Dessen ungeachtet fehlt das Rechtsschutzbedürfnis aber auch deshalb, weil die Kläger nicht geltend gemacht haben, durch die streitigen Beschlüsse der Mitgliederversammlung in einer subjektiven Rechtsposition verletzt zu sein, die ihnen das staatliche Recht verleiht.

[25] Das Grundgesetz gewährleistet umfassend wirkungsvollen Rechtsschutz durch staatliche Gerichte. Soweit es – wie vorliegend – nicht um Rechtsschutz gegen die öffentliche Gewalt im Sinne von Art. 19 Abs. 4 Satz 1 GG geht, folgt dies aus den Grundrechten, insbesondere aus Art. 2 Abs. 1 GG, i.V.m. Art. 20 Abs. 3 GG (Rechtsstaatsprinzip) und Art. 92 GG. Jedermann kann die staatlichen Gerichte mit der Behauptung anrufen, in einer von der staatlichen Rechtsordnung vermittelten Rechtsposition verletzt zu sein. Neben dem Recht auf Zugang zu einem staatlichen Gericht vermittelt die Rechtsschutzgarantie das Recht auf eine grundsätzlich umfassende tatsächliche und rechtliche Prüfung des Rechtsschutzbegehrens in einem förmlichen Verfahren und auf den Erlass einer gerichtlichen Entscheidung über dieses Begehren, die jedenfalls die Verfahrensbeteiligten bindet (Justizgewährungsanspruch) (vgl. BVerwG, Urteil vom 25.11.2015 -6 C 21/14-).

[26] Die Rechtsschutzgarantie gemäß Art. 2 Abs. 1 i.V.m. Art. 20 Abs. 3, Art. 92 GG gilt auch für Angelegenheiten aus dem autonom geregelten Bereich der Religionsgesellschaften. Auch dieser Bereich ist nicht frei vom Geltungsanspruch der staatlichen Rechtsordnung. Das verfassungsrechtlich geschützte Selbstbestimmungsrecht der Religionsgesellschaften gemäß Art. 140 GG i.V.m. Art. 137 Abs. 3 WRV schließt nicht bereits den Zugang zu den staatlichen Gerichten aus, sondern bestimmt Umfang und Intensität der Prüfung des Aktes der Religionsgesellschaft durch das staatliche Gericht. Das staatliche Gericht ist dabei auf die Prüfung beschränkt, ob die klagende Partei durch eine Maßnahme ihrer Religionsgesellschaft in einer subjektiven Rechtsposition verletzt ist, die ihr das staatliche Recht verleiht (vgl. BVerwG, Urteil vom 27.2.2014 -2 C 19/12-KirchE 63, 161). Im Kernbereich des Selbstbestimmungsrechts der Religionsgesellschaften reduziert sich die Prüfung darauf, ob die kirchenrechtliche Entscheidung mit den in Art. 79 Abs. 3 GG niedergelegten grundlegenden Verfas-

sungsprinzipien, dem Willkürverbot und elementaren Verfassungsgarantien vereinbar ist. Fragen der „richtigen" Anwendung innerreligionsgemeinschaftlichen Rechts sind somit der staatlichen Überprüfung entzogen, sofern nicht ein Verstoß gegen die verfassungsrechtlichen Essentialia des Art. 79 Abs. 3 GG in Rede steht (vgl. BVerwG, Beschluss vom 4.1.2017 -2 B 23/16- KirchE 69, 6).

[27] Hiervon ausgehend ist der Rechtsweg zu den staatlichen Gerichten in innerreligionsgemeinschaftlichen Angelegenheiten nur dann eröffnet, wenn und insoweit die Verletzung staatlichen Rechts geltend gemacht wird (vgl. BVerwG, Urteil vom 27.2.2014 -2 C 19/12-). Daran fehlt es hier. Die Kläger greifen die streitigen Beschlüsse der Mitgliederversammlung der Beklagten nur unter dem Aspekt des Verstoßes gegen die Verfassung der Beklagten an. Dabei handelt es sich jedoch nicht um staatliches Recht. Die Verletzung einer durch staatliches Recht vermittelten subjektiven Rechtsposition ist weder vorgetragen noch ersichtlich.

[28] III. Mangelt es der Klage an dem erforderlichen Rechtsschutzbedürfnis und ist die Klage deshalb unzulässig, kann ihre Statthaftigkeit dahinstehen. Der Vollständigkeit halber weist das Gericht gleichwohl darauf hin, dass es auch bei Ausschöpfung des kirchlichen Rechtswegs in seinem Rechtsfolgenausspruch darauf beschränkt wäre, die Verletzung staatlichen Rechts festzustellen (vgl. BVerwG, Urteil vom 27.2.2014 -2 C 19/12-). Damit nicht vereinbar ist das Begehren der Kläger, die Nichtigkeit der angegriffenen Beschlüsse der Mitgliederversammlung der Beklagten feststellen zu lassen.

[29] Wegen der nur eingeschränkten Überprüfbarkeit vor den staatlichen Gerichten auch nach Ausschöpfung des innerreligionsgemeinschaftlichen Rechtswegs scheidet im Übrigen eine Verweisung der unzulässigen Klage an das Ehrengericht der Beklagten aus (vgl. Bayerischer VGH, Beschluss vom 7.8.2017 -3 ZB 14.536- KirchE 70, 56).

7

1. Ehe im Sinne von Art. 6 Abs. 1 GG ist eine rechtlich verbindliche, im Grundsatz auf Dauer angelegte, auf freiem Entschluss beruhende, in besonderer Weise mit gegenseitigen Einstandspflichten einhergehende, gleichberechtigte und autonom ausgestaltete Lebensgemeinschaft, die durch einen formalisierten, nach außen erkennbaren Akt begründet wird. Nach ausländischem Recht eingegangene Lebensgemeinschaften ehelicher Art unterfallen dann nicht ohne Weiteres dem Schutzbereich von Art. 6 Abs. 1 GG, wenn diese verfassungsrechtlichen Strukturprinzipien zuwiderlaufen.

https://doi.org/10.1515/9783111651354-007

2. Die Freiheit der Ehe erfordert und gestattet gesetzliche Regeln, die die als Ehe verfassungsrechtlich geschützte Lebensgemeinschaft rechtlich definieren und abgrenzen. Solche Regelungen müssen mit den Strukturprinzipien vereinbar sein und den Anforderungen der Verhältnismäßigkeit genügen.
3. Der Gesetzgeber darf Ehehindernisse schaffen, um die das Institut der Ehe im Sinne der Verfassung bestimmenden Strukturprinzipien zu gewährleisten. Dazu können die autonome Entscheidung beider Eheschließenden sichernde Anforderungen an die Ehefähigkeit etwa in Gestalt von Mindestaltersgrenzen für die Eheschließung gehören.

Artt. 6 Satz 2, 229 § 44 Abs 4 BGBEG, Art. 13 Abs. 3 Nr. 1 BGBEG vom 17.07.2017, Art. 6 Abs. 1 GG, Artt. 3 Abs. 1, 12 Abs. 1 UNKRÜbk,
§§ 1303 Satz 1 u. 2, 1318, 1360, 1360a, 1592 Nr. 2 u. 3 BGB, KiEheBekG,
BVerfG, Beschluss vom 1. Februar 2023 -1 BvL 7/18-[1]

I. Das Vorlageverfahren betrifft Art. 13 Abs. 3 Nr. 1 EGBGB in der Fassung des Gesetzes zur Bekämpfung von Kinderehen vom 17.7.2017 (BGBl I S. 2429). Die seit dem 22.7.2017 geltende Vorschrift bestimmt durch unmittelbare gesetzliche Anordnung, dass unter Beteiligung nach ausländischem Recht ehemündiger Minderjähriger geschlossene Ehen nach deutschem Recht – vorbehaltlich der Ausnahmen in der Übergangsvorschrift des Art. 229 § 44 Abs. 4 EGBGB – unwirksam sind, wenn zumindest einer der Eheschließenden im Zeitpunkt der Eheschließung das 16. Lebensjahr nicht vollendet hatte. Das gilt grundsätzlich auch für vor dem Inkrafttreten der Regelung im Ausland wirksam geschlossene Ehen mit einer Person, die zum Zeitpunkt der Heirat dieses Alter noch nicht erreicht hatte. *(wird ausgeführt)*

II. In dem der Vorlage zu Grunde liegenden familiengerichtlichen Verfahren begehrte der dortige Antragsteller unter Berufung auf eine in Syrien geschlossene Ehe die Rückführung der minderjährigen Betroffenen, nachdem die Amtsvormundschaft diese von ihm getrennt und lediglich stundenweise Kontakte der beiden in Begleitung eines Dritten gestattet hatte.

Der am 1.1.1994 geborene Antragsteller und die am 1.1.2001 geborene Betroffene sind syrische Staatsangehörige sunnitischen Glaubens und im Grad von Cousin und Cousine verwandt. Am 10.2.2015 schlossen sie nach den vom vorlegenden Gericht zugrunde gelegten Feststellungen des Beschwerdegerichts vor einem Scharia-Gericht in Syrien die Ehe. Auf Grund der dortigen Kriegsereignis-

1 Amtl. Leitsätze. BVerfGE 166, 1 ff.; juris; FamRZ 2023, 837 ff., NJW 2023, 1494 ff.
Der Beschluss ist rechtskräftig.

se flüchteten sie gemeinsam nach Deutschland, wo sie im August 2015 ankamen. Im September 2015 nahm das örtlich zuständige Jugendamt die Betroffene in Obhut und brachte sie in einer Jugendhilfeeinrichtung für weibliche minderjährige unbegleitete Flüchtlinge unter. Zudem regte es die Bestellung eines Vormunds für die Betroffene an. Das Familiengericht stellte das Ruhen der elterlichen Sorge bezüglich der Betroffenen fest (§ 1674 Abs. 1 BGB), ordnete Vormundschaft an und bestellte das Jugendamt zum Amtsvormund.

Daraufhin wandte sich der Antragsteller an das Familiengericht und beantragte die Überprüfung der Inobhutnahme sowie unter Hinweis auf die wirksame Ehe die Rückführung der Betroffenen zu ihm. Das Familiengericht legte dies als Antrag auf Regelung des Umgangs zwischen dem Antragsteller und der Betroffenen aus und traf eine solche über näher bestimmten unbegleiteten Umgang. Diese Umgangsregelung hob das Oberlandesgericht im Beschwerdeverfahren auf. Es hielt die nach syrischem Recht geschlossene Ehe auch nach deutschem Recht für wirksam, so dass der Amtsvormundschaft das Aufenthaltsbestimmungsrecht für die Betroffene nicht zustehe. Die Amtsvormundschaft legte die zugelassene Rechtsbeschwerde zum Bundesgerichtshof ein und beantragte, den angefochtenen Beschluss des Oberlandesgerichts aufzuheben und eine Regelung über wöchentlich dreistündigen begleiteten Umgang zu treffen.

III. Der Bundesgerichtshof hat das Verfahren ausgesetzt und dem Bundesverfassungsgericht die Frage vorgelegt, ob es mit Art. 1, Art. 2 Abs. 1, Art. 3 Abs. 1 und Art. 6 Abs. 1 GG vereinbar ist, dass Art. 13 Abs. 3 Nr. 1 EGBGB eine unter Beteiligung einer nach ausländischem Recht ehemündigen minderjährigen Person geschlossene Ehe nach deutschem Recht – vorbehaltlich der Ausnahmen in der Übergangsvorschrift des Art. 229 § 44 Abs. 4 EGBGB – ohne einzelfallbezogene Prüfung als Nichtehe qualifiziert, wenn die minderjährige Person im Zeitpunkt der Eheschließung das 16. Lebensjahr noch nicht vollendet hatte.

Das BVerfG hat auf die Vorlage entschieden, dass Art. 13 III Nr. 1 EGBGB – vorbehaltlich der Ausnahmen nach Art. 229 § 44 IV EGBGB – mit Art. 6 Abs. I GG unvereinbar ist, die Vorschrift aber nach Maßgabe der Gründe bis zum Inkrafttreten einer Neuregelung durch den Gesetzgeber, längstens jedoch bis zum 30.6.2024, fortgilt.

Aus den Gründen:

[98] B. Die Vorlage genügt den aus Art. 100 Abs. 1 Satz 1 Alt. 2 GG und § 80 Abs. 2 Satz 1 BVerfGG folgenden Anforderungen an die Zulässigkeit (I). Ihr steht auch nicht entgegen, dass im Ausgangsverfahren Erledigung eingetreten ist (II).

[99] I. Das Vorlagegericht hält Art. 13 Abs. 3 Nr. 1 EGBGB nur teilweise und zwar in zweierlei Hinsicht für verfassungswidrig. Die Regelung verstoße gegen das Grundgesetz, soweit die Wirksamkeit der Ehe nach deutschem Recht ohne Rücksicht auf den konkreten Fall – also ohne einzelfallbezogene Prüfung – versagt wird. Zudem sei sie verfassungswidrig, weil – im Gegensatz zur Übergangsregelung für im Inland geschlossene Kinderehen nach Art. 229 § 44 Abs. 1 EGBGB – auch solche vor dem 22.7.2017 nach ausländischem Recht wirksam geschlossene Ehen unwirksam werden, die bis zum Inkrafttreten des Gesetzes zur Bekämpfung von Kinderehen nach deutschem Recht wirksam und lediglich aufhebbar waren. Von dieser Vorlagefrage ausgehend genügt der Vorlagebeschluss noch den aus Art. 100 Abs. 1 Satz 1 Alt. 2 GG und § 80 Abs. 2 Satz 1 BVerfGG folgenden Anforderungen (zu diesen vgl. BVerfGE 159, 149 [169 ff. Rn 57 ff.] mwN).

[100] II. Die Vorlage ist nicht dadurch unzulässig geworden, dass sich das Ausgangsverfahren zwischenzeitlich erledigt hat. Die Voraussetzungen für eine verfassungsgerichtliche Entscheidung in der Sache trotz Erledigung liegen vor.

[101] 1. Das Ausgangsverfahren hat sich erledigt, denn die Betroffene des Ausgangsverfahrens ist mit Vollendung ihres 18. Lebensjahres zum 1.1.2019 sowohl nach syrischem Recht (vgl. Art. 162 Civil Status Law vom 17.9.1953 idF vom 31.12.1975) als auch nach deutschem Recht (§ 2 BGB) volljährig geworden. Damit ist die Vormundschaft entfallen. Das auf familiengerichtliche Maßnahmen gegen die Amtsvormundschaft gerichtete, als Kindschaftssache geführte Ausgangsverfahren hat sich damit einschließlich des wegen der Vorlage an das Bundesverfassungsgericht ausgesetzten Rechtsbeschwerdeverfahrens erledigt. Für das Ausgangsverfahren, in dem die Wirksamkeit der betroffenen Ehe lediglich als Vorfrage zu beurteilen war, kommt es auf die Verfassungsmäßigkeit von Art. 13 Abs. 3 Nr. 1 EGBGB mithin nicht mehr an.

[102] 2. Das Bundesverfassungsgericht ist aber trotz der Erledigung des Ausgangsverfahrens zur Entscheidung über die Vorlage befugt.

[103] a) Erledigt sich das Ausgangsverfahren, hat dies zwar regelmäßig auch die Erledigung des Vorlageverfahrens zur Folge (vgl. BVerfGE 14, 140 [142]; 29, 325 [326 f.]; 142, 313 [334 Rn 61]). Denn die konkrete Normenkontrolle dient der verfassungsgemäßen Entscheidung in einem bestimmten Gerichtsverfahren und ist insofern grundsätzlich von dessen Existenz und Ziel abhängig (vgl.

BVerfGE 42, 42 [49]). Die Konzentration der Entscheidungsbefugnis über die Verfassungsmäßigkeit von Parlamentsgesetzen beim Bundesverfassungsgericht soll aber auch durch allgemein verbindliche Klärung verfassungsrechtlicher Grundsatzfragen divergierende Entscheidungen der Gerichte, Rechtsunsicherheit und Rechtszersplitterung vermeiden (vgl. BVerfGE 1, 184 [199 f.]; 42, 42 [49 f.]; 142, 313 [334 Rn 62]). Diese objektive, auf Rechtsklärung und Befriedung ausgerichtete Funktion der Normenkontrolle kann es rechtfertigen, ausnahmsweise nach einem Ereignis, das regelmäßig zur Erledigung von Ausgangs- und Normenkontrollverfahren führt, die vorgelegte Frage nach der Gültigkeit einer Norm gleichwohl zu beantworten, wenn ein hinreichend gewichtiges, grundsätzliches Klärungsbedürfnis fortbesteht. Unter welchen Voraussetzungen das Fortbestehen eines Rechtsschutzinteresses zu bejahen ist, hängt dabei letztlich von den Umständen des Einzelfalls ab (vgl. BVerfGE 124, 300 [318]; 142, 313 [334 f. Rn 63]).

[104] b) Hier besteht trotz der Erledigung des Ausgangsverfahrens ein gewichtiges objektives Bedürfnis an der Klärung der vorgelegten verfassungsrechtlichen Frage. Ob es mit dem Grundgesetz vereinbar ist, dass eine unter Beteiligung eines oder einer nach ausländischem Recht ehemündigen Minderjährigen geschlossene Ehe nach deutschem Recht – vorbehaltlich der Ausnahmen in der Übergangsvorschrift in Art. 229 § 44 Abs. 4 EGBGB – ohne einzelfallbezogene Prüfung als Nichtehe qualifiziert wird, wenn der oder die Minderjährige im Zeitpunkt der Eheschließung das 16. Lebensjahr nicht vollendet hatte, ist verfassungsrechtlich nicht geklärt und eine Frage von wesentlicher grundrechtlicher Bedeutung. Sie berührt grundsätzliche Fragen der Bestimmung des Schutzbereichs von Art. 6 Abs. 1 GG und der Reichweite des gesetzgeberischen Gestaltungsspielraums zwischen Eheschutz und Kinderschutz, die nicht lediglich seltene Einzelfälle betreffen.

[105] Zudem besteht im Anwendungsbereich der vorgelegten Vorschrift strukturell und damit losgelöst vom Einzelfall das Problem, eine verfassungsgerichtliche Entscheidung schon deshalb nicht herbeiführen zu können, weil die betroffenen Minderjährigen volljährig werden und sich dadurch das fachgerichtliche Ausgangsverfahren erledigt. Ungeachtet der Erledigung des Ausgangsverfahrens bleibt für die von der Regelung betroffenen – jedenfalls nach dem zum Zeitpunkt der Eheschließung maßgeblichen ausländischen Recht wirksam geschlossenen – Ehen klärungsbedürftig, ob es sich um nach inländischem Recht nichtige Ehen oder um im Fall der Verfassungswidrigkeit von Art. 13 Abs. 3 Nr. 1 EGBGB auch nach deutschem Recht grundsätzlich wirksame Ehen handelt. Bliebe die Vereinbarkeit der vorgelegten Norm mit dem Grundgesetz wegen der Erledigung des Ausgangsverfahrens ungeklärt, wäre die inländi-

sche Wirksamkeit jeder von der vorgelegten Vorschrift erfassten Ehe auch als Vorfrage für weitere Rechtsfolgen, etwa für das Abstammungsrecht bei Geburt eines gemeinsamen Kindes (vgl. § 1592 Nr. 1 BGB), weiterhin in sämtlichen Fällen offen und müsste gegebenenfalls durch eine erneute Vorlage nach Art. 100 Abs. 1 GG geklärt werden, wenn in einem fachgerichtlichen Verfahren die Wirksamkeit der betroffenen Ehen nach inländischem Recht entscheidungserheblich wäre.

[106] C. Art. 13 Abs. 3 Nr. 1 EGBGB genügt nicht sämtlichen verfassungsrechtlichen Anforderungen; er verletzt, soweit nicht die Ausnahmen nach Art. 229 § 44 Abs. 4 EGBGB greifen, das Grundrecht der Ehefreiheit aus Art. 6 Abs. 1 GG.

[107] I. Art. 6 Abs. 1 GG schützt die Ehe (1). Art. 13 Abs. 3 Nr. 1 EGBGB berührt den Schutzbereich von Art. 6 Abs. 1 GG (2 a). Das ist verfassungsrechtlich nicht gerechtfertigt. Art. 13 Abs. 3 Nr. 1 EGBGB steht zwar mit den die Ehe im Sinne von Art. 6 Abs. 1 GG prägenden Strukturprinzipien in Einklang (2 b). Obwohl der Gesetzgeber grundsätzlich befugt ist, die inländische Wirksamkeit im Ausland geschlossener Ehen von einem Mindestalter der Beteiligten abhängig zu machen, erweist sich Art. 13 Abs. 3 Nr. 1 EGBGB jedoch in seiner derzeitigen Ausgestaltung wegen fehlender Folgeregelungen und unzureichender Möglichkeiten, die Ehe nach Erreichen der Volljährigkeit auch inländisch als wirksame zu führen, als unangemessen und ist damit nicht verhältnismäßig im engeren Sinne (2 c).

[108] 1. Art. 6 Abs. 1 GG stellt die Ehe unter den besonderen Schutz der staatlichen Ordnung. Damit garantiert die Verfassung nicht nur das Institut der Ehe, sondern gebietet als verbindliche Wertentscheidung für den gesamten Bereich des die Ehe betreffenden privaten und öffentlichen Rechts einen besonderen Schutz durch die staatliche Ordnung (vgl. BVerfGE 6, 55 [71 ff.]; 105, 313 [346]; 131, 239 [259]; 133, 377 [409 Rn 81] jeweils mwN). Vor allem aber gewährt Art. 6 Abs. 1 GG den Grundrechtsträgern als Freiheitsrecht Schutz vor verfassungsrechtlich nicht gerechtfertigten Eingriffen des Staates in die Ehe (vgl. BVerfG, Beschluss des Ersten Senats vom 21.7.2022 -1 BvR 469/20 u.a.- Rn 82 – Impfnachweis Masern mwN; siehe auch BVerfGE 151, 101 [124 Rn 56] – Stiefkindadoption zum ebenfalls durch Art. 6 Abs. 1 GG gewährleisteten Familiengrundrecht).

[109] a) aa) Ehe im Sinne von Art. 6 Abs. 1 GG ist eine im Grundsatz auf Dauer angelegte, auf freiem Entschluss beruhende, gleichberechtigte und autonom ausgestaltete Lebensgemeinschaft; die Ehe wird durch die Eheschließung als formalisierten, nach außen erkennbaren Akt begründet (vgl. BVerfGE 10, 59 [66]; 29, 166 [176]; 62, 323 [330]; 105, 313 [345]; 112, 50 [65]; 121, 175 [193]; 137, 273

[342 Rn 178]). Die Ehefreiheit als Menschenrecht gilt gleichermaßen für deutsche und ausländische Staatsangehörige wie für staatenlose Personen (vgl. BVerfGE 31, 58 [67]; 51, 386 [396]; 62, 323 [329]).

[110] Der Schutzbereich von Art. 6 Abs. 1 GG ist auch nicht auf rein inlandsbezogene Ehen beschränkt. Er umfasst vielmehr grundsätzlich eheliche Lebensgemeinschaften unabhängig davon, wo und nach Maßgabe welcher Rechtsordnung sie begründet wurden und ob die Rechtswirkungen des ehelichen oder familiären Bandes nach deutschem oder ausländischem Recht zu beurteilen sind (vgl. BVerfGE 76, 1 [41]). Auch sogenannten hinkenden Ehen, die – etwa bei unterschiedlichem Eheschließungsstatut der Eheschließenden – nach der einen beteiligten Rechtsordnung wirksam, nach der anderen aber unwirksam sind, kommt der Schutz des Ehegrundrechts zu (vgl. BVerfGE 62, 323 [330 f.]). Auf der Grundlage ausländischen Rechts eingegangene Lebensgemeinschaften ehelicher Art unterfallen allerdings dann nicht ohne Weiteres dem Schutzbereich von Art. 6 Abs. 1 GG, wenn die fragliche Gemeinschaft mit der Vorstellung des Grundgesetzes von Ehe und Familie nicht vereinbar ist, sie also verfassungsrechtlichen Strukturprinzipien zuwiderläuft (vgl. BVerfGE 76, 1 [41 f.]; Brosius-Gersdorf, in: Dreier, GG, Bd. 1, 3. Aufl. 2013, Art. 6 Rn 54 f. unter Anknüpfung an die Institutsgarantie; siehe auch Gausing/Wittebol, DÖV 2018, S. 41 [44]; Hillgruber, ZAR 2006, S. 304 [305]).

[111] bb) Art. 6 Abs. 1 GG garantiert die Freiheit, die Ehe mit einer selbst gewählten Person einzugehen (vgl. BVerfGE 29, 166 [175]; 31, 58 [67]; 36, 146 [161]). Diese Freiheit bildet einen elementaren Bestandteil der durch die Grundrechte gewährleisteten freien persönlichen Existenz des Menschen (vgl. BVerfGE 36, 146 [162]). Zudem umfasst Art. 6 Abs. 1 GG das Recht auf ein eheliches Zusammenleben (vgl. BVerfGE 76, 1 [42]), auf Schutz des ehelichen Zusammenlebens (vgl. BVerfGE 10, 59 [66]; 53, 224 [245]; 62, 323 [330]; 76, 1 [42 f.]; 114, 316 [335]) sowie die Freiheit, über die Art und Weise der Gestaltung des ehelichen und familiären Zusammenlebens selbst zu entscheiden (vgl. BVerfG, Beschlüsse der 2. Kammer des Ersten Senats vom 6.6.2011 -1 BvR 2712/09- Rn 9 und vom 9.11.2011 -1 BvR 1853/11- Rn 12). Art. 6 Abs. 1 GG schützt überdies die Ehe in ihrem Bestand als Verantwortungsgemeinschaft und garantiert eine Sphäre privater Lebensgestaltung, die staatlicher Einwirkung entzogen ist (vgl. BVerfGE 107, 27 [53]; 121, 175 [198]). Der Zugang von Ehewilligen zum Institut der Ehe schließt unter Berücksichtigung des grundsätzlichen Bestandsschutzes für Ehen auch den Zugang zur inländischen Anerkennung einer im Ausland wirksam geschlossenen Ehe ein.

[112] b) Die Freiheit der Eheschließung erfordert und gestattet allerdings gesetzliche Regeln insbesondere über die Eheschließung und ihre sachlichen

Voraussetzungen. Dies ergibt sich auch aus der untrennbaren Verbindung des Grundrechts mit der Institutsgarantie, die notwendigerweise eine rechtliche Ordnung verlangt. Die Verwirklichung der Wertentscheidung des Art. 6 Abs. 1 GG bedarf daher einer allgemeinen familienrechtlichen Regelung, die die als Ehe verfassungsrechtlich geschützte Lebensgemeinschaft rechtlich definiert und abgrenzt (vgl. BVerfGE 31, 58 [69]; 36, 146 [161 f.]; 81, 1 [6 f.]).

[113] Solche Regelungen müssen die wesentlichen, das Institut der Ehe bestimmenden Strukturprinzipien beachten, die sich aus der Anknüpfung des Art. 6 Abs. 1 GG an vorgefundene, überkommene Lebensformen in Verbindung mit dem Freiheitscharakter des verbürgten Grundrechts und anderen Verfassungsnormen ergeben (vgl. BVerfGE 31, 58 [69]; 36, 146 [162]; 62, 323 [330]; siehe auch BVerfGE 81, 1 [6 f.]). Dabei kann der Inhalt der Institutsgarantie nicht schlicht aus dem vorhandenen Fachrecht erschlossen werden; vielmehr müssen die einzelnen Regelungen des bürgerlichen Rechts an Art. 6 Abs. 1 GG als vorrangiger, die Grundprinzipien selbst enthaltender Leitnorm gemessen werden (vgl. BVerfGE 31, 58 [69 f.]; 36, 146 [162]).

[114] Zu den verfassungsrechtlichen Strukturprinzipien von Ehen gehört, dass es sich um eine rechtlich verbindliche und in besonderer Weise mit gegenseitigen Einstandspflichten einhergehende, auf Dauer angelegte Lebensgemeinschaft handelt, die aufgrund eines jeweils freien Entschlusses durch die Eheschließung als formalisierten, nach außen erkennbaren Akt begründet wird (vgl. BVerfGE 10, 59 [66]; 121, 175 [193]; 124, 199 [225]; 131, 239 [259]; 137, 273 [342 Rn 178]). In der von Art. 6 Abs. 1 in Verbindung mit Art. 3 Abs. 2 GG geschützten Ehe stehen die Beteiligten in einer gleichberechtigten Partnerschaft zueinander und bestimmen ihre persönliche und wirtschaftliche Lebensführung in gemeinsamer Verantwortung, was eine einseitige Dominanz eines Ehepartners bei der Gestaltung von Rechtsverhältnissen ausschließt (vgl. BVerfGE 149, 86 [124 Rn 105] mwN – Hofabgabe). Das von einer gleichberechtigten Partnerschaft und einer gemeinsamen Verantwortung der Eheleute geprägte Strukturprinzip nimmt diesen nicht die Freiheit, über die Art und Weise der Gestaltung ihres ehelichen Zusammenlebens selbst zu entscheiden. Die Bindung des Gesetzgebers an die verfassungsrechtlichen Strukturprinzipien schließt aber im Grundsatz gesetzliche Regelungen aus, die zu einer einseitigen Dominanz eines Partners bei der Gestaltung der beide betreffenden Verhältnisse beitragen würden (vgl. BVerfGE 149, 86 [124 Rn 105]). Er kann sogar gehalten sein, zur Gewährleistung des Strukturprinzips gleichberechtigter Partnerschaft rechtliche Bedingungen zu schaffen, die dies ermöglichen.

[115] c) Das Rechtsinstitut der Ehe ausgestaltende Regelungen müssen mit den Strukturprinzipien vereinbar sein. Ist dies der Fall, bestimmt sich die Ver-

fassungsmäßigkeit von den Schutzbereich des Art. 6 Abs. 1 GG berührenden Regelungen im Wesentlichen anhand der Verhältnismäßigkeit, innerhalb derer die jeweilige Reichweite des gesetzgeberischen Gestaltungsspielraums Berücksichtigung findet.

[116] Dem hat die zur Ehefreiheit ergangene Rechtsprechung des Bundesverfassungsgerichts bislang bereits ohne ausdrückliches Abstellen auf die Verhältnismäßigkeit durch die Unterscheidung zwischen die Ehe ausgestaltenden Regelungen einerseits sowie solchen, die in den Schutzbereich von Art. 6 Abs. 1 GG eingreifen, andererseits Rechnung getragen (vgl. BVerfGE 55, 114 [126 f.]; 81, 1 [7 f.]). Auch die Aufstellung von Ehehindernissen ist unabhängig von der begrifflichen Einordnung als Eingriff oder als Ausgestaltung an den Verhältnismäßigkeitsanforderungen zu messen.

[117] d) Dem Gesetzgeber steht bei der Ausgestaltung der Ehe grundsätzlich ein – allerdings vor allem durch die Strukturprinzipien und die Anforderungen der Verhältnismäßigkeit begrenzter – Gestaltungsspielraum zu. Wie er die Ausgestaltung vornimmt, unterliegt seiner politischen Entscheidung, solange er dabei den ihm in Art. 6 Abs. 1 GG aufgetragenen Schutz nicht außer Acht lässt (vgl. BVerfGE 31, 58 [69 f.]; 81, 1 [7]). Sein Spielraum reicht dabei nicht stets gleich weit, sondern hängt wesentlich von der Art der Ausgestaltungen der Ehe ab, die mit unterschiedlichem Gewicht die durch Art. 6 Abs. 1 GG gewährleistete Ehefreiheit berühren können. So hat der Gesetzgeber etwa bei Regelungen der Form der Eheschließung einen großen Gestaltungsspielraum. Allerdings können selbst insoweit zu strenge oder zu geringe Sach- oder Formvoraussetzungen für die Eheschließung mit der Freiheit der Eheschließung oder anderen sich aus der Verfassung selbst ergebenden Strukturprinzipien der Ehe unvereinbar sein (vgl. BVerfGE 31, 58 [70]; 36, 146 [162]). Geringer als bei Regeln über die Formen der Eheschließung und ihre sachlichen Voraussetzungen ist der Gestaltungsspielraum des Gesetzgebers bei dem Aufstellen von Ehehindernissen. Denn mit solchen wird der Zugang zum Institut der Ehe insgesamt versperrt. Hier gebietet die Freiheitsgarantie des Art. 6 Abs. 1 GG dem Staat große Zurückhaltung. Dem Wunsch zweier ehefähiger Personen, miteinander die Ehe einzugehen, darf der Gesetzgeber nur dann Grenzen setzen, wenn dafür Sachgründe bestehen, die sich aus Wesen und Gestalt der den heutigen Auffassungen entsprechenden Ehe ergeben und die ihrerseits aus den das Institut der Ehe im Sinne der Verfassung bestimmenden Strukturprinzipien erwachsen (vgl. BVerfGE 36, 146 [163]). Dazu können auch die autonome Entscheidung beider Eheschließenden sichernde Anforderungen an die Ehefähigkeit etwa in Gestalt von Mindestaltersgrenzen für die Eheschließung gehören. Die durch die Ehefreiheit gewährleisteten Strukturprinzipien begrenzen den Gestaltungsspielraum des Gesetzgebers

(vgl. BVerfGE 31, 58 [69]; 53, 224 [245]; 62, 323 [330]) jedenfalls so lange, als kein verfassungsrechtlich bedeutsamer Wandel des Eheverständnisses stattgefunden hat (vgl. Coester-Waltjen, in: von Münch/Kunig, GG, 6. Aufl. 2012, Art. 6 Rn 13).

[118] e) Die genannten Maßstäbe zur Ehefreiheit gelten auch für Vorschriften des deutschen internationalen Privatrechts. Als innerstaatliches Recht sind sie an den Grundrechten zu messen (vgl. BVerfGE 31, 58 [72 ff.]).

[119] 2. Art. 13 Abs. 3 Nr. 1 EGBGB, der den Schutzbereich der Ehefreiheit berührt (a), ist zwar mit den die Ehe im Sinne von Art. 6 Abs. 1 GG prägenden Strukturprinzipien vereinbar (b). Soweit nicht die Ausnahmen nach Art. 229 § 44 Abs. 4 EGBGB greifen, schränkt er jedoch wegen fehlender Folgeregelungen und unzureichender Möglichkeiten, die Ehe nach Erreichen der Volljährigkeit inländisch wirksam fortzuführen, die Ehefreiheit unangemessen ein und ist damit nicht im engeren Sinne verhältnismäßig (c).

[120] a) Die in Art. 13 Abs. 3 Nr. 1 EGBGB vorbehaltlich der Ausnahmeregelungen nach Art. 229 § 44 Abs. 4 EGBGB unmittelbar durch Gesetz angeordnete inländische Unwirksamkeit nach ausländischem Recht wirksam geschlossener Ehen betrifft den Schutzbereich von Art. 6 Abs. 1 GG unabhängig davon, ob einzelne vom Regelungsbereich umfasste ausländische Ehen gegen den ordre public (Art. 6 EGBGB) verstoßen oder nicht. Die vorgelegte Vorschrift erfasst jedenfalls auch solche Auslandsehen, die nicht mit verfassungsrechtlichen Strukturprinzipien in Widerspruch stehen und daher in den Schutzbereich der Ehefreiheit fallen.

[121] Art. 13 Abs. 3 Nr. 1 EGBGB betrifft sämtliche nach ausländischem Recht wirksam geschlossene Ehen mit zumindest einer unter 16-jährigen Person, soweit nicht die Ausnahmen nach Art. 229 § 44 Abs. 4 EGBGB gelten. Die gesetzesunmittelbare Anordnung inländischer Unwirksamkeit solcher Ehen greift damit in deren Bestand ein und schließt für die betroffenen Eheleute die Möglichkeit aus, ihre bisherige Ehe als Verantwortungsgemeinschaft im Inland in dieser Rechtsform fortzuführen. Das eröffnet den Schutzbereich von Art. 6 Abs. 1 GG, zumal die Rechtsfolge der vorgelegten Norm im Grundsatz selbst für solche Ehen ausländischen Rechts gilt, die nach vormaliger Rechtslage auch inländisch wirksam und lediglich aufgrund einer Einzelfallprüfung aufhebbar waren. Mithin ähnelt Art. 13 Abs. 3 Nr. 1 EGBGB inländisch in seiner Wirkung einem Ehehindernis. Ein solches berührt regelmäßig den Schutzbereich von Art. 6 Abs. 1 GG.

[122] Art. 13 Abs. 3 Nr. 1 EGBGB ordnet die inländische Unwirksamkeit auch für solche wirksamen Ehen ausländischen Rechts an, die nicht mit den verfassungsrechtlichen Strukturprinzipien des Art. 6 Abs. 1 GG unvereinbar sind. Zwar ist die vom Grundgesetz geschützte Ehe als eine auf freiem Willen beider Part-

ner beruhende, gleichberechtigte Partnerschaft und gemeinsame Verantwortung der Eheleute ermöglichende Lebensgemeinschaft geprägt. Das setzt grundsätzlich die Fähigkeit der Ehepartner voraus, eine auf das Eingehen einer solchen Verbindung gerichtete Entscheidung selbstverantwortlich zu treffen (vgl. BVerfG, Beschluss der 3. Kammer des Ersten Senats vom 18.12.2002 -1 BvL 14/02- Rn 12 f.). Dies erfordert nicht nur die Abwesenheit von Zwang bei der Eheschließung, sondern auch eine hinreichende Persönlichkeitsentwicklung, an der es Minderjährigen entwicklungsbedingt fehlen kann. Ihnen mangelt es dann an der erforderlichen Ehefähigkeit.

[123] Unterhalb welchen Alters dies der Fall ist und eine nach ausländischem Recht wirksam geschlossene Ehe dann mangels Vereinbarkeit mit dem Strukturprinzip der selbstverantwortlich eingegangenen und eine gleichberechtigte Partnerschaft ermöglichenden Ehe nicht in den Schutzbereich von Art. 6 Abs. 1 GG fällt, bedarf hier keiner Entscheidung. Denn es lässt sich nicht annehmen, dass die Ehefähigkeit – als Element des verfassungsrechtlichen Strukturprinzips – durchgängig erst ab der Vollendung des 16. Lebensjahres besteht (siehe aber Rixen, JZ 2019, 628 [630]). Zu bedenken ist, dass unter der Geltung des Grundgesetzes das bürgerliche Recht bis zum 1.1.1975 einen für Frauen geltenden, die Eheschließung auch im Alter von unter 16 Jahren ermöglichenden Befreiungstatbestand enthielt (vgl. § 1 EheG). Das damalige Verfassungsverständnis schloss Ehen mit unter 16-Jährigen nicht durchgängig aus dem Schutzbereich von Art. 6 Abs. 1 GG aus. Ein verfassungsrechtlich bedeutsamer Wandel insoweit ist derzeit nicht zu verzeichnen.

[124] b) Die vorgelegte Norm mit ihrer Anordnung inländischer Unwirksamkeit näher bestimmter, nach ausländischem Recht wirksam geschlossener Ehen verstößt nicht ihrerseits gegen die verfassungsrechtlichen Strukturprinzipien der Ehe im Sinne von Art. 6 Abs. 1 GG. Sie zielt vielmehr gerade darauf ab, für im Inland gelebte Ehen das Strukturprinzip der auf einem freien selbstverantwortlichen Entschluss beruhenden sowie gleichberechtigte Partnerschaft und gemeinsame Verantwortung ermöglichenden Ehe zu gewährleisten, indem vor Vollendung des 16. Lebensjahres geschlossene Ehen inländisch nicht den Rechtsbindungen der Ehe unterworfen werden. Kinder befinden sich noch in der Entwicklung. Sie verfügen unter anderem in geistiger und sozialer Hinsicht noch nicht über den üblicherweise bei Erwachsenen vorhandenen Stand an Fähigkeiten, Fertigkeiten, Kompetenzen, Wissen und Reife. Bei ihnen fehlt häufig noch die Erfahrung, um mit rechtsgeschäftlichen Erklärungen verbundene Risiken zu erkennen und realistisch einschätzen zu können (vgl. BT-Drs. 18/12086, S. 15; siehe auch Gössl, BRJ 2019, S. 6 [8]; Rixen, JZ 2019, 628 [630]). Dessen bedarf es aber, um eine eigenverantwortliche Entscheidung über das

Eingehen einer Ehe in Kenntnis der damit verbundenen Folgen zu treffen und eine Ehe so zu gestalten, dass jedenfalls die Möglichkeit eröffnet ist, sie in gleichberechtigter Partnerschaft zu führen. Ob Art. 13 Abs. 3 Nr. 1 EGBGB der durch Art. 6 Abs. 1 GG garantierten Freiheit, aufgrund eigenverantwortlicher Entscheidung eine Ehe einzugehen, verfassungsrechtlich hinreichend Rechnung trägt, ist keine Frage der Vereinbarkeit mit den Strukturprinzipien, sondern betrifft die Verhältnismäßigkeit des Eingriffs in die Ehefreiheit.

[125] c) Art. 13 Abs. 3 Nr. 1 EGBGB greift in verfassungsrechtlich nicht gerechtfertigter Weise in die durch Art. 6 Abs. 1 GG gewährleistete Eheschließungsfreiheit ein. Der Gesetzgeber ist zwar grundsätzlich befugt, die inländische Wirksamkeit im Ausland geschlossener Ehen von einem Mindestalter der Beteiligten abhängig zu machen. Ihm ist es auch nicht von vornherein verwehrt, bei Unterschreiten dieses Alters im Zeitpunkt der Eheschließung ohne Einzelfallprüfung statusrechtlich die Nichtigkeit der Ehe anzuordnen. Obwohl der Gesetzgeber legitime Ziele verfolgt (aa) und die Regelung zu deren Erreichen geeignet (bb) und erforderlich (cc) ist, erweist sich Art. 13 Abs. 3 Nr. 1 EGBGB in seiner derzeitigen Ausgestaltung jedoch als unangemessen und ist damit nicht verhältnismäßig im engeren Sinne (dd).

[126] aa) Die unmittelbar durch Gesetz angeordnete inländische Unwirksamkeit der von Art. 13 Abs. 3 Nr. 1 EGBGB – vorbehaltlich der Ausnahmen nach Art. 229 § 44 Abs. 4 EGBGB – erfassten nach ausländischem Recht wirksam geschlossenen Ehen verfolgt mit dem Minderjährigenschutz sowie der Schaffung von Rechtsklarheit (vgl. BT-Drs. 18/12086, S. 1, 14 f.) verfassungsrechtlich legitime Ziele.

[127] Mit dem Minderjährigenschutz trägt der Gesetzgeber einer verfassungsrechtlichen Schutzverantwortung Rechnung. Ausweislich der Begründung des Entwurfs zum Gesetz zur Bekämpfung von Kinderehen soll die vorgelegte Regelung dazu dienen, Beeinträchtigungen des Kindeswohls durch eine zu frühe Eheschließung und damit einhergehenden Minderungen der Entwicklungschancen minderjähriger Ehepartner entgegenzuwirken (vgl. BT-Drs. 18/12086, S. 1, 15). Damit strebt der Gesetzgeber erkennbar an, das aus Art. 2 Abs. 1 GG abgeleitete und an den Staat gerichtete Recht von Kindern zu gewährleisten, bei ihrer Entwicklung zu einer eigenverantwortlichen Persönlichkeit in der sozialen Gemeinschaft unterstützt und gefördert zu werden. Diese staatliche Schutzverantwortung erstreckt sich auf alle für die Persönlichkeitsentwicklung von Kindern wesentlichen Lebensbedingungen (vgl. dazu BVerfGE 159, 355 [381 f. Rn 46] – Bundesnotbremse II; BVerfG, Beschluss des Ersten Senats vom 21.7.2022 -1 BvR 469/20 u.a.- Rn 79 jeweils mwN). Die Annahme des Gesetzgebers, dass das vormalige Recht dem Schutzbedürfnis Minderjähriger bei der

inländischen Anerkennung nach ausländischem Recht wirksam geschlossener Ehen nicht genügend gerecht wurde (vgl. BT-Drs. 18/12086, S. 1), kann sich auf ausreichend tragfähige Grundlagen stützen. Es ist entwicklungspsychologisch hinreichend gesichert, dass Kinder unter 16 Jahren entwicklungsbedingt regelmäßig noch nicht in der Lage sind, die mit dem Eingehen einer Ehe verbundenen Folgen einschätzen zu können (näher zu den Entwicklungsphasen BT-Drs. 17/12200 S. 53 ff., 186 ff.). Das stellt die Fähigkeit zu einer eigenverantwortlichen Entscheidung für die Eheschließung in Frage. Diese Fähigkeit ist aber von dem Art. 6 Abs. 1 GG zugrundeliegenden Strukturprinzip einer gleichberechtigten Partnerschaft ermöglichenden Ehe erfasst (dazu Rn 114).

[128] Verfassungsrechtlich legitim ist der Zweck des Minderjährigenschutzes auch insoweit, als mit der vorgelegten Norm zu der internationalen Ächtung von Kinderehen (vgl. BT-Drs. 18/12086, S. 1, 15) beigetragen werden soll. Dieses Ziel des Gesetzgebers steht in Einklang mit dem Bemühen der Vereinten Nationen, den wegen der Beeinträchtigung der Entwicklungschancen vieler Kinder, vor allem von Mädchen, als schädliche Praxis bewerteten Kinder-, Früh- und Zwangsehen weltweit zu begegnen (vgl. HRC, Resolution on Child, early and forced marriage in humanitarian settings, UN Doc. A/HRC/RES/35/16 vom 12.7.2017, Rn 3 sowie Ziel Nummer 5.3 der Generalversammlung der Vereinten Nationen, Transformation unserer Welt: die Agenda 2030 für nachhaltige Entwicklung, A/RES/70/1 vom 21.10.2015). Schon nach Art. 16 Abs. 1 der Allgemeinen Erklärung der Menschenrechte (AEMR) darf eine Ehe nur „aufgrund der freien und vollen Willenseinigung der zukünftigen Ehegatten“ geschlossen werden und setzt auf Seiten beider Eheschließender Heiratsfähigkeit voraus. Entsprechendes fordern Art. 23 des Internationalen Pakts über bürgerliche und politische Rechte (IPbpR; vgl. BGBl II 1973 S. 1533) und Art. 10 Nr. 1 des Internationalen Pakts über wirtschaftliche, soziale und kulturelle Rechte (IPwskR; vgl. BGBl II 1973 S. 1569 und BGBl II 1976 S. 428). Daneben verlangt Art. 16 Abs. 1 des Übereinkommens zur Beseitigung jeder Form von Diskriminierung der Frau (CEDAW; vgl. BGBl II 1985 S. 647) nicht nur die Beseitigung der Diskriminierung von Frauen in allen Ehe- und Familienangelegenheiten. Sein Absatz 2 sieht zudem vor, dass die Verheiratung eines Kindes keine Rechtswirksamkeit hat, und erlegt den Vertragsstaaten die Verpflichtung zur Festlegung eines Mindestalters für die Ehefähigkeit auf. Der Frauenrechtsausschuss der Vereinten Nationen vertritt dazu die Auffassung, Art. 16 Abs. 2 CEDAW solle sich auf alle jungen Menschen im Alter von unter 18 Jahren beziehen (CEDAW, General Recommendation No. 21, UN Doc. A/49/38 vom 12.4.1994, Rn 36; vgl. zur Bedeutung von Rechtsauffassungen solcher Ausschüsse BVerfGE 142, 313 [346 Rn 90]; 151, 1 [29 Rn 65]). Auch für die seit dem 15.7.2010 in Deutschland vorbehaltlos geltende

Kinderrechtskonvention (UN-KRK; vgl. BGBl II 1992 S. 121, 990) hat der zuständige Kinderrechtsausschuss der Vereinten Nationen mehrfach ein Heiratsmindestalter von 18 Jahren empfohlen (vgl. CRC, Allgemeine Bemerkung Nr. 4 Adolescent Health and Development in the Convention on the Rights of the Child, UN Doc. CRC/GC/2003/4 vom 1.7.2003, Rn 16 und Allgemeine Bemerkung Nr. 20 on the implementation of the rights of the child during adolescence, UN Doc. CRC/C/GC/20 vom 6.12.2016, Rn 40). Wegen der in Art. 24 Abs. 1 GG zum Ausdruck kommenden Verfassungsentscheidung für eine internationale Zusammenarbeit (vgl. BVerfGE 58, 1 [41]) ist es verfassungsrechtlich legitim, jenseits des Schutzes der von Art. 13 Abs. 3 Nr. 1 EGBGB unmittelbar erfassten (bei Eheschließung) Minderjährigen auch dem Schutz der weltweit von der Praxis der Kinderehe betroffenen Minderjährigen dienen zu wollen.

[129] Der weitere Zweck der vorgelegten Norm, Rechtsklarheit zu schaffen, nachdem die bisher anzuwendende Generalklausel des Art. 6 EGBGB uneinheitlich angewandt wurde (vgl. BT-Drs. 18/12086, S. 1, 14 f.), ist ebenfalls verfassungsrechtlich legitim.

[130] bb) Art. 13 Abs. 3 Nr. 1 EGBGB ist im verfassungsrechtlichen Sinne zur Erreichung der mit der Regelung verfolgten Zwecke geeignet. Sowohl der angestrebte unmittelbare und mittelbare Minderjährigenschutz als auch die auf die inländische Unwirksamkeit der erfassten Ehen bezogene Rechtsklarheit können durch die vorgelegte Vorschrift gefördert werden (vgl. zu den Maßstäben BVerfGE 159, 355 [406 f. Rn 114] mwN).

[131] (1) Durch die im Gesetz selbst angeordnete inländische Unwirksamkeit der Ehe kann der Zweck, im Zeitpunkt der Heirat unter 16-Jährige vor den Folgen einer solchen Ehe und dem mit ihr möglicherweise verbundenen Verlust von eigenen Entwicklungschancen zu bewahren, gefördert werden. So kann die Nichtanerkennung der Ehe die durch eine alters- und entwicklungsbedingt regelmäßig nicht vollumfänglich eigenverantwortliche Eheschließung fortdauernd beeinträchtigte Freiheit der Selbstbestimmung wiederherstellen, indem aus der Ehe im Inland keine Rechtsfolgen abgeleitet werden. Damit kann sie auch dem Umstand entgegenwirken, dass über den Zeitpunkt der Eheschließung hinausgehend die Selbstbestimmung minderjähriger Ehegatten während des ehelichen Zusammenlebens fortbestehend beeinträchtigt ist.

[132] Die Anordnung der Unwirksamkeit der Ehe kann überdies zu einem Schutz der Minderjährigen vor Gefährdungen beitragen, die sich aus dem weiteren ehelichen Zusammenleben ergeben können. Mit der inländischen Nichtigkeit der Ehe geht eine Erweiterung der rechtlichen Möglichkeiten der Personensorgeberechtigten, also in der Regel des Vormunds, bei der Ausübung des Aufenthaltsbestimmungsrechts für verheiratete Minderjährige einher. Personen-

sorgeberechtigte können dann, ohne das Bestehen einer Ehe berücksichtigen zu müssen, darüber entscheiden, welche Unterbringung – gegebenenfalls auch die Trennung vom (nach ausländischem Recht) Ehepartner – nach ihrem Dafürhalten dem Wohl des Kindes am besten entspricht. Das kann den Minderjährigenschutz fördern. Soweit sich aus eingeholten Stellungnahmen, vor allem denen des Deutschen Instituts für Jugendhilfe und Familienrecht und des Landesjugendamts Bremen, eine in der Praxis engere Handhabung dahingehend ergibt, die Trennung lediglich bei einer Kindeswohlgefährdung durch das Zusammenleben mit dem (nach ausländischem Recht) Ehepartner vorzunehmen, stellt dies die verfassungsrechtliche Eignung der Regelung nicht in Frage. Denn an der Möglichkeit der Zweckerreichung durch die Norm ändert die für Einzelfälle beschriebene Praxis wegen der Erweiterung des rechtlichen Instrumentariums zum Minderjährigenschutz nichts.

[133] Die durch Art. 13 Abs. 3 Nr. 1 EGBGB angeordnete Unwirksamkeit der Ehe für den deutschen Rechtsraum schützt den Minderjährigen zudem vor den aus dem rechtlichen Status der Ehe, insbesondere den aus der Pflicht zur ehelichen Lebensgemeinschaft, aber auch den aus den vermögensrechtlichen Ansprüchen folgenden Risiken. Vermögensrechtliche Pflichten und die damit verbundenen wirtschaftlichen Risiken fallen jedenfalls bei selbständiger Anknüpfung der Vorfrage der Ehewirksamkeit weitgehend weg (dazu Rn 25 ff., 32 ff.). Dass wegen der Unmittelbarkeitsfolge nicht nur potentiell riskante rechtliche Verpflichtungen des Minderjährigen, sondern zugleich auch potentiell vorteilhafte Ansprüche und Rechtspositionen und weitere schützende Wirkungen der Ehe wegfallen, steht der Eignung der Norm im verfassungsrechtlichen Sinne nicht entgegen.

[134] Die vorgelegte Norm ist auch nicht deshalb im verfassungsrechtlichen Sinne ungeeignet, weil sie keine Einzelfallprüfung vorsieht (so aber DIJuF, JAmt 2016, S. 598, 599]). Das Grundgesetz schließt es auch bei dem Schutz von Minderjährigen beziehungsweise der Gewährleistung des Kindeswohls dienenden Vorschriften nicht von vornherein aus, typisierende Regelungen zu treffen (vgl. BVerfGE 107, 150 [178 f.]). Das geschieht unter anderem bei den gesetzlichen Bestimmungen über die Geschäftsfähigkeit von Minderjährigen (§§ 104 ff. BGB), die nach dem Alter differenzierende starre Grenzen ziehen, um Minderjährige in typischen Entwicklungsphasen vor den Gefahren der Teilnahme am Rechtsverkehr zu schützen (näher etwa Spickhoff, in: MünchKomm BGB, 9. Aufl. 2021, § 104 Rn 6 f. mwN).

[135] (2) Unter Berücksichtigung des dem Gesetzgeber bei der Eignung eines Gesetzes zur Zweckerreichung zukommenden Spielraums (vgl. dazu BVerfGE 159, 223 [305 f. Rn 185] – Bundesnotbremse I; 159, 355 [406 f. Rn 114] jeweils

mwN), der hier allerdings wegen der inländisch einem Ehehindernis ähnelnden Wirkung der vorgelegten Norm (dazu Rn 140) begrenzt ist, ist diese im verfassungsrechtlichen Sinn nicht ungeeignet, zukünftig Eheschließungen nach ausländischem Recht unter Beteiligung unter 16-Jähriger zu verhindern. Das gilt jedenfalls insoweit, als das Gesetz auf eine international erfolgende und auf eine generalpräventiv wirkende Verhinderung von Kinderehen abzielt (zu den Eignungsbedenken die Kinderrechtekommission des DFGT, FamRZ 2017, S. 77 [79]). Die zugrundeliegende Annahme des Gesetzgebers, mit der vorgelegten Norm einen Beitrag dazu leisten zu können, Kinderehen als schädliche Praxis international stärker ins Bewusstsein zu rufen, findet eine hinreichende Grundlage in den auch Kinderehen betreffenden völkerrechtlichen Regelungen (dazu Rn 128). Wegen der von völkerrechtlich gebundenen Staaten jeweils eingegangenen Verpflichtungen zur weitgehenden Überwindung von Kinderehen kann eine nationale Regelung, die wie hier die Nichtigkeit bestimmter Kinderehen anordnet, dazu beitragen, den Realisierungswillen auch der übrigen Staaten zu stärken (vgl. insoweit BVerfGE 157, 30 [142 Rn 203] – Klimaschutz).

[136] (3) Die vorgelegte Norm ist auch insoweit geeignet, als sie der Rechtsklarheit über das inländische Statusverhältnis der von ihr erfassten Ehen dient. Anders als das nach bisherigem Recht maßgebliche, als vage bewertete Kriterium des ordre public (vgl. Wapler, Umsetzung und Anwendung der Kinderrechtskonvention in Deutschland, Rechtsgutachten im Auftrag des BMFSFJ vom 25.9.2017, S. 24), das zu einer divergierenden Entscheidungspraxis geführt hatte (vgl. Frank, StAZ 2019, S. 129; Weller/Thomale/Hategan/Werner, FamRZ 2018, S. 1289 [1293 f.]), knüpft Art. 13 Abs. 3 Nr. 1 EGBGB ohne Wertungsspielräume allein an das Alter bei Eheschließung an. Das fördert die Rechtsklarheit zumindest für das Statusverhältnis Ehe. Dass die Altersermittlung, insbesondere bei geflüchteten Menschen, im Einzelfall mit praktischen Schwierigkeiten verbunden sein kann (vgl. Hüßtege, FamRZ 2017, S. 1374 [1377 f.]), macht die Regelung nicht im Hinblick auf das Ziel der Verbesserung der Rechtsklarheit ungeeignet. Probleme bei der Ermittlung der tatsächlichen Voraussetzungen von Tatbestandsmerkmalen sind kein spezifisches Phänomen der vorgelegten Regelung.

[137] Art. 13 Abs. 3 Nr. 1 EGBGB läuft dem Ziel der Rechtsklarheit auch nicht deshalb zuwider, weil ausdrückliche Regelungen über die Rechtsfolgen der nach ausländischem Recht wirksam geschlossenen Ehe bei Eingreifen der inländischen Nichtigkeitsanordnung fehlen (dazu Rn 25 ff.). Der Gesetzgeber bezweckt mit dem Gesetz eine rechtsklare Regelung des Statusverhältnisses von Ehen mit Beteiligung bei Eheschließung unter 16-Jähriger. Diesen Zweck kann die Regelung fördern. Unsicherheiten hinsichtlich der auf die Ehefolgen anwendbaren Rechtsvorschriften ändern daran nichts.

[138] cc) Die durch die vorgelegte Norm gesetzesunmittelbar angeordnete inländische Unwirksamkeit der erfassten nach ausländischem Recht wirksam geschlossenen Ehen ist sowohl zum Minderjährigenschutz als auch zur Verbesserung der Rechtsklarheit des Status solcher Ehen im verfassungsrechtlichen Sinne erforderlich. Es ist nicht erkennbar, dass dem Gesetzgeber Regelungsmöglichkeiten zur Verfügung stehen, mit denen die verfolgten Zwecke mit geringeren Belastungen sicher gleich wirksam erreicht werden können.

[139] (1) Grundrechtseingriffe dürfen nicht weitergehen, als es der Schutz des Gemeinwohls erfordert. Daran fehlt es, wenn ein gleich wirksames Mittel zur Erreichung des Gemeinwohlziels zur Verfügung steht, das den Grundrechtsträger weniger und Dritte und die Allgemeinheit nicht stärker belastet. Die sachliche Gleichwertigkeit der alternativen Maßnahmen zur Zweckerreichung muss dafür in jeder Hinsicht eindeutig feststehen. Dem Gesetzgeber steht grundsätzlich auch für die Beurteilung der Erforderlichkeit ein Einschätzungsspielraum zu. Der Spielraum bezieht sich unter anderem darauf, die Wirkung der von ihm gewählten Maßnahmen auch im Vergleich zu anderen, weniger belastenden Maßnahmen zu prognostizieren. Der Spielraum kann sich wegen des betroffenen Grundrechts und der Intensität des Eingriffs verengen (vgl. BVerfGE 159, 223 [314 Rn 203 f.] mwN; stRspr.).

[140] (2) (a) Nach diesen Maßgaben stand dem Gesetzgeber lediglich ein geringer Einschätzungsspielraum zu. Die in Art. 13 Abs. 3 Nr. 1 EGBGB gesetzesunmittelbar angeordnete Unwirksamkeit der von der Regelung betroffenen Ehen wirkt inländisch ähnlich wie ein Ehehindernis für die nach ausländischem Recht wirksam miteinander verheirateten Eheleute. Sie sind im Inland daran gehindert, ihre Lebensgemeinschaft als eheliche fortzusetzen, es sei denn, sie würden in Deutschland erneut miteinander die Ehe schließen. Das dürfte jedoch mit tatsächlichen und rechtlichen Schwierigkeiten verbunden sein. Bei den in den Regelungsbereich der vorgelegten Norm fallenden Eheleuten handelt es sich regelmäßig um ausländische Staatsangehörige, die für eine (erneute) Heirat im Inland nach § 1309 Abs. 1 BGB ein Ehefähigkeitszeugnis ihres Herkunftsstaates benötigen. Das wird kaum zu erlangen sein, weil die Betroffenen nach dem Recht dieses Staates wirksam miteinander verheiratet sind. Eine Befreiung vom Erfordernis des Ehefähigkeitszeugnisses können sie lediglich unter den engen Voraussetzungen von § 1309 Abs. 2 Satz 3 BGB (dazu Löhnig, in: Staudinger, BGB, Neubearbeitung 2018, § 1309 Rn 38 ff. mwN) erlangen. Diese einem Ehehindernis ähnelnde Wirkung begrenzt nicht nur den Spielraum des Gesetzgebers bei dem Aufstellen solcher Regelungen (dazu Rn 117), sondern schränkt wegen der Beeinträchtigung des Zugangs der Eheleute zu einer inländisch wirk-

samen Ehe auch den auf die Erforderlichkeit bezogenen gesetzgeberischen Einschätzungsspielraum ein.

[141] (b) Dennoch ist die vorgelegte Norm im verfassungsrechtlichen Sinne erforderlich. Mögliche Alternativen zu der getroffenen Regelung gesetzesunmittelbarer Unwirksamkeit der betroffenen Auslandsehen wiesen teils nicht sicher gleiche Wirksamkeit auf, teils ist bereits eine geringere Belastung der Betroffenen nicht gesichert.

[142] (aa) Der Erforderlichkeit von Art. 13 Abs. 3 Nr. 1 EGBGB steht nicht entgegen, dass die Unwirksamkeit der von der Regelung erfassten Auslandsehen auch in einem gerichtlichen Statusverfahren einzelfallbezogen mit Wirkung für und gegen jeden ausgesprochen werden könnte (dieses Verfahren befürwortend etwa Antomo, ZRP 2017, S. 79 [81]; Hüßtege, FamRZ 2017, S. 1374 [1377]). Weder geringere Belastungen noch eine gleiche Wirksamkeit bei dem Erreichen der vom Gesetzgeber verfolgten Zwecke sind gesichert.

[143] Zwar dürfte ein gerichtliches Statusverfahren gegenüber der vom Gesetzgeber gewählten Regelung den Vorteil haben, dass sie die (Un-)Wirksamkeit der Ehe mit Wirkung für und gegen jedermann feststellten. Es müssten dann nicht mit der fraglichen Ehe befasste Behörden und Gerichte jeweils selbst die Wirksamkeit der Ehe im Inland anhand des gesetzlichen Tatbestands prüfen. Divergierende Entscheidungen über die inländische Wirksamkeit derselben Ehe wären ausgeschlossen (vgl. Hüßtege, FamRZ 2017, S. 1374 [1377]). Es ist aber nicht gesichert, dass die Unwirksamkeitsfeststellung in einem Statusverfahren den angestrebten Minderjährigenschutz in gleicher Weise bewirken würde wie die gesetzesunmittelbare Anordnung inländischer Nichtigkeit der Ehe. Da allein die gerichtliche Entscheidung für die Beurteilung des Statusverhältnisses maßgeblich wäre, könnte sich niemand vor deren Ergehen auf die Unwirksamkeit der Minderjährigenehe berufen. Bis zur Rechtskraft würde die von bei Heirat unter 16-Jährigen geschlossene Ehe Rechtswirkungen entfalten. Gerade vor solchen Rechtswirkungen sollen solche minderjährigen Partnerinnen oder Partner, bei denen wegen der regelmäßig geringer entwickelten Fähigkeit zur Selbstbestimmung von einer höheren Schutzbedürftigkeit auszugehen ist, jedoch geschützt werden. Dem kann wegen des Zeitraums bis zur rechtskräftigen Entscheidung nicht in gleicher Weise Rechnung getragen werden wie bei einer durch das Gesetz unmittelbar angeordneten Ehenichtigkeit.

[144] Zudem ist nicht gesichert, dass ein gerichtliches Statusverfahren geringere Belastungswirkungen aufweist als die vom Gesetzgeber gewählte Regelung. Die Intensität des Eingriffs wird in qualitativer Hinsicht bestimmt durch das Maß der Verkürzung der grundrechtlich geschützten Handlungen und Rechtspositionen (vgl. BVerfGE 30, 292 [316]) einschließlich der damit einherge-

henden wirtschaftlichen Folgen (vgl. BVerfGE 123, 186 [239]), und in quantitativer Hinsicht durch die Zahl der Betroffenen. Weder das eine noch das andere wird durch ein gerichtliches Verfahren, in dem bei demselben gesetzlichen Tatbestand das Nichtbestehen der Ehe festgestellt wird, berührt. Sowohl die Gesamtzahl der Betroffenen als auch das Gewicht der Rechtsfolge (Unwirksamkeit) blieben unverändert.

[145] Selbst bei einem gerichtlichen Statusverfahren, das – bei weiterhin durch das Gesetz selbst angeordneter Unwirksamkeit im Übrigen – zum Gegenstand hätte, auf Antrag von der Rechtsfolge der Unwirksamkeit abzusehen, ist eine geringere Belastung gegenüber der von der vorgelegten Norm ausgehenden nicht hinreichend gesichert. Zwar würde dies insoweit zu einer Milderung der Normwirkungen führen, als die Gesamtzahl der nicht anerkannten Ehen geringer wäre als diejenige bei gesetzlicher Anordnung. Allerdings müssen die von dem gerichtlichen Verfahren selbst im Gegensatz zu einer für alle Betroffenen unmittelbar und unterschiedslos kraft Gesetzes angeordneten Rechtsfolge ausgehenden Belastungen berücksichtigt werden. Zu derartigen Belastungen liegen lediglich in geringem Umfang Erkenntnisse vor, die zudem kein einheitliches Bild ergeben. So wird gelegentlich berichtet, die betroffenen Minderjährigen könnten sich in einer vergleichbaren Druck- oder Beeinflussungssituation wie zum Zeitpunkt der Eheschließung wiederfinden und sich nun gezwungen sehen, ihre Ehe gegen den staatlichen Angriff „zu verteidigen" (vgl. Michell, in: 148. Sitzung des Ausschusses für Recht und Verbraucherschutz vom 17.5.2017, Protokoll-Nr. 18/148, S. 15). Sie könnten sich im Heimatland sogar Schuldvorwürfen ausgesetzt sehen, falls es ihnen nicht gelänge, die gerichtliche Auflösung der Ehe zu verhindern. Das Landesjugendamt Bremen hat in seiner in diesem Verfahren eingeholten Stellungnahme allerdings vorgebracht, es sei Wunsch der Betroffenen, ihre Sicht der Dinge in ein Verfahren einzubringen, wenn über die (inländische) Wirksamkeit ihrer Ehe entschieden werde (vgl. auch Möller/Yassari, KJ 2017, S. 269 [283]). Angesichts dieser nicht einheitlichen Erkenntnisse und Einschätzungen über die möglichen, mit einem gerichtlichen Verfahren verbundenen Belastungen bewegt sich die Annahme solcher Belastungen noch innerhalb des – hier engen – Einschätzungsspielraums des Gesetzgebers. Dass die Beteiligung an Gerichtsverfahren für Kinder und Jugendliche gerade dann mit spezifischen Belastungen verbunden ist, wenn es dort um ihre eigenen Rechte, Interessen und Erlebnisse geht, entspricht im Übrigen auch der plausiblen Einschätzung des Gesetzgebers in sonstigen Verfahren, wie sich etwa an zahlreichen Regelungen zum Schutz kindlicher und jugendlicher (Opfer)Zeugen im Strafverfahren (etwa § 58a Abs. 1 Nr. 1, § 255a Abs. 2 Satz 1 und 2 StPO, § 171b Abs. 2 und 3 GVG) zeigt. Da das möglicherweise gegenüber der

vorgelegten Norm weniger eingriffsintensive Regelungsmodell ein gerichtliches Statusverfahren sein soll, das eine einzelfallbezogene, an der Schutzbedürftigkeit und damit dem Kindeswohl orientierte Entscheidung zum Gegenstand hätte, besteht eine gewisse Vergleichbarkeit.

[146] (bb) Der Erforderlichkeit der vorgelegten Regelung steht auch nicht entgegen, dass der Gesetzgeber anstelle der starren Altersgrenze als tatbestandliches Merkmal eine Regelung hätte wählen können, die – insoweit Art. 6 EGBGB vergleichbar – abstrakt-generell auf Tatbestandsebene lediglich solche Konstellationen benennt, in denen Minderjährige Schutz vor den Gefahren einer Frühehe benötigen.

[147] Auch insoweit ist schon nicht gesichert, dass ein solches Regelungsmodell zu geringeren Belastungen führte als Art. 13 Abs. 3 Nr. 1 EGBGB. Zwar könnte das Eingriffsgewicht gegenüber der vorgelegten Norm geringer sein, weil die Unwirksamkeitsfolgen bei Beteiligten ausbleibt, die dieses Schutzes nicht (mehr) bedürfen. Die Anzahl der nach inländischem Recht unwirksamen Ehen würde damit insgesamt geringer. Diesem quantitativen Gesichtspunkt stehen aber Mehrbelastungen für die von der Regelung Betroffenen gegenüber, die aus dem zur Feststellung der Verhältnisse des Einzelfalls notwendigen Verfahren folgen. Ausgehend von den bei der Anwendung von Art. 6 EGBGB gewonnenen Erkenntnissen dürfte die Aufklärung der für die Schutzbedürftigkeit im Einzelfall maßgeblichen Aspekte typischerweise aufwändiger und langwieriger sein als die Prüfung des Alters der Eheleute bei der ausländischen Eheschließung. Die Ermittlung des Sachverhalts ginge regelmäßig mit der Erforschung höchst privater Umstände einher, vor allem der Verhältnisse in der betroffenen Ehe. Das bringt Belastungen für die betroffenen Eheleute und damit auch für die zu schützenden, jedenfalls bei Eheschließung Minderjährigen mit sich (vgl. insoweit Antomo, NZFam 2016, S. 1155 [1161]; Gausing/Wittebol, DÖV 2018, S. 41 [47]).

[148] Jedenfalls bestehen Zweifel daran, dass ein Regelungsmodell mit einer Einzelfallprüfung anhand eines abstrakt-generellen Kriteriums in gleicher Weise zum Erreichen der Gesetzeszwecke geeignet ist wie die gesetzesunmittelbare Unwirksamkeitsregelung in Art. 13 Abs. 3 Nr. 1 EGBGB. Das Gelingen einer Prüfung der Schutzbedürftigkeit im Einzelfall hängt maßgeblich davon ab, in einem behördlichen oder gerichtlichen Verfahren die für die Einzelfallprüfung ausschlaggebenden tatsächlichen Umstände ausreichend zuverlässig aufklären zu können. Insbesondere der Möglichkeit, Defizite der Selbstbestimmung im Zeitpunkt der ausländischen Eheschließung und eine objektive Gefährdung des betroffenen minderjährigen Partners zu diesem Zeitpunkt zu ermitteln oder auszuschließen, sind tatsächliche Grenzen gesetzt. Erst recht wird sich ange-

sichts der Verhältnisse in zumindest einem nicht unerheblichen Teil der Herkunftsstaaten eine durch unter 16-Jährige selbstbestimmte Eheschließung im Nachhinein kaum verlässlich aufklären lassen (vgl. Rixen, JZ 2019, S. 628 [630]). Zur Ermittlung sowohl der Umstände der Eheschließung als auch der Folgen des ehelichen Zusammenlebens für die betroffene minderjährige Person vor der Einreise in das Inland stehen regelmäßig ausschließlich deren Bericht und der des anderen Ehegatten zur Verfügung. Vor allem die tatsächliche Motivationslage der Betroffenen bei Eheschließung zu ermitteln, wird sich häufig schwierig gestalten (vgl. Simsek, in: Protokoll der 148. Sitzung des Ausschusses für Recht und Verbraucherschutz vom 17.5.2017, Protokoll-Nr. 18/148 S. 20). Bereits das stellt die sicher gleiche Wirksamkeit einer auf die Schutzbedürftigkeit bezogenen Einzelfallprüfung in Frage.

[149] Daran ändern die günstiger zu bewertenden Möglichkeiten nichts, die Schutzbedürftigkeit bei Eheschließung unter 16-Jähriger ab dem Aufenthalt der Eheleute im Inland ausreichend zuverlässig aufzuklären. Bei der Ermittlung der aktuellen Situation der Betroffenen im Hinblick auf deren Fähigkeit zum selbstbestimmten Führen der Ehe und sonstige für den Minderjährigenschutz bedeutsame Umstände stünde die gesamte Bandbreite der Aufklärungsmöglichkeiten, vor allem die Einschätzung der fachlich Beteiligten, zur Verfügung. Eine allein auf die aktuelle Schutzbedürftigkeit der Betroffenen im Zeitpunkt einer Entscheidung über die inländische Wirksamkeit der Ehe bezogene Einzelfallprüfung trüge aber nicht allen vom Gesetzgeber verfolgten Gesetzeszwecken Rechnung. Weder würde dem Anliegen vollständig Rechnung getragen, den inländischen Fortbestand von Auslandsehen zu verhindern, bei denen die Eigenverantwortlichkeit der Entscheidung der Minderjährigen, sie einzugehen, nicht gesichert ist, noch würde dem verfolgten Ziel, Kinderehen international zu überwinden, in gleicher Weise wie mit der vorgelegten Norm entsprochen. Zum Erreichen des letztgenannten Zwecks dürfte eine Regelung weniger gut geeignet sein, die die inländische Unwirksamkeit einer solchen Ehe von einer Einzelfallprüfung abhängig macht. Denn damit würde zum Ausdruck gebracht, solche Eheschließungen nicht durchgängig, möglicherweise nicht einmal in der überwiegenden Zahl der Fälle für kindeswohlschädlich zu halten (vgl. Düsing/Wittmann, AnwBl Online 2020, S. 446 [451]).

[150] Auch im Hinblick auf das gesetzgeberische Ziel, die Rechtsklarheit des inländischen Status von nach ausländischem Recht mit unter 16-Jährigen geschlossenen Ehen zu verbessern, ist nicht gesichert, dass eine auf eine Einzelfallprüfung abstellende Regelung dafür in gleicher Weise geeignet ist wie die gesetzesunmittelbare und allein an das Alter bei Eheschließung anknüpfende Unwirksamkeitsanordnung.

[151] (cc) Schließlich kann die Erforderlichkeit der in Art. 13 Abs. 3 Nr. 1 EGBGB angeordneten Eheunwirksamkeit auch nicht mit Verweis darauf in Frage gestellt werden, statt der gesetzesunmittelbaren Unwirksamkeit die Aufhebung der Ehe vorzusehen, wie sie derzeit nach Art. 13 Abs. 3 Nr. 2 EGBGB für die nach Vollendung des 16. und vor Vollendung des 18. Lebensjahres geschlossenen Ehen gilt. Entgegen der Auffassung des vorlegenden Gerichts, den in diesem Verfahren eingegangenen Stellungnahmen des Deutschen Familiengerichtstages und der Wissenschaftlichen Vereinigung für Familienrecht sowie einer vielfach in der Literatur (etwa Bongartz, NZFam 2017, S. 541 [545]; Weller/Thomale/Hategan/Werner, FamRZ 2018, S. 1289 [1296]) vertretenen Ansicht darf der Gesetzgeber davon ausgehen, dass eine solche Rechtsfolge nicht gleich sicher sämtliche Gesetzeszwecke erreichen kann.

[152] Zwar dürfte der mit einer erst ab der Aufhebungsentscheidung wirkenden Aufhebung der Ehe verbundene Eingriff in Art. 6 Abs. 1 GG weniger intensiv als die von dem Zeitpunkt der Eheschließung im Ausland an wirkende Unwirksamkeit sein. Dafür spricht, dass nach § 1318 BGB eine aufgehobene Ehe zu Gunsten der schutzwürdigen Ehegatten einzelne Rechtsfolgen aus dem Scheidungsfolgenrecht, insbesondere nacheheliche Unterhaltsansprüche, nach sich zieht (vgl. Antomo, ZRP 2017, S. 79 [81]; DIJuF, JAmt 2016, S. 598 [599]; Löhnig, NZFam 2019, S. 65 [73]; Weller/Thomale/Hategan/Werner, FamRZ 2018, S. 1289 [1295]). An der gesichert gleichen Eignung der Aufhebungslösung der Minderjährigenehe im Vergleich zur gesetzesunmittelbaren Unwirksamkeit von Anfang an bestehen aber schon deshalb Zweifel, weil bei der Aufhebung die Ehe bis zum Ergehen der Entscheidung darüber diese auch inländisch als wirksame besteht (vgl. Andrae, Internationales Familienrecht, 4. Aufl. 2019, § 1 Rn 133). Mit der Wirksamkeit der Ehe besteht zumindest vorübergehend eine für den Minderjährigen auch – oder vor allem – nachteilige Rechtslage, vor der er gerade geschützt werden soll.

[153] Außerdem deuten die allerdings nicht umfänglichen und auch nicht einheitlichen tatsächlichen Erkenntnisse über das Schutzbedürfnis von – bei Heirat – minderjährigen Ehepartnern nicht sicher auf eine gleiche Eignung der Eheaufhebung hin, den Schutz von Minderjährigen auf allen seinen vom Gesetzgeber verfolgten Ebenen zu erreichen. Obwohl die gesetzliche Regelung den Jugendämtern eine Pflicht zur Antragstellung auferlegt (§ 1316 Abs. 3 Satz 2 BGB) und Gerichten nur in eng begrenzten Ausnahmefällen gestattet, von einer Aufhebung abzusehen, ist die Zahl der tatsächlichen Eheaufhebungen wegen Minderjährigkeit bei Eheschluss äußerst gering geblieben. Nach von Terre des femmes veröffentlichten Zahlen ist es in 10 von 813 bekannt gewordenen Fällen zu einer Aufhebung gekommen (Pressemitteilung Terres des femmes vom

18.9.2019 „Gesetz zur Bekämpfung von Kinderehen wird bundesweit unzureichend umgesetzt"). Als Gründe hierfür vermutet der genannte Verein, dass Minderjährigenehen nicht als solche erkannt oder gemeldet werden, Unwissenheit bei Beratungsstellen und Behörden über die Verfahrenswege besteht oder dass die Betroffenen zwischenzeitlich volljährig werden. Ungeachtet der Gründe für die geringe Zahl von Aufhebungen der von Art. 13 Abs. 3 Nr. 2 EGBGB erfassten Ehen geht die Praxis mit einer von der gesetzgeberischen Grundentscheidung abweichenden Gewichtung der Kriterien der Autonomie des Minderjährigen, seiner Schutzbedürftigkeit und der Eignung der Aufhebung als Schutzmaßnahme einher. Ausgehend von der verfassungsrechtlich nicht zu beanstandenden Wertung einer höheren Schutzbedürftigkeit von bei Heirat unter 16-Jährigen einer Auslandsehe gibt die geringe Aufhebungsquote von Ehen mit 16- oder 17-Jährigen hinreichenden Anlass, an der gesichert gleichen Wirksamkeit zu zweifeln. Selbst bei dem hier nur engen Einschätzungsspielraum zur Wirksamkeit der gewählten gesetzlichen Regelung und möglichen Alternativen kann davon ausgegangen werden, dass durch eine Aufhebung der betroffenen Ehen der Minderjährigenschutz nicht gesichert gleich wirksam zu erreichen ist. Erst recht deutet die Zahl der Aufhebungen daraufhin, die angestrebte internationale Ächtung von Kinderehen mit einer lediglich ausnahmsweise zur Aufhebung solcher Ehen führenden gesetzlichen Regelung weniger gut erreichen zu können als mit einer durchgängig unmittelbar geltenden Unwirksamkeit.

[154] dd) Die in Art. 13 Abs. 3 Nr. 1 EGBGB unmittelbar durch Gesetz angeordnete Unwirksamkeit der betroffenen nach ausländischem Recht wirksam geschlossenen Ehen ist nicht verhältnismäßig im engeren Sinne. Der dadurch bewirkte Eingriff in die Eheschließungsfreiheit des Art. 6 Abs. 1 GG ist wegen des Fehlens von Regelungen über die Folgen der Unwirksamkeit außerhalb der Statusfolge und über eine Möglichkeit für die bei Heirat unter 16-Jährigen, die wirksame Auslandsehe nach Erreichen der Volljährigkeit auch nach inländischem Recht als wirksame Ehe führen zu können, unangemessen.

[155] (1) Die Angemessenheit und damit die Verhältnismäßigkeit im engeren Sinne erfordern, dass der mit der Maßnahme verfolgte Zweck und die zu erwartende Zweckerreichung nicht außer Verhältnis zu der Schwere des Eingriffs stehen. Es ist Aufgabe des Gesetzgebers, in einer Abwägung Reichweite und Gewicht des Eingriffs in Grundrechte einerseits der Bedeutung der Regelung für die Erreichung legitimer Ziele andererseits gegenüberzustellen. Um dem Übermaßverbot zu genügen, müssen hierbei die Interessen des Gemeinwohls umso gewichtiger sein, je empfindlicher die Einzelnen in ihrer Freiheit beeinträchtigt werden. Auch bei der Prüfung der Angemessenheit besteht grundsätzlich ein

Einschätzungsspielraum des Gesetzgebers (vgl. BVerfGE 159, 223 [318 f. Rn 216 f.]; 159, 355 [413 Rn 134 f.]; stRspr.).

[156] (2) Die vorgelegte Norm beeinträchtigt bereits wegen ihrer für das Inland einem Ehehindernis ähnelnden Wirkung (dazu Rn 140) die durch Art. 6 Abs. 1 GG gewährleistete Eheschließungsfreiheit mit nicht unerheblichem Gewicht. Soweit die betroffenen Ehen in den Schutzbereich von Art. 6 Abs. 1 GG fallen, greift Art. 13 Abs. 3 Nr. 1 EGBGB zudem in deren Bestand ein und vereitelt den Anspruch auf Anerkennung der im Ausland wirksam geschlossenen Ehen durch das deutsche Recht. Dieses wird noch dadurch verstärkt, dass eine Möglichkeit fehlt, die auf der Grundlage ausländischen Rechts wirksam geschlossene Ehe nach Erreichen der Volljährigkeit auch im Inland als wirksame zu führen. Berührt ist teilweise zudem das Rechtsverhältnis zu aus der Verbindung hervorgegangenen Kindern.

[157] (a) Der in Art. 13 Abs. 3 Nr. 1 EGBGB grundsätzlich angeordneten Unwirksamkeit nach ausländischem Recht wirksam geschlossener Ehen kommt für die in den Schutzbereich gehörenden Ehen (dazu Rn 122 f.) ein nicht unerhebliches Eingriffsgewicht zu, weil Strukturprinzipien des Art. 6 Abs. 1 GG berührt sind. Betroffenen, die im Ausland bereits als Eheleute zusammengelebt haben und an ihrer Verbindung in dieser Rechtsform festhalten wollen, wird dies in den Konstellationen des Art. 13 Abs. 3 Nr. 1 EGBGB im deutschen Rechtsraum nicht ermöglicht. Für das Gewicht des Eingriffs ist zu berücksichtigen, dass die Partner von in den Schutzbereich von Art. 6 Abs. 1 GG fallenden Ehen auch keine Möglichkeit haben, ihre auf der Grundlage ausländischen Rechts wirksam geschlossene Ehe nach Erreichen der Volljährigkeit aufgrund eigenverantwortlicher Entscheidung inländisch als wirksame Ehe zu führen. Das berührt die von Art. 6 Abs. 1 GG gewährleistete Freiheit, die Ehe mit einer selbst gewählten Person einzugehen. Diese Freiheit bildet einen elementaren Bestandteil der durch die Grundrechte gewährleisteten freien persönlichen Existenz des Menschen. Damit sind zentrale Bestandteile der über Art. 6 Abs. 1 GG geschützten Ehefreiheit betroffen. Zudem wird das Recht auf eheliches Zusammenleben in einer bereits nach ausländischem Recht wirksamen Ehe ausgeschlossen. Das Festhalten an dieser Lebensgemeinschaft während der Minderjährigkeit und der Wunsch, diese Ehe nach Erreichen der Volljährigkeit aufgrund dann eigenverantwortlicher Entscheidung als wirksame zu führen, können Ausdruck des mit zunehmendem Alter von Minderjährigen an Bedeutung gewinnenden Willens sein.

[158] Das den Status der Ehe selbst betreffende Eingriffsgewicht wird durch die Ausnahmen in Art. 229 § 44 Abs. 4 EGBGB in gewissem Umfang verringert; insbesondere in den von Nr. 2 der genannten Regelung erfassten Fällen trägt

das Gesetz dem Umstand Rechnung, dass die mit Minderjährigen geschlossene Ehe bis zu deren Volljährigkeit geführt worden ist. Dem dürfte die Einschätzung des Gesetzgebers zugrunde liegen, dass die Ehe jedenfalls ab diesem Zeitpunkt typischerweise auf einem eigenverantwortlichen Entschluss der nunmehr volljährigen Ehegatten beruht.

[159] Dagegen wird das Eingriffsgewicht lediglich in geringem Umfang durch die Möglichkeit abgeschwächt, später im Inland noch einmal eine wirksame Ehe auch und gerade mit dem Partner oder der Partnerin der inländisch unwirksamen Auslandsehe eingehen zu können. Die Betroffenen haben es zwar damit an sich selbst in der Hand, der Ehe nach Vollendung des 18. Lebensjahres zumindest mit Wirkung für die Zukunft auch für den deutschen Rechtskreis Wirksamkeit zu verschaffen. Das trägt der Eheschließungsfreiheit aber aus tatsächlichen und rechtlichen Gründen nur in begrenztem Umfang Rechnung. Zum einen ist die inländische Eheschließung in diesen Fällen mit formellen Hürden versehen. Das grundsätzlich erforderliche Ehefähigkeitszeugnis (§ 1309 Abs. 1 Satz 1 BGB) wird der dafür zuständige Herkunftsstaat regelmäßig nicht erteilen, und die dann erforderliche Befreiung hängt von den strengen Voraussetzungen des § 1309 Abs. 2 BGB, insbesondere dessen Satz 3, ab (dazu Rn 140). Auch wenn es ungeachtet dessen zu einer erneuten Heirat käme, weil die inländische Unwirksamkeit der ausländischen Eheschließung einen „besonderen Fall" im Sinne von § 1309 Abs. 2 Satz 3 BGB begründete, würde zum anderen in materieller Hinsicht für aus der Ehe resultierende Ansprüche (etwa Unterhaltsansprüche oder güterrechtliche Ansprüche) regelmäßig auf den Zeitpunkt der inländischen (erneuten) Eheschließung abgestellt. Das kann mit Nachteilen bei der Höhe solcher Ansprüche verbunden sein, wenn und soweit ihre Höhe in Abhängigkeit von der Ehezeit steht.

[160] (b) Das Eingriffsgewicht wird auch dadurch erhöht, dass den Betroffenen – soweit für einzelne Rechtsfolgen nicht das Heimatrecht gilt und die Vorfrage der Ehe nicht selbständig angeknüpft wird (dazu Rn 21 ff.) – die mit dem Status verbundenen rechtlichen Vorteile verwehrt sind. Im Verhältnis der Partner zueinander betrifft dies alle die eheliche Lebensgemeinschaft berührenden Rechte und Pflichten vermögensrechtlicher und nicht vermögensrechtlicher Art (eheliche Lebensgemeinschaft, Unterhalt und Erbrecht) einschließlich aller nachehelichen Ansprüche. Anders als bei der Ehescheidung und -aufhebung existieren für den Fall der Unwirksamkeit nach Art. 13 Abs. 3 Nr. 1 EGBGB bei Trennung der (vermeintlichen) Eheleute keine spezifischen Ansprüche zum Zweck des wirtschaftlichen Ausgleichs der im Rahmen des „ehelichen" Zusammenlebens tatsächlich erfolgten und im Regelfall im Vertrauen auf die rechtliche Wirksamkeit der Ehe getätigten Dispositionen. Allenfalls ein Aus-

gleich über §§ 812 ff. BGB erscheint nicht völlig ausgeschlossen (dazu Rn 27). Ein spezifisches gerichtliches Verfahren zur Klärung der finanziellen Folgen der unwirksamen Ehe fehlt ebenfalls (vgl. Antomo, ZRP 2017, S. 79 [81]). Mit der Anordnung der Unwirksamkeit der Ehe werden darüber hinaus den Betroffenen alle weiteren mit dem Status der Ehe verbundenen Ansprüche verwehrt. Die in § 26 Abs. 1 Satz 2 AsylG für das Familienasyl getroffene einzige Folgenregelung (dazu Rn 24) ändert daran für das Eingriffsgewicht nichts Wesentliches.

[161] Dem weitgehenden Fehlen von Folgeregelungen kommt insbesondere auch dann Bedeutung zu, wenn die Betroffenen regelmäßig vor der Übersiedlung nach Deutschland bereits als Eheleute zusammengelebt und sich hierauf eingestellt haben. Häufig werden sie, jedenfalls bis zu dem Zeitpunkt dieses Aufenthaltswechsels, gutgläubig hinsichtlich der Anerkennung ihrer Ehe und der damit verbundenen Rechtswirkungen gewesen sein. Auch wenn nach deutschem Kollisionsrecht zu keinem Zeitpunkt eine wirksame Ehe bestand, ist aus Sicht der Betroffenen das Interesse am Bestand ihrer Ehe berührt. Dieses Interesse wird verstärkt, wenn die Betroffenen nach einem Aufenthaltswechsel nach Deutschland noch hier als Ehepaar gelebt haben und die Unwirksamkeit der Ehe möglicherweise erst Jahre später erkannt wird. Eingriffsverstärkende Wirkung hat das Fehlen der Möglichkeit, nach Erreichen der Volljährigkeit die Ehe aufgrund eigenverantwortlicher Entscheidung auch inländisch als wirksame Ehe zu führen. Der vorgelegten Norm liegt zwar die verfassungsrechtlich nicht zu beanstandende Annahme zugrunde, dass die von Art. 13 Abs. 3 Nr. 1 EGBGB erfassten Ehen von unter 16-Jährigen entwicklungsbedingt nicht aufgrund eines eigenverantwortlichen Entschlusses begründet worden sind. Nach § 1303 Satz 1 BGB ist aber mit der Volljährigkeit die Ehemündigkeit erreicht. Selbst dann ist es jedoch nicht möglich, die zuvor nach ausländischem Recht wirksam begründete Ehe in Deutschland als wirksame zu führen.

[162] (3) Dem nicht unerheblichen Gewicht des Eingriffs in die Eheschließungsfreiheit steht vor allem mit dem Minderjährigenschutz auf nationaler und internationaler Ebene ein gewichtiger Gemeinwohlbelang gegenüber.

[163] (a) Der Minderjährigenschutz als Gemeinwohlbelang von großer Bedeutung hat seine verfassungsrechtliche Grundlage in dem aus Art. 2 Abs. 1 in Verbindung mit Art. 6 Abs. 2 GG folgenden Anspruch von Kindern auf Unterstützung und Förderung durch den Staat bei ihrer Entwicklung zu eigenverantwortlichen Persönlichkeiten in der sozialen Gemeinschaft. Diese Schutzverantwortung des Staates erstreckt sich auf alle für die Persönlichkeitsentwicklung wesentlichen Lebensbedingungen. Sie erschöpft sich nicht in der Sicherung der vorrangigen Elternverantwortung für die Entwicklung des Kindes, sondern umfasst unterstützende und ergänzende Pflichten des Staates, wo dies für des-

sen Persönlichkeitsentwicklung bedeutsam ist (vgl. BVerfGE 159, 355 [381 f. Rn 46] mwN).

[164] (b) Der Gesetzgeber konnte von der großen Bedeutung des verfolgten Anliegens ausgehen, Minderjährige in von Art. 13 Abs. 3 Nr. 1 EGBGB erfassten Ehen zu schützen. Die typischerweise bestehende Schutzbedürftigkeit der von der Norm Betroffenen, die sich vor allem aus der Beeinträchtigung sonst bestehender Entwicklungschancen sowie den Abhängigkeitsverhältnissen in einer Kinderehe ergibt, ist zuverlässig belegt. So wird die frühe Heirat als abrupte Beendigung der Kindheit der davon betroffenen Minderjährigen beschrieben, bei denen es sich vor allem um Mädchen und Frauen handelt (vgl. Parlamentarische Versammlung des Europarats, Forced Marriage in Europe, Resolution 2233 vom 28.6.2018, Rn 2), die häufig mit einer Trennung des Mädchens von seiner Familie sowie mit dem Ende des Schulbesuchs der Betroffenen verbunden ist (vgl. United Nations Population Fund [UNFPA], Marrying Too Young – End Child Marriage, 2012, S. 11). Die frühe Ehe führt damit regelmäßig zu einer Beschränkung der Bildung und der ökonomischen Entwicklungsmöglichkeiten der ganz überwiegend betroffenen Frauen (vgl. Freeman, in: Freeman/Chinkin/Rudolf, The UN Convention on the Elimination of All Forms of Discrimination against Women, 2012, S. 438). Mit einer frühen Eheschließung steigt die Wahrscheinlichkeit für frühe, häufige und hochriskante Schwangerschaften. Frühe Sexualkontakte, Schwangerschaft und Geburt stellen wiederum ein großes gesundheitliches Risiko für Mädchen und junge Frauen dar (vgl. Freeman, ebenda, S. 438 mwN; UNFPA, ebenda, S. 11). Angesichts dessen trägt der Minderjährigenschutz hier zugleich sowohl der staatlichen Schutzpflicht zugunsten von Leben und körperlicher Unversehrtheit aus Art. 2 Abs. 2 Satz 1 GG (vgl. dazu BVerfG, Beschluss des Ersten Senats vom 27.4.2022 -1 BvR 2649/21- Rn 155 – Impfnachweis COVID-19 mwN) als auch dem Gebot aus Art. 3 Abs. 2 Satz 2 GG Rechnung, faktische Benachteiligungen von Frauen zu beseitigen (vgl. BVerfGE 126, 29 [53]; 138, 296 [354 Rn 144]; 153, 358 [387 Rn 68] – Versorgungsausgleich Externe Teilung jeweils mwN; stRspr.).

[165] Die Dringlichkeit des Anliegens, Minderjährigenschutz für die Betroffenen von Minderjährigenehen zu bewirken, findet auch in den zahlreichen völkerrechtlichen Vereinbarungen Ausdruck, die unmittelbar oder mittelbar Minderjährigenehen und deren Überwindung zum Gegenstand haben (dazu Rn 128). Sie wird dadurch unterstrichen, dass die weltweite Überwindung der Praxis von Kinderehen eines von 17 Nachhaltigkeitszielen (Sustainable Development Goals) ist, auf deren Erreichen bis zum Jahr 2030 sich die am Nachhaltigkeitsgipfel der Vereinten Nationen beteiligten Staaten im September 2015 verständigt haben (Generalversammlung der Vereinten Nationen, Transforma-

tion unserer Welt: die Agenda 2030 für nachhaltige Entwicklung, UN Doc. A/RES/70/1 vom 21.10.2015, Ziel Nummer 5.3). Auf der Ebene der Europäischen Union weist die Entschließung des Europäischen Parlaments vom 4.10.2017 zu dem Thema „Kinderehen ein Ende setzen" (ABl. 2018 C 346/66 vom 27.9.2018) auf die erheblichen Beeinträchtigungen der Rechte der Kinder, insbesondere der betroffenen Mädchen, bei Kinderehen hin.

[166] (c) Bei dem Ziel der Schaffung von Rechtsklarheit handelt es sich ebenfalls um ein Anliegen des Gesetzgebers von einigem Gewicht. Rechtsklarheit ist kein bloßes ordnungspolitisches Anliegen, sondern ist als gesetzgeberisches Ziel auch in den Grundrechten der Betroffenen verankert. Angesichts der Vielzahl der mit der Ehe verbundenen Rechtsfolgen hat dieses Ordnungsinteresse des Gesetzgebers eine nicht unerhebliche Bedeutung. Zusätzliches Gewicht erhält das Interesse an der Wahrung des Prinzips der Statusklarheit dadurch, dass es im grundrechtlich geschützten Interesse der betroffenen Ehegatten ist, wenn das Bestehen oder Nichtbestehen ihrer Ehe nicht dauerhaft unsicher oder von verschiedenen Rechtsanwendenden unterschiedlich beurteilt wird. Umgekehrt würde eine dauerhafte Unsicherheit über das Bestehen oder Nichtbestehen einer Ehe einen durchaus schwerwiegenden Eingriff in die persönlichen Lebensverhältnisse der Betroffenen darstellen (vgl. Pfeiffer, in: 148. Sitzung des Ausschusses für Recht und Verbraucherschutz vom 17.5.2017, Protokoll-Nr. 18/148, S. 26).

[167] (4) Obwohl der Gesetzgeber insbesondere mit dem Schutz von Minderjährigen in von Art. 13 Abs. 3 Nr. 1 EGBGB erfassten Ehen und der Mitwirkung an der weltweiten Überwindung solcher Ehen gewichtige Gemeinwohlbelange verfolgt, erweist sich die vorgelegte Norm als unangemessen und damit als nicht im engeren Sinne verhältnismäßig. Die Unangemessenheit der Regelung folgt zwar nicht aus dem Umstand, dass die inländische Unwirksamkeit – soweit nicht die Ausnahmen aus Art. 229 § 44 Abs. 4 EGBGB gelten – für sämtliche in den Anwendungsbereich fallenden Ehen unmittelbar durch Gesetz ohne Einzelfallprüfung gilt. Dem Gesetzgeber ist es weder verfassungs- noch völkerrechtlich verwehrt, den Minderjährigenschutz und das Kindeswohl betreffende Regelungen, ohne das Erfordernis einer Einzelfallprüfung zu schaffen (a). Die vorgelegte Norm beeinträchtigt die betroffenen Partner nach ausländischem Eheschließungsrecht wirksamer, in den Schutzbereich von Art. 6 Abs. 1 GG fallender Ehen (dazu Rn 122 f.) aber unangemessen in ihrer Ehefreiheit, weil der Gesetzgeber – mit einer Ausnahme zum Familienasyl (vgl. § 26 Abs. 1 Satz 2 AsylG) – keine besonderen Regelungen zu den Folgen der inländischen Unwirksamkeit der Ehe getroffen und zugunsten bei Heirat minderjährige Ehepartner

keine Möglichkeit eröffnet hat, nach Erreichen der Volljährigkeit die Ehe auch inländisch als wirksame Ehe zu führen (b).

[168] (a) Der mit der Unwirksamkeitsanordnung in Art. 13 Abs. 3 Nr. 1 EGBGB verfolgte Zweck steht nicht deshalb außer Verhältnis zu der Schwere des Eingriffs in das Grundrecht aus Art. 6 Abs. 1 GG, weil der Gesetzgeber für eine vorrangig dem Minderjährigenschutz dienende Regelung keine Einzelfallprüfung und damit auch keine Beteiligung der einzelnen Betroffenen vorgesehen hat. Ein angemessener Ausgleich der betroffenen Interessen kann hier auch ohne beide Elemente gelingen. Weder durch Verfassungsrecht (aa) noch durch völkerrechtliche Vorgaben (bb) ist der Gesetzgeber gehalten, bei entsprechender Zwecksetzung durchgängig Vorschriften zu schaffen, die die Prüfung der Schutzbedürftigkeit der einzelnen Minderjährigen in einem behördlichen oder gerichtlichen Verfahren vorsehen.

[169] (aa) Entgegen der Auffassung des vorlegenden Gerichts sowie mehrerer in diesem Verfahren eingeholter Stellungnahmen, etwa der Landesjugendämter Bremen und Niedersachsen, des Deutschen Familiengerichtstags (siehe auch bereits Kinderrechtekommission des DFGT, FamRZ 2017, S. 77 [79]) und des Deutschen Kinderhilfswerks sowie Stimmen in der Literatur folgt aus dem Grundgesetz keine Vorgabe an den Gesetzgeber, den Minderjährigenschutz und damit auch das Kindeswohl betreffende Regelungen so zu gestalten, dass das konkrete Wohl und die konkrete Schutzbedürftigkeit der einzelnen minderjährigen Person geprüft werden muss. Sowohl dem Minderjährigenschutz als auch dem Schutz des Kindeswohls liegt insoweit ein individualistisches Konzept zu Grunde, als sie auf der Wertung aufbauen, dass jedes Kind ein Wesen mit eigener Menschenwürde und eigenem Recht auf Entfaltung seiner Persönlichkeit im Sinne der Art. 1 Abs. 1 und Art. 2 Abs. 1 GG ist (vgl. BVerfGE 24, 119 [144]). Hieraus folgt aber lediglich, dass das Kindeswohl bei einer sich auf ein bestimmtes Kind auswirkenden Einzelfallmaßnahme, also insbesondere einer gerichtlichen Entscheidung, nicht pauschal, sondern nur individuell in Bezug auf das konkret betroffene Kind bestimmt werden kann und muss (vgl. BVerfGE 55, 171 [179]; 64, 180 [190 f.]; stRspr.). Im Rahmen solcher Einzelfallmaßnahmen kommen auch die in dem Anspruch aus Art. 2 Abs. 1 in Verbindung mit Art. 1 GG enthaltenen Rechte auf Berücksichtigung des Willens des Minderjährigen und darauf, gehört zu werden, zum Tragen. Eine grundsätzliche Einschränkung des Instrumentariums des Gesetzgebers, etwa dergestalt, dass er hier nicht zu ipso-iure-Regelungen greifen dürfte, folgt daraus aber nicht (vgl. BVerfGE 107, 150 [178 f.]). Minderjährigenschutz und Kindeswohlorientierung erlauben es dem Gesetzgeber, für bestimmte Konstellationen das Schutzbedürfnis generalisierend zu bewerten und das Ergebnis der Wertung zum Gegenstand einer nicht einzelfall-

bezogen gefassten gesetzlichen Regelung zu machen. So verhält es sich etwa bei den festen, wenn auch nach Altersstufen unterscheidenden Altersgrenzen der Geschäftsfähigkeit nach §§ 104 ff. BGB (dazu Rn 134). Eine zulässige generelle Bewertung der am Alter und dem damit typischerweise verbundenen Entwicklungsgrad ausgerichteten Fähigkeit, selbstbestimmt in Kenntnis der Folgen eine Ehe einzugehen und diese bei entsprechendem Willen gleichberechtigt führen zu können, liegt auch Art. 13 Abs. 3 Nr. 1 EGBGB und für die Eheschließung nach inländischem Recht § 1303 BGB zugrunde (vgl. auch Hahn, in: BeckOK BGB, [Nov. 2022] § 1303 Rn 2; Löhnig, in: Staudinger, BGB, Neubearbeitung 2018, § 1303 Rn 3).

[170] (bb) Auch aus durch den Gesetzgeber zu berücksichtigendem Völkerrecht ergibt sich nicht, dass dem Minderjährigenschutz und dem Kindeswohl dienende gesetzliche Regelungen zur Verhinderung von Kinderehen durchgängig eine einzelfallbezogene Prüfung zum Gegenstand haben müssen und eine an einer starren Altersgrenze ausgerichtete Nichtanerkennung nach ausländischem Recht geschlossener Minderjährigenehen damit unvereinbar ist.

[171] Solches lässt sich insbesondere – ungeachtet der Frage einer Bindungswirkung – nicht aus Art. 3 Abs. 1, Art. 12 Abs. 1 UN-KRK ableiten. Aus Art. 3 UN-KRK folgt jedenfalls nicht, dass der Gesetzgeber für jedes Tätigwerden, das sich auf die Lebenssituation von Kindern auswirkt, ein Verfahren zur Verfügung stellen muss, in dem die Umstände des individuellen Einzelfalles ermittelt und in die Entscheidung einbezogen werden. Eine solche Verpflichtung besteht insbesondere nicht bei der Regelung der Anerkennung ausländischer Kinderehen. Zwar hat nach der unmittelbar anwendbaren Generalklausel des Art. 3 Abs. 1 UN-KRK (zu dieser Wirkung Schmahl, in: Kinderrechtskonvention, 2. Aufl. 2017, Art. 3 Rn 5) jede staatliche Regelung oder Entscheidung, die sich auf Kinder auswirkt, das Kindeswohl („best interests of the child") als ein wesentliches Merkmal zu berücksichtigen. Damit ist nach dem Verständnis des Kinderrechtsausschusses der Vereinten Nationen (CRC) auch eine Verfahrensregel dahingehend verbunden, dass bei jeder Regelung, die ein bestimmtes Kind oder eine Gruppe von Kindern oder Kinder generell betrifft, bereits im Rahmen der Entscheidungsfindung die spezifischen Auswirkungen auf diese ermittelt werden müssen (vgl. CRC, Allgemeine Bemerkung Nr. 14 on the right of the child to have his or her best interests taken as a primary consideration [art. 3, para 1], UN Doc. CRC/C/GC/14 vom 29.5.2013, Rn 6, 23 f., 32; siehe auch Wapler, Umsetzung und Anwendung der Kinderrechtskonvention in Deutschland, Rechtsgutachten im Auftrag des BMFSFJ vom 25.9. 2017, S. 13). Trifft der Gesetzgeber eine Mindestaltersregelung, muss diese insofern angemessen sein und auf zutreffenden Annahmen zu den regelmäßig ab einem bestimmten Alter

vorhandenen Fähigkeiten beruhen (vgl. Archard/Tobin, in: Tobin, The UN Convention on the Rights of the Child, 2019, S. 29 f.).

[172] Auch aus Art. 12 UN-KRK lässt sich nicht die Notwendigkeit eines Einzelverfahrens ableiten. Das in Art. 12 UN-KRK verankerte Recht, gehört zu werden, gewährleistet – wie Art. 3 Abs. 1 UN-KRK auch – ein Mitspracherecht für Kinder und Jugendliche in allen sie betreffenden Angelegenheiten, sowohl als Recht des einzelnen Kindes als auch als Recht der von einer Regelung betroffenen Gruppe von Kindern beziehungsweise Jugendlichen. Der Vertragsstaat ist insoweit verpflichtet, eine angemessene Beteiligung von Kindern und Jugendlichen auch im Gesetzgebungsverfahren sicher zu stellen (vgl. CRC, Allgemeine Bemerkung Nr. 12 on the right of the child to be heard, UN Doc. CRC/C/GC/12 vom 20.7.2009, Rn 9, 12, 73). Inwieweit dies hier der Fall ist, muss nicht entschieden werden. Eine Beschränkung der dem Gesetzgeber zur Verfügung stehenden Regelungsmöglichkeiten dahingehend, dass Maßnahmen betreffend Kinder und Jugendliche von vornherein nicht in abstrakt-genereller Form, sondern stets lediglich als Einzelfallmaßnahme gestattet wären, ergibt sich aus Art. 12 UN-KRK jedenfalls nicht.

[173] (b) Die vorgelegte Norm ist aber nicht verhältnismäßig im engeren Sinne, weil der Gesetzgeber es trotz des nicht unerheblichen Eingriffs in die Eheschließungsfreiheit des Art. 6 Abs. 1 GG versäumt hat, die Folgen der gesetzesunmittelbaren Unwirksamkeit zu regeln und eine rechtliche Möglichkeit zu schaffen, die es Minderjährigen erlaubt, nach Erreichen der Volljährigkeit die Ehe im Inland als wirksame zu führen.

[174] (aa) Für die Zumutbarkeit der von Art. 13 Abs. 3 Nr. 1 EGBGB angeordneten inländischen Unwirksamkeit ist von erheblicher Bedeutung, dass diese in ihrer Wirkung einem Ehehindernis ähnelt (dazu Rn 140). Die von der Norm Betroffenen sind jedenfalls bis zum Erreichen der Volljährigkeit beider rechtlich gehindert, ihre Lebensgemeinschaft im Inland als eheliche zu führen. Wegen der Unwirksamkeitsfolge besteht zudem die rechtliche Möglichkeit, dass die aufenthaltsbestimmungsberechtigte Person für den minderjährigen Ehepartner diesen von dem anderen Ehepartner trennt und so die Lebensgemeinschaft auch tatsächlich aufhebt. Aus den wenigen vorliegenden Erkenntnissen zu der Praxis der meist als Vormünder eingesetzten Jugendämter ergibt sich allerdings, dass dies lediglich dann erfolgt, wenn eine Kindeswohlgefährdung angenommen wird (dazu Rn 132). Über eine entsprechende Vorgehensweise hatten bereits die Landesjugendämter Bremen und Niedersachsen in ihren Stellungnahmen zu diesem Verfahren berichtet. Auch die in Umsetzung von Art. 10 des Gesetzes zur Bekämpfung von Kinderehen erfolgte Evaluierung weist aus, dass regelmäßig keine Trennung der Eheleute erfolge, wenn der minderjährige Part-

ner, in der Praxis nahezu ausschließlich die Ehefrau, diese nicht wünsche. Dennoch bleibt die Belastung zumindest mit der Möglichkeit der Trennung bestehen.

[175] Für sich genommen bewirkt das zwar noch nicht die Unangemessenheit der vorgelegten Regelung. Denn der Gesetzgeber bezweckt mit ihr, die Ehefähigkeit als Voraussetzung einer selbstbestimmten Entscheidung für die eheliche Lebensgemeinschaft um des Minderjährigenschutzes willen durchzusetzen. Dazu ist er berechtigt, weil er Sachgründe hat, die sich aus dem Wesen und der Gestalt der den heutigen Auffassungen entsprechenden Ehe ergeben (vgl. BVerfGE 36, 146 [163]). Um die Voraussetzungen des dem Art. 6 Abs. 1 GG zugrundeliegenden Strukturprinzips einer auf selbstbestimmten Entscheidungen beruhenden Ehe zu gewährleisten, die den Beteiligten eine gleichberechtigte Partnerschaft zueinander und eine gemeinsame Verantwortung für ihre persönliche und wirtschaftliche Lebensführung ermöglicht, ist es nicht unangemessen, Nichtvolljährigen diese Möglichkeit selbst bei bereits bestehender Auslandsehe vollständig zu versagen. Das gilt auch gerade bei Berücksichtigung der international angestrebten Überwindung von Minderjährigenehen. Die Ächtung solcher Ehen wird durch eine durchgängig geltende Unwirksamkeit deutlicher zum Ausdruck gebracht als bei einer einzelfallbezogenen Lösung, die so gedeutet werden kann, als seien Minderjährigenehen unter bestimmten Umständen doch rechtlich akzeptabel.

[176] (bb) Trotz der großen Bedeutung des Schutzes Minderjähriger bei von ihnen eingegangenen Ehen steht es dazu aber nicht in einem angemessenen Verhältnis, dass der Gesetzgeber – mit Ausnahme von § 26 Abs. 1 Satz 2 AsylG – keine spezifischen Regelungen über die Folgen der Unwirksamkeit getroffen hat, obwohl Art. 13 Abs. 3 Nr. 1 EGBGB auch nach ausländischem Recht wirksam geschlossene und tatsächlich bereits geführte Ehen erfasst, die in den Schutzbereich von Art. 6 Abs. 1 GG fallen (dazu Rn 122 f.).

[177] Die auf den Zeitpunkt der Eheschließung rückbezogene Nichtigkeit bringt es mit sich, dass die Betroffenen regelmäßig erst mit der inländischen Unwirksamkeit ihrer Ehe konfrontiert werden, nachdem sie diese auf der Grundlage des Rechts ihres Herkunftsstaates wirksam begründet und gelebt haben. Regelungen zur Rückabwicklung etwaiger Dispositionen oder zum Schutz vor Rückforderungen, die der eingetretenen Lage Rechnung tragen, fehlen (dazu Rn 27). Der Verweis allein auf die allgemeinen Grundsätze der §§ 812 ff. BGB genügt hier nicht. Sie ermöglichen es nicht, den wechselseitigen Schutz- und Anspruchsverhältnissen, die sonst mit differenzierten Vorgaben des Scheidungsfolgenrechts adressiert werden, hinreichend verlässlich Rechnung zu tragen.

[178] Besonders nachteilig wirkt sich für die von der Regelung betroffenen Minderjährigen aus, dass wegen der inländischen Unwirksamkeit der Ehe nach zum Fachrecht ganz überwiegend vertretener Auffassung mangels Anwendbarkeit von § 1318 BGB nacheheliche Ansprüche vollständig fehlen (näher dazu Rn 26 f.). Zwar gebietet die nacheheliche Solidarität, die in Art. 6 Abs. 1 GG wurzelt und von dessen Schutz umfasst wird (vgl. BVerfGE 118, 45 [69]), nicht zwingend das Zuerkennen nachehelicher Ansprüche, zum Beispiel auf Unterhalt oder Versorgungsausgleich, für Partner aus Ehen, die von Anfang an nichtig waren. Die vorgelegte Norm erfasst aber auch im Ausland geschlossene Ehen, die nicht mit den Strukturprinzipien des Art. 6 Abs. 1 GG unvereinbar sind und daher in den Schutzbereich der Ehefreiheit fallen (dazu Rn 122 f.). Das Fehlen von Regelungen über nacheheliche Ansprüche kann daher nicht darauf gestützt werden, die erfassten Ehen unterfielen nicht dem Schutzbereich des Art. 6 Abs. 1 GG.

[179] Sozio-ökonomische Schutzerwägungen zugunsten der Minderjährigen führen ebenfalls dazu, dass bei der Unwirksamkeitslösung das Fehlen von Regelungen zu nachehelichen Ansprüchen in keinem angemessenen Verhältnis zu dem angestrebten Minderjährigenschutz stehen. Die Umstände und die Gründe für das Eingehen solcher Ehen weisen auf eine häufig bestehende wirtschaftliche Abhängigkeit des minderjährigen Ehegatten von dem älteren Ehepartner hin. So werden als wesentliche individuelle Faktoren, die sich auf den Zeitpunkt der Eheschließung auswirken, der Wohnort und der Bildungsstatus der Betroffenen sowie der ökonomische Status ihrer Familien genannt. Nach den Erkenntnissen des Bevölkerungsfonds der Vereinten Nationen (United Nations Population Fund – UNPFA) sind in ländlichen Regionen lebende Mädchen aus armen Familien mit keiner oder geringer Schulbildung am häufigsten und etwa doppelt so häufig wie ihre Altersgenossinnen in den Städten von früher Verheiratung betroffen (vgl. UNFPA, Marrying Too Young – End Child Marriage, 2012, S. 34 ff.). Das Kinderhilfswerk der Vereinten Nationen (United Nations International Children's Emergency Fund – UNICEF) gibt an, dass Mädchen und junge Frauen aus dem ärmsten Fünftel einer Gesellschaft 2,5-mal häufiger von Frühverheiratung bedroht sind als die Gruppe ihrer Geschlechtsgenossinnen aus dem reichsten Fünftel (vgl. UNICEF, Ending Child Marriage: Progress and prospects, 2014, S. 3). Als besonders auffällig wird der Zusammenhang zwischen ökonomischem Status und Frühverheiratung in Südasien beschrieben. So erklärt etwa UNICEF den Rückgang der absoluten Zahl an Kinderehen weltweit zu einem erheblichen Teil mit der Verbesserung der ökonomischen Situation eines Teils der Bevölkerung in Indien (vgl. UNICEF, Child Marriage: Latest trends and future prospects, 2018, S. 2 und 4). Im Heimatland maßgebliche wirtschaftliche Gründe der Minderjährigen für das Eingehen der Ehe können zwar mit der

Übersiedlung nach Deutschland an Bedeutung verloren haben. Es ist jedoch nicht ersichtlich, dass sie typischerweise gänzlich entfallen sind und die Minderjährigen in sozio-ökonomischer Hinsicht nicht mehr schutzbedürftig sind. Auch wenn nacheheliche Ansprüche wegen der häufig ungünstigen wirtschaftlichen Situation beider nicht stets werthaltig sein dürften, belastet der Verzicht auf die Regelung solcher Ansprüche bei der inländischen Unwirksamkeit der Ehe gerade die zu schützenden Minderjährigen unangemessen, zumal auch keine sonstigen spezifischen Folgeregelungen vorhanden sind (dazu näher Rn 26 ff.). Damit befinden sich die bei Heirat unter 16-jährigen Partner der von Art. 13 Abs. 3 Nr. 1 EGBGB erfassten Ehe in einer ungünstigeren rechtlichen Situation als die in den Anwendungsbereich von Art. 13 Abs. 3 Nr. 2 EGBGB fallenden Minderjährigenehen, für die die in § 1318 BGB genannten nachehelichen Ansprüche gelten (für die entsprechende Anwendung etwa Majer, NZFam 2019, S. 659 [660]; Weller/Thomale/Hategan/Werner, FamRZ 2018, S. 1289 [1295 f.]).

[180] (cc) Art. 13 Abs. 3 Nr. 1 EGBGB erweist sich zudem als unangemessener Eingriff in die Eheschließungsfreiheit, weil es an einer Regelung fehlt, die es der Minderjährigen ermöglicht, ab Erreichen der Volljährigkeit die Ehe aufgrund eines nun selbstbestimmten Entschlusses im Inland als wirksame Ehe zu führen. Die allein eröffnete Möglichkeit, denselben Partner erneut im Inland zu heiraten, stellt keinen angemessenen Ausgleich zwischen dem vom Gesetzgeber bezweckten Minderjährigenschutz einerseits und dem Gewicht des Eingriffs in Art. 6 Abs. 1 GG andererseits dar. Mit dem Erreichen der Volljährigkeit der bei der Eheschließung noch unter 16-Jährigen greift der Minderjährigenschutz als hauptsächlicher Zweck der vorgelegten Regelung nicht mehr. Dieser kann daher eine die Ehefreiheit begrenzende Regelung nicht mehr rechtfertigen. Nach der in § 1303 Satz 1 BGB vom Gesetzgeber selbst getroffenen Wertung besteht mit der Volljährigkeit auch die Ehemündigkeit. Dem wird zwar dadurch Rechnung getragen, dass die Partner der nach Art. 13 Abs. 3 Nr. 1 EGBGB unwirksamen Auslandsehe nun im Inland erneut miteinander eine Ehe eingehen können. Wegen der Hindernisse, eine solche Ehe unter Einhaltung der Voraussetzungen von § 1309 BGB schließen zu können (dazu Rn 140), kommt dem jedoch kaum Gewicht zu, zumal die Wirkungen der neuen Ehe, anders als etwa bei der in der Wissenschaft vielfach befürworteten Bestätigungsmöglichkeit (vgl. Antomo, ZRP 2017, S. 79 [81 f.]; Gutmann, NVwZ 2019, S. 277 [281]; Rixen, JZ 2019, S. 628 [631]; Schwab, FamRZ 2017, S. 1369 [1371]), erst ab dem Zeitpunkt der neuen jetzigen Heirat gelten. Das kann für aus der Ehe resultierende Ansprüche mit Nachteilen bei der Höhe solcher Ansprüche verbunden sein, wenn und soweit ihre Höhe in Abhängigkeit von der Ehezeit steht. Auch wird jedenfalls einem

Teil der Betroffenen die Notwendigkeit einer erneuten Eheschließung nicht ohne Weiteres vermittelbar sein, weil sie ohnehin nach dem Recht ihres Herkunftslandes – möglicherweise bereits seit langer Zeit – verheiratet sind und sich auch im Inland als verheiratet fühlen.

[181] Das erweist sich auch nicht wegen einer möglichen fortbestehenden Schutzwürdigkeit der vormals Minderjährigen als angemessen. Zwar kann nach den vorliegenden Erkenntnissen, wie sie unter anderem Terres des femmes in der Initiativstellungnahme zu diesem Verfahren dargelegt hat, nicht ausgeschlossen werden, dass sich die bei Heirat unter 16-Jährige selbst nach Erreichen der Volljährigkeit noch in einer Situation befindet, die sich auf ihre selbstbestimmte Entscheidung auswirkt, die Ehe fortsetzen zu wollen. Die Gründe dafür können aus der Einflussnahme durch die Herkunftsfamilie, der Verhaftung in kulturellen oder religiösen Traditionen, der Sorge vor Rückforderungsansprüchen oder der vor Verlust an Sozialprestige liegen. Es ist aber eine Frage der Ausgestaltung einer rechtlichen Regelung über die – wie auch immer im Einzelnen gestaltete – Bestätigung einer zunächst inländisch unwirksamen Auslandsehe, die Voraussetzungen für eine möglichst weitgehende Sicherung einer selbstbestimmten Entscheidung für die Fortführung der Ehe als wirksame sicherzustellen. Es ist jedenfalls unangemessen, eine selbstbestimmte Entscheidung dafür auch dann noch auszuschließen, nachdem die Ehemündigkeit eingetreten ist und der zuvor zu schützende Minderjährige gerade die Fortsetzung der Ehe wünscht. Dies gilt insbesondere in Fällen, in denen betroffene, bereits lange Zeit nach ausländischem Recht miteinander verheiratete Eheleute ihren Aufenthalt in Deutschland nehmen.

[182] Der Verzicht auf eine wie auch immer rechtlich ausgestaltete Bestätigungsmöglichkeit ist auch unter Berücksichtigung der angestrebten generalpräventiven Wirkung der Nichtigkeit und der international angestrebten Ächtung von Minderjährigenehen nicht angemessen. Es lässt sich nicht annehmen, dass die von dem Verbot der Kinderehe und ihrer Nichtigkeit – bei unter 16-Jährigen – ausgehende, völkerrechtlich intendierte Signal- und Appellwirkung der Ächtung solcher Ehen bei einer Bestätigungsmöglichkeit mit gegenüber der Eheschließung geringeren Voraussetzungen leiden würde. Ausweislich der in diesem Verfahren eingeholten Stellungnahme des Max-Planck-Instituts für ausländisches und internationales Privatrecht sieht eine beträchtliche Anzahl von Staaten, die bestimmte Minderjährigenehen als grundsätzlich unwirksam ansehen, unterschiedliche Bestätigungs- und Heilungsmöglichkeiten vor. Dass die insoweit abweichende inländische Regelung ohne Bestätigungsmöglichkeit die ihr zugeschriebene generalpräventive Wirkung einbüßen würde, ist angesichts dessen nicht plausibel.

[183] Auch das Anliegen, Rechtsklarheit zu schaffen, führt nicht zu einer anderen Bewertung der Angemessenheit. Zwar kann durch eine Bestätigungsmöglichkeit der Rechtsklarheit über das Statusverhältnis möglicherweise weniger gut Rechnung getragen werden. Es hängt aber wesentlich von einer Gestaltung durch den Gesetzgeber ab, dauerhafte Unsicherheit über das Bestehen oder Nichtbestehen einer Ehe und die damit verbundenen Rechtsfolgen zu vermeiden. In der Abwägung mit dem erheblichen Eingriff in die Eheschließungsfreiheit schafft der vollständige Regelungsverzicht insoweit keinen angemessenen Ausgleich mit dem Interesse an Rechtsklarheit über den Ehestatus.

[184] (5) Wegen des Verzichts auf Regelungen über die Folgen der von der vorgelegten Norm angeordneten und vor allem über eine zugunsten der Minderjährigen wirkende Möglichkeit, die Ehe nach Erreichen der Volljährigkeit als auch inländisch wirksame Ehe zu führen, werden die betroffenen Grundrechtsträger durch Art. 13 Abs. 3 Nr. 1 EGBGB unzumutbar belastet.

[185] II. Da die vorgelegte Vorschrift bereits Art. 6 Abs. 1 GG verletzt, bedarf keiner Entscheidung, ob von Art. 13 Abs. 3 Nr. 1 EGBGB insgesamt oder teilweise Rückwirkung ausgeht und ob eine solche wegen fehlenden schutzwürdigen Vertrauens der davon Betroffenen verfassungsrechtlich zulässig wäre.

[186] D. Die in diesem Verfahren überprüfte Regelung verstößt wegen fehlender Regelungen über die Folgen der Unwirksamkeit der betroffenen Ehen gegen Art. 6 Abs. 1 GG. Art. 13 Abs. 3 Nr. 1 EGBGB ist daher, soweit nicht die Ausnahmen in Art. 229 § 44 Abs. 4 EGBGB greifen, mit dem Grundgesetz unvereinbar; er gilt jedoch bis zum Inkrafttreten einer Neuregelung durch den Gesetzgeber, längstens bis zum 30. Juni 2024, nach Maßgabe der nachfolgenden Gründe fort.

[187] I. Im Verfahren der konkreten Normkontrolle erklärt das Bundesverfassungsgericht nach § 82 Abs. 1 in Verbindung mit § 78 Abs. 1 BVerfGG ein Gesetz grundsätzlich für nichtig, das nach seiner Überzeugung mit dem Grundgesetz unvereinbar ist. Anknüpfend an § 31 Abs. 2 Satz 2 und 3 sowie § 79 Abs. 1 und § 93c Abs. 1 Satz 3 BVerfGG (vgl. BVerfGE 127, 293 [333]) bleibt es jedoch unter bestimmten Voraussetzungen bei der bloßen Unvereinbarkeitserklärung einer verfassungswidrigen Norm. So verhält es sich regelmäßig, wenn dem Gesetzgeber verschiedene Möglichkeiten zur Verfügung stehen, um den Verfassungsverstoß zu beseitigen (vgl. BVerfGE 149, 222 [290 Rn 151]; stRspr.). Das kommt auch dann in Betracht, wenn die Verfassungswidrigkeit nicht in der Verletzung von Art. 3 Abs. 1 GG besteht (vgl. BVerfGE 152, 68 [149 Rn 212] bei einem Verstoß gegen Art. 1 Abs. 1 in Verbindung mit Art. 20 Abs. 1 GG). Darüber hinaus kann eine zugleich mit der Anordnung einer befristeten Fortgeltung der verfassungswidrigen Regelung verbundene Unvereinbarkeitserklärung erfol-

gen, wenn die sofortige Ungültigkeit der zu beanstandenden Norm dem Schutz überragender Güter des Gemeinwohls die Grundlage entziehen würde oder ein rechtliches Vakuum zu befürchten wäre, und eine Abwägung mit den betroffenen Grundrechten ergibt, dass der Eingriff für eine Übergangszeit hinzunehmen ist (vgl. BVerfGE 141, 143 [180 Rn 84] mwN; stRspr.). Bei der bloßen Unvereinbarkeitserklärung kann es auch bleiben, wenn die Nichtigerklärung zu einem noch verfassungsferneren Zustand als dem bei befristeter Fortgeltung der verfassungswidrigen Norm bestehenden führen würde (vgl. BVerfGE 109, 190 [235 f.]; 127, 293 [333]).

[188] II. 1. Sowohl das Vorhandensein von verschiedenen Möglichkeiten des Gesetzgebers, den Verfassungsverstoß zu beseitigen (a), als auch der bei Nichtigerklärung von Art. 13 Abs. 3 Nr. 1 EGBGB eintretende Zustand (b) erfordern die Beschränkung auf die Erklärung der Unvereinbarkeit.

[189] a) Der Gesetzgeber kann an der Wertung festhalten, Auslandsehen mit bei Heirat unter 16-Jährigen die inländische Wirksamkeit zu versagen, wenn er den festgestellten Verfassungsverstoß beseitigt. Dafür stehen ihm verschiedene Gestaltungsmöglichkeiten zur Verfügung. So kommt etwa in Betracht, gesonderte Regelungen für nacheheliche Ansprüche zu schaffen, die dem Umstand einer bereits geführten Ehe sowie einer etwaigen sozio-ökonomischen Schutzbedürftigkeit der bei Eheschließung Minderjährigen Rechnung tragen. Für die Gestaltung solcher Ansprüche stehen verschiedene Möglichkeiten zur Verfügung. So können eigenständige Ansprüche für die Situation der inländisch unwirksamen Ehe geschaffen werden. Es kann aber auch auf Ansprüche verwiesen werden, wie sie das geltende Recht für aufgehobene Ehen vorsieht (vgl. Art. 13 Abs. 3 Nr. 2 EGBGB, § 1318 BGB). Der Gesetzgeber kann auch dem in dem Fehlen einer Fortsetzungsmöglichkeit nach Volljährigkeit auf entsprechenden Wunsch der bei Eheschließung unter 16-Jährigen liegenden Verfassungsverstoß auf verschiedene Weise begegnen. Dazu kann die Beseitigung etwaiger rechtlicher Hindernisse wie des Erfordernisses der Beibringung eines Ehefähigkeitszeugnisses nach § 1309 BGB gehören. Wie sich aus der Stellungnahme des Max-Planck-Instituts für ausländisches und internationales Privatrecht ergibt, sehen die Rechtsordnungen zahlreicher Staaten Heilungsmöglichkeiten für unwirksame Minderjährigenehen vor.

[190] b) Die Nichtigkeitserklärung, die anders als die Erklärung der Unvereinbarkeit nicht mit einer Fortgeltungsanordnung verbunden werden kann, würde zudem einen Zustand herbeiführen, der mit ungeklärten rechtlichen Verhältnissen einherginge und noch verfassungsferner wäre. Durch sie würde die vorherige Rechtslage Anwendung finden. Da die vorgelegte verfassungswidrige Norm die inländische Unwirksamkeit der von ihr erfassten ausländischen

Ehen unmittelbar selbst anordnet, greift das Rückabwicklungsverbot aus § 79 Abs. 2 Satz 1 BVerfGG nicht. Die betroffenen Ehen wären nicht unwirksam, sondern – nach Art. 13 Abs. 1 EGBGB grundsätzlich nach dem Recht des Herkunftsstaates der Eheleute – regelmäßig wirksam. Ihnen könnte im Einzelfall nach Maßgabe des ordre public (Art. 6 EGBGB) die Anerkennung zu versagen und sie dann aufhebbar sein. Es ist aber nicht ausgeschlossen, dass zwischenzeitlich (wenigstens) einer der Ehegatten angesichts der durch Art. 13 Abs. 3 Nr. 1 EGBGB angeordneten inländischen Unwirksamkeit der Auslandsehe anderweitig eine Ehe im Inland eingegangen ist. Dieser Ehegatte kann auch der bereits bei der ausländischen Eheschließung volljährige und damit insoweit nicht über den Minderjährigenschutz schutzwürdige Ehegatte sein. Da eine Nichtigerklärung der vorgelegten Vorschrift auf den Zeitpunkt ihres Inkrafttretens zurückwirkt, konnte die zweite Ehe geschlossen werden, obwohl die erste Ehe noch wirksam war. Es läge nach der deutschen und nach vielen anderen Rechtsordnungen eine unzulässige Doppelehe vor. Eine solche könnte nicht ohne Weiteres in einer die Interessen der bei Schließung der zeitlich ersten (Auslands)Ehe unter 16-Jährigen hinreichend wahrenden Weise aufgelöst werden. Die Auflösung erfolgt, indem entweder die erste Ehe geschieden oder die zweite Ehe geschieden oder aufgehoben wird. Nach deutschem Recht wäre diese zweite Ehe nach § 1314 Abs. 1 Nr. 2, § 1306 BGB aufhebbar. Gerade die Aufhebung der zweiten Ehe ist aber dann keine die Interessen des vormals minderjährigen Partners hinreichend sichernde Rechtsfolge, wenn er es gewesen ist, der die neue Ehe mit einem anderen Partner als dem der vormaligen Minderjährigenehe eingegangen ist. Die wegen der unzulässigen Mehrehe gebotene Aufhebung der zweiten Ehe würde in die Eheschließungsfreiheit der schutzwürdigen, bei der ersten Eheschließung unter 16-Jährigen eingreifen, obwohl gerade die zweite Ehe auf einer selbstbestimmten Entscheidung beruht. Um solche Folgen zu vermeiden, bedarf es der Beschränkung auf eine Unvereinbarkeitserklärung, die aber mit einer Weitergeltungsanordnung sowie zu deren Begrenzung mit normvertretendem Übergangsrecht (vgl. BVerfGE 125, 175 [259]; 132, 134 [178 f.]; 152, 68 [150 f.]) zu verbinden ist, um den erforderlichen Schutz der betroffenen, bei Heirat unter 16-Jährigen in von der verfassungswidrigen Norm erfassten Auslandsehen zu gewährleisten.

[191] 2. Die Weitergeltung ist veranlasst, weil ansonsten auch die bloße Unvereinbarkeitserklärung zur Unanwendbarkeit von Art. 13 Abs. 3 Nr. 1 EGBGB vom Zeitpunkt seines Inkrafttretens an führen würde (vgl. BVerfGE 55, 100 [110]; 61, 319 [356]; vgl. auch BVerfGE 133, 377 [423 Rn 107 f.]). Es entstünde dann der für den Fall der Nichtigerklärung beschriebene Rechtszustand. Das neben der Weitergeltungsanordnung erforderliche normvertretende Übergangsrecht ist

darauf zu beschränken, die zur Verfassungswidrigkeit führenden Umstände zu vermeiden oder zumindest in ihren Wirkungen abzuschwächen, um einen Zustand zu vermeiden, der verfassungsferner wäre als bei Nichtigkeit und Unanwendbarkeit der verfassungswidrigen Norm.

[192] Danach bedarf es einer Übergangsregelung lediglich für unterhaltsrechtliche Fragen der weiterhin inländisch unwirksamen Ehe. Das Übergangsrecht ist möglichst nahe an den eigenen Konzeptionen des Gesetzgebers auszurichten. Der Gesetzgeber sieht für die nach Art. 13 Abs. 3 Nr. 2 EGBGB aufhebbaren Ehen nacheheliche Unterhaltsansprüche nach § 1318 in Verbindung mit §§ 1569 ff. BGB vor. Um den verfassungswidrigen Zustand des Fehlens solcher Regelungen bei den von Art. 13 Abs. 3 Nr. 1 EGBGB erfassten Minderjährigenehen zugunsten der bei Heirat unter 16-Jährigen zu mildern, ist § 1318 BGB auf solche Ehen mit der Maßgabe anzuwenden, dass die durch die Vorschrift für anwendbar erklärten Vorschriften über die Scheidung mit der nicht nur vorübergehenden Trennung der Eheleute zur Anwendung gelangen. Soweit die danach maßgeblichen Vorschriften auf die Dauer der Ehe abstellen, tritt in den Fällen der nicht nur vorübergehenden Trennung der von Art. 13 Abs. 3 Nr. 1 EGBGB erfassten Eheleute die Dauer des Zusammenlebens. Während der Dauer des Zusammenlebens gelten übergangsweise die §§ 1360, 1360a BGB für die Unterhaltsansprüche der Betroffenen entsprechend.

[193] Eine Übergangsregelung zur rechtlichen Vaterschaft für aus den betroffenen Auslandsehen hervorgegangene Kinder ist nicht geboten. Die Möglichkeiten des leiblichen Vaters, die rechtliche Vaterschaft zu erlangen, sind durch die unabhängig vom Ehestatus anwendbaren § 1592 Nr. 2 und 3 BGB für eine Übergangszeit noch hinreichend gewährleistet.

8

1. Die unionsrechtliche Neutralität gegenüber dem staatlichen Kirchenrecht schließt die Anwendung des Unionsrechts auf wirtschaftliche Tätigkeiten von Kirchen nicht aus.

2. Einer Kirche, religiösen Vereinigung oder Gemeinschaft, die in einem Mitgliedstaat den Status einer Körperschaft öffentlichen Rechts hat und in einem anderen Mitgliedstaat eine private Bildungseinrichtung als konfessionelle Privatschule anerkennt und unterstützt, kann für die Schule eine in dem dortigen Mitgliedstaat beantragte Subvention verweigert werden, wenn diese ausschließlich einer Kirche oder religiösen Vereinigung oder Gemeinschaft vorbehalten ist, die nach dem Recht dieses anderen Mitgliedstaats als Körperschaft öffentlichen Rechts anerkannt ist.

https://doi.org/10.1515/9783111651354-008

3. Ein nationales Anerkennungserfordernis für konfessionelle Privatschulen kann zwar die Niederlassungsfreiheit beschränken, ist aber gerechtfertigt, wenn es dem legitimen Ziel dient, im Rahmen eines öffentlichen interkonfessionellen Schulsystems die religiös motivierte Schulwahl der Eltern zu sichern und die Subventionsfähigkeit auf Schulen zu begrenzen, die ein relevantes Bevölkerungssegment erreichen.

Art. 17 Abs. 1; 49 EGVtr
EuGH, Urteil vom 2. Februar 2023 -C-372/21-[1]

Österreichisches Recht
AnerkennungsG
§ 1 des Gesetzes vom 20.5.1874 betreffend die gesetzliche Anerkennung von Religionsgesellschaften (RGBl. 68/1874, im Folgenden: AnerkennungsG) bestimmt:

> „Den Anhängern eines bisher gesetzlich nicht anerkannten Religionsbekenntnisses wird die Anerkennung als Religionsgesellschaft unter nachfolgenden Voraussetzungen erteilt:
> 1. [d]ass ihre Religionslehre, ihr Gottesdienst, ihre Verfassung, sowie die gewählte Benennung nichts Gesetzwidriges oder sittlich Anstößiges enthält;
> 2. dass die Errichtung und der Bestand wenigstens einer nach den Anforderungen dieses Gesetzes eingerichteten Kultusgemeinde gesichert ist."

BekGG
§ 11 („Zusätzliche Voraussetzungen für eine Anerkennung nach dem Anerkennungsgesetz") des Bundesgesetzes über die Rechtspersönlichkeit von religiösen Bekenntnisgemeinschaften (BGBl. I 19/1998) in der Fassung des BGBl. I 78/2011 (im Folgenden: BekGG) sieht vor:

> „Für eine Anerkennung müssen die nachstehend genannten Voraussetzungen zusätzlich zu den im [AnerkennungsG] umschriebenen Erfordernissen erfüllt sein.
> 1. Die Bekenntnisgemeinschaft muss
> a) durch zumindest 20 Jahre in Österreich, davon 10 Jahre in organisierter Form, zumindest 5 Jahre als religiöse Bekenntnisgemeinschaft mit Rechtspersönlichkeit nach diesem Bundesgesetz bestehen oder
> b) organisatorisch und in der Lehre in eine international tätige Religionsgesellschaft eingebunden sein, die seit zumindest 100 Jahren besteht, und in Österreich bereits in organisierter Form durch zumindest 10 Jahre tätig gewesen sein oder

1 Leitsätze der Redaktion KirchE. juris; NVwZ 2023, 493.
Das Urteil ist rechtskräftig.

c) organisatorisch und in der Lehre in eine international tätige Religionsgesellschaft eingebunden sein, die seit zumindest 200 Jahren besteht, und
d) über eine Anzahl an Angehörigen von mindestens 2 vT der Bevölkerung Österreichs nach der letzten Volkszählung verfügen. Wenn der Nachweis aus den Daten der Volkszählung nicht möglich ist, so hat die Bekenntnisgemeinschaft diesen in anderer geeigneter Form zu erbringen.

...

3. Es muss eine positive Grundeinstellung gegenüber Gesellschaft und Staat bestehen.
4. Es darf keine gesetzwidrige Störung des Verhältnisses zu den bestehenden gesetzlich anerkannten Kirchen und Religionsgesellschaften sowie sonstigen Religionsgemeinschaften bestehen."

PrivSchG

§ 17 des Bundesgesetzes vom 25.7.1962 über das Privatschulwesen (Privatschulgesetz) (BGBl. 244/1962) in der Fassung des BGBl. I 35/2019 (im Folgenden: PrivSchG), der den Anspruch konfessioneller Privatschulen auf Subventionen betrifft, lautet:

„(1) Den gesetzlich anerkannten Kirchen und Religionsgesellschaften sind für die mit dem Öffentlichkeitsrecht ausgestatteten konfessionellen Privatschulen nach Maßgabe der folgenden Bestimmungen Subventionen zum Personalaufwand zu gewähren.
(2) Unter konfessionellen Privatschulen sind die von den gesetzlich anerkannten Kirchen und Religionsgesellschaften und von ihren Einrichtungen erhaltenen Schulen sowie jene von Vereinen, Stiftungen und Fonds erhaltenen Schulen zu verstehen, die von der zuständigen kirchlichen (religionsgesellschaftlichen) Oberbehörde als konfessionelle Schulen anerkannt werden."

Ausgangsverfahren und Vorlagefragen

Die Freikirche, die in Deutschland den Status einer Körperschaft öffentlichen Rechts besitzt, hat nach österreichischem Recht nicht den Status einer anerkannten Kirche.

Seit dem Schuljahr 2016/2017 wird eine Bildungseinrichtung in Österreich von dieser Kirche als konfessionelle Schule anerkannt, die von einem eingetragenen Verein betrieben wird, den sie u.a. mit Subventionen, der Lieferung von Unterrichtsmaterialien und der Weiterbildung des Lehrpersonals unterstützt. Die Freikirche beantragte bei der zuständigen Behörde gemäß § 17 PrivSchG und unter Berufung auf Art. 56 AEUV, eine Subvention zum Personalaufwand dieser Schule zu gewähren, um die Behandlung zu erfahren, die nach österreichischem Recht anerkannten Kirchen und Religionsgesellschaften vorbehalten ist.

Mit Bescheid vom 3.9.2019 wies die zuständige Behörde diesen Antrag unter Berufung auf § 17 Abs. 1 und 2 PrivSchG ab, der ihrer Ansicht nach nur für nach österreichischem Recht anerkannte Kirchen und Religionsgesellschaften gilt. Die Freikirche legte gegen diesen Bescheid Beschwerde ein, der vom Bundesverwaltungsgericht (Österreich) mit Erkenntnis vom 26.2.2020 abgewiesen wurde.

Das Bundesverwaltungsgericht ist der Ansicht, dass das Unionsrecht die Republik Österreich nicht verpflichte, eine zuvor in einem anderen Mitgliedstaat anerkannte Kirche oder Religionsgesellschaft anzuerkennen. Dass eine solche Kirche oder Religionsgesellschaft eine Bildungseinrichtung mit Sitz in Österreich als konfessionelle Schule anerkenne, erlaube es dieser Kirche oder Religionsgesellschaft folglich nicht, sich auf § 17 PrivSchG zu berufen, um für diese Einrichtung Subventionen zur Vergütung ihres Personals zu erhalten.

Gegen dieses Urteil erhob die Freikirche Revision an den Verwaltungsgerichtshof (Österreich).

In seinem Vorabentscheidungsersuchen weist der Verwaltungsgerichtshof darauf hin, dass die Kirchen und Religionsgesellschaften, die insbesondere auf der Grundlage des AnerkennungsG und des BekGG anerkannt worden seien, Körperschaften des öffentlichen Rechts seien, die über besondere Rechte verfügten und Aufgaben, u.a. im Bereich der Bildung, erfüllten, wodurch sie am staatlichen öffentlichen Leben teilnähmen. Ferner seien nach § 17 PrivSchG Subventionen für als konfessionelle Schulen anerkannte private Bildungseinrichtungen ausschließlich derart anerkannten Kirchen und Religionsgesellschaften vorbehalten.

Vor diesem Hintergrund fragt sich das vorlegende Gericht zunächst, ob der Sachverhalt des Ausgangsverfahrens in den Anwendungsbereich des Unionsrechts fällt.

Insoweit weist es zum einen darauf hin, dass die Subventionierung konfessioneller Privatschulen von Kirchen und Religionsgesellschaften, die von einem Mitgliedstaat anerkannt worden seien, nach Art. 17 AEUV nur den Beziehungen zwischen diesem Mitgliedstaat und den Kirchen und Religionsgesellschaften unterliege und dass die Union hinsichtlich dieser Beziehungen neutral bleiben müsse. Der Gerichtshof habe jedoch in den Rn 30 bis 33 des Urteils vom 22.1.2019, Cresco Investigation (-C 193/17- EU:C:2019:43), entschieden, dass Art. 17 AEUV nicht bedeute, dass eine durch eine nationale Regelung in diesem Bereich eingeführte unterschiedliche Behandlung vom Geltungsbereich des Unionsrechts ausgeschlossen sei.

Zum anderen ist das vorlegende Gericht der Ansicht, dass die im Ausgangsverfahren in Rede stehende private Bildungseinrichtung, die im Wesentlichen durch private Mittel finanziert werde, in Anbetracht der Rechtsprechung des Gerichtshofs, insbesondere des Urteils vom 6.11.2018, Scuola Elementare Maria Montessori/Kommission, Kommission/Scuola Elementare Maria Montessori und Kommission/Ferracci (-C-622/16 P bis C-624/16 P- EU:C:2018:873, Rn 105), eine wirtschaftliche Tätigkeit ausübe, die in der Erbringung einer Dienstleistung bestehe. Da diese Einrichtung aber von einem in Österreich eingetragenen Verein betrieben werde, weise diese Dienstleistung keinen grenzüberschreitenden Charakter auf, es sei denn, man berücksichtige, dass der Antrag auf Subventionierung dieser Einrichtung von einer in Deutschland ansässigen und anerkannten Kirche gestellt worden sei.

Sodann fragt sich das vorlegende Gericht, ob sich die Freikirche auf die in Art. 56 AEUV garantierte Dienstleistungsfreiheit berufen könne, um die gleiche Behandlung wie konfessionelle Privatschulen von in Österreich gesetzlich anerkannten Kirchen oder Religionsgesellschaften zu erfahren, deren Lehrtätigkeit im Wesentlichen durch öffentliche Mittel finanziert werde und daher nicht als „wirtschaftliche Tätigkeit" im Sinne der in der vorstehenden Randnummer angeführten Rechtsprechung eingestuft werden könne.

Schließlich fragt sich das vorlegende Gericht, ob die nationale Regelung, die es der Freikirche im Gegensatz zu in Österreich anerkannten Kirchen und Religionsgesellschaften verwehrt, Subventionen für eine private Bildungseinrichtung in Österreich zu erhalten, eine Beschränkung des in Art. 56 AEUV garantierten freien Dienstleistungsverkehrs darstellt. Das vorlegende Gericht weist darauf hin, dass eine solche nationale Regelung, da sie darauf abziele, das öffentliche Schulwesen durch konfessionelle Privatschulen von Kirchen oder religiösen Gesellschaften, die in Österreich hinreichend vertreten seien, zu ergänzen, um es den Eltern zu erleichtern, die ihrer religiösen Auffassung entsprechende Erziehung ihrer Kinder zu wählen, ein legitimes Ziel verfolge. Außerdem könne davon ausgegangen werden, dass diese Regelung geeignet sei, die Erreichung dieses Ziels zu gewährleisten, ohne über das hinauszugehen, was hierzu erforderlich sei.

Unter diesen Umständen hat der Verwaltungsgerichtshof beschlossen, das Verfahren auszusetzen, und dem Gerichtshof folgende Fragen zur Vorabentscheidung vorzulegen:

1. Fällt eine Situation, in der eine in einem Mitgliedstaat der Europäischen Union anerkannte und ansässige Religionsgesellschaft in einem anderen Mitgliedstaat um Subventionierung einer von ihr als konfessionell anerkannten, von einem nach dem Recht dieses anderen Mitgliedstaats eingetragenen Verein in diesem anderen Mitgliedstaat betriebenen Privatschule ansucht, unter Berücksichtigung von Art. 17 AEUV in den Anwendungsbereich des Unionsrechts, insbesondere von Art. 56 AEUV.
   Für den Fall der Bejahung der ersten Frage:

2. Ist Art. 56 AEUV dahin gehend auszulegen, dass er einer nationalen Norm entgegensteht, welche als eine Voraussetzung für die Subventionierung von konfessionellen Privatschulen die Anerkennung des Antragstellers als Kirche oder Religionsgesellschaft nach nationalem Recht vorsieht?

Der EuGH hat nach Anhörung des GA Nicholas Emiliou vom 7.7.2022 entsprechend der Tenorierung entschieden.

Aus den Gründen:

Zur ersten Frage

[18] Mit seiner ersten Frage möchte das vorlegende Gericht im Wesentlichen wissen, ob Art. 17 Abs. 1 AEUV dahin auszulegen ist, dass er bewirkt, dass eine Situation vom Anwendungsbereich des Unionsrechts ausgenommen ist, in der eine Kirche oder eine religiöse Vereinigung oder Gemeinschaft, die in einem Mitgliedstaat den Status einer Körperschaft öffentlichen Rechts hat und in einem anderen Mitgliedstaat eine private Bildungseinrichtung als konfessionelle Schule anerkennt und unterstützt, für diese Einrichtung eine Subvention beantragt, die Kirchen oder religiösen Vereinigungen oder Gemeinschaften vorbehalten ist, die nach dem Recht dieses anderen Mitgliedstaats anerkannt sind.

[19] In diesem Zusammenhang ist erstens darauf hinzuweisen, dass Art. 17 Abs. 1 AEUV zwar die Neutralität der Union demgegenüber, wie die Mitgliedstaaten ihre Beziehungen zu den Kirchen und religiösen Vereinigungen oder Gemeinschaften gestalten, zum Ausdruck bringt (Urteile vom 17.4.2018, Egenberger -C-414/16- EU:C:2018:257, Rn 58, und vom 13.1.2022, MIUR und Ufficio scolastico Regionale per la Campania -C-282/19- EU:C:2022:3, Rn 50), diese Bestimmung aber nicht herangezogen werden kann, um die Tätigkeit von Kirchen oder religiösen Vereinigungen oder Gemeinschaften generell vom Anwendungsbereich des Unionsrechts auszunehmen, wenn diese Tätigkeit in der Erbringung von Dienstleistungen gegen Entgelt auf einem bestimmten Markt besteht (vgl. in diesem Sinne Urteil vom 27.6.2017, Congregación de Escuelas Pías Provincia Betania -C-74/16- EU:C:2017:496, Rn 43 und 47).

[20] Zweitens stellt Unterricht an Bildungseinrichtungen, die im Wesentlichen durch private Mittel finanziert werden, eine Dienstleistung dar, da das von diesen Einrichtungen verfolgte Ziel darin besteht, solche Dienstleistungen gegen Entgelt anzubieten (vgl. in diesem Sinne Urteile vom 7. Dezember 1993,

Wirth, C-109/92, EU:C:1993:916, Rn 17, und vom 6. November 2018, Scuola Elementare Maria Montessori/Kommission, Kommission/Scuola Elementare Maria Montessori und Kommission/Ferracci, C-622/16 P bis C 624/16 P, EU:C:2018:873, Rn 105).

[21] Umgekehrt stellt Unterricht an einer Bildungseinrichtung, die zu einem staatlichen Bildungssystem gehört und ganz oder hauptsächlich aus öffentlichen Mitteln finanziert wird, keine wirtschaftliche Tätigkeit dar. Durch die Errichtung und Erhaltung eines solchen staatlichen Bildungssystems will der Staat nämlich keine gewinnbringende Tätigkeit aufnehmen, sondern erfüllt auf sozialem, kulturellem und bildungspolitischem Gebiet seine Aufgaben gegenüber seinen Bürgern (vgl. in diesem Sinne Urteile vom 7.12.1993, Wirth -C-109/92- EU:C:1993:916, Rn 15, und vom 11.9.2007, Schwarz und Gootjes-Schwarz -C-76/05- EU:C:2007:492, Rn 39).

[22] Im vorliegenden Fall geht aus dem Vorabentscheidungsersuchen hervor, dass die österreichische Bildungseinrichtung, die von der Freikirche als konfessionelle Schule anerkannt und unterstützt wird, eine private Einrichtung ist, deren Unterricht weitgehend durch private Mittel finanziert wird, so dass vorbehaltlich der dem vorlegenden Gericht obliegenden Überprüfungen davon auszugehen ist, dass sie eine wirtschaftliche Tätigkeit im Sinne der angeführten Rechtsprechung ausübt.

[23] Entgegen dem Vorbringen der österreichischen Regierung und der Europäischen Kommission ist es für die Ermittlung, ob der im Ausgangsverfahren in Rede stehende Sachverhalt in den Anwendungsbereich des Unionsrechts fällt, unerheblich, dass die beantragte Subvention es ermöglicht, sobald sie gewährt worden ist, die betreffende private Bildungseinrichtung als eine Einrichtung anzusehen, die aus öffentlichen Mitteln finanziert wird und als solche keine wirtschaftliche Tätigkeit im Sinne der in den Rn 20 und 21 des vorliegenden Urteils angeführten Rechtsprechung mehr ausübt. Es kommt nämlich allein darauf an, ob davon ausgegangen werden kann, dass die private Bildungseinrichtung, für die die Subvention beantragt wird, zum Zeitpunkt der Antragstellung eine wirtschaftliche Tätigkeit ausübt (vgl. entsprechend Urteil vom 11.9.2007, Schwarz und Gootjes-Schwarz -C-76/05- EU:C:2007:492, Rn 44).

[24] Im Übrigen unterscheidet sich der Sachverhalt des Ausgangsverfahrens entgegen dem Vorbringen der österreichischen Regierung von einem Sachverhalt, dessen Merkmale sämtlich nicht über die Grenzen eines Mitgliedstaats hinausweisen. Im vorliegenden Fall beantragt die Freikirche bei den österreichischen Behörden eine Subvention für eine Bildungseinrichtung in Österreich, die sie als konfessionelle Schule anerkennt und unterstützt. Dieses grenzüberschreitende Merkmal impliziert somit, dass die unionsrechtlichen Vorschriften

über die Freizügigkeit grundsätzlich Anwendung finden (vgl. in diesem Sinne Urteil vom 15.11.2016, Ullens de Schooten -C-268/15- EU:C:2016:874, Rn 47).

[25] Nach alledem ist auf die erste Frage zu antworten, dass Art. 17 Abs. 1 AEUV dahin auszulegen ist, dass er nicht bewirkt, dass eine Situation vom Anwendungsbereich des Unionsrechts ausgenommen ist, in der eine Kirche oder eine religiöse Vereinigung oder Gemeinschaft, die in einem Mitgliedstaat den Status einer Körperschaft öffentlichen Rechts hat und in einem anderen Mitgliedstaat eine private Bildungseinrichtung als konfessionelle Schule anerkennt und unterstützt, für diese Einrichtung eine Subvention beantragt, die Kirchen oder religiösen Vereinigungen oder Gemeinschaften vorbehalten ist, die nach dem Recht dieses anderen Mitgliedstaats anerkannt sind.

Zur zweiten Frage

[26] Zunächst ist darauf hinzuweisen, dass sich die Bildungseinrichtung, für die die Freikirche eine Subvention beantragt, in Österreich befindet und von einem in diesem Mitgliedstaat eingetragenen Verein betrieben wird, der auf dem Hoheitsgebiet dieses Staats ständig und dauerhaft anwesend ist. Daher fällt eine solche Situation unter die durch Art. 49 AEUV garantierte Niederlassungsfreiheit und nicht unter die durch Art. 56 AEUV gewährleistete Dienstleistungsfreiheit (vgl. entsprechend Urteil vom 8.9.2010, Stoß u.a. -C-316/07, C-358/07 bis C-360/07, C-409/07 und C-410/07- EU:C:2010:504, Rn 59).

[27] Unter diesen Umständen ist die zweite Frage des vorlegenden Gerichts dahin zu verstehen, dass mit ihr im Wesentlichen geklärt werden soll, ob Art. 49 AEUV in Verbindung mit Art. 17 Abs. 1 AEUV dahin auszulegen ist, dass er einer nationalen Regelung entgegensteht, die die Gewährung öffentlicher Subventionen für private Bildungseinrichtungen, die als konfessionelle Schulen anerkannt sind, davon abhängig macht, dass die Kirche oder die Religionsgesellschaft, die für eine solche Einrichtung einen Subventionsantrag stellt, nach dem Recht des betreffenden Mitgliedstaats anerkannt ist, und zwar auch dann, wenn diese Kirche oder Religionsgesellschaft nach dem Recht ihres Herkunftsmitgliedstaats anerkannt ist.

[28] Art. 49 Abs. 1 AEUV bestimmt, dass die Beschränkungen der freien Niederlassung von Staatsangehörigen eines Mitgliedstaats im Hoheitsgebiet eines anderen Mitgliedstaats nach Maßgabe der Bestimmungen in Titel IV Kapitel 2 des dritten Teils des AEU-Vertrags verboten sind. Diese Bestimmung steht somit jeder nationalen Maßnahme entgegen, die die Ausübung der Niederlassungsfreiheit unterbindet, behindert oder weniger attraktiv macht (vgl. in diesem Sinne Urteile vom 5.10.2004, CaixaBank France -C-442/02- EU:C:2004:586, Rn 11, und vom 7.9.2022, Cilevičs u.a. -C 391/20- EU:C:2022:638, Rn 61).

[29] Der in diesem Bereich geltende Grundsatz des Verbots der Ungleichbehandlung aus Gründen der Staatsangehörigkeit verbietet nicht nur offensichtliche Diskriminierungen, sondern auch alle verdeckten Formen der Diskriminierung, die durch die Anwendung anderer Unterscheidungsmerkmale tatsächlich zu dem gleichen Ergebnis führen. Es ist also nicht ausgeschlossen, dass Unterscheidungsmerkmale wie der Herkunftsort oder der Wohnsitz eines Angehörigen eines Mitgliedstaats in ihrer tatsächlichen Auswirkung je nach den Umständen auf eine nach dem AEU-Vertrag verbotene Diskriminierung aus Gründen der Staatsangehörigkeit hinauslaufen können (vgl. in diesem Sinne Urteile vom 12.2.1974, Sotgiu -152/73- EU:C:1974:13, Rn 11, und vom 20.1.2011, Kommission/Griechenland -C-155/09- EU:C:2011:22, Rn 45).

[30] Im vorliegenden Fall geht aus der Vorlageentscheidung hervor, dass der Subventionsantrag nach § 17 PrivSchG nur den nach österreichischem Recht anerkannten Kirchen oder Religionsgesellschaften offensteht, d.h. denjenigen, die die Voraussetzungen des § 1 AnerkennungsG und des § 11 BekGG erfüllen.

[31] Da diese Voraussetzungen im Allgemeinen eine unterschiedlich lange Präsenz von Kirchen oder Religionsgesellschaften in Österreich und eine Anzahl an Angehörigen von mindestens zwei Promille der Bevölkerung Österreichs verlangen, können sie von in Österreich ansässigen Kirchen oder Religionsgesellschaften leichter erfüllt werden. Diese Voraussetzungen sind also geeignet, die in anderen Mitgliedstaaten niedergelassenen Kirchen und Religionsgesellschaften zu benachteiligen, die in Österreich ansässige private Bildungseinrichtungen als konfessionelle Schulen anerkennen und unterstützen. Diesen Kirchen und Religionsgesellschaften können nämlich keine Subventionen zugunsten dieser Einrichtungen für die Zwecke der Bezahlung des Lehrpersonals gewährt werden, was für die Durchführung der Unterrichtsprogramme dieser Einrichtungen erforderlich ist.

[32] Vorbehaltlich der dem vorlegenden Gericht obliegenden Überprüfungen ist daher davon auszugehen, dass eine nationale Regelung wie die im Ausgangsverfahren in Rede stehende eine Beschränkung der Niederlassungsfreiheit darstellt.

[33] Eine solche Beschränkung ist jedoch zulässig, wenn sie erstens durch ein ausdrücklich in Art. 52 Abs. 1 AEUV angeführtes Ziel oder aus einem zwingenden Grund des Allgemeininteresses gerechtfertigt und zweitens verhältnismäßig ist, was bedeutet, dass sie geeignet sein muss, die Erreichung der verfolgten Zielsetzung in kohärenter und systematischer Weise zu gewährleisten, und nicht über das hinausgehen darf, was hierzu erforderlich ist (vgl. in diesem Sinne Urteil vom 7.9.2022, Cilevičs u.a. -C-391/20- EU:C:2022:638, Rn 65).

[34] Was erstens das Vorliegen einer Rechtfertigung für die in Rede stehende Beschränkung betrifft, wird in den vom vorlegenden Gericht angeführten Materialien zum PrivSchG ausgeführt, dass die konfessionellen Privatschulen das interkonfessionelle staatliche Schulsystem ergänzen, indem sie es den Eltern erleichtern, die ihrer religiösen Auffassung entsprechende Erziehung ihrer Kinder zu wählen.

[35] Außerdem ergibt sich aus den Erläuterungen zur Änderung des BekGG hinsichtlich der Kriterien für die Anerkennung von Kirchen und Religionsgesellschaften nach dem AnerkennungsG, dass diejenigen, die nach österreichischem Recht anerkannt sind, insbesondere im Gesundheits- und Bildungsbereich öffentlich subventioniert werden, soweit sie zum Wohlergehen von Menschen beitragen. Der Erwerb des Status einer nach österreichischem Recht anerkannten Kirche oder Religionsgesellschaft umfasst nämlich Verpflichtungen, zu denen auch die Pflicht zur Erteilung von Religionsunterricht gehört.

[36] Das vorlegende Gericht ist wie die österreichische Regierung der Ansicht, dass diese Regelung dadurch, dass sie das öffentliche interkonfessionelle Schulsystem durch konfessionelle Privatschulen ergänzt, es den Eltern tatsächlich ermögliche, die ihrer religiösen Auffassung entsprechende Erziehung ihrer Kinder zu wählen, und somit ein legitimes Ziel verfolge. Wie der Generalanwalt in Nr. 72 seiner Schlussanträge ausführt, kann ein solches Ziel, das sich an das Ziel der Sicherstellung eines hohen Ausbildungsstandards anschließt, das der Gerichtshof als „zwingenden Grund des Allgemeininteresses" eingestuft hat (Urteile vom 13.11.2003, Neri -C-153/02- EU:C:2003:614, Rn 46, und vom 14.9.2006, Centro di Musicologia Walter Stauffer -C-386/04- EU:C:2006:568, Rn 45), eine Beschränkung der Niederlassungsfreiheit rechtfertigen.

[37] Unter diesen Umständen ist, wie sich aus Rn 33 des vorliegenden Urteils ergibt, zweitens zu prüfen, ob die im Ausgangsverfahren in Rede stehende nationale Regelung zum einen geeignet ist, die Erreichung des mit ihr verfolgten Ziels in kohärenter und systematischer Weise zu gewährleisten, und zum anderen nicht über das hinausgeht, was zur Erreichung dieses Ziels erforderlich ist.

[38] Letztlich ist es Sache des vorlegenden Gerichts, das allein für die Beurteilung des Sachverhalts des Ausgangsrechtsstreits und die Auslegung der anwendbaren nationalen Regelung zuständig ist, zu bestimmen, ob und inwieweit eine solche Regelung diesen Anforderungen entspricht. Der Gerichtshof, der dazu aufgerufen ist, dem vorlegenden Gericht eine für die Entscheidung zweckdienliche Antwort zu geben, ist jedoch befugt, ihm auf der Grundlage der ihm zur Verfügung stehenden Akten und schriftlichen Erklärungen Hinweise zu

geben (Urteil vom 7.9.2022, Cilevičs u.a. -C-391/20- EU:C:2022:638, Rn 72 und 73).

[39] Was im vorliegenden Fall die Eignung der in Rede stehenden nationalen Regelung betrifft, das betreffende legitime Ziel in kohärenter und systematischer Weise zu verfolgen, geht aus den Erläuterungen zur Änderung des BekGG hervor, dass die Anerkennung von Kirchen und Religionsgesellschaften nach dem AnerkennungsG voraussetzt, dass diese eine gewisse Größe haben, damit sich ihr Handeln nicht auf ihre Anhänger beschränkt. Es wird angenommen, dass eine über die eigene Gemeinschaft hinausreichende positive Wirkung dieses Handelns, insbesondere im Bereich des Unterrichts, gegeben ist, wenn die im Gesetz vorgesehene Mindestanzahl an Mitgliedern einer Kirche oder Religionsgesellschaft erreicht wird. Außerdem soll durch die Beschränkung der Gewährung staatlicher Subventionen auf konfessionelle Schulen der nach österreichischem Recht anerkannten Kirchen und Religionsgesellschaften sichergestellt werden, dass diese Schulen einen bedeutenden Teil der Bevölkerung ansprechen, der dieses Bildungsangebot wählen kann, das das von den öffentlichen Schulen angebotene ergänzt.

[40] Unter diesen Umständen erscheint die im Ausgangsverfahren in Rede stehende Regelung nicht unangemessen, um es den Eltern zu ermöglichen, die ihrer religiösen Auffassung entsprechende Erziehung ihrer Kinder im Rahmen eines qualitativ hochwertigen interkonfessionellen Unterrichts zu wählen, ein Ziel, das, wie in Rn 36 des vorliegenden Urteils ausgeführt, im Hinblick auf das Unionsrecht legitim ist.

[41] Zu der Frage, ob diese Regelung nicht über das hinausgeht, was zur Erreichung dieses Ziels erforderlich ist, ist darauf hinzuweisen, dass Art. 17 Abs. 1 AEUV die Europäische Union verpflichtet, den Status der Kirchen und religiösen Vereinigungen oder Gemeinschaften in den Mitgliedstaaten zu achten und nicht zu beeinträchtigen, da Art. 17 AEUV die Neutralität der Union demgegenüber, wie die Mitgliedstaaten ihre Beziehungen zu den Kirchen und religiösen Vereinigungen oder Gemeinschaften gestalten, zum Ausdruck bringt (Urteile vom 17.4.2018, Egenberger -C-414/16- EU:C:2018:257, Rn 58, und vom 13.1.2022, MIUR und Ufficio Scolastico Regionale per la Campania -C-282/19- EU:C:2022:3, Rn 50). Daher kann Art. 49 AEUV in Verbindung mit Art. 17 Abs. 1 AEUV in Fällen wie denen des Ausgangsverfahrens nicht dahin ausgelegt werden, dass er einen Mitgliedstaat verpflichtet, den Status anzuerkennen, den diese Kirchen oder religiöse Vereinigungen oder Gemeinschaften nach dem Recht anderer Mitgliedstaaten genießen.

[42] Was den Erwerb des Status einer nach österreichischem Recht anerkannten Kirche oder Religionsgesellschaft betrifft, legt § 11 BekGG drei alterna-

tive Voraussetzungen fest. Erstens kann dieser Status einer Kirche oder einer Religionsgesellschaft zukommen, die seit mindestens 20 Jahren in Österreich besteht. Zweitens kann dieser Status einer Kirche oder Religionsgesellschaft, die organisatorisch und in der Lehre in eine international tätige Religionsgesellschaft eingebunden ist, die seit mindestens 200 Jahren besteht, auch ohne vorherige Anwesenheit im österreichischen Hoheitsgebiet zukommen. Drittens muss eine solche international tätige Gesellschaft, wenn sie seit mindestens 100 Jahren besteht, in Österreich bereits seit mindestens zehn Jahren in organisierter Form tätig gewesen sein, damit der organisatorisch und in der Lehre in diese Gesellschaft eingebundenen Kirche oder Religionsgesellschaft dieser Status zukommen kann.

[43] Solche Alternativen, mit denen die Fälle erfasst werden sollen, in denen die Anerkennung einer Kirche oder einer Religionsgesellschaft zum interkonfessionellen Charakter des nationalen Bildungssystems beitragen kann, gehen nicht über das hinaus, was zur Erreichung des in Rn 36 des vorliegenden Urteils genannten Ziels erforderlich ist, nämlich es den Eltern zu ermöglichen, die ihrer religiösen Auffassung entsprechende Erziehung ihrer Kinder zu wählen.

[44] Darüber hinaus sieht § 11 Abs. 1 Buchst. d Satz 2 BekGG in Bezug auf die Voraussetzung der Repräsentativität der Kirche oder Religionsgesellschaft, die die Anerkennung nach österreichischem Recht anstrebt, in der nationalen Bevölkerung vor, dass, wenn nicht nachgewiesen werden kann, dass ihr mindestens zwei Promille der Bevölkerung Österreichs nach der letzten Volkszählung angehören, dieser Nachweis in anderer geeigneter Form erbracht werden kann. Eine solche Bestimmung zeigt ebenfalls den Willen des österreichischen Gesetzgebers, nicht über das hinauszugehen, was zur Erreichung des mit der nationalen Regelung verfolgen Ziels erforderlich ist, indem sie sich nicht auf eine einzige Art der Beweisführung beschränkt.

[45] Nach alledem ist auf die zweite Frage zu antworten, dass Art. 49 AEUV in Verbindung mit Art. 17 Abs. 1 AEUV dahin auszulegen ist, dass er einer nationalen Regelung nicht entgegensteht, die die Gewährung öffentlicher Subventionen für private Bildungseinrichtungen, die als konfessionelle Schulen anerkannt sind, davon abhängig macht, dass die Kirche oder die Religionsgesellschaft, die für eine solche Einrichtung einen Subventionsantrag stellt, nach dem Recht des betreffenden Mitgliedstaats anerkannt ist, und zwar auch dann, wenn diese Kirche oder Religionsgesellschaft nach dem Recht ihres Herkunftsmitgliedstaats anerkannt ist.

Kosten

[46] Für die Beteiligten des Ausgangsverfahrens ist das Verfahren Teil des bei dem vorlegenden Gericht anhängigen Verfahrens; die Kostenentscheidung ist daher Sache dieses Gerichts. Die Auslagen anderer Beteiligter für die Abgabe von Erklärungen vor dem Gerichtshof sind nicht erstattungsfähig.

Aus diesen Gründen hat der Gerichtshof für Recht erkannt:

1. *Art. 17 Abs. 1 AEUV ist dahin auszulegen, dass er nicht bewirkt, dass eine Situation vom Anwendungsbereich des Unionsrechts ausgenommen ist, in der eine Kirche oder eine religiöse Vereinigung oder Gemeinschaft, die in einem Mitgliedstaat den Status einer Körperschaft öffentlichen Rechts hat und in einem anderen Mitgliedstaat eine private Bildungseinrichtung als konfessionelle Schule anerkennt und unterstützt, für diese Einrichtung eine Subvention beantragt, die Kirchen oder religiösen Vereinigungen oder Gemeinschaften vorbehalten ist, die nach dem Recht dieses anderen Mitgliedstaats anerkannt sind.*
2. *Art. 49 AEUV in Verbindung mit Art. 17 Abs. 1 AEUV ist dahin auszulegen, dass er einer nationalen Regelung nicht entgegensteht, die die Gewährung öffentlicher Subventionen für private Bildungseinrichtungen, die als konfessionelle Schulen anerkannt sind, davon abhängig macht, dass die Kirche oder die Religionsgesellschaft, die für eine solche Einrichtung einen Subventionsantrag stellt, nach dem Recht des betreffenden Mitgliedstaats anerkannt ist, und zwar auch dann, wenn diese Kirche oder Religionsgesellschaft nach dem Recht ihres Herkunftsmitgliedstaats anerkannt ist.*

9

1. Ist nach dem Recht des Verfolgerstaates eine Ehe, die allein nach religiösem Ritus vor einem Imam geschlossen wurde, auch ohne staatliche Registrierung wirksam, weil die Registrierung nur deklaratorisch wirkt, ist diese Ehe vom Verfolgerstaat anerkannt und deshalb eine nach Maßgabe der Vorschriften des Familienasyls wirksame Eheschließung (hier bezogen auf Irak).
2. Ein Verstoß gegen den ordre public gemäß Art. 6 EGBGB kann vorliegen, wenn die Anwendung fremden Rechts im Einzelfall mit wesentlichen Grundsätzen des deutschen Rechts, wozu insbesondere die Grundrechte gehören, unvereinbar ist.
3. Dies kann bei einer sog. Stellvertretung im Willen der Fall sein, bei der einer dritten Person die Entscheidung über das Ob der Eheschließung und die Auswahl des Ehepartners überlassen bleibt.

https://doi.org/10.1515/9783111651354-009

4. Die bloße Stellvertretung in der Erklärung zur Eheschließung – wie sie in der Handschuhehe erfolgt – führt grundsätzlich nicht zu einer Unvereinbarkeit mit dem ordre public.
5. Ob das konkrete Ergebnis der Anwendung des ausländischen Rechts aus der Sicht des deutschen Rechts zu missbilligen ist, hängt davon ab, ob im Einzelfall Anhaltspunkte für eine Stellvertretung im Willen bei der Beschließung der Handschuhehe vorliegen.

Artt. 6 Abs. 1, 11 Abs. 3 BGBEG, §§ 26 Abs. 1, 26 Abs. 5 Satz 1 u. 2 AsylVfG 1992, § 1311 BGB
OVG Lüneburg, Beschluss vom 9. Februar 2023 -9 LA 259/21-[1]

Die Beklagte wendet sich mit ihrem Antrag auf Zulassung der Berufung gegen das Urteil des Verwaltungsgerichts Stade, mit dem sie verpflichtet wurde, dem Kläger die Flüchtlingseigenschaft zuzuerkennen.

Das Verwaltungsgericht hat einen Anspruch des Klägers, eines irakischen Staatsangehörigen muslimischen Glaubens, auf Zuerkennung der Flüchtlingseigenschaft gemäß § 26 Abs. 1, Abs. 5 Satz 1 und 2 AsylG bejaht, weil die Flüchtlingsanerkennung der Ehefrau des Klägers unanfechtbar sei. Es ist zu der Einschätzung gelangt, dass der Kläger im Irak in Abwesenheit seiner Frau nach religiösem Ritus eine sog. Handschuhehe geschlossen habe. Zwar habe der Kläger die Ehe nicht bei einem irakischen Gericht registrieren lassen. Eine Ehe könne jedoch im Irak rechtsgültig auch ohne staatliche Registrierung geschlossen werden, da die grundsätzlich vorgeschriebene Registrierung durch das zuständige Gericht nur deklaratorisch wirke. Der Kläger habe auch glaubhaft gemacht, dass die Ehe bereits im Heimatland bestanden habe. Im Übrigen und die Entscheidung insoweit selbständig tragend, komme es zumindest in den Fällen, in denen das Getrenntleben – wie hier andernfalls anzunehmen – verfolgungsbedingte Gründe gehabt habe, nicht auf den Bestand der ehelichen Lebensgemeinschaft im Herkunftsland an. Die eheliche Lebensgemeinschaft bestehe schließlich auch in der Bundesrepublik fort.

Hiergegen macht die Beklagte die Zulassungsgründe der grundsätzlichen Bedeutung der Rechtssache (§ 78 Abs. 3 Nr. 1 AsylG) und eines Verfahrensfehlers (§ 78 Abs. 3 Nr. 3 AsylG) geltend.

Das Gericht hat den Antrag auf Zulassung der Berufung abgelehnt.

---

1 Amtl. Leitsätze. juris.
Das Urteil ist rechtskräftig.

Aus den Gründen:

[4] 1. Eine Rechtssache ist grundsätzlich bedeutsam i.S.d. § 78 Abs. 3 Nr. 1 AsylG, wenn sie eine höchstrichterlich oder – soweit es eine Tatsachenfrage betrifft – obergerichtlich noch nicht beantwortete Frage von allgemeiner Bedeutung aufwirft, die im angestrebten Berufungsverfahren entscheidungserheblich und klärungsfähig wäre und im Interesse der Einheitlichkeit der Rechtsprechung oder der Weiterentwicklung des Rechts einer fallübergreifenden Klärung in einem Berufungsverfahren bedarf.

[5] Die Darlegung der grundsätzlichen Bedeutung der Rechtssache gemäß § 78 Abs. 4 Satz 4 AsylG verlangt dementsprechend, dass eine konkrete Tatsachen- oder Rechtsfrage bezeichnet und erläutert wird, weshalb sie im angestrebten Berufungsverfahren entscheidungserheblich und klärungsbedürftig wäre und aus welchen Gründen ihre Beantwortung über den konkreten Einzelfall hinaus dazu beitrüge, die Rechtsfortbildung zu fördern oder die Rechtseinheit zu wahren. Des Weiteren muss substantiiert dargetan werden, warum die aufgeworfene Frage im Berufungsverfahren anders als im angefochtenen Urteil zu entscheiden sein könnte und – im Fall einer Tatsachenfrage – welche (neueren) Erkenntnismittel eine anderslautende Entscheidung nahelegen. Die Darlegung der Klärungsbedürftigkeit einer Tatsachenfrage setzt eine intensive, fallbezogene Auseinandersetzung mit den von dem Verwaltungsgericht herangezogenen und bewerteten Erkenntnismitteln voraus. Es reicht nicht, wenn der Zulassungsantragsteller sich lediglich gegen die Würdigung seines Vorbringens durch das Verwaltungsgericht wendet und eine bloße Neubewertung der vom Verwaltungsgericht berücksichtigten Erkenntnismittel verlangt (vgl. Senatsbeschluss vom 23.8.2021 -9 LA 143/20-).

[6] Gemessen hieran ist die Berufung nicht wegen einer grundsätzlichen Bedeutung der Rechtssache zuzulassen.

[7] a) Die Beklagte wirft die Frage auf, „ob Familienasyl nach § 26 Abs. 1 i.V.m. Abs. 5 AsylG auch dann zu gewähren ist, wenn die nach dem Recht des Verfolgerstaates auch ohne staatliche Registrierung wirksame Ehe dort allein nach religiösem Ritus vor einem Imam in Anwesenheit nur des Bräutigams und mit nachträglicher Bestätigung seitens der Braut geschlossen wurde (sog. „Handschuhehe“).“

[9] Diese Frage lässt sich anhand der vorhandenen Rechtsprechung und Literatur grundsätzlich bejahen (hierzu unter aa)). Im Übrigen ist ihre Beantwortung von den Umständen des jeweiligen Einzelfalls abhängig (hierzu unter bb)).

[10] aa) Nach der Rechtsprechung des Bundesverwaltungsgerichts ist Ehe im Sinne des § 26 Abs. 1 Nr. 2 AsylVfG (jetzt § 26 Abs. 1 Nr. 2 AsylG) nur eine

bereits im Verfolgerstaat eingegangene und von diesem als Ehe anerkannte und registrierte Lebensgemeinschaft zwischen Mann und Frau (vgl. BVerwG, Urteil vom 22.2.2005 -1 C 17.03-; s. a. Beschluss vom 11.8.1999 -9 B 19.99-; Urteil vom 15.12.1992 -9 C 61.91-). Eine nur nach religiösem Ritus mit Eheschließungswillen eingegangene Verbindung, die der Heimatstaat nicht anerkennt, ist dagegen keine Ehe im Sinne des § 26 Abs. 1 Nr. 2 AsylG. So ist für eine nach islamischem Ritus in der Türkei geschlossene Ehe (sog. Imam-Ehe) – ungeachtet ihrer langen Tradition, ihrer Verbreitung, ihrer staatlichen Tolerierung und ihres Ansehens – die Anwendbarkeit des Familienasyls mit Blick auf die fehlende Rechtsgültigkeit einer solchen Eheschließung abgelehnt worden (vgl. BVerwG, Urteil vom 22.2.2005, aaO, Rn 9 mwN).

[11] Demnach ist für die Frage der Wirksamkeit einer Verbindung zwischen Mann und Frau, die nach § 26 AsylG als Ehe den Anspruch auf Gewährung von Familienasyl vermitteln kann, nicht das deutsche Eherecht, sondern das Eherecht des Herkunftsstaates maßgeblich (vgl. NdsOVG, Urteil vom 9.12.2002 -2 L 3490/96-). Dies gebietet auch Art. 12 Abs. 2 der Genfer Flüchtlingskonvention, wonach die von einem Flüchtling vorher erworbenen und sich aus seinem Personalstatut ergebenden Rechte, insbesondere die aus der Eheschließung, von jedem vertragschließenden Staat, gegebenenfalls vorbehaltlich der Formalitäten, die nach dem in diesem Staat geltenden Recht vorgesehen sind, geachtet werden. Auch diese völkerrechtliche Verpflichtung legt es nahe, für die Frage der Rechtsgültigkeit einer Ehe auf das Eherecht des Herkunftsstaates des Asylsuchenden (und nicht auf die Rechtsordnung und das Familienrecht der Bundesrepublik) für den Ehebegriff in § 26 AsylG abzustellen (vgl. NdsOVG, Urteil vom 9.12.2002, aaO, Rn 44; OVG RP, Urteil vom 5.7.1993 -13 A 10564/92-NVwZ 1994, 514 [515]). Dies folgt auch aus Art. 11 EGBGB, der für die Frage der formellen Wirksamkeit der Ehe maßgeblich ist. Nach Art. 11 Abs. 1 EGBGB ist ein Rechtsgeschäft formgültig, wenn es die Formerfordernisse des Rechts, das auf das seinen Gegenstand bildende Rechtsverhältnis anzuwenden ist, oder des Rechts des Staates erfüllt, in dem es vorgenommen wird. Gemäß § 11 Abs. 3 EGBGB ist, wenn der Vertrag durch einen Vertreter geschlossen wird, bei Anwendung u.a. des Absatzes 1 der Staat maßgebend, in dem sich der Vertreter befindet. Insoweit kann eine Eheschließung abweichend vom deutschen Recht auch wirksam sein, wenn sie im Ausland nach den dort geltenden Formvorschriften wirksam geschlossen worden ist. Die Möglichkeit, im Ausland durch einen Vertreter eine sog. Handschuhehe schließen zu können, wird im Sinne des Art. 11 EGBGB als Formvorschrift angesehen, für die die Einhaltung der Ortsvorschrift ausreicht (vgl. NdsOVG, Beschluss vom 15.3.2001 -2 MA 522/01, 2 MB 1050/01-).

[12] Ist nach dem Recht des Verfolgerstaates eine Ehe, die allein nach religiösem Ritus vor einem Imam geschlossen wurde, auch ohne staatliche Registrierung wirksam, weil die Registrierung nur deklaratorisch wirkt – dies unterstellt die Beklagte mit ihrer Frage –, ist diese Ehe vom Verfolgerstaat anerkannt und deshalb eine nach Maßgabe der Vorschriften des Familienasyls wirksame Eheschließung (vgl. VG Berlin, Urteil vom 22.7.2022 -5 K 361.17 A- FamRZ 2022, 1460 mit Anmerkung Prof. Dr. Ebert; VG Oldenburg, Urteil vom 2.1.2018 -3 A 4808/16-; VG Sigmaringen, Beschluss vom 5.12.2011 -A 1 K 677/10-).

[13] Die Anerkennung einer Ehe i.S.d. § 26 Abs. 1 Nr. 2 AsylG verlangt in einem solchen Fall, in dem eine Ehe im Verfolgerstaat auch ohne staatliche Registrierung wirksam ist, nicht darüber hinaus, dass eine solche Ehe im Verfolgerstaat registriert ist.

[14] Zwar geht das Bundesverwaltungsgericht in seinem Urteil vom 22.2.2005 (-1 C 17.03-) – wie ausgeführt – davon aus, dass nur eine bereits im Verfolgerstaat eingegangene und von diesem als Ehe anerkannte und registrierte Lebensgemeinschaft (Hervorhebung durch den Senat) zwischen Mann und Frau eine Ehe im Sinne des § 26 Abs. 1 Nr. 2 AsylG ist. Die „Registrierung der Lebensgemeinschaft“ ist jedoch nicht ein – neben der Anerkennung der Ehe durch den Verfolgerstaat – eigenständiges für eine nach § 26 AsylG beachtliche Ehe erforderliches Merkmal, wenn die Registrierung für die Anerkennung der Ehe nach dem Eherecht des Verfolgerstaates nicht zwingende Voraussetzung ist.

[15] Verlangte man in einem solchen Fall für die Anerkennung einer Ehe i.S.d. § 26 Abs. 1 Nr. 2 AsylG zusätzlich eine Registrierung der Ehe im Verfolgerstaat, ginge dies über die Anforderungen des ausländischen Eherechts hinaus. Dies widerspräche Art. 11 Abs. 1 Alt. 2 EGBGB, der für die Formgültigkeit eines Rechtsgeschäfts – hier der Ehe – allein auf die Formerfordernisse des Rechts des Staates abstellt, in dem das Rechtsgeschäft vorgenommen wird.

[16] Im Übrigen stellt auch das Bundesverwaltungsgericht maßgeblich auf die staatliche Anerkennung der Ehe im Verfolgerstaat als Voraussetzung für eine nach den Vorschriften des Familienasyls wirksame Eheschließung ab. Nach seiner in dem Urteil vom 22.2.2005 zitierten Rechtsprechung ist unter einer Ehe im Sinne des § 26 Abs. 1 AsylVfG (jetzt § 26 AsylG) die mit Eheschließungswillen eingegangene, staatlich anerkannte Lebensgemeinschaft zu verstehen (vgl. BVerwG, Beschluss vom 11.8.1999 -9 B 19.99-; Urteil vom 15.12.1992 -9 C 61.91-). An weitere Bedingungen hat das Bundesverwaltungsgericht die Feststellung einer wirksamen Ehe im Sinne des Familienasyls nicht geknüpft.

[17] Auch das Niedersächsische Oberverwaltungsgericht hat in seinem Urteil vom 9.12.2002 (-2 L 3490/96-), das Gegenstand des Urteils des Bundesver-

waltungsgerichts vom 22.2.2005 gewesen und von diesem im Ergebnis nicht beanstandet worden ist, nicht eine formelle Registrierung der Lebensgemeinschaft neben einer Anerkennung als Ehe durch den Verfolgerstaat gefordert. In jenem Fall hat das Niedersächsische Oberverwaltungsgericht eine wirksame in Syrien staatlich anerkannte Ehe verneint, weil für eine wirksame Eheschließung in Syrien eine staatliche Anerkennung der Ehe durch ein syrisches Gericht erforderlich war, welche die dortige Klägerin nicht hat glaubhaft machen können (Rn 47, 48). Für das Niedersächsische Oberverwaltungsgericht war es hingegen nicht entscheidend, ob die Ehe im Verfolgerstaat Syrien registriert war. Vielmehr hat das Niedersächsische Oberverwaltungsgericht ausgeführt, dass – selbst wenn die Eheschließung im syrischen Zivilregister eingetragen worden wäre – keine nach § 26 AsylVfG (jetzt § 26 AsylG) beachtliche Ehe vorgelegen hätte, weil nach syrischem Eherecht die bloße Eintragung einer Heirat in das Zivilregister für eine staatliche Anerkennung der Eheschließung nicht konstitutiv sei (Rn 54).

[18] Ob die Anerkennung der Ehe eine Registrierung im Verfolgerstaat erfordert, hängt deshalb allein vom Recht des jeweiligen Staates ab. Ist dort die formelle Registrierung für die staatliche Anerkennung der Ehe nicht erforderlich, kann man diese nicht fordern. Wird die Ehe dagegen nur unter Beachtung zwingender Formvorschriften als wirksam angesehen, wird man deren Einhaltung verlangen müssen (vgl. Marx, AsylG, Kommentar, 11. Aufl. 2022, § 26 Rn 10; s.a. VG Berlin, Urteil vom 22.7.2022 -5 K 361.17 A- FamRZ 2022, 1460 mit Anmerkung Prof. Dr. Ebert; VG Oldenburg, Urteil vom 2.1.2018 -3 A 4808/16-; VG Sigmaringen, Beschluss vom 5.12.2011 -A 1 K 677/10-, wonach eine im Irak religiös geschlossene Ehe auch ohne Mitwirkung staatlicher Stellen rechtsgültig sei, weil es zwingende konstitutive Formvorschriften für die Begründung der Ehe nicht gebe und auf die zusätzliche (im Irak rein deklaratorische) Registrierung nicht ankomme).

[19] Ist – wie in dem von der Beklagten mit ihrer Frage unterstellten Fall – nach dem Recht des Verfolgerstaates eine allein nach religiösem Ritus vor einem Imam geschlossene Handschuhehe auch ohne staatliche Registrierung wirksam, folgt hieraus zugleich, dass in einem solchen Fall eine staatliche Registrierung keine zwingende Formvorschrift für die Gültigkeit der Ehe ist. In einem solchen Fall ist die Handschuhehe nach religiösem Ritus vor einem Imam auch ohne eine staatliche Registrierung als Ehe i.S.d. § 26 Abs. 1 Nr. 2 AsylG anzuerkennen.

[20] bb) Eine grundsätzliche Klärungsbedürftigkeit der aufgeworfenen Frage ergibt sich auch nicht im Hinblick auf den Einwand der Beklagten, eine solche Handschuhehe verstoße gegen den ordre public (Art. 6 EGBGB).

[21] Für die Beantwortung der Frage, ob eine Handschuhehe gegen den deutschen ordre public gemäß Art. 6 EGBGB verstößt, kommt es darauf an, ob die Anwendung fremden Rechts im Einzelfall mit wesentlichen Grundsätzen des deutschen Rechts, wozu insbesondere die Grundrechte gehören, unvereinbar ist (vgl. BGH, Beschluss vom 29.9.2021 -XII ZB 309/21-). Diese Frage ist deshalb insoweit nicht allgemeingültig klärungsfähig.

[22] Gemäß Art. 6 EGBGB ist eine Rechtsnorm eines anderen Staates nicht anzuwenden, wenn ihre Anwendung zu einem Ergebnis führt, das mit wesentlichen Grundsätzen des deutschen Rechts offensichtlich unvereinbar ist. Sie ist insbesondere nicht anzuwenden, wenn die Anwendung mit den Grundrechten unvereinbar ist. Ein Verstoß gegen den deutschen „ordre public“ liegt dabei vor, wenn das Ergebnis der Anwendung ausländischen Rechts sittenwidrig ist oder sonst zu den Grundgedanken und Gerechtigkeitsvorstellungen des deutschen Rechts in untragbarem Widerspruch steht (vgl. BVerwG, Beschluss vom 29.5.1986 -1 B 20.86-).

[23] Die Beklagte wendet ein, eine nach islamischem Recht geschlossene Handschuhehe böte keinerlei Gewähr dafür, dass die Ehefrau sie freiwillig eingehe. Nach deutschem Recht müssten die Eheschließenden die auf die Eingehung der Ehe gerichteten Erklärungen persönlich und bei gleichzeitiger Anwesenheit vor dem Standesbeamten abgegeben (§§ 1310 Abs. 1, 1311 BGB). Auch wenn die Handschuhehe, bei der Stellvertreter an der Trauungszeremonie mitwirkten, von der deutschen Rechtsordnung grundsätzlich anerkannt werde, erscheine es zweifelhaft, ob das auch dann gelten könne, wenn die Ferntrauung allein durch religiösen Ritus vor einem Imam und ohne nachfolgende Registrierung bei einer staatlichen Stelle erfolge. In einem solchen Fall bestehe keinerlei Gewähr dafür, dass die Ehe freiwillig eingegangen worden sei. Dies sei aber ein wesentlicher Grundsatz des deutschen Eherechts.

[24] Es trifft zwar zu, dass eine Handschuhehe von der deutschen Regel des § 1311 BGB abweicht. Nach § 1311 BGB müssen die Eheschließenden die Erklärungen nach § 1310 Abs. 1 BGB, die Ehe miteinander eingehen zu wollen, persönlich und bei gleichzeitiger Anwesenheit abgeben.

[25] Ob der Inhalt einer ausländischen Vorschrift den Vorstellungen deutschen Rechts entspricht, ist jedoch für sich genommen unerheblich. Insoweit ist nicht zu prüfen, ob eine Eheschließung nach ausländischem Recht gemessen an Art. 6 Abs. 1 GG allgemeinen Bedenken unterliegt (vgl. BGH, Beschluss vom 29.9.2021 -XII ZB 309/21-). Auch wenn nach deutschem Recht eine Stellvertretung bei der Eheschließung ausscheidet, bedeutet dies nicht zwangsläufig einen ordre-public-Verstoß. Vielmehr stände dies der Wertung des Gesetzes entgegen. Denn nach Art. 11 Abs. 1 EGBGB genügt grundsätzlich die Ortsform.

Dies muss auch für im Ausland geschlossene Ehen gelten (vgl. Staudinger/Beiderwieden, jurisPR-IWR 1/2022 Anm. 3). Die bloße Stellvertretung in der Erklärung zur Eheschließung – wie sie in der Handschuhehe erfolgt – führt deshalb grundsätzlich nicht zu einer Unvereinbarkeit mit dem ordre public (vgl. BGH, Beschluss vom 29.9.2021, aaO, Rn 18 ff.; BayOLG, Beschluss vom 28.11.2000 -1 Z BR 59/00-). Der Gesetzgeber hat vielmehr die Wirksamkeit von nach fremdem Ortsrecht geschlossenen Ehen sowohl bei den Beratungen zur Ursprungsfassung der Art. 11 und 13 EGBGB als auch bei den Beratungen zur IPR-Reform 1986 bewusst in seinen Willen aufgenommen (vgl. BGH, Beschluss vom 29.9.2021, aaO).

[26] Allerdings kann ein Verstoß gegen den ordre public gemäß Art. 6 EGBGB – wie bereits ausgeführt – vorliegen, wenn die Anwendung fremden Rechts im Einzelfall mit wesentlichen Grundsätzen des deutschen Rechts, wozu insbesondere die Grundrechte gehören, unvereinbar ist (vgl. BGH, Beschluss vom 29.9.2021 -XII ZB 309/21-; Urteil vom 6.10.2004 -XII ZR 225/01-; vgl. auch D. Baetge in Herberger/Martinek/Rüßmann/Weth/Würdinger, jurisPK-BGB, 9. Aufl. 2020, Art. 6 EGBGB Rn 56 mwN).

[27] Dies kann bei einer sog. Stellvertretung „im Willen" der Fall sein. Eine derartige Stellvertretung „im Willen", bei der einer dritten Person die Entscheidung über das „Ob" der Eheschließung und die Auswahl des Ehepartners überlassen bleibt, verstößt gegen die Menschenwürde sowie die Grundrechte auf Eheschließungsfreiheit und auf freie Entfaltung der Persönlichkeit (vgl. OLG Oldenburg, Beschluss vom 30.1.2020 -12 W 63/19 (PS)-; OLG Zweibrücken, Beschluss vom 8.12.2010 -3 W 175/10-). Der ordre public ist aber dann nicht verletzt, wenn feststeht, dass die Handschuhehe unter Beteiligung des Stellvertreters gerade mit der Person geschlossen wird, welcher die/der vertretene Verlobte aufgrund eigenen Willensentschlusses tatsächlich zu diesem Zeitpunkt heiraten will (vgl. OLG Zweibrücken, Beschluss vom 8.12.2010, aaO, Rn 7; BayOLG, Beschluss vom 28.11.2000 -1 Z BR 59/00-; Mäsch in Herberger/Martinek/Rüßmann/Weth/Würdinger, aaO, Art. 13 EGBGB Rn 46).

[28] Ob das konkrete Ergebnis der Anwendung des ausländischen Rechts aus der Sicht des deutschen Rechts zu missbilligen ist, hängt demnach davon ab, ob im Einzelfall Anhaltspunkte für eine Stellvertretung im Willen bei der Beschließung der Handschuhehe vorliegen (vgl. OLG Zweibrücken, Beschluss vom 8.12.2010 -3 W 175/10-). Dies ist einer grundsätzlichen Klärung im Berufungsverfahren nicht zugänglich.

[29] b) Die weitere von der Beklagten aufgeworfene Frage, „ob in Fällen, in denen das Getrenntleben im Verfolgerstaat verfolgungsbedingte Gründe hat, es entgegen dem Wortlaut von § 26 Abs. 1 Nr. 2 AsylG für die Gewährung von Fami-

lienasyl nicht auf den Bestand der ehelichen Lebensgemeinschaft im Verfolgerstaat ankommt,“ ist nicht entscheidungserheblich.

[32] Denn das Verwaltungsgericht ist – seine Entscheidung selbständig tragend – zu der Einschätzung gelangt, dass der Kläger mit seiner Ehefrau im Irak zumindest kurzfristig vor seiner Ausreise in ehelicher Lebensgemeinschaft gelebt habe, und hat deshalb das Tatbestandserfordernis des § 26 Abs. 1 Nr. 2 AsylG (Bestand der Ehe schon im Verfolgerstaat) als erfüllt angesehen. Diese Feststellung hat die Beklagte nicht mit durchgreifenden Verfahrensrügen angefochten (hierzu siehe unter 2.).

[33] Ob die weitere alternative Begründung des Verwaltungsgerichts zutrifft, es komme zumindest in den Fällen, in denen das Getrenntleben – wie hier andernfalls anzunehmen sei – verfolgungsbedingte Gründe gehabt habe, nicht auf den Bestand der ehelichen Lebensgemeinschaft im Herkunftsland an, kann deshalb dahinstehen.

[34] 2. Die von der Beklagten erhobene Verfahrensrüge in der Form eines Begründungsmangels (§ 78 Abs. 3 Nr. 3 AsylG i.V.m. § 138 Nr. 6 VwGO) greift nicht durch.

[35] Die Beklagte wendet ohne Erfolg ein, die Annahme des Verwaltungsgerichts, dass „der Kläger mit seiner Ehefrau zumindest kurzfristig vor seiner Ausreise in ehelicher Lebensgemeinschaft gelebt hat“, erscheine willkürlich. Es fehle an jedweder sachbezogenen Begründung.

[36] Als nicht mit Gründen versehen im Sinne des § 138 Nr. 6 VwGO ist eine Entscheidung nur dann anzusehen, wenn die Entscheidungsgründe keine Kenntnis darüber vermitteln, welche tatsächlichen und rechtlichen Gesichtspunkte für die Entscheidung maßgebend waren, und wenn den Beteiligten und dem Rechtsmittelgericht deshalb die Möglichkeit entzogen ist, die Entscheidung auf ihre inhaltliche Richtigkeit zu überprüfen. Das ist nur dann der Fall, wenn die Entscheidungsgründe vollständig oder zu wesentlichen Teilen des Streitgegenstandes fehlen oder rational nicht nachvollziehbar, sachlich inhaltslos oder aus sonstigen Gründen derart unbrauchbar sind, dass sie unter keinem denkbaren Gesichtspunkt geeignet sind, den Urteilstenor zu tragen. Der in § 138 Nr. 6 VwGO vorausgesetzte grobe Verfahrensfehler liegt indessen nicht schon dann vor, wenn die Entscheidungsgründe lediglich unklar, unvollständig, oberflächlich oder unrichtig sind (vgl. BVerwG, Beschluss vom 15.3.2021 -4 B 14.20-).

[37] Bei Anwendung dieses Maßstabs liegt hier ein Begründungsmangel im Sinne von § 138 Nr. 6 VwGO nicht vor.

[38] Das Verwaltungsgericht ist zu der Überzeugung gelangt, dass der Kläger mit seiner Ehefrau im Irak zumindest kurzfristig vor seiner Ausreise in ehelicher Lebensgemeinschaft gelebt habe. Es hat gewürdigt, dass der Kläger nicht

vortrage, „lange mit seiner Ehefrau im Irak gemeinsam gelebt zu haben", und dass er ausdrücklich erklärt habe, „die Ehe sei im Irak nicht vollzogen worden, wie wohl er bereits vor dem Eheschluss mit seiner zukünftigen Frau geschlafen habe". Das Verwaltungsgericht ist sodann zu der Einschätzung gelangt, dass der Kläger daher nicht den für ihn günstigsten und kaum überprüfbaren Sachverhalt schildere, „sondern einen solchen, der einen Bestand der ehelichen Lebensgemeinschaft im Irak zumindest in Frage" stelle.

[39] Diese Begründung ist nicht mangelhaft i.S.v. § 138 Nr. 6 VwGO.

[40] Das Verwaltungsgericht hat begründet, warum es den Vortrag des Klägers für glaubhaft gehalten hat. Es hat dem Kläger zugutegehalten, dass er einen für sich günstigeren Sachverhalt hätte vortragen können, der kaum überprüfbar gewesen wäre und der den Vortrag, dass die eheliche Lebensgemeinschaft bereits im Irak bestanden habe, bestärkt hätte.

[41] Diese Erwägungen des Verwaltungsgerichts sind weder willkürlich noch sachfremd.

10

1. Ein Ausländer darf nicht abgeschoben werden, soweit sich aus der Anwendung der Konvention vom 4.11.1950 zum Schutz der Menschenrechte und Grundfreiheiten ergibt, dass die Abschiebung unzulässig ist.
2. Geprägt wird das Leben der Menschen in Venezuela von einer schwierigen wirtschaftlichen Situation und Versorgungslage, außerdem von prekären humanitären Gegebenheiten sowie von einer hohen Kriminalitätsrate und einer damit einhergehenden schlechten Sicherheitslage.
3. Das Gericht geht davon aus, dass die Klägerin (Zeugin Jehovas) bei einer Rückkehr nach Venezuela aufgrund der dortigen Bedingungen mit hoher Wahrscheinlichkeit einer extremen Gefahrenlage ausgesetzt wäre und ihre existentiellen Grundbedürfnisse nicht wird befriedigen können.

Art. 3 EMRK, § 60 AufenthG, § 154 Abs. 1 VwGO
VG Leipzig, Urteil vom 13. Februar 2023 -1 K 948/20.A-[1]

Die Klägerin ist Zeugin Jehovas und begehrt die Feststellung von Abschiebungsverboten unter entsprechender Aufhebung des Ablehnungsbescheids des Bundesamtes für Migration und Flüchtlinge – Bundesamt – vom 26.6.2020.

1 juris.
Das Urteil ist rechtskräftig.

https://doi.org/10.1515/9783111651354-010

Die Klägerin ist als in Venezuela geborene Tochter kolumbianischer Eltern amtlich ausgewiesene venezolanische Staatsangehörige. Sie reiste nach eigenen Angaben am 3.11.2019 aus Venezuela nach Kolumbien aus. Von dort aus reiste sie am 5.11.2019 auf dem Luftweg in das Gebiet der Europäischen Union in die Niederlande und weiter am 6.11.2019 in die Bundesrepublik Deutschland ein, wo sie am 4.12.2019 einen Asylantrag stellte.

Bei der Anhörung vor dem Bundesamt am 15.1.2020 und am 28.1.2020 gab sie zur Begründung des Asylantrags im Wesentlichen an, sie sei Zeugin Jehovas. Deshalb sei sie nicht im Besitz eines Vaterlandsausweises (Carnet de la Partria) gewesen und zur politischen Neutralität verpflichtet, weshalb sie nicht an Wahlen teilgenommen habe. Ihre Familie habe einen Betrieb zur Süßwarenherstellung in Venezuela betrieben. Von 2012 bis 2013 seien sie von Straßengangs erpresst worden. Die Erpresser seien gefasst worden. Im Jahr 2016 sei ihr Neffe ermordet worden. Näheres sei ihr hierzu nicht bekannt. Im Jahr 2018 sei ihre Familie Opfer eines Raubüberfalls in ihrem Haus geworden. Im März 2019 sei ihr Cousin ermordet worden. Hierzu führt sie jeweils vertiefend aus. Im Jahr 2019 seien die zur Süßwarenherstellung erforderlichen Rohstoffe durch den GNB beschlagnahmt worden. Sie hätten den Betrieb daher nicht weiterführen können. Sie selbst habe aufgrund ihrer Gesundheitsprobleme keine andere Tätigkeit ausüben können. Wegen der weiteren Einzelheiten wird auf die Niederschrift zur Anhörung vom 24.6.2020 verwiesen.

Mit Bescheid vom 26.6.2020 lehnte das Bundesamt den Antrag der Klägerin auf Zuerkennung der Flüchtlingseigenschaft, den Antrag auf Anerkennung als Asylberechtigter sowie den Antrag auf Zuerkennung des subsidiären Schutzes als unbegründet ab. Es wurde festgestellt, dass Abschiebungsverbote nach § 60 Abs. 5 und 7 Satz 1 Aufenthaltsgesetz – AufenthG – hinsichtlich Venezuela nicht vorliegen. Ebenso lägen keine Abschiebungsverbote nach § 60 Abs. 5 und 7 Satz 1 AufenthG hinsichtlich Kolumbien vor. Die Klägerin wurde aufgefordert, die Bundesrepublik Deutschland innerhalb von 30 Tagen nach Bekanntgabe der Entscheidung zu verlassen. Im Fall der Klageerhebung ende die Ausreisefrist 30 Tage nach dem unanfechtbaren Abschluss des Asylverfahrens. Sollte die Klägerin die Ausreisefrist nicht einhalten, werde sie nach Venezuela oder nach Kolumbien abgeschoben. Sie könne auch in einen anderen Staat abgeschoben werden, in den sie einreisen dürfe oder der zu ihrer Rückübernahme verpflichtet sei. Das Einreise- und Aufenthaltsverbot wurde auf 30 Monate ab dem Tag der Abschiebung befristet. Wegen der Begründung wird auf den angegriffenen Bescheid vom 26.6.2020 verwiesen. Der Bescheid wurde am 1.7.2020 zugestellt.

Gegen den Bescheid des Bundesamts vom 26.6.2020 hat die Klägerin am 14.7.2020 Klage erhoben.

Die Klägerin hat ihren ursprünglich auch auf die Anerkennung als Asylberechtigter, die Zuerkennung von Flüchtlingsschutz und subsidiären Schutz gerichteten Antrag aus der Klageschrift, mit dem sie die Aufhebung des Bescheides des Bundesamtes vom 26.6.2020 (fehlerhaft als „29.06.2020" bezeichnet) insgesamt beantragt hatte, in der mündlichen Verhandlung am 13.2.2023 zurückgenommen.

Die Klägerin beantragt, die Beklagte zu verpflichten festzustellen, dass Abschiebungsverbote nach § 60 Abs. 5 und Abs. 7 AufenthG hinsichtlich der Bolivarischen Republik Venezuela und auch hinsichtlich Kolumbien vorliegen unter entsprechender Aufhebung des Bescheids des Bundesamtes für Migration und Flüchtlinge vom 26.6.2020.

Die Beklagte beantragt, die Klage abzuweisen.

Soweit die Klage zurückgenommen wurde, hat das Gericht das Verfahren eingestellt. Im Übrigen hat die Klage Erfolg.

Aus den Gründen:

[19] Der Bescheid des Bundesamtes vom 26.6.2020 ist teilweise rechtswidrig und verletzt die Kläger in ihren Rechten (§ 113 Abs. 1 Satz 1 VwGO), da ein Abschiebungsverbot nach § 60 Abs. 5 AufenthG hinsichtlich Venezuela und Kolumbien festzustellen ist.

[20] 1. Hinsichtlich der Klägerin ist ein Abschiebungsverbot nach § 60 Abs. 5 AufenthG i.V.m. Art. 3 EMRK im Hinblick auf Venezuela festzustellen.

[21] Nach § 60 Abs. 5 AufenthG darf ein Ausländer nicht abgeschoben werden, soweit sich aus der Anwendung der Konvention vom 4.11.1950 zum Schutz der Menschenrechte und Grundfreiheiten ergibt, dass die Abschiebung unzulässig ist. Die Erkenntnisse zur humanitären Situation in Venezuela geben im Falle der Klägerin Anlass zu der Annahme, dass aufgrund der schlechten Lebensbedingungen in Venezuela infolge der Abschiebung eine Verletzung des Art. 3 EMRK droht. *(wird ausgeführt)*

[22] Hiervon ausgehend ergibt sich unter Berücksichtigung der landesweiten Lebensverhältnisse in Venezuela, dass unter Berücksichtigung der persönlichen Situation der Klägerin ein Abschiebungsverbot nach § 60 Abs. 5 AufenthG i.V.m. Art. 3 EMRK im Hinblick auf Venezuela vorliegt. *(wird ausgeführt)*

[24] Die Lage in Venezuela hatte sich durch die Covid-19-Pandemie ab 2020 weiter verschlechtert. Dies betraf insbesondere die unteren Einkommensschichten, die auf Tagelohnarbeiten angewiesen sind. Die Lage im venezolanischen Gesundheitswesen wird, wie vorstehend ausgeführt, bereits seit Jahren einhel-

lig als katastrophal beschrieben. Durch die an das medizinische System zu stellenden Anforderungen einer Pandemie in Kombination mit der Auswanderung von Fachkräften ins Ausland steht das Gesundheitssystem Venezuelas aktuell vor besonderen Herausforderungen. Details der aktuellen Situation sind allerdings schwer zugänglich, zumal Beschäftigte im medizinischen Bereich, die über die Zustände berichten, Repressionen von Seiten der Regierung ausgesetzt sind. Verlässliche Daten sind nicht verfügbar. Seit 2017 werden diese nur noch sporadisch von offizieller Seite publiziert. Eine generelle Beurteilung der Situation, die in The Lancet veröffentlicht wurde, kam im März 2019 zu einer umfassenden Dokumentation der Verschlechterung in allen Bereichen einschließlich Kinder- und Müttersterblichkeit, Verbreitung von vermeidbaren Krankheiten und Ausstattung der Krankenhäuser. Danach soll die Kindersterblichkeit von 2012 bis 2016 um 63% angestiegen sein. Die Müttersterblichkeit soll sich mehr als verdoppelt haben (vgl. Kathleen R, Page/Shannon Doocy/Feliciano Reyne Ganteaume/Julio Castro: Venezuela`s public health crisis: a regional emergency, in: The Lancet 393 (2019), 1254–1260).

[25] Dies vorangestellt, geht das Gericht vorliegend aufgrund der konkreten Umstände des Einzelfalles davon aus, dass die Klägerin bei einer Rückkehr nach Venezuela aufgrund der dortigen Bedingungen mit hoher Wahrscheinlichkeit einer extremen Gefahrenlage ausgesetzt wäre und ihre existentiellen Grundbedürfnisse in dem für § 60 Abs. 5 AufenthG i.V.m. Art 3 EMRK ausreichendem Maße nicht wird befriedigen können. Die schlechten humanitären und wirtschaftlichen Bedingungen begründen für sich genommen zwar ohne weiteres noch kein Abschiebungsverbot nach Venezuela. Allerdings treten bei der Klägerin besondere gefahrerhöhende Umstände hinzu:

[26] Auch wenn die Zugehörigkeit der Klägerin zu den Zeugen Jehovas nicht als zielgerichtete Verfolgung wegen der Religion oder der politischen Überzeugung anzusehen ist (vgl. VG Leipzig, Urteil vom 7.2.2019 -4 K 2082/18.A-), führt dieser Umstand im Ergebnis dazu, dass sie durch den Ausschluss vom staatlichen Lebensmittelverteilungsprogramm sowie anderen, durch den sog. Vaterlandsausweis eröffneten Vorteilen im Vergleich zu anderen Venezolanern erheblich in ihrer Versorgungslage eingeschränkt ist. Die Klägerin ist nach ihren eigenen glaubhaften Angaben als Zeugin Jehovas zur politischen Neutralität verpflichtet. Vor diesem Hintergrund ist es ihr aus religiösen Gründen auch verwehrt, sich an den Wahlen zu beteiligen oder sich in sonstiger Weise politisch zu betätigen. Der venezolanische Staat knüpft jedoch an ein offen aufgelebten und durch den Besitz des Vaterlandsausweises dokumentiertes regierungstreues politisches Verhalten eine Reihe von Vergünstigen, insbesondere sämtliche staatliche Unterstützungsleistungen und Zugang zu bestimmten Insti-

tutionen und Berufen. Insbesondere sind Lebensmittelzuweisungen sowie die Unterstützung bei der Wohnungssuche und das allgemeine staatliche Krankenversorgungssystem an den Besitz des sog. Vaterlandsausweises geknüpft. Da die Klägerin diesen aus vorgenannten Gründen nicht beantragt hat und ihr dies auch aus religiösen Gründen nicht zumutbar ist, ist sie de facto von sämtlichen staatlichen Unterstützungsleistungen abgeschnitten.

[27] Auch wenn dies nicht den Schweregrad einer Verfolgung aus religiösen oder politischen Gründen i.S.v. §§ 3, 3a AsylG erreicht (vgl. VG Leipzig, Urteil vom 7.2.2019 -4 K 2082/18.A-), beschwert es die Klägerin über das Maß hinaus, in dem die restliche Bevölkerung Venezuelas von Nahrungs- und Versorgungsknappheit betroffen ist. Im Fall der Klägerin kommt hinzu, dass diese als Buchhalterin im öffentlichen Sektor perspektivisch nicht arbeiten kann. Für Zeugen Jehovas ist es grundsätzlich mangels nachgewiesener Regierungstreue zumindest erschwert, eine Anstellung in dem – in Venezuela umfassenden – öffentlichen Sektor bzw. bei Staatsunternehmen zu erhalten. Die Klägerin kann auch nicht ohne weiteres auf den Privatsektor verwiesen werden, denn die Privatwirtschaft ist in dem langjährig sozialistisch geprägten Wirtschaftssektor mittlerweile – wie auch der vorliegende Fall des Süßwarenunternehmens zeigt – in Venezuela größtenteils zusammengebrochen. Unterstützungsbereite und -fähige Verwandte sind ebenfalls nicht (mehr) in Venezuela wohnhaft. Der Vater der Klägerin ist vor drei Monaten verstorben. Die Klägerin hat darüber hinaus auch glaubhaft dargelegt, dass sie nur eingeschränkt in der Lage ist, körperlich anstrengenden Tätigkeiten mit einer Belastung ihres Rückens – z.B. Anheben und Tragen schwerer Lasten – aufzunehmen. Sie leidet an einer bereits in Venezuela diagnostizierten Skoliose und Problemen mit der Halswirbelsäule. Gerade im Bereich des informellen Arbeitsmarktes, auf den die Klägerin realistisch verwiesen werden muss, ist jedoch mit körperlich herausfordernden Arbeiten zu rechnen, die von der Klägerin aufgrund ihrer Gesundheitslage nicht oder nur sehr eingeschränkt ausgeübt werden können. In ihrem erlernten Beruf als Buchhalterin wird sie perspektivisch keine Anstellung finden, ebenso wie sie nicht auf eine Versorgung aus dem Familienunternehmen heraus bauen kann, denn das Familienunternehmen zur Süßwarenherstellung wird derzeit aufgrund der Rohstoffknappheit und -beschlagnahme von zur Herstellung benötigten Rohstoffen nicht betrieben. Es ist daher zu erwarten, dass die Klägerin nach der Rückkehr nach Venezuela alsbald verelenden wird.

[28] Ob in der Person der Klägerin im Übrigen auch die Voraussetzungen des § 60 Abs. 7 Satz 1 AufenthG erfüllt sein könnten, bedarf vor diesem Hintergrund keiner Entscheidung, da es sich beim national begründeten Abschie-

bungsverbot um einen einheitlichen und nicht weiter teilbaren Verfahrensgegenstand handelt (vgl. BayVGH, Urteil vom 23.3.2017 -13a B 17.30030-).

[29] 2. Die Klägerin kann auch nicht nach Kolumbien abgeschoben werden.

[30] Hinsichtlich des anzuwendenden Maßstabs nach § 60a Abs. 5 AufenthG i.V.m. Art. 3 EMRK wird auf das vorstehend bereits Ausgeführte verwiesen.

[31] Entgegen der Auffassung der Beklagten kann die Klägerin im Ergebnis der mündlichen Verhandlung nicht unter Verweis auf ihren Anspruch auf Erhalt der kolumbianischen Staatsangehörigkeit nach Kolumbien abgeschoben werden.

[32] a) Die Klägerin hat die angedrohte Abschiebung nach Kolumbien im Kern darauf gestützt, dass die Klägerin Anspruchsinhaberin der Staatsangehörigkeit Kolumbiens sei. Entgegen der Auffassung der Klägerin ist dies grundsätzlich nicht zu beanstanden.

[33] Das Staatsangehörigkeitsrecht von Kolumbien lässt seit der Verfassung vom 4.7.1991 die doppelte Staatsangehörigkeit zu. Durch Geburt erwirbt nach Art. 96 Ziffer 1 der Verfassung die kolumbianische Staatsangehörigkeit u.a., wer im Ausland als Kind eines kolumbianischen Staatsangehörigen geboren ist und später in Kolumbien seinen Wohnsitz nimmt oder sich in einem kolumbianischen Konsulat registrieren lässt (vgl. ELBIB vfst, Verlag für Standesamtswesen GmbH, Standesamt und Ausländer/Kolumbien, www.vfst.de). In derartigen Fällen besteht daher grundsätzlich ein Rechtsanspruch auf Erhalt der Staatsangehörigkeit.

[34] Es ist auch davon auszugehen, dass der Vater der Klägerin im Zeitpunkt ihrer Geburt über die kolumbianische Staatsangehörigkeit verfügt hat und sie vor diesem Hintergrund einen Anspruch auf die kolumbianische Staatsangehörigkeit hat und diese bei entsprechender Registrierung und Antragstellung erhalten kann. Ausweislich der von der Klägerin im Asylverfahren vorgelegten Geburtsurkunde wird zum Vater der Klägerin in der Urkunde die kolumbianische Staatsangehörigkeit angeführt („Colombiano"). Entgegenstehendes ist auch den Angaben der Klägerin hierzu auf Nachfrage des Gerichts nicht zu entnehmen, insbesondere erlischt der Anspruch nicht mit dem Tod des Vaters. Bei der Klägerin liegen daher nicht bereits Anhaltspunkte dafür vor, dass ihr die Staatsangehörigkeit trotz ihrer Abstammung von einem kolumbianischen Staatsangehörigen verwehrt werden könnte.

[35] b) Unter Berücksichtigung der landesweiten Lebensverhältnisse in Kolumbien ist jedoch unter Berücksichtigung der persönlichen Situation der Klägerin im vorliegenden Einzelfall ein Abschiebungsverbot nach § 60 Abs. 5 AufenthG i.V.m. Art. 3 EMRK im Hinblick auf Kolumbien festzustellen.

[36] Die Klägerin hat im Rahmen der mündlichen Verhandlung auf Nachfrage glaubhaft ausgeführt, dass sie faktisch keinen Bezug nach Kolumbien habe und auch nie gehabt habe. Sie kenne dort niemanden und habe auch nie in Kolumbien gelebt. Zwar sei ihr zwischenzeitlich verstorbener Vater Kolumbianer gewesen, sie habe jedoch nie in Kolumbien gelebt und habe keinen Bezug zu dem Land. *(wird ausgeführt)*

[40] 3. Die Abschiebungsandrohung gemäß § 34 Abs. 1 AsylG in Ziffer 6 des streitgegenständlichen Bescheides war aufzuheben, da – wie dargelegt – für die Klägerin die Voraussetzungen eines Abschiebungsverbots nach § 60 Abs. 5 AufenthG hinsichtlich Venezuela und Kolumbien gegeben sind (§ 34 Abs. 1 Nr. 3 AsylG). Demzufolge war der streitgegenständliche Bescheid auch in Ziffer 7 aufzuheben, in dem das gesetzliche Einreise- und Aufenthaltsverbot gemäß § 11 Abs. 1 AufenthG nach § 11 Abs. 2 AufenthG befristet wurde.

11

1. Die Beschränkung des Kirchenaustritts auf die Körperschaft des öffentlichen Rechts mit gleichzeitiger Erklärung des Verbleibs in der Religionsgemeinschaft als Glaubensgemeinschaft ist unzulässig und daher unwirksam.
2. Die Religionsgemeinschaften dürfen die Mitgliedschaft (Eintritt, Rechte, Pflichten, Austritt) autonom regeln und verwalten. Der Staat hat das Selbstbestimmungsrecht der Religionsgemeinschaften auch hinsichtlich der kirchlichen Organisationsstrukturen zu beachten und daher in diesem innerkirchlichen Rechtsraum keinerlei Regelungs- und Eingriffsbefugnisse. Er darf lediglich an eine (fort-)bestehende Mitgliedschaft in einer Religionsgemeinschaft Rechtsfolgen im staatlichen Bereich knüpfen, und zwar nur, wenn diese Mitgliedschaft auf Freiwilligkeit beruht.

Artt. 4, 140 GG, Artt. 1 Abs. 1, 3 Abs. 2 und 4 KiStG BY 1994, Art. 137 Abs. 3 WRV, § 40 VwGO
VG München, Urteil vom 16. Februar 2023 -M 22 K 21.626-[1]

Mit seiner Klage begehrt der Kläger von der Beklagten die Aufnahme einer Zusatzformulierung in die Bescheinigung über seinen Kirchenaustritt.

1 Leitsätze der Redaktion KirchE. BeckRS 2023, 52791; juris.
Das Urteil ist rechtskräftig. Der Bayerische Verwaltungsgerichtshof hat den Antrag auf Zulassung der Berufung mit Beschluss vom 19.9.2024 (-7 ZB 23.1349-) abgelehnt.

https://doi.org/10.1515/9783111651354-011

Der in Slowenien geborene und im Stadtgebiet der Beklagten wohnhafte Kläger reichte am 30.12.2020 beim Standesamt der Beklagten folgende notariell beglaubigte schriftliche Erklärung vom selben Tag ein:

> „Hiermit erkläre ich, (...), dass ich aus der Körperschaft des öffentlichen Rechts der Römisch-Katholischen Kirche – Bistum ... mit dem heutigen Tag austrete".

Mit Schreiben des Standesamts vom 9.1.2021 erhielt der Kläger eine „Bescheinigung über den Austritt aus einer Religionsgemeinschaft oder Weltanschauungsgemeinschaft" (Formblatt) mit Wirkung zum 30.12.2020, wobei in der Rubrik „Bisherige Zugehörigkeit zu einer Religions- oder Weltanschauungsgemeinschaft" „römisch-katholisch" eingetragen wurde.

Mit E-Mail vom (...) Januar 2021 monierte der Kläger gegenüber dem Standesamt, dass seine Erklärung in der erstellten Bescheinigung „umgedeutet" worden sei. Er habe aus der Körperschaft des öffentlichen Rechts der Römisch-Katholischen Kirche – Bistum ... austreten wollen. Mit E-Mail vom 20.1.2021 verwies der Leiter des Standesamts den Kläger auf die Regelungen des Kirchensteuergesetzes (KirchStG), wonach der Austritt aus Religionsgemeinschaften mit Körperschaftsrechten einer Erklärung gegenüber dem Standesamt des Wohnsitzes bedürfe. Für welche Religionsgemeinschaften das gelte, ergebe sich aus der Bekanntmachung des Bayerischen Staatsministeriums für Unterricht und Kultus (StMUK) vom 12.8.2009. Dort sei die Religionsgemeinschaft, aus der der Kläger austreten wolle, als „Römisch-Katholische Kirche" ausgewiesen. Das Standesamt sei nicht befugt, bei der Erstellung von Austrittsbescheinigungen andere Bezeichnungen zu verwenden. Die Römisch-Katholische Kirche sei eine einheitliche Körperschaft des öffentlichen Rechts und zergliedere sich nicht in Teilkörperschaften. Die Bistümer seien in diesem Kontext nicht selbstständig und könnten damit auch nicht Gegenstand eines Kirchenaustritts sein. Als Konkretisierung der örtlichen Kirche sei die vom Kläger gewählte Bezeichnung aber zulässig, sie stelle keine Einschränkung dar, die nach Art. 3 Abs. 4 Kirchensteuergesetz zur Unwirksamkeit der Austrittserklärung führen würde. Für die Wirkungen des Kirchenaustritts habe der Zusatz „Bistum ..." keinerlei Bedeutung. Insofern sei die Erklärung hinreichend eindeutig und in der Bescheinigung nicht umgedeutet worden. Die Erklärung des Klägers bewirke das Ende seiner Mitgliedschaft in der Römisch-Katholischen Kirche, was die durch das Standesamt erstellte Bescheinigung auch zum Ausdruck bringe.

Im Februar 2021 erhob der Kläger allgemeine Leistungsklage zum Verwaltungsgericht München mit dem Antrag, die Beklagte zu verurteilen, in die am 30.12.2020 ausgestellte Bescheinigung über den Austritt des Klägers aus einer Religions- oder Weltanschauungsgemeinschaft die vor dem Notar geäußerte

Willenserklärung „Austritt aus der Körperschaft des öffentlichen Rechts der Römisch-Katholischen Kirche – Bistum ...“ wörtlich aufzunehmen.

Zur Begründung wurde im Wesentlichen vorgetragen, dass nur 2,25% der Katholiken weltweit als Körperschaften des öffentlichen Rechts organisiert seien. Diese historisch bedingte Organisationsstruktur der Katholischen Kirche in Deutschland sei im geltenden Codex Iuris Canonici (Kodex des kanonischen Rechts) nicht ausdrücklich vorgesehen. In der Bundesrepublik gebe es keine Körperschaft des öffentlichen Rechts, die unter dem Namen „Katholische Kirche“ eingetragen worden wäre. Die Römisch-Katholische Kirche sei nicht als einheitliche Körperschaft des öffentlichen Rechts organisiert, sondern zergliedere sich in ca. 10.000 Teilkörperschaften. Es solle daher möglich sein, aus einer dieser Teilkörperschaften auszutreten und trotzdem Katholik zu bleiben. Der Eintritt in eine Religionsgemeinschaft bestimme sich nach dem jeweiligen Satzungsrecht der betreffenden Religionsgemeinschaft; das müsse auch für den Austritt gelten. Nach der katholischen Dogmatik sei ein Austritt aus der Katholischen Kirche grundsätzlich nicht möglich. Hinsichtlich des Klägers seien auch die Voraussetzungen für einen ausnahmsweise möglichen „Abfall“ aus der Katholischen Kirche, die dem Rundschreiben des Päpstlichen Rates für die Gesetzestexte an die Vorsitzenden der Bischofskonferenzen vom 13.3.2006 zu entnehmen seien, nicht gegeben. Schließlich besitze der Kläger nicht die deutsche Staatsangehörigkeit und sei nicht in der Katholischen Kirche des öffentlichen Rechts getauft worden.

Das Gericht hat die Klage abgewiesen.

Aus den Gründen:

[15] Die zulässige Klage hat in der Sache keinen Erfolg.

[16] 1. Der beschrittene Rechtsweg zu den Verwaltungsgerichten ist eröffnet und die Klage ist auch im Übrigen zulässig.

[17] 1.1. Nach § 40 Abs. 1 Satz 1 Verwaltungsgerichtsordnung (VwGO) ist der Verwaltungsrechtsweg in allen öffentlich-rechtlichen Streitigkeiten nichtverfassungsrechtlicher Art gegeben, soweit die Streitigkeiten nicht durch Bundesgesetz einem anderen Gericht ausdrücklich zugewiesen sind.

[18] Die vorliegend im Streit stehende Frage, ob der Kläger die Aufnahme einer Zusatzformulierung in die von der Beklagten erstellte Bestätigung seines Austritts aus der Religionsgemeinschaft der Römisch-Katholischen Kirche, die zu den vorkonstitutionell als Körperschaft des öffentlichen Rechts bestehenden Religionsgemeinschaften gehört (vgl. Art. 140 Grundgesetz – GG i.V.m. Art. 137

Abs. 5 Satz 1 Weimarer Reichsverfassung – WRV), verlangen kann, ist öffentlich-rechtlicher Natur. Der geltend gemachte Anspruch auf eine Austrittsbestätigung (mit einem bestimmten Inhalt) ist im Wesentlichen anhand der öffentlich-rechtlichen Vorschriften im Kirchensteuergesetz (KirchStG) und in der Verordnung zur Ausführung des Kirchensteuergesetzes (AVKirchStG) zu überprüfen. Die abdrängende Sonderzuweisung nach § 33 Finanzgerichtsordnung (FGO) greift hier mangels einer Abgabenangelegenheit nicht ein.

[19] 1.2. Statthaft ist vorliegend die Verpflichtungsklage in Form der Versagungsgegenklage nach § 42 Abs. 2 Alt. 1 VwGO. Die vom nicht anwaltlich vertretenen Kläger erhobene (nicht statthafte) allgemeine Leistungsklage war daher umzudeuten.

[20] Die statthafte Klageart richtet sich nach dem klägerischen Begehren. § 88 VwGO erlegt den Verwaltungsgerichten die Aufgabe auf, das tatsächliche Rechtsschutzziel der Klagepartei zu ermitteln (vgl. BVerwG, Urteil vom 13.6.1980 -IV C 31.77-). Auf die konkrete Fassung der Anträge kommt es nicht an. Die erhobene Klage muss vor dem Hintergrund des verfolgten Rechtsschutzziels gewürdigt und ausgelegt werden, selbst eine ausdrücklich gewählte Klageart muss ggf. umgedeutet werden, sodass den zu erkennenden Interessen des rechtsschutzsuchenden Bürgers bestmöglich Rechnung getragen wird (vgl. BVerfG, Beschluss vom 29.10.2015 -2 BvR 1493/11-; so auch BVerwG, Urteil vom 1.9.2016 -4 C 4/15- mwN; Eyermann/Rennert, VwGO, 14. Aufl. 2014, § 88 Rn 8, 10).

[21] Vorliegend begehrt der Kläger die Verpflichtung der Beklagten, ihm eine Kirchenaustrittsbescheinigung mit einer konkreten, von ihm gewählten Formulierung zu erstellen. Mit Schreiben vom 30.12.2020 bestätigte die Beklagte zwar seinen Kirchenaustritt, in das Bestätigungsschreiben wurde allerdings nicht der vom Kläger gewünschte Inhalt („Austritt aus der Körperschaft des öffentlichen Rechts der Römisch-Katholischen Kirche – Bistum ...") aufgenommen.

[22] Da eine Kirchenaustrittserklärung eine amtsempfangsbedürftige, rechtsgestaltende Willenserklärung ist (vgl. Nr. 1.2 der Gemeinsame Bekanntmachung StMI und StMUK vom 8.3.2007), dessen Rechtswirksamkeit das zuständige Standesamt durch einen beurkundenden Verwaltungsakt bestätigt, sind Änderung und Erlass dieser Bestätigung mit der Verpflichtungsklage einzuklagen (vgl. BayVGH, Urteil vom 26.6.1991 -I 7 B 91.11-; Urteil vom 10.12.2004 -7 BV 03.2566-). Insofern ist die vom anwaltlich nicht vertretenen Kläger erhobene allgemeine Leistungsklage zu seinen Gunsten in eine statthafte Verpflichtungsklage umzudeuten (zu den Anforderungen an einer Umdeutung vgl. Riese in Schoch/Schneider/Riese, Verwaltungsrecht, 43. EL August 2022, VwGO § 88

Rn 20). Es ist nämlich regelmäßig davon auszugehen, dass der Kläger das seinem Begehren entsprechende Rechtsmittel einlegen möchte.

[23] 1.3. Der Kläger ist auch klagebefugt im Sinne des § 42 Abs. 2 VwGO, da er grundsätzlich beanspruchen kann, dass ihm der Zugang seiner Austrittserklärung bestätigt wird. Das folgt zwar nicht unmittelbar aus dem Kirchensteuergesetz, ergibt sich aber jedenfalls aus der ständigen Verwaltungspraxis der Beklagten in Verbindung mit dem Gleichbehandlungsgrundsatz (Art. 3 Abs. 1 GG) und ist darüber hinaus in Nr. 10 („Bestätigung der Austritterklärung") der Gemeinsamen Bekanntmachung StMUK und StMI vom 8.3.2007 vorgesehen.

[24] Demnach ist die Klage als Verpflichtungsklage zulässig.

[25] 2. Die Klage ist jedoch unbegründet.

[26] Dem Kläger steht unter keinem rechtlichen Gesichtspunkt ein Anspruch auf Erstellung einer Austrittsbescheinigung zu, da es bereits an einer wirksam abgegebenen Austrittserklärung fehlt (dazu unter 2.1.). Erst recht kann der Kläger von der Beklagten auch keine Austrittsbescheinigung mit einer konkreten Zusatzformulierung verlangen (dazu unter 2.2.).

[27] 2.1. Die Erklärung des Klägers vom 30.12.2020 erfüllt nur teilweise die Wirksamkeitsanforderungen des Kirchensteuergesetzes, das durch die Ausführungsverordnung (AVKirchStG) und die Gemeinsame Bekanntmachung StMUK und StMI vom 8.3.2007 konkretisiert und ergänzt wird.

[28] a) Es ist zwischen den Beteiligten unstrittig, dass der Kläger am 30.12.2020 eine notariell beglaubigte Erklärung (samt erforderlichen Angaben zu seiner Person) beim örtlich zuständigen Standesamt eingereicht hat. Insofern sind die formellen Anforderungen an die Abgabe einer Austrittserklärung in Art. 1 und Art. 3 Abs. 2, Abs. 4 Satz 1, Satz 2 Halbs. 1 KirchStG bzw. § 1 AVKirchStG i.V.m. Art. 26 KirchStG bzw. Nr. 1.1 („Grundsätze der Austrittserklärung") der Gemeinsamen Bekanntmachung StMUK und StMI vom 8.3.2007 erfüllt.

[29] b) Allerdings gehen die Beteiligten (wohl übereinstimmend) zu Unrecht davon aus, dass die am 30.12.2020 abgegebene Austrittserklärung auch den sonstigen (materiellen) Anforderungen der staatlichen Vorschriften entspricht und damit rechtswirksam ist.

[30] aa) Gemäß Art. 3 Abs. 4 Satz. 2 Halbs. 2 KirchStG und Nr. 6.1 („Bestimmtheit der Austrittserklärung") darf der Austritt für seine Wirksamkeit nicht unter einer Bedingung, einer Einschränkung oder einem Vorbehalt erklärt werden. Unzulässig sind insbesondere Ergänzungen bzw. Zusätze, die den Austritt auf den staatlichen Rechtskreis (die Körperschaft des öffentlichen Rechts) beschränken sollen, die Zugehörigkeit zur Glaubensgemeinschaft (hier zur Römisch-Katholischen Kirche) aber von der Austrittserklärung ausnehmen wollen (BVerwG, Urteil vom 26.9.2012 -6 C 7/12- KirchE 60, 134), auch wenn die Mit-

gliedschaft selbst nach dem innergemeinschaftlichen Kirchenrecht nicht beendet werden kann. Unwirksam sind demnach „gespaltene" Erklärungen, mit denen beabsichtigt wird, sich nur der Kirchensteuerpflicht zu entledigen, aber der Glaubensgemeinschaft weiterhin angehören zu wollen (vgl. Nr. 6.2 der Gemeinsamen Bekanntmachung StMUK und StMI vom 8.3.2007). Dabei bleiben nur Zusätze zur Austrittserklärung unschädlich, die die Glaubens- bzw. Religionsgemeinschaft lediglich konkretisieren. Dies gilt auch für Angaben des Austretenden (etwa zum Grund seines Austritts), die dieser anlässlich der Abgabe der Austrittserklärung, aber außerhalb des formalisierten Verfahrens macht (BVerwG, Urteil vom 26.9.2012 -6 C 7/12-).

[31] Diese bedingungsfeindliche Ausgestaltung des Verfahrens dient der Vermeidung von Rechtsunsicherheit (was im Übrigen auch für sonstige Gestaltungserklärungen gilt). Die Religionsgemeinschaft muss vor Austrittserklärungen geschützt werden, deren Rechtsfolgen für sie selbst – sei es im staatlichen, sei es im innergemeinschaftlichen Bereich – wie für den Austrittswilligen nicht von vornherein klar sind (BVerwG, Urteil vom 23.2.1979 -7 C 32/78- KirchE 17, 183). Diese Anforderungen an der Austrittserklärung sind auch im Übrigen verfassungsrechtlich unbedenklich (vgl. BVerfG, Beschluss vom 2.7.2008 -1 BvR 3006/07- KirchE 52, 1), da die staatlichen Vorschriften zum Kirchenaustritt sowohl die verfassungsrechtlichen Vorgaben zur Neutralität des Staates und zum Selbstbestimmungsrecht der Religionsgemeinschaften in eigenen Angelegenheiten (Art. 142 Abs. 3 BV) einerseits sowie die (negative) Glaubens- und Bekenntnisfreiheit des Einzelnen andererseits wahren.

[32] Nach Art. 140 GG i.V.m. Art. 137 Abs. 3 Satz 1 Weimarer Reichsverfassung (WRV) wird den Religionsgemeinschaften das Selbstbestimmungsrecht in eigenen Angelegenheiten innerhalb der für alle geltenden Gesetze (u.a. des Grundrechts des Einzelnen auf negative Glaubens- und Bekenntnisfreiheit) garantiert. Die Religionsgemeinschaften dürfen insbesondere die Mitgliedschaft (Eintritt, Rechte, Pflichten, Austritt) autonom regeln und verwalten. Der Staat hat in diesem innerkirchlichen Rechtsraum keinerlei Regelungs- und Eingriffsbefugnisse, er darf lediglich an eine (fort-)bestehende Mitgliedschaft in einer Religionsgemeinschaft Rechtsfolgen im staatlichen Bereich knüpfen, und zwar nur, wenn diese Mitgliedschaft auf Freiwilligkeit beruht. Insofern finden die verfassungsrechtlich verbürgten Körperschaftsrechte der Religionsgemeinschaften ihre Schranken in der verfassungsrechtlichen Gewährleistung der negativen Glaubens- und Bekenntnisfreiheit und der negativen Vereinigungsfreiheit im religiösen Bereich gemäß Art. 4 Abs. 1 und 2 GG sowie im objektiven Prinzip der staatlichen Neutralität. Seinen Schutzpflichten bezüglich der Grundrechte in Art. 4 GG ist der Staat dadurch nachgekommen, dass er anders als den Eintritt

in eine Religionsgemeinschaft den Austritt aus ihr durch staatliche Gesetze geregelt hat, die die negative Glaubens- und Bekenntnisfreiheit wahren sollen (BVerwG, Urteil vom 23.9.2010 -7 C 22/09- KirchE 56, 266). Von der negativen Glaubensfreiheit sind nur Austrittserklärungen gedeckt, die nach ihrem Wortlaut hinreichend bestimmt und eindeutig auf den Austritt aus einer unmissverständlich bezeichneten Religionsgemeinschaft gerichtet sind (§ 1 Abs. 2 Satz 2 AVKirchStG).

[33] Unter Berücksichtigung dieser Grundsätze sind die staatlichen Vorschriften zum Kirchenaustritt dahingehend auszulegen, dass das Selbstbestimmungsrecht der Religionsgemeinschaften nicht stärker eingeschränkt werden darf, als es die (negative) Glaubensfreiheit des Einzelnen verlangt. Solange die Mitgliedschaft in einer Religionsgemeinschaft freiwillig fortdauert, wird von der negativen Glaubensfreiheit nicht Gebrauch gemacht, sodass der Staat das Selbstbestimmungsrecht der Religionsgemeinschaften auch nicht ohne weiteres beschränken darf. Er kann die Wirkungen der Mitgliedschaft in seinem Bereich nicht zurücknehmen, ohne die verfassungsrechtlich garantierten Rechte der Religionsgemeinschaft zu verletzen. Der Staat muss daher den Austritt aus der Religionsgemeinschaft – und damit die Beendigung der Mitgliedschaft in dieser – zur Voraussetzung dafür machen, dass ihre Wirkungen im staatlichen Bereich nicht eintreten. Er kann nicht von den Wirkungen der Mitgliedschaft im staatlichen Bereich befreien, ohne dass eine auf die Beendigung der Mitgliedschaft gerichtete Erklärung vorliegt, die jedenfalls die Freiwilligkeit der weiteren Mitgliedschaft aufhebt, auch wenn die Mitgliedschaft selbst nach dem innergemeinschaftlichen Recht nicht beendet werden kann (BVerwG, Urteil vom 26.9.2012 -6 C 7/12-).

[34] Erst die Mitgliedschaft in einer Glaubensgemeinschaft (bei den christlichen Kirchen begründet durch die Taufe) vermittelt eine Mitgliedschaft in der Körperschaft des öffentlichen Rechts, sodass es keine (abgeleitete) Mitgliedschaft in der Körperschaft des öffentlichen Rechts ohne Mitgliedschaft in der Religionsgemeinschaft geben kann. Dem Staat ist es daher verwehrt, die Mitgliedschaft in der Religionsgemeinschaft in eine zur Religionsgemeinschaft als Körperschaft des öffentlichen Rechts und in eine Zugehörigkeit zur Religionsgemeinschaft als einer bloßen Glaubensgemeinschaft aufzuspalten (Listl, JZ 1971, 345 [352]). Durch die Bescheinigung des Austritts darf nicht der Anschein erweckt werden, der Staat bestätige über die öffentlich-rechtlichen Wirkungen hinaus kraft seiner Autorität, der Austritt sei innergemeinschaftlich ohne Bedeutung (BVerwG, Urteil vom 23.2.1979 -7 C 32/78-; Urteil vom 26.9.2012 -6 C 7/12-).

[35] Die Behörde (hier: das zuständige Standesamt) ist gemäß dem Untersuchungsgrundsatz in Art. 24 Bayerisches Verwaltungsverfahrensgesetz (BayVwVfG) gehalten, die Austrittserklärung auszulegen und ihren Bedeutungsgehalt im Lichte der sie begleitenden Umstände zu ergründen. Bei der Austrittserklärung handelt es sich um eine Erklärung mit öffentlich-rechtlichen Wirkungen in einem Verwaltungsverfahren (VGH BW, Urteil vom 18.3.1997 -10 S 529/96- KirchE 35, 104), daher ist diese in erster Linie so auszulegen, dass sie dem wirklichen Willen des Erklärenden bestmöglich gerecht wird (vgl. § 133 BGB). Im Zweifelsfall kommt dabei dem objektiven Empfängerhorizont ausschlaggebende Bedeutung zu (vgl. § 157 BGB; VGH BW, Urteil vom 4.5.2010 -1 S 1953/09-).

[36] bb) Gemessen daran steht vorliegend der vom Kläger ausdrücklich beantragte Zusatz „Körperschaft des öffentlichen Rechts der Römisch-Katholischen Kirche – Bistum ...“ als unzulässige Einschränkung im Sinne von Art. 3 Abs. 4 Satz. 2 Halbs. 2 KirchStG der Wirksamkeit des Austritts entgegen.

[37] Im Wortlaut der Erklärung – und nicht nur in den Begleiteinlassungen des Klägers im Verwaltungs- und Klageverfahren – kommt infolge der Verwendung des Artikels „der“ eindeutig zum Ausdruck, dass der Kläger lediglich aus der Körperschaft des öffentlichen Rechts der Römisch-Katholischen Kirche (Bistum ...) und nicht aus der Römisch-Katholischen Kirche an sich austreten will. Der begehrte Zusatz stellt keine unschädliche Konkretisierung der Glaubensgemeinschaft dar, aus der der Kläger austreten will, sondern gehört zum Erklärungskern, sodass der Kläger eine unzulässige „gespaltene“ Erklärung abgegeben hat. Zur Vermeidung von Missverständnissen im Interesse der Rechtssicherheit muss er aber hinnehmen, dass er seine Vorstellungen über die angestrebten innergemeinschaftlichen Wirkungen seines Austritts nicht zum Inhalt seiner Erklärung und der ihm hierüber zu erteilenden Bescheinigung machen kann (BayVerfGH, Entscheidung vom 11.4.2016 -Vf. 68-VI-14- KirchE 67, 393).

[38] Selbst nach Erörterung der Rechtslage (und insbesondere der einschlägigen Rechtsprechung) in der mündlichen Verhandlung vom 16.2.2023 bestätigte der Kläger erneut, dass sich die notariell beurkundete Austrittserklärung ausdrücklich nur auf den Austritt aus der „Körperschaft des öffentlichen Rechts der Römisch-Katholischen Kirche – Bistum ...“ und nicht auch auf den Austritt aus der römisch-katholischen Glaubensgemeinschaft beziehe.

[39] Nach alledem ist nach Überzeugung des Gerichts der gegenüber dem Standesamt der Beklagten abgegebenen Erklärung vom 30.12.2020 nicht zu entnehmen, dass sich der Kläger ernsthaft, bedingungslos und vollständig von seiner Religionsgemeinschaft trennen will. Wegen der gewählten Formulierung,

die über die von § 2 Abs. 2 Satz 2 AVKirchStG geforderte Bezeichnung der Kirche, aus der der Kläger austreten will, hinausgeht, ist die Austrittserklärung unwirksam und durfte überhaupt nicht erlassen werden. (Insofern unterscheidet sich der hiesige Fall vom bereits höchstrichterlich entschiedenen Fall zum Zusatz „Körperschaft des öffentlichen Rechts", der lediglich die zutreffende rechtliche Bezeichnung bzw. Konkretisierung der Religionsgemeinschaft darstellt, aus welcher der Beigeladene austreten will; vgl. BVerwG, Urteil vom 26.9.2012 -6 C 7/12- KirchE 60, 134).

[40] 2.2. Mangels einer wirksamen Austrittserklärung besteht denklogisch auch kein Anspruch auf die Erstellung einer Austrittsbestätigung mit einer bestimmten Zusatzformulierung.

[41] Auch im Übrigen (im Falle einer wirksamen Austrittserklärung) besteht kein schützenswertes Interesse an einer Modifizierung der Austrittserklärung, weil sich bereits aus Art. 3 Abs. 4 Satz 1 KirchStG ergibt, dass der formalisierte Kirchenaustritt nur mit Wirkung für den staatlichen Bereich erfolgt. Austrittswillige werden nicht zu einer Erklärung genötigt, die mit ihrer Glaubensfreiheit unvereinbar ist, wenn sie vorbehaltlos den Austritt aus ihrer Religionsgemeinschaft erklären müssen, auch wenn sie nur die staatlichen Wirkungen der Mitgliedschaft beenden wollen (vgl. BVerwG, Urteil vom 26.9.2012 -6 C 7/12-).

12

1. Die Aktivlegitimation nach § 1330 ABGB setzt voraus, dass der Inhalt der Äußerung für das angesprochene Publikum hinreichend erkennbar einer konkreten Person zugeordnet wird.
2. Die Muslime in Österreich bilden insgesamt wegen der Größe und Unüberschaubarkeit keinen abgrenzbaren Personenkreis, der als solcher nach § 1330 ABGB aktivlegitimiert wäre.
3. Wer sich mehrdeutig äußert, muss grundsätzlich die für ihn ungünstigste Deutung gegen sich gelten lassen (Unklarheitenregel). Jedoch darf bei der rechtlichen Beurteilung nicht auf eine fernliegende, nur theoretisch mögliche Interpretation abgestellt werden; maßgeblich ist der naheliegende Bedeutungsgehalt der beanstandeten Formulierungen.

https://doi.org/10.1515/9783111651354-012

Art. 10 EMRK; § 1330 ABGB; § 283 StGB
OGH Österreich, Beschluss vom 17. Februar 2023 -6 Ob 77/22z-[1]

Der Erstkläger ist ein Verein, dessen zentrales Anliegen die Schaffung einer österreichisch-islamischen Identität junger MuslimInnen ist. Der Zweitkläger ist seit 2015 Bundesvorsitzender des Erstklägers und wissenschaftlicher Mitarbeiter einer österreichischen Universität. Der Beklagte ist Universitätsprofessor für Islamische Religionspädagogik am Institut für Islamisch-Theologische Studien an einer (anderen) österreichischen Universität. Der Zweitkläger als Vertreter des Erstklägers und der Beklagte nahmen an einer Videodebatte mit der Direktorin der Dokumentationsstelle Politischer Islam und einer Politikwissenschafterin teil, die vom Journalisten einer österreichischen Tageszeitung moderiert und auf der Website dieser Zeitung unter dem Titel „Islamlandkarte: Plumpe Hetze oder hohe Wissenschaft?" veröffentlicht wurde. Dabei wurden (unter anderem) folgende Äußerungen getätigt:

> Beklagter: „Wissen Sie, ich kann diese Opferrolle der Muslime nicht mehr hören, Herr [Zweitkläger]. Wissen Sie, hier in dieser Gesellschaft hat ein Moslem die Menschen auf der Straße erschossen, die Weihnachtsmärkte einfach hier bombardiert, in den Sälen wurden mit Kalaschnikows hunderte Menschen einfach – die waren nicht Muslime – von Muslimen getötet. Sie müssen auch die Westenfeindlichkeit in [Ihren/Ihren] Kreisen intensiv beobachten."
>
> Zweitkläger: „Heißt das, es ist jetzt ein Kampf zwischen A und B? Überhaupt nicht."
>
> Beklagter: „Und was glauben Sie, was die aufgeklärten Menschen in dieser Gesellschaft, ich und meine Familie, erleben. Wir werden bedroht und beleidigt, bespuckt. Ich und meine Familie, nicht nur ich und meine Familie, aber auch viele Kolleginnen mit ihrer Familie werden beleidigt, bespuckt und bedroht."
>
> Zweitkläger: „Und genau deswegen wundert mich das so, dass Sie sich da über den Tisch ziehen lassen."
>
> Beklagter: „Bitte kurz zuhören, ich habe Ihnen zugehört. Und die Muslime, die ein Moslem, der aus einer Moschee herauskam und Menschen auf der Straße erschossen, in Frankreich wurden Lehrerinnen getötet, in Frankreich wurden Kirchen beschmiert. Verhältnismäßig, wenn wir ehrlich sind, was die Muslime in dieser Gesellschaft irgendwie verursachen, ist 100 Mal mehr, als die Identitären in dieser Gesellschaft machen."
>
> Zweitkläger: „Das stimmt überhaupt nicht."
>
> Beklagter: „Was [Sie/sie] machen, Herr [Zweitkläger], ist nichts anderes, was die Identitären auf der anderen Seite machen, nur [Ihre/ihre] Referenzen sind anders; [Ihre/ihre] Referenz ist Religion, bei den Identitären nur Rassismen, aber was [Sie/sie] als

---

1 Leitsätze der Redaktion KirchE. BeckRS 2023, 3687; juris.
Das Urteil ist rechtskräftig.

Hetze in dieser Gesellschaft betreiben, ist nichts anderes, was die Identitären in dieser Gesellschaft machen. Was [Sie/sie] in dieser Gesellschaft verursacht haben, [Sie/sie] tragen auch einen aktiven Beitrag für die Gewalt in dieser Gesellschaft. Durch [Ihre/ihre] Veröffentlichungen, durch [Ihre/ihre] Falschinformationen haben [Sie/sie] Österreich im Ausland degradiert. Sie unterzeichnen ein Dokument.

Moderator: „Warten Sie nur ganz kurz, Herr [Beklagter].

Zweitkläger: „Korruption hat das Land degradiert, Herr [Beklagter], und Ihre Studien,“

Beklagter: „Sie unterzeichnen ein Dokument, in dem ein Mensch unter Terrorverdacht steht.“

Moderator: „Nur ganz kurz, Herr [Beklagter], nur zur Erklärung, was meinen Sie für ein – bevor die Frau F... da ist – der Vorwurf richtet sich jetzt an den Herrn [Zweitkläger] und an [den Erstkläger] persönlich, versteh ich das richtig, oder was für ein Dokument nur kurz?“

Beklagter: „Herr [Zweitkläger selbst unterzeichnet ein Dokument, in dem ein Terrorverdächtiger steht.“

Die in der Videodebatte thematisierte „Islamlandkarte“ ist ein vom Beklagten führend betreutes wissenschaftliches Forschungsprojekt der Universität, an der der Beklagte tätig ist, das die Datenerfassung und wissenschaftliche Analyse islamischer Kultusgemeinden, Moscheeeinrichtungen, Moscheegemeinden, Fachvereine und weiterer Einrichtungen beinhaltet.

Der Erstkläger beteiligt sich regelmäßig am öffentlichen Diskurs über Themen mit Islam-Bezug, insbesondere auch gegen die „Islamlandkarte“; der Zweitkläger wirkt als Bundesvorsitzender aktiv daran mit. Die medialen Aktivitäten der Kläger richten sich dabei mitunter gegen den Beklagten persönlich.

Die Pressesprecherin des Erstklägers erklärte in einem Fernsehinterview in der „Zeit im Bild Nacht“, dass es nur wenige Stunden nach der Veröffentlichung der „Islamlandkarte“ zu einer „Urinattacke“ auf eine Grazer Moschee gekommen sei. Tatsächlich hatte dieser Angriff am Tag davor stattgefunden. In einem Pressetext des Erstklägers wird behauptet, dem Beklagten mangle es an Qualifikationen und vor allem Basiskenntnissen der islamischen Theologie.

Die Kläger beantragen zur Sicherung ihres inhaltsgleichen Begehrens im Rahmen ihrer Klage auf Unterlassung, Widerruf und Veröffentlichung des Widerrufs, dem Beklagten zu untersagen, die wörtlichen und/oder sinngemäßen Behauptungen aufzustellen und/oder zu verbreiten, der Erstkläger und/oder der Zweitkläger betriebe/n Hetze und/oder leiste/ten einen aktiven Beitrag für die Gewalt in der Gesellschaft und/oder verbreite/ten Falschinformationen. Sie seien durch die Äußerungen betroffen und daher aktiv legitimiert. Die inkriminierten Tatsachenbehauptungen seien unwahr, ehrenrührig und kreditschädigend. Nach dem Verständnis des durchschnittlichen Empfängers könne mit „Hetze“ nur ein Handeln im Sinn des Straftatbestands der Verhetzung gemäß § 283 StGB gemeint sein. Auch die Behauptung eines „aktiven Beitrages für die Gewalt in dieser Gesellschaft“ könne nur so verstanden werden, dass die Kläger einen Beitrag zu gerichtlich strafbaren Handlungen leisteten. Schließlich werde den Klägern auch noch die Verbreitung von Falschinformationen unterstellt.

Der Beklagte hält dem entgegen, die inkriminierten Äußerungen seien bei Bedachtnahme auf den Gesamtzusammenhang nicht auf die Kläger bezogen, sondern allgemein auf Muslime; im weiteren Diskussionsverlauf habe er auch aufgeklärt, dass sich seine personalisierte Kritik an den Klägern auf die Unterzeichnung eines Dokuments beziehe, mit dem ein Terrorverdächtiger unterstützt werde. Selbst wenn man davon ausginge, dass sich die Äußerungen auf die Kläger bezögen, läge ausreichendes Tatsachensubstrat dafür vor, dass diese im Kern wahr seien.

Das Erstgericht wies den Sicherungsantrag ab. Der Beklagte spreche bei seiner Wortmeldung zunächst allgemein über Muslime und stelle hinsichtlich des schädlichen Einflusses auf die österreichische Gesellschaft einen Vergleich mit Identitären an. Auch seine Äußerungen zur Hetze und zum aktiven Beitrag zur Gewalt in der Gesellschaft beziehe er für den Durchschnittsbetrachter erkennbar auf die Muslime im Allgemeinen und nicht auf die Kläger. Das gebrauchte Wort „sie“ sei somit nicht als Höflichkeitsform der direkten Ansprache gegenüber dem Zweitkläger, sondern in der dritten Person Mehrzahl zu verstehen und beziehe sich allgemein auf die Gruppe der Muslime. Richte sich eine ehrverletzende Äußerung im Sinne einer Kollektivbeleidigung gegen eine große Zahl namentlich nicht genannter Personen, hänge die Klagebefugnis des Einzelnen aus der Gruppe entscheidend von der für den Adressaten der Äußerung möglichen Identifizierbarkeit des Einzelnen ab. Das sei hier nicht der Fall. Demgegenüber stehe die Behauptung der Verbreitung von Falschinformationen in keinem Zusammenhang mehr mit dem vom Beklagten gezogenen Vergleich zu den Identitären. Hinsichtlich dieser Äußerung seien daher beide Kläger aktiv legitimiert. Bei dieser Behauptung handle es sich um eine rufschädigende Ehrenbeleidigung. Dem Beklagten sei aber die Bescheinigung der Richtigkeit des Tatsachenkerns seiner Äußerung gelungen. Er forsche und publiziere als Universitätsprofessor zu zahlreichen einschlägigen Themen. Ihm bereits Basiskenntnisse abzusprechen, stelle eine in der Regel unvertretbare Beurteilung dar. Jedenfalls für das Provisorialverfahren müssten sich die Kläger die Qualifizierung dieser Aussage als Falschinformation gefallen lassen, zumal der Beklagte seine Aussage auch noch auf einen zweiten Vorfall zur Verbreitung einer Falschinformation (die „Urinattacke“) stützen habe können. Dies gelte umso mehr in Anbetracht der Tatsache, dass die Kläger selbst bereits zuvor in einen öffentlichen politischen Diskurs eingetreten seien, weshalb die Toleranzschwelle deutlich niedriger anzusetzen sei als bei Privatpersonen. Die Formulierung des Beklagten sei von ihnen als zulässige Meinungsäußerung hinzunehmen.

Das Rekursgericht änderte die Entscheidung dahin ab, dass es dem Sicherungsantrag zur Gänze stattgab, und bewertete den Entscheidungsgegenstand mit 30.000 € übersteigend.

Die gegen die Entscheidung des Rekursgerichts eingelegte Revision hatte Erfolg.

Aus den Gründen:

[9] Der dagegen gerichtete außerordentliche Revisionsrekurs des Beklagten ist zulässig, weil die Beurteilung der inkriminierten Äußerungen des Beklagten durch das Rekursgericht einer Korrektur bedarf; er ist auch berechtigt.

1. Keine Betroffenheit der Kläger in Ansehung der Behauptung der „Hetze“ und des „aktiven Beitrages für die Gewalt in dieser Gesellschaft“:

[10] 1.1. Mit den erstgerichtlichen Sachverhaltsfeststellungen zu den konkreten Äußerungen des Beklagten wurde lediglich der transkribierte Wortlaut eines mündlichen Streitgesprächs konstatiert. Aus diesem selbst geht aber bei phonetisch identen Personalpronomen („Sie“/„sie“ bzw. „Ihre“/„ihre“) nicht hervor, ob der Beklagte nun das eine oder das andere verwendet hat. Diese Einordnung kann erst durch Auslegung der festgestellten Äußerung unter Bedachtnahme auf den Gesamtzusammenhang und den dadurch vermittelten Gesamteindruck erfolgen (dazu sogleich). Dieser notwendige weitere Schritt ist – wie im Ergebnis auch schon vom Erstgericht erkannt – bereits der rechtlichen Beurteilung zuzuordnen (6 Ob 32/21f; RS0031883 [T6, T54]). Soweit das Erstgericht daher in seinen Sachverhaltsfeststellungen zum auszugsweise wiedergegebenen Streitgespräch für die strittigen Personalpronomen jeweils die Kleinschreibung gewählt hat, kommt dem kein Feststellungscharakter zu; es handelt sich dabei vielmehr um eine vorweggenommene rechtliche Beurteilung. Vor diesem Hintergrund geht der Vorwurf des Beklagten fehl, die Kläger im Rekurs und auch das Rekursgericht seien unzulässigerweise von den Feststellungen des Erstgerichts abgegangen, weil sie bei der Wiedergabe der inkriminierten Äußerungen entgegen den ausdrücklichen Sachverhaltsannahmen des Erstgerichts die Personalpronomen „sie“ in Großschreibung angeführt hätten.

[11] 1.2. Beim Bedeutungsinhalt einer Äußerung kommt es immer auf den Gesamtzusammenhang und den dadurch vermittelten Gesamteindruck der

beanstandeten Äußerungen an; das Verständnis des unbefangenen Durchschnittslesers oder Durchschnittshörers, nicht aber der subjektive Wille des Erklärenden ist maßgebend (RS0031883 [T1]). Die Ermittlung des Bedeutungsinhalts ist im Allgemeinen eine Rechtsfrage, die von den näheren Umständen des Einzelfalls, insbesondere aber von der konkreten Formulierung in ihrem Zusammenhang abhängt (RS0031883 [T6]). Dabei sind auch die nicht zum Gegenstand des Unterlassungsbegehrens gemachten Teile der Äußerung mitzuberücksichtigen (vgl. RS0079648 [T2]).

[12] Voraussetzung der Aktivlegitimation zur Geltendmachung von Ansprüchen wegen Verletzung des § 1330 ABGB ist ein hinreichender Bezug des Äußerungsinhalts zu einer bestimmten Person, dem Betroffenen (6 Ob 162/10g; RS0031766 [T4]). Auch dabei kommt es darauf an, wie das Publikum die Äußerung auffasst und mit wem es den darin enthaltenen Vorwurf in Verbindung bringt (RS0031757).

[13] Zwar muss, wer eine mehrdeutige Äußerung macht, die für ihn ungünstigste Auslegung gegen sich gelten lassen (RS0079648). Auch die Anwendung dieser Unklarheitenregel ist jedoch nach gefestigter Rechtsprechung am Grundrecht auf Freiheit der Meinungsäußerung zu messen (6 Ob 32/21f [ErwGr 1.2]). Das Grundrecht auf freie Meinungsäußerung schließt es aber aus, eine entferntere, bloß mögliche Deutung der beanstandeten Formulierungen zur Ermittlung des für ihre rechtliche Beurteilung relevanten Tatsachenkerns heranzuziehen (6 Ob 15/10i [ErwGr 4.]; 6 Ob 218/08i [ErwGr 1.1]; RS0121107 [T4]).

[14] 1.3. Ausgehend von diesen Grundsätzen ist die Betroffenheit der Kläger in Ansehung der Behauptung der „Hetze“ und des „aktiven Beitrages für die Gewalt in dieser Gesellschaft“ mit dem Erstgericht zu verneinen:

[15] 1.3.1. Zutreffend verweist der Beklagte mit Blick auf die gemäß Art 10 EMRK verfassungsrechtlich geschützte Meinungsäußerungsfreiheit darauf, dass seine Äußerungen (unstrittig) im Zuge einer mündlichen (Online-)Debatte fielen, die gerade dem Austausch kontroversieller Standpunkte zu einem Thema von öffentlichem Interesse dienen sollte.

[16] 1.3.2. Aus dem Gesprächsverlauf ergibt sich, dass mit den Äußerungen des Beklagten zunächst die Gruppe der Muslime samt ihren politisch radikalisierten Mitgliedern insgesamt angesprochen war, nicht aber die Kläger. Der Beklagte sprach nämlich in der „westlichen“ Welt („Westenfeindlichkeit“) stattgefundene, konkrete Terroranschläge an, die offenkundig nichts mit den Klägern zu tun hatten. Die Äußerungen des Beklagten zur „Hetze“ und zum „aktiven Beitrag“ zur Gewalt schließen an seine generellen Überlegungen zum verhältnismäßig schädlicheren Einfluss des Handelns von Muslimen auf die Gesellschaft im Vergleich zu jenem von Identitären an. Er stellte damit Perso-

nengruppen einander gegenüber. Das hat offenbar auch der Zweitkläger in der Diskussion so verstanden, wie sich aus seiner Frage: „Heißt das, es ist jetzt ein Kampf zwischen A und B? ...“, ergibt. Erst ab den „Falschinformationen“ adressiert der Beklagte die Kläger, was auch der Auffassung des die Diskussion wohl mit gesteigerter Aufmerksamkeit verfolgenden Moderators entsprach, der an dieser Stelle die Frage aufwarf, ob er das richtig verstehe, dass der Beklagte sich jetzt an die Kläger persönlich richtete.

[17] 1.3.3. Zutreffend hat daher das Erstgericht erkannt, dass der Durchschnittsbetrachter das Wort „sie“ im Zusammenhang mit dem Vorwurf der „Hetze“ und des „aktiven Beitrages für die Gewalt in dieser Gesellschaft“ in der dritten Person Mehrzahl verstand und daher diese Vorwürfe auf die Gruppe der Muslime samt ihren politisch radikalisierten Mitgliedern insgesamt bezog. Die entferntere, bloß mögliche Deutung der beanstandeten Formulierungen im Sinne des Sicherungsbegehrens ist im vorliegenden Fall nicht heranzuziehen.

[18] 1.3.4. Auf das Vorliegen einer „Kollektivbeleidigung“ haben sich die Kläger in erster Instanz nicht gestützt. Im Übrigen ist aber die Beurteilung des Erstgerichts, dass die Kläger auch unter diesem Aspekt von den Äußerungen des Beklagten nicht persönlich betroffen waren, weil die Gruppe der Muslime insgesamt aufgrund ihrer Größe kein Kollektiv mit überschaubarem Kreis von Angehörigen darstellt, nicht zu beanstanden (vgl. RS0031766). Die von den Klägern im Rekurs für sich reklamierte „hervorstechende Rolle als besonders wichtige Mitglieder dieser Personengruppe“ lässt sich dem Sachverhalt nicht entnehmen und liegt auch sonst nicht auf der Hand.

2. Der Vorwurf der Verbreitung von „Falschinformation“ beruht auf einem wahren Tatsachenkern:

[19] 2.1. Der Revisionsrekurs wendet sich nicht gegen die Auffassung der Vorinstanzen, wonach der Durchschnittsbetrachter den Vorwurf der „Falschinformation“ auf beide Kläger bezog (zur Mitbetroffenheit juristischer Personen und ihrer Organe vgl. auch RS0031952; RS0113750).

[20] 2.2. Zwar besteht an der Verbreitung unwahrer rufschädigender Tatsachenbehauptungen (RS0008987 [T7]; vgl. auch RS0107915; RS0032201) oder von Wertungsexzessen (RS0054817 [T31, T42, T45]) kein von der Meinungsäußerungsfreiheit gedecktes Interesse. Allerdings müssen nicht nur Politiker, sondern auch Privatpersonen und Vereinigungen, sobald sie die politische Bühne betreten oder sich zu Themen allgemeinen Interesses öffentlich äußern, einen höheren Grad an Toleranz zeigen, vor allem dann, wenn sie selbst in der Öffentlichkeit Äußerungen tätigen, die geeignet sind, Kritik auf sich zu ziehen (RS0054817 [T27, T34]; vgl. RS0115541). Selbst überspitzte Formulierungen und massive Kritik sind dann hinzunehmen, soweit kein massiver Wertungsexzess

vorliegt (6 Ob 51/08f [ErwGr 1. f]; RS0054817 [T31]). Im Rahmen politischer Auseinandersetzung genügt bereits ein „dünnes Tatsachensubstrat" für die Zulässigkeit einer Wertung (RS0127027). Im vorliegenden Fall haben sich die Kläger laufend an einer öffentlichen Debatte zu einem Thema allgemeinen Interesses beteiligt.

[21] 2.3. Unwahr ist eine Äußerung nach ständiger Rechtsprechung dann, wenn ihr sachlicher Kern im Zeitpunkt der Äußerung nicht mit der Wirklichkeit übereinstimmt (RS0115694; RS0031798 [T15]). Der relevante Tatsachenkern des Vorwurfs der „Falschinformation" läuft aus Sicht des unbefangenen Durchschnittsbetrachters in ihrem Kern darauf hinaus, dass die Kläger im Rahmen der gesellschaftlichen Debatte betreffend den Islam in Österreich objektiv unrichtige Behauptungen aufgestellt hätten.

[22] 2.4. Diesbezüglich ist dem Beklagten der Nachweis eines hinreichenden Tatsachensubstrats gelungen, indem er zu bescheinigen vermochte, dass eine Pressesprecherin des Erstklägers in einem Fernsehinterview wenige Tage vor der Online-Debatte objektiv unrichtig behauptet hatte, nur wenige Stunden nach der Veröffentlichung der „Islamlandkarte" sei es zu einer „Urinattacke" auf eine Grazer Moschee gekommen. Die Bescheinigung noch einer weiteren objektiv unrichtigen Behauptung nur deshalb, weil der Beklagte im Zuge einer kontroversen mündlichen Debatte von „Falschinformationen" (im Plural) gesprochen hat, ist von ihm nicht zu fordern, zumal das Streitgespräch ausgehend vom festgestellten Ausschnitt durchaus von Zwischenrufen und Unterbrechungen seitens des Zweitklägers geprägt war. Es liefe auf eine im Interesse des Persönlichkeitsschutzes der Kläger keineswegs gebotene Einschränkung des Rechts des Beklagten auf freie Meinungsäußerung hinaus, müsste dieser als Diskussionsteilnehmer in einer solchen hitzigen Gesprächssituation seine Worte derart präzise wählen, um nicht Ansprüchen nach § 1330 ABGB ausgesetzt zu sein. Den insoweit unscharfen und damit im Ergebnis übersteigerten – aber doch auf einen wahren Tatsachenkern rückführbaren – Vorwurf der Verbreitung von Falschinformationen müssen die Kläger in der gesellschaftlich unverzichtbaren Debatte über Fragen von öffentlichem Interesse zur Vermeidung eines sonst drohenden „chilling effect" (vgl 6 Ob 114/11z) hinnehmen.

[23] 2.5. Auf die Kenntnisse des Beklagten über die islamische Theologie kommt es damit nicht mehr an.

[24] 3. Damit war aber dem außerordentlichen Revisionsrekurs des Beklagten Folge zu geben und die Entscheidung des Erstgerichts wiederherzustellen.

13

1. Aus dem Selbstbestimmungsrecht der Kirchen und dem Gebot religiös-weltanschaulicher Neutralität des Staates (Art. 39 und 40 Verf TH i.V.m. Art. 140 GG i.V.m. Art. 136 und 137 Abs. 1 WRV) ergibt sich, dass der Staat nicht bestimmen darf, wer einer Kirche angehört.
2. Für den Bürger folgt die Austrittsmöglichkeit aus einer Religionsgemeinschaft mit Wirkung für das staatliche Recht aus der negativen Religionsfreiheit.
3. Die kirchensteuerrechtlich vorgesehene Pflicht zum Nachweis der Austrittserklärung ist verfassungsrechtlich nicht zu beanstanden.
4. Ist die behördliche Bescheinigung des vor staatlichen Stellen erklärten Austritts dem Bürger abhandengekommen, ist es im Hinblick auf den Grundsatz der Verhältnismäßigkeit nicht zu beanstanden, wenn das Finanzgericht den Nachweis des Austritts auch auf andere Weise zulässt. Dies gilt jedenfalls dann, wenn die staatlichen Stellen, die die Austrittserklärung entgegenzunehmen hatten, selbst nicht mehr über die Unterlagen verfügen und jahrelang keine Kirchensteuer erhoben wurde.

Art. 140 GG; Artt. 39, 40 ThürVerf; Artt. 136, 137 WRV;
§ 2 Abs. 2 Satz 4 ThürKiStG
ThürVerfGH, Beschluss vom 22. Februar 2023 -VerfGH 113/20-[1]

I. 1 1. Die Beschwerdeführerin, die Evangelische Kirche in M, wendet sich mit ihrer Verfassungsbeschwerde gegen das Urteil des Thüringer Finanzgerichts vom 27.7.2020 (-3 K 271/17-). Das Finanzgericht hatte die Wirksamkeit des Kirchenaustritts des Anhörungsberechtigten zu 1. im Jahr 1990 bejaht, wiewohl dieser die Austrittserklärung nicht durch eine Bescheinigung der damals gesetzlich zuständigen Stelle nachweisen konnte. Insoweit rügt die Beschwerdeführerin einen Verstoß gegen ihre kollektive Religionsfreiheit, das Willkürverbot und den Anspruch auf rechtliches Gehör.

2. Nach der in der Deutschen Demokratischen Republik (DDR) geltenden Verordnung über den Austritt aus Religionsgemeinschaften des öffentlichen Rechts vom 13.7.1950 (GBl. 1950, S. 660) konnte der Kirchenaustritt nur durch Erklärung vor dem Standesbeamten bzw. dem zuständigen Gericht sowie später auch bei den staatlichen Notariaten erfolgen. Diese Verordnung galt in Thüringen weiter bis zum Inkrafttreten der Verordnung über den Austritt aus Religionsgemeinschaften des öffentlichen Rechts vom 2.10.1998 (GVBl. S. 329, 357).

---

1 Leitsätze der Redaktion BeckRS. BeckRS 2023, 45586.
Der Beschluss ist rechtskräftig.

https://doi.org/10.1515/9783111651354-013

Über den Austritt wurde nach § 68 Satz 3 der Notariatsverfahrensordnung vom 16.11.1956 (GBl. 1956, S. 1288) eine Bescheinigung erteilt. § 5 Abs. 2 Satz 3 des Gesetzes zur Regelung des Kirchensteuerwesens der DDR vom 31.8.1990 (KiStG) (BGBl. II 1990, S. 885) legte eine Nachweispflicht für die Kirchenaustrittserklärung fest. Die Vorschrift lautete:

> § 5
> (1) Kirchensteuerpflichtig sind alle Angehörigen der Evangelischen Kirche und der Katholischen Kirche, die ihren Wohnsitz oder gewöhnlichen Aufenthalt im Sinne der Abgabenordnung in der Deutschen Demokratischen Republik haben.
> (2) Die Kirchensteuerpflicht beginnt mit dem ersten Tag des auf den Beginn der Zugehörigkeit zur Kirche und Wohnsitzbegründung folgenden Kalendermonats. Sie endet
> 1. bei Tod mit Ablauf des Sterbemonats,
> 2. bei Wegzug mit Ablauf des Kalendermonats, in dem der Wohnsitz aufgegeben worden ist,
> 3. bei Kirchenaustritt mit Ablauf des Kalendermonats, der auf den Monat folgt, in dem die Erklärung wirksam geworden ist.
> Der Kirchenaustritt ist durch eine Bescheinigung der für die Entgegennahme der Kirchenaustrittserklärung gesetzlich zuständigen Stelle nachzuweisen.

Dieses Gesetz trat mit dem Einigungsvertrag am 3.10.1990 als Landesrecht in Thüringen in Kraft und wurde in der Folge durch das Thüringer Gesetz zur Regelung des Kirchensteuerwesens (Thüringer Kirchensteuergesetz – ThürKiStG) vom 3.2.2000 (GVBl. 2000, S. 12) abgelöst, das in § 2 Abs. 2 Satz 4 ThürKiStG ebenfalls eine Nachweispflicht vorsieht. Die Vorschrift lautet:

> § 2 Steuerpflicht
> (1) Kirchensteuerpflichtig sind alle Mitglieder der in § 1 genannten Kirchen, die ihren Wohnsitz oder gewöhnlichen Aufenthalt im Sinne der Abgabenordnung in Thüringen haben.
> (2) Die Kirchensteuerpflicht beginnt mit dem ersten Tag des Monats, der auf den Beginn der Mitgliedschaft in der Kirche und der Begründung des Wohnsitzes oder des gewöhnlichen Aufenthalts in Thüringen folgt. Sie beginnt nicht vor der Beendigung einer vorangegangenen Kirchensteuerpflicht. Sie endet
> 1. bei Tod mit Ablauf des Sterbemonats,
> 2. bei Wegzug mit Ablauf des Kalendermonats, in dem der Wohnsitz oder der gewöhnliche Aufenthalt in Thüringen aufgegeben worden ist, oder
> 3. bei Kirchenaustritt mit Ablauf des Kalendermonats, in dem die Erklärung wirksam geworden ist.
> 4. Der Kirchenaustritt ist durch eine Bescheinigung des Standesamtes, bei dem der Kirchenaustritt erklärt wurde, nachzuweisen.
> ...

3. Der Anhörungsberechtigte zu 1. war durch Taufe Mitglied der Evangelischen Kirche. Seit 1990 war er beruflich selbständig, verfügte über keine Lohnsteuerkarte und gab in seinen Steuererklärungen stets an, konfessionslos zu sein. Nach einer Abfrage der ELSTAM-Daten im Jahr 2016 erließ das Finanzamt S am 5.9.2016 ihm gegenüber Kirchensteuerbescheide für die Jahre 2011 bis 2014. Hiergegen wandte sich der Anhörungsberechtigte zu 1. vor dem Thüringer Finanzgericht. Die Beteiligten stritten darum, ob der Anhörungsberechtigte zu 1. im Jahr 1990 rechtswirksam aus der Evangelischen Kirche ausgetreten war, obwohl er nunmehr den Kirchenaustritt nicht durch eine Bescheinigung nach dem im damaligen Zeitpunkt geltenden Recht nachweisen konnte.

Bei dem nach der Wiedervereinigung zuständigen Amtsgericht S waren keine Unterlagen mehr über Kirchenaustrittserklärungen der Jahre 1990 bis 1992 vorhanden. Die Kirchgemeinde S in S bestätigte mit Schreiben vom 10.5.2016, dass der Anhörungsberechtigte zu 1. nicht in der Gemeindeliste aus dem Jahr 1999 aufgeführt sei, obwohl er zu diesem Zeitpunkt bereits ein Jahr in S gewohnt habe. Das Einwohnermeldeamt der Stadt S bestätigte am 20.5.2016, dass der Kirchenaustritt des Anhörungsberechtigten zu 1. auf Grund einer Negativbescheinigung der Kirchgemeinde mit Wirkung zum 31.12.1999 registriert worden sei. Das Finanzamt S hatte den Bescheiden dagegen eine Mitteilung des Standesamts zu Grunde gelegt, wonach der Kirchenaustritt erst zum 28.4.2016 erfolgt sei, und die verfahrensgegenständlichen Kirchensteuern festgesetzt.

4. Im finanzgerichtlichen Rechtsstreit behauptete der Anhörungsberechtigte zu 1., bereits zwischen dem 3.10.1990 und dem 31.12.1990 durch Erklärung gegenüber dem dafür zuständigen Gericht aus der Kirche ausgetreten zu sein. Das Finanzamt S führte demgegenüber unter anderem an, der Anhörungsberechtigte zu 1. habe in den Jahren 2008 bis 2011 sowie in den Jahren 2013 und 2014 Gemeindebeiträge gezahlt, die nur von Gemeindemitgliedern erbeten worden seien, und stellte sich auf den Standpunkt, dass der Kirchenaustritt erst am 28.4.2016 erfolgt sei.

Die Beschwerdeführerin argumentierte als Beigeladene, die Beweislast für den Kirchenaustritt liege beim Anhörungsberechtigten zu 1., der den Beweis hierfür jedoch nicht erbracht habe. Sie führte unter anderem aus, dass für die Überprüfung der Kirchenmitgliedschaft das Landeskirchenamt zuständig sei; die Kirchgemeinden seien hierzu gar nicht in der Lage. Das Urteil des Bundesfinanzhofs vom 27.9.1983 -II R 178/79- BFH/NV 1986, S. 176 ff., hielt die Beschwerdeführerin für nicht anwendbar, weil es im Lichte der Anwendung fremden Rechts nach § 293 Zivilprozessordnung (ZPO) zu sehen sei. Vorliegend hingegen gebe es eine klare gesetzliche Regelung des Nachweises des Kirchenaustritts. Im Übrigen sei der Vortrag des Anhörungsberechtigten zu 1. auch widersprüchlich.

Das Thüringer Finanzgericht befragte die frühere Ehefrau des Anhörungsberechtigten zu 1. mangels deren Reisefähigkeit als Zeugin nicht mündlich, sondern schriftlich. Sie gab unter anderem an, sie und ihr früherer Ehemann hätten gemeinsam die Austrittserklärung aus der Landeskirche vor dem „damalige[n] Gericht der Stadt S“ im „Herbst/Winter 1990“ erklärt. Sie gestand aber auch zu, „nach 30 Jahren keine weiteren Erinnerungen mehr“ zu haben.

5. Mit Urteil vom 27.7.2020 (-3 K 271/17-) hob das Thüringer Finanzgericht die Kirchensteuerbescheide vom 5.9.2016 auf. Das Urteil wurde der Beschwerdeführerin am 21.10.2020 zugestellt. Das Gericht führte aus, der Anhörungsberechtigte zu 1. sei für seinen Austritt nachweispflichtig und habe diesen Nachweis im konkreten Einzelfall auch erbracht.

a) Zwar reiche zum Nachweis weder eine Bescheinigung der Kirchgemeinde noch eine solche des Einwohnermeldeamts aus. Der Bundesfinanzhof habe in seinem – bereits erwähnten – Urteil vom 27.9.1983 aber ausgeführt, das Finanzgericht verletze § 96 Abs. 1 Satz 1 der Finanzgerichtsordnung (FGO), wenn es davon ausgehe, dass die rechtliche Zugehörigkeit oder Nichtzugehörigkeit zu einer Kirche nicht auch auf andere Weise als durch Urkunden und Bescheinigungen nachgewiesen werden könne. Damit sei vorliegend nach der freien und aus dem Gesamtergebnis des Verfahrens gewonnenen richterlichen Überzeugung zu entscheiden. Zwar sei das Urteil viele Jahre vor der Wiedervereinigung ergangen, der Bundesfinanzhof habe aber bereits damals die allgemeinen Beweisregeln der Finanzgerichtsordnung angewandt und das Finanzgericht zur Ermittlung des Rechts der DDR und zur Erforschung des Sachverhalts nach § 76 FGO verpflichtet.

b) Der Anhörungsberechtigte zu 1. habe glaubhaft und überzeugend ausgeführt, dass er im Herbst 1990 aus der Kirche ausgetreten sei, was durch die Angaben seiner früheren Ehefrau und weitere Indizien bestätigt werde. Zum Verbleib der Austrittserklärung habe der Anhörungsberechtigte zu 1. plausibel erläutert, er habe diese seiner Erinnerung nach über seinen damaligen Steuerberater mit der ersten Einkommensteuererklärung beim Finanzamt eingereicht. Es sei nicht geboten, nach einem Zeitablauf von rund einem Vierteljahrhundert einen schriftlichen Nachweis über den Kirchenaustritt zu verlangen, zumal das Bundeszentralamt für Steuern bei der Zuteilung der Identifikationsnummer nach § 139b der Abgabenordnung (AO) am 18.8.2008 kein Religionsmerkmal eingetragen habe. Die durch die Beschwerdeführerin vorgelegte Liste der Hauptkirche sei inhaltlich falsch, da darin neben dem Anhörungsberechtigten zu 1. seine längst aus der Kirche ausgetretene frühere Ehefrau sowie sein niemals getaufter Sohn als Mitglieder verzeichnet seien.

c) Das Thüringer Finanzgericht ließ die Revision nicht zu. Das Urteil beruhe auf nicht revisiblem Landesrecht.

6. Die Beschwerdeführerin erhob hiergegen am 18.11.2020 Nichtzulassungsbeschwerde zum Bundesfinanzhof (-I B 73/20-) und begründete diese mit Schriftsatz vom 21.1.2021. Die Revision sei zur Fortbildung des Rechts nach § 115 Abs. 2 Nr. 2 1. Alt. FGO und zudem zur Sicherung der Einheitlichkeit der Rechtsprechung nach § 115 Abs. 2 Nr. 2 2. Alt. FGO zuzulassen. Spätestens seit dem Inkrafttreten des Gesetzes zur Regelung des Kirchensteuerwesens vom 31.8.1990 sei eine vollständig veränderte Rechtslage eingetreten. Im Geltungsbereich dieses Gesetzes bestehe die ungeklärte abstrakte Rechtsfrage, ob der allgemeine Rechtssatz, dass die rechtliche Zugehörigkeit oder Nichtzugehörigkeit zu einer Kirche nicht auch auf andere Weise als durch Urkunden und Bescheinigungen nachgewiesen werde könnten, weiterhin gelte. Das Verhältnis des § 96 Abs. 1 Satz 1 FGO zu materiellen Beweisregeln des Einkommensteuerrechts im Besonderen sei zwar geklärt, nicht aber das Verhältnis des § 96 Abs. 1 Satz 1 FGO zu materiellen Beweisregeln im Allgemeinen. Zudem sei anerkannt, dass der Grundsatz der freien Beweiswürdigung des § 96 Abs. 1 Satz 1 FGO unter dem Vorbehalt gesetzlicher Beweisregeln stehe. Das Urteil beruhe jedoch auf der Annahme, dass die gesetzlichen Regelungen der freien Beweiswürdigung im finanzgerichtlichen Verfahren unter keinen Umständen verdrängt werden könnten. Die Revision sei außerdem wegen der grundsätzlichen Bedeutung der Rechtssache nach § 115 Abs. 2 Nr. 1 FGO und zudem wegen eines Verfahrensmangels nach § 115 Abs. 2 Nr. 3 FGO, der in der Versagung rechtlichen Gehörs bestehe, zuzulassen.

7. Mit am selben Tag eingegangener Beschwerdeschrift vom 23.11.2020 hat die Beschwerdeführerin Verfassungsbeschwerde gegen das Urteil des Finanzgerichts vom 27.7.2020 erhoben.

9. Der Bundesfinanzhof wies die Nichtzulassungsbeschwerde der Beschwerdeführerin mit Beschluss vom 10.8.2021 -I B 73/20- als unbegründet zurück.

Das Gericht hat die Verfassungsbeschwerde teilweise als unzulässig verworfen und im Übrigen als unbegründet zurückgewiesen.

Aus den Gründen:

[64] II. 1. Die Auslegung des Beschwerdevorbringens ergibt, dass die Verfassungsbeschwerde sich gegen Ziffer 1 Satz 1 des Tenors des angegriffenen Urteils und damit auf die dort ausgesprochene Aufhebung der Steuerbescheide vom 5.9.2016 bezieht.

[65] 2. Die Verfassungsbeschwerde ist unzulässig, soweit die Beschwerdeführerin eine Verletzung des Anspruchs auf rechtliches Gehör nach Art. 88 Abs. 1 Satz 1 ThürVerf rügt (a)). Im Übrigen ist sie zulässig (b) – d)).

[66] a) Der Thüringer Verfassungsgerichtshof ist zuständig für Entscheidungen über Verfassungsbeschwerden, die von jedermann mit der Behauptung erhoben werden können, durch die öffentliche Gewalt in seinen Grundrechten, grundrechtsgleichen Rechten oder staatsbürgerlichen Rechten verletzt zu sein, Art. 80 Abs. 1 Nr. 1 ThürVerf.

[67] aa) Art. 80 Abs. 1 Nr. 1 ThürVerf beschränkt die Zuständigkeit des Thüringer Verfassungsgerichtshofs auf die Überprüfung von Maßnahmen der öffentlichen Gewalt des Landes. Das gilt auch, soweit ein Bundesgericht die Entscheidung eines Landesgerichts in der Sache ganz oder teilweise bestätigt hat. In diesem Fall beruht die Beschwer nicht mehr, jedenfalls nicht mehr maßgeblich, auf der Entscheidung des Landesgerichts und damit nicht mehr auf einem Akt der Landesstaatsgewalt, sondern auf der Entscheidung des Bundesgerichts (ThürVerfGH, Beschluss vom 19.11.2014 -VerfGH 24/12-). Wäre in diesen Fällen die Verfassungsbeschwerde gegen die Entscheidung des Landesgerichts zulässig, käme es zu einer mittelbaren Kontrolle von Organen des Bundes (vgl. VerfGH RP, Beschluss vom 15.11.2000 -VGH B 10/00-), die nach der Zuständigkeitsordnung des Grundgesetzes dem Bundesverfassungsgericht vorbehalten ist.

[68] Allerdings hindern Entscheidungen von Bundesgerichten im Verfahren der Nichtzulassungsbeschwerde eine Sachprüfung regelmäßig nicht. Das Bundesgericht nimmt im Nichtzulassungsbeschwerdeverfahren keine umfassende rechtliche oder gar tatsächliche Prüfung der angegriffenen Entscheidung vor, sondern untersucht lediglich, ob die vom Beschwerdeführer geltend gemachten Gründe für die Zulassung der Revision vorliegen. Etwas anderes gilt jedoch dann, wenn das Gericht des Bundes – hier der Bundesfinanzhof – ausnahmsweise im Rahmen seiner Prüfung sich auch in der Sache geäußert und dabei die die Entscheidung tragende Auffassung des Landesgerichts – hier des Finanzgerichts – ausdrücklich als zutreffend angesehen hat (vgl. ThürVerfGH, Beschluss vom 30.3.2011 -VerfGH 14/07-; Beschluss vom 19.11.2014 -VerfGH 24/12-).

[69] bb) Im vorliegenden Fall hat sich der Bundesfinanzhof bei der Prüfung der Zulassungsgründe nach § 115 Abs. 2 Nr. 1 und 2 FGO (grundsätzliche Bedeu-

tung und Divergenz) insbesondere auf die Frage nach der Revisibilität von Landesrecht beschränkt und sich nicht in der Sache geäußert.

[70] Bei den Erwägungen hinsichtlich des Zulassungsgrundes nach § 115 Abs. 2 Nr. 3 FGO (Verfahrensfehler) erfolgten jedoch in der Sache Ausführungen zu den von der Beschwerdeführerin geltend gemachten Gehörsverstößen. Sie betreffen die Frage nach der rechtlichen Bewertung der Gemeindegliederliste und ihrer möglichen Unrichtigkeit wie auch die vom Finanzgericht gewählte Form der schriftlichen Zeugenvernehmung der früheren Ehefrau des Anhörungsberechtigten zu 1. Insoweit ist der Thüringer Verfassungsgerichtshof nicht zur Entscheidung berufen.

[71] cc) Hinsichtlich der allein im Verfahren der Verfassungsbeschwerde erhobenen Rüge der Beschwerdeführerin, das Finanzgericht habe die Bedeutung der Gemeindebeiträge nicht entsprechend ihrem eigenen rechtlichen Verständnis eingeschätzt, fehlt es an einer hinreichenden Darlegung, inwieweit überhaupt ein Gehörsverstoß vorliegt. Im Übrigen hat es die Beschwerdeführerin versäumt, einen möglichen Verstoß innerhalb der von ihr erhobenen Nichtzulassungsbeschwerde geltend zu machen. Insoweit hat sie das Gebot der Rechtswegerschöpfung nach § 31 Abs. 3 Satz 1 ThürVerfGHG nicht beachtet.

[72] b) Die Beschwerdeführerin ist beschwerdefugt nach § 31 Abs. 1 ThürVerfGHG. Eine Verletzung ihrer Rechte erscheint grundsätzlich möglich. Es ist nach dem – substantiierten (zur Substantiierungspflicht vgl. ThürVerfGH, Beschluss vom 6.4.2022 -VerfGH 22/20-) – Vortrag der Beschwerdeführerin nicht von vornherein ausgeschlossen, dass sie in ihrem Grundrecht der kollektiven freien Religionsausübung nach Art. 39 Abs. 1 und 2 ThürVerf und dem Recht der kirchlichen Selbstbestimmung nach Art. 40 ThürVerf i.V.m. Art. 140 GG i.V.m. Art. 137 Abs. 3 WRV betroffen ist. Jedenfalls kann sie sich auf das Willkürverbot nach Art. 2 Abs. 1 ThürVerf berufen.

[73] c) Der Rechtsweg wurde erschöpft, § 31 Abs. 3 Satz 1 ThürVerfGHG.

[74] Die Erhebung der Nichtzulassungsbeschwerde nach § 116 Abs. 1 FGO und die Durchführung dieses Verfahrens gehörten zum Rechtsweg (vgl. ThürVerfGH, Beschluss vom 19.11.2014 -VerfGH 24/12-; allgemein zur Nichtzulassungsbeschwerde: BVerfG, Beschluss vom 26.3.1963 -1 BvR 451/62- BVerfGE 16, 1 [3]; BVerfG, Beschluss vom 18.7.1979 -1 BvR 650/77- BVerfGE 51, 386 [395]). Die Beschwerde hätte nur dann nicht zum Rechtsweg gehört, wenn sie offensichtlich unstatthaft oder unzulässig gewesen wäre (vgl. zur Anhörungsrüge: ThürVerfGH, Beschluss vom 26.5.2021 -VerfGH 101/20-). Die Beschwerde war jedoch nicht offensichtlich unstatthaft oder unzulässig und wurde vom Bundesfinanzhof als unbegründet zurückgewiesen. Zwar findet sich in dem Beschluss des Bundesfinanzhofs die Einschränkung, dass die Beschwerde „jedenfalls

unbegründet" sei. Aus den Gründen ergibt sich, dass die Beschwerde hinsichtlich der Verfahrensrüge, das Finanzgericht habe entscheidungserheblichen Vortrag zur Steueridentifikationsnummer nicht in Erwägung gezogen, wegen Darlegungsmängeln unzulässig war. Jedoch können Zulässigkeitsvoraussetzungen, auf deren Erfüllung ein Beschwerdeführer selbst Einfluss hat, wie etwa die nötige Substantiierung, keine Ausnahme vom Gebot der Rechtswegerschöpfung nach § 31 Abs. 3 Satz 1 ThürVerfGHG rechtfertigen.

[75] Dass im vorliegenden Fall der Rechtsweg erst nach Erhebung der Verfassungsbeschwerde erschöpft wurde und sie daher im Zeitpunkt ihrer Erhebung und auch zunächst danach hätte verworfen werden können, ist unerheblich (vgl. speziell zur Rechtswegerschöpfung durch die Erhebung einer Nichtzulassungsbeschwerde: ThürVerfGH, Beschluss vom 19.11.2014 -VerfGH 24/12-). Denn für die Zulässigkeit einer Verfassungsbeschwerde kommt es auf den Zeitpunkt der gerichtlichen Entscheidung an (dazu: ThürVerfGH, Beschluss vom 6.4.2022 -VerfGH 22/20 u.a.-).

[76] d) Die Verfassungsbeschwerde wurde innerhalb der Monatsfrist des § 33 Abs. 1 Satz 1 ThürVerfGHG erhoben. Auch wird die Verfassungsbeschwerde den Begründungsanforderungen nach § 18 Abs. 1 Satz 2, § 32 ThürVerfGHG gerecht.

[77] 3. Soweit die Verfassungsbeschwerde zulässig ist, ist sie unbegründet. Der Beschluss des Thüringer Finanzgerichts verletzt die Beschwerdeführerin nicht in ihren Grundrechten, grundrechtsgleichen oder staatsbürgerlichen Rechten.

[78] a) Der Verfassungsgerichtshof ist trotz des Umstands, dass vorliegend Grundrechtsverletzungen bei der Anwendung von einfachem Bundesrecht geltend gemacht werden, nicht an einer Sachprüfung gehindert. Eine gerichtliche Entscheidung kann im Rahmen der Verfassungsbeschwerde jedoch nur in engen Grenzen überprüft werden.

[79] aa) Der Thüringer Verfassungsgerichtshof ist befugt, eine auf bundesrechtlicher Grundlage in einem bundesrechtlich geregelten Verfahren ergangene Entscheidung eines Thüringer Gerichts zu überprüfen. Soweit das Bundesrecht Spielräume zur Konkretisierung eröffnet, sind die im Grundgesetz und in der Thüringer Verfassung inhaltsgleich geregelten Landesgrundrechte und grundrechtsgleichen Gewährleistungen der Landesverfassung für die Gerichte des Landes bindend und damit zu beachten. Die Sicherung der Beachtung landesverfassungsrechtlicher Vorgaben ist Aufgabe des Thüringer Verfassungsgerichtshofs. Dies gilt unabhängig davon, ob die angewandte bundesrechtliche Regelung dem Verfahrensrecht oder dem materiellen Recht angehört (stRspr., vgl. nur ThürVerfGH, Beschluss vom 23.6.2021 -VerfGH 25/18-).

[80] Der Grundsatz der freien Beweiswürdigung nach § 96 Abs. 1 Satz 1 FGO eröffnet in seiner Anwendung dem Finanzgericht Spielräume, die im konkreten Einzelfall auch nach grundrechtlichen Maßgaben auszufüllen sind. Inhaltlich entspricht das Grundrecht der freien Religionsausübung nach Art. 39 Abs. 1 und 2 ThürVerf der durch Art. 4 Abs. 1 und 2 GG geschützten Glaubens- und Religionsfreiheit. Auch die Gewährleistungen des Art. 40 ThürVerf, der über Art. 140 GG die Vorgaben der Art. 137 ff. WRV inkorporiert und damit zum Bestandteil des geltenden Landesverfassungsrechts macht, entspricht schon dem Wortlaut nach dem durch die Bundesverfassung gebotenen Schutz (vgl. hierzu BVerfG, Urteil vom 19.12.2000 -2 BvR 1500/97- BVerfGE 102, 370 [387], KirchE 38, 502). Gleiches gilt für das Willkürverbot nach Art. 42 Abs. 2 i.V.m. Art. 2 Abs. 1 ThürVerf.

[81] bb) Jedoch ist es nicht Aufgabe des Thüringer Verfassungsgerichtshofs, nach Art einer Superrevisionsinstanz seine Vorstellung von einer zutreffenden Entscheidung an die Stelle derjenigen der Fachgerichte zu setzen. Die Gestaltung des Verfahrens, die Feststellung und Würdigung des Sachverhalts, die Auslegung des einfachen Rechts und seine Anwendung auf den einzelnen Fall sind grundsätzlich Sache der dafür allgemein zuständigen Gerichte und insoweit der verfassungsgerichtlichen Prüfung entzogen. Geht es um Entscheidungen, bei denen Bundesrecht angewandt wurde, kann der Thüringer Verfassungsgerichtshof diese lediglich daraufhin überprüfen, ob das Gericht das Willkürverbot verletzt hat oder ihm Fehler unterlaufen sind, die darauf beruhen, dass es Bedeutung und Tragweite eines Grundrechts grundsätzlich verkannt hat. Dabei ist die Kontrolle des Thüringer Verfassungsgerichtshofs auf die Prüfung beschränkt, ob das Fachgericht bei der Rechtsfindung die gesetzgeberische Grundentscheidung respektiert und von den anerkannten Methoden der Gesetzesauslegung in vertretbarer Weise Gebrauch gemacht hat. Der Thüringer Verfassungsgerichtshof hat nicht zu entscheiden, welcher dieser Auslegungen nach einfachem Recht der Vorzug gebührt oder ob gar noch eine weitere Auslegung denkbar wäre. Dies ist vielmehr allein Sache der fachlich zuständigen Gerichte (stRspr., vgl. ThürVerfGH, Beschluss vom 23.6.2021 -VerfGH 25/18-; Beschluss vom 29.7.2021 -VerfGH 104/20-).

[82] b) Das Urteil verletzt weder die kollektive freie Religionsausübung der Beschwerdeführerin nach Art. 39 Abs. 1 und 2 ThürVerf noch ihr kirchliches Selbstbestimmungsrecht nach Art. 40 ThürVerf i.V.m. Art. 140 GG i.V.m. Art. 137 Abs. 3 WRV.

[83] aa) Das Recht der kollektiven freien Religionsausübung nach Art. 39 Abs. 1 und 2 ThürVerf gewährleistet auch die Vereinigung der Gläubigen zu Religionsgemeinschaften. Dem entspricht das Vereinigungsrecht nach Art. 40

ThürVerf i.V.m. Art. 140 GG i.V.m. Art. 137 Abs. 2 Satz 1 WRV, da die Gewährleistungen der Weimarer Kirchenartikel funktional auf die Inanspruchnahme und Verwirklichung des Grundrechts der Religionsfreiheit angelegt sind. Jede Religionsgemeinschaft hat nach Art. 40 ThürVerf i.V.m. Art. 140 GG i.V.m. Art. 137 Abs. 3 Satz 1 WRV das Recht, ihre Angelegenheiten selbständig innerhalb der Schranken des für alle geltenden Gesetzes zu ordnen und zu verwalten. Eigene Angelegenheiten in diesem Sinne sind auch die Rechte und Pflichten der Mitglieder der einzelnen Religionsgemeinschaft, insbesondere die Festlegung von Bestimmungen, die den Ein- und Austritt, die mitgliedschaftliche Stellung sowie den Ausschluss von Glaubensangehörigen regeln. Daraus und aus dem Gebot staatlicher Neutralität ergibt sich, dass der Staat nicht bestimmen darf, wer einer Kirche angehört (vgl. BVerfG, Beschluss vom 31.3.1971 -1 BvR 744/67- BVerfGE 30, 415 [422], KirchE 12, 101; BVerfG, Beschluss vom 20.1.2022 -2 BvR 2467/17- NVwZ-RR 2022, 361 Rn 25, KirchE 79, 43).

[84] Das Selbstbestimmungsrecht der Religionsgemeinschaft findet seine Schranken in dem für alle geltenden Gesetz – soweit derartige Regelungen selbst verfassungskonform sind – und in den grundrechtlichen Gewährleistungen der negativen Glaubensfreiheit nach Art. 39 Abs. 1 und 2 ThürVerf. Sie fordern die Freiwilligkeit der Mitgliedschaft. Das schließt die Freiheit, einer Religionsgemeinschaft fernzubleiben, ebenso ein wie die Freiheit, sich jederzeit von der Mitgliedschaft in der Religionsgemeinschaft mit Wirkung für das staatliche Recht durch Austritt zurückzuziehen (BVerfG, Beschluss vom 8.2.1977 -1 BvR 329/71 u.a.- BVerfGE 44, 37 [49], KirchE 16, 47; Kammerbeschluss vom 2.7.2008 -1 BvR 3006/07- NJW 2008, 2978, KirchE 52, 1).

[85] bb) Im Bereich der Kirchensteuerpflicht, die ausschließlich für Kirchenmitglieder bestehen kann, überschneiden sich indes das kirchliche Selbstbestimmungsrecht und das staatliche Recht in besonderem Maße. Das folgt aus Art. 40 ThürVerf i.V.m. Art. 140 GG i.V.m. Art. 137 Abs. 6 WRV, wonach Religionsgemeinschaften, die Körperschaften des öffentlichen Rechts sind, das Recht haben, auf Grund der bürgerlichen Steuerlisten und nach Maßgabe der landesrechtlichen Bestimmungen Steuern zu erheben. Diese Vorschrift hat selbst keinen grundrechtlichen Gehalt (Korioth, in: Dürig/Herzog/Scholz, GG, Februar 2003, Art. 137 WRV Rn 97), sondern ist eine Folge des Körperschaftsprivilegs nach Art. 137 Abs. 5 WRV. Das mit diesem Status verliehene Besteuerungsrecht dient der Religionsförderung und soll die Eigenständigkeit und Unabhängigkeit der Religionsgemeinschaften unterstützen. Das Besteuerungsrecht ist hoheitlicher Natur (BVerfGE 30, 415 [422], KirchE 12, 101; BVerfGE 102, 370 [388], KirchE 38, 502) und beruht auf einer punktuellen Übertragung staatlicher Hoheitsgewalt, die das Verfassungsrecht für diesen spezifischen Fall ausdrücklich zu-

lässt. Diese Hoheitsgewalt ist ihrerseits grundrechtsgebunden auszuüben (BVerfGE 30, 415 [422], KirchE 12, 101).

[86] Der aus Art. 137 Abs. 6 WRV folgenden Einrichtungsgarantie (Morlok, in: Dreier, GG, Bd. 3, 3. Aufl. 2018, Art. 137 WRV Rn 119) kommt der Staat auf verschiedenen rechtlichen Ebenen nach. Anstelle der „bürgerlichen Steuerlisten" erfasst er heute die Mitgliedschaft in einer öffentlich-rechtlichen Religionsgemeinschaft durch die Meldebehörden nach § 3 Abs. 1 Nr. 11 Bundesmeldegesetz (BMG), was wiederum Grundlage für das Verfahren zur Bildung und Anwendung der elektronischen Lohnsteuerabzugsmerkmale nach § 3 Abs. 2 Nr. 2 Buchstabe a) BMG ist. Der Durchsetzung der Besteuerungsrechte nach Art. 137 Abs. 6 WRV dient auch die Datenübermittlung an die Religionsgemeinschaften nach § 42 BMG.

[87] Die Länder sind verfassungsrechtlich wiederum zum Erlass von Kirchensteuergesetzen verpflichtet, die unter anderem Beginn und Ende der Kirchensteuerpflicht, einschließlich des Kirchenaustritts, regeln. Ausdrücklich formalisiert ist, allein und beschränkt auf die Zwecke der Erhebung von Kirchensteuern, nur die Austrittserklärung, die vor einer staatlichen Stelle stattfinden muss. Dabei ist zu beachten, dass die Austrittsmöglichkeit als solche – sowohl für den kirchlichen Bereich als auch die staatliche Sphäre – für den Einzelnen aus der negativen Religionsfreiheit nach Art. 39 Abs. 1 und 2 ThürVerf folgt (vgl. BVerfGE 30, 415 [423], KirchE 12, 101; BVerwG, Urteil vom 26.9.2012 -6 C 7/12- BVerwGE 144, 171 Rn 19, KirchE 60, 134). Aufgrund des kirchlichen Selbstbestimmungsrechts beschränkt sich die Rechtswirkung der kirchensteuerrechtlich vorgesehenen Austrittserklärung aber allein auf das staatliche Recht. Dem Landesgesetzgeber wäre es verwehrt, die Rechtswirkungen der Austrittserklärung auf den innerkirchlichen Bereich der Mitgliedschaft zu erstrecken, da hierzu Art. 137 Abs. 6 WRV keine Zuständigkeit verleiht und dies auch gegen das Selbstbestimmungsrecht der Religionsgemeinschaften verstoßen würde. Den Religionsgemeinschaften steht es in Ausübung ihres Selbstbestimmungsrechts jedoch frei, in eigener Zuständigkeit die Wirkungen der staatlichen Austrittserklärung auf die kirchenrechtliche Mitgliedschaft zu erstrecken, wie es in der Evangelischen Kirche nach § 10 Nr. 3 Kirchenmitgliedschaftsgesetz EKD der Fall ist. Dadurch entsteht eine mittelbare Verknüpfung von staatlichem und kirchlichem Recht.

[88] cc) Die in § 2 Abs. 2 Satz 4 ThürKiStG vorgesehene Pflicht zum Nachweis der Austrittserklärung ist mit der negativen Glaubensfreiheit des Einzelnen nach Art. 39 Abs. 1 und 2 ThürVerf (Art. 4 Abs. 1 und 2 GG) vereinbar. Sie ist jedoch weder aufgrund des Selbstbestimmungsrechts der Religionsgemeinschaften noch nach Maßgabe der Einrichtungsgarantie des Art. 40 ThürVerf

i.V.m. Art. 140 GG i.V.m. Art. 137 Abs. 6 WRV verfassungsrechtlich zwingend geboten.

[89] Die Mitgliedschaft in einer Religionsgemeinschaft begründet ein innerkirchliches Statusverhältnis, das für den Einzelnen die gesamte Lebensführung prägen kann. Der Austritt beendet diesen Status. Da seine Folgen nicht auf den Bereich der inneren Einstellungen und Überzeugungen des Austretenden beschränkt bleiben, sondern die durch staatliches Recht begründete Kirchensteuerpflicht beenden, ist es aus Gründen der Beweisbarkeit vor staatlichen Stellen gerechtfertigt, wenn § 2 Abs. 2 Satz 4 ThürKiStG dem Austretenden die Nachweispflicht auferlegt. Hiermit sind keine unzumutbaren Belastungen verbunden, da lediglich eine von der staatlichen Behörde ausgestellte Bescheinigung aufzubewahren und auf Verlangen vorzulegen ist.

[90] Dem entspricht aber weder eine verfassungsrechtliche Pflicht des Staates, diese Nachweispflicht gesetzlich anzuordnen, noch ein aus dem Selbstbestimmungsrecht folgender Anspruch der Kirche. Vielmehr lässt Art. 40 ThürVerf i.V.m. Art. 140 GG i.V.m. Art. 137 Abs. 6 WRV dem Landesgesetzgeber bei dieser Frage Spielräume, da der Nachweis der Mitgliedschaft auf staatlicher Seite üblicherweise über das Bundesmelderecht abgesichert ist. Das verdeutlichen auch die Kirchensteuergesetze der Länder, die solche Nachweispflichten beim Austritt nicht kennen (vgl. Art. 3 Abs. 4 Kirchensteuergesetz Bayern; § 3 Abs. 2 Kirchensteuergesetz NRW; § 5 Abs. 3 Kirchensteuergesetz Hessen). Unstimmigkeiten des Melderegisters können sowohl durch Nachfragen bei den Standesämtern oder dem Betroffenen wie auch durch den Datenabgleich mit den Religionsgemeinschaften nach § 42 BMG festgestellt und behoben werden. Das Selbstbestimmungsrecht der Religionsgemeinschaften erstreckt sich demgegenüber nur auf den innerkirchlichen Bereich der Mitgliedschaft. Geschützt ist insoweit auch das Recht, die eigenen Mitglieder dazu anzuhalten, ihren gesetzlichen Meldepflichten nachzukommen und die Religionszugehörigkeit gegenüber den Meldebehörden anzugeben, wie es sich für die Beschwerdeführerin aus § 16 Abs. 1 Kirchenmitgliedschaftsgesetz EKD ergibt. Das Selbstbestimmungsrecht umfasst demgegenüber nicht das Recht, von ihren (ehemaligen) Mitgliedern auch für den Bereich der staatlichen Sphäre des Kirchensteuerrechts den förmlich korrekten Nachweis der Austrittserklärung zu verlangen.

[91] dd) Offen kann bleiben, wie lange die nach § 2 Abs. 2 Satz 4 ThürKiStG vorgesehene Nachweispflicht gilt und ob es über § 9 Abs. 1 Satz 2 ThürKiStG auch zur Anwendung von § 147 Abs. 3 AO kommt. Jedenfalls bedarf es einer sachgerechten Handhabung in den Fällen, in denen die Bescheinigung nicht mehr auffindbar ist. Denn es entspricht der allgemeinen Lebenserfahrung, dass diese Bescheinigung – wie auch andere wichtige behördliche Bescheinigungen

mit statusrelevanter Bedeutung – abhandenkommen kann. Der Grundsatz der Verhältnismäßigkeit gebietet es in solchen Fällen, dem Bürger zu ermöglichen, den Nachweis des wirksam vor staatlichen Stellen erklärten Austritts auch auf andere Weise zu führen. Wäre die Nachweismöglichkeit allein an das Vorhandensein einer staatlichen Bescheinigung gebunden, stellte der Gegenschluss, der Austritt sei nicht erfolgt und die Kirchensteuerpflicht bestehe weiterhin, eine Verletzung der negativen Glaubensfreiheit dar und überspannte die Sorgfaltsanforderungen an den Einzelnen. Dies gilt erst recht in den Fällen, in denen – wie hier – die staatlichen Stellen, die die Austrittserklärung entgegenzunehmen hatten, selbst nicht mehr über die Unterlagen verfügen und jahrelang keine Kirchensteuer erhoben wurde.

[92] ee) Unter Berücksichtigung dieser Grundsätze verstößt das Urteil des Thüringer Finanzgerichts nicht gegen Art. 39 Abs. 1 und 2, Art. 40 ThürVerf i.V.m. Art. 140 GG i.V.m. Art. 137 Abs. 3 WRV. Es beruht nicht auf einer grundsätzlich unrichtigen Auffassung von der Bedeutung und Tragweite dieser Grundrechte.

[93] Es kann dahinstehen, ob das Urteil im Hinblick auf die mittelbare Verknüpfung von staatlichem Kirchensteuerrecht und kirchlichem Recht (vgl. oben II.3.b) bb)) in den Schutzbereich des Rechts der Beschwerdeführerin auf kollektive freie Religionsausübung und kirchliche Selbstbestimmung eingreift, indem es ohne Vorlage einer Austrittserklärung vom Nachweis des Kirchenaustritts ausgegangen ist. Jedenfalls wäre ein solcher Eingriff verfassungsrechtlich gerechtfertigt.

[94] Das Finanzgericht legte seinem Urteil die gesetzlich begründete Pflicht des Anhörungsberechtigen zu 1. zugrunde, seinen Austritt nachzuweisen. Da es diesem nicht möglich war, den Nachweis entsprechend der landesrechtlichen Vorgabe in § 2 Abs. 2 Satz 4 ThürKiStG und der im Jahr 1990 geltenden Vorgängerregelung zu führen, stützte es sich auf sonstige Beweismittel, für die es den Anhörungsberechtigten zu 1. als nachweispflichtig ansah. Erst in diesem Rahmen wendete es den Grundsatz der freien Beweiswürdigung nach § 96 Abs. 1 Satz 1 FGO an und gelangte im konkreten Einzelfall des Anhörungsberechtigten zu 1. zu der Überzeugung, dass dieser gegenüber den damals im Jahr 1990 in S zuständigen staatlichen Stellen die Austrittserklärung abgegeben hatte.

[95] Die verfassungsrechtliche Überprüfung der vom Finanzgericht vorgenommenen Beweiswürdigung durch den Thüringer Verfassungsgerichtshof erstreckt sich nur darauf, ob die Feststellungen des Finanzgerichts auf einer tragfähigen Grundlage beruhen, ob sie nachvollziehbar begründet sind und – im Kontext des Kirchensteuerrechts – nicht gegen zwingende religionsverfas-

sungsrechtliche Vorgaben zugunsten des Einzelnen wie auch der Landeskirche aus Art. 39 und Art. 40 ThürVerf verstoßen.

[96] Das Finanzgericht verdeutlichte hier, dass zum Nachweis des Austritts weder eine Bescheinigung der Kirchgemeinde noch eine solche des Einwohnermeldeamts ausreiche. Der Anhörungsberechtigte zu 1. habe in der mündlichen Verhandlung glaubhaft und überzeugend ausgeführt, dass er im Herbst 1990 persönlich gemeinsam mit seiner damaligen Ehefrau zum Amtsgericht S gegangen sei und den Austritt erklärt habe. Das werde durch die Angaben seiner früheren Ehefrau und weitere Indizien bestätigt. Insbesondere die Würdigung der schriftlichen Aussagen der früheren Ehefrau des Anhörungsberechtigten zu 1. lässt verfassungsgerichtlich zu beanstandende Rechtsfehler des Finanzgerichts nicht erkennen. Anhaltspunkte, die die Glaubwürdigkeit der Zeugin erschüttern könnten, oder dafür, dass diese Aussagen ihrem Kern nach inhaltlich falsch sein könnten, mussten sich im vorliegenden Fall nicht aufdrängen. Auch der Umstand, dass das Finanzgericht mit Rücksicht auf eine Erkrankung der Zeugin von einer mündlichen Einvernahme absah, lässt eine verfassungswidrige Handhabung des Prozessrechts nicht erkennen, vgl. § 82 FGO i.V.m. § 377 Abs. 3 ZPO.

[97] In verfassungsrechtlich nicht zu beanstandender Weise setzte sich das Finanzgericht auch mit dem Einwand der Beschwerdeführerin auseinander, dass die Zahlung von Gemeindebeiträgen in einzelnen Jahren als Ausdruck eines Fortbestands der Mitgliedschaft oder als Erklärung eines Wiedereintritts zu sehen sei. Mit nachvollziehbaren Gründen ordnete es diese Zahlungen als freiwillig erbrachte Spenden ein. Eine rechtliche Behandlung als konkludente Erklärung über den Wiedereintritt scheidet schon deswegen aus, weil sie den innerkirchlichen Regeln des § 7a Kirchenmitgliedschaftsgesetz EKD für diesen Fall nicht genügt.

[98] Soweit das Finanzgericht auf das aus seiner Sicht fehlerhafte Gemeindegliederverzeichnis abgestellt hat, in der auch die Ehefrau und der ungetaufte Sohn des Anhörungsberechtigten zu 1. aufgeführt waren, liegt möglicherweise eine Verkennung von § 14 Abs. 1 Satz 2 Kirchenmitgliedschaftsgesetz EKD vor. Hierbei handelt es sich aber nicht zugleich um einen Verstoß gegen verfassungsrechtliche Anforderungen an die Beweiswürdigung, da dieser Gesichtspunkt für die Entscheidung des Finanzgerichts nicht tragend war. Vielmehr betrafen die Ausführungen ausdrücklich nur den Vortrag der Beschwerdeführerin im finanzgerichtlichen Verfahren, nicht aber den vom Anhörungsberechtigten zu 1. zu führenden Nachweis seines Austritts.

[99] c) Das Urteil des Thüringer Finanzgerichts verstößt auch nicht gegen das Willkürverbot nach Art. 2 Abs. 1 i.V.m. Art. 42 Abs. 2 ThürVerf.

[100] aa) Gegen das Willkürverbot wird nicht durch jede fehlerhafte Rechtsanwendung verstoßen, sondern nur dann, wenn die Gerichte bei der Auslegung und Anwendung des Rechts von dem durch den Gesetzeswortlaut vorgegebenen und durch Rechtsprechung und Schrifttum näher beschriebenen Normverständnis so weit abweichen, dass diese Divergenz mit dem Recht nicht mehr übereinstimmt. Ein Verstoß gegen das Willkürverbot liegt vor, wenn die Gesetzesanwendung keinesfalls vertretbar, schlechthin unhaltbar, offensichtlich sachwidrig und unangemessen ist. Ein Richterspruch ist nur dann willkürlich und verstößt gegen den Gleichheitssatz, wenn er unter keinem rechtlichen Aspekt vertretbar ist und sich der Schluss aufdrängt, dass er auf sachfremden Erwägungen beruht. Dies ist anhand objektiver Kriterien festzustellen. Die Schwelle einer Verletzung des Willkürverbots wird erst dann überschritten, wenn die Rechtslage in krasser Weise verkannt und etwa eine offensichtlich einschlägige Norm nicht berücksichtigt oder der Inhalt der Norm in krasser Weise missdeutet wird (ThürVerfGH, Beschluss vom 12.9.2018 -VerfGH 28/17- mwN).

[101] bb) Diese Voraussetzungen sind vorliegend nicht erfüllt. Weder aus dem Verfahren noch aus den Urteilsgründen ergeben sich Hinweise, dass die Entscheidung des Finanzgerichts auf sachfremden Erwägungen beruht. Das Thüringer Finanzgericht gelangte schließlich auch nicht zu einer Rechtsauffassung, wonach § 2 Abs. 2 Satz 4 ThürKiStG durch Zeitablauf unanwendbar werde, sondern ließ im konkreten Einzelfall lediglich zu, dass der Nachweis des Austritts auf andere Weise als durch Vorlage der staatlichen Bescheinigung geführt wird. Aus den oben bereits genannten Gesichtspunkten der Verhältnismäßigkeit war dieses gerichtliche Vorgehen geboten, wenn hinreichende Anhaltspunkte dafür bestanden, dass der Austritt förmlich korrekt erfolgt, die Bescheinigung aber zu einem späteren Zeitpunkt abhandengekommen war. Nicht sachgerecht wäre es hier gewesen, dem Anhörungsberechtigten zu 1. mehr als 25 Jahre nach dem von ihm erklärten Austritt den Zeugenbeweis zu verwehren, zumal das seinerzeit zuständige Amtsgericht S über keinerlei Unterlagen zu Kirchenaustritten in den Jahren von 1990 bis 1992 mehr verfügte.

14

1. Bei religiös motivierten Äußerungen eines katholischen Pfarrers gegen Homosexuelle muss der Schutz aus den Grundrechten der Religionsfreiheit und der Meinungsäußerungsfreiheit zwingend zurücktreten, wenn durch diese Äußerungen die Menschenwürde anderer angegriffen wird, da die Menschenwürde als Wurzel aller Grundrechte mit keinem Einzelgrundrecht abwägungsfähig ist.

https://doi.org/10.1515/9783111651354-014

2. Die aktiven Teilnehmer der Christopher Street Day-Umzüge können als abgrenzbarer Teil der Bevölkerung im Sinne des § 130 Abs. 1 StGB Angriffsobjekt einer Volksverhetzung sein.

Artt. 1 Satz 1, 4 Abs. 1 und 2 GG, 5 Abs. 1 Satz 1, 5 Abs. 2 GG,
§ 130 Abs. 1 Nr. 1 und 2 StGB, § 267 Abs 5 S 1 StPO
OLG Bremen, Urteil vom 23. Februar 2023 -1 Ss 48/22-[1]

I. 1. Die Staatsanwaltschaft Bremen hat dem Angeklagten in der Anklageschrift vom 24.6.2020 vorgeworfen, sich einer Volksverhetzung strafbar gemacht zu haben, indem er am 19.10.2019 als Pastor der Gemeinde ein sogenanntes Eheseminar vor etwa 30 Ehepaaren in seiner Gemeinde gehalten und die Audio-Datei des Eheseminars auf die Internetplattform A. online eingestellt habe, wobei er sich wie folgt über Gender und Homosexuelle geäußert habe:

> „Der ganze Genderdreck ist ein Angriff auf Gottes Schöpfungsordnung, ist zutiefst teuflisch und satanisch."
> „Ich komme nochmal später drauf, Homosexualität, dass das alles Degenerationsformen von Gesellschaft sind, die ihre Ursache darin haben, in der Gottlosigkeit."
> „Diese Homo-Lobby, dieses teuflische, kommt immer stärker, immer massiver, drängt immer mehr hinein. Das ist so sukzessive, die fressen immer ein Ding, immer mehr weg."
> „Echt, überall laufen diese Verbrecher rum, von diesem Christopher-Street-Day."

2. Mit Urteil vom 25.11.2020 ist der Angeklagte durch das Amtsgericht Bremen wegen Volksverhetzung zu einer Geldstrafe von 90 Tagessätzen zu je 90,– € verurteilt worden. Auf die Berufung des Angeklagten hat die Strafkammer 51 des Landgerichts Bremen mit Urteil vom 20.5.2022 das Urteil des Amtsgerichts Bremen vom 25.11.2020 aufgehoben und den Angeklagten aus rechtlichen Gründen freigesprochen.

a. Dabei hat das Landgericht neben den Feststellungen zum Werdegang und zur beruflichen Stellung des Angeklagten folgende weiteren Feststellungen zur Person des Angeklagten und zur Tat getroffen:

> „Der Angeklagte versteht sich als bibeltreuer Christ. Er sieht sich in seinem theologischen Handeln streng an die Bibel gebunden, die er als „Anleitung für ein gelungenes Leben" bezeichnet. Seine Haltung und die der ...-Gemeinde kann als sehr konservativ bezeichnet werden".

1 Amtl. Leitsätze. BeckRS 2023, 4847; juris.
Das Urteil ist rechtskräftig.

In der Vergangenheit hatten verschiedene inhaltliche Äußerungen des Angeklagten zu theologischen bzw. gesellschaftlichen Fragen in der Öffentlichkeit Empörung und Protest hervorgerufen.

Die Gemeinde sah sich bereits vor dem im Herbst 2019 stattfindenden Eheseminar mehrfach Störungen und Anfeindungen ausgesetzt. So kam es im Jahr 2008 zu einem sog. Kiss-In, bei dem gleichgeschlechtliche Paare in den Gottesdienst kamen und dort u.a. „CSD statt ...“ riefen. Ein Polizeieinsatz war notwendig, um die Störung des Gottesdienstes zu beenden. Auch kam es in der Folgezeit wiederholt zu Sachbeschädigungen auf dem Gelände der Kirchengemeinde oder an Fahrzeugen der Gemeindemitglieder. Mehrmals wurden Aufkleber mit einer Regenbogenfahne verwendet, um einen Schaukasten auf dem Gelände der Gemeinde zu bekleben und es kam zu Farbschmierereien u.a. mit dem Slogan „god is gay“. Bei Demonstrationen vor der Kirche wurde Gemeindemitgliedern der Weg versperrt oder diese beispielsweise mit aufgeblasenen Kondomen beworfen.

Auf Bitten der Gemeindemitglieder eine Veranstaltung zur Ehe bzw. Auffrischung der Ehe durchzuführen, kam es am 19.10.2019 zu einem Eheseminar in der Gemeinde unter Leitung des Angeklagten. Unter dem Titel „Biblische Fahrschule zur Ehe, Teil 1: Theorie, Teil 2: Praxis“ hielt der Angeklagte etwa 1 Stunde und 45 Minuten einen Vortrag vor ca. 30 Ehepaaren, die Mitglieder der Gemeinde sind. Eine Anmeldung zu der Veranstaltung konnte zuvor über das Gemeindebüro erfolgen.

Zu Beginn der Seminarveranstaltung bekräftigte der Angeklagte, nachdem der Zeuge (...), der bei der Organisation der Veranstaltung half und selbst teilnahm, erwähnte, dass es keine Übertragung über das Internet gebe, dass kein Mitschnitt des Seminars ins Internet gestellt werde. Das würde man prinzipiell, so der Angeklagte, immer gerne machen, bei dieser Veranstaltung habe man aber sofort gesagt, das lasse man hier in dem Rahmen, weil man einen geschützten Raum für die Veranstaltung schaffen wolle. Der Angeklagte äußerte sinngemäß weiter, dass es sein könne, dass es während des Seminars etwas persönlicher werde und von daher werde „das alles hier bleiben. Das wird nicht rausgehauen über den Äther, übertragen“.

Im ersten Teil des Seminars stellte der Angeklagte theoretische Grundlagen zur Ehe unter Benennung verschiedener Bibelstellen dar. Er referierte zu Beginn über die von Gott geschaffenen Ordnungen, die Schöpfungsordnungen, Gesetzesordnungen und Erlösungsordnungen. Auch für das zwischenmenschliche Zusammenleben würden feste Ordnungen bestehen, die Gott gesetzt habe, wie z.B. Staaten. Gott habe auch die Familie und die Ehe eingesetzt. Das sei eine

Schöpfungsordnung und der Stand, in dem Mann und Frau nach dem Willen Gottes in der Schöpfung zusammenleben sollen.

An diesen Punkten, so der Angeklagte, werde derzeit massiv dran gedreht.

In diesem Zusammenhang kam er auch auf das soziale Geschlecht zu sprechen, was seiner Auffassung nach im Widerspruch zur Bibel stehe, wonach Gott Mann und Frau erschaffen habe. Da, so der Angeklagte, gebe es nicht mehr. Jetzt würden irgendwelche verworrenen Politiker, Theologen, Soziologen, Anthropologen erzählen, es gäbe noch das dritte Geschlecht, ein viertes, fünftes, „weiß der Kuckuck was, Divers, Transgender oder sonst irgendwas". Dies seien Erfindungen von Menschen, so der Angeklagte, die mit der Schöpfung nichts zu tun hätten. Man würde heute in diesem Staat angegriffen, verklagt, wenn sie beispielsweise eine Pastorenstelle ausschreiben, wo sie nur reinschreiben würden, Pastorenstelle nur männlich oder männlich oder nur weiblich. Da müsse man heute dabei schreiben, divers, das sei ein totaler Wahnsinn. Im unmittelbaren Anschluss daran äußerte der Angeklagte bei Minute 08:17 „Der ganze Genderdreck ist ein Angriff auf Gottes Schöpfungsordnung. Das ist zutiefst teuflisch und satanisch". Ferner sei es, so der Angeklagte weiter, dass die Kinder und Enkelkinder heutzutage in den Schulen und überall indoktriniert würden und dies habe auch viele Auswirkungen auf das, was Ehe ausmache, wenn man sagen würde, das Geschlecht habe nicht der Schöpfer entschieden, sondern sei etwas soziologisch Bedingtes. Wenn man sagen würde, Mann sei man nur deshalb, weil man im Kindergarten mit Indianern und Pistolen gespielt habe, und Frau sei man deshalb, weil man immer pinke Klamotten angezogen und mit Puppen gespielt habe, dann sei das ein Wahnsinn, aber das verunsichere Leute und zerstöre die gesamte Zivilisation und Kultur.

Dann sagte er bei Minute 09:15: „Ich komme nochmal später drauf, Homosexualität, dass das alles Degenerationsformen von Gesellschaft sind, die ihre Ursache darin haben, in der Gottlosigkeit." Man müsse, so der Angeklagte, festhalten, Ehe sei der von Gott gewollte Stand, in dem Mann und Frau zusammenleben, von der Schöpfung her.

Insgesamt sprach er in dem theoretischen Teil des Seminars zeitweise über die Bedrohungen für das Institut der Ehe. Bei seinen Ausführungen zum Ehebruch stellte er u.a. dar, wie dieser in der Bibel pönalisiert werde.

Schließlich erwähnte er auch die Homosexualität unter Heranziehung entsprechender Bibelstellen als Bedrohung für die Ehe.

Diese von Gott gegebenen Schöpfungsordnungen, wie die Ehe, bedauerte der Angeklagte, würden aber heutzutage auch nicht mehr in der Kirche selbst so konsequent gelebt werden, was beispielsweise der Umgang mit Ehescheidungen zeige.

Wenn man sich als Gemeinde gegen Homosexualität ausspreche, so müsse man sich genauso gegen Ehebruch aussprechen, so der Angeklagte. Beim Thema Sexualität führte er aus, dass diese nur zwischen Mann und Frau erlaubt sei. Man müsse aber in eigenem Umfeld erleben, dass homosexuelle Beziehungen auf dieselbe Ebene gestellt würden wie eine Beziehung zwischen Mann und Frau.

Er erläuterte weiter, dass dies auch innerhalb von vielen Landeskirchen mittlerweile so geschehen würde, indem beispielsweise homosexuelle Ehen gesegnet und sogar Trauungen vorgenommen werden. Das nehme immer weitere Räume ein. Jetzt sei man schon so weit, dass überlegt werde, ob die Pfarrer eine homosexuelle Trauung eines Tages ablehnen dürfe. Der Angeklagte äußerte dann: „Diese Homolobby, dieses Teuflische kommt immer stärker, immer massiver, drängt sich immer mehr hinein. Und das ist so sukzessive, die fressen immer ein Ding, immer mehr weg“ (Minute 48:12). Es könne, so der Angeklagte weiter, irgendwann so weit kommen, dass die Forderung an ihre Kirchengemeinde gestellt werde, eine homosexuelle Trauung vorzunehmen und wenn man dies verweigern würde, man Probleme als Gemeinde kriege, beispielsweise den Körperschaftsstatus entzogen bekomme. Die Bibel, so der Angeklagte, sei da aber eindeutig und er erwähnte eine Denkschrift der ... in der ganz klar herausgearbeitet worden sei, dass es biblisch nicht möglich sei, Homosexualität zu segnen. In diesem Zusammenhang zitierte der Angeklagte Leviticus 18, 22, wo es heiße: „Du sollst nicht bei einem Mann liegen wie bei einer Frau; es ist ein Gräuel.“ Es gebe da acht, neun Bibelstellen, die an dieser Stelle ganz eindeutig seien. Obwohl dies in der Bibel klar herausgearbeitet werde, gehe die Kirche in dieser Denkschrift hin und sage, dass sie es trotzdem anders machen würde. Dies, so der Angeklagte, sei ein ganz klarer Verrat am Wort Gottes, dass man Dinge anders lebe.

Gegenüber den anwesenden Seminarteilnehmern erklärte er, dass es ein Problem sei, wenn die Kinder in den Schulen und überall damit durchlöchert würden und dies beigebracht bekämen, beispielsweise dazu animiert würden, andere sexuelle Rollen auszuprobieren. Es kämen Leute von Kultusministerium in die Schulen und würden propagieren, Homosexualität sei normal und die Mädchen müssten sich Schnurrbärte anmalen und die Jungen Röcke anziehen. Das sei eine unwahrscheinliche Gefährdung von dem, was Ehe angehe. Bei den Kindern werde sich noch mehr von den biblischen Grundlagen entfernt, konstatierte der Angeklagte in seinem Vortrag.

Dann äußerte er bei Minute 50:53: „Überall laufen diese Verbrecher rum, von diesem Christopher-Street-Day, feiern ihre Partys, bringen Dinger raus. Auf unserem Rathaus wird die Regenbogenflagge gehisst.“ Dies seien bewusst antichristliche und antibiblische Dinge, die da gesetzt und mit denen die Ehe torpediert würde.

Er, so fuhr der Angeklagte fort, wolle den Seminarteilnehmern Mut machen, egal wo es sei, ob am Arbeitsplatz oder wo auch immer, zu protestieren, die Dinge nicht durchgehen zu lassen, da nicht mitzumachen (Minute 51:30). In diesem Zusammenhang schilderte er, dass er zuletzt um Rat gefragt worden sei, wie man sich verhalten solle, wenn am Arbeitsplatz Geld für ein Geschenk für eine Hochzeit von zwei homosexuellen Personen gesammelt werde. Er, der Angeklagte, habe dem Ratsuchenden gesagt: „Du kannst doch da nicht mitmachen, du kannst doch diesen Menschen nicht ein Geschenk geben, du kannst doch nicht bezahlen halt. Das funktioniert nicht. Das heißt ja nicht, dass du gegen den Menschen als solches was hast, aber du kannst diese Dinge nicht mitmachen."

Während des Vortrags gab es keine Nachfragen oder Redebeiträge der Seminarteilnehmer. Die Äußerungen des Angeklagten zur Homosexualität und zum sozialen Geschlecht erregten im Kreis der Seminarteilnehmer keinen Widerspruch oder Empörung. Der Angeklagte referierte frei ohne ein vorformuliertes Manuskript und hatte ein stichpunktartiges Hand-Out zu seinem Vortrag vorher an die Teilnehmer ausgegeben. Den gesamten Vortrag hielt der Angeklagte in einer ruhigen Stimmlage. Insbesondere an den oben dargestellten Vortragspassagen wurde seine Stimme weder lauter noch im Tonfall schärfer.

Mitte März 2020 kam es zu einer Anfrage eines Mitarbeiters der Gemeinde, des Zeugen ..., an den Angeklagten, ob er die Audiodatei von der Veranstaltung auf die Internetplattform A. in das Profil der ...-Gemeinde online stellen solle. Der Angeklagte bejahte dies. Die Kammer konnte indes nicht feststellen, dass ihm der Inhalt des damaligen Vortrages, seine dortige Zusage, dass das Seminar nicht im Internet zur Verfügung gestellt werden würde, noch bewusst war und er insbesondere noch Kenntnis von seiner Äußerung über „Verbrecher vom Christopher-Street-Day" hatte oder er diese Umstände für möglich hielt und billigend in Kauf nahm.

Nachdem das Video online am 14.3.2020 abrufbar war – der Account hatte zum damaligen Zeitpunkt 14.800 Abonnenten – wurde der Angeklagte angesprochen, möglicherweise durch einen Pressevertreter, ob er wisse, dass es Anzeigen wegen seiner Äußerungen in der Audiodatei gegen ihn geben würde. Nunmehr bemerkte der Angeklagte, dass es sich bei der Audiodatei um das Eheseminar handelte und er prüfte, was er damals in diesem Teilnehmerkreis gesagt hatte. Der Angeklagte veranlasste daraufhin eine umgehende Herausnahme des Videos vom A. Account. Ferner entschuldigte er sich in einer Erklärung am 26.4.2020 öffentlich, u.a. über A. und die Homepage der Gemeinde für seine Äußerungen und stellte klar, dass für einige Außenstehende der Eindruck entstanden sein könne, dass er generell alle Homosexuellen für Verbrecher hielte, wofür er sich entschuldigen und klarstellen wolle, dass dies selbstverständlich nicht seine Meinung sei. Mit dieser Bezeichnung habe er die militanten Aggressoren gemeint, welche die Gemeinde in den letzten Jahren immer wieder angegriffen und gotteslästerlich diffamiert hätten. Die Audiodatei war ab dem 23.4.2020 nicht mehr auf dem A. Kanal abrufbar."

b. Das Landgericht hat seine Entscheidung, dass der Angeklagte aus rechtlichen Gründen freizusprechen war, auf den Grundsatz der verfassungsgerichtlichen Rechtsprechung gestützt, dass in Bezug auf Äußerungsdelikte eine Strafbarkeit bei mehrdeutigen Äußerungen nur angenommen werden kann, wenn andere straflose Deutungsmöglichkeiten mit nachvollziehbaren und tragfähigen Gründen auszuschließen sind. Unter Berücksichtigung des Schutzes des Grundrechts der Religionsfreiheit aus Art. 4 GG hat das Landgericht hinsichtlich sämtlicher der dem Angeklagten vorgeworfenen Äußerungen angenommen, dass bei einer umfassenden Gesamtwürdigung ihres Inhalts und des inhaltlichen und situativen Kontextes der Tatbestand einer Volksverhetzung gemäß § 130 Abs. 1 Nr. 1, Nr. 2 StGB nicht erfüllt sei, da solche naheliegenden straflosen Auslegungsvarianten bestünden und jedenfalls nicht mit einer tragfähigen Begründung auszuschließen seien. Bezüglich der Äußerung „Verbrecher von diesem Christopher Street Day" hat das Landgericht zudem bereits verneint, dass damit ein abgrenzbarer Bevölkerungsteil im Sinne des § 130 Abs. 1 StGB bezeichnet würde.

3. Gegen dieses Urteil legte die Staatsanwaltschaft Bremen am 24.5.2022 Revision ein.

Die Revision führte zur Aufhebung des Urteils des Landgerichts Bremen und zur Zurückverweisung an eine andere Kammer des Landgerichts Bremen.

Aus den Gründen:

[31] II. Die Revision der Staatsanwaltschaft ist statthaft (§ 333 StPO), form- und fristgerecht eingelegt (§ 341 StPO) und begründet worden (§§ 344, 345 StPO) und damit zulässig. Die Revision hat auf die von der Staatsanwaltschaft erhobene Sachrüge Erfolg und führt zur Aufhebung des Urteils nebst den ihm zugrunde liegenden Feststellungen wegen eines Begründungsmangels und zur Zurückverweisung zur erneuten Verhandlung und Entscheidung an eine andere Kammer des Landgerichts Bremen.

[32] 1. Die Revision der Staatsanwaltschaft zeigt einen Begründungsmangel des landgerichtlichen Urteils auf, der auf die von der Staatsanwaltschaft erhobene Sachrüge hin festzustellen war und – entgegen der Auffassung der Verteidigung – nicht im Wege einer Aufklärungsrüge geltend zu machen gewesen wäre. Ein Mangel, dass die Urteilsgründe nicht den Anforderungen des § 267 Abs. 5 Satz 1 StPO entsprechend ergeben, aus welchen Gründen die für erwiesen angenommene Tat für nicht strafbar erachtet worden ist, ist auf die gegen das Urteil erhobene Sachrüge hin festzustellen (siehe BGH, Urteil vom 27.2.2020 -4 StR 568/19- NStZ 2021, 121). Der auf die Sachrüge hin festzustellende Begründungsmangel ist damit abzugrenzen von einer im Wege einer Verfahrensrüge geltend zu machenden Aufklärungsrüge, die darauf gerichtet wäre, dass das Tatgericht durch ein konkretes Beweismittel bestimmte Beweisergebnisse hätte aufklären müssen (vgl. BGH, Urteil vom 28.10.2010 -3 StR 317/10- NStZ-RR 2011, 88), und einer im Revisionsverfahren grundsätzlich unzulässigen Rekonstruktion der Hauptverhandlung mit der Rüge, dass auf der Grundlage der vom Tatgericht eingeholten Beweismittel andere oder weitergehende Feststellungen als im Urteil festgestellt zu treffen gewesen wären (vgl. BGH, Beschluss vom 9.10.2002 -5 StR 42/02- BGHSt 48, 34).

[33] 2. Das landgerichtliche Urteil weist einen Begründungsmangel deswegen auf, weil die Urteilsfeststellungen es dem Revisionsgericht nicht erlauben, die Entscheidung des Landgerichts umfassend nachzuprüfen im Hinblick auf die erforderliche Auslegung und Würdigung der vom Landgericht festgestellten Äußerungen des Angeklagten. Das Landgericht hat eine Beurteilung der dem Angeklagten in der Anklageschrift vorgeworfenen Äußerungen über Gender und Homosexuelle vorgenommen im Lichte eines Gesamtkontextes mit weiteren Äußerungen des Angeklagten im Rahmen des Eheseminars. Diese weiteren Äußerungen, auf die das Landgericht für seine Entscheidung maßgeblich abgestellt hat, sind aber ihrerseits im landgerichtlichen Urteil nicht in einer für das Revisionsgericht umfassend nachprüfbaren Weise mitgeteilt worden.

[34] a. Allgemein gilt zu den Anforderungen des § 267 Abs. 5 Satz 1 StPO, dass die Urteilsgründe dem Revisionsgericht eine umfassende Nachprüfung auch einer freisprechenden Entscheidung ermöglichen müssen (siehe BGH, Urteil vom 20.10.1983 -4 StR 517/83- EzSt StPO § 267 Nr. 7; Urteil vom 26.4.1990 -4 StR 24/90- BGHSt 37, 21). Erforderlich ist daher, dass die Urteilsgründe bei einem Freispruch aus rechtlichen Gründen den festgestellten Sachverhalt wiedergeben und sodann darlegen, aus welchen Gründen die festgestellte Tat nicht strafbar ist (siehe BGH, Urteil vom 26.4.1990 -4 StR 24/90- BGHSt 37, 21; KG Berlin, Urteil vom 9.01.2013 -(4) 121 Ss 247/12 (304/12)- NStZ-RR 2013, 172). Es bedarf derart geschlossener Feststellungen zur Sache, dass erkennbar ist, wel-

ches tatsächliche Geschehen Bezugspunkt der rechtlichen Würdigung ist (siehe BGH, Urteil vom 10.7.1980 -4 StR 303/80- NJW 1980, 2423; Urteil vom 5.8.1997 -5 StR 210/97- NStZ-RR 1997, 374; OLG Celle, Urteil vom 31.5.2022 -1 Ss 6/22- NJW 2022, 2054).

[35] Ein besonderes Begründungserfordernis ist sodann zu beachten im Hinblick auf Meinungsäußerungsdelikte wie den vorliegend vom Landgericht verneinten Tatbestand der Volksverhetzung nach den § 130 Abs. 1 Nr. 1 und Nr. 2 StGB. Hierzu gilt nach der Rechtsprechung von Bundesverfassungsgericht und Bundesgerichtshof, dass bei der Subsumtion unter diese Strafvorschrift Voraussetzung jeder rechtlichen Würdigung ist, dass der Sinn der Meinungsäußerung zutreffend erfasst wird. Maßgeblich ist weder die subjektive Absicht des sich Äußernden noch das subjektive Verständnis der von der Äußerung Betroffenen, sondern der Sinn, den sie nach dem Verständnis eines unvoreingenommenen und verständigen Publikums objektiv hat (vgl. BVerfG, Beschluss vom 10.10.1995 -1 BvR 1476/91- BVerfGE 93, 266; Beschluss vom 25.3.2008 -1 BvR 1753/03- NJW 2008, 2907; BGH, Urteil vom 18.2.1964 -1 StR 572/63- BGHSt 19, 235; Urteil vom 15.12.2005 -4 StR 283/05- NStZ-RR 2006, 305; Urteil vom 20.9.2011 -4 StR 129/11- NStZ-RR 2012, 277). Ausgangspunkt der Auslegung ist dabei stets der konkrete Wortlaut der Äußerung (vgl. BVerfG, Beschluss vom 10.10.1995 -1 BvR 1476/91- BVerfGE 93, 266; Beschluss vom 25.3.2008 -1 BvR 1753/03- NJW 2008, 2907; BGH, Urteil vom 15.12.2005 -4 StR 283/05- NStZ-RR 2006, 305; Urteil vom 20.9.2011 -4 StR 129/11- NStZ-RR 2012, 277 (Ls.)).

[36] Der Wortlaut legt den Sinn der Äußerung aber nicht abschließend fest. Er wird vielmehr auch von dem sprachlichen Kontext, in dem die umstrittene Äußerung steht, und ihren Begleitumständen bestimmt, soweit diese für den Rezipienten erkennbar sind (vgl. BVerfG, Beschluss vom 23.9.1993 -1 BvR 584/93- NZV 1994, 486; Beschluss vom 10.10.1995 -1 BvR 1476/91- BVerfGE 93, 266; Beschluss vom 6.9.2000 -1 BvR 1056/95- NJW 2001, 61; Beschluss vom 25.3.2008 -1 BvR 1753/03- NJW 2008, 2907; Beschluss vom 24.7.2013 -1 BvR 444/13- EuGRZ 2013, 637; BGH, Urteil vom 27.1.1984 -5 StR 866/83- EzSt StGB § 189 Nr. 1; Urteil vom 15.12.2005 -4 StR 283/05- NStZ-RR 2006, 305; Urteil vom 20.9.2011 -4 StR 129/11- NStZ-RR 2012, 277). Ist eine Äußerung mehrdeutig, so haben die Gerichte, wollen sie die zur Anwendung sanktionierender Normen führende Deutung ihrer rechtlichen Würdigung zu Grunde legen, andere Auslegungsvarianten mit nachvollziehbaren und tragfähigen Gründen auszuschließen (vgl. BVerfG, Beschluss vom 9.10.1991 -1 BvR 1555/88- BVerfGE 85, 1; Beschluss vom 23.9.1993 -1 BvR 584/93- NZV 1994, 486; Beschluss vom 10.10.1995 -1 BvR 1476/91- BVerfGE 93, 266; Beschluss vom 6.9.2000 -1 BvR 1056/95- NJW 2001, 61; Beschluss vom 25.10.2005 -1 BvR 1696/98- BVerfGE 114, 339; Beschluss

vom 25.3.2008 -1 BvR 1753/03- NJW 2008, 2907; BGH, Urteil vom 3.5.2008 -3 StR 394/07- BGHR StGB § 130 Menschenwürde 5; Urteil vom 20.9.2011 -4 StR 129/11- NStZ-RR 2012, 277 (Ls.); Beschluss vom 3.5.2016 -3 StR 449/15- NStZ 2017, 146).

[37] Grundsätzlich ist die Auslegung von schriftlichen und mündlichen Äußerungen auf ihren tatsächlichen Gehalt Sache des Tatrichters, wobei dieser im vorgenannten Sinne die gesamten Begleitumstände zu berücksichtigen hat (siehe BGH, Urteil vom 14.1.1981 -3 StR 440/80 (S)- NStZ 1981, 258; Urteil vom 27.1.1984 -5 StR 866/83- EzSt StGB § 189 Nr. 1; Urteil vom 15.3.1994 -1 StR 179/93- BGHSt 40, 97; Beschluss vom 3.5.2016 -3 StR 449/15- NStZ 2017, 146). Das Urteil des Tatrichters muss aber die erforderlichen Feststellungen enthalten, um dem Revisionsgericht eine umfassende Nachprüfung der tatgerichtlichen Entscheidung in dieser Hinsicht zu ermöglichen. Die Aufgabe des Revisionsgerichts ist es dabei, die Schlussfolgerungen, auf denen die Auslegung beruht, darauf zu überprüfen, ob sie einen Verstoß gegen allgemeine Erfahrungs-, Denk- oder Sprachgesetze oder Auslegungsregeln erkennen lassen (siehe BGH, Urteil vom 15.11.1967 -3 StR 4/67- BGHSt 21, 373; Beschluss vom 3.5.2016 -3 StR 449/15- NStZ 2017, 146; KG Berlin, Beschluss vom 30.7.2020 -(5) 161 Ss 74/20 (31/20)-; OLG Frankfurt, Urteil vom 8.2.2022 -2 Ss 164/21- NStZ-RR 2022, 181; Urteil vom 30.11.2022 -3 Ss 131/22-; Hanseatisches OLG Hamburg, Entscheidung vom 28.4.1970 -2 Sz 41/70- NJW 1970, 1649; OLG Jena, Urteil vom 27.9.2016 -1 OLG 171 Ss 45/16- OLGSt StGB § 130 Nr. 14). Als durch das Revisionsgericht zu überprüfender Verstoß gegen ein Denkgesetz gilt auch, wenn der Tatrichter verkannt hat, dass nach den festgestellten Umständen mehrere Auslegungsmöglichkeiten bestehen, und es unterlassen hat, diese gegeneinander abzuwägen (vgl. BGH, Urteil vom 14.1.1981 -3 StR 440/80 (S)- NStZ 1981, 258; Beschluss vom 3.5.2016 -3 StR 449/15- NStZ 2017, 146; KG Berlin, Beschluss vom 30.7.2020 -(5) 161 Ss 74/20(31/20)-; OLG Frankfurt, Urteil vom 30.11.2022 -3 Ss 131/22-; Hanseatisches OLG Hamburg, Entscheidung vom 28.4.1970 -2 Sz 41/70- NJW 1970, 1649; OLG Hamm, Beschluss vom 11.2.2010 -2 Ws 323/09-).

[38] b. Die sich aus diesen Grundsätzen ergebenden Anforderungen sind vorliegend nicht vollständig beachtet worden, was zu einem Begründungsmangel des landgerichtlichen Urteils führt. Das Landgericht hat die von ihm für die Auslegung der dem Angeklagten vorgeworfenen Äußerungen für relevant angesehenen Kontextpassagen ihrerseits teils nicht vollständig mit ihrem konkreten Wortlaut wiedergegeben. An anderer Stelle fehlt es an der Wiedergabe des konkreten Wortlauts solcher nur in zusammengefasster Form mitgeteilter weiterer Passagen, die nach der landgerichtlichen Darstellung im unmittelbaren zeitlichen Kontext zu den vorgeworfenen Äußerungen standen, vom Landgericht

aber, obwohl dies jedenfalls nach dem referierten Gehalt dieser Passagen nahegelegen hätte, nicht zur Auslegung der vorgeworfenen Äußerungen herangezogen wurden. Damit ist dem Revisionsgericht eine umfassende Nachprüfung der Ermittlung des Sinngehalts dieser Kontextpassagen durch das Landgericht nicht ermöglicht worden. Im Einzelnen fehlt es wie folgt an der Angabe des konkreten Wortlauts relevanter Kontextpassagen:

[39] Das Landgericht ist in seinen Erwägungen zunächst vom Wortlaut der dem Angeklagten vorgeworfenen und durch die Beweisaufnahme bestätigten Äußerungen zum „Genderdreck", zur Homosexualität als einer der „Degenerationsformen von Gesellschaft", zur „Homolobby, dieses Teuflische" sowie zum Begriff „Verbrecher von diesem Christopher Street Day" ausgegangen. Während das Amtsgericht in seinem Urteil vom 25.11.2020 in diesen Äußerungen jeweils noch sowohl ein Aufstacheln zum Hass i.S.d. § 130 Abs. 1 Nr. 1 StGB wie auch einen Angriff auf die Menschenwürde durch ein Beschimpfen i.S.d. § 130 Abs. 1 Nr. 2 StGB begründet sah, hat das Landgericht angenommen, dass maßgeblich unter Berücksichtigung des Kontextes dieser Äußerungen zu den weiteren Passagen der Ausführungen des Angeklagten in dem Eheseminar eine nicht strafbare Deutungsmöglichkeit dieser Äußerungen bestehe, die nicht durch nachvollziehbare und tragfähige Gründe als Auslegungsmöglichkeit auszuschließen sei.

[40] Diese Herangehensweise des Landgerichts ist vom Grundsatz her nicht zu beanstanden. Von ihrem Wortlaut her legen die Äußerungen des Angeklagten die Erfüllung der Tatbestände des § 130 Abs. 1 Nr. 1 und Nr. 2 StGB nahe, wie das Amtsgericht zutreffend erkannt hat. Wenn demgegenüber unter Berücksichtigung des Gesamtkontextes eine straflose Deutungsmöglichkeit angenommen wird, so ist diese in den Urteilsgründen mitzuteilen. Diesen Kontext hat das Landgericht in seinem Urteil aber nur ungenügend genau wiedergegeben, so dass dem Senat eine revisionsrechtliche Überprüfung der vom Wortlaut dieser Kontextpassagen ausgehenden Beurteilung nicht möglich ist.

[41] Namentlich gilt dies in Bezug auf die Einordnung der vorgeworfenen Äußerungen des Angeklagten zum Begriff „Genderdreck": Die Kammer hat ausgeführt, dass die Auslegung, dass mit diesem Begriff nicht sich als divers oder transgender verstehende Personen gemeint seien, sondern das ideologische bzw. soziologische Konzept dadurch gestützt werde, dass der Angeklagte zuvor über dieses Konzept gesprochen habe, namentlich darüber, dass verschiedene gesellschaftliche Gruppen über weitere Geschlechter als Mann und Frau sprechen würden und dass bei Stellenausschreibungen auch die Geschlechtsangabe „divers" zu berücksichtigen sei. Die Kammer hat die hier von ihr zur Auslegung herangezogenen weiteren Äußerungen aber nur ungenügend

konkret wiedergegeben, namentlich fehlt es an Angaben dazu, welchen konkreten Wortlaut die Bemerkungen des Angeklagten zu Beginn dieses Abschnitts hatten, die das Landgericht in seinen Urteilsfeststellungen lediglich wie folgt zusammengefasst hat: „In diesem Zusammenhang kam er auch auf das soziale Geschlecht zu sprechen, was seiner Auffassung nach im Widerspruch zur Bibel stehe, wonach Gott Mann und Frau erschaffen habe."

[42] Ungenügend ist im Hinblick auf die fehlende Wiedergabe des konkreten Wortlauts der vom Landgericht herangezogenen Kontextpassagen auch die Begründung des landgerichtlichen Urteils in Bezug auf die Annahme der Straflosigkeit der dem Angeklagten vorgeworfenen Äußerungen zur Homosexualität als einer der „Degenerationsformen von Gesellschaft". Die in den Gründen mitgeteilten Äußerungen des Angeklagten tragen das Textverständnis des Landgerichts nicht, sondern legen das Gegenteil nahe.

[43] Das Landgericht hat unter Bezugnahme auf den Kontext der weiteren Ausführungen im Eheseminar ausgeführt, dass der Angeklagte mit dieser Äußerung seine Ablehnung von Homosexualität mit einem drastischen Wortlaut zum Ausdruck gebracht habe, wobei er aber nicht auf homosexuelle Personen bezogen gesprochen habe, sondern allgemein über die Homosexualität und, ohne sich zu Rechten und gesellschaftlicher Teilhabe homosexueller Personen zu äußern. Er habe mehrere Entwicklungen benannt, die die Ehe als biblische Schöpfungsordnung gefährden sollen, ohne damit aber zum Ausdruck gebracht zu haben, dass er Homosexuelle als Feinde betrachte, die verachtenswert seien. Diese abweichende tatrichterliche Beurteilung kann vom Senat wiederum schon deswegen nicht umfassend nachgeprüft werden, weil die Kammer von ihr als wesentlichen Kontext angesehene Passagen der Äußerungen des Angeklagten in dem Eheseminar nur knapp zusammengefasst hat, ohne deren für die Auslegung maßgeblichen Wortlaut mitzuteilen, wenn es in den diesbezüglichen Urteilsfeststellungen hierzu wie folgt heißt: „Schließlich erwähnte er auch die Homosexualität unter Heranziehung entsprechender Bibelstellen als Bedrohung für die Ehe." Hier wäre für die Auslegung von Bedeutung, mit welcher Wortwahl der Angeklagte auf diese Bibelstellen eingegangen sein soll, wenn das Landgericht auf der Grundlage dieses Kontexts annimmt, dass der Angeklagte lediglich seine Ablehnung von Homosexualität ausdrücken wollte, ohne sich gegen Homosexuelle als Personen wenden zu wollen.

[44] Auch in Bezug auf die dem Angeklagten vorgeworfene Äußerung zur „Homolobby, dieses Teuflische" vermochte das Landgericht nur unter Bezugnahme auf den Kontext dieser Äußerung zu dem Ergebnis zu kommen, dass jedenfalls naheliegend lediglich Vorgänge gemeint seien wie die innerkirchliche Bewegung zur Stärkung der Rechte Homosexueller. Bei dieser Auslegung,

die sich auf Äußerungen des Angeklagten zu Entwicklungen in den Landeskirchen zu Trauungen von homosexuellen Ehepaaren stützt, die nach den Urteilsfeststellungen unmittelbar vor der genannten Äußerung zur „Homolobby“ erfolgten, erörtert das landgerichtliche Urteil allerdings nicht ersichtlich, ob stattdessen auch ein Kontext zu den weiteren auf Fragen der Homosexualität bezogenen Äußerungen des Angeklagten dazu hätte beachtet werden müssen, dass Sexualität nur zwischen Mann und Frau erlaubt sei und dass man aber im eigenem Umfeld erleben müsse, dass homosexuelle Beziehungen auf dieselbe Ebene gestellt würden wie eine Beziehung zwischen Mann und Frau. Diese Äußerungen sind nach den Urteilsfeststellungen den vom Landgericht berücksichtigten Ausführungen zu Trauungen von homosexuellen Ehepaaren unmittelbar vorangegangen und standen damit nach der landgerichtlichen Darstellung im unmittelbaren zeitlichen Kontext zu den vorgeworfenen Äußerungen. Es hätte nach dem vom Landgericht referierten Gehalt dieser Passagen daher nahegelegen, sie zur Auslegung der vorgeworfenen Äußerungen heranzuziehen. Eine umfassende Überprüfung ist dem Senat aber auch insoweit nicht möglich, da das Landgericht diese von ihm zusammenfassend referierten Ausführungen des Angeklagten nicht im konkreten Wortlaut wiedergegeben hat. Damit ist auch nicht hinreichend erkennbar, ob nach dem maßgeblichen objektiven Sinn der Ausführungen des Angeklagten insoweit inhaltlich eine Kontinuität zu den nachfolgenden Ausführungen bestehen sollte oder nicht.

[45] Dem Senat ist damit eine revisionsrechtliche Überprüfung der Annahme des Landgerichts, dass sich der Angeklagte mit seinen Äußerungen im Eheseminar nicht wegen Volksverhetzung strafbar gemacht habe, nicht möglich. Die Kammer hätte hierzu die von ihr für relevant erachteten Passagen vollständig wörtlich zitieren oder aber deren Gesamtkontext aussagekräftig darstellen müssen, wobei dessen Sinngehalt sich erst durch die vollständige Kenntnis der konkreten im Kontext stehenden weiteren Äußerungen und Passagen erschließen lässt (vgl. BayObLG, Beschluss vom 26.11.2020 -202 StRR 86/20- StV 2022, 39; siehe auch OLG Köln, Urteil vom 9.6.2020 -1 RVs 77/20- Streit 2020, 172). Da nach den obigen Ausführungen der Wortlaut der betreffenden Äußerungen – und damit hier auch derjenigen Passagen, die das Landgericht als relevanten Kontext bewertet hat bzw. die angesichts ihres vom Landgericht referierten Gehalts naheliegend als relevant zu bewerten gewesen wären – Ausgangspunkt der Ermittlung ihres Sinngehalts ist, sind Feststellungen zu deren genauem Wortlaut zur Nachprüfbarkeit des landgerichtlichen Urteils erforderlich (vgl. OLG Brandenburg, Urteil vom 9.11.2010 -(2) 53 Ss 67/10 (39/10)- OLGSt StPO § 267 Nr. 24).

[46] Dieser Feststellung des Vorliegens eines Begründungsmangels des landgerichtlichen Urteils wegen der fehlenden wörtlichen Wiedergabe der Kontextpassagen der Ausführungen des Angeklagten steht auch nicht der allgemeine Grundsatz entgegen, dass die Sachverhaltsschilderung in einem Urteil kurz, klar und bestimmt sein soll und alles Unwesentliche fortlassen soll, wobei dem Tatrichter die Aufgabe obliegt, Wesentliches von Unwesentlichem zu unterscheiden (siehe BGH, Beschluss vom 30.5.2018 -3 StR 486/17- NStZ-RR 2018, 256; Beschluss vom 22.10.2019 -4 StR 37/19- NStZ 2020, 102). Das Landgericht hat vielmehr teils selbst die betreffenden Kontextpassagen als relevant eingeordnet, indem es die Ermittlung des objektiven Sinns der dem Angeklagten vorgeworfenen Äußerungen hierauf gestützt hat, teils eine Wesentlichkeit dieser Passagen dadurch erkennen lassen, dass es ihren unmittelbaren zeitlichen Kontext zu den vorgeworfenen Äußerungen darstellte und einen inhaltlichen Gehalt referierte, der eine Relevanz zur Auslegung der vorgeworfenen Äußerungen nahegelegt hätte. Die vorstehenden Ausführungen erfordern daher – jedenfalls unter dem hier allein zu prüfenden Gesichtspunkt der Sachrüge – keine vollständige wörtliche Wiedergabe des gesamten Inhalts der Äußerungen des Angeklagten im Eheseminar, sofern das Tatgericht begründet und in einer für das Revisionsgericht nachprüfbaren Weise dartut, dass es auf die betreffenden Passagen zur Ermittlung des objektiven Sinns der dem Angeklagten vorgeworfenen Äußerungen nicht kommt. Umgekehrt würde vielmehr der Tatrichter der ihm obliegenden Aufgabe der Ermittlung des Sinngehalts einer Äußerung nicht gerecht, wenn die Urteilsfeststellungen sich in einer Wiedergabe der Gesamtheit dieser Ausführungen erschöpfen würden, ohne darzutun, aufgrund welcher konkreter Äußerungen und unter Berücksichtigung welcher relevanten Kontextpassagen das Tatgericht den vorgeworfenen Straftatbestand als erfüllt ansieht oder nicht (vgl. KG Berlin, Beschluss vom 9.6.2000 -(5) 1 Ss 73/00 (24/00)-).

[47] c. Das angefochtene Urteil war wegen dieses Begründungsmangels nach § 353 Abs. 1 StPO aufzuheben und die Sache war gemäß § 354 Abs. 2 StPO zur erneuten Verhandlung und Entscheidung an eine andere Kammer des Landgerichts Bremen zurückzuverweisen.

[48] 3. Der Senat weist für das weitere Verfahren auf folgendes hin:

[49] a. Das Landgericht wird bei der erneuten Entscheidung – wie bereits in dem angefochtenen Urteil – in materieller Hinsicht die Grundsätze der verfassungsrechtlichen Rechtsprechung zu den Grundrechten der Religionsfreiheit und der Meinungsfreiheit und der Rechtfertigung von Beschränkungen dieser Grundrechte aufgrund des § 130 Abs. 1 StGB zu beachten haben.

[50] Die Leitung des Eheseminars durch den Angeklagten als Pastor für die Mitglieder seiner Gemeinde steht unter dem Schutz des Grundrechts der Religi-

onsfreiheit aus Art. 4 Abs. 1 und 2 GG. Dies gilt auch dann, sofern der Angeklagte eine von der Position seiner Landeskirche oder auch der überwiegenden Lehrmeinung abweichende religiöse Überzeugung vertreten sollte, da es für die Eröffnung des Schutzbereichs des Grundrechts maßgeblich ist, ob nach der plausiblen Darlegung des Betroffenen sein Handeln durch religiös motivierte Gründe getragen ist (siehe BVerfG, Urteil vom 24.9.2003 -2 BvR 1436/02- BVerfGE 108, 282). Dieser Schutzbereich der Religionsfreiheit ist grundsätzlich auch dann eröffnet, wenn durch das betreffende Handeln anderweitige geschützte Rechtsgüter beeinträchtigt werden, und es handelt sich bei der hier erforderlichen Abgrenzung vielmehr um eine Frage der Schrankenziehung, d.h. der verfassungsrechtlichen Rechtfertigung des Grundrechtseingriffs (vgl. Dürig/Herzog/Scholz-Di Fabio, 99. EL Sept. 2022, Art. 4 GG Rn 68). Daneben ist auch der Schutzbereich des Grundrechts der Meinungsäußerungsfreiheit aus Art. 5 Abs. 1 Satz 1 GG eröffnet, bei dem ebenfalls selbst eine polemische oder verletzende Formulierung eine Äußerung nicht aus diesem Grund dem Schutzbereich der Grundrechtsnorm entzieht (siehe BVerfG, Beschluss vom 10.10.1995 -1 BvR 1476/91- BVerfGE 93, 266; Beschluss vom 24.5.2006 -1 BvR 49/00- BVerfGK 8, 89).

[51] Beide Grundrechte sind indes nicht schrankenlos gewährt: Für das Grundrecht der Meinungsäußerungsfreiheit ergibt sich dies bereits aus der Schrankenregelung des Art. 5 Abs. 2 GG zur Anwendung der Vorschriften der allgemeinen Gesetze, wobei bei deren Anwendung wiederum die Bedeutung des dadurch eingeschränkten Grundrechts aus Art. 5 GG zu beachten ist (siehe BVerfG, Beschluss vom 10.10.1995, aaO; Beschluss vom 24.5.2006, aaO). Das Grundrecht der Religionsfreiheit aus Art. 4 Abs. 1 und 2 GG enthält keinen solchen Gesetzesvorbehalt, Einschränkungen dieses Grundrechts können sich aber aus der Verfassung selbst ergeben, hier in Form verfassungsimmanenter Schranken, zu denen die Grundrechte Dritter sowie Gemeinschaftswerte von Verfassungsrang zählen (siehe BVerfG, Beschluss vom 9.5.2016 -1 BvR 2202/13- NVwZ 2016, 1804, KirchE 67, 313; Beschluss vom 14.1.2020 -2 BvR 1333/17- BVerfGE 153, 1, KirchE 75, 5), wobei die jeweilige Einschränkung überdies einer hinreichend bestimmten gesetzlichen Grundlage bedarf (siehe BVerfG, aaO).

[52] Die Strafvorschrift des § 130 Abs. 1 StGB, die ihrerseits grundsätzlich im Lichte der betroffenen Grundrechte auszulegen ist, konkretisiert damit die Auflösung des Konflikts zwischen den betroffenen Schutzgütern nach dem Grundsatz der praktischen Konkordanz. Zu beachten ist dabei, dass ein nach § 130 Abs. 1 Nr. 2 StGB vorausgesetzter Angriff auf die Menschenwürde nicht schon immer dann vorliegt, wenn durch eine Äußerung die Ehre oder das allgemeine Persönlichkeit eines anderen tangiert ist, sondern es wird hierfür vorausgesetzt,

dass der angegriffenen Person ihr Lebensrecht als gleichwertige Persönlichkeit in der staatlichen Gemeinschaft abgesprochen und sie als minderwertiges Wesen behandelt wird (siehe BVerfG, Beschluss vom 25.3.2008 -1 BvR 1753/03- NJW 2008, 2907; BGH, Urteil vom 14.1.1981 -3 StR 440/80 (S)- NStZ 1981, 258; Urteil vom 15.3.1994 -1 StR 179/93- BGHSt 40, 97). Soweit vom Tatgericht nach diesen Kriterien ein Angriff auf die Menschenwürde bejaht werden sollte, muss ein vom Angeklagten für seine Äußerungen in Anspruch genommener Schutz aus den Grundrechten der Religionsfreiheit und der Meinungsäußerungsfreiheit zwingend zurücktreten, da die Menschenwürde als Wurzel aller Grundrechte mit keinem Einzelgrundrecht abwägungsfähig ist (siehe BVerfG, Beschluss vom 10.10.1995 -1 BvR 1476/91- BVerfGE 93, 266; Beschluss vom 25.3.2008 -1 BvR 1753/03- NJW 2008, 2907; Beschluss vom 4.2.2010 -1 BvR 369/04- NJW 2010, 2193).

[53] b. Zur Würdigung der dem Angeklagten vorgeworfenen Äußerungen wird das Landgericht zu beachten haben, dass es in formeller Hinsicht – wie oben ausgeführt – einer Wiedergabe des Wortlauts auch der für die Auslegung relevanten Kontextpassagen aus den Ausführungen des Angeklagten in dem Eheseminar bedarf, um dem Senat eine revisionsrechtliche Nachprüfung zu ermöglichen.

[54] Dem Ergebnis der dem Tatgericht obliegenden Auslegung ist an dieser Stelle durch den Senat nicht vorzugreifen, dies namentlich in Bezug auf die Äußerungen zum „Genderdreck“, zur Homosexualität als einer der „Degenerationsformen von Gesellschaft“ und zur „Homolobby, dieses Teuflische“, bei denen es für den Senat an der erforderlichen Wiedergabe des Wortlauts der Kontextpassagen mangelt. Im Hinblick auf die vom Landgericht im angefochtenen Urteil vorgenommene Würdigung ist allerdings noch zu bemerken, dass es nicht frei von Auslegungsmängeln erscheint, wenn das Landgericht hinsichtlich der dem Angeklagten vorgeworfenen Äußerung zur Homosexualität als einer der „Degenerationsformen von Gesellschaft“ meint, dass darin deswegen keine massive Abwertung des homosexuellen Menschen zu erkennen sei, weil nach dem biblischen Verständnis des Angeklagten alle Menschen, auch er selbst, Sünder seien, ohne dass sie damit aber als minderwertig zu bezeichnen und ihnen das Lebensrecht in der Gemeinschaft abzusprechen sei. Die Annahme dieser Auslegungsmöglichkeit ist schwerlich mit dem Begriff der Degenerationsform zu vereinbaren, denn während die Sünde nach dem vorstehend zugrunde gelegten Verständnis als ein in der Gesellschaft von Anfang an vorhandener Befund erscheinen müsste, legt der Begriff der Degenerationsform eher eine nachträgliche Veränderung zur negativen Abweichung von der Norm nahe.

[55] Bezüglich der Äußerung „Verbrecher von diesem Christopher Street Day“ dürfte entgegen der Annahme des Landgerichts die Auslegung, dass hiermit ein abgrenzbarer Bevölkerungsteil bezeichnet würde, nicht bereits mit der Begründung zu verneinen sein, dass der Christopher Street Day als jährlicher Fest- und Demonstrationszug einen weiten Teilnehmerkreis habe, wobei für viele Menschen der Unterhaltungswert und Eventcharakter im Vordergrund stehe, so dass es an einer gewissen Dauerhaftigkeit der Zugehörigkeit fehle und kein äußeres oder inneres Merkmal bestehe, welches die Abgrenzung von der übrigen Bevölkerung ermögliche. Denn auch wenn bei lediglich passiven Teilnehmern eine hinreichend klare Abgrenzung der Zugehörigkeit zu verneinen sein mag, ist jedenfalls in Bezug auf aktive Umzugsteilnehmer eine solche Abgrenzbarkeit gegeben, die auch über den Abschluss der konkreten Veranstaltung zugehörigkeitsbegründend fortwirkt (in Abgrenzung zu einer ihrer Natur nach vorübergehenden und nicht auf einem dauerhaften Abgrenzungsmerkmal beruhenden Gruppierung, siehe OLG Braunschweig, Beschluss vom 6.3.2007 -Ss 2/07- StraFo 2007, 212). Eine solche in Randbereichen unklare Bezeichnung ist auch in der bisherigen Rechtsprechung als hinreichend angenommen worden, wenn jedenfalls hinsichtlich des Kerns eine sichere Bestimmung möglich ist, ob nach dem objektiven Sinn der Äußerung die betreffenden Personen dem gemeinten Teil der Bevölkerung zugehörig sein sollen (vgl. zu ähnlich in Rand- und Kernbereiche unterfallenden Gruppen wie Kommunisten oder Punkern BGH, Urteil vom 3.4.2008 -3 StR 394/07- BGHR StGB § 130 Menschenwürde 5; OLG Köln, Urteil vom 9.6.2020 -1 RVs 77/20-).

[56] Auch überzeugt es nicht, wenn das Landgericht annimmt, dass bezüglich dieser Äußerung nicht mit tragfähigen und nachvollziehbaren Gründen die Auslegungsmöglichkeit ausgeschlossen werden könne, dass der Angeklagte hiermit die Personengruppe gemeint habe, die in der Vergangenheit militante Aktionen gegen die ...-Gemeinde und ihn persönlich durchgeführt hätte. Ein Bezug auf diese Gruppe ist vielmehr nicht ersichtlich und allein der Umstand, dass eine – zum Tatzeitpunkt bereits elf Jahre zurückliegende – Störung eines Gottesdienstes von Parolen wie „CSD statt ...“ begleitet worden sei, ist aus der maßgeblichen Perspektive eines verständigen objektiven Empfängers der dem Angeklagten vorgeworfenen Äußerungen im Jahr 2019 nicht als Anhaltspunkt dafür zu verstehen, dass mit dem Begriff der „Verbrecher von diesem Christopher Street Day“ gerade diese damaligen Störer bezeichnet werden sollten, zumal nach den Urteilsfeststellungen diese Störungen auch mit der Verwendung von anderen Parolen und Schlagworten einhergingen („Kiss in“, „god is gay“). Das Landgericht verkennt hier, dass die Äußerung „Verbrecher von diesem Christopher Street Day“ nicht nur entweder auf alle Homosexuelle oder

aber die genannten Störer bezogen zu verstehen sein könnte. Es lässt die naheliegendere Auslegungsvariante außer Betracht, dass der Begriff die aktiven Teilnehmer des Christopher Street Day meinte, die durch ihre Unterstützung des Anliegens der Gleichberechtigung von Homosexuellen und des selbstverständlichen Platzes der Homosexualität in der Öffentlichkeit der Gesellschaft gerade als diejenigen Personenkreise erscheinen müssen, die ein Bild der Normalität und Gleichstellung von Homosexualität vermitteln, gegen das sich der Angeklagte in diesen Passagen seiner Ausführungen in dem Eheseminar gewandt hat, in welche auch der vorgeworfene Begriff der „Verbrecher von diesem Christopher Street Day" einzuordnen ist. Auch den vom Landgericht wiedergegebenen Inhalten der Angaben des Zeugen (...), der angab, diese Äußerung als auf die Angriffe auf die ...-Gemeinde in der Vergangenheit bezogen verstanden zu haben, ist kein konkreter Anhaltspunkt dafür zu entnehmen, aufgrund dessen tatsächlich nach dem maßgeblichen objektiven Sinn dieser Äußerung nach dem Verständnis eines unvoreingenommenen und verständigen Publikums ein solcher Bezug anzunehmen gewesen wäre.

[57] Das Landgericht hat zudem bei der Bewertung der dem Angeklagten vorgeworfenen Äußerungen dessen herausgehobene und mit besonderer Autorität in seiner Gemeinde versehene Stellung als Pastor unberücksichtigt gelassen. Zwar unterfallen die Äußerungen des Angeklagten dem Schutzbereich der Religionsfreiheit, gleichzeitig kann aber wegen der hervorgehobenen Rolle des Angeklagten in seiner Gemeinde einer durch ihn kundgetanen Ablehnung grundsätzlich eher eine Aufstachelungswirkung im Sinne des § 130 Abs. 1 Nr. 1 StGB zukommen, als dies etwa bei einem einfachen Gemeindemitglied oder einem anderen bloßen Teilnehmer an einem Gespräch über religiöse Angelegenheiten der Fall wäre. Dasselbe gilt hinsichtlich des beiden Tatbestandsalternativen des § 130 Abs. 1 StGB gemeinsamen Erfordernisses der Eignung zur Störung des öffentlichen Friedens. Diese Erwägungen wären zudem wiederum insbesondere auch im Hinblick auf die Auslegung der dem Angeklagten vorgeworfenen Verwendung des Begriffs der „Verbrecher von diesem Christopher Street Day" heranzuzuziehen gewesen, hinsichtlich dessen das Landgericht als allgemeinen Grundsatz angenommen hat, dass die Bezeichnung von anderen Personen als Verbrecher noch nicht zur Schaffung eines feindseligen Klimas geeignet sei, wenn nicht noch etwas Zusätzliches hinzukomme wie z.B. die Erwähnung eines besonders verachtenswerten Verbrechens. Hierzu ist zunächst anzumerken, dass sich in der Rechtsprechung ein solcher allgemeiner Satz, dass die Bezeichnung von anderen Personen als Verbrecher noch nicht für die Erfüllung des Tatbestandes nach § 130 Abs. 1 Nr. 1 StGB genüge, nicht nachweisen lässt. Auch in den vom Landgericht hierzu zitierten Entscheidungen (AG

Duisburg, Urteil vom 10.6.2016 -81 Ds 78/16-; AG Düsseldorf, Urteil vom 28.4.2016 -412 Ds - 80 Js 810/15 - 6/16-) ist zwar jeweils die Erfüllung des Tatbestandes der Volksverhetzung im Hinblick auf die einem Teil der Bevölkerung vorgeworfene Begehung von gemeinhin in der Gesamtbevölkerung als besonders schlimm empfundenen Verbrechen wie dem sexuellen Missbrauch von Kindern bejaht worden, ohne dass aber ausgeführt worden wäre, dass bei anderen vorgeworfenen Verbrechen die Tatbestandsmäßigkeit nach § 130 Abs. 1 Nr. 1 StGB zu verneinen gewesen wäre. Es kommt vielmehr insoweit – wie generell – auf eine Auslegung der jeweils vorgeworfenen Äußerungen im Lichte ihres Gesamtkontextes an. Für den vorliegenden Fall wäre hier zu berücksichtigen, dass im Hinblick auf die erhebliche Bedeutung, welche der Angeklagte im Rahmen seines Vortrags seiner Ablehnung von Homosexualität und von deren Gleichstellung zugemessen hat („dieses Teuflische", „ganz klarer Verrat an Wort Gottes", „bewusst antichristliche und antibiblische Dinge", „unwahrscheinliche Gefährdung von dem, was Ehe angehe"), nach dem maßgeblichen objektiven Sinn der vom Angeklagten in seiner Rolle als Pastor und Leiter des Eheseminars getätigten Äußerungen diese nach dem Verständnis eines unvoreingenommenen und verständigen Publikums durchaus über die Mitteilung einer Ablehnung hinausgehend auch auf die Schaffung eines feindseligen Klimas gerichtet anzusehen gewesen sein könnten.

[58] Der Senat merkt schließlich im Hinblick auf die erneute Tatsachenfeststellung durch das Landgericht an, dass die Einlassung des Angeklagten, dass er die vorgeworfenen Äußerungen bei seiner Einwilligung in die Veröffentlichung der Aufzeichnung des Seminars nicht mehr im Einzelnen vor Augen gehabt und insbesondere derartige Äußerungen nicht konkret für möglich gehalten und billigend in Kauf genommen habe, nicht ohne weiteres überzeugt im Hinblick auf die weiteren Feststellungen des Landgerichts, dass bereits in der Vergangenheit verschiedene inhaltliche Äußerungen des Angeklagten zu theologischen bzw. gesellschaftlichen Fragen in der Öffentlichkeit Empörung und Protest hergerufen haben. Zudem wäre es hier naheliegend, zu klären, zu welchem Zweck eine Aufzeichnung des Eheseminars überhaupt erfolgt sein sollte, wenn eine Veröffentlichung des Seminars nicht beabsichtigt gewesen sein soll und die Veranstaltung in einem geschützten Raum stattfinden sollte.

15

1. Bei den Regelungen einer Änderungsvereinbarung im Zusammenhang mit einer sogenannten „Reha-Rahmenvereinbarung“ handelt es sich um allgemeine Geschäftsbedingungen im Sinn des § 305 Abs. 1 Satz 1 BGB. Darauf lässt schon das äußere Erscheinungsbild der formularmäßigen Vertragsgestaltung schließen. Sie sind für eine Vielzahl von Verträgen vorformulierte Vertragsbedingungen, die die Rechtsvorgängerin der Beklagten als Verwenderin dem Kläger als anderer Vertragspartei bei Abschluss der Änderungsvereinbarung gestellt hat. Ein individuelles Aushandeln der Vertragsklausel i.S.v. § 305 Abs. 1 Satz 3 BGB liegt nicht vor.
2. Es bleibt einem kirchlichen Arbeitgeber unbenommen, in den durch das säkulare Recht gesetzten Grenzen Vereinbarungen zu treffen, die eine geringere Vergütung als diejenige nach den AVR Caritas vorsehen.
3. Das originäre Kirchenrecht ist Ausdruck des nach Art. 140 GG i.V.m. Art. 137 Abs. 3 WRV gewährleisteten kirchlichen Selbstbestimmungsrechts. Kirchengesetzliche Regelungen binden den kirchlichen Arbeitgeber als Normadressaten im kirchlichen Rechtskreis. Der kirchliche Arbeitgeber muss bei einer Nichtbeachtung gegebenenfalls kirchenrechtliche Konsequenzen befürchten und mit einer Zustimmungsverweigerung der Mitarbeitervertretung zur Eingruppierung rechnen. Eine Verletzung kirchengesetzlicher Vorgaben, welche die Schaffung einer vertraglichen Grundlage für die vollumfängliche Geltung des kirchlichen Arbeitsrechts anordnen, berührt jedoch per se nicht die Wirksamkeit einer anderslautenden vertraglichen Vereinbarung. Die von einem kirchlichen Arbeitgeber abgeschlossenen Arbeitsverträge sind nicht (teil-)unwirksam, sofern sie die Vorgabe der Inbezugnahme kirchlicher Arbeitsrechtsregelungen missachten und eigenständige Regelungen vorsehen. Das säkulare Recht ordnet die Unwirksamkeit einer vertraglichen Regelung aus diesem Grund nicht an.
4. Die kirchengesetzlichen Vorgaben können eine Anwendung der einschlägigen Arbeitsrechtsregelungen nicht erzwingen, da die Kirchen nicht die Rechtsmacht haben, eine normative Wirkung dieser Regelungen im privaten Arbeitsverhältnis anzuordnen.
5. Die staatliche Arbeitsgerichtsbarkeit hat nicht die Aufgabe, im Urteilsverfahren für die Aufrechterhaltung der kirchlichen Ordnung zu sorgen. Dies bleibt den nach Kirchenrecht zuständigen kirchlichen Autoritäten vorbehalten.

https://doi.org/10.1515/9783111651354-015

§§ 134, 138 Abs. 1, 305c Abs. 2, 307 Abs. 1 und 2 Satz. 1, 310 Abs. 4 Satz 3, 397 Abs. 1, 613a Abs. 1 Satz 1 BGB
AG Rheinland-Pfalz, Urteil vom 1. März 2023 -7 Sa 158/22-[1]

Die Parteien streiten über Ansprüche auf Differenzvergütung nach Abschluss einer Änderungsvereinbarung im Zusammenhang mit einer sogenannten „Reha-Rahmenvereinbarung".

Der 1976 geborene Kläger ist seit dem 1.1.2007 bei der Beklagten bzw. deren Rechtsvorgängerin (C. C-Stadt e. V. [im Folgenden: c.], später: Cu. Trägergesellschaft C-Stadt mbH [im Folgenden: c. mbH]) als Sporttherapeut in der Psychosomatischen Fachklinik St. F.in B.Stadt beschäftigt. Dem Arbeitsverhältnis lag ein Dienstvertrag vom 4.12.2006 zugrunde. Nach § 2 Satz 1 dieses Dienstvertrages galten für das Dienstverhältnis die „Richtlinien für Arbeitsverträge in den Einrichtungen des Deutschen Caritasverbandes" (im Folgenden: AVR Caritas) in ihrer jeweils geltenden Fassung. Die wöchentliche Arbeitszeit des Klägers beträgt zuletzt nach § 1 Abs. 1 des 3. Nachtrags zum Dienstvertrag vom 14.1.2021 ab dem 1.4.2021 befristet bis 31.3.2023 „80 % (zurzeit 31,20 Stunden in der Woche)". Sein monatlicher Arbeitslohn beträgt aktuell 3.608,43 € brutto zzgl. einer jährlichen Sonderzuwendung in Höhe von 45,70 % eines Bruttomonatslohnes, was einem Bruttojahresgehalt von insgesamt 44.950,11 € entspricht. Bis zum 31.3.2021 war der Kläger mit einer wöchentlichen Arbeitszeit von 39 Stunden und einem monatlichen Arbeitsentgelt i.H.v. 4.448,26 € brutto beschäftigt.

Die Rechtsvorgängerin der Beklagten, die c. mbH, ist ein gemeinnütziger Rechtsträger von Einrichtungen im Sozial- und Pflegedienst. Sie bekennt sich zur Grundordnung des kirchlichen Dienstes im Rahmen kirchlicher Arbeitsverhältnisse (im Folgenden: GrO) und wendet in ihren Einrichtungen ein Arbeitsrechtsregime an, das durch paritätisch besetzte Kommissionen im kirchlichen Bereich auf dem Dritten Weg zustande gekommen ist. Dies sind heute durchgehend in sämtlichen Arbeitsverhältnissen, mit Ausnahme der leitenden Mitarbeiter und Mitarbeiterinnen, die AVR Caritas. Die c. mbH war bzw. ist kirchenrechtlich zur Anwendung der AVR Caritas auf die Arbeitsverhältnisse der Mitarbeiter verpflichtet. Neben Einrichtungen der Altenhilfe, der Kinder- und Jugendhilfe sowie der medizinischen Akutversorgung betrieb die c. im Jahr 2013 auch fünf Kliniken der medizinischen Rehabilitation.

1 Leitsätze der Redaktion KirchE. BeckRS 2023, 14174; juris.
Das Urteil ist rechtskräftig. Das BAG hat die Nichtzulassungsbeschwerde mit Beschluss vom 22.8.2023 (-5 AZN 237/23-) verworfen.

Die Arbeitsleistung in Einrichtungen der medizinischen Rehabilitation ist in den Vergütungsstrukturen der AVR Caritas nicht gesondert geregelt.

Die vergütungsrelevanten Vorschriften der AVR Caritas wurden erstmals bereits im Jahr 2003 (immer wieder befristet) durch Beschlüsse der Regionalkommission Mitte des deutschen Caritasverbandes für die Einrichtungen der Rechtsvorgängerin abgeändert (zuletzt durch einen Spruch des Vermittlungsausschusses der Regionalkommission Mitte vom 6.2.2012), so dass die Vergütungsordnung der AVR Caritas in modifizierter Fassung galt. So war bis zum 31.12.2014 die Jahresvergütung für sämtliche den AVR Caritas unterfallenden Mitarbeiterinnen und Mitarbeiter um 3,7 % abgesenkt worden, wovon auch der Kläger betroffen war.

Unter dem 23.3.2013 schlossen die c. mbH, die H.-Stiftung (eine rechtsfähige kirchliche Stiftung des bürgerlichen Rechts und Gesellschafterin der c. mbH und der Beklagten) und die damals bestehende Gesamtmitarbeitervertretung der c. mbH eine sogenannte „Reha-Rahmenvereinbarung“, die es der Rechtsvorgängerin u.a. ermöglichte, mit allen nach den AVR Caritas vergüteten Mitarbeitern einzelvertraglich eine dauerhafte Gehaltsreduzierung um insgesamt 8,91 % für den Fall zu vereinbaren, dass eine Einrichtung zukünftig nicht mehr unter das kirchliche Arbeitsregime fällt.

Im März 2013 wurde durch die Geschäftsführung in einer Informationsveranstaltung in der Einrichtung, in der der Kläger tätig war, anhand einer Präsentation über die Gehaltsabsenkung bzw. die konkrete Bedeutung der Änderungsvereinbarung unterrichtet.

Der Kläger – wie auch viele andere Mitarbeiterinnen und Mitarbeiter – und die c. mbH, schlossen eine Änderungsvereinbarung zu seinem Dienstvertrag vom 27.3.2013. In dieser heißt es:

„Unter Bezugnahme auf die auf der Rückseite abgedruckten Erläuterungen und Hinweise vereinbaren die Parteien folgendes:
1. Auf das bestehende Arbeitsverhältnis finden die AVR Caritas vorbehaltlich der Regelung unter Ziffer 2 dieser Vereinbarung nur soweit und solange Anwendung, als eine für das St. F.-Stift B-Stadt fachlich oder örtlich geltende speziellere kirchliche Arbeitsrechtsordnung keine abweichenden Bestimmungen enthält. Fachlich speziellere Regelungen einer KODA gehen den AVR Caritas vor, diözesane Regelungen gehen den AVR Caritas und fachlich spezielleren Regelungen der KODA vor.
2. Für den Fall, dass der jeweilige Dienst- bzw. Arbeitgeber des Arbeitsverhältnisses nicht der Grundordnung des kirchlichen Dienstes im Rahmen kirchlicher Arbeitsverhältnisse unterworfen ist, gelten sämtliche Regelungen der AVR Caritas in ihrer jeweiligen Fassung fort, dies jedoch mit der Maßgabe, dass
a. sich die Dienstbezüge gemäß Abschnitt II und V der Anlage 1 zu den AVR Caritas zum Stichtag 30.6.2012 bemessen; das Entgelt erhöht sich jedoch um den Faktor, um den sich die jeweils einschlägigen Dienstbezüge und Tabellenentgelte infolge von Beschlüssen der

> Regionalkommission Mitte des Deutschen Caritasverbandes, die nach dem 31.12.2013 wirksam werden, verändern, und
> b. das jeweilige Jahresentgelt um weitere 2,49 % reduziert wird, wobei diese Reduzierung so weit wie möglich durch eine wertgleiche Absenkung der Weihnachtszuwendung nach Abschnitt XIV der Anlage 1 zu den AVR Caritas umgesetzt wird; aktuell würde hiernach eine Weihnachtszuwendung in Höhe von 45,7 % der Bemessungsgrundlage ausgezahlt.
> Sollte die Anl. 2 AVR zu den AVR Caritas für die Tätigkeit von Herrn A. nicht mehr einschlägig sein oder eine Neuordnung der Vergütungsordnung erfolgen, so sind die vorstehenden Entgeltreduzierungen entsprechend auch auf die jeweils geltenden Entgeltregelungen anzuwenden.
> 3. Die zwischen der Gesamtmitarbeitervertretung und c. mbH abgeschlossene Reha-Rahmenvereinbarung, die dieser Änderungsvereinbarung beigefügt ist, sowie die Erläuterungen und Hinweise auf der Rückseite dieser Änderungsvereinbarung sind vollumfänglich Bestandteil dieser Änderungsvereinbarung.
> 4. Die Auswirkungen dieser Vereinbarung sind Herrn A. erläutert worden. Herr A. hatte hieraufhin hinreichend Gelegenheit, sich mit der für ihn zuständigen Mitarbeitervertretung sowie sonstigen Personen und Stellen zu beraten. Mit der Unterzeichnung dieser Vereinbarung wird daher der eigene Willen zum Ausdruck gebracht. Die Erläuterungen und Hinweise auf der Rückseite wurden zur Kenntnis genommen."

In „Erläuterungen und Hinweise zum umseitigen Änderungsvertrag", auf deren Inhalt im Übrigen Bezug genommen wird, heißt es unter „II. Die Regelungen im Einzelnen" auszugsweise:

> „Ziffer 1: c. mbH bemüht sich weiterhin um die Etablierung einer Sonderregelung für Rehabilitationseinrichtungen durch eine Diözesan-KODA. [...]
> Ziffer 2: Für den Fall, dass c. mbH das St. F.-Stift B-Stadt zukünftig außerhalb der Anwendbarkeit eines kirchlichen Arbeitsrechtsregimes selbst führt oder sie auf einen anderen, ebenfalls gemeinnützigen Rechtsträger übertragen wird, verständigen sich die Parteien auf eine dauerhafte Absenkung der Vergütung um 8,91 % des im Zeitpunkt der Unterzeichnung dieser Änderungsvereinbarung anwendbaren Tabellenentgelts. Darüber hinaus soll jedoch das Arbeitsrechtsregime der AVR Caritas, einschließlich der Versicherung in der Kirchlichen Zusatzversorgungskasse unverändert fortgelten. Zudem tritt die Absenkung erst in Kraft, wenn das Arbeitsverhältnis tatsächlich nicht mehr unmittelbar dem kirchlichen Arbeitsrechtsregime unterliegt, und würde in diesem Zeitpunkt auch den abändernden Spruch des Vermittlungsausschusses der Regionalkommission Mitte vom 6.2.2012 ablösen. Es kommt daher nicht zu einer Addition der durch die Regionalkommission Mitte beschlossenen Vergütungsbemessung und dieser Änderungsvereinbarung.
> Umgesetzt werden soll die Vergütungsabsenkung durch zwei Maßnahmen: Zunächst wird der Beschluss der Regionalkommission Mitte zur Vergütungsänderung vom 6.2.2013 (AVR-Tarifsteigerung 2012/2013) dauerhaft ausgesetzt, indem weiterhin die Tabellenentgelte bzw. Dienstbezüge in der bis zum 30.6.2012 geltenden Fassung angewandt werden. Diese Tabellenentgelte bzw. Dienstbezüge zum Stichtag 30.6.2012 werden jedoch zukünftig in dem gleichen Verhältnis angehoben, wie die Regionalkommission Mitte ab dem Jahr 2014 Steigerungen der allgemein geltenden einschlägigen Entgelte beschließt. Zukünftige AVR-Tarifsteigerungen werden folglich prozentual umgesetzt.

> Darüber hinaus wird die Weihnachtszuwendung dauerhaft wertmäßig um 2,49 % des Jahresentgeltes reduziert.
> [...]
> Ziffer 3: c. mbH und die Gesamtmitarbeitervertretung haben zwischenzeitlich eine Reha-Rahmenvereinbarung abgeschlossen, mit der zur Sicherung des Besitzstandes der Mitarbeiterinnen und Mitarbeiter konkrete Maßnahmen und Rechte für den Fall geregelt werden, dass das Segment der Rehabilitationseinrichtungen auf einen besonderen Rechtsträger übertragen wird. Diese Regelungen gelten auch für Herrn A. ergänzend zu den Bestimmungen dieser Änderungsvereinbarung, soweit deren aufschiebenden Bedingungen erfüllt sind und die Rahmenvereinbarung hierdurch wirksam wird. Die in ihr eingeräumten individuellen und kollektiven Sonderrechte stellen die Gegenleistung für die Entgeltabsenkungen nach Ziffer 2 dar."

Neben dem Kläger unterzeichneten in der Einrichtung, in der der Kläger tätig ist, 93 von 156 Mitarbeitern die Vereinbarung.

Mit notariellem Spaltungs- und Übernahmevertrag vom 23.8.2013 wurde das Segment der Rehabilitationseinrichtungen, darunter die Einrichtung St. F.Stift B.Stadt, auf die Beklagte als gemeinnützige, 100-prozentige Tochter der H.-Stiftung (§§ 3 Ziffer 1, 4 Ziffer 1 Abs. 2 Satz 1 des Gesellschaftsvertrags der Beklagten) im Wege der Einzelrechtsnachfolge übertragen. Das Bischöfliche Generalvikariat erteilte am 9.10.2013 die Genehmigung für dieses Vorhaben. Auf die Beklagte findet die Grundordnung des kirchlichen Dienstes keine Anwendung. Sie hat die GrO nicht in ihrer Gesellschaftssatzung anerkannt (§ 16 Ziffer 1 Satz 3 des Gesellschaftsvertrags der Beklagten). Das hat zur Folge, dass sie im Hinblick auf die arbeitsrechtlichen Beziehungen nicht am Selbstbestimmungsrecht der Kirche gemäß Art. 140 GG i.V.m. Art. 137 WRV teilhat, Art. 2 Abs. 2 GrO (vgl. auch § 7 Abs. 4 des Spaltungs- und Übernahmevertrags).

Am 19.7.2018 wurde die Reha-Rahmenvereinbarung in eine Betriebsvereinbarung nach § 88 BetrVG zwischen der Beklagten, dem Gesamtbetriebsrat der c. Reha-Fachkliniken sowie den jeweils in den Einrichtungen vorhandenen örtlichen Betriebsräten unter Aufrechterhaltung aller kollektiven und individualvertraglichen Rechte transformiert. Diese Betriebsvereinbarung sieht unter anderem in „§ 8 Erfolgsbeteiligung" für die Zeit ab dem 1.1.2017 eine Beteiligung der Gesamtheit der Arbeitnehmer im Sinne des § 1 Abs. 2 dieser Betriebsvereinbarung in Höhe von 50 % an den unternehmensweit erwirtschafteten Überschüssen („Gewinnabhängige Erfolgsbeteiligung") vor.

Der Kläger verfolgt nach Zurückweisung durch die Beklagte seine Ansprüche auf Differenzvergütung mit am 21.12.2021 beim Arbeitsgericht eingegangener Klage weiter.

Der Kläger hat erstinstanzlich beantragt, die Beklagte zu verurteilen, an ihn für die Zeit vom 1.1.2018 bis 31.12.2021 weiteren Arbeitslohn in Höhe von

20.674,82 € brutto nebst 5 Prozentpunkten Zinsen hieraus über dem jeweiligen Basiszinssatz seit Rechtshängigkeit zu zahlen; hilfsweise, die Beklagte zu verurteilen, an ihn für die Zeit vom 1.1.2018 bis 31.12.2021 den einbehaltenen Arbeitslohn zu zahlen, der den zum Stichtag 27.3.2013 ermittelten Kürzungsbetrag von 8,91 % des damals gültigen Tabellenentgeltes übersteigt;. für den Fall, dass dem Antrag zu 1. oder 2. ganz oder teilweise entsprochen wird, festzustellen, dass die Beklagte verpflichtet ist, an ihn ab dem 1.1.2022 den nach Entgeltgruppe IVb Stufe 10 der Entgelttabelle AVR Caritas Anlage 3 jeweils anfallenden Arbeitslohn ungekürzt und in voller Höhe zu zahlen, hilfsweise zumindest den Arbeitslohn zu zahlen, der nach Abzug des zum Stichtag 27.3.2013 ermittelten Kürzungsbetrages von 8,91 % des damals gültigen Tabellenentgelts verbleibt.

Der Kläger ist der Ansicht, das Bundesarbeitsgericht habe mit Urteil vom 19.3.2009 -8 AZR 722/07- entschieden, dass ein Erlassvertrag, der abgeschlossen werde, um zwingende gesetzliche Rechtsfolgen des § 613a Abs. 1 BGB zu umgehen, nach § 134 BGB nichtig sei.

Nach der Rechtsprechung des BGH (15.7.2016 -V ZR 168/15-) könne ein Erlassvertrag nach § 397 BGB auch über noch nicht entstandene und damit künftige Ansprüche geschlossen werden. Die Rechtsvorgängerin der Beklagten habe vor dem sich abzeichnenden bzw. möglicherweise auch längst feststehenden Betriebsübergang auf die Beklagte ganz offensichtlich aktiv darauf hingewirkt, dass das Gehaltsniveau in der Einrichtung deutlich abgesenkt werde, indem sie mit möglichst vielen Mitarbeitern entsprechende Lohnverzichte vereinbart und damit den über § 613a BGB gesetzlich vorgesehenen Schutz vor nachteiligen Veränderungen bestehender Arbeitsverträge ausgehebelt habe. Die von ihm unterzeichnete Änderungsvereinbarung sei bereits aus diesem Grund nichtig.

Die von der Beklagten nach ihren eigenen Ausführungen angestrebte Sanierung durch Einsparung von Personalkosten, die alternativ auch mittels einer Vereinbarung spezieller Regelungen der Entgelte durch eine eigene KODA für den Reha-Bereich hätte umgesetzt werden können, sei nicht auf diese Weise, sondern tatsächlich durch einen unmittelbar vor dem Betriebsübergang vereinbarten Gehaltsverzicht von einer nicht geringen Anzahl an Mitarbeitern erreicht worden. Dieses Ziel sei vom Schutzzweck des § 613a BGB gerade ausgeschlossen und könne daher nur unter den strengen Voraussetzungen einer Änderungskündigung erreicht werden. Ein sachlicher Grund könne keineswegs in dem angestrebten Erhalt von Arbeitsplätzen liegen, da der Anlass für einen Eingriff in bestehende arbeitsvertragliche Ansprüche in keinem Zusammenhang mit dem Betriebsübergang stehen dürfe. Ein solcher Zusammenhang ergebe sich aber unmissverständlich und zweifelsfrei aus der Formulierung in der von ihm unterzeichneten Änderungsvereinbarung, wonach der konkret vereinbarte Gehaltsverzicht nur dann wirksam werde, wenn der jeweilige Arbeitgeber nicht dem kirchlichen Arbeitsrechtsregime unterliege. Da die Rechtsvorgängerin der Beklagten diesem Regime unterlegen habe und sich davon aufgrund einzelvertraglicher Bezugnahme auf die AVR Caritas auch nicht einseitig hätte lösen können, sei der vereinbarte Gehaltsverzicht von insgesamt 8,91 % zwingend daran gebunden gewesen, dass es zu einem Arbeitgeberwechsel komme.

Mit Abschluss der Änderungsvereinbarung habe also verhindert werden sollen, dass die noch unter den Bedingungen des kirchlichen Arbeitsrechtsregimes geltende, durch Beschluss der Regionalkommission vom 6.2.2012 bis zum 31.12.2014 befristete Gehaltsabsenkung von seinerzeit lediglich 3,7 %, die durch den erfolgten Betriebsübergang übernommen worden wäre, zum 1.1.2015 wegfalle mit der Folge, dass ihm dann ab dem 1.1.2015 wieder seine arbeitsvertraglich vereinbarten vollen Bezüge zugestanden hätten. Zusätzlich sei diese bestehende arbeitsvertragliche Rechtsposition noch dadurch verschlechtert worden, dass bereits ab dem vollzogenen Betriebsübergang zum 1.9.2013 das Entgelt nicht mehr um lediglich 3,7 %, sondern um 8,91 % abgesenkt worden sei. Mit dem vollzogenen Betriebsübergang seien seine arbeitsvertraglichen Ansprüche entgegen dem Schutzweck des § 613a BGB somit gerade nicht in vollem Umfang erhalten geblieben, sondern seien deutlich beschnitten worden. Solche Einschnitte seien aber der Verfügung der Parteien eines Arbeitsverhältnisses schon bereits im Vorfeld eines geplanten Betriebsübergangs entzogen und die entgegenstehende Änderungsvereinbarung mit dem Kläger vom 27.3.2013 sei somit gemäß § 134 BGB unwirksam.

Der zum Zeitpunkt der Änderungsvereinbarung bereits geplante, zumindest aber sich konkret abzeichnende Betriebsübergang auf die Beklagte sei der maßgebliche Grund und zugleich die ausschließliche und alleinige (aufschiebende) Bedingung für den in der Änderungsvereinbarung enthaltenen Erlassvertrag. Ohne den damit verbundenen Gehaltsverzicht einer Vielzahl von Mitarbeitern, darunter seiner Person, hätte die Beklagte den Betrieb ihrer Rechtsvorgängerin nicht übernommen.

Die Zulässigkeit eines dauerhaften Lohnverzichts, unabhängig von der wirtschaftlichen Entwicklung bei der Beklagten, müsse sich an den gesetzlichen Vorgaben der §§ 305 ff. BGB messen lassen. Sein zeitlich nicht begrenzter Gehaltsverzicht sei wegen einer nicht gerechtfertigten und unangemessenen Benachteiligung nach § 307 Abs. 1 BGB unwirksam. Die von ihm unterzeichnete Änderungsvereinbarung vom 27.3.2013 diene ausschließlich und vollkommen einseitig der Wahrung von Arbeitgeberinteressen. Ihm werde hiermit ein dauerhafter und bedingungsloser Gehaltsverzicht zugemutet, ohne dass es eine Option gebe, nach einer Besserung der wirtschaftlichen Verhältnisse bei der Beklagten wieder zur ursprünglich arbeitsvertraglich vereinbarten Vergütung zurückzukehren. Der Gehaltsverzicht sei daher auch unter diesem Gesichtspunkt unwirksam und ihm stehe für den unverjährten Zeitraum der ursprünglich arbeitsvertraglich vereinbarte Lohn zu.

Es sei zu bestreiten, dass ein Gehaltsverzicht für die Einrichtung in B-Stadt überhaupt bzw. in der ihm abverlangten Höhe erforderlich gewesen sei. Die Beklagte habe diesbezüglich lediglich Zahlen für den gesamten Klinikverbund vorgelegt, die über die wirtschaftliche Situation der Einrichtung, in der er tätig sei, keinerlei Aussagekraft enthielten. Zum anderen müsse sich die Beklagte an ihrem eigenen Vortrag messen lassen, wonach lediglich knapp 60 % der Mitarbeiter in der Einrichtung in B-Stadt den geforderten Gehaltsverzicht unterschrieben hätten, davon die wenigsten aus den höheren oder außertariflichen Gehaltsgruppen.

Letzteren sei sogar ausdrücklich von der Leitungsebene (Dr. R.) empfohlen worden, davon Abstand zu nehmen. Allein dies beweise bereits, dass die Einrichtung in B.Stadt mit einem deutlich geringeren Gehaltsverzicht bei den Personalkosten als von ihm abverlangt wirtschaftlich zu betreiben sei. Im Ergebnis sei ihm somit deutlich mehr abverlangt worden, als es zur wirtschaftlichen Konsolidierung der Einrichtung notwendig gewesen wäre.

Wenn bereits die Höhe des Gehaltsverzichts nicht in einem angemessenen Verhältnis zu den wirtschaftlichen Zwängen gestanden habe, könnten auch kompensatorische Leistungen an anderer Stelle nicht dazu führen, dass in dem mit ihm vereinbarten dauerhaften und empfindlichen Gehaltsverzicht keine unangemessene Benachteiligung gesehen werden könne.

Auch die jeweiligen Zustimmungen der Regionalkommission zu den relativ überschaubaren und zeitlich befristeten Gehaltsverzichten in der Vergangenheit hätten einen umfassenden Schutz vor betriebsbedingten Kündigungen für die Dauer von mehreren Jahren enthalten, obwohl deren Auswirkungen auf sein Entgelt wesentlich geringer gewesen seien als diejenigen der von ihm unterzeichneten Änderungsvereinbarung.

Subsidiär komme auch eine Sittenwidrigkeit der Vereinbarung vom 27.3.2013 gemäß § 138 BGB in Betracht. Die Rechtsvorgängerin der Beklagten sei zum Zeitpunkt des vereinbarten Lohnverzichts verpflichtet gewesen, sich an die kirchenrechtlich im AVR vorgesehene Vergütung als Mindestbedingung zu halten, so dass Abweichungen zu seinen Ungunsten durch arbeitsvertragliche Vereinbarung innerhalb dieses Rechtssystems ausgeschlossen gewesen seien. Ein Abweichen davon möge in Form einer gegenüber dem vorgesehenen Tabellenentgelt geringeren Lohnsteigerung gerade noch zulässig und vertretbar sein. Dies könne aber nicht für die Eingruppierung als solche gelten, schon gar nicht in Form einer dauerhaften Absenkung um fast 10 %, und dies auch noch in der praktizierten dynamisierten Variante. Solche gravierenden Abweichungen von selbst gesetzten Mindestbedingungen seien nur im Wege eines Antrages nach § 14 der Ordnung der Arbeitsrechtlichen Kommission (AK-O) vorbehalten, über den dann die zuständige Regionalkommission zu entscheiden habe. Die von der Beklagten gewählte Vorgehensweise widerspreche daher eklatant dem Anstandsgefühl aller billig und gerecht Denkenden und sei wegen ihres aus der Zusammenfassung von Inhalt, Beweggrund und Zweck zu entnehmenden Gesamtcharakters mit den grundlegenden Wertungen der Rechts- und Sittenordnung nicht mehr vereinbar.

Eine Berufung der Beklagten auf die in § 23 AVR enthaltene Ausschlussfrist würde zu Ansprüchen seinerseits in Höhe der unter Ziffer 1 der Klageschrift geltend gemachten Forderungen führen, da diese Ausschlussfrist nicht gemäß § 2 Abs. 1 des NachwG schriftlich und im Wortlaut niedergelegt worden sei.

Seine Lohnansprüche setzten sich wie folgt zusammen: Sein Jahresentgelt für das Jahr 2018 habe sich auf ein steuerliches Brutto 52.652,43 € belaufen. Bei vertragsgemäßer Bezahlung nach Entgeltgruppe IVb Stufe 10 der Entgelttabelle AVR Caritas Anlage 3 hätte sein Jahresgehalt 57.802,65 € betragen. Daraus resultiere eine Differenz in Höhe von 5.150,22 €. Sein Jahresentgelt für das Jahr 2019 habe sich auf ein steuerliches Brutto von 54.958,01 € belaufen. Bei vertragsgemäßer Bezahlung nach Entgeltgruppe IVb Stufe 10 der Entgelttabelle AVR Caritas Anlage 3 hätte sein Jahresgehalt 60.333,75 € betragen. Daraus resultiere eine Differenz in Höhe von 5.375,74 €. Sein Jahresentgelt für das Jahr 2020 habe sich auf ein steuerliches Brutto von 56.089,39 € belaufen. Bei vertragsgemäßer Bezahlung nach Entgeltgruppe IVb Stufe 10 der Entgelttabelle AVR Caritas Anlage 3 hätte sein Jahresgehalt 61.575,79 € betragen. Daraus resultiere eine Differenz in Höhe von 5.486,40 €. Das Jahresentgelt 2021 habe sich auf ein steuerliches Brutto in Höhe von 47.665,89 € belaufen. Bei vertragsgemäßer Bezahlung nach Entgeltgruppe IVb Stufe 10 der Entgelttabelle AVR Caritas Anlage 3 hätte sein Jahresgehalt 52.328,35 € betragen. Daraus resultiere eine Differenz in Höhe von 4.662,46 €.

Sein erster Hilfsantrag (Antrag zu 2) sei zulässig und begründet. Es werde bestritten, dass die Vergütung der Mitarbeiter dauerhaft dynamisiert um 8,91 % habe abgesenkt werden sollen. Inhalt der Änderungsvereinbarung vom 27.3.2013 seien durch ausdrückliche Inbezugnahme unter Ziffer 4 der Vereinbarung auch die auf der Rückseite der Vereinbarung enthaltenen „Erläuterungen und Hinweise zum Änderungsvertrag“. Daraus sei eindeutig und unmissverständlich zu entnehmen, dass sich die Absenkung der Vergütung auf das im Zeitpunkt der Unterzeichnung anwendbare Tabellenentgelt habe beziehen und damit gerade keine dynamische Kürzung habe vereinbart werden sollen. Eine Auslegung im Sinne des Beklagtenvortrags würde voraussetzen, dass die Regelung mehrdeutig wäre, was sie nicht sei.

Daher sei der Lohneinbehalt für den unverjährten Zeitraum vom 1.1.2018 bis 31.12.2021 zumindest insoweit unwirksam, als er den zum Stichtag 27.3.2013 ermittelten Kürzungsbetrag von 8,91 % des damals gültigen Tabellenentgeltes übersteige. Eine genaue Bezifferung werde gegebenenfalls noch im Laufe des Verfahrens erfolgen.

Der an ein (zumindest teilweises) Obsiegen nach Ziffer 1 oder 2 geknüpfte Feststellungsantrag unter Ziffer 3 sichere seine Rechte für den Fall, dass die Beklagte ihren auch in der Zukunft bestehenden Zahlungsverpflichtungen trotz einer Verurteilung zur geltend gemachten Zahlung in der Vergangenheit ab dem 1.1.2022 nicht nachkomme.

Das Arbeitsgericht hat die Klage abgewiesen.

Auch die vom Kläger eingelegte Berufung wurde zurückgewiesen.

Aus den Gründen:

[93] A. Die nach § 64 Abs. 1 und 2 lit. a und b ArbGG statthafte Berufung des Klägers ist gemäß §§ 66 Abs. 1, 64 Abs. 6 ArbGG in Verbindung mit §§ 519, 520 ZPO form- und fristgerecht eingelegt und begründet worden. Sie erweist sich auch sonst als zulässig.

[94] B. In der Sache hatte die Berufung des Klägers keinen Erfolg. Das Arbeitsgericht hat die Klage zutreffend sowohl in Haupt- als auch erstem Hilfsantrag abgewiesen. Der zweite Hilfsantrag ist, da für den Fall des vollständigen oder teilweisen Obsiegens mit dem Haupt- oder dem ersten Hilfsantrag gestellt, nicht zur Entscheidung angefallen.

[95] I. Der Kläger hat gegen die Beklagte keinen Anspruch auf weiteren Arbeitslohn für die Zeit vom 1.1.2018 bis 31.12.2021 in Höhe von 20.674,82 € brutto nebst Zinsen. Der Kläger hat durch die Änderungsvereinbarung vom 27.3.2013 wirksam auf 8,91 % des Tabellenentgelts seiner Entgeltgruppe verzichtet. Die Änderungsvereinbarung vom 27.3.2013 ist wirksam.

[96] 1. Durch die Änderungsvereinbarung vom 27.3.2013 haben sich die Parteien auf eine dauerhafte Absenkung der Vergütung um 8,91 % des im Zeitpunkt der Unterzeichnung der Änderungsvereinbarung anwendbaren Tabellenentgelts geeinigt.

[97] Diese Vergütungsabsenkung wurde durch zwei Maßnahmen umgesetzt: zum einen wurde gemäß Ziffer 2 lit. a der Beschluss der Regionalkommis-

sion Mitte zur Vergütungsänderung vom 6.2.2013 (AVR-Tarifsteigerung 2012/2013) dauerhaft ausgesetzt, indem weiterhin das Tabellenentgelt der bis zum 30.6.2012 geltenden Fassung bezahlt werden sollte. Da gemäß diesem Beschluss die Vergütung um 6,42 % angehoben wurde, ist diese Tarifsteigerung dauerhaft entfallen.

[98] Zum anderen wurde gemäß Ziffer 2 lit. b der Änderungsvereinbarung das jeweilige Jahresentgelt um weitere 2,49 % durch eine entsprechende dauerhafte Reduzierung der Weihnachtszuwendung verringert.

[99] 2. Die Regelungen in Ziffer 2 der Änderungsvereinbarung vom 27.3.2013 halten einer Kontrolle nach §§ 305 ff. BGB stand.

[100] a) Bei den Regelungen der Änderungsvereinbarung handelt es sich um allgemeine Geschäftsbedingungen im Sinn des § 305 Abs. 1 Satz 1 BGB. Darauf lässt schon das äußere Erscheinungsbild der formularmäßigen Vertragsgestaltung schließen. Sie sind für eine Vielzahl von Verträgen vorformulierte Vertragsbedingungen, die die Rechtsvorgängerin der Beklagten als Verwenderin dem Kläger als anderer Vertragspartei bei Abschluss der Änderungsvereinbarung gestellt hat. Ein individuelles Aushandeln der Vertragsklausel i.S.v. § 305 Abs. 1 Satz 3 BGB liegt nicht vor.

[101] b) Es handelt sich nicht um eine überraschende Klausel im Sinn des § 305c Abs. 1 BGB. Sie wurde zum Vertragsbestandteil.

[102] c) Die Regelungen der Änderungsvereinbarung sind auch nicht intransparent im Sinn des § 307 Abs. 1 Satz 2 i.V.m. Satz 1 BGB.

[103] Nach § 307 Abs. 1 BGB sind Bestimmungen in Allgemeinen Geschäftsbedingungen unwirksam, wenn sie den Vertragspartner des Verwenders entgegen den Geboten von Treu und Glauben unangemessen benachteiligen. Dabei kann sich eine unangemessene Benachteiligung auch daraus ergeben, dass die Bestimmung nicht klar und verständlich ist. Das Transparenzgebot verpflichtet den Verwender, seine Vertragsklauseln so zu gestalten, dass ein sorgfältiger, juristisch nicht vorgebildeter Leser in der Lage ist, den Inhalt der Klausel zu erfassen. Die Klausel muss die wirtschaftlichen Nachteile und Belastungen für einen durchschnittlichen Vertragspartner so weit erkennen lassen, wie dies unter Berücksichtigung von Treu und Glauben nach den Umständen gefordert werden kann (BGH 26.3.2019 -II ZR 413/18-; 7.2.2019 -III ZR 38/18-; 15.2.2017 -IV ZR 91/16- jeweils mwN.). Dabei ist zwischen dem Gebot der Abschlusstransparenz und dem der Abwicklungstransparenz zu differenzieren. Erstere soll die zutreffende Information des Arbeitnehmers über die Umstände sicherstellen, die es ihm ermöglichen, die Vor- und Nachteile der beabsichtigten vertraglichen Abreden für den Vertragsabschluss zu beurteilen. Letztere soll die Wahrung seiner Rechte während der Vertragsdurchführung gewährleisten. Bei den an

eine hinreichende Abschlusstransparenz zu stellenden Anforderungen ist zu berücksichtigen, dass nach allgemeiner Ansicht eine Inhaltskontrolle von Allgemeinen Geschäftsbedingungen im Bereich der Hauptleistung unterbleibt und insoweit gemäß § 307 Abs. 3 Satz 2 BGB nur eine Transparenzkontrolle stattfindet (BAG 24.5.2018 -6 AZR 308/17-; BGH 7.2.2019 -III ZR 38/18-; 15.2.2017 -IV ZR 91/16-). Der Vertragspartner des Verwenders muss bereits bei Vertragsabschluss erkennen können, was gegebenenfalls „auf ihn zukommt". Eine Vertragsgestaltung, die objektiv dazu geeignet ist, den Vertragspartner bezüglich seiner Rechtsstellung in die Irre zu führen, verstößt gegen das Transparenzgebot (stRspr.; vgl. nur BGH 7.2.2019 -III ZR 38/18-). Die Transparenzanforderungen dürfen aber nicht überspannt werden. Die Verpflichtung, den Klauselinhalt klar und verständlich zu formulieren, besteht nur im Rahmen des Möglichen. Hierbei ist auch zu berücksichtigen, dass der Klauselinhalt in aller Regel nicht weniger komplex sein kann als der Sachverhalt, den er regelt, und die diesem zugrundeliegende gesetzliche Regelung. Weder bedarf es eines solchen Grades an Konkretisierung, dass alle Eventualitäten erfasst sind und im Einzelfall keinerlei Zweifelsfragen auftreten können, noch ist ein Verstoß gegen das Transparenzgebot schon dann zu bejahen, wenn Bedingungen noch klarer und verständlicher hätten formuliert werden können. Sogar eine unnötige Wirrnis im Klauseltext ist unschädlich, wenn sich der Klauseltext mit der gebotenen Aufmerksamkeit erschließen lässt (BGH 7.2.2019 -III ZR 38/18-).

[104] Auch die formale Gestaltung der allgemeinen Geschäftsbedingungen muss diesem Ziel dienen. So dürfen entscheidende Passagen nicht zwischen unbedeutenden Klauseln versteckt oder an schwer offenbarer Stelle geregelt werden.

[105] Hieran gemessen ist die Änderungsvereinbarung, insbesondere deren Ziffer 2 nicht intransparent. Die Regelungen sind verständlich, bestimmt und sind nicht geeignet irrezuführen. Die Änderungsvereinbarung umfasst lediglich vier Ziffern auf einer Seite und ist übersichtlich gegliedert. Sie beschreibt im Einzelnen, wie sich für den Fall, dass der jeweilige Dienst- bzw. Arbeitgeber des Arbeitsverhältnisses nicht der Grundordnung des kirchlichen Dienstes im Rahmen kirchlicher Arbeitsverhältnisse unterworfen ist, die Dienstbezüge und das jeweilige Jahresentgelt prozentual verändern. Auch die Erläuterungen und Hinweise auf der Rückseite des Vertrages umfassen insgesamt lediglich eine Seite, sind gegliedert und erläutern die Regelungen der Vorderseite unter Bezugnahme auf deren konkrete Ziffer.

[106] Der Vertragspartner des Verwenders konnte auch bereits bei Vertragsabschluss bei verständiger Würdigung und aufmerksamer Durchsicht der Vertragsbedingungen hinreichend klar erkennen, was „auf ihn zukommt". Der

Kläger wurde nicht im Unklaren darüber gelassen, dass – in dem Fall, dass der jeweilige Dienst- bzw. Arbeitgeber des Arbeitsverhältnisses nicht der Grundordnung des kirchlichen Dienstes im Rahmen kirchlicher Arbeitsverhältnisse unterworfen ist – sein Entgelt geringer sein wird als das nach den jeweils geltenden AVR Caritas bemessene Entgelt. Das ergibt sich zum einen nach Ziffer 2 Satz 1 lit. a aus der Formulierung, dass „sich die Dienstbezüge [...] zum Stichtag 30.6.2012 bemessen" und zum anderen aus dem Wort „reduziert" in Ziffer 2 Satz 1 lit. b. Auch in Ziffer 2 Satz 2 ist von „vorstehenden Entgeltreduzierungen" die Rede. Dem Kläger wurden die Regelungen auf der Rückseite der Änderungsvereinbarung zusätzlich erläutert. Auch hier (unter II. zu Ziffer 2) ist die Rede von einer Verständigung „auf eine dauerhafte Absenkung der Vergütung". Im folgenden Absatz ist erläutert, wie die „Vergütungsabsenkung" „umgesetzt werden" soll. Die Formulierungen machen deutlich, dass es im Hinblick auf den Fortbestand der Beschäftigungseinrichtung zu einer Vergütungsabsenkung kommen soll.

[107] d) Der Kläger wird durch Ziffer 2 der Änderungsvereinbarung vom 27.3.2013 auch nicht gemäß § 307 Abs. 1 Satz 1 und Abs. 2 Ziffer 1 BGB entgegen den Geboten von Treu und Glauben unangemessen benachteiligt.

[108] aa) Unangemessen i.S.v. § 307 Abs. 1 BGB ist jede Beeinträchtigung eines rechtlich anerkannten Interesses des Arbeitnehmers, die nicht durch begründete und billigenswerte Interessen des Arbeitgebers gerechtfertigt ist oder durch gleichwertige Vorteile ausgeglichen wird. Die Feststellung einer unangemessenen Benachteiligung setzt eine wechselseitige Berücksichtigung und Bewertung rechtlich anzuerkennender Interessen der Vertragspartner voraus. Dabei bedarf es einer umfassenden Würdigung der beiderseitigen Positionen unter Berücksichtigung des Grundsatzes von Treu und Glauben. Bei der Beurteilung der Unangemessenheit ist ein genereller, typisierender, vom Einzelfall losgelöster Maßstab anzulegen. Abzuwägen sind die Interessen des Verwenders gegenüber den Interessen der typischerweise beteiligten Vertragspartner. Im Rahmen der Inhaltskontrolle sind Art und Gegenstand, Zweck und besondere Eigenart des jeweiligen Geschäfts zu berücksichtigen. Zu prüfen ist, ob der Klauselinhalt bei der in Rede stehenden Art des Rechtsgeschäfts generell und unter Berücksichtigung der typischen Interessen der beteiligten Verkehrskreise eine unangemessene Benachteiligung des Vertragspartners ergibt (stRspr., vgl. etwa BAG 21.4.2016 -8 AZR 474/14-).

[109] Nach § 307 Abs. 2 BGB ist eine ungemessene Benachteiligung im Sinne des § 307 Abs. 1 Satz 1 BGB im Zweifel anzunehmen, wenn eine Bestimmung mit wesentlichen Grundgedanken der gesetzlichen Regelung von der abgewichen wird, nicht zu vereinbaren ist (§ 307 Abs. 2 Ziffer 1 BGB) oder auf andere

Weise berechtigte Interessen der anderen Vertragspartei nicht ausreichend berücksichtigt werden (§ 307 Abs. 2 Ziffer 2 BGB) (BAG 21.4.2016 -8 AZR 474/14-). Das ist zum Beispiel der Fall, wenn das Gleichgewicht der Rechte und Pflichten der Vertragspartner erheblich gestört und die vertraglichen Risiken erheblich zulasten der anderen Vertragspartei verschoben werden

[110] Weil Arbeitsverträge regelmäßig Verbraucherverträge im Sinne von § 310 Abs. 3 BGB sind, werden bei der Beurteilung der unangemessenen Benachteiligung i.S.v. § 307 Abs. 1 und Abs. 2 BGB gemäß § 310 Abs. 3 Nr. 3 BGB auch die konkreten den Vertragsschluss begleitenden Umstände bei der Inhaltskontrolle berücksichtigt. Die Berücksichtigung dieser Umstände kann sowohl zur Unwirksamkeit einer nach generell-abstrakter Betrachtung wirksamen Klausel als auch zur Wirksamkeit einer nach typisierter Inhaltskontrolle unwirksamen Klausel führen (BAG 21.4.2016 -8 AZR 474/14-).

[111] Nach § 307 Abs. 3 BGB gilt § 307 Abs. 1, 2 BGB nur für Bestimmungen in Allgemeinen Geschäftsbedingungen, die von Rechtsvorschriften abweichen oder diese ergänzen. Daher unterliegen formularmäßige Abreden über den unmittelbaren Gegenstand der Hauptleistung aus Gründen der Vertragsfreiheit keiner Angemessenheitskontrolle (BAG 27.11.2003 -2 AZR 135/03-). Dies sind im Arbeitsverhältnis vor allem die Arbeitsleistung und das Arbeitsentgelt (BAG 23.3.2011 -10 AZR 831/09-).

[112] bb) Vorliegend betrifft die Änderungsvereinbarung vom 27.3.2013 die Höhe des Arbeitsentgelts und damit die Hauptleistungspflicht des Arbeitgebers. Es ist nicht Aufgabe des Gerichts, über die §§ 305 ff. BGB den „gerechten Preis" zu ermitteln (BAG 23.3.2011 -10 AZR 831/09-; 31.8.2005 -5 AZR 545/04-).

[113] cc) Allgemeine Geschäftsbedingungen betreffend die Höhe der Arbeitsvergütung unterliegen jedoch dann der Inhaltskontrolle, wenn eine gesetzliche Vergütungsregelung besteht (vgl. BAG 31.8.2005 -5 AZR 545/04-). Solche gesetzlichen Vergütungsregelungen enthält beispielsweise das MiLoG. Dessen Vorschriften sind vorliegend jedoch nicht verletzt.

[114] dd) Nach § 310 Abs. 4 Satz 3 BGB stehen Tarifverträge, Betriebs- und Dienstvereinbarungen Rechtsvorschriften im Sinn von § 307 Abs. 3 BGB gleich. Die Vergütungsregelungen der AVR Caritas, von denen durch die Änderungsvereinbarung zulasten des Klägers abgewichen wird, sind jedoch kein Tarifvertrag im Sinn des § 310 Abs. 4 Satz 3 BGB. Sie sind Tarifverträgen, Betriebs- und Dienstvereinbarungen mangels Regelungslücke auch nicht gleichzustellen.

[115] Nach ständiger Rechtsprechung (vgl. BAG 30.10.2019 -6 AZR 465/18-; 17.11.2005 -6 AZR 160/05-) handelt es sich bei kirchlichen Arbeitsrechtsregelungen um Allgemeine Geschäftsbedingungen, welchen mangels normativer Wirkung in privatrechtlichen Arbeitsverhältnissen nur über Bezugnahmeklauseln

in Arbeitsverträgen Wirkung verschafft werden kann (BAG 15.11.2018 -6 AZR 240/17-; 24.5.2018 -6 AZR 308/17-; 17.11.2005 -6 AZR 160/05- jeweils mwN). Als Allgemeine Geschäftsbedingungen sind diese weder Tarifverträge noch Betriebs- oder Dienstvereinbarungen. Sie entstehen anders als Tarifverträge auf dem sogenannten „Dritten Weg“. Für die Caritas beschließt die auf Kirchenverfassungsrecht gegründete Arbeitsrechtliche Kommission Arbeitsvertragsrichtlinien als eigene Regelungswerke. Die Arbeitsrechtliche Kommission ist von der Kirchenleitung unabhängig und paritätisch mit gewählten Repräsentanten der Arbeitnehmer und der Arbeitgeber besetzt. Die Beschlüsse bedürfen der Mehrheit von drei Viertel der Mitglieder der Arbeitsrechtlichen Kommission. Die Kommissionsmitglieder unterliegen keinen Weisungen und haben eine gleichermaßen unabhängige Stellung wie die Angehörigen der Mitarbeitervertretungen der Kirchen. Das Mittel des Arbeitskampfes steht keiner Seite zur Verfügung (BAG 17.11.2005 -6 AZR 160/05-). Das säkulare Recht ordnet für kirchliche Arbeitsrechtsregelungen keine unmittelbare und zwingende Wirkung an. Es fehlt eine etwa § 4 Abs. 1 TVG entsprechende Bestimmung (BAG 24.5.2018 -6 AZR 308/17-). Der Gesetzgeber hat kirchliche Arbeitsvertragsregelungen bei der Neuregelung des Rechts Allgemeiner Geschäftsbedingungen in Kenntnis der Rechtsprechung des Bundesarbeitsgerichts zur Rechtsqualität solcher Richtlinien nicht in die Formulierung des § 310 Abs. 4 Satz 1 BGB aufgenommen. Wenn der Gesetzgeber, anders als zum Beispiel in § 7 Abs. 4 ArbZG, § 21a Abs. 3 JArbSchG, nur für Tarifverträge, Betriebs- und Dienstvereinbarungen eine besondere Regelung getroffen hat (vgl. BAG 17.11.2005 -6 AZR 160/05-), hat er zu erkennen gegeben, dass kirchliche Arbeitsvertragsregelungen diesen nicht grundsätzlich gleichzustellen sind. Der an Tarifverträge angeglichene Kontrollmaßstab (vgl. hierzu BAG 17.11.2005 -6 AZR 160/05-) hat keine Veränderung der Rechtsqualität der Regelungen zur Folge (BAG 30.10.2019 -6 AZR 465/18-).

[116] ee) Durch die Änderungsvereinbarung wird auch nicht das zu den Rechtsgrundsätzen i.S.d. § 307 Abs. 3 Satz 1 BGB gehörende, im Schuldrecht verankerte und anerkannte Äquivalenzprinzip verletzt.

[117] Das Äquivalenzprinzip dient dazu, das ursprünglich von den Parteien festgelegte Verhältnis von Leistung und Gegenleistung zu erhalten. Vereinbarungen, durch die der Arbeitnehmer durch einseitigen Verzicht oder Erlass ohne rechtfertigende sachliche Gründe und kompensatorische Gegenleistung bereits entstandene Ansprüche verliert, sind hiermit nicht in Einklang zu bringen (BAG 20.6.2017 -3 AZR 179/16-; 19.2.2014 -5 AZR 920/12-).

[118] In der Änderungsvereinbarung vom 27.3.1993 kann kein – unwirksamer – Erlassvertrag ohne rechtfertigende sachliche Gründe und kompensatorische Gegenleistung gesehen werden.

[119] Nach § 397 Abs. 1 BGB erlischt das Schuldverhältnis, wenn der Gläubiger dem Schuldner durch Vertrag die Schuld erlässt. Das Gleiche gilt nach § 397 Abs. 2 BGB, wenn der Gläubiger durch Vertrag mit dem Schuldner anerkennt, dass das Schuldverhältnis nicht besteht. Der Kläger hat in der Änderungsvereinbarung der Beklagten nicht bestehende Forderungen erlassen, die Gehaltsreduzierungen sollten aufschiebend bedingt erst in der Zukunft eintreten.

[120] Erlassverträge nach § 397 BGB über noch nicht entstandene Ansprüche sind zwar ausnahmsweise möglich. An die Feststellung des für eine solche Vereinbarung erforderlichen Erlasswillens sind aber strenge Anforderungen zu stellen (BGH 15.7.2016 -V ZR 168/15-). Bei einem in die Zukunft gerichteten „Gehaltsverzicht" im Rahmen eines Arbeitsverhältnisses als Dauerschuldverhältnisses passt der Erlassvertrag als im BGB typisierter Vertrag nicht. Vorliegend hat der Kläger nicht einseitig auf künftige Ansprüche auf Differenzvergütung verzichtet. Er wollte nicht auf einen Teil seines erst in Zukunft monatlich entstehenden ungekürzten AVR-Tarifentgelts verzichten. Dies ergibt sich auch daraus, dass im Zeitpunkt der Änderungsvereinbarung vom 27.3.2013 noch gar nicht feststand, welches konkrete ungekürzte AVR-Tarifentgelt dem Kläger in den zukünftigen Monaten zustehen würde. So ist rückblickend betrachtet beispielsweise eine Vergütungsänderung durch die Vereinbarung von Teilzeitarbeit zwischen den Parteien eingetreten. Die Parteien haben vielmehr eine Vereinbarung getroffen, durch die die wechselseitigen Rechte und Pflichten aus dem von ihnen geschlossenen Dienstvertrag modifiziert wurden. Das ergibt sich aus Folgendem:

[121] Im Jahr 2013 ist zwischen der Rechtsvorgängerin der Beklagten sowie der H.-Stiftung und der damals bestehenden Gesamtmitarbeitervertretung eine sogenannte „Reha-Rahmenvereinbarung" geschlossen worden, die es der Rechtsvorgängerin u.a. ermöglichte, mit allen nach den AVR Caritas vergüteten Mitarbeitern einzelvertraglich eine dauerhafte Gehaltsreduzierung um insgesamt 8,91 % für den Fall zu vereinbaren, dass eine Einrichtung zukünftig nicht mehr unter das kirchliche Arbeitsregime fällt. Diese Reha-Rahmenvereinbarung diente nach ihrem Einleitungssatz „der Wahrung und dem Schutz der Rechte der Mitarbeiterinnen und Mitarbeiter [...], welche in den betroffenen Rehabilitationseinrichtungen beschäftigt sind". Sie sollte „nach erfolgter Ausgliederung als Betriebsvereinbarung beim Arbeitgeber gelten [...] und durch erneuten Abschluss zwischen der Geschäftsleitung des Arbeitgebers und dem beim Arbeitgeber neu zu gründenden Gesamtbetriebsrat bestätigt" werden, „sobald die rechtlichen Voraussetzungen hierfür vorliegen, insbesondere Umsetzung der Ausgliederung, rechtsverbindliche Erklärung zur Nichtanwendung der Grundordnung des kirchlichen Dienstes im Rahmen kirchlicher Arbeitsverhältnisse

(GrO) sowie Konstituierung der einzelnen Betriebsräte und des Gesamtbetriebsrates". Mit der Annahme des Angebots zum Abschluss der Änderungsvereinbarung wurde diese Reha-Rahmenvereinbarung zum Gegenstand dieser Individualvereinbarung (Ziffer 4 der Präambel der Reha-Rahmenvereinbarung, § 16 Abs. 2 Reha-Rahmenvereinbarung). Durch die Einbeziehung der Regelungen der Reha-Rahmenvereinbarung erhält der Kläger eine Absicherung hinsichtlich des Bestandes seines Arbeitsverhältnisses u.a. durch die Einräumung von finanziellen Ansprüchen für ihn und andere Arbeitnehmer für den Fall der Insolvenz des Arbeitgebers oder den Ausspruch von betriebsbedingten Kündigungen. Nach § 4 der Reha-Rahmenvereinbarung ist den Mitarbeitern, deren Dienstverhältnis in Folge der Eröffnung eines Insolvenzverfahrens über das Vermögen des Arbeitgebers endet, von diesem rückwirkend für den Zeitraum ab Diensteintritt, längstens jedoch für den Zeitraum ab dem 1.1.2006, der Differenzbetrag zwischen der sich auf Grundlage der AVR Caritas für diesen Zeitraum ergebenden Vergütung und der gemäß den jeweiligen Beschlüssen der Arbeitsrechtlichen Kommission des Deutschen Caritasverbandes i.V.m. den Regelungen dieser Rahmenvereinbarung bzw. der für den Arbeitgeber gemäß § 1 dieser Rahmenvereinbarung geschlossenen Individualvereinbarungen maßgeblichen Vergütung nachzuentrichten. Der Kläger erhielte somit im – zeitlich nicht eingegrenzten – Fall der Insolvenz der Beklagten nicht nur die sich aufgrund der Änderungsvereinbarung vom 27.3.2013 ergebenden Reduzierungen, sondern auch die Differenzbeträge zu der sich auf Grundlage der AVR Caritas seit dem 1.1.2006 ergebenden Vergütung erstattet. Nach § 9 Abs. 1 Reha-Rahmenvereinbarung sind nach Abschluss und Wirksamwerden dieser Rahmenvereinbarung betriebsbedingte Kündigungen (Beendigungs- und Änderungskündigungen) solcher Mitarbeiter grundsätzlich ausgeschlossen, die gemäß § 1 der Rahmenvereinbarung Individualvereinbarungen abgeschlossen haben. Dieser Kündigungsschutz wird dadurch abgesichert, dass der Ausspruch von betriebsbedingten Kündigungen im Sinn des Abs. 1 nach § 9 Abs. 2 Satz 1 Reha-Rahmenvereinbarung – es sei denn der örtlich zuständige Betriebsrat und der Gesamtbetriebsrat stimmen der/den betriebsbedingten Kündigung(en) zu (§ 9 Abs. 2 Satz 2 Reha-Rahmenvereinbarung) – mit Wirkung vom Zeitpunkt des Wirksamwerdens der ersten betriebsbedingten und sozial gerechtfertigten Kündigung in der jeweiligen Einrichtung dazu führt, dass die Individualvereinbarungen für alle Mitarbeiter der Einrichtung, in der die betriebsbedingte(n) Kündigung(en) erfolgt ist/sind, wegfallen. Für den Kläger bedeutet dies außerdem, dass für ihn dann, wenn die gegenüber einem anderen Arbeitnehmer ohne Zustimmung des Betriebsrats und/oder des Gesamtbetriebsrates ausgesprochene Kündigung wirksam wird, entsprechend § 2 Satz 1 seines Dienstvertrages die

AVR Caritas in ihrer jeweils geltenden Fassung Anwendung finden. Ab diesem Zeitpunkt ist seine Vergütung nicht mehr abgesenkt. Gehört der Kläger hingegen zu den Arbeitnehmern, gegenüber denen eine wirksame betriebsbedingte Kündigung ausgesprochen wird, hat er rückwirkend bis zum Diensteintritt, längstens jedoch rückwirkend über einen Zeitraum von 150 Monaten, Anspruch auf Zahlung der Differenz zwischen der bei Anwendung der AVR Caritas jeweils ungekürzten Vergütung und derjenigen Vergütung, die unter Berücksichtigung der jeweiligen Beschlüsse der Arbeitsrechtlichen Kommission sowie der Individualvereinbarung im Sinne des § 1 in diesem Zeitraum tatsächlich beansprucht werden konnte. Mithin entfielen für den Kläger für die Dauer von 150 Monaten wirtschaftlich rückwirkend die in den jeweiligen Anträgen an die Arbeitsrechtliche Kommission beantragten bzw. im Wege der Individualvereinbarung nach § 1 vereinbarten Gehaltsreduzierungen. Nach § 16 Abs. 3 und 4 Reha-Rahmenbetriebsvereinbarung gilt das auch für eine Auflösung des Arbeitgebers während der Dauer der Laufzeit dieser Rahmenvereinbarung durch Beschluss der Gesellschafterin ohne ausdrückliche vorherige Zustimmung des Gesamtbetriebsrats oder des örtlich zuständigen Betriebsrates sowie für die vollständige stille Liquidation des Arbeitgebers, seine teilweise Auflösung sowie die in § 16 Abs. 4 lit. (c) bis (i) Reha-Rahmenvereinbarung genannten Fälle, sofern diese Maßnahmen in den Fällen (a) bis (g) ohne vorherige ausdrückliche schriftliche Zustimmung des Gesamtbetriebsrates und in den Fällen (h) bis (i) ohne vorherige ausdrückliche schriftliche Zustimmungen der betroffenen örtlichen Betriebsräte und des Gesamtbetriebsrates erfolgen.

[122] Darüber hinaus besteht gemäß § 11 Abs. 1 Reha-Rahmenvereinbarung für Mitarbeiter, auf welche die Reha-Rahmenvereinbarung gemäß § 1 Anwendung findet und die den Lohnverzicht in Höhe von 8,91 % nicht leisten können, die Möglichkeit, einen Antrag zur Härtefallregelung zu stellen.

[123] Zudem ist die Wirksamkeit der Änderungsvereinbarung begrenzt bis zum Wirksamwerden der ersten betriebsbedingten und sozial gerechtfertigten Kündigung gegenüber einem Arbeitnehmer, in der Einrichtung, in der der Kläger beschäftigt ist (§ 9 Abs. 2 Reha-Rahmenvereinbarung), sowie bis zum Zeitpunkt des wirtschaftlichen Wirksamwerdens der Veräußerung oder Übertragung von Betrieben oder Betriebsteilen an Dritte innerhalb eines Zeitraums von fünf Jahren, es sei denn, der örtlich zuständige Betriebsrat stimmt jeweils im Einvernehmen mit dem Gesamtbetriebsrat der Maßnahme zu, oder aber der örtliche Betriebsrat sowie der Gesamtbetriebsrat widersprechen dieser nicht oder nicht ordnungsgemäß innerhalb eines Zeitraums von zwei Monaten nach ihrer ordnungsgemäßen schriftlichen Information (§ 12 Abs. 1 Reha-Rahmenvereinbarung).

[124] Für den Fall einer Verbesserung der wirtschaftlichen Situation ist zwar keine Rückkehr zur Vergütung entsprechend den ungekürzten AVR-Tabellenentgelten vorgesehen, wohl aber die Erfolgsbeteiligung nach § 8 der Betriebsvereinbarung vom 19.7.2018 in Verbindung mit § 14 Ziffer 1 Abs. 1 Reha-Rahmenvereinbarung ausschließlich für solche Mitarbeiter, die eine Änderungsvereinbarung abgeschlossen haben, ab dem 1.1.2017 in einer Höhe von 50 % an den erwirtschafteten Überschüssen („gewinnabhängige Erfolgsbeteiligung"). Darüber hinaus haben sich die Beklagte, der Gesamtbetriebsrat sowie die örtlichen Betriebsräte in Abs. 4 Satz 3 der Präambel dieser Betriebsvereinbarung verpflichtet zu prüfen, ob eine Rückführung in die GrO möglich und wirtschaftlich tragbar ist.

[125] Der dem Kläger eingeräumte Schutz vor betriebsbedingten Kündigungen und die ihm nach der Änderungsvereinbarung i.V.m. der Reha-Rahmenvereinbarung eingeräumten Rechte gehen auch über den Kündigungsschutz hinaus, der dem Kläger nunmehr nach § 14 AVR Caritas zusteht. Nach dieser Vorschrift ist gegenüber einem seit mehr als 15 Jahren bei demselben Dienstgeber beschäftigten Arbeitnehmer, der das 40. Lebensjahr vollendet hat, eine ordentliche Kündigung ausgeschlossen, soweit nicht § 15 AVR Caritas etwas Anderes bestimmt. § 15 Abs. 1 AVR Caritas bestimmt, dass dem grundsätzlich unkündbaren Mitarbeiter vom Dienstgeber gekündigt werden kann, wenn er nicht weiterbeschäftigt werden kann, weil die Einrichtung, in der er tätig ist, a) wesentlich eingeschränkt oder b) aufgelöst wird. Der Schutz des § 14 AVR Caritas ist demnach gerade im Bereich betriebsbedingter Kündigungen ein schwacher. Nach § 15 Abs. 2 Satz 2 AVR Caritas kann der Dienstgeber beim Vorliegen sonstiger wichtiger Gründe das Dienstverhältnis zum Zwecke der Herabgruppierung des Mitarbeiters um eine Vergütungs- bzw. Entgeltgruppe kündigen. Dabei sind sonstige wichtige Gründe nach § 15 Abs. 2 Satz 3 AVR Caritas unter anderem dann gegeben, wenn eine Weiterbeschäftigung des Mitarbeiters zu den bisherigen Vertragsbedingungen aus dienstlichen Gründen nachweisbar nicht möglich ist. Gerade auch für diese Fälle enthält die Änderungsvereinbarung i.V.m. der Rahmenvereinbarung Regelungen. Eine solche Maßnahme wäre nach der Reha-Rahmenvereinbarung ausgeschlossen, da eine solche Herabgruppierung eine betriebsbedingte Änderungskündigung darstellen würde. Finanzielle Ansprüche stehen dem Kläger nur nach der Änderungsvereinbarung mit der Reha-Rahmenvereinbarung zu.

[126] Hinzukommt, dass der 1976 geborene und seit dem 1.1.2007 bei der Beklagten beschäftigte Kläger erst seit dem 1.1.2022 die Voraussetzungen des § 14 AVR Caritas erfüllt und er in dem Zeitraum bis dahin allein von dem Schutz durch die Reha-Rahmenvereinbarung profitieren konnte.

[127] Der dem Kläger durch die Reha-Rahmenvereinbarung eingeräumte Schutz ist auch nicht im Hinblick auf den durch vorangehende Betriebsvereinbarungen betreffend die Umsetzung der Sprüche der Regionalkommission Mitte gewährten Schutz gering einzuschätzen. Diese Betriebsvereinbarungen waren stets zeitlich befristet und gewährten dem Kläger nur bis 2014 Kündigungsschutz (vgl. § 7 Rahmenvereinbarung vom 29.9.2008 [„während der Laufzeit dieser Rahmenvereinbarung"] und § 7 Abs. 1 Rahmenvereinbarung vom 7.7.2011).

[128] e) Die Änderungsvereinbarung vom 27.3.2013 ist nicht gemäß § 134 BGB wegen Umgehung der Rechtsfolgen des § 613a BGB nichtig.

[129] aa) § 613a Abs. 1 Satz 1 BGB stellt zwingendes Recht dar. Eine Vereinbarung, die dagegen verstößt, ist nach § 134 BGB unwirksam (BAG stRspr., 19.3.2009 -8 AZR 722/07-).

[130] bb) Nach Abschluss der Änderungsvereinbarung vom 27.3.2013 kam es durch notariellen Spaltungs- und Übernahmevertrag vom 23.8.2013 und Genehmigung durch das Bischöfliche Generalvikariat vom 9.10.2013 zu einem Betriebsübergang auf die Beklagte.

[131] cc) Durch Ziffer 2 der Änderungsvereinbarung vom 27.3.2013 wurde auch ein Bezug zum zeitlich späteren Betriebsübergang hergestellt, als „für den Fall, dass der jeweilige Dienst- bzw. Arbeitgeber des Arbeitsverhältnisses nicht der Grundordnung des kirchlichen Dienstes im Rahmen kirchlicher Arbeitsverhältnisses unterworfen ist", die Entgeltreduzierung eintreten soll. Dieser Fall ist mit dem späteren Betriebsübergang auf die Beklagte eingetreten, da auf diese die Grundordnung des kirchlichen Dienstes keine Anwendung findet. Aufgrund des Betriebsübergangs traten die Entgeltreduzierungen ein.

[132] dd) Dennoch ist die Änderungsvereinbarung vom 27.3.2013 nicht nach § 134 BGB nichtig. Sie wurde nach Auffassung der Kammer nicht abgeschlossen, um die zwingenden gesetzlichen Rechtsfolgen des § 613a BGB zu umgehen.

[133] (1) Ein Rechtsgeschäft darf und kann die mit ihm beabsichtigte Wirkung nicht entfalten, wenn es sich als objektive Umgehung zwingender Rechtsnormen darstellt. Das ist der Fall, wenn der Zweck einer zwingenden Rechtsnorm dadurch vereitelt wird, dass andere rechtliche Gestaltungsmöglichkeiten missbräuchlich verwendet werden (BAG 19.3.2009 -8 AZR 722/07-). Die gewählte rechtliche Gestaltung muss im Gefüge der einschlägigen, zwingenden Rechtsnorm sachlich zu rechtfertigen sein. Anderenfalls wird ein von dem zwingenden Gesetzesrecht verbotenes Ziel angestrebt. Es kommt weder auf eine Umgehungsabsicht noch auf eine bewusste Missachtung der zwingenden Rechtsnormen an; entscheidend ist die objektive Funktionswidrigkeit des Rechtsgeschäfts (BAG 19.3.2009 -8 AZR 722/07-). Für die Prüfung, ob ein Rechtsgeschäft, welches

nicht vom direkten Wortlaut des Verbotsgesetzes erfasst wird, einen unzulässigen Umgehungstatbestand des § 613a BGB darstellt, kommt es demnach maßgeblich auf die Reichweite des Schutzzwecks dieser Vorschrift an (BAG 19.3.2009 -8 AZR 722/07-).

[134] Nach der ständigen Rechtsprechung des Bundesarbeitsgerichts gewährt § 613a BGB Schutz vor einer Veränderung des Arbeitsvertragsinhaltes im Zusammenhang mit einem Betriebsübergang ohne sachlichen Grund. Durch § 613a Abs. 1 BGB soll insbesondere verhindert werden, dass eine Betriebsveräußerung zum Anlass genommen wird, die erworbenen Besitzstände der Arbeitnehmer abzubauen. Dagegen bezweckt § 613a BGB nicht, Sanierungen im Falle von Betriebsübernahmen zu ermöglichen oder zu erleichtern. Schutzzweck des § 613a Abs. 1 Satz 1 BGB ist also nicht ausschließlich der Erhalt des Arbeitsplatzes bei einem Betriebsübergang und die Sicherung der Fortdauer des Arbeitsverhältnisses. Das Gesetz bestimmt nicht nur, dass der Betriebserwerber der neue Arbeitgeber wird, sondern legt zugleich fest, dass er in die Rechte und Pflichten aus den im Zeitpunkt des Übergangs bestehenden Arbeitsverhältnissen eintritt. Damit gewährt § 613a Abs. 1 Satz 1 BGB auch einen Schutz des Inhalts der Arbeitsverhältnisse. Allein der Betriebsübergang soll sich weder auf den Bestand noch auf den Inhalt des Arbeitsverhältnisses nachteilig auswirken. Alle bestehenden Rechte und Pflichten sollen vom Betriebserwerber übernommen werden (BAG 19.3.2009 -8 AZR 722/07-).

[135] Demnach stellt eine Vereinbarung zwischen dem Arbeitnehmer und dem Betriebsveräußerer oder dem in Aussicht genommenen Betriebserwerber eine zur Unwirksamkeit nach § 134 BGB führende Umgehung des § 613a Abs. 1 BGB dar, wenn es Grund und Ziel der Vereinbarung ist zu verhindern, dass der künftige Betriebserwerber in sämtliche bestehende Rechte und Pflichten aus dem Arbeitsverhältnis eintritt (BAG 19.3.2009 -8 AZR 722/07-).

[136] Nichts Anderes wird durch die Richtlinie 2001/23/EG gefordert, die sicherstellen soll, dass den durch den Übergang des Unternehmens betroffenen Arbeitnehmern ihre Ansprüche aus dem Arbeitsvertrag oder dem Arbeitsverhältnis erhalten bleiben. Dieser Schutz ist als zwingendes Recht einer Verfügung der Parteien des Arbeitsvertrags entzogen. Der von einem Unternehmensübergang betroffene Arbeitnehmer soll in seinen Rechtsbeziehungen zum Erwerber in gleicher Weise geschützt sein wie er es nach den Rechtsvorschriften des Mitgliedsstaats in seinen Beziehungen zum Veräußerer war. Zulässig sind zwar für den Arbeitnehmer nachteilige Änderungen bei dem neuen Unternehmensinhaber, soweit diese nach dem nationalen Recht unabhängig vom Fall des Unternehmensübergangs zulässig sind; der Unternehmensübergang als

solcher stellt jedoch weder Grund noch Anlass für eine solche Änderung dar (BAG 19.3.2009 -8 AZR 722/07-).

[137] (2) Anders als in dem der Entscheidung des Bundesarbeitsgerichts vom 19.3.2009 -8 AZR 722/07- zugrundeliegenden Fall war es nach Auffassung der Kammer vorliegend nicht Grund und Ziel der Änderungsvereinbarung, zu verhindern, dass die Beklagte vollständig in die bestehenden Rechte des Klägers eintreten musste.

[138] (a) Nicht der geplante Betriebsübergang war der entscheidende Grund für den Abschluss der Änderungsvereinbarung, die Reduzierung der Vergütung diente vielmehr dem Erhalt der für den Fortbestand der Beschäftigungseinrichtung erforderlichen Planungssicherheit. Zu diesem Zweck sollten die vergütungsrelevanten Vorschriften der AVR Caritas dauerhaft abgeändert werden, nachdem zuvor bereits seit 2006 (Anlage 3/11 zum Prüfungsbericht Jahresabschluss zum 31.12.2012 und Lagebericht ctt mbH) durch Beschlüsse der Regionalkommission Mitte des Deutschen Caritasverbandes für die Einrichtungen des Dienstgebers die vergütungsrelevanten Vorschriften der AVR Caritas abgeändert worden waren. Dem stand die Grundordnung des kirchlichen Dienstes im Rahmen kirchlicher Arbeitsverhältnisse entgegen. Um nicht gegen diese kirchlichen Regelungen zu verstoßen und das Ziel des Fortbestands der Beschäftigungseinrichtung zu erreichen, wurden verschiedene Wege in Erwägung gezogen: Zum einen die Etablierung einer Sonderregelung für Rehabilitationseinrichtungen durch eine Diözesan-KODA, die als speziellere Regelung den AVR Caritas vorgehen sollte, wenn und solange der Arbeitgeber dem kirchlichen Arbeitsrechtsregime unterliegt, zum anderen das Führen des St. F.-Stifts B.Stadt außerhalb der Anwendbarkeit eines kirchlichen Arbeitsrechtsregimes durch die Rechtsvorgängerin der Beklagten selbst oder die Übertragung auf einen anderen, ebenfalls gemeinnützigen Rechtsträger.

[139] (b) Zum Zeitpunkt des Abschlusses der Änderungsvereinbarung stand ausweislich ihres Inhalts noch nicht rechtlich bindend fest, welche der Alternativen letztlich zum Tragen kommen würde. Dies ergibt sich auch aus Ziffer 5 Satz 1 der Präambel der Reha-Rahmenvereinbarung vom 23.3.2013, in der es heißt: „c. und die Stiftung verpflichten sich, sich weiter für die Schaffung einer rehabilitationsspezifischen kirchlichen Arbeitsrechtordnung durch eine Bereichs-KODA einzusetzen.“ Dem entspricht Ziffer 1 der Änderungsvereinbarung. Aber auch Ziffer 2 der Änderungsvereinbarung lässt noch offen, ob die Rechtsvorgängerin selbst oder ein etwaiger Betriebsübernehmer nicht der Grundordnung des kirchlichen Dienstes im Rahmen kirchlicher Arbeitsverhältnisse unterworfen ist („Für den Fall, dass der jeweilige Dienst- bzw. Arbeitgeber des Arbeitsverhältnisses nicht der Grundordnung des kirchlichen Dienstes im Rah-

men kirchlicher Arbeitsverhältnisse unterworfen ist“). Der Betriebsübergang hatte damit nicht den Zweck, den Eintritt des Betriebserwerbers in die bestehenden Rechte des Klägers zu verhindern, sondern war eines von mehreren Mitteln, um eine im Vergleich zum AVR-Vergütungsniveau geringere Vergütung zum Erhalt des St. F.-Stifts und weiterer Reha-Einrichtungen in kirchenrechtlich zulässiger Weise umzusetzen.

[140] Dies wird bestätigt durch § 16 Ziffer 1 Satz 4 des Gesellschaftsvertrages der Beklagten, der lautet: „Sobald im Rahmen des sog. Dritten Weges (Art. 7 GO) maßgebliche kollektive Arbeitsvertragsbedingungen zur Verfügung stehen, die den wirtschaftlichen Verhältnissen der Gesellschaft entsprechend allen Beschäftigungsverhältnissen zugrunde gelegt werden können, ist ein Beschluss zur Übernahme der Grundordnung des kirchlichen Dienstes im Rahmen kirchlicher Arbeitsverhältnisse gemäß Art. 2 Abs. 2 GO zu fassen.“ Hierdurch wird deutlich, dass es primär darum ging, Regelungen zu finden, die den wirtschaftlichen Verhältnissen der Arbeitgeberin entsprechen, unabhängig davon, ob die Rechtsvorgängerin der Beklagten oder die Beklagte die Arbeitgeberin ist.

[141] Daran ändert sich nichts dadurch, dass in der Planungsrechnung der Aktiva der Betriebsübergang als Möglichkeit zur Absenkung des AVR-Vergütungsniveaus genannt wird. Hieraus ergibt sich nicht im Umkehrschluss, dass andere Wege nicht mehr zur Verfügung gestanden hätten und geprüft worden wären.

[142] Das Schreiben der c. mbH an die Gesamtmitarbeitervertretung vom 18.3.2013 beschreibt die beabsichtigte Übertragung des Segments der vier von der c. mbH betriebenen Rehabilitationseinrichtungen mitsamt ihren gesamten operativen Geschäftsbetrieben sowie den diesen zuzuordnenden Aktiva und Passiva einschließlich sämtlicher Anstellungsverhältnisse sowie sonstigen Vertragsverhältnisse auf eine eigenständige Gesellschaft in der Rechtsform der GmbH. Dabei soll mit der Umsetzung der Umstrukturierung im Geschäftsjahr 2013 mit der Übertragung der operativen Geschäftsbetriebe dieser Rehabilitationseinrichtungen auf die neue Gesellschaft, die den „Arbeitstitel“ „c. Reha GmbH“ trägt, begonnen werden. Informiert wird ausdrücklich über eine „geplante“ Maßnahme. Es werden zwei Wege zur Anpassung der Vergütungsstruktur geschildert. Es wird auf Seite 3 des Schreibens erneut klargestellt, dass der Vorstand der H.-Stiftung sowie die Geschäftsführung der c. mbH „grundsätzlich eine Umsetzung der erstgenannten Variante“ „priorisieren“. Da „derzeit allerdings nicht abgesehen werden kann, ob die Bereich-KODA überhaupt und wenn ja, zu welchen Bedingungen realisiert werden kann“, müsse die Geschäftsführung der c. mbH „zur Umsetzung der 2. Variante ergreifen, um ggfs. noch rechtzeitig vor dem 31.12.2013 die erforderliche Erklärung satzungsrechtlich umzu-

setzen". Es heißt in diesem Schreiben wörtlich weiter: „Sollte es gelingen, bis zu diesem Zeitpunkt die erstgenannte Variante umzusetzen, wird die c. Reha mbH auch über den 31.12.2013 hinaus die GrO anwenden. Entsprechendes gilt, wenn sich die für die Umsetzung der 2. Variante wirtschaftlich erforderliche Zahl von Mitarbeiterinnen und Mitarbeitern nicht zur Abgabe eines individualvertraglichen Gehaltsverzichts bereit erklärt". Hierdurch wird deutlich, dass im Zeitpunkt dieses Schreibens gerade noch nicht feststand, welcher Weg letztlich beschritten werden würde. Dies ergibt sich auch aus den Ausführungen auf Seite 4 des Schreibens, wonach „Voraussetzung für die Umsetzung der beiden Maßnahmen in der ersten Phase ist, dass durch entsprechende Gutachten eines externen Sachverständigen nachgewiesen wird, dass sowohl die C. Reha GmbH als auch die c. mbH nachhaltig überlebensfähig sind und bei keiner der beiden Gesellschaften die Gefahr des Eintritts einer Insolvenz besteht. Für die Durchführung der entsprechenden Prüfungen hat die Geschäftsführung der c. mbH die K. AG Wirtschaftsprüfungsgesellschaft, K., beauftragt, die zwischenzeitlich mit ihren Arbeiten begonnen hat und plangemäß hierüber im Mai 2013 eine abschließende Stellungnahme vorliegen wird." Im Zeitpunkt des Abschlusses der Änderungsvereinbarung im März 2013 lagen damit weder die abschließende Stellungnahme noch der K. AG noch eine abschließende Entscheidung für einen Betriebsübergang vor.

[143] (c) Der eigentliche Betriebsübergang fand schließlich erst fünf bzw. mehr als sechs Monate (sofern man auf die Genehmigung durch das Bischöfliche Generalvikariat vom 9.10.2013 abstellt) später statt.

[144] (d) Die Beklagte hat das Zustandekommen eines Betriebsübergangs auch nicht von dem Abschluss einer Änderungsvereinbarung mit dem Kläger oder mit einer bestimmten Anzahl von Arbeitnehmern abhängig gemacht. Nichts Anderes ergibt sich aus der Formulierung auf Seite 3 des Schreibens der c. mbH an die Gesamtmitarbeitervertretung vom 18.3.2013, nach dem die c. Reha mbH auch dann über den 31.12.2013 hinaus die GrO anwenden wird, wenn sich nicht die wirtschaftlich erforderliche Zahl von Mitarbeiterinnen und Mitarbeitern zur Abgabe eines individualvertraglichen Gehaltsverzichts bereit erklärt. Insoweit handelt es sich nicht um eine vom potentiellen Betriebserwerber gestellte Bedingung für die Betriebsübernahme, sondern um die von der Rechtsvorgängerin gestellte Frage, ob die Anzahl der Gehaltsverzichte eine solide wirtschaftliche Grundlage für die Fortführung des Rehabilitationssegments darstellt und insoweit eine dem Kirchenrecht konforme Umsetzung überhaupt Sinn ergibt.

[145] Der Kläger befand sich nicht in einer persönlichen Drucksituation. Er konnte sich frei entscheiden, ob er durch eine Gehaltsreduzierung zum Erhalt

des St. F.Stifts B.Stadt beitragen und im Gegenzug in den Genuss der durch die Reha-Rahmenvereinbarung gewährten Vorteile kommen wollte. Der Übergang seines Arbeitsverhältnisses auf die Beklagte war – sofern es zu einer Übertragung der gesamten Rehabilitationssparte auf die Beklagte kommen würde – von seiner Entscheidung nicht abhängig. So sind tatsächlich auch die Arbeitsverhältnisse der Mitarbeiter, die keine Änderungsvereinbarung unterzeichnet haben, auf die Beklagte übergegangen.

[146] (e) Vorliegend besteht weiter die Besonderheit, dass sowohl die Rechtsvorgängerin der Beklagten als auch die Beklagte 100%ige Töchter der E.-Stiftung und gemeinnützig sind. Auch dies spricht gegen eine Umgehung der Rechtsfolgen des § 613a BGB. Es ging gerade nicht darum, die Rehabilitationssparte möglichst gewinnbringend zu verkaufen.

[147] (f) Der Betriebsübergang wirkt sich – wie dargelegt – nicht nur „nachteilig" für den Kläger aus, er erhält vielmehr durch die Änderungsvereinbarung i.V.m. den Regelungen der Reha-Rahmenvereinbarung auch eine Absicherung des Arbeitsverhältnisses im Hinblick auf den Ausspruch einer betriebsbedingten Kündigung ihm gegenüber, finanzielle Ansprüche für den Fall der Insolvenz des Arbeitgebers und des Ausspruchs einer betriebsbedingten Kündigung ihm gegenüber und einen Anspruch auf eine Erfolgsbeteiligung.

[148] Von einer Umgehung des § 613a BGB durch die Änderungsvereinbarung vom 27.3.2013 kann daher nach Auffassung der Kammer nicht ausgegangen werden.

[149] (g) Anders als in dem der Entscheidung des Bundesarbeitsgerichts vom 19.3.2009 (-8 AZR 722/07-) zugrundeliegenden Fall handelt es sich vorliegend – wie dargelegt – nicht um einen echten Erlassvertrag bezüglich bereits längst entstandener und fälliger Ansprüche. In dem vom Bundesarbeitsgericht entschiedenen Fall wurde durch den Erlass die zwingende Haftung des Betriebserwerbers für Altschulden aus dem Arbeitsverhältnis umgangen, § 613a Abs. 1 Satz 1 BGB. Im streitgegenständlichen Fall ging es hingegen um Ansprüche auf Arbeitsvergütung, die erst beim Betriebserwerber entstehen würden.

[150] (3) Zudem ist ein sachlicher Grund für die Regelungen der Ziffer 2 der Änderungsvereinbarung gegeben.

[151] (a) Für rein inhaltsändernde Abreden im Zusammenhang mit einem Betriebsübergang verlangt die Rechtsprechung des Bundesarbeitsgerichts (18.8.2005 -8 AZR 523/04-) das Vorliegen eines sachlichen Grundes. Begründet wird dies mit der den beteiligten Arbeitnehmern typischerweise fehlenden erforderlichen rechtsgeschäftlichen Entscheidungsfreiheit. Die Arbeitnehmer sähen sich in derartigen Fällen häufig vor die Aussicht gestellt, entweder eine Verschlechterung der Arbeitsbedingungen hinzunehmen oder den Arbeitsplatz

ganz zu verlieren (BAG 18.8.2005 -8 AZR 523/04-). Nach Auffassung des Bundesarbeitsgerichts (18.8.2005 -8 AZR 523/04-) zwingen die Missbrauchsgefahr wie auch die für die Arbeitnehmer bestehende Drucksituation nicht dazu, die an das Vorliegen eines Umgehungsgeschäfts zu stellenden Anforderungen abzusenken und dadurch Sanierungsmöglichkeiten für notleidende Betriebe mit wenigstens teilweisem Arbeitsplatzerhalt praktisch unmöglich zu machen. In seiner Entscheidung vom 19.3.2009 (-8 AZR 722/07-) hat das Bundesarbeitsgericht dahinstehen lassen, ob und unter welchen Voraussetzungen eine Vertragsänderung, die aus einem anderen Grund als der Verhinderung des Eintritts des künftigen Betriebserwerbs in sämtliche Rechte und Pflichten abgeschlossen wird, wirksam ist. Es hat unter Hinweis auf seine frühere Rechtsprechung, unter anderem das genannte Urteil vom 18.8.2005, ausgeführt, dass die Berücksichtigung sonstiger, anderer Gründe als „Sachgründe“ für eine Vertragsänderung nicht ausgeschlossen ist. Das Bundesarbeitsgericht (19.3.2009 -8 AZR 722/07-) hat weiter ausgeführt, dass es keinen sachlichen Grund darstelle, wenn der potentielle Betriebserwerber zum Ausdruck bringe, ohne vorherige Vertragsänderungen oder Erlassverträge werde er den Betrieb nicht übernehmen.

[152] (b) Die Änderungsvereinbarung vom 27.3.2013 war sachlich gerechtfertigt. Sie diente zur Vermeidung der sonst drohenden Insolvenz und der damit verbundenen Beseitigung sämtlicher Arbeitsverhältnisse.

[153] Bereits seit dem Jahr 2006 (Anlage 3/11 zum Prüfungsbericht Jahresabschluss zum 31.12.2012 und Lagebericht c. mbH) wurden die vergütungsrelevanten Vorschriften der AVR Caritas – immer wieder zeitlich befristet – durch Beschlüsse der Regionalkommission Mitte des Deutschen Caritasverbandes für Einrichtungen des Dienstgebers zu Lasten der Arbeitnehmer abgeändert. So haben die Geschäftsführung der c. mbH und die Gesamtmitarbeitervertretung als Anschlussvereinbarung an die Rahmenvereinbarung vom 20.12.2005 eine Rahmenvereinbarung mit Datum vom 29.9.2008 im Zusammenhang mit Anträgen an die zuständigen Regionalkommissionen geschlossen. Die Regionalkommission Mitte der Arbeitsrechtlichen Kommission des Deutschen Caritasverbandes hat am 25./26.11.2008 die Vereinbarung für die Jahre 2009 bis 2011 betreffend Gehaltsverzichte für diese Jahre in fallender Höhe von durchschnittlich 6,2 % genehmigt. Zuletzt wurde vom Vermittlungsausschuss der Regionalkommission Mitte am 6.2.2012 eine Anschlussvereinbarung der Geschäftsführung der c. mbH mit der Gesamtmitarbeitervertretung vom 7.7.2011 genehmigt (Spruch des Vermittlungsausschusses der Regionalkommission Mitte vom 6.2.2012). Dies hatte eine Reduzierung der Regelvergütung aller Mitarbeiter von insgesamt 3,7 % zur Folge. Die Anschlussvereinbarung hatte gemäß ihrem § 10 Abs. 1 eine Laufzeit bis 31.12.2014. Für den Kläger war sein Gehalt damit bereits

geraume Zeit vor der Unterzeichnung der Änderungsvereinbarung vom 27.3.2013 abgesenkt, zuletzt um 3,7 %. Auch dies zeigt, dass die Vergütungsreduzierung nicht erst im Hinblick auf einen Betriebsübergang erfolgte. Aus den Präambeln der vorangehenden Rahmenvereinbarungen ergibt sich, dass die c. bzw. die c. mbH und die Gesamtmitarbeitervertretung derselben bereits bei Abschluss dieser Rahmenvereinbarungen von der Notwendigkeit von Gehaltsreduzierungen zur Verbesserung der wirtschaftlichen Situation der Rechtsvorgängerin der Beklagten ausgegangen sind. So haben die Vertragsparteien der Rahmenvereinbarung vom 29.9.2008 wie folgt aus der Präambel der vorangegangenen Rahmenvereinbarung vom 25.10.2005 zitiert: „Zur Sicherung des langfristigen Erhalts des c. e.V., seiner Einrichtungen und der Arbeitsplätze der dort beschäftigen Mitarbeiterinnen und Mitarbeiter, zur Herstellung und Erhaltung der den künftigen Entwicklungen im Gesundheits- und Sozialwesen gerecht werdenden wirtschaftlichen Voraussetzungen, um die Wettbewerbsfähigkeit des c. e.V. als Gesundheitskonzern zu erhalten und zu steigern sowie [...] beabsichtigen die Vertragsparteien den Abschluss der nachfolgenden Rahmenvereinbarung“. In Abs. 2 der Präambel der Rahmenvereinbarung vom 29.9.2008 haben deren Vertragsparteien sodann vereinbart: „Nach übereinstimmender Auffassung beider Vertragsparteien hat sich die v.g. Rahmenvereinbarung bewährt und einen erheblichen Beitrag zur Verbesserung der wirtschaftlichen Situation des c. e.V. geleistet. Angesichts des nach wie vor gegebenen zwingenden wirtschaftlichen Erfordernisses von Gehaltsreduzierungen [...]“. In der Rahmenvereinbarung vom 7.7.2011 haben ihre Vertragsparteien in Abs. 3 der Präambel ergänzend auszugsweise wie folgt formuliert: „Nach übereinstimmender Auffassung beider Vertragsparteien hat sich die vorgenannte Rahmenvereinbarung bewährt und einen erheblichen Beitrag zur Verbesserung der wirtschaftlichen Situation des Dienstgebers geleistet. Zur Vollendung der gemeinsamen Zielsetzung ist ein letzter Schritt zur Sicherung des Unternehmens und damit der Arbeitsplätze der dort Beschäftigten erforderlich [...]“.

[154] Die Rechtsvorgängerin der Beklagten konnte im Jahr 2013 aufgrund des Jahresabschlussberichts zum 31.12.2012 und Lageberichts der KPMG AG Wirtschaftsprüfungsgesellschaft davon ausgehen, dass der Betrieb der seinerzeit fünf Reha-Kliniken zu einem erheblichen Defizit führen würde. Nach der Anlage 4/2 und 4/3 sowie der Anlage 7/7 wurde im Geschäftsfeld „Fachkliniken“ ein Jahresüberschuss in Höhe von 696 T € erwirtschaftet. Dieses Ergebnis wurde nicht unter AVR-Konditionen erzielt. Vielmehr war der Personalaufwand der Fachkliniken der Standorte W. und I. um 8,91 %, der Personalaufwand der Fachkliniken der Standorte Be., B. und G. um 3,7 % reduziert, so dass sich der Gesamtentlastungsbetrag bei rd. 2,2 Mio. € bewegte. Hiervon ausgehend hätte

das wirtschaftliche Ergebnis im Geschäftsfeld „Fachkliniken" ohne Mitarbeiterbeitrag bei einem Verlust i.H.v. rd. 1,5 Mio. € gelegen. Aus der Planungsrechnung c. Rehabilitation 2013–2018, erstellt von der Aktiva im April 2013, lässt sich für das Jahr 2013 ein Jahresergebnis von 286.489 €und für 2014 in Höhe von 466.629 € entnehmen, jeweils unter Berücksichtigung von Gehaltsverzichten. Für das Jahr 2015 wird unter AVR-Bedingungen ein Jahresergebnis von -1.323.150 € angenommen, für das Jahr 2016 in Höhe von -3.009.151 €, für das Jahr 2017 in Höhe von -1.153.852 € sowie für das Jahr 2018 in Höhe von -1.382.886 €, zudem ein Cash Flow für das Jahr 2015 in Höhe von -2.209.551 €, für das Jahr 2016 in Höhe von -2.626.639 €, für das Jahr 2017 in Höhe von -381.256 € und für das Jahr 2018 in Höhe von -671.895 €. Chart 17 der Planungsrechnung veranschaulicht, dass erst auf der Basis individualrechtlicher Gehaltsverzichte deutlich positive Ergebnisse erwartet werden können. Laut der Anlage 3/11 zum Prüfungsbericht Jahresabschluss zum 31.12.2012 und Lagebericht c. mbH wies die Prognoserechnung für die Rechtsvorgängerin der Beklagten als solche für den Zeitraum 2013 bis 2015 unter Berücksichtigung des derzeitigen Investitions- und Finanzierungsplans bis Ende 2015 sowie der Zahlung des vollen AVR-Tarifs ab 2015 eine negative Liquidität der Gesellschaft zum 31.12.2015 von 2,4 Mio. € aus.

[155] Etwas Anderes ergibt sich auch nicht aus der konkreten wirtschaftlichen Situation des St. F.-Stiftes. Bezugsobjekt der Prüfung kann nicht die konkrete Einrichtung in B.Stadt sein, sondern ist vielmehr das gesamte Unternehmen bzw. das Segment der Rehabilitationseinrichtungen. Hätte die Beklagte das Segment der Rehabilitationseinrichtungen nicht fortführen können, wäre hiervon zwangsläufig auch die Einrichtung betroffen gewesen, in der der Kläger beschäftigt ist. Auch das Arbeitsverhältnis des Klägers wäre betriebsbedingt beendet worden, hätte sich der Träger wegen der Verluste im Reha-Bereich entschlossen, dieses Segment zu schließen. In diesem Fall hätte sich der Kläger ebenfalls nicht darauf berufen können, dass die Einrichtung, in der er tätig ist, (vermeintlich) rentabel ist. Ohne die Einbeziehung der Einrichtung in B.Stadt hätten zudem die Gehaltsverzichte in den anderen Einrichtungen deutlich mehr als 8,91 % betragen müssen, um rechnerisch die angestrebte Reduzierung der Personalkosten in dem Segment der Rehabilitationseinrichtungen zu erreichen. Die Problematik des Fehlens gesonderter Vergütungsregelungen in den AVR Caritas betraf den gesamten Rehabilitationsbereich der Beklagten, in dem zudem der Konkurrenzdruck durch von privaten Trägern oder der Deutschen Rentenversicherung betriebene Einrichtungen bestand.

[156] Daraus, dass letztlich die G.-Klinik nicht mit auf die Beklagte übertragen wurde, ergibt sich nach Auffassung der Kammer nicht, dass auch die Fach-

klinik St. F.-Stift, in der der Kläger beschäftigt war, wegen einer besseren wirtschaftlichen Situation hätte isoliert betrachtet werden können. Die Planungsrechnung c. Rehabilitation der Aktiva vom April 2013 sah bereits die „Alternative A" „Planung weiterhin mit G. in c. Trägerschaft und Umsetzung Bauplanung mit Baustopps, um Belegungseinschränkungen zu minimieren" und die „Alternative B" „Planung ohne den Reha-Standort G. (Veräußerung)" vor. Der Standort G. verblieb – entgegen der Auffassung des Klägers – auch nicht aufgrund seiner positiven wirtschaftlichen Situation bei der Rechtsvorgängerin der Beklagten. Die Businessplanung c./aktiva auf Einrichtungsebene aktiva-Planung – G. zeigt vielmehr, dass am Standort G. zum einen von einer „Bauphase im gesamten Planungszeitraum bis 2018" ausgegangen wurde, zum anderen der Plan erhebliche Minusbeträge beim Jahresergebnis (2013: -1.637.693; 2014: -1.457.115; 2015: -1.446.383; 2016: -1.534.862; 2017: -1.021.512; 2018: -1.138.091) und Cash Flow (2013: -184.952; 2014: -212.478; 2015: -264.155; 2016: -288.416; 2017: -202.577; 2018: -250.654) aufwies, diese Klinik somit mitnichten als profitable Klinik anzusehen war.

[157] Dem Vorliegen eines sachlichen Grundes steht es nicht entgegen, dass nicht sämtliche, sondern nur Teil der Arbeitnehmer zugestimmt haben und dies letztlich für den Erhalt des Rehabilitationssegments ausreichend war. Die Rechtsvorgängerin der Beklagten durfte bei der Kalkulation der Höhe eines Gehaltsverzichts berücksichtigen, dass nicht sämtliche Mitarbeiter einem Gehaltsverzicht im Gegenzug zur Bestandssicherung zustimmen. Dies ist auch dem Umstand geschuldet, dass jeder Arbeitnehmer frei darüber entscheiden können sollte, ob er der Änderungsvereinbarung zustimmt.

[158] f) Eine Unwirksamkeit der Änderungsvereinbarung ergibt sich auch nicht aus kirchenrechtlichen Bestimmungen. Die Rechtsvorgängerin der Beklagten konnte als kirchlicher Arbeitgeber in den durch das säkulare Recht gesetzten Grenzen Vereinbarungen treffen, die eine geringere Vergütung als diejenige nach den AVR Caritas vorsahen.

[159] Das originäre Kirchenrecht ist Ausdruck des nach Art. 140 GG i.V.m. Art. 137 Abs. 3 WRV gewährleisteten kirchlichen Selbstbestimmungsrechts. Kirchengesetzliche Regelungen binden den kirchlichen Arbeitgeber als Normadressaten im kirchlichen Rechtskreis. Der kirchliche Arbeitgeber muss bei einer Nichtbeachtung gegebenenfalls kirchenrechtliche Konsequenzen befürchten und mit einer Zustimmungsverweigerung der Mitarbeitervertretung zur Eingruppierung rechnen (BAG 24.5.2018 -6 AZR 308/17- KirchE 71, 374). Eine Verletzung kirchengesetzlicher Vorgaben, welche die Schaffung einer vertraglichen Grundlage für die vollumfängliche Geltung des kirchlichen Arbeitsrechts anordnen, berührt jedoch per se nicht die Wirksamkeit einer anderslautenden

vertraglichen Vereinbarung. Die von einem kirchlichen Arbeitgeber abgeschlossenen Arbeitsverträge sind nicht (teil-)unwirksam, sofern sie die Vorgabe der Inbezugnahme kirchlicher Arbeitsrechtsregelungen missachten und eigenständige Regelungen vorsehen. Das säkulare Recht ordnet die Unwirksamkeit einer vertraglichen Regelung aus diesem Grund nicht an. Die kirchengesetzlichen Vorgaben können eine Anwendung der einschlägigen Arbeitsrechtsregelungen nicht erzwingen, da die Kirchen nicht die Rechtsmacht haben, eine normative Wirkung dieser Regelungen im privaten Arbeitsverhältnis anzuordnen. Ein Arbeitnehmer, mit dem eine nicht den kirchlichen Regelungen entsprechende Vereinbarung geschlossen wird, kann sich deshalb nicht darauf berufen, die Kirche habe sich durch die Einrichtung des Arbeitsrechtsregelungssystems darauf festgelegt, dass nicht zu seinem Nachteil von der kirchlichen Arbeitsvertragsordnung abgewichen werden dürfe. Die staatliche Arbeitsgerichtsbarkeit hat nicht die Aufgabe, im Urteilsverfahren für die Aufrechterhaltung der kirchlichen Ordnung zu sorgen. Dies bleibt den nach Kirchenrecht zuständigen kirchlichen Autoritäten vorbehalten (BAG 24.5.2018 -6 AZR 308/17- KirchE 71, 374).

[160] Auf die Beklagte findet im Übrigen die Grundordnung des kirchlichen Dienstes keine Anwendung. Sie hat die Grundordnung nicht in ihrer Gesellschaftssatzung anerkannt (§ 16 Ziffer 1 Satz 3 des Gesellschaftsvertrags). In dieser ist ebenfalls festgelegt, dass die Beklagte „die Richtlinien für Arbeitsverträge in den Einrichtungen des Deutschen Caritasverbandes“ „nicht anwenden“ wird.

[161] g) Die Änderungsvereinbarung vom 27.3.2013 ist ebenfalls nicht gemäß § 138 Abs. 1 BGB nichtig. Sie ist nicht sittenwidrig. Nach § 138 Abs. 1 BGB ist ein Rechtsgeschäft, das gegen die guten Sitten verstößt, nichtig.

[162] Die Sittenwidrigkeit begründenden Umstände müssen zum Zeitpunkt der Vornahme des Rechtsgeschäfts gegeben sein. Nachträglich eingetretene Veränderungen (zum Beispiel im Verhältnis von Leistung und Gegenleistung) machen ein gültiges Geschäft nicht nachträglich nichtig.

[163] Die Voraussetzungen einer Sittenwidrigkeit nach § 138 Abs. 1 BGB (wucherähnliches Geschäft) sind dann zu bejahen, wenn Leistung und Gegenleistung in einem auffälligen Missverhältnis zueinanderstehen und weitere Umstände wie zum Beispiel eine verwerfliche Gesinnung des durch den Vertrag Begünstigten hinzutreten. Eine verwerfliche Gesinnung des Begünstigten ist dabei nicht nur dann zu bejahen, wenn er als der wirtschaftlich oder intellektuell Überlegene die schwächere Lage des anderen Teils bewusst zu seinem Vorteil ausgenutzt hat, sondern auch dann, wenn er sich leichtfertig der Erkenntnis verschlossen hat, dass sein Vertragspartner sich nur wegen seiner schwächeren Lage auf den ungünstigen Vertrag eingelassen hat. Aus einem besonders auffäl-

ligen Missverhältnis zwischen Leistung und Gegenleistung kann auf eine verwerfliche Gesinnung des Begünstigten geschlossen werden. Dies kann dann der Fall sein, wenn Arbeitsleistung und Vergütungshöhe in einem Arbeitsverhältnis in einem Missverhältnis stehen.

[164] Die Absenkung des Vergütungsniveaus nach den AVR Caritas um 8,91 % bedeutet unter Zugrundelegung dieser Maßstäbe bereits keine erhebliche, ohne weiteres ins Auge springende und regelmäßig nicht mehr hinnehmbare Abweichung von den kirchlich vorgesehenen Vergütungssätzen der AVR Caritas.

[165] Der Kläger erzielte trotz Gehaltsverzichts bis zum 31.3.2021 ein monatliches Arbeitsentgelt in Höhe von 4.448,26 € brutto. Darüber hinaus hat die Beklagte aufgrund § 10 der Reha-Rahmenvereinbarung eine Vereinbarung mit der Kirchlichen Zusatzversorgungskasse (KZVK) geschlossen, nach welcher die Versicherungsverhältnisse der Mitarbeiter im Sinn des § 1 Reha-Rahmenvereinbarung fortgeführt werden. Die Beklagte hat sich ferner verpflichtet, für diese Mitarbeiter den jeweils geltenden Beitrag zur KZVK (nach der Angabe in der Reha-Rahmenvereinbarung derzeit 4,8 %) zu den jeweils geltenden Bedingungen in der Zukunft zu leisten. Durch die Härtefallklausel in § 11 Reha-Rahmenvereinbarung ist festgelegt, dass ein paritätisch besetzter Härtefallausschuss auf Antrag des Mitarbeiters entscheiden kann, dass der Gehaltsverzicht auf ihn nicht anwendbar ist, wenn er aus persönlichen (z.B. finanziellen) Gründen nicht in der Lage ist, diesen Solidaritätsbeitrag zu leisten. Zu berücksichtigen ist auch, dass § 14 Reha-Rahmenvereinbarung i.V.m. § 8 der Betriebsvereinbarung eine Erfolgsbeteiligung an den unternehmensweit erwirtschafteten Überschüssen vorsieht.

[166] Das „Anstandsgefühl aller billig und gerecht Denkenden" als Maßstab für den Inhalt der guten Sitten ist hierdurch nicht verletzt.

[167] Auch aus einem Verstoß gegen kirchliche Vorgaben ließe sich nach Auffassung der Kammer keine Sittenwidrigkeit der Ziffer 2 der Änderungsvereinbarung ableiten. Die Beklagte bzw. deren Rechtsvorgängerin durfte sich des staatlichen Arbeitsrechts zur Gestaltung des Arbeitsverhältnisses bedienen. Nichts Anderes ergibt sich unter Berücksichtigung der kirchlichen Wertvorstellungen.

[168] Ein Verstoß gegen die guten Sitten ergibt sich auch nicht aus dem – bestrittenen – Vortrag des Klägers, ihm und seinen Arbeitskollegen sei seinerzeit suggeriert worden, dass eine wirtschaftliche Notlage bestehe und im Fall der Ablehnung des verlangten Gehaltsverzichts eine Übernahme durch einen russischen Investor drohe. Zum einen ist der Vortrag insoweit unsubstantiiert. Der Kläger hat nicht vorgetragen, wer von Seiten der Beklagten was genau sug-

geriert haben soll. Zum anderen käme beim Vorliegen einer Täuschung bereits eine Anfechtung des geschlossenen Vertrages nur dann in Betracht, wenn diese arglistig wäre (§ 123 Abs. 1 BGB). Arglist setzt voraus, dass der Täuschende wissen oder damit rechnen muss, dass er etwas Unzutreffendes behauptet, hierdurch bei dem Erklärungsempfänger eine falsche Vorstellung entsteht und der Getäuschte aufgrund dessen eine Erklärung abgibt, die er bei richtiger Kenntnis der Dinge nicht oder nicht so abgegeben haben würde (BGH -XII ZR 210/97-). Grobe Fahrlässigkeit genügt nicht (BAG 11.07.2012 -2 AZR 42/11-). Schon für das Vorliegen eines arglistigen Verhaltens liegen keine Anhaltspunkte vor, erst recht nicht für das Vorliegen eines Verhaltens, das wegen eines Verstoßes gegen die guten Sitten sogar zur Nichtigkeit der Änderungsvereinbarung vom 27.3.2013 führen würde.

[169] II. Der Kläger hat gegen die Beklagte auch keinen Anspruch auf Zahlung einbehaltenen Arbeitslohns, der den zum Stichtag 27.3.2013 ermittelten Kürzungsbetrag von 8,91 % des damals gültigen Tabellenentgeltes übersteigt, für die Zeit vom 1.1.2018 bis 31.12.2021.

[170] 1. Der erste Hilfsantrag ist bereits unzulässig, da der Kläger die ihm mögliche Bezifferung seines Anspruchs unterlassen hat. Der Kläger hätte die Differenz zwischen dem an ihn gezahlten Arbeitslohn und demjenigen, der an ihn zu zahlen gewesen wäre, wenn von der ungekürzten Vergütung nach den AVR Caritas lediglich 8,91 % des zum Stichtag 27.3.2013 ermittelten Tarifentgelts in Abzug gebracht worden wären, rechnerisch unschwer ermitteln können und müssen. Der Kläger hatte sowohl Kenntnis von den an ihn ausgezahlten Bezügen als auch von der Höhe der AVR-Tabellenentgelte, wie sich auch aus der von ihm vorgenommenen Berechnung des Hauptantrags ergibt. Es ist nicht ersichtlich, welche weiteren, nicht ihm, wohl aber der Beklagten, vorliegenden Unterlagen zur Berechnung erforderlich sein sollten.

[171] Die Beklagte hat die Unzulässigkeit des ersten Hilfsantrags geltend gemacht. Anhaltspunkte dafür, dass sie dennoch auch auf ein Feststellungsurteil hin leisten würde, sind nicht dargelegt.

[172] 2. Der erste Hilfsantrag ist aber auch unbegründet. Entgegen der Ansicht des Klägers ist die Vergütungsreduzierung um 8,91 % des Tabellenentgeltes nicht als statische Reduzierung zu verstehen. Sie ist nicht als statischer Betrag von dem sich steigernden Tarifgehalt abzuziehen. Vielmehr ergibt sich bei einer Auslegung der Ziffer 2 der Änderungsvereinbarung vom 27.3.2013 unter Einbeziehung der rückseitigen „Hinweise und Erläuterungen zur Änderungsvereinbarung“ und der Reha-Rahmenvereinbarung, die Bestandteil des Arbeitsvertrags wurde, nach Auffassung der Kammer, dass die Entgelterhöhung, die zwischen dem 30.6.2012 und dem 31.12.2013 wirksam wird, unberücksichtigt

bleiben soll, während sodann Veränderungen der jeweils einschlägigen Dienstbezüge und Tabellenentgelte wieder Berücksichtigung finden sollen.

[173] Formularvertragliche Klauseln sind als allgemeine Geschäftsbedingungen nach ihrem objektiven Inhalt und typischen Sinn einheitlich so auszulegen, wie sie von verständigen und redlichen Vertragspartnern unter Abwägung der Interessen der normalerweise beteiligten Verkehrskreise verstanden werden, wobei die Verständnismöglichkeiten des durchschnittlichen Vertragspartners des Verwenders zu Grunde zu legen sind (vgl. nur BAG 24.5.2018 -6 AZR 308/17-; 9.11.2005 -5 AZR 128/05-; BGH 9.5.2012 -VIII ZR 327/11-). Ein etwa festgestellter übereinstimmender Wille der Parteien bleibt aber maßgebend (BAG 9.11.2005 -5 AZR 128/05-).

[174] Der Wortlaut der Regelung ist entgegen der Ansicht des Klägers eindeutig. Ziffer 2 der Änderungsvereinbarung lässt nach ihrem Wortlaut erkennen, dass sich „die Dienstbezüge gemäß Abschnitt II und V der Anlage 1 zu den AVR Caritas zum Stichtag 30.6.2012 bemessen", sich „das Entgelt [...] jedoch um den Faktor erhöht, um den sich die jeweils einschlägigen Dienstbezüge und Tabellenentgelte infolge von Beschlüssen der Regionalkommission Mitte des Deutschen Caritasverbandes, die nach dem 31.12.2013 wirksam werden, verändern". Auch ein verständiger und redlicher Vertragspartner kann unter Abwägung der Interessen der normalerweise beteiligten Verkehrskreise diese Formularklausel billigerweise nicht dahin verstehen, dass es zu einer Entgeltabsenkung um genau den Betrag kommen soll, der sich aus der Differenz der Dienstbezüge und Tabellenentgelte zu den Zeitpunkten 30.6.2012 und 31.12.2013 ergibt.

[175] Aus dem Gesamtzusammenhang und dem Sinn und Zweck der Regelung ergibt sich eindeutig, dass die einmalig reduzierten Dienstbezüge und Tabellenentgelte ab dem 1.1.2014 an den prozentualen Erhöhungen infolge von Beschlüssen der Regionalkommission Mitte des Deutschen Caritasverbandes teilnehmen sollen. Bestätigt wird dies auch durch die Regelung in Ziffer 2 lit. b der Änderungsvereinbarung zur Berechnung der abgesenkten Weihnachtszuwendung. Auch insoweit ist die Kürzung des „jeweiligen" Jahresentgelts um einen prozentualen Anteil, nämlich in Höhe von weiteren 2,49 % vorgesehen.

[176] Nichts Anderes folgt aus der Formulierung in II. Ziffer 2 Satz 1 der auf der Rückseite der Änderungsvereinbarung vom 27.3.2013 befindlichen „Erläuterungen und Hinweise zum umseitigen Änderungsvertrag", wonach „sich die Parteien auf eine dauerhafte Absenkung der Vergütung um 8,91 % des im Zeitpunkt der Unterzeichnung dieser Änderungsvereinbarung anwendbaren Tabellenentgelts" verständigen. In der weiteren Erläuterung zu Ziffer 2 der Änderungsvereinbarung wird erläutert, durch welche zwei Maßnahmen die Ver-

gütungsabsenkung umgesetzt werden soll. Dort heißt es wörtlich: „zunächst wird der Beschluss der Regionalkommission Mitte zur Vergütungsänderung vom 6.2.2013 (AVR Tarifsteigerung 2012/2013) dauerhaft ausgesetzt, in dem weiterhin die Tabellenentgelte bzw. Dienstbezüge in der bis zum 30.6.2012 geltenden Fassung angewandt werden. Diese Tabellenentgelte bzw. Dienstbezüge zum Stichtag 30.6.2012 werden jedoch zukünftig in dem gleichen Verhältnis angehoben, wie die Regionalkommission Mitte ab dem Jahr 2014 Steigerungen der allgemein geltenden einschlägigen Entgelte beschließt. Zukünftige AVR-Tarifsteigerungen werden folglich prozentual umgesetzt". Hieraus ergibt sich eindeutig, dass der Kläger ab dem Jahr 2014 an den allgemeinen Entgeltsteigerungen teilnehmen sollte. Auf einen Abzug eines statischen Betrages von dem sich aufgrund von AVR-Tarifsteigerungen ergebenden Betrag enthalten die Erläuterungen keinen Hinweis. Die Auffassung der Kammer wird auch durch den folgenden Absatz der Erläuterungen bestätigt, in dem es heißt, dass „die Weihnachtszuwendung dauerhaft wertmäßig um 2,49 % des Jahresentgeltes reduziert" wird. Auch insoweit findet sich keinerlei Hinweis auf einen statischen Betrag. Schließlich spricht gegen eine statische Entgeltabsenkung auch der Absatz zur Bemessung der Vergütung des Klägers infolge von Veränderungen in der Tätigkeit oder einer Neuordnung des Entgeltsystems der AVR Caritas nach anderen Regeln. In diesem Fall soll die bisher bestehende Vergütungsabsenkung wertmäßig fortbestehen. Die Erläuterungen formulieren insoweit: „Hierzu ist sie auf die jeweils geltende Entgeltordnung zu transformieren." Hätte eine Entgeltabsenkung um einen fixen Betrag stattgefunden, bedürfte es einer solchen „Transformation" nicht, es hätte einfacher formuliert werden können, dass es bei der Entgeltabsenkung der Höhe nach verbleibt.

[177] Im Fall der Entgeltabsenkung um einen konkreten Betrag wäre es auch übersichtlicher gewesen, keinen Prozentwert, sondern einen fixen Eurobetrag in die Änderungsvereinbarung aufzunehmen.

[178] Bei den „Erläuterungen und Hinweisen zum umseitigen Änderungsvertrag" handelt es sich außerdem allenfalls um eine – Bestandteil des Änderungsvertrags gewordene – Auslegungshilfe zum Arbeitsvertrag, während die Regelungen auf der Vorderseite das eigentliche Regelungswerk darstellen. Wie sich insbesondere aus dem Abschnitt der Erläuterungen „I. Hintergrund" ersehen lässt, sollten durch diese Erläuterungen und Hinweise den Arbeitnehmern zusätzlich die Hintergründe bzw. die wirtschaftliche Notwendigkeit der Gehaltsverzichte verdeutlicht werden. Zudem wird durch den Passus: „... des zum Zeitpunkt der Unterzeichnung dieser Änderungsvereinbarung geltenden Tabellenentgelts" klargestellt, dass das AVR-Entgelt Ausgangspunkt der Entgeltreduzierung ist und nicht etwa ein kirchenrechtlich eingeführter Reha-Tarif. Außer-

dem war bis zum 31.12.2014 die Jahresvergütung für sämtliche den Entgeltregelungen der AVR Caritas unterfallenden Mitarbeiterinnen und Mitarbeiter bereits um 3,7 % abgesenkt worden, wovon auch der Kläger betroffen war. Es war daher auch unter diesem Gesichtspunkt deutlich zu machen, dass das ungekürzte AVR-Tabellenentgelt im Zeitpunkt der Unterzeichnung der Änderungsvereinbarung Grundlage für spätere Entgeltveränderungen sein sollte.

[179] Diese Auslegung wird auch durch die Reha-Rahmenvereinbarung bestätigt, die gemäß ihrer Ziffer (4) „zugleich Gegenstand der jeweiligen Individualvereinbarung" geworden ist. In deren § 1 Abs. 1 ist von einem „weiteren, einmaligen, dauerhaften Gehaltsverzicht im Umfang von 8,91 % gegenüber der Vergütung nach AVR Caritas (Stand 31.3.2013)" die Rede. Aus der Bezeichnung des Gehaltsverzichts als „dauerhaft" wird deutlich, dass die Reduzierung gerade nicht mit jeder Erhöhung des AVR-Entgelts geringer werden soll. Aus allen Regelungen wird deutlich, dass die Gehälter der Mitarbeiter im Segment der Rehabilitationseinrichtungen in Zukunft um 8,91 % unter den vollen AVR-Gehältern liegen sollen.

[180] Dem entsprechen die Erläuterungen durch die Powerpoint-Präsentation in einer Mitarbeiterversammlung. Unter Ziffer 5 heißt es unter „Vergütung Fachklinikbereich": „Tabellenentgelte und Grundvergütung 8,91 % unter den Beschlüssen der Bundeskommission, bzw. des Marburger Bundes. Im AVR-Bereich werden die Tabellenentgelte Stand 30.6.2012 weitergezahlt, d.h. 6,42 % unter dem AVR-Tarifabschluss, der Differenzbetrag (2,49 % der Jahresvergütung) wird bei der Weihnachtszuwendung/Jahressonderzahlung einbehalten. Beschlossene Tariferhöhungen ab 2013 werden auf die abgesenkte Basis [Unterstreichung durch das Gericht] berechnet".

[181] Die Bestimmungen der Änderungsvereinbarung sind auch nicht mehrdeutig gemäß § 305c Abs. 2 BGB. Nach § 305c Abs. 2 BGB gehen Zweifel bei der Auslegung Allgemeiner Geschäftsbedingungen zu Lasten des Verwenders. Außer Betracht bleiben dabei solche Verständnismöglichkeiten, die zwar theoretisch denkbar, praktisch aber fernliegend und daher nicht ernstlich in Betracht zu ziehen sind (stRspr.; vgl. etwa BGH 10.6.2020 -VIII ZR 289/19-). Die Unklarheitenregel beruht auf dem Gedanken, dass es Sache des Verwenders ist, sich klar und unmissverständlich auszudrücken. Sie führt dazu, dass bei einer mehrdeutigen Klausel von den möglichen Auslegungen diejenige zugrunde zu legen ist, die zur Unwirksamkeit der Klausel führt (BGH 10.6.2020 -VIII ZR 289/19-).

[182] Voraussetzung für § 305c Abs. 2 BGB ist zunächst ein Zweifel infolge auch durch Ausschöpfung aller in Betracht kommenden Auslegungsmöglichkeiten nicht behebbarer Mehrdeutigkeit der Klausel. Diese muss mindestens

zwei vertretbare Auslegungen zulassen (BGH 9.5.2012 -VIII ZR 327/11-) und keine von diesen darf den klaren Vorzug verdienen. Es müssen trotz der Ausschöpfung anerkannter Auslegungsmethoden „erhebliche Zweifel" an der richtigen Auslegung bestehen. Die entfernte Möglichkeit, zu einem anderen Ergebnis zu kommen, genügt für die Anwendung der Bestimmung nicht (BAG 12.6.2019 -7 AZR 428/17-; 20.6.2017 -3 AZR 179/16-)

[183] Bei Berücksichtigung der anerkannten Auslegungsmethoden bestehen im Entscheidungsfall keine erheblichen Zweifel.

[184] Die Berufung des Klägers hat daher keinen Erfolg.

16

1. Wird die geschuldete Versorgung nicht auf dem vorgesehenen Durchführungsweg erbracht, hat der Arbeitgeber dem Arbeitnehmer im Versorgungsfall erforderlichenfalls unmittelbar aus eigenem Vermögen die Versorgungsleistungen zu verschaffen, die er ihm versprochen hat.
2. Die Einstandspflicht des § 1 Abs. 1 Satz 3 BetrAVG gilt auch dann, wenn die zugesagten Leistungen über eine Pensionskasse durchgeführt werden.
3. Für reine Beitragszusagen gilt weder die gesetzliche Einstandspflicht nach § 1 Abs. 1 Satz 3 BetrAVG noch das Unverfallbarkeitsrecht nach § 2 BetrAVG.
4. Kirchliche Arbeitsrechtsregelungen sind Allgemeine Geschäftsbedingungen. Sie unterliegen der Kontrolle nach den §§ 305 ff. BGB. Die Auslegung erfolgt nach den gleichen Grundsätzen, wie sie für die Gesetzesauslegung maßgeblich sind.
5. Die Anlage 8 zu den AVR mit der VersO B bestimmt nicht selbst, unter welchen Voraussetzungen, in welcher Höhe und zu welchem Zeitpunkt Leistungen zur betrieblichen Altersversorgung beansprucht werden können, sondern verweist auf die Satzung der Pensionskasse.
6. Sogenannte Sanierungsklauseln in den Satzungen von Pensionskassen, die sicherstellen sollen, dass bei nicht vorhersehbaren wirtschaftlichen Problemen ein Insolvenzverfahren vermieden und Selbsthilfemaßnahmen ergriffen werden können, sind nicht Teil der Versorgungszusage und enthalten damit keine Einschränkung des Garantieversprechens.
7. Senkt die Pensionskasse die gegen sie gerichteten Ansprüche ab, muss der Arbeitgeber unmittelbar einstehen. Ein gegen den Arbeitgeber gerichteter Anspruch ist dann schlüssig geltend gemacht, wenn die Pensionskasse eine Leistungskürzung mitteilt und/oder vorgenommen hat und der Arbeitgeber der Berechtigung hierzu nicht substantiiert entgegentritt.

https://doi.org/10.1515/9783111651354-016

§§ 1 Abs. 1 Sätze 1, 2 und 3, 1b Abs. 3 BetrAVG, § 305 BGB, Anl 8 DCVArbVtrRL BAG, Urteil vom 14. März 2023 -3 AZR 197/22-[1]

Die Parteien streiten darüber, ob die Beklagte gegenüber der Klägerin für Leistungskürzungen der Pensionskasse der Caritas einzustehen hat.

Die 1950 geborene Klägerin war seit 1970 für die Beklagte bzw. deren Rechtsvorgängerinnen tätig. Anfang 1998 schlossen die Parteien anlässlich des letzten Betriebsübergangs einen Dienstvertrag. Dieser verweist darauf, dass die Beklagte dem Deutschen Caritasverband angeschlossen ist, und bestimmt u.a. Folgendes:

> „§ 2
> Für das Dienstverhältnis gelten die ‚Richtlinien für Arbeitsverträge in den Einrichtungen des Deutschen Caritasverbandes' (AVR) in ihrer jeweils geltenden Fassung. ...
> ...
> § 5
> Die Zusatzversorgung der Mitarbeiterin regelt sich nach Anlage 8 zu den AVR."

Die AVR finden gemäß ihrem § 2 Abs. 1 in allen in der Bundesrepublik Deutschland gelegenen Einrichtungen und Dienststellen Anwendung, die dem Deutschen Caritasverband angeschlossen sind.

Die Anlage 1 zu den AVR enthält unter der Überschrift „Vergütungsordnung" im Abschnitt „Sozialbezüge" u.a. folgende Regelung:

> „XIII Zusätzliche Altersversorgung
> Der Dienstgeber ist verpflichtet, die Versorgung der Mitarbeiter für Alter und Invalidität gemäß den Bestimmungen der Anlage 8 zu den AVR (Versorgungs-ordnung) zu veranlassen."

In der Anlage 8 zu den AVR bestimmt die Versorgungsordnung B (im Folgenden VersO B) im Anschluss an die Versorgungsordnung A auszugsweise Folgendes:

> „Versorgungsordnung B (VersO B)
> Die ‚Ständige Arbeitsrechtliche Kommission' hat am 15. Oktober 1965 die nachstehende Versorgungsordnung für die Mitarbeiter im Geltungsbereich der AVR beschlossen und mit Wirkung vom 1. April 1966 in Kraft gesetzt. Diese bezweckt eine Alters-, Invaliden- und Hinterbliebenenversorgung für Mitarbeiter durch Entrichtung von Versicherungsbeiträgen.

---

1 Amtl. Leitsätze. juris; NZA 2023, 973.
Das Urteil ist rechtskräftig.

§ 1 Geltungsbereich

(1) Der Versicherungspflicht unterliegt vom Beginn des Dienst- und Ausbildungsverhältnisses an der Mitarbeiter bzw. der gemäß Buchstabe A, B und E der Anlage 7 zu den AVR zu seiner Ausbildung Beschäftigte,

a) der das 17. Lebensjahr vollendet hat und

b) auf dessen Dienst- bzw. Ausbildungsverhältnis die AVR Anwendung finden (§ 2 AT).

(2) Ausgenommen von der Versicherungspflicht ist ein Mitarbeiter,

a) der aus der gesetzlichen Rentenversicherung Alters-ruhegeld oder Renten wegen verminderter Erwerbs-fähigkeit erhält,

b) der für nicht mehr als sechs Monate eingestellt wird, es sei denn, dass er bis zum Beginn des Dienstverhältnisses bei der Selbsthilfe zusatzversichert gewesen ist,

c) der nicht in der gesetzlichen Rentenversicherung zu versichern ist.

§ 2 Versicherung

Die Zusatzversorgung erfolgt durch Abschluss einer Zusatzrentenversicherung bei der ‚Selbsthilfe Zusatzrentenkasse der Deutschen Caritas VVaG (Selbsthilfe) nach Maßgabe dieser Versorgungsordnung.

Die Ansprüche der Versicherten bestimmen sich nach der Satzung der Selbsthilfe.

§ 3 Anmeldung und Abmeldung

(1) Der Dienstgeber meldet den Mitarbeiter mit Beginn des versicherungspflichtigen Dienst- bzw. Ausbildungsverhältnisses bei der Selbsthilfe an. Die Aufnahme des Mitarbeiters in die Selbsthilfe wird diesem durch Zustellung eines Mitgliedsausweises, dem Dienstgeber durch eine entsprechende Bestätigung nachgewiesen.

(2) Der Dienstgeber meldet den Mitarbeiter mit Ende des versicherungspflichtigen Dienstbzw. Ausbildungsverhältnisses bei der Selbsthilfe ab. Die vollzogene Abmeldung wird dem Versicherten von der Selbsthilfe bestätigt; gleichzeitig wird der Versicherte unter Angabe der erreichten Rentenanwartschaft davon in Kenntnis gesetzt, welche Möglichkeiten zur Fortsetzung des Versicherungsverhältnisses durch Beitragsfreistellung (§ 5) oder durch Begründung einer freiwilligen Mitgliedschaft (§ 6) bestehen.

§ 4 Beiträge

(1) Die Beiträge zur Zusatzversorgung trägt der Dienstgeber. Er trägt des Weiteren die auf die Beiträge entfallende Lohnsteuer, solange die rechtliche Möglichkeit der Pauschalierung der Lohnsteuer gegeben ist. Beitragspflicht besteht für den Zeitraum, für den dem Mitarbeiter ein Anspruch auf Dienst-bezüge nach den AVR oder auf Sozialbezüge nach Anlage 1 zu den AVR zusteht.

(2) Der Beitrag der Zusatzversicherung (Pflichtversicherung) ist vom versicherungspflichtigen Beschäftigungsentgelt mit einem Beitragssatz in Höhe von 7,5 vH zu berechnen.

Als versicherungspflichtiges Beschäftigungsentgelt ist zu berücksichtigen:

a) Die Grundvergütung ...

...

(3) Überschreitet das versicherungspflichtige Beschäftigungsentgelt die jeweils gültige Beitragsbemessungsgrenze in der gesetzlichen Rentenversicherung, ist für den übersteigenden Anteil des Beschäftigungsentgelts ein zusätzlicher Beitrag in Höhe von 9 v. H. zu entrichten.

...

(4) Dem Mitarbeiter steht es frei, eine höhere Rentenanwartschaft durch zusätzliche Beiträge oder einen zweiten Rentenvertrag (freiwillige Versicherung) sicher-zustellen. Die hierfür erforderlichen Beiträge hat er selbst zu tragen.
(5) Die Pflichtbeiträge sind der Selbsthilfe monatlich durch den Dienstgeber für jeden einzelnen Versicherten nachzuweisen; die Beiträge sind unverzüglich nach Erstellung der monatlichen Gehaltsabrechnung in einer Summe an die Selbst-hilfe abzuführen.
...

§ 5 Beitragsfreie Zeiten
(1) Beitragspflicht besteht nicht für Zeiten, für die der Mitarbeiter keinen Anspruch auf Dienstbezüge nach den AVR oder auf Sozialbezüge nach Anlage 1 zu den AVR hat.
(2) Entfällt wegen Beendigung des Dienst- bzw. Ausbildungsverhältnisses die Beitragspflicht des Dienstgebers für ein bestehendes Versicherungsverhältnis, ohne dass der Versicherte von der Möglichkeit der freiwilligen Beitragsentrichtung gemäß § 6 Gebrauch macht, wird das Versicherungsverhältnis beitragsfrei fortgesetzt. In diesem Fall wird eine Rentenanwartschaft nach Maßgabe des zum Zeitpunkt der Beitragsfreistellung vorhandenen Deckungskapitals berechnet. Der Anspruch des Versicherten auf Teilnahme an künftigen Leistungserhöhungen aus der satzungsmäßigen Überschussverwendung bleibt von der Beitragsfreistellung unberührt.
(3) Wird die versicherungspflichtige Tätigkeit wegen Eintritt einer verminderten Erwerbsfähigkeit beendet, so wird das Versicherungsverhältnis bis zur Vorlage des Rentenbescheides der gesetzlichen Rentenversicherung, höchstens jedoch für die Dauer von drei Monaten, ohne Beitragsleistung fortgesetzt; das Versicherungsverhältnis wird beitragsfrei gestellt, wenn der Rentenbescheid binnen der vorgenannten Frist nicht vorgelegt wird.

§ 6 Freiwillige Versicherung
Entfällt die Beitragspflicht des Dienstgebers für eine bestehende Versicherung, so kann der Versicherte die bisherige Pflichtversicherung nach Maßgabe der Satzung der Selbsthilfe mit eigener Beitragsleistung als freiwillige Versicherung fortführen. Hinsichtlich der Beitragshöhe kann der Versicherte jeden Beitrag wählen zwischen dem tariflichen Mindestbeitrag und dem vom Dienstgeber für den letzten vollen Beschäftigungsmonat abgeführten Pflichtbeitrag.

§ 7 Arbeitsplatzwechsel
Scheidet ein bei der Selbsthilfe pflichtversicherter Mitarbeiter aus dem Dienst- bzw. Ausbildungsverhältnis aus und nimmt er eine Tätigkeit bei einem Dienst-geber auf, der die Versorgungsordnung B anwendet, so ist die begonnene Pflichtversicherung fortzusetzen.

§ 8 Schlussbestimmungen
Soweit Dienstgeber vor Inkrafttreten dieser Versorgungsordnung B für ihre Mitarbeiter gleichwertige Maßnahmen zur Alterssicherung getroffen haben, werden diese als Ersatzregelung durch die ‚Arbeitsrechtliche Kommission‘ auf Antrag dann anerkannt, wenn die Gleichwertigkeit nachgewiesen wird. Sofern Gleichwertigkeit nicht vorliegt, ist der Differenzanspruch zu ermitteln und durch eine Zusatzrente nach Maßgabe der Versorgungsordnung B zu decken. Die vorstehende Versorgungsordnung ist unter Wahrung des Grundsatzes von Treu und Glauben auszulegen und veränderten Verhältnissen in diesem Sinn anzupassen.“

In der Anlage 8 zu den AVR ist idF vom 4. April 2017 zu Beginn u.a. bestimmt:

> „Zusätzliche Altersversorgung
> Grundsatz der Versorgung für Alter und Invalidität
> (1) Der Dienstgeber ist verpflichtet, die Versorgung der Mitarbeiter für Alter und Invalidität gemäß den Bestimmungen dieser Anlage (Versorgungsordnung A / Versorgungsordnung B) zu veranlassen. ...; für Versicherungsverhältnisse, die vor dem 31. Dezember 2018 begründet wurden, gilt die Versorgungsordnung B."

Die Satzung der „Selbsthilfe Zusatzrentenkasse der Caritas VVaG" (später „Pensionskasse der Caritas VVaG", nachfolgend Pensionskasse) enthält in § 19 Nr. 5 folgende Regelung:

> „Weist die versicherungstechnische Bilanz einen Fehlbetrag aus, so ist dieser zu Lasten der Verlustrücklage und danach der Rückstellung für Beitragsrückerstattung (RfB) auszugleichen. Wenn die Verlustrücklage und die RfB hierfür nicht ausreichen, sind zur Deckung des verbleibenden Fehlbetrages durch Beschluss der Vertreterversammlung aufgrund von Vorschlägen des Verantwortlichen Aktuars die Beiträge der Mitglieder zu erhöhen oder die Beitragszahlungs-dauer zu verlängern oder Versicherungsleistungen herabzusetzen oder Änderungen der genannten Art gleichzeitig vorzunehmen. Alle Maßnahmen zur Beseitigung von Fehbeträgen haben auch für bestehende Versicherungsverhält-nisse Wirkung und bedürfen für die von der Aufsichtsbehörde, für die nicht genehmigten Tarife der Zustimmung des nach § 142 VAG erforderlichen Treuhänders. Eine Erhebung von Nachschüssen ist ausgeschlossen."

Zum 1.1.1998 meldete die Beklagte die Klägerin bei der Pensionskasse zur Pflichtversicherung nach der VersO B an. Die Pensionskasse bestätigte der Beklagten die Anmeldung.

Zum 1.1.2014 trat die Klägerin in den Ruhestand. Sie bezog eine monatliche Altersrente der Pensionskasse i.H.v. zunächst 41,08 €, später 41,11 €. Mit Schreiben von September 2019 teilte die Pensionskasse der Klägerin mit, dass sich ihre Rentenansprüche von 28,15 € auf 21,20 € monatlich und von 12,96 € auf 9,76 € monatlich, insgesamt mithin um 10,15 € monatlich, verringerten.

Die Klägerin hat geltend gemacht, die Beklagte habe ihr Leistungen der betrieblichen Altersversorgung nach Maßgabe der VersO B zugesagt. Sie müsse für die Leistungskürzungen der Pensionskasse einstehen.

Die Klägerin hat beantragt, erstens die Beklagte zu verurteilen, an sie für den Zeitraum 1.1.2020 bis 31.10.2020 101,50 € zu zahlen; zweitens die Beklagte zu verurteilen, an sie ab dem 1.11.2020 eine monatliche Betriebsrente i.H.v. 10,15 € zu zahlen, fällig jeweils zum Ersten des Monats.

Die Beklagte hat beantragt, die Klage abzuweisen.

Die Vorinstanzen haben der Klage stattgegeben. Mit ihrer Revision verfolgt die Beklagte ihren Klageabweisungsantrag weiter. Die Klägerin begehrt die Zurückweisung der Revision.

Die Revision der Beklagten hatte keinen Erfolg.

Aus den Gründen:

[14] Die Revision der Beklagten ist unbegründet. Das Landesarbeitsgericht hat die Berufung der Beklagten gegen das der Klage stattgebende Urteil des Arbeitsgerichts zu Recht zurückgewiesen. Die Beklagte hat nach § 1 Abs. 1 Satz 3 BetrAVG für die Leistungskürzungen der Pensionskasse einzustehen.

[15] I. Die Klage ist in ihrem Antrag zu 2. zulässig auf künftige Leistungen gemäß § 258 ZPO gerichtet (vgl. BAG 23.2.2021 -3 AZR 15/20- Rn 32, BAGE 174, 138).

[16] II. Die Klage ist in beiden Anträgen begründet. Die Klägerin hat gemäß § 1 Abs. 1 Satz 3 BetrAVG einen Anspruch gegen die Beklagte, für die Leistungskürzungen der Pensionskasse einzustehen und die ausbleibenden Leistungen auszugleichen.

[17] 1. Nach § 1 Abs. 1 Satz 3 BetrAVG steht der Arbeitgeber für die Erfüllung der von ihm zugesagten Leistungen der betrieblichen Altersversorgung auch dann ein, wenn die Durchführung nicht unmittelbar über ihn erfolgt.

[18] a) Die Bestimmung in § 1 Abs. 1 Satz 3 BetrAVG, die durch das Gesetz zur Reform der gesetzlichen Rentenversicherung und zur Förderung eines kapitalgedeckten Altersvorsorgevermögens (Altersvermögensgesetz - AVmG) vom 26.6.2001 (BGBl. I S. 1310) in das Betriebsrentengesetz eingefügt wurde, stellt klar, dass im Betriebsrentenrecht stets zwischen der arbeitsrechtlichen Grundverpflichtung und den Durchführungswegen zu unterscheiden ist (vgl. BT-Drs. 14/4595 S. 67). Dies entspricht der ständigen Senatsrechtsprechung, wonach der eingeschaltete externe Versorgungsträger seiner Funktion nach nur ein Instrument des Arbeitgebers zur Erfüllung seiner arbeitsrechtlichen Versorgungsverpflichtungen ist (vgl. BAG 19.6.2012 -3 AZR 408/10- Rn 36 mwN, BAGE 142, 72). Wird die geschuldete Versorgung nicht auf dem vorgesehenen Durchführungsweg erbracht, hat der Arbeitgeber dem Arbeitnehmer im Versorgungsfall erforderlichenfalls unmittelbar aus seinem eigenen Vermögen die Versorgungsleistungen zu verschaffen, die er dem Arbeitnehmer versprochen hat. Die Einstandspflicht des Arbeitgebers nach § 1 Abs. 1 Satz 3 BetrAVG führt damit nicht zu verschuldensabhängigem Schadensersatz, sondern zu verschuldensunab-

hängigen Erfüllungsansprüchen der versorgungsberechtigten Arbeitnehmer (BAG 10.2.2015 -3 AZR 65/14- Rn 26 mwN).

[19] Die Einstandspflicht bzw. der Verschaffungsanspruch sind darauf gerichtet, die Lücke zu schließen, die sich zwischen der Versorgungszusage einerseits und dem Durchführungsweg andererseits ergeben kann. Sie betrifft Fälle, in denen die für die Durchführung der Versorgungszusage getroffene Regelung hinter den Verpflichtungen des Arbeitgebers zurückbleibt oder der externe Versorgungsträger die Betriebsrentenansprüche aus anderen Gründen nicht erfüllt. Durch die Einstandspflicht nach § 1 Abs. 1 Satz 3 BetrAVG wird sichergestellt, dass bei Schwierigkeiten im Durchführungsweg im Versorgungsfall gleichwohl der Versorgungszusage entsprechende Leistungen erbracht werden (BAG 10.2.2015 -3 AZR 65/14- Rn 27).

[20] b) Die Einstandspflicht nach § 1 Abs. 1 Satz 3 BetrAVG gilt auch dann, wenn die vom Arbeitgeber zugesagten Leistungen betrieblicher Altersversorgung über eine Pensionskasse durchgeführt werden (vgl. BAG 10.2.2015 -3 AZR 65/14- Rn 24 ff.; 19.6.2012 -3 AZR 408/10- Rn 35 ff., BAGE 142, 72). Dies bestätigt die Bezugnahme in § 2 Abs. 3 Satz 3 BetrAVG auf den durch Art. 8a des Siebten Gesetzes zur Änderung des Vierten Buches SGB und anderer Gesetze vom 12.6.2020 (BGBl. I S. 1248) neu gefassten § 2 Abs. 2 Satz 3 BetrAVG, demgemäß die Einstandspflicht des Arbeitgebers nach § 1 Abs. 1 Satz 3 BetrAVG unberührt bleibt. Dem Gesetzgeber war dabei bewusst, dass seine Annahme im Jahr 1974, Pensionskassen seien durch die Finanzaufsicht und die gesetzlichen Anlagevorschriften ausreichend gesichert (vgl. BT-Drs. 7/2843 S. 9), durch ökonomische Entwicklungen wie das langanhaltende Niedrigzinsumfeld überholt war; deshalb werde der Schutz durch den Pensions-Sicherungs-Verein (PSV) künftig auf Betriebsrenten ausgedehnt, die von Pensionskassen durchgeführt würden (BT-Drs. 19/19037 S. 55). Die Leistungspflicht des PSV sei aber auf die Differenz zwischen der Versorgungszusage des Arbeitgebers und der geringeren Leistung der Einrichtung beschränkt (BT-Drs. 19/19037 S. 56).

[21] 2. Die Beklagte hat der Klägerin – wie das Berufungsgericht zutreffend angenommen hat – Leistungen der betrieblichen Altersversorgung zugesagt, für deren Erfüllung sie nach § 1 Abs. 1 Satz 3 BetrAVG einzustehen hat. Das ergibt eine Auslegung der dynamischen Verweisung in §§ 2, 5 des Dienstvertrags auf die AVR, deren Anlage 1 Abschnitt XIII und Anlage 8 sowie die VersO B.

[22] a) Eine reine Beitragszusage war und ist auch außerhalb von § 1 Abs. 2 Nr. 2a, §§ 21 ff. BetrAVG – wie die Beklagte zutreffend ausführt – rechtlich grundsätzlich möglich. Sie unterfällt nicht dem Recht der betrieblichen Altersversorgung. Mit ihr werden keine künftigen Versorgungsleistungen versprochen, wie dies § 1 Abs. 1 Satz 1 BetrAVG verlangt, sondern nur zusätzliche Zah-

lungen während des aktiven Arbeitslebens, die – vergleichbar vermögenswirksamen Leistungen – zur Bildung von Vermögen oder von Versorgungsanwartschaften an Dritte oder den Arbeitnehmer auszuzahlen sind und bei denen der Arbeitnehmer das volle Anlage- und Insolvenzrisiko trägt. Für solche Zusagen gilt weder die gesetzliche Einstandspflicht nach § 1 Abs. 1 Satz 3 BetrAVG noch das Unverfallbarkeitsrecht nach § 2 BetrAVG (vgl. BAG 12.5.2020 -3 AZR 157/19- Rn 22, BAGE 170, 199; 15.3.2016 -3 AZR 476/15- Rn 29 mwN).

[23] b) Die Beklagte hat der Klägerin keine reine Beitragszusage erteilt, sondern ihr Leistungen der betrieblichen Altersversorgung zugesagt, die über eine Pensionskasse i.S.v. § 1b Abs. 3 BetrAVG – die ursprünglich sog. Selbsthilfe – durchgeführt werden sollten.

[24] aa) Der Dienstvertrag unterliegt – wie die Beklagte zutreffend geltend macht – als von der Arbeitgeberin vorformulierte einseitig gestellte Vertragsbedingung der Auslegung nach den Grundsätzen für Allgemeine Geschäftsbedingungen (vgl. BAG 10.11.2021 -10 AZR 257/20- Rn 60).

[25] bb) Allgemeine Geschäftsbedingungen sind – ausgehend vom Vertragswortlaut – nach ihrem objektiven Inhalt und typischem Sinn einheitlich so auszulegen, wie sie von rechtsunkundigen, verständigen und redlichen Vertragspartnern unter Abwägung der Interessen der normalerweise beteiligten Verkehrskreise verstanden werden, wobei die Verständnismöglichkeiten des durchschnittlichen Vertragspartners des Verwenders zugrunde zu legen sind (stRspr., BAG 17.1.2023 -3 AZR 220/22- Rn 23).

[26] cc) Danach hat die Beklagte der Klägerin mit der Formulierung in § 5 des Dienstvertrags „Die Zusatzversorgung (...) regelt sich nach Anlage 8 zu den AVR" Versorgungsleistungen nach Maßgabe der Anlage 8 zu den AVR zugesagt. Der Begriff „Zusatzversorgung" hat insoweit keinen eigenständigen Bedeutungsinhalt, sondern wird erst durch die in Bezug genommene Anlage 8 zu den AVR ausgefüllt (vgl. BAG 4.8.2015 -3 AZR 508/13- Rn 30). Dasselbe gilt, soweit mit § 2 des Dienstvertrags die Anlage 1 zu den AVR und ihr Abschnitt „XIII Zusätzliche Altersversorgung" in Bezug genommen ist. Danach ist der Dienstgeber „verpflichtet, die Versorgung der Mitarbeiter für Alter und Invalidität gemäß den Bestimmungen der Anlage 8 zu den AVR (Versorgungsordnung) zu veranlassen".

[27] dd) Die in Bezug genommenen Bestimmungen unterliegen als Tarifverträgen ähnliche kirchliche Arbeitsrechtsregelungen einer Auslegung wie Gesetze. Diese ergibt, dass die Anlage 8 zu den AVR und ihre VersO B eine betriebliche Altersversorgung i.S.v. § 1 Abs. 1 Satz 1 BetrAVG vorsieht. Mit ihrer Inbezugnahme durch § 5 des Dienstvertrags erteilte die Beklagte der Klägerin

i.S.d. § 1 Abs. 1 Satz 1 BetrAVG eine entsprechende Zusage von Leistungen betrieblicher Altersversorgung und nicht nur eine reine Beitragszusage.

[28] (1) Kirchliche Arbeitsrechtsregelungen sind Allgemeine Geschäftsbedingungen, welchen mangels normativer Wirkung in privatrechtlichen Arbeitsverhältnissen nur über Bezugnahmeklauseln in Arbeitsverträgen Wirkung verschafft werden kann. Sie unterliegen der Kontrolle nach den §§ 305 ff. BGB (BAG 22.7.2010 -6 AZR 847/07- Rn 24, BAGE 135, 163, KirchE 56, 63). Bei dieser Kontrolle ist als im Arbeitsrecht geltende Besonderheit (§ 310 Abs. 4 Satz 2 Halbs. 1 BGB) angemessen zu berücksichtigen, dass das Verfahren des Dritten Wegs mit paritätischer Besetzung der Arbeitsrechtlichen Kommission und Weisungsungebundenheit ihrer Mitglieder gewährleistet, dass die Arbeitgeberseite nicht einseitig ihre Interessen durchsetzen kann. Die Auslegung kirchlicher Arbeitsrechtsregelungen erfolgt wegen dieser Besonderheit nach den gleichen Grundsätzen, wie sie für die Gesetzesauslegung maßgeblich sind. Danach ist vom Wortlaut der Regelung auszugehen und dabei deren maßgeblicher Sinn zu erforschen, ohne am Wortlaut zu haften. Der wirkliche Wille der Richtliniengeber und der damit von ihnen beabsichtigte Sinn und Zweck der Bestimmungen sind mit zu berücksichtigen, soweit sie in den Richtlinien ihren Niederschlag gefunden haben. Auch auf den systematischen Zusammenhang der Regelungen ist abzustellen (BAG 16.12.2021 -6 AZR 377/20- Rn 24 mwN).

[29] (2) Bei Tarifverträgen, die ebenfalls wie Gesetze auszulegen sind, spricht die Verwendung von Begriffen wie „Altersversorgungs-Tarifvertrag" und „betriebliche Altersversorgung über eine Pensionskasse" für die Annahme, dass keine reine Beitragszusage, sondern eine Altersversorgung i.S.d. Betriebsrentengesetzes geregelt ist (BAG 12.5.2020 -3 AZR 157/19- Rn 29, BAGE 170, 199). Dies gilt insbesondere dann, wenn der Tarifvertrag außerdem bestimmt, dass die Durchführung der betrieblichen Altersversorgung nach der Satzung der Pensionskasse erfolgen soll und es nach dieser deren Aufgabe ist, den bei ihr Versicherten eine Invaliditäts-, Alters- bzw. eine Hinterbliebenenrente zu gewähren (BAG 12.5.2020 -3 AZR 157/19- Rn 30, aaO).

[30] (3) Die Anlage 8 zu den AVR und ihre VersO B sieht danach eine betriebliche Altersversorgung i.S.d. § 1 Abs. 1 Satz 1 BetrAVG vor, die gemäß § 1 Abs. 1 Satz 2 i.V.m. § 1b Abs. 3 BetrAVG über eine Pensionskasse durchgeführt wird.

[31] (a) Die VersO B ist überschrieben mit „Versorgungsordnung". Auch in den älteren Fassungen der Anlage 8 ist in der VersO B als ihr Zweck die Alters-, Invaliden- und Hinterbliebenenversorgung durch Entrichtung von Versicherungsbeiträgen angegeben. Die Zusatzversorgung ist durch den Abschluss einer Zusatzrentenversicherung bei der „Selbsthilfe Zusatzrentenkasse der Deutschen

Caritas VVaG (Selbsthilfe)" nach Maßgabe der Versorgungsordnung vorzunehmen. Der Dienstgeber meldet nach § 3 VersO B den Mitarbeiter mit Beginn des versicherungspflichtigen Dienst- bzw. Ausbildungsverhältnisses bei der Pensionskasse an. In der VersO B wird eine Alters-, Invaliditäts- und Hinterbliebenenversorgung über die Zusatzversorgungs- bzw. Pensionskasse geregelt. Schon diese Begrifflichkeiten sprechen dafür, dass die Versorgungsordnung nicht auf eine reine Beitragszusage zielt, sondern auf die Zusage von Leistungen betrieblicher Altersversorgung. Eine in einer „Versorgungsordnung" geregelte „Altersversorgung" bzw. „Invaliditäts- und Hinterbliebenenversorgung" über eine „Zusatzversorgungskasse" durch Entrichtung von „Versicherungsbeiträgen" beschreibt typischerweise Leistungen, die das Betriebsrentengesetz in § 1 Abs. 1 Satz 1 BetrAVG als betriebliche Altersversorgung bezeichnet.

[32] (b) Insbesondere die Durchführung der Versorgung über eine Pensionskasse spricht dafür, dass die Versorgungsordnung Leistungen betrieblicher Altersversorgung regelt. Die Kassen gelten als Einrichtungen einer der fünf Durchführungswege der betrieblichen Altersversorgung (Fath/Herrmann/Linke/Schwind/Wolf Pensionskassen 2. Aufl. Rn 1). Hätte die Versorgungsordnung trotz der Wahl dieses spezifischen Durchführungswegs von betrieblicher Altersversorgung eine Verpflichtung der Dienstgeber zur Erteilung lediglich einer reinen Beitragszusage vorsehen sollen, hätte es hierfür besonderer Anhaltspunkte bedurft. An solchen fehlt es jedoch. Der Umstand, dass die Versorgung durch Anmeldung der Mitarbeiter bei der Pensionskasse und Entrichtung von Versicherungsbeiträgen erreicht werden soll, deutet entgegen der Auffassung der Beklagten für sich genommen nicht auf eine reine Beitragszusage, sondern ist gerade typischer Inhalt einer betriebsrentenrechtlichen – gemäß § 1 Abs. 2 Nr. 1 BetrAVG sog. beitragsorientierten – Leistungszusage bei Durchführung über eine Pensionskasse (vgl. BAG 7.9.2004 -3 AZR 550/03- Rn 31, BAGE 112, 1). Soweit nunmehr § 1 Abs. 2 Nr. 2a BetrAVG auch für reine Beitragszusagen den Begriff „betriebliche Altersversorgung" verwendet und die Zahlung von Beiträgen auch insoweit an eine Pensionskasse erfolgen kann, betrifft dies ausschließlich den Sonderfall entsprechender Zusagen durch Tarifvertrag oder aufgrund eines Tarifvertrags. Daraus lässt sich entgegen der Auffassung der Beklagten nichts dafür ableiten, wann – in Abgrenzung zu einer beitragsorientierten Leistungszusage – nur eine solche reine Beitragszusage vorliegt.

[33] (c) Der ursprüngliche Begriff der „Zusatzversorgungskasse" in der VersO B spricht ebenfalls für eine Einrichtung betrieblicher Altersversorgung. Er beruht auf den gemeinsamen Ursprüngen der Versorgung im Alter durch öffentliche und kirchliche Arbeitgeber und entspricht dem Begriff der Pensionskasse (vgl. Jörger u.a. Die AVR von A bis Z Zusatzversorgung Stand Februar 2023 Rn

15). Er verdeutlicht wie die Versorgungsanstalt des Bundes und der Länder und andere Zusatzversorgungskassen den Bezug zur betrieblichen Altersversorgung (vgl. MHdB ArbR/Cisch 5. Aufl. Bd. 2 § 205 Rn 67 f.). In den Sonderregelungen für den öffentlichen Dienst ist in § 18 Abs. 1 Satz 1 Nr. 1, 2 BetrAVG einheitlich von der „Zusatzversorgungseinrichtung" als Einrichtung der betrieblichen Altersversorgung die Rede (vgl. zur Kirchlichen Zusatzversorgungskasse des Verbandes der Diözesen Deutschlands – nachfolgend KZVK – BAG 20.8.2013 -3 AZR 959/11-). Jene Zusatzversorgungseinrichtungen sind zwar – anders als die Zusatzversorgungs- bzw. Pensionskasse VVaG – Anstalten des öffentlichen Rechts (vgl. Uckermann/Braun bAV 2. Aufl. BetrAVG § 18 Rn 15; ErfK/Steinmeyer 23. Aufl. BetrAVG § 18 Rn 3; NK-GA/Vienken 2. Aufl. BetrAVG § 18 Rn 3). Sie werden von der VersO A und über die KZVK als Anstalten des öffentlichen Rechts erfasst (§ 1 Abs. 1 der Satzung der KZVK). Die Bezeichnung als Zusatzversorgungskassen unterstreicht aber den besonderen Bezug zur betrieblichen Altersversorgung.

[34] (d) Die Anlage 8 zu den AVR ist in ihrer neueren Fassung seit April 2017 zudem überschrieben mit „Zusätzliche Altersversorgung" und begründet ausdrücklich den Grundsatz der Versorgung für Alter und Invalidität. Nach ihrem Abs. 1 ist der Dienstgeber verpflichtet, die Versorgung der Mitarbeiter für Alter und Invalidität gemäß den Bestimmungen dieser Anlage (Versorgungsordnung A / Versorgungsordnung B) zu veranlassen (vgl. LAG Düsseldorf 15.6.2022 -12 Sa 569/20-). Diese Pflicht kam bereits zuvor durch Abschnitt XIII der Anlage 1 zu den AVR zum Ausdruck. Danach muss der Dienstgeber dem Arbeitnehmer die Zusatzversorgung verschaffen (vgl. Jörger u.a. Die AVR von A bis Z Zusatzversorgung Stand Februar 2023 Rn 35, 140).

[35] 3. Die der Klägerin erteilte Versorgungszusage umfasst nicht lediglich die Erbringung von nach § 19 Nr. 5 der Satzung der Pensionskasse herabgesetzten Leistungen. Die in dieser Satzungsbestimmung vorgesehene Möglichkeit der Leistungskürzung ist nicht Bestandteil der der Klägerin im arbeitsrechtlichen Grundverhältnis erteilten Versorgungszusage, sondern regelt nur, ob und in welchem Umfang die Pensionskasse zu einer Abweichung von den ursprünglich für das Durchführungsverhältnis getroffenen Abreden befugt ist (vgl. BAG 19.6.2012 -3 AZR 408/10- Rn 42, BAGE 142, 72).

[36] a) Die Anlage 8 zu den AVR mit ihrer VersO B bestimmt nicht selbst, unter welchen Voraussetzungen, in welcher Höhe und zu welchem Zeitpunkt Leistungen der betrieblichen Altersversorgung beansprucht werden können, sondern verweist in § 2 Satz 2 VersO B für die Ansprüche der Versicherten auf die Satzung der Pensionskasse. Diese dynamische Verweisung auf die Satzung

und deren Leistungsbedingungen ist über § 5 des Dienstvertrags ebenfalls in Bezug genommen und füllt damit die Versorgungszusage der Beklagten aus.

[37] b) Dies gilt allerdings nur in Bezug auf solche Satzungs- und Leistungsplanbestimmungen der Pensionskasse, die das arbeitsrechtliche Grundverhältnis betreffen. Das sind die Vorschriften, die Voraussetzungen, Höhe und Zeitpunkt der Leistungen der betrieblichen Altersversorgung regeln. Die Bezugnahme auf die Satzung durch § 5 des Dienstvertrags i.V.m. § 2 Satz 2 VersO B erstreckt sich nicht auf Satzungsbestimmungen, die ausschließlich den Durchführungsweg, mithin die Frage betreffen, unter welchen Voraussetzungen und in welchem Umfang die Pensionskasse von den ursprünglich getroffenen Abreden abweichen darf (vgl. BAG 19.6.2012 -3 AZR 408/10- Rn 44, BAGE 142, 72). Hierzu gehören insbesondere Satzungsbestimmungen, die – wie § 19 Nr. 5 der Satzung der Pensionskasse – allein dazu dienen, den Zusammenbruch der Pensionskasse zu verhindern (vgl. BAG 10.2.2015 -3 AZR 65/14- Rn 55). Solche sog. Sanierungsklauseln sind typische Formulierungen und dienen der vereinsrechtlichen Solidarität der Mitglieder, nicht der Beschränkung einer Zusage (Fath/Herrmann/Linke/Schwind/Wolf Pensionskassen 2. Aufl. Rn 211); sie sollen nicht den Leistungscharakter als solchen bestimmen, sondern sicherstellen, dass bei nicht vorhersehbaren wirtschaftlichen Problemen ein Insolvenzverfahren vermieden und wegen der Gegenseitigkeit Selbsthilfemaßnahmen ergriffen werden können (Fath/Herrmann/Linke/Schwind/Wolf aaO, Rn 211). Die Klausel enthält daher keine Einschränkung des versicherten Garantieversprechens (Fath/Herrmann/Linke/Schwind/Wolf aaO Rn 212). Sie stellt vielmehr sicher, dass Leistungen der Pensionskasse auch wieder aufgestockt werden können. Sie ist ein Spezifikum der Pensionskasse, das zur Vermeidung eines Insolvenzverfahrens zu einer höheren Sicherheit der Ansprüche der Versicherten führt (Fath/Herrmann/Linke/Schwind/Wolf aaO Rn 212).

[38] c) Eine Auslegung der durch § 5 des Dienstvertrags i.V.m. § 2 Satz 2 VersO B bewirkten Bezugnahme auf die Satzung der Pensionskasse dahingehend, dass auch derartige Satzungsbestimmungen erfasst sein sollen, wäre zudem mit zwingenden betriebsrentenrechtlichen Wertungen unvereinbar. Die Einstandspflicht nach § 1 Abs. 1 Satz 3 BetrAVG trifft den Arbeitgeber uneingeschränkt auch dann, wenn die betriebliche Altersversorgung über eine Pensionskasse durchgeführt wird. Von dieser Einstandspflicht kann er sich – wie sich aus § 19 Abs. 3 BetrAVG ergibt – durch vertragliche Abreden nicht zulasten der Arbeitnehmer befreien. Die dynamische Verweisung auf die Satzung der Pensionskasse kann deshalb ein akzessorisches Recht der Beklagten zur Kürzung laufender Leistungen der betrieblichen Altersversorgung nicht begründen (vgl.

BAG 10.2.2015 -3 AZR 65/14- Rn 57; 19.6.2012 -3 AZR 408/10- Rn 44, BAGE 142, 72).

[39] d) Umgekehrt erlaubt die durch § 5 des Dienstvertrags i.V.m. § 2 Satz 2 VersO B bewirkte Bezugnahme auf die Satzung der Pensionskasse entgegen der Auffassung der Beklagten keine Auslegung dahingehend, dass wegen einer dadurch erfolgten Inbezugnahme auch von § 19 Nr. 5 der Satzung gerade keine Zusage von Leistungen betrieblicher Altersversorgung, sondern nur eine reine Beitragszusage erteilt worden sei. Es fehlt vielmehr an Anhaltspunkten, die im Text der Bestimmungen den erforderlichen Niederschlag gefunden hätten, dass die Anlage 8 zu den AVR mit ihrer VersO B trotz der typischerweise auf eine beitragsorientierte Leistungszusage gerichteten Formulierungen nur auf eine reine Beitragszusage zielte.

[40] e) Es bedarf keiner Entscheidung, ob § 305c Abs. 2 BGB bei der Auslegung von AVR zur Anwendung kommen kann (vgl. BAG 14.3.2019 -6 AZR 90/18- Rn 27). Die Auslegung der Bezugnahmeklausel und der dynamisch in Bezug genommenen AVR sowie der Satzung ist weder zweifelhaft noch unklar.

[41] 4. Die von der Beklagten eingewandten verfassungsrechtlichen Erwägungen führen zu keiner abweichenden Auslegung von § 5 des Dienstvertrags und der in Bezug genommenen Anlage 8 zu den AVR. Auslegungszweifel bestehen nicht. Die Anwendung von § 1 Abs. 1 Satz 3 BetrAVG begegnet ebenfalls keinen verfassungsrechtlichen Bedenken.

[42] a) Der Einwand der Beklagten, sie werde entgegen Art. 12 Abs. 1 GG ohne Grundlage unzumutbar doppelt belastet, ist unbegründet. Vielmehr besteht eine valide vertragliche Anknüpfung. Sie beruht auf der vertraglichen Inbezugnahme der Anlage 8 zu den AVR.

[43] b) Ohne Erfolg macht die Beklagte ferner geltend, sie sei den AVR alternativ- bzw. schutzlos ausgesetzt und insoweit in ihrem Recht aus Art. 12 Abs. 1 GG betroffen. Eine Verpflichtung, die AVR in den Arbeitsverhältnissen mit ihren Mitarbeitern zur Anwendung zu bringen, ergibt sich nicht aus staatlichem, sondern allenfalls aus kirchlich verfasstem Recht. Das Selbstbestimmungsrecht erfasst die Erstreckung des sog. Dritten Wegs auf die Arbeitnehmer karitativer oder diakonischer Einrichtungen. Dieses Wirken als Ausdruck des christlichen Bekenntnisses gehört nach kirchlichem Selbstverständnis zu den eigenen Angelegenheiten i.S.d. Art. 140 GG i.V.m. Art. 137 Abs. 3 WRV (BAG 20.11.2012 -1 AZR 179/11- Rn 101 mwN, BAGE 143, 354, KirchE 60, 256).

[44] Die Arbeitsvertragsparteien übertragen die Regelung der Arbeitsbedingungen der Arbeitsrechtlichen Kommission im Übrigen nicht im Vertrauen auf die Redlichkeit und das ausgewogene Urteil eines Dritten, sondern im Vertrauen auf die Ausgewogenheit des Verhandlungsergebnisses; die Arbeitsrechtliche

Kommission steht außerhalb der konkreten Vertragsbeziehung der Parteien und regelt für eine Vielzahl von Arbeitsverhältnissen den Inhalt der Rechtsbeziehungen, die über die vertragliche Bezugnahmeklausel für das konkrete Arbeitsverhältnis wirksam werden (BAG 22.7.2010 -6 AZR 847/07- Rn 27, BAGE 135, 163). Die Beklagte ist diesen Regelungen nicht ausgeliefert, sondern wird über die Dienstgeberseite paritätisch in der Kommission vertreten.

[45] c) Soweit die Beklagte eine wirtschaftliche Überforderung durch die Einstandspflicht befürchtet, ist darauf zu verweisen, dass der Gesetzgeber dieses Risiko erkannt und deshalb nach § 7 Abs. 1 Satz 2 Nr. 3 i.V.m. § 30 Abs. 2 Satz 1 BetrAVG für nach dem 31.12.2021 eintretende Sicherungsfälle die Insolvenzsicherung darauf erstreckt hat, dass die Pensionskasse die nach der Versorgungszusage des Arbeitgebers vorgesehene Leistung nicht erbringt.

[46] d) Im Übrigen hat sich der Senat bereits mit den verfassungsrechtlichen Fragen der Einstandspflicht befasst und diese für nicht durchgreifend erachtet. Hieran hält er fest. Es kann dahinstehen, ob und ggf. in welchem Umfang die Arbeitgeberin auf die Verwaltung des Vermögens und die Kapitalanlage der Pensionskasse sowie auf deren Beschlussfassungen Einfluss nehmen konnte (vgl. BAG 21.7.2020 -3 AZR 142/16- Rn 71, BAGE 171, 307; 30.9.2014 -3 AZR 617/12- Rn 55 f., BAGE 149, 212). Eine die grundrechtlichen Wertungen der Art. 2 Abs. 1, Art. 12 Abs. 1 GG berücksichtigende „verfassungskonforme“ oder zumindest „verfassungsorientierte“ einschränkende Auslegung des § 1 Abs. 1 Satz 3 BetrAVG oder der Versorgungszusage mit demselben Ergebnis kommt nicht in Betracht. Eine solche Auslegung führte nicht dazu, dass den Arbeitgeber keine Einstandspflicht trifft, wenn die Mitgliederversammlung einer Pensionskasse eine Herabsetzung der laufenden Pensionskassenrente beschließt. Die Arbeitgeberin wird durch die Einstandspflicht weder in ihrer durch Art. 2 Abs. 1 GG geschützten wirtschaftlichen Handlungsfreiheit noch in ihrer durch Art. 12 Abs. 1 GG geschützten Berufsfreiheit beeinträchtigt. Vielmehr stellt sich die Einstandspflicht nach § 1 Abs. 1 Satz 3 BetrAVG als Folge der Zusage von Leistungen der betrieblichen Altersversorgung dar, die über einen externen Versorgungsträger durchgeführt werden (BAG 21.7.2020 -3 AZR 142/16- aaO; 30.9.2014 -3 AZR 617/12- aaO).

[47] Betriebsrentenansprüche stellen ihrerseits durch Art. 14 GG geschützte Rechtspositionen dar und haben einen hohen Wert. Ab dem Eintritt des Versorgungsfalls bestreiten die Versorgungsempfänger aus den Leistungen der betrieblichen Altersversorgung, ihren gesetzlichen Renten und ggf. einer privaten Vorsorge ihren Lebensunterhalt. Damit dient die Betriebsrente der Aufrechterhaltung des Lebensstandards, den der Arbeitnehmer vor Eintritt des Versor-

gungsfalls erreicht hatte (BAG 23.2.2021 -3 AZR 15/20- Rn 82 mwN, BAGE 174, 138).

[48] 5. Die Beklagte hat die Klägerin zur Zusatzversorgungs- bzw. Pensionskasse angemeldet. Die aus der Anmeldung und der Versorgungszusage resultierende Leistungspflicht ist Teil des Versorgungsversprechens geworden (vgl. BAG 3.6.2020 -3 AZR 166/19- Rn 40).

[49] 6. Die Beklagte ist damit gemäß § 1 Abs. 1 Satz 3 BetrAVG verpflichtet, gegenüber der Klägerin für die Leistungsherabsetzung durch die Pensionskasse einzustehen.

[50] a) Der Arbeitgeber haftet bei Ansprüchen gegen die Pensionskasse zwar nicht unmittelbar (BAG 13.7.2021 -3 AZR 298/20- Rn 21 ff.). Senkt jedoch die Pensionskasse die gegen sie gerichteten Ansprüche ab, muss er unmittelbar einstehen. Die von § 1 Abs. 1 Satz 3 BetrAVG angeordnete Einstandspflicht begründet keine Gesamtschuld zwischen dem externen Versorgungsträger einerseits und dem die Versorgungszusage erteilenden Arbeitgeber andererseits, sondern allein die Pflicht des Arbeitgebers, für die Erfüllung der Versorgungszusage einzustehen (BAG 13.7.2021 -3 AZR 298/20- Rn 20). Ein Arbeitnehmer macht diesen Anspruch gegen den Arbeitgeber schlüssig geltend, wenn die Pensionskasse eine entsprechende Absenkung ihrer Leistungen mitgeteilt und/oder vorgenommen hat und der Arbeitgeber der Berechtigung der Leistungskürzung nicht substantiiert entgegentritt.

[51] b) Das ist hier der Fall. Zwischen den Parteien steht nicht im Streit, dass die Leistungskürzung nach den Regeln der Pensionskasse zulässig und wirksam erfolgt ist.

[52] III. Das Berufungsurteil ist nicht wegen des absoluten Revisionsgrundes des § 547 Nr. 5 ZPO aufzuheben. Es ist nicht aufgrund einer mündlichen Verhandlung ergangen, bei der die Vorschriften über die Öffentlichkeit des Verfahrens verletzt worden wären.

[53] 1. Nach § 52 Satz 1 i.V.m. § 64 Abs. 7 ArbGG ist die Verhandlung vor dem Landesarbeitsgericht öffentlich. Der Grundsatz der Öffentlichkeit, der zu den Prinzipien demokratischer Rechtspflege gehört und zudem in § 169 Abs. 1 Satz 1 GVG niedergelegt ist, verlangt, dass jedermann nach Maßgabe des tatsächlich verfügbaren Raums Zutritt zur Verhandlung ermöglicht wird. Die Beachtung des Grundsatzes findet ihre Grenze in der tatsächlichen Unmöglichkeit, ihr zu entsprechen. Er ist nicht verletzt, wenn aus zwingenden Gründen Beschränkungen bestehen oder angeordnet werden müssen. Zulässig ist daher eine Reduzierung der Zuhörerzahl in einem Saal, um Abstandsregelungen im Zuge einer Pandemiebekämpfung einhalten zu können. Die Verhandlung ist aber nur dann öffentlich, wenn beliebige Zuhörer, sei es auch nur in sehr begrenzter Zahl, die

Möglichkeit des Zutritts haben. Erforderlich ist, dass Zuhörer in einer Anzahl Einlass finden, in der sie noch als Repräsentanten einer keiner besonderen Auswahl unterliegenden Öffentlichkeit angesehen werden können. Ein einziger Platz für Zuhörer wäre zu wenig, weil dies zu einem faktischen Ausschluss der Öffentlichkeit führte (vgl. BAG 2.3.2022 -2 AZN 629/21- Rn 4 f.).

[54] 2. Danach war die Öffentlichkeit in der Berufungsverhandlung gewahrt.

[55] a) Auf der Internetseite des Berufungsgerichts befand sich in Auszügen folgender Hinweis: „Personen, die keine Justizbediensteten sind, sollen Gerichte grundsätzlich nur zur Wahrnehmung von Terminen, zu denen sie geladen wurden oder die tatsächlich telefonisch abgestimmt wurden, betreten. Der Zugang zu Gerichten soll somit auf das erforderliche Maß beschränkt werden. (...) Die Terminsladung ist im Rahmen der Zugangskontrolle vorzulegen. Dies gilt nicht für Rechtsanwälte*innen oder Verbandsvertreter*innen. Der Zutritt zum Zweck des Besuches von öffentlichen Verhandlungen ist unter Beachtung der 3G-Regelungen grundsätzlich gestattet. Der Eintritt zum Gericht wird aber grundsätzlich nur in dringenden Fällen oder nach vorheriger Vereinbarung eines Termins oder als Zuschauer*in einer öffentlichen Verhandlung zugelassen. Bitte wenden Sie sich zunächst schriftlich oder telefonisch an das jeweilige Gericht (Telefon siehe hierzu Kontaktangaben nebenstehend).“

[56] b) Darin liegt keine Zutrittsbeschränkung in einer Weise, dass öffentliche Zuhörer nicht mehr in einer Anzahl hätten Einlass finden können, in der sie noch als Repräsentanten einer keiner besonderen Auswahl unterliegenden Öffentlichkeit angesehen werden konnten. Der Zutritt von Zuschauern „zum Zweck des Besuchs von öffentlichen Verhandlungen“ war vielmehr „grundsätzlich gestattet“ und durch das Wort „oder“ auch eindeutig vom Zutritt „in dringenden Fällen“ oder „nach vorheriger Vereinbarung eines Termins“ abgegrenzt. Auch in der Bitte, sich vorab an das Gericht zu wenden, lag erkennbar keine Zugangsvoraussetzung.

17

1. Die Errichtung einer Moschee in einem Gewerbegebiet ist bauplanungsrechtlich als Anlage für kirchliche Zwecke zulässig.
2. Die gleichzeitige Genehmigung einer Vorbeterwohnung ist jedoch bauplanungsrechtlich unzulässig, weil sie keine Anlage für kirchliche Zwecke ist und den Gebietserhaltungsanspruch der Nachbarn verletzt.

https://doi.org/10.1515/9783111651354-017

Artt. 6, 71 BauO BY, §§ 30, 31 BauGB, § 8 BauNVO
VG Augsburg, Urteil vom 15. März 2023 -Au 4 K 22.879-[1]

Die Klägerin wendet sich gegen eine der Beigeladenen erteilte Baugenehmigung für die Errichtung einer Moschee mit Veranstaltungsräumen und Vorbeterwohnung.

Sie ist Eigentümerin eines Grundstücks, das unmittelbar an das Grundstück der Beigeladenen grenzt. Beide Grundstücke liegen im Geltungsbereich des Bebauungsplans Gewerbegebiet Nord, der in diesem Bereich als Art der baulichen Nutzung ein Gewerbegebiet festsetzt. Nach Ziffer 2.1 des Bebauungsplans sind die in § 8 Abs. 2 BauNVO aufgeführten Nutzungen allgemein zulässig. Ausnahmsweise zulässig sind die in § 8 Abs. 3 BauNVO aufgeführten Nutzungen.

Mit Bescheid vom 1.9.2015 erteilte der Beklagte der Beigeladenen einen Bauvorbescheid für den Neubau einer Moschee mit Gebets-, Schulungs-, Vereins- und Konferenzräumen, einem Nebengebäude und einer Vorbeterwohnung. Hierbei wurden gemäß § 31 Abs. 2 BauGB Befreiungen von folgenden Festsetzungen des Bebauungsplans erteilt: Wohnung für den Vorbeter (Imam) im Gewerbegebiet, Überschreitung der Grundflächenzahl, Überschreitung der Baugrenze, Höhe des Minaretts. Eine Zustellung des Vorbescheids an die Nachbarn erfolgte nicht, da die Beigeladene einen Antrag auf Absehen von der Nachbarbeteiligung nach Art. 71 Satz 4 BayBO gestellt hatte.

Der Beklagte übersandte der Klägerin auf deren Bitte mit Schreiben vom 1.10.2015 einen Abdruck des Vorbescheids und beantwortete mit E-Mail vom 6.10.2015 einige von der Klägerin gestellte Nachfragen. U.a. wies der Beklagte darauf hin, dass der Vorbescheid aufgrund des Verzichts auf die Nachbarbeteiligung im Vorbescheidsverfahren gegenüber den Nachbarn keine Bindungswirkung entfalte.

Auf Antrag der Beigeladenen wurde der Vorbescheid mit Bescheiden vom 10.8.2018 und 22.9.2020 verlängert. Die Verlängerungsbescheide wurden der Beigeladenen zugestellt, eine Übermittlung an die Nachbarn erfolgte nicht.

Die Beigeladene beantragte mit Plangeheft vom 28.8.2020 die Erteilung einer Baugenehmigung. Gleichzeitig wurde ein Antrag auf Befreiung von Festsetzungen des Bebauungsplans gestellt. Die Planunterlagen wurden im Verfahren aufgrund von Einwänden der Standortgemeinde und des Fachbereichs Wasserrecht mehrfach geändert.

1 Leitsätze der Redaktion KirchE. BeckRS 2023, 7363; juris.
Das Urteil ist rechtskräftig.

Der im Verfahren beteiligte fachliche Immissionsschutz des Beklagten teilte in seiner Stellungnahme vom 9.4.2021 mit, dass aus immissionsschutzfachlicher Sicht keine Bedenken bestünden.

Mit Bescheid vom 7.3.2022 genehmigte der Beklagte das Bauvorhaben Neubau einer Moschee mit Gebets-, Schulungs-, Vereins- und Konferenzräumen, einem Nebengebäude und einer Vorbeterwohnung sowie die Errichtung von Stellplätzen unter im einzelnen angeführten Auflagen. Im Bescheid heißt es u.a.:

> „1.1. Die Baumaßnahme ist gemäß den genehmigten Bauvorlagen auszuführen. Die Nutzungsbaubeschreibung vom 28. August 2020 sowie die Stellungnahme zum Schreiben vom 14. Oktober 2020 sind Bestandteil des Bescheides.
> [...]
> 1.3. Das Brandschutzkonzept [...] vom 30. November 2021 ist Bestandteil der Baugenehmigung und bei der Bauausführung und Gebäudenutzung in allen Punkten zu beachten. Die Abnahme hat durch den Ersteller zu erfolgen.
> [...]
> 2. Abweichung
> 2.1. Es wird gemäß Art. 63 Abs. 1 BayBO eine Abweichung von Art. 29 Abs. 4 BayBO zugelassen (Öffnung des Gebetsraums im Erdgeschoss zur Galerieebene im Obergeschoss mehr als 400 m^2; hier 60,00 m^2 Überschreitung)
> 2.2. Es wird gemäß Art. 63 Abs. 1 BayBO eine Abweichung von der ASR A2.3 zugelassen (Türe schließt nicht wie gefordert in Fluchtrichtung auf)
> 3. Ausnahme
> 3.1. Es wird gemäß § 31 Abs. 1 BauGB eine Ausnahme von den Festsetzungen des Bebauungsplanes zugelassen (Anlage für kirchliche Zwecke)
> 4. Hinweise
> [...]
> 4.10. Die Befreiungen von den Festsetzungen des Bebauungsplanes hinsichtlich der Überschreitung der Baugrenze, der Grundflächenzahl, der Höhe des Minaretts sowie der Vorbeterwohnung wurden bereits in der Bauvoranfrage ausgesprochen."

Zur Begründung wurde u.a. ausgeführt, die Baugenehmigung sei zu erteilen gewesen, weil dem Vorhaben öffentliches Recht nicht entgegenstehe. Die Zulassung der Abweichungen von bauordnungsrechtlichen Vorschriften beruhe auf Art. 63 Abs. 1 BayBO. Die Vorschriften, von denen abgewichen werde, hätten keine nachbarschützende Funktion. Eine Beeinträchtigung nachbarlicher Belange sei nicht erkennbar. Die übrigen Voraussetzungen für die Zulassung der Abweichung lägen vor. Sie habe daher ermessensfehlerfrei zugelassen werden können. Die gewährte Ausnahme von den Festsetzungen des Bebauungsplans beruhe auf § 31 Abs. 1 BauGB. Sie sei im Bebauungsplan nach Art und Umfang ausdrücklich vorgesehen. Die Voraussetzungen lägen vor, sie habe daher ermessensfehlerfrei zugelassen werden können.

Mit Schreiben vom 1.4.2022, eingegangen am 4.4.2022, erhob die Klägerin Klage zum Bayerischen Verwaltungsgericht Augsburg. Eine ausdrückliche Antragstellung erfolgte nicht. Zur Begründung wurden u.a. Bedenken hinsichtlich des Brandschutzes, des Stellplatznachweises, des fehlenden Lärmschutznachweises, der Gebäudeklasse sowie der Bauhöhe angeführt. Die Bauherrin wurde mit Beschluss vom 6.4.2022 zum Verfahren beigeladen.

Die Klage hatte Erfolg.

Aus den Gründen:

[29] I. Die Klage ist zulässig und begründet. Der angefochtene Bescheid ist rechtswidrig und verletzt die Klägerin in ihren Rechten (§ 113 Abs. 1 Satz 1 VwGO).

[30] Dritte können sich gegen eine Baugenehmigung nur dann mit Aussicht auf Erfolg zur Wehr setzen, wenn die angefochtene Baugenehmigung rechtswidrig ist und diese Rechtswidrigkeit zumindest auch auf der Verletzung von Normen beruht, die dem Schutz des betreffenden Nachbarn zu dienen bestimmt sind (BayVGH, Beschluss vom 22.1.2020 -15 ZB 18.2547- mwN; Beschluss vom 24.3.2009 -14 CS 08.3017-). Es genügt daher nicht, wenn die Baugenehmigung gegen Rechtsvorschriften des öffentlichen Rechts verstößt, die nicht – auch nicht teilweise – dem Schutz der Eigentümer benachbarter Grundstücke zu dienen bestimmt sind. Dabei ist zu beachten, dass ein Nachbar eine Baugenehmigung zudem nur dann mit Erfolg anfechten kann, wenn die Genehmigung rechtswidrig ist und diese Rechtswidrigkeit sich aus einer Verletzung von Vorschriften ergibt, die im Baugenehmigungsverfahren zu prüfen waren (BayVGH, Beschluss vom 24.3.2009 -14 CS 08.3017-).

[31] Nach diesen Maßstäben ist die vorliegende Anfechtungsklage erfolgreich. Die Klägerin kann eine Aufhebung der Baugenehmigung wegen Verletzung des sog. Gebietserhaltungsanspruchs verlangen, da die mit der Moschee genehmigte Wohnung für den Vorbeter und seine Familie nach der Art der baulichen Nutzung bauplanungsrechtlich unzulässig ist (siehe 1.). Bauordnungsrechtlich verstößt die Baugenehmigung zwar nicht gegen die Klägerin schützende Vorschriften des Brandschutz- oder Stellplatzrechts, das genehmigte Nebengebäude hält jedoch die erforderlichen Abstandsflächen nicht ein (siehe 2.).

[32] 1. Die erteilte Baugenehmigung wurde unter Verstoß gegen § 30 Abs. 1 BauGB i.V.m. § 8 BauNVO erteilt und verletzt die Klägerin in ihren subjektiv-öffentlichen Rechten. Zwar ist die Errichtung einer Moschee in einem Gewerbe-

gebiet grundsätzlich bauplanungsrechtlich zulässig. Die gleichzeitig genehmigte Vorbeterwohnung ist jedoch bauplanungsrechtlich unzulässig und verletzt den Gebietserhaltungsanspruch der Klägerin.

[33] a) Der Gebietserhaltungsanspruch gibt den Eigentümern von Grundstücken in einem durch Bebauungsplan festgesetzten Baugebiet oder in einem „faktischen" Baugebiet (§ 34 Abs. 2 BauGB) das Recht, sich gegen hinsichtlich der Art der baulichen Nutzung nicht zulässige Vorhaben zur Wehr zu setzen. Der Anspruch beruht auf der Erwägung, dass die Grundstückseigentümer durch die Lage ihrer Anwesen in demselben Baugebiet zu einer Gemeinschaft verbunden sind, bei der jeder in derselben Weise berechtigt und verpflichtet ist. Die Festsetzung von Baugebieten durch einen Bebauungsplan hat nachbarschützende Funktion zugunsten der Grundstückseigentümer im jeweiligen Baugebiet. Dieser bauplanungsrechtliche Nachbarschutz beruht auf dem Gedanken des wechselseitigen Austauschverhältnisses. Weil und soweit der Eigentümer eines Grundstücks in dessen Ausnutzung öffentlich-rechtlichen Beschränkungen unterworfen ist, kann er deren Beachtung grundsätzlich auch im Verhältnis zum Nachbarn durchsetzen. Durch Festsetzungen eines Bebauungsplans über die Art der baulichen Nutzung werden die Planbetroffenen im Hinblick auf die Nutzung ihrer Grundstücke zu einer rechtlichen Schicksalsgemeinschaft verbunden. Die Beschränkung der Nutzungsmöglichkeiten des eigenen Grundstücks wird dadurch ausgeglichen, dass auch die anderen Grundeigentümer diesen Beschränkungen unterworfen sind. Im Rahmen dieses nachbarlichen Gemeinschaftsverhältnisses soll daher jeder Planbetroffene im Baugebiet das Eindringen einer gebietsfremden Nutzung und damit die schleichende Umwandlung des Baugebiets unabhängig von einer konkreten Beeinträchtigung verhindern können (BVerwG, Urteil vom 29.3.2022 -4 C 6.20-; BayVGH, Beschluss vom 18.2.2020 -15 CS 20.57-).

[34] b) Eine Verletzung des Gebietserhaltungsanspruchs der Klägerin scheidet nicht schon deshalb aus, weil für das verfahrensgegenständliche Vorhaben unter dem 1.9.2015 ein positiver Vorbescheid erteilt worden ist, in dessen Rahmen die bauplanungsrechtliche Zulässigkeit bereits abschließend geprüft wurde. Insofern ist zu beachten, dass der genannte Vorbescheid ohne Beteiligung der Nachbarschaft ergangen ist. Der Beklagte ist damit dem Antrag der Beigeladenen gemäß Art. 71 Satz 4 Halbs. 2 BayBO gefolgt (vgl. Bl. 3 der Vorbescheidsakte). Dementsprechend entfaltet der Vorbescheid vom 1.9.2015 gegenüber der Klägerin keinerlei Rechtswirkungen. Es kommt nicht darauf an, ob die Klägerin vom Vorbescheid Kenntnis erlangt hat. Unklarheiten und Streitigkeiten im Verhältnis zum Nachbarn werden bei einem solchen Prozedere in das Baugeneh-

migungsverfahren verlagert (BayVGH, Beschluss vom 2.9.2010 -14 ZB 10.604-; Decker in Busse/Kraus, BayBO, Stand September 2022, Art. 71 Rn 56).

[35] Ungeachtet dessen beträgt die Gültigkeitsdauer eines Vorbescheids nach Art. 71 Satz 2 BayBO drei Jahre. Die Verlängerungen des Vorbescheids vom 1.9.2015 wurden lediglich der Beigeladenen zugestellt, nicht jedoch der Klägerin bekannt gegeben, so dass auch vor diesem Hintergrund keine Bindungswirkung der Klägerin an die Feststellungen des Vorbescheids vom 1.9.2015 bzw. dessen Verlängerungen besteht. Die bauplanungsrechtliche Zulässigkeit des Vorhabens ist daher im vorliegenden Verfahren im Verhältnis zur Klägerin vollumfassend zu prüfen.

[36] c) Die bauplanungsrechtliche Zulässigkeit richtet sich vorliegend nach § 30 Abs. 1 BauGB i.V.m. § 8 BauNVO. Demnach konnte die Moschee in dem mittels Bebauungsplanes festgesetzten Gewerbegebiet ausnahmsweise zugelassen werden (aa). Die ebenfalls genehmigte Vorbeterwohnung ist jedoch im Gewerbegebiet unzulässig und verletzt den Gebietserhaltungsanspruch der Klägerin (bb). Im Übrigen bestehen keine bauplanungsrechtlichen Abwehransprüche der Klägerin gegen das geplante Vorhaben (cc).

[37] aa) Die Errichtung einer Moschee ist im Gewerbegebiet als Anlage für kirchliche Zwecke ausnahmsweise zulässig nach § 8 Abs. 3 Nr. 2 BauNVO. Anlagen für kirchliche Zwecke sind beispielsweise Kirchen, Synagogen, Moscheen, Klöster und vergleichbare Andachtsräume. Daneben unterfallen diesem Begriff auch Gemeinderäume und Unterrichtsräume für die religiöse Unterweisung, mit anderen Worten Anlagen, die unmittelbar religiösen Zwecken dienen (Schmidt-Bleker in Spannowsky/Hornmann/Kämper, BeckOK BauNVO, Stand 15.1.2023, § 8 Rn 202). Durch die Erteilung einer Ausnahme, deren tatbestandliche Voraussetzungen gegeben sind, kann der Gebietserhaltungsanspruch der Klägerin nicht verletzt werden. Bei Vorliegen der tatbestandlichen Ausnahmevoraussetzungen ist bereits sichergestellt, dass das zugelassene Vorhaben den Gebietscharakter unangetastet lässt (vgl. zu einem in einem allgemeinen Wohngebiet ausnahmsweise zugelassenen Feuerwehrgerätehaus BVerwG, Urteil vom 29.3.2022 -4 C 6.20-).

[38] bb) Die ebenfalls genehmigte Wohnung für den Vorbeter kann jedoch weder als Ausnahme zugelassen werden (siehe (1)), noch hat der Beklagte hierfür zulässigerweise eine Befreiung von den Festsetzungen des Bebauungsplans erteilt (siehe (2)). Sie ist daher bauplanungsrechtlich unzulässig und führt, da die Baugenehmigung insoweit nicht teilbar ist, insgesamt zur Aufhebung der Baugenehmigung.

[39] (1) Zutreffend ist der Beklagte bei der Erteilung des Vorbescheids und auch in der angefochtenen Baugenehmigung davon ausgegangen, dass die

Wohnung für den Vorbeter und seine Familie nicht im Wege der Ausnahme nach § 31 Abs. 1 BauGB i.V.m. § 8 Abs. 3 BauNVO zugelassen werden kann, sondern eine Befreiung nach § 31 Abs. 2 BauGB erforderlich ist. Die Tatbestände der Ausnahmen nach § 8 Abs. 3 Nr. 1 oder 2 BauNVO sind vorliegend nicht erfüllt.

[40] Bei der Wohnung handelt es sich nicht um eine Anlage für kirchliche Zwecke i.S.d. § 8 Abs. 3 Nr. 2 BauNVO. Sie mag zwar die Arbeit des Vorbeters erleichtern, dient jedoch nicht unmittelbar religiösen Zwecken.

[41] Auch als eine einem Gewerbebetrieb zugeordnete Wohnung für Aufsichts- und Bereitschaftspersonen sowie für Betriebsinhaber und Betriebsleiter i.S.d. § 8 Abs. 3 Nr. 1 BauNVO ist sie nicht ausnahmsweise zulässig. Dies scheitert bereits daran, dass eine Anlage für kirchliche Zwecke kein Gewerbebetrieb ist und § 8 Abs. 3 Nr. 1 BauNVO als Ausnahmevorschrift grundsätzlich eng auszulegen ist. Der Charakter als Ausnahmetatbestand verbietet eine extensive Auslegung, was sich schon daraus ergibt, dass nach der Zielsetzung der BauNVO Gewerbegebiete im Grundsatz zum Wohnen ungeeignet sind (Fickert/Fieseler, BauNVO, 12. Aufl. 2014, § 8 Rn 14.12).

[42] Selbst wenn man zugunsten der Beigeladenen die Ausnahmevorschrift des § 8 Abs. 3 Nr. 1 BauNVO auf eine Moschee als Hauptnutzung anwenden würde, würde die ausnahmsweise Zulassung der Wohnung für den Vorbeter daran scheitern, dass die Wohnung nicht aus betrieblichen Gründen objektiv sinnvoll wäre. Denn auch im Falle einer gewerblichen Hauptnutzung wäre für die Zulassung einer betriebsbezogenen Wohnung erforderlich, dass die dort lebenden Personen wegen der Art des Betriebes oder zur Wartung von Betriebseinrichtungen oder aus Sicherheitsgründen ständig erreichbar sein müssen, und deswegen das Wohnen solcher Personen nahe dem Betrieb erforderlich ist. Für Betriebsleiter und Betriebsinhaber können wegen ihrer engen Bindungen an den Betrieb Wohnungen auf oder nahe dem Betriebsgrundstück auch dann zulässig sein, wenn der Betrieb ihre ständige Einsatzbereitschaft nicht zwingend erfordert; aber auch dann muss ihr Wohnen auf oder nahe dem Betriebsgrundstück mit Rücksicht auf Art und Größe des Betriebes aus betrieblichen Gründen objektiv sinnvoll sein (BVerwG, Beschluss vom 22.6.1999 -4 B 46.99-; Söfker in Ernst/Zinkahn/Bielenberg/Krautzberger, BauGB, Stand August 2022, § 8 BauNVO Rn 37). Keine betriebsbezogenen Gründe sind z.B. die mit dem Arbeiten und Wohnen „unter einem Dach“ verbundenen Vorteile oder die günstigen Wohnkosten in Gewerbegebieten (Stock in König/Roeser/Stock, BauNVO, 5. Aufl. 2022, § 8 Rn 45). Allein der Umstand, dass der Bewohner in einem arbeitsrechtlichen Verhältnis zu dem vermietenden gewerblich tätigen Unternehmen steht, vermag eine Wohnnutzung nicht in eine gewerbliche Nutzung zu verwandeln (BayVGH, Urteil vom 16.2.2015 -1 B 13.648-).

[43] Nach diesen Maßstäben kann die Wohnung des Vorbeters nicht ausnahmsweise zugelassen werden. Die ständige Anwesenheit eines Imams ist zwar gerade vor dem Hintergrund der über den Tag verteilten Gebetszeiten praktisch, geht aber letztlich nicht über die allgemeinen Vorteile des Wohnens und Arbeitens unter einem Dach hinaus. Derartige Vorteile rechtfertigen jedoch auch bei Gewerbebetrieben, in denen eine ständige Erreichbarkeit im Interesse eines guten Kundenservice wünschenswert ist, nicht die Zulassung einer betriebsbezogenen Wohnung. Für etwaige seelsorgerische Tätigkeiten außerhalb der üblichen Arbeitszeiten ist ohne weiteres eine telefonische Kontaktaufnahme möglich.

[44] Die Wohnung ist demnach weder nach § 8 Abs. 3 Nr. 1 BauNVO noch nach § 8 Abs. 3 Nr. 2 BauNVO ausnahmsweise zulässig.

[45] (2) Eine Zulassung der Wohnung erfordert demnach die Erteilung einer Befreiung von den Festsetzungen des Bebauungsplans.

[46] Bei Befreiungen von den Festsetzungen eines Bebauungsplans gem. § 31 Abs. 2 BauGB hängt der Umfang des Rechtsschutzes des Nachbarn davon ab, ob die Festsetzungen, von deren Einhaltung dispensiert wird, dem Nachbarschutz dienen oder nicht. Bei einer Befreiung von einer nachbarschützenden Festsetzung führt jeder Fehler bei der Anwendung des § 31 Abs. 2 BauGB zur Aufhebung der Baugenehmigung. Bei einer Befreiung von einer nicht nachbarschützenden Festsetzung richtet sich der Nachbarschutz hingegen ausschließlich nach den Grundsätzen des bauplanungsrechtlichen Gebots der Rücksichtnahme, das aufgrund der gem. § 31 Abs. 2 BauGB gebotenen „Würdigung nachbarlicher Interessen" Eingang in die bauplanungsrechtliche Prüfung findet (BayVGH, Beschluss vom. 16.3.2021 -15 CS 21.544-).

[47] Fehlt es an einer an sich erforderlichen Befreiung (auch sog. „versteckter Dispens"), so können Rechte des Nachbarn nur durch die Baugenehmigung selbst, nicht jedoch durch die – nicht existierende – Befreiung verletzt sein. Unterbleibt eine erforderliche Befreiung von einer nachbarschützenden Festsetzung, so ergibt sich hieraus ohne weiteres wegen subjektiver Rechtsverletzung ein Abwehranspruch des in den persönlichen Schutzbereich der verletzten Festsetzung einbezogenen Nachbarn. Im Falle eines objektiv-rechtlichen Verstoßes gegen eine nicht nachbarschützende Festsetzung eines Bebauungsplans verbleibt dem Nachbarn Drittschutz in entsprechender Anwendung des § 15 Abs. 1 BauNVO unter Berücksichtigung der Interessenbewertung nach § 31 Abs. 2 BauGB nur nach Maßgabe des Rücksichtnahmegebots (BayVGH, Beschluss vom 5.9.2016 -15 CS 16.1536- BeckRS 2016, 51753 Rn 33 mwN).

[48] Während Festsetzungen zur Art der baulichen Nutzung grundsätzlich generell und unabhängig davon, ob der Nachbar durch die gebietswidrige Nut-

zung unzumutbar oder auch nur tatsächlich spür- und nachweisbar beeinträchtigt wird, schon kraft bundesrechtlicher Vorgabe als drittschützend angesehen werden (vgl. BVerwG, Beschluss vom 27.8.2013 -4 B 39.13-), folgt aus Art. 14 GG kein Gebot, sonstige Festsetzungen drittschutzfreundlich auszulegen.

[49] Nach diesen Maßstäben verletzt die Baugenehmigung die Klägerin in ihren Rechten.

[50] (a) Die Klage ist bereits deswegen erfolgreich, weil die angefochtene Baugenehmigung keine Befreiung hinsichtlich der Art der baulichen Nutzung enthält (sog. versteckter Dispens, s.o.). Eine derartige Befreiung hat der Beklagte zwar im Vorbescheid, nicht jedoch in der Baugenehmigung erteilt. Auch aus den Gründen des Bescheids ist ersichtlich, dass der Beklagte im Rahmen der Baugenehmigung keine (erneute) Entscheidung über die Befreiung getroffen hat. In der Baugenehmigung findet sich unter 4.10. vielmehr nur der Hinweis, dass die Befreiung hinsichtlich der Vorbeterwohnung bereits im Vorbescheid ausgesprochen worden sei. Zwar ist der im Vorbescheid vorweg entschiedene Teil der Baugenehmigung im späteren Baugenehmigungsverfahren von der Bauaufsichtsbehörde nicht mehr zu prüfen, so dass die nachfolgende Baugenehmigung den Inhalt eines bestandskräftigen Vorbescheids nur redaktionell oder als Hinweis, aber ohne eigene, Dritte beschwerende Regelung übernimmt (vgl. Decker in Busse/Kraus, BayBO, Stand September 2022, Art. 71 Rn 115). Dies kann aber nur gelten, wenn der Vorbescheid dem Dritten gegenüber wirksam ist. Da der Vorbescheid jedoch gegenüber der Klägerin keine Bindungswirkung entfaltet (s.o.), hätte über die Befreiung im Rahmen der Baugenehmigung (erneut) entschieden werden müssen. Bereits das Fehlen der an sich erforderlichen Befreiung führt zum Erfolg der vorliegenden Anfechtungsklage.

[51] (b) Darüber hinaus wäre auch in materieller Hinsicht die Erteilung einer Befreiung für die Vorbeterwohnung nicht möglich. Eine Befreiung kann nach § 31 Abs. 2 BauGB nur erfolgen, wenn die Grundzüge der Planung nicht berührt werden. Ein Gewerbegebiet dient nach seiner allgemeinen Zweckbestimmung jedoch vorwiegend der Unterbringung nicht erheblich belästigender Gewerbebetriebe; im Gewerbegebiet soll hingegen nicht gewohnt werden. Dies ergibt sich bestätigend aus § 8 Abs. 3 Nr. 1 BauNVO, nach dem nur gleichsam als notwendige Ergänzung der gewerblichen Nutzung Wohnungen für Aufsichts- und Bereitschaftspersonen sowie für Betriebsinhaber und -leiter ausnahmsweise zugelassen werden können. Bauvorhaben, die außerhalb des Anwendungsbereichs von § 8 Abs. 3 Nr. 1 BauNVO einer Wohnnutzung dienen sollen, sind mit dem Charakter eines Gewerbegebiets nicht vereinbar (BVerwG, Beschluss vom 13.5.2002 -4 B 86.01-; BayVGH, Urteil vom 13.2.2015 -1 B 13.646-). Befreiungen von § 8 Abs. 3 Nr. 1 BauNVO, um das allgemeine Wohnen im Gewerbegebiet zu

ermöglichen, sind grundsätzlich unzulässig, weil das allgemeine Wohnen der Eigenart des Gewerbegebiets widersprechen und ein nicht vertretbares Nebeneinander von Wohnen und Gewerbe im Gewerbegebiet entstehen würde. Die Grundzüge der Planung werden hier regelmäßig berührt (Söfker in Ernst/Zinkahn/Bielenberg/Krautzberger, BauGB, Stand August 2022, § 8 BauNVO Rn 41c; Pützenbacher in Bönker/Bischopink, BauNVO, Stand 2018, § 8 Rn 123). Eine Befreiung für die Vorbeterwohnung kann daher nicht erteilt werden.

[52] cc) Im Übrigen hat die Klägerin keine bauplanungsrechtlichen Abwehransprüche gegen das geplante Vorhaben. Die Befreiungen hinsichtlich der Überschreitung der Baugrenze, der Grundflächenzahl sowie der Höhe betreffen Festsetzungen zum Maß der baulichen Nutzung, die nicht drittschützend sind. Anhaltspunkte dafür, dass sich das Vorhaben der Klägerin gegenüber als rücksichtslos erweisen könnte, bestehen insofern nicht.

[53] 2. In bauordnungsrechtlicher Sicht kann sich die Klägerin nicht auf etwaige Verstöße in Bezug auf Brandschutz und Stellplatznachweis berufen (a)). Das genehmigte Nebengebäude verstößt jedoch gegen das (nachbarschützende) Abstandsflächenrecht und verletzt die Klägerin in ihren Rechten (b)).

[54] a) Die von der Klägerin monierten Brandschutzbelange verhelfen ihrer Klage nicht zum Erfolg. Brandschutzvorschriften entfalten nicht per se nachbarschützende Wirkung, sondern nur, wenn sie „nach außen" zielen, also nicht auf den Schutz des von der Anforderung betroffenen Gebäudes und seiner Bewohner bzw. Benutzer begrenzt sind, sondern mit Blick auf die Verhinderung der Ausbreitung von Feuer und Rauch in der Umgebung jedenfalls auch auf den Schutz des Nachbargrundstücks und der sich dort befindlichen Personen und/oder (unbeweglichen und beweglichen) Sachen ausgerichtet sind (VG München, Urteil vom 12.6.2020 -M 28 K 18.3517-). Vorliegend hält das Hauptgebäude zum klägerischen Grundstück einen Abstand von 9,07 m und damit die nach Art. 28 BayBO erforderlichen Brandabstände ohne weiteres ein. Die von der Klagepartei angeführten Aspekte können damit allenfalls den Brandschutz auf dem Grundstück der Beigeladenen berühren, jedoch von vornherein keine Rechtsverletzung der Klägerin begründen.

[55] Weiter kann die Frage, ob für das Vorhaben der Beigeladenen eine ausreichende Anzahl an Stellplätzen nachgewiesen ist, der Klage nicht zum Erfolg verhelfen. Art. 47 BayBO vermittelt grundsätzlich keinen Drittschutz (BayVGH, Beschluss vom 9.5.2016 -2 AS 16.420-; Würfel in Busse/Kraus, BayBO, Stand September 2022, Art. 47 Rn 227).

[56] b) Ein Abwehranspruch der Klägerin ergibt sich jedoch aus dem nachbarschützenden Abstandsflächenrecht, da das an der östlichen Grundstücksgrenze genehmigte Nebengebäude die erforderlichen Abstandsflächen zum

klägerischen Grundstück nicht einhält. Zwar sind bestimmte Nebengebäude nach Art. 6 Abs. 7 Satz 1 Nr. 1 BayBO ohne eigene Abstandsflächen zulässig. Voraussetzung hierfür ist jedoch, dass die mittlere Wandhöhe nicht mehr als drei Meter beträgt (vgl. Art. 6 Abs. 7 Satz 1 Nr. 1 BayBO). Dabei wird die Wandhöhe von der natürlichen, nicht von der nach Aufschüttungen oder Abgrabungen veränderten Geländeoberfläche aus gemessen (vgl. Kraus in Busse/Kraus, BayBO, Stand September 2022, Art. 6 Rn 191). Vorliegend ist die Höhe des Nebengebäudes in der Ansicht Ost auf Blatt 21 der Akten zwar mit 2,8 m vermaßt. Dieses Maß bezieht sich jedoch nicht auf das vorhandene, sondern das geplante Gelände. Das vorhandene Gelände ist im Plan „gegriffen" mit dem Lineal zwischen sechs und neun Millimetern unter dem geplanten Gelände dargestellt, so dass die abstandsflächenrelevante Wandhöhe des Nebengebäudes an der niedrigsten Stelle 3,4 m und an der höchsten Stelle 3,7 m beträgt. Dies hat zur Folge, dass das Nebengebäude Abstandsflächen auslöst und daher nicht unmittelbar an der Grundstücksgrenze errichtet werden darf.

18

1. Kann der Verurteilte die religiösen Vorschriften seines jüdisch-orthodoxen Glaubens wie Kleidung, Ernährung, Reinheitsgebote und das Verhalten am Schabbat aufgrund der Anforderungen des Strafvollzugs nur teilweise einhalten, so dass er gehalten ist, sich entgegen den Geboten seiner Religion zu verhalten, stellt dieses eine Härte des Vollzugs für den Verurteilten dar.
2. Vorliegend ist bei der Gesamtabwägung insbesondere zu berücksichtigen, dass der Verurteilte umfangreich Schadenswiedergutmachung betrieben und einen Geldbetrag geleistet hat, der den im Strafurteil festgestellten formalen Schaden erheblich übersteigt.
3. An die besonderen Umstände des § 57 Abs. 2 Nr. 2 StGB sind umso geringere Anforderungen zu stellen, je mehr sich der Vollstreckungsstand dem Zweidrittelzeitpunkt nähert, zu dem eine bedingte Entlassung bereits unter den erleichterten Voraussetzungen des § 57 Abs. 1 StGB in Betracht kommt.

§ 57 Abs. 1 und Abs. 2 Nr. 2 StGB
OLG Köln, Beschluss vom 17. März 2023 -III-2 Ws 63/23, 2 Ws 63/23-[1]

1 Amtl. Leitsätze. BeckRS 2023, 22161; juris.
Der Beschluss ist rechtskräftig.

https://doi.org/10.1515/9783111651354-018

I. Das Landgericht Augsburg befand den Verurteilten, der sich bereits seit dem 23.10.2019 in Untersuchungshaft befand, unter dem 28.3.2022 des Betrugs in 200 Fällen pp. schuldig und verhängte gegen ihn eine Gesamtfreiheitsstrafe von sechs Jahren (-9 KLs 562 Js 116554/21-). Das Urteil ist seit dem 3.8.2022 rechtskräftig.

Der Verurteilung lag zu Grunde, dass der Verurteilte als Hauptverantwortlicher und finanzieller Nutznießer eines ambulanten Pflegedienstes von 2014 bis 2019 Rechnungen für die Erbringung ambulanter Pflegeleistungen nach den SGB V, XI und XII gegenüber den jeweiligen Kostenträgern der Patienten zur Abrechnung gebracht hatte, auf die er jedoch keinen Anspruch hatte. Teilweise waren Leistungen in Höhe von mindestens 40% der abgerechneten Leistungen nicht erbracht worden. Teilweise waren Angehörige von Patienten im Rahmen von Scheinarbeitsverhältnissen angestellt worden, um ihre eigenen Angehörigen zu pflegen und so die Abrechnung von Leistungen durch den Pflegedienst zu ermöglichen. Es entstand ein Gesamtschaden in Höhe von 2.558.399,38 €. Auf die Erstattung für tatsächlich nicht erbrachte Leistungen entfielen davon 1.023.359,75 €.

Am 21.2.2022 schlossen der Verurteilte, der Insolvenzverwalter des ambulanten Pflegedienstes und die N. als bevollmächtigte Vertreterin der geschädigten Kostenträger einen Vergleich, der u.a. die Schadenswiedergutmachung zum Gegenstand hatte und insoweit auch Forderungen der geschädigten Kostenträger erfasste, die nicht Gegenstand der von der Anklage erfassten Taten waren. Der Verurteilte verpflichtete sich zur Zahlung einer Schadenswiedergutmachung in Höhe von 5,1 Millionen Euro und der Abgabe der dazu erforderlichen Willenserklärungen gegenüber der Staatsanwaltschaft München I.

Der Verurteilte verbüßte die Strafhaft zunächst in der Justizvollzugsanstalt K. Nach Durchlaufen des Einweisungsverfahrens wird die Gesamtfreiheitsstrafe nunmehr in der Justizvollzugsanstalt B. vollstreckt.

Die Hälfte der Strafe hatte der Verurteilte bereits am 22.10.2022 verbüßt. Der Zweidritteltermin datiert auf den 22.10.2023. Das Strafende ist auf den 22.10.2025 notiert.

Mit Schriftsatz seiner Verteidigerin vom 17.10.2022 hat der Verurteilte die Aussetzung des Rests der Freiheitsstrafe zum Halbstrafenzeitpunkt beantragt. Diesen Antrag hat er mit weiterem Verteidigerschriftsatz vom 23.11.2022 begründet und insoweit ausgeführt, es bestünden besondere Umstände i.S.d. § 57 Abs. 2 Nr. 2 StGB. Dabei sei zunächst die Belastung durch die Trennung des Verurteilten von seinem erst 5-jährigen Sohn zu berücksichtigen. Der Sohn leide derart an der haftbedingten Trennung, dass er psychotherapeutisch betreut werden müsse. Auch der Verurteilte selbst leide an depressiven Episoden, sodass er besonders haftempfindlich sei. Besonders ins Gewicht falle die durch den Verurteilten erfolgte Schadenswiedergutmachung, die im Rahmen der Strafzumessung durch das Landgericht Augsburg nicht hinreichend gewürdigt worden sei, da zu diesem Zeitpunkt noch keine Zahlung erfolgt sei. Inzwischen habe die Staatsanwaltschaft München I ursprünglich beschlagnahmte und nunmehr freigegebene Gelder in Höhe von 5,1 Millionen Euro an das Insolvenzverfahrenskonto des ambulanten Pflegedienstes ausbezahlt. Darüber hinaus stelle die Inhaftierung auch aufgrund seiner Religionszugehörigkeit eine besondere Härte für den Verurteilten dar, der jüdisch-orthodoxen Glaubens sei. Es sei ihm in der Haft nicht möglich, entsprechend den Glaubensgrundsätzen seiner Religion – Speisevorschriften, Gottesdienstbesuch, Einhaltung des Schabbat – zu leben. Es bestehe eine deutliche Diskriminierung jüdischer Gläubiger im Gegensatz zu Inhaftierten christlichen oder moslemischen Glaubens.

Die Leiterin der Justizvollzugsanstalt B. sowie die Staatsanwaltschaft München I haben sich gegen eine vorzeitige Entlassung ausgesprochen.

Die Strafvollstreckungskammer des Landgerichts Bonn hat nach mündlicher Anhörung des Verurteilten am 24.11.2022 mit Beschluss vom selben Tag die Aussetzung der Restfreiheitsstrafe aus dem Urteil des Landgerichts Augsburg vom 28.3.2022 zur Bewährung ablehnt (-55 StVK 525/22-). Es fehle am Vorliegen besonderer Umstände i.S.d. § 57 Abs. 2 Nr. 2 StGB.

Gegen diesen Beschluss hat der Verurteilte durch Schriftsatz seiner Verteidigerin vom 1.12.2022 sofortige Beschwerde eingelegt und diese mit weiterem Schriftsatz vom 23./27.12.2022 wie folgt begründet: Die Schadenswiedergutmachung in der von dem Verurteilten geleisteten Höhe stelle auch für einen vermögenden Verurteilten eine erhebliche Leistung dar, zumal es sich – entgegen den Ausführungen der Strafvollstreckungskammer – nicht um inkriminierte Gelder gehandelt habe. Zudem sei die systematische Diskriminierung und Benachteiligung des Verurteilten im Hinblick auf seine Religionsausübung nicht hinreichend gewürdigt worden. Dies betreffe neben der Ernährung und der fehlenden seelsorgerlichen Betreuung durch einen Rabbiner auch die Versagung ritueller Gegenstände sowie des Tragens einer Kippa.

Das Gericht hat den angefochtenen Beschluss aufgehoben und die Vollstreckung des Strafrestes für drei Jahre zur Bewährung ausgesetzt.

Aus den Gründen:

[12] II. Die gemäß § 454 Abs. 3 Satz 1 StPO statthafte und gemäß §§ 306 Abs. 1, 311 Abs. 2 StPO frist- und formgerecht erhobene sofortige Beschwerde hat auch in der Sache Erfolg.

[13] Die formellen Voraussetzungen für eine Halbstrafen-Aussetzung aufgrund besonderer Umstände liegen vor.

[14] Abweichend von der Auffassung der Strafvollstreckungskammer hält der Senat eine Aussetzung der Vollstreckung der restlichen Gesamtfreiheitsstrafe vor der Verbüßung von Zweidritteln der Strafe vorliegend für vertretbar.

[15] 1. Dem Verurteilten kann eine günstige Sozialprognose im Sinne des § 57 Abs. 1 StGB gestellt werden.

[16] Er ist mit Ausnahme der zu Grunde liegenden Verurteilung nicht vorbestraft. Er hat die ihm zur Last gelegten Taten – wenn auch relativierend betreffend die subjektive Seite – eingeräumt. Der Verurteilte ist durch die erstmalige Inhaftierung, auch in Anbetracht seiner familiären Verhältnisse, insbesondere der Auswirkungen seiner Inhaftierung auf seinen Sohn, sowie der Einschränkungen seiner Religionsausübung im besonderen Maße beeindruckt. Das Vollzugsverhalten des Verurteilten in der Justizvollzugsanstalt B. ist beanstandungsfrei. Er hat sich den besonderen Anforderungen des offenen Vollzuges stets gewachsen gezeigt. Nach seiner Entlassung verfügt der Verurteilte über feste soziale Bindungen zu seiner Lebensgefährtin sowie dem gemeinsamen Sohn. Er übt seit dem 2.1.2023 ein freies Beschäftigungsverhältnis als Prokurist bei der Firma O. in U. aus.

[17] 2. Die Strafvollstreckungskammer hat bei der Beurteilung, ob „besondere Umstände" im Sinne von § 57 Abs. 2 Nr. 2 StGB vorliegen, die eine Aussetzung der Reststrafe bereits nach Verbüßung der Hälfte der Freiheitsstrafe rechtfertigen, zunächst den richtigen Maßstab angelegt.

[18] Als „besondere Umstände" nach § 57 Abs. 2 Nr. 2 StGB sind solche anzusehen, die über eine positive Sozialprognose hinausgehen und im Vergleich zu gewöhnlichen, durchschnittlichen, allgemeinen oder einfachen Milderungsgründen ein besonderes Gewicht haben (vgl. Senatsentscheidung vom 5.8.2011 -2 Ws 473/11-; Fischer, StGB, 65. Aufl., § 57 Rn 29). Erforderlich ist, dass sie die Strafaussetzung trotz des Unrechtsgehalts der Tat als nicht unangebracht und den strafrechtlich geschützten Interessen zuwiderlaufend erscheinen lassen (vgl. Senatsentscheidung vom 3.5.2013 -2 Ws 255/13-), wobei das Gericht anders als im Rahmen von § 57 Abs. 1 Satz 1 StGB alle Strafzwecke einschließlich von Gesichtspunkten der Generalprävention und der Verteidigung der Rechtsordnung berücksichtigen kann (vgl. Senatsentscheidung vom 28.4.2010

-2 Ws 253/10-; Schönke/Schröder-Stree/Kinzig, StGB, 30. Auflage, § 57 Rn 23b mwN). Die Umstände müssen die Tat, ihre Auswirkungen bzw. die Entwicklung der Täterpersönlichkeit vom Durchschnitt vergleichbarer Fallgestaltungen so deutlich abheben und in einem so milden Licht erscheinen lassen, dass eine Strafaussetzung ohne Gefährdung der allgemeinen Interessen verantwortet werden kann (vgl. OLG Hamm, Beschluss vom 18.12.2012 -2 Ws 661/12-; OLG Karlsruhe, Beschluss vom 8.9.2005 -1 Ws 167/05-).

[19] Abweichend von der Auffassung der Strafvollstreckungskammer hält der Senat jedoch aufgrund der hier gebotenen Gesamtabwägung besondere Umstände im Sinne des § 57 Abs. 2 Nr. 2 StGB im Ergebnis für gegeben, welche bereits jetzt eine vorzeitige Entlassung des Verurteilten rechtfertigen.

[20] Dabei verkennt der Senat nicht, dass der Verurteilte bei den Taten eine erhebliche kriminelle Energie aufgewandt hat, die sich insbesondere in der planmäßigen Verschleierung des tatsächlichem Umfangs pflegerischer Leistungen durch Vorlage nicht belastbarer Leistungsnachweise, das Einwirken auf Prüfungen durch die MDK sowie der Tatbegehung trotz eines ihm bekannten, gegen ihn anhängigen Ermittlungsverfahrens wegen gleichartiger Tatvorwürfe im Zusammenhang mit einer anderen GmbH zeigt. Auch hat der Verurteilte durch seine Taten einen erheblichen Gesamtschaden verursacht, der in zwei Einzelfällen die Summe von 100.000 € jeweils überstieg. Der formale Gesamtschaden belief sich auf 2.558.399,38 €.

[21] Diesen schulderhöhenden Umständen steht eine Reihe von ins Gewicht fallenden mildernden Umstände gegenüber, die zwar nicht für sich alleine, jedoch in ihrer Gesamtheit aus Sicht des Senats den vorliegenden Vollstreckungsfall von vergleichbaren Durchschnittsfällen deutlich abheben, wobei der Senat in die Gesamtabwägung sowohl die Gesichtspunkte, die die erkennende Strafkammer dem Verurteilten zugutegehalten hat und die bei der Entscheidung nach § 57 Abs. 2 Nr. 2 StGB einzubeziehen und nicht verbraucht sind (vgl. Fischer, aaO, § 57 Rn 29 mwN), als auch nach der Verurteilung und erst während des Vollzugs eingetretene und zu Gunsten des Verurteilten zu berücksichtigende Umstände eingestellt hat.

[22] Dazu zählt zum einen das Geständnis des Verurteilten, wenn dieses auch erst zu einem späteren Zeitpunkt der Hauptverhandlung abgegeben wurde und hinsichtlich der subjektiven Seite relativierende Tendenzen aufwies. Zudem liegen die Tatzeiten der abgeurteilten Straftaten teilweise bereits bis zu acht Jahre zurück. Sein Vollzugsverhalten in der Justizvollzugsanstalt B. ist frei von Beanstandungen und er hat sich den Anforderungen im offenen Vollzug einschließlich der ihm dort gewährten Lockerungen stets gewachsen gezeigt, wobei dieses Verhalten bereits Grundvoraussetzung für eine positive Sozial-

prognose ist und grundsätzlich ohne Hinzutreten weiterer Umstände das Vorliegen von besonderen Umständen nicht zu begründen vermag (vgl. Senatsentscheidung vom 31.3.2014 -2 Ws 103/14-). Darüber hinaus steht ihm im Falle einer Entlassung ein gesicherter sozialer Empfangsraum zur Verfügung. Der Vollzug der Gesamtfreiheitsstrafe stellt zudem auch unter dem Gesichtspunkt der Möglichkeit freier Religionsausübung eine besondere Härte für den Verurteilten dar. Dieser ist jüdisch-orthodoxen Glaubens. Dessen Ausübung geht mit der Einhaltung zahlreicher religiöser Vorschriften einher, die u.a. Kleidung, Ernährung, Reinheitsgebote und Verhalten am Schabbat für Gläubige verbindlich regeln. Die Einhaltung dieser Regeln ist aufgrund der Besonderheiten, Anforderungen und Organisation des Strafvollzugs in Teilen nur erschwert, in Teilen nicht möglich. Der Verurteilte ist daher angesichts der aus seiner Verurteilung resultierenden Unterbringung im Strafvollzug gehalten, sich entgegen den für sich als verbindlich empfundenen Geboten seiner Religion zu verhalten. Dies stellt eine zusätzliche Härte des Vollzugs für den Verurteilten dar, ohne dass vorliegend zu entscheiden wäre, inwieweit dieser Umstand für sich genommen die Annahme besonderer Umstände i.S.v. § 57 Abs. 2 Nr. 2 StGB rechtfertigen würde.

[23] Vorliegend ist in die Abwägung gewichtig einzustellen, dass der Verurteilte darüber hinaus umfangreich Schadenswiedergutmachung betrieben hat, ein Umstand, der entgegen der Ansicht der Strafvollstreckungskammer maßgeblich zu Gunsten des Verurteilten Berücksichtigung zu erfahren hat. Zu dieser Schadenswiedergutmachung hatte sich der Verurteilte bereits während des laufenden Strafverfahrens gegen ihn zivilrechtlich verpflichtet. Nach seiner Verurteilung hat er sodann – nach Freigabe seines umfangreichen Vermögens durch die Staatsanwaltschaft München I – dieser gegenüber die entsprechenden Willenserklärungen abgegeben, sodass eine Summe von 5.100.000 € auf das Insolvenzverfahrenskonto des Pflegedienstes ausgezahlt wurde. Diese Summe übersteigt den im Urteil des Landgerichts Augsburg festgestellten formalen Schaden in Höhe von 2.558.399,38 € erheblich.

[24] Unter Berücksichtigung dessen, dass der Halbstrafentermin zum Entlassungszeitpunkt über vier Monate überschritten sein wird und der Zweidrittelzeitpunkt bereits am 22.10.2023 ansteht, hält der Senat auch unter Berücksichtigung generalpräventiver Gesichtspunkte eine vorzeitige Entlassung des Verurteilten bereits nach Verbüßung von mehr als der Hälfte der verhängten Gesamtfreiheitsstrafe für gerechtfertigt, da bei der Gewichtung der oben aufgeführten Gesichtspunkte zu berücksichtigen ist, dass an die besonderen Umstände umso geringere Anforderungen zu stellen sind, je mehr sich der Vollstreckungsstand dem Zweidrittelzeitpunkt nähert, zu dem eine bedingte Entlassung bereits unter den erleichterten Voraussetzungen des § 57 Abs. 1 StGB in Betracht

kommt (vgl. Senatsentscheidung vom 24.2.2017 -2 Ws 109/17-; Senatsentscheidung vom 26.4.2019 -2 Ws 200/19-; OLG Braunschweig, Beschluss vom 18.12.2009 -Ws 271/09-; OLG Hamm, Beschluss vom 29.10.1992 -2 Ws 320/92-; Schönke/Schröder-Stree/Kinzig, aaO, § 57 Rn 23b).

[25] 3. Der Senat hat die Bewährungszeit auf drei Jahre festgesetzt, was er angesichts des in der Höhe der verhängten Strafe zum Ausdruck gekommenen Tatunrechts und der Persönlichkeit des Verurteilten für angemessen hält. Der Verurteilte war der Leitung und Aufsicht eines Bewährungshelfers zu unterstellen. Zur Sicherstellung der durch die Strafvollstreckungskammer vorzunehmenden Bewährungsaufsicht wird der Verurteilte verpflichtet, einen etwaigen Wohnungswechsel unverzüglich anzuzeigen.

19

1. Das salafistische (jihadistische) Islamverständnis hat sich zum Ziel gesetzt, das gegenwärtige gesellschaftliche und politische System in Deutschland abzuschaffen und ein islamistisches Staats- und Gesellschaftssystem zu errichten, das allein auf dem Koran und der Sunna basiert.
2. Das salafistische (jihadistische) Islamverständnis richtet sich gegen die verfassungsmäßige Ordnung und gegen den Gedanken der Völkerverständigung.
3. Ein Verein, dessen Zweck darin besteht, das salafistische Islamverständnis zu verbreiten, will das in Deutschland geltende Demokratie- und Rechtsstaatsprinzip durch ein von Allah abgeleitetes Rechts- und Gesellschaftssystem ersetzen und anstelle von menschengemachten Gesetzen die Geltung der Scharia setzen. Er wendet sich damit gegen die verfassungsmäßige Ordnung, die er abschaffen möchte und wird verboten.

Art. 9 Abs. 1 u. 2 GG, § 3 Abs. 1 Satz 1 VereinsG
OVG Berlin-Brandenburg, Urteil vom 21. März 2023 -OVG 1 A 2/21-[1]

Die Klägerin wendet sich gegen die vereinsrechtliche Verbotsverfügung des Beklagten vom 29.1.2021.

Der Beklagte begründete die Verbotsverfügung wie folgt:

Die ursprünglich unter der Bezeichnung „Jama'atu Berlin“ und im Verlauf des Jahres 2020 als „Tauhid Berlin“ agierende Vereinigung sei ein Verein im

1 Leitsätze der Redaktion KirchE. BeckRS 2023, 9528; juris.
Das Urteil ist rechtskräftig

https://doi.org/10.1515/9783111651354-019

Sinne von Art. 9 Abs. 1 Grundgesetz (GG) und § 2 Abs. 1 des Gesetzes zur Regelung des öffentlichen Vereinsrechts (Vereinsgesetz – VereinsG). Zumindest die als Mitglieder namentlich benannten Personen hätten sich für längere Zeit zu einem gemeinsamen Zweck freiwillig zusammengeschlossen und einer gemeinsamen Willensbildung unterworfen. Hierzu zählten jedenfalls die in der Verfügung mit ihren Funktionen für den Verein näher beschriebenen 19 Personen. Der geistige Anführer der Gruppierung sei E. (alias Sheikh D.). Dieser habe Bezüge zur islamistischen Szene in Berlin, u.a. zum verbotenen Moscheeverein „Fussilet 33 e.V.". Dieser Verein befürworte Gewaltanwendung als Mittel zur Durchsetzung religiöser Belange und habe den sog. Islamischen Staat (im Folgenden: IS) unterstützt sowie Kämpfer für den bewaffneten Jihad in Syrien und im Irak rekrutiert.

Der Zusammenschluss der „Jama'atu Berlin" alias „Tauhid Berlin" werde u.a. durch das Auftreten der Vereinigung unter einheitlichen Kennzeichen in den verschiedenen Internetkanälen (u.a. „@tauhid.berlin" und „@Jamaa3atu Berlin") sowie durch gemeinsame Veranstaltungen und Aktionen belegt. Die „Jama'atu Berlin" sei Ende des Jahres 2018 auf dem Telegramkanal „@Jamaa3atuBerlin" erstmals öffentlich in Erscheinung getreten. Parallel habe es den Instagram-Kanal „@Jamaa3atuBerlin" gegeben, der mittlerweile gelöscht sei. Auf beiden Kanälen habe die Gruppierung ein kreisförmiges Logo mit weißer Schrift auf schwarzem Grund verwendet, das neben der lateinischen Schreibweise „Jama'atu" die Worte „Dschamaatu Berlin" in arabischer Schrift enthalten habe. Ferner habe die Gruppierung einen mittlerweile gelöschten YouTube-Kanal und einen zweiten Telegram-Kanal, zunächst unter dem Namen „Ahl al Sunnah wal Jamaah", genutzt. Dieser Kanal sei ca. im Juli 2020 in „Tauhid Berlin" umbenannt und mit dem neuen Logo „Tauhid Berlin" sowie dem Zusatz „Kernbotschaft des Propheten" versehen worden. Das Logo der „Tauhid Berlin" orientiere sich am Logo „Jama'atu Berlin". Es sei ebenfalls kreisförmig mit weißer Schrift auf schwarzem Hintergrund und beinhalte neben der lateinischen Schreibweise die Worte „Tauhid Berlin" in arabischer Schrift. Unter diesem Kennzeichen sei die Gruppierung auch auf dem Instagram-Account „@tauhidberlin" aktiv gewesen. Im Jahr 2020 habe die Gruppierung eine eigene Webseite „www.tauhid-berlin.com" entwickelt. Diese Webseite sei im Dezember 2020 vom Netz genommen worden.

Die organisierte Willensbildung der „Jama'atu Berlin" alias „Tauhid Berlin" habe u.a. über gemeinsame Treffen, etwa in der Wohnung des E. und dessen Frau, der Vorbeterin für die weiblichen Mitglieder P., in Parkanlagen, bei einem Grillfest sowie in Gruppenchats („Unterhaltung Brüder", „Quraan lesen", „Info & Dars", „Dars-Lerngruppe") stattgefunden. Hierbei und über die genannten

Messenger-Kanäle hätten sich die Mitglieder des Vereins ausgetauscht, abgestimmt und vernetzt. Sie hätten auch bei der regelmäßig samstags stattfindenden öffentlichen Verteilung von Flyern arbeitsteilig zusammengewirkt, wobei einheitliche schwarze T-Shirts mit der weißen Aufschrift „Was ist die Kernbotschaft aller Propheten?" getragen worden seien. Es gebe eine finanzielle Infrastruktur, auch wenn regelmäßige finanzielle Beiträge wohl nicht erhoben würden.

Der gemeinsam verfolgte Zweck bestehe in der Verbreitung eines salafistischen (jihadistischen) Islamverständnisses und dem Aufbau einer Gemeinschaft, einer Jama`ah", in der dieses Verständnis vorbehaltlos geteilt und gelebt werde. Mit dem Bekenntnis zum „Takfir" habe die „Jama'atu Berlin" alias „Tauhid Berlin" die Schwelle zum jihadistischen Salafismus überschritten. Nach dem „Takfir" würden nicht rechtgläubige Muslime aus der Gemeinschaft der Gläubigen ausgestoßen. Dadurch würden sie im Sinne der salafistischen Ideologie derart wertlos, dass auch ihre Tötung erlaubt sei. Ziel des Vereins sei die Abschaffung des gegenwärtigen gesellschaftlichen und politischen Systems in Deutschland und die Errichtung eines islamistischen Staats- und Gesellschaftssystems, das allein auf dem Koran und der Sunna basiere.

Die Vereinigung richte sich gegen den Gedanken der Völkerverständigung, indem sie den bewaffneten Jihad, insbesondere durch den IS, befürworte, einen Märtyrerkult verherrliche und den gewaltsamen Kampf des IS unterstütze. Sie habe wiederholt zur Tötung von Menschen und zur Vernichtung von Staaten aufgerufen, legitimiere Terroranschläge und verbreite Antisemitismus. Der Bezug zum IS sei insbesondere auf dem Telegram-Kanal „Jama'atu Berlin" hergestellt worden. Auf dem YouTube-Kanal der „Tauhid Berlin" habe Herr E. am 2.7.2020 ein Video veröffentlicht, das mit einem szenebekannten „Nashid" der IS-Medienstelle unterlegt worden sei. Damit habe er sich als Anhänger des IS bekannt. Die auf dem Telegram-Kanal „Tauhid Berlin" veröffentlichte Predigt des E. vom 20.3.2020 und eine weitere, zusätzlich auf dem YouTube-Kanal „Tauhid Berlin" veröffentliche Predigt vom 24.5.2020 enthielten ebenfalls einen bekannten „Nashid", der gewaltverherrlichend sei und ein Märtyrertum propagiere. Diese Äußerungen und Publikationen seien der Vereinigung zuzurechnen. Das gelte für die Kanäle „Jama'atu Berlin" und „Tauhid Berlin" ebenso wie für die Äußerungen in den Gruppenchats und die Inhalte der überwachten Gespräche.

Die Vereinigung richte sich auch gegen die verfassungsmäßige Ordnung.

Für die Mitglieder des Vereins sei das Demokratie- und Rechtsstaatsprinzip ein System des Unglaubens, das durch ein von Allah abgeleitetes Rechts- und Gesellschaftssystem ersetzt werden müsse. Anstelle von menschengemachten

Gesetzen solle die Scharia gelten. Ein im Gruppenchat geposteter Flyer, der auch regelmäßig in gedruckter Form verteilt werde, sage im Kern aus, dass eine absolute Souveränität nur Gott zukomme und nicht den Parlamenten. Rechtgläubige Muslime müssten daher die Ordnung des Grundgesetzes ablehnen, um nicht zu Ungläubigen zu werden. In der Predigt des Herrn E. vom 20.3.2020 zeige sich eine Ablehnung der Demokratie und ihrer Institutionen sowie von Wahlen. In den Islamunterrichten seiner Frau I. für die Frauen der Gruppierung werde vermittelt, dass man aus dem Islam ausgestoßen werde, wenn man den Rechtsstaat anerkenne. In diesem Unterricht werde die Souveränität des Volkes und das säkulare Recht kategorisch abgelehnt. Stattdessen werde die Scharia als alleiniges politisches und gesellschaftliches Ordnungsprinzip gelehrt und deren konkrete Umsetzung in Deutschland propagiert. In einem im Gruppenchat geteilten Dokument sei die Demokratie als Götzendienst bezeichnet und gefordert worden, alles abzulehnen und zu verabscheuen, womit nicht Allah gedient werde. Dem hätten mehrere Mitglieder zugestimmt. Auch weitere, im Bescheid aufgeführte Äußerungen in den Chat-Gruppen spiegelten diese Ansichten wieder. In einem auf YouTube veröffentlichten Video lehre Herr E., dass weder Polizei noch Gerichte kompetent seien, da diese nicht auf der Grundlage der Scharia ermittelten, weshalb man sich nicht an staatliche Institutionen wenden solle. Im Unterricht für die Frauen werde ein aus der Scharia abgeleitetes grausames Strafsystem vermittelt und diejenigen mit Ausstoßung aus dem Islam bedroht, die gegen das Abhacken von Gliedmaßen als Strafe für Diebstahl seien. In den Gruppenchats seien staatliche Institutionen der Bundesrepublik Deutschland verächtlich gemacht, z.B. die (damalige) Bundeskanzlerin beleidigt und die Beleidigung von Polizisten befürwortet worden. Der Verein richte sich auch gegen die Religionsfreiheit. So habe der E. in seiner auf YouTube veröffentlichten Predigt vom 8.7.2020 geäußert, dass das Ungläubigsprechen gegenüber Ungläubigen eine Pflicht und Bestandteil des wahrhaften Glaubens sei. Die Vereinigung lehne die Gleichberechtigung von Mann und Frau ab. Dies zeige sich beispielsweise an der Ablehnung des Sorgerechts für Frauen.

Die Vereinigung wolle ihre Ziele in kämpferisch-aggressiver Weise verwirklichen und sei von einem Freund-Feind-Denken geprägt. Dafür sprächen die veröffentlichten Glaubensgrundsätze, das in der Chat-Gruppe geteilte Dokument „10 Angelegenheiten des Tauhid, die jeder Muslim lernen muss“ und weitere gepostete Nachrichten sowie die Aussage in der Predigt des Herrn E. vom 20.3.2020, der wahre Islam bestehe darin, den Jihad gegen seine Feinde zu führen.

Das Vereinsverbot sei unter Beachtung des Verhältnismäßigkeitsgrundsatzes und der durch Art. 4 Abs. 1 und 2 GG garantierten Religionsfreiheit unerlässlich. Die Vereinigung sei von einer verfassungsfeindlichen Grundtendenz beherrscht. Mildere Mittel, wie ein strafrechtliches Vorgehen gegen einzelne Mitglieder, schieden aus, da dies nur punktuell wirken könne und nicht gleich wirksam sei. Deshalb bedürfe es zur effektiven Durchsetzung des Verbots einer vollständigen Beseitigung der Organisationsstruktur des Vereins, einschließlich der Abschaltung der Internetpräsenzen.

Die Verbotsverfügung wurde den dort bezeichneten Vertretern der Klägerin am 25.2.2021 zugestellt.

Die Klägerin hat hiergegen am 25.3.2021 Klage erhoben und diese wie folgt begründet:

Die Vereinigung „Tauhid Berlin" sei nicht identisch mit der Vereinigung „Jama'atu Berlin". Die weit überwiegende materielle Begründung der Verfügung (S. 36 ff.) beziehe sich jedoch auf Äußerungen der „Jama'atu Berlin", die ohne nähere Begründung der „Tauhid Berlin" zugerechnet würden. Beispielsweise solle unter Verweis auf ein TKÜ-Protokoll („Jedes Mal sagen mir Leute: ‚Ich möchte nach Berlin, es gibt eine Jamaat in Berlin'. Wenn wir es schaffen sollten, eine Jamaat wirklich in Berlin zu gründen, alhamdulillah") der Eindruck erweckt werden, die „Protagonisten" der „Tauhid Berlin" unterhielten sich über die „Jama'atu Berlin". Die Übertragung aus dem Protokoll sei jedoch fehlerhaft. In dem Protokoll heiße es tatsächlich „Jama'ah". Damit sei lediglich eine nicht näher spezifizierte Gemeinde gemeint. Der Beklagte versuche indes zu suggerieren, dass über die „Jama'atu Berlin" gesprochen worden sei. Außerdem habe sich der Beklagte darauf gestützt, dass Herr K. im Gruppenchat darum gebeten habe, den YouTube-Kanal der „Jama'atu Berlin" alias „Tauhid Berlin" zu verbreiten und zu abonnieren. Dieser habe jedoch diesen Kanal nicht spezifiziert. Die „Jama'atu Berlin" sei eine Einzelperson, bestehend aus Frau I. Diese habe ohne Absprache mit Dritten den Telegram-Kanal „@Jamaa3atuBerlin" und den Instagram-Kanal „@Jamaa3atuBerlin" betrieben und weder in Kenntnis noch mit Billigung der Klägerin Inhalte verbreitet.

Das Gericht hat die Klage abgewiesen.

Aus den Gründen:

[38] A. Die Anfechtungsklage ist zulässig. *(wird ausgeführt)*

[43] B. Die Anfechtungsklage ist nicht begründet. Das Vereinsverbot des Beklagten vom 29.1.2021 ist nach der maßgeblichen Sach- und Rechtlage zum Zeitpunkt seines Erlasses rechtmäßig und verletzt die Klägerin nicht in ihren Rechten (§ 113 Abs. 1 Satz 1 VwGO). Der Beklagte hat zu Recht festgestellt, dass

die Klägerin sich gegen die verfassungsmäßige Ordnung und gegen den Gedanken der Völkerverständigung richtet, daher aufgelöst wird und verboten ist; ferner hat er zu Recht die in der Verbotsverfügung genannten Nebenentscheidungen ausgesprochen (§ 3 Abs. 1 Satz 2, § 8 Abs. 1 i.V.m. §§ 10 ff. VereinsG).

[44] Rechtsgrundlage für das Verbot ist § 3 Abs. 1 Satz 1 VereinsG i.V.m. Art. 9 Abs. 2 GG. Danach sind Vereinigungen verboten, deren Zwecke oder deren Tätigkeit den Strafgesetzen zuwiderlaufen oder sich gegen die verfassungsmäßige Ordnung oder gegen den Gedanken der Völkerverständigung richten. Dies wird gegenüber dem Verein konstitutiv durch Bescheid festgestellt. Mit dieser Feststellung ordnet die Verbotsbehörde die Auflösung des Vereins an.

[45] I. Die Verfügung ist formell rechtmäßig. Der Beklagte war gemäß § 3 Abs. 2 Satz 1 Nr. 1 VereinsG für den Erlass der Verbotsverfügung zuständig, da sich die Organisation und Tätigkeit der Klägerin im Wesentlichen auf das Gebiet des Landes Berlin beschränkt. Dass sie sich hierbei des über dieses Gebiet hinausreichenden Internets bedient, ändert daran nichts (vgl. BVerwG, Urteil vom 14.5.2014 -6 A 3.13- Buchholz 402.45 VereinsG Nr. 62 Rn 17 ff.).

[46] Eine vorherige Anhörung der Klägerin nach § 28 Abs. 2 Nr. 1 Alt. 2 VwVfG war entbehrlich. Denn dies hätte ihr die Möglichkeit eröffnet, Vermögen des Vereins und Beweismittel beiseitezuschaffen (vgl. BVerfG, Beschluss vom 13.7.2018 -1 BvR 1474/12 u.a.- BVerfGE 149, 160; BVerwG, Urteil vom 14.5.2014, aaO).

[47] II. Das Vereinsverbot ist auch materiell rechtmäßig. Der Beklagte hat zutreffend festgestellt, dass es sich bei der Klägerin um eine Vereinigung im Sinne des Art. 9 Abs. 1 und 2 GG bzw. des § 2 Abs. 1 VereinsG handelt (im Folgenden zu 1), die sich gegen die verfassungsmäßige Ordnung (vgl. § 3 Abs. 1 Satz 1 Alt. 2 VereinsG i.V.m. Art. 9 Abs. 2 Alt. 2 GG – im Folgenden zu 2) und den Gedanken der Völkerverständigung (vgl. § 3 Abs. 1 Satz 1 Alt. 3 VereinsG i.V.m. Art. 9 Abs. 2 Alt. 3 GG – im Folgenden zu 3) richtet. Das Verbot ist auch verhältnismäßig (im Folgenden zu 4).

[48] 1. Gemäß § 2 Abs. 1 VereinsG ist ein Verein im Sinne dieses Gesetzes ohne Rücksicht auf die Rechtsform jede Vereinigung, zu der sich eine Mehrheit natürlicher oder juristischer Personen für längere Zeit zu einem gemeinsamen Zweck freiwillig zusammengeschlossen und einer organisierten Willensbildung unterworfen hat. Diese Legaldefinition des Vereins steht in Einklang mit dem Begriff des Vereins beziehungsweise der Vereinigung nach Art. 9 Abs. 1 und 2 GG (BVerfG, Beschluss vom 2.7.2019 -1 BvR 1099/16-). Die Begriffsmerkmale des § 2 Abs. 1 VereinsG sind entsprechend der gefahrenabwehrrechtlichen Zwecksetzung des Vereinsgesetzes und im Einklang mit dem Schutz der Vereinigungsfreiheit weit auszulegen (BVerwG, Urteil vom 29.1.2020, aaO).

[49] Ein Zusammenschluss setzt ein bewusstes und gewolltes Handeln von Personen voraus und kann nur angenommen werden, wenn sich diese durch einen konstitutiven Akt verbunden haben. An die Qualität dieses Aktes dürfen keine hohen Anforderungen gestellt werden; eine stillschweigende Übereinkunft reicht aus. Auch hinsichtlich des gemeinsamen Zwecks genügt eine faktische Übereinstimmung über die wesentlichen Ziele des Zusammenschlusses. Die von dem Willen der einzelnen Mitglieder losgelöste und organisierte Gesamtwillensbildung, der sich die Mitglieder kraft der Verbandsdisziplin prinzipiell unterordnen müssen beziehungsweise die sie kraft eigenen Entschlusses als prinzipiell beachtlich werten, erfordert weder eine Satzung noch spezifische Vereinsorgane. Ausreichend ist eine Organisationsstruktur, die faktisch auf eine organisierte Willensbildung schließen lässt. Für das Bestehen einer organisierten Gesamtwillensbildung spricht insbesondere, wenn die Vereinigung zur Verfolgung des gemeinsamen Zwecks Zuständigkeiten verteilt und ein arbeitsteiliges Zusammenwirken von Personen regelt. Es genügt, dass eine nicht formal geregelte, sondern auf faktischer Unterwerfung beruhende autoritäre Organisationsstruktur für eine vom Willen des einzelnen Mitglieds losgelöste, organisierte Gesamtwillensbildung vorliegt (zu allem BVerwG, Urteil vom 29.1.2020, aaO).

[50] a) Daran gemessen hat der Beklagte in der angefochtenen Verbotsverfügung zutreffend angenommen, dass es sich bei der Klägerin zum Zeitpunkt des Erlasses der Verfügung um einen Verein im Sinne des § 2 Abs. 1 VereinsG handelte. Die Klägerin tritt der Annahme des Beklagten, dass zumindest die in der Verfügung aufgeführten Mitglieder des Vereins sich für längere Zeit zu einem gemeinsamen Zweck freiwillig zusammengeschlossen und einer organisierten Willensbildung unterworfen hatten, jedenfalls insoweit nicht entgegen, als es sich um die Vereinigung „Tauhid Berlin“ und diejenigen ihrer Mitglieder handelte, die die von der Klägerin vorgelegte Prozessvollmacht unterzeichnet haben. Daher kann gemäß § 117 Abs. 5 VwGO auf die Begründung der Verbotsverfügung verwiesen werden, gegen deren Richtigkeit auch sonst nichts ersichtlich ist.

[51] Die mit ihrem Beweisantrag untermauerte Behauptung der Klägerin, Frau H. sei kein „fester Bestandteil des Tauhid-Vereins gewesen“, kann in diesem Zusammenhang dahinstehen, denn selbst wenn dies zuträfe, würde es an der Eigenschaft der Vereinigung „Tauhid Berlin“ als Verein i.S.d. Art. 9 GG und des § 2 Abs. 1 VereinsG nichts ändern.

[52] b) Ebenso kann in diesem Zusammenhang dahinstehen, ob die Vereinigung „Tauhid Berlin“ aus der Vereinigung „Jama'atu Berlin“ hervorgegangen ist.

[53] Sollte dies entgegen der Annahme des Beklagten nicht der Fall sein, sollte es sich bei der dann einzig klagenden Vereinigung „Tauhid Berlin" vielmehr um eine von einer – gegebenenfalls nur vermeintlichen – Vereinigung „Jama'atu Berlin" unabhängige Vereinigung handeln, wäre die Klägerin durch ein Verbot (auch) der Vereinigung „Jama'atu Berlin" jedenfalls nicht in eigenen Rechten verletzt, wie § 113 Abs. 1 Satz 1 VwGO es für den Erfolg der Anfechtungsklage verlangt, und das Verbot der Vereinigung „Jama'atu Berlin" mit den entsprechenden Nebenentscheidungen im Übrigen inzwischen in Bestandskraft erwachsen, nachdem sein verfügender Teil am 25.2.2021 im Bundesanzeiger veröffentlicht wurde (BAnzT 25.2.2021 B1; vgl. hierzu BVerwG, Beschluss vom 10.1.2018 -1 VR 14.17-).

[54] 2. Der Verein richtet sich gegen die verfassungsmäßige Ordnung i.S.v. § 3 Abs. 1 Alt. 2 VereinsG i.V.m. Art. 9 Abs. 2 Alt. 2 GG.

[55] a) Aus dem in der Verfügung dargestellten Gesamtbild ergibt sich zur Überzeugung des Senats, dass die Vereinigung zum Zeitpunkt des Bescheiderlasses in kämpferisch-aggressiver Weise das Ziel verfolgt hat, die auf Grundlage der Selbstbestimmung des Volkes nach dem Willen der jeweiligen Mehrheit, der Gleichheit und der Freiheit aller Menschen und unter Ausschluss jeglicher Gewalt- und Willkürherrschaft bestehende rechtsstaatliche Herrschaftsordnung des Grundgesetzes abzuschaffen (zu diesen Voraussetzungen etwa BVerfG, Beschluss vom 13.7.2018, aaO Rn 107 ff.; BVerwG, Urteil vom 14.5.2014, aaO Rn 34 ff. mwN). Diese Zielsetzung war für die Tätigkeit des Vereins auch prägend.

[56] Der Beklagte stützt die Verbotsverfügung beanstandungsfrei auf die Inhalte der internen Vereinskommunikation (Gruppenchats), die Inhalte der verteilten Flyer und die (auch) unter dem Namen „Tauhid Berlin" im Internet veröffentlichten Predigten des Herrn E. Die Klägerin stellt die Bewertung des Beklagten und die zu ihrer Begründung angeführten Tatsachen nicht substantiiert in Frage, weshalb hierauf verwiesen werden kann (§ 117 Abs. 5 VwGO). Ihr – vom Beklagten eingeräumter – Einwand, Herr D. habe im Gruppenchat nicht ausdrücklich den Namen des von ihm beworbenen YouTube-Kanals genannt, ändert ebenso wenig etwas an dem im Übrigen unbestrittenen Gesamtbild wie die ebenfalls in der mündlichen Verhandlung erfolgte Klarstellung des Begriffs „Jama'ah" durch den Dolmetscher.

[57] b) aa) Die Behauptung der Klägerin, der Beklagte begründe die Verbotsverfügung im Wesentlichen mit Verlautbarungen der „Jama'atu Berlin", welche der Klägerin nicht zuzurechnen seien, trifft nicht zu. Der Beklagte hat vielmehr seine Bewertung maßgeblich – und das Verbot selbständig tragend – auch auf Erkenntnisse aus den Gruppenchats, den Inhalten der veröffentlichten

Predigten und aus den verteilten Flyern der „Tauhid Berlin" gestützt. Selbst wenn man die Behauptung der Klägerin, der Telegram-Kanal „@Jamaa3atuBerlin" und der gleichlautende Instagram-Account seien ohne Absprache mit Dritten allein von Frau H. betrieben worden und sie habe hierbei nur den Eindruck erwecken wollen, für eine Vereinigung „Jama'atu Berlin" zu handeln, als wahr unterstellte, würde dies nichts daran ändern, dass weitgehend dieselben Personen, die unbestritten der Vereinigung „Tauhid Berlin" angehören (siehe nur die vorgelegte Prozessvollmacht) und für diese gehandelt haben, vor dem Auftreten unter diesem Namen bereits auf weiteren Informationskanälen in kämpferisch-aggressiver Weise gegen die verfassungsmäßige Ordnung agitiert haben. Bis zum Auftreten unter der Bezeichnung „Tauhid Berlin" nutzte die Vereinigung bis ca. Juli 2020 die YouTube- und Telegram-Kanäle „Ahl al Sunnah wal Jamaah" (zu Deutsch etwa „Leute der Prophetentradition und der Gemeinschaft", siehe S. 15 Fn 5 der Verbotsverfügung sowie die Belege Nr. 3 und 15). Ab etwa Juli 2020 nutzte die Vereinigung unter der Bezeichnung „Tauhid Berlin" einen Telegram-Kanal und einen Instagram-Kanal („@tauhid.berlin").

[58] Danach trägt die Verbotsverfügung das Verbot der Klägerin auch unter Außerachtlassen der auf den Telegram- und Instagram-Kanälen „@Jamaa3atuBerlin" veröffentlichten Verlautbarungen:

[59] Bereits am 21.2.2020 ist im WhatsApp-Gruppenchat „Unterhaltung Brüder" der Flyer des Herrn E. „Was ist die Kernbotschaft aller Propheten?" gepostet worden, in dem die Organe demokratisch verfasster Staaten als „Taghut (falscher Gott)" bewertet, ihnen jegliche Legitimation abgesprochen und das Demokratie- und Rechtsstaatsprinzips abgelehnt werden.

[60] Die Freitagspredigt des Herrn E. vom 20.3.2020 (veröffentlicht am 26.3.2020 auf dem Telegram-Kanal „Ahl al Sunnah wal Jamaah", sowie ein von bzw. mit ihm veröffentlichtes YouTube-Video vom 28.6.2020 waren unterlegt mit einem Nashid, dessen Text zwar kaum zu hören, dessen Melodie jedoch zu erkennen war und der in der jihadistischen Szene bekannt ist. Der Text dieses Nashids propagiert den gewaltsamen Kampf gegen Andersdenkende bzw. „Ungläubige", namentlich auch gegen Juden (vgl. Beleg Nr. 15).

[61] Ferner stützt der Beklagte sich zu Recht auf die im Islamunterricht der Frauen vermittelten Lehren und vor allem die weiteren Äußerungen in den Gruppenchats, deren Inhalte und Zuordnung zu den Vereinsmitgliedern nicht ansatzweise bestritten werden.

[62] Am 30.3.2020 postete Herr N. im Gruppenchat „Unterhaltung Brüder" ein Dokument mit dem Titel „10 Angelegenheiten des Tauhid, die jeder Muslim lernen muss. (...)". Darin wird die Unterscheidung zwischen „Muslimen und

Kuffar“ (Ungläubigen) hervorgehoben, die Befolgung („das Gehorchen“) „menschengemachter“ Gesetze als „Shirk“ (Polytheismus) verurteilt, während der Steinigung das Wort geredet und zum Kampf gegen Repräsentanten von Staaten aufgerufen wird, die sich der Scharia widersetzen.

[63] Auch die von Herrn N. am 29.5.2020 im Gruppenchat „Unterhaltung Brüder“ gepostete Audionachricht des Herrn E., in der dieser die Anwendung anderer Gesetze als der Scharia als „Kufr“ (Unglaube) und den Gesetzesanwender als „Kafir“ (Ungläubiger) verurteilt, ist gegen die verfassungsmäßige Ordnung gerichtet. Entsprechend äußert sich Herr E. in einem auf YouTube veröffentlichten Video vom 28.6.2020.

[64] Für die Begründung des Sich-Richtens gegen die Religionsfreiheit stützt sich die Verfügung beanstandungsfrei wiederum auf Äußerungen im Gruppenchat und in Gesprächen der Mitglieder sowie auf das von Herrn E. am 8.7.2020 veröffentlichte YouTube-Video als Erkenntnisquellen.

[65] Die kämpferisch-aggressive Haltung des Vereins wird – neben der auf dem Telegram-Kanal veröffentlichten und hier zugunsten der Klägerin ausklammerbaren „Aqida“ – belegt durch interne Chats und Gespräche, das von N. am 30.32020 gepostete Dokument „10 Angelegenheiten des Tauhid“, die Freitagspredigt des Herrn E. vom 20.3.2020 sowie durch Äußerungen und das Verhalten von Vereinsmitgliedern gegenüber der Polizei am 29.2.2020 und 2.12.2020. All dies stellt die Klägerin mit ihrer unter Zeugenbeweis gestellten Behauptung nicht ansatzweise in Frage.

[66] bb) Hinzukommt, ohne dass es darauf entscheidungstragend noch ankäme, dass die Klägerin sich zu keiner Zeit gegen die – nunmehr von ihr behauptete – Zuschreibung einer Vereinigung unter der Bezeichnung „Jama’atu Berlin“ auf den gleichnamigen Telegram- und Instagram-Kanälen „@Jamaa3atuBerlin“ gewandt, sich diese vielmehr zu eigen gemacht hat.

[67] Auch Texte und Äußerungen, die nicht für die Vereinstätigkeit erstellt oder verwandt worden sind, sind der Vereinigung zuzurechnen, wenn ihr Inhalt von leitenden Mitgliedern der Vereinigung erkennbar befürwortet wird und sie den ideologischen Hintergrund kennzeichnen, vor dem die Verantwortlichen der Vereinigung handeln (BVerwG, Urteil vom 14.5.2014, aaO Rn 35).

[68] Die Klägerin stellt nicht in Abrede, dass es bereits vor der Namensgebung „Tauhid Berlin“ – nach Geschlechtern getrennte – Gruppenaktivitäten der Mitglieder der Vereinigung gegeben hat. Insbesondere fanden bereits zuvor wiederholt religiöse „Unterrichtstreffen“ vor allem unter der Führung der (nach islamischem Ritus angetrauten) Ehefrau des Herrn E. Frau D. statt, an denen jedenfalls „gelegentlich“ (so die Klägerin) auch Frau H. teilnahm (vgl. Beleg 11 S. 7). Der Beklagte geht selbst davon aus, dass der Instagram-Kanal

„@Jamaa3atuberlin“ von Frau H. gepflegt wurde (siehe Schriftsatz des Beklagten vom 2.3.2023 und Beleg 11). Es kann mit der Klägerin unterstellt werden, dass Frau H. daneben auch den Telegram-Kanal „@Jamaa3atuBerlin“ ohne Absprache mit Dritten selbständig betrieben hat.

[69] Denn jedenfalls ist Frau H. nicht als Urheberin der Veröffentlichungen auf diesen Informationskanälen in Erscheinung getreten, sondern hat gezielt den Eindruck vermittelt, die Kanäle würden von der Vereinigung „Jama'atu Berlin“ betrieben. Ebenso hat sie gezielt den Eindruck vermittelt, dass hinter dieser Vereinigung die Gruppierung um die geistige Führungsfigur E. alias D. stehe, etwa indem ein Video von dessen Gebet im Schillerpark und die Einladung zum gemeinsamen Eid-Fest im August 2019 veröffentlicht wurde. Auch das von diesem im Folgejahr geleitete „Eid Gebet – Abu Umar“ wurde auf dem Instagram-Kanal „@Jamaa3atuBerlin“ beworben. Auf dem Telegram-Kanal „@Jamaa3atuBerlin“ wurde ferner unter Bezugnahme auf einen sog. PayPal-MoneyPool des Herrn B. um Spenden „für Geschwister“ geworben. In der Profilbeschreibung des Instagram-Kanals „@tauhid.berlin“ wurde ausdrücklich auf die „Jamaa3atu Berlin für die gesamte Ummah“ Bezug genommen und nicht etwa nur auf eine unbestimmte „Jama'ah“; auf beiden Kanälen wurde ferner das Bild des von Herrn E. geleiteten Gebets anlässlich des Opferfests 2019 gezeigt, worauf die „Jama3a“ bzw. „die Jamā'ah“ betend zu sehen ist. Dieses Bild wurde ferner am 11.8.2019 um 10.27 Uhr auf der Facebook-Seite der Frau D. veröffentlicht und – nahezu identisch – nur eine Minute später auf dem Telegram-Kanal „@Jamaa3atuBerlin“.

[70] Dass zumindest den führenden Mitgliedern der Klägerin die ideologischen Aussagen der Frau H. in den genannten Informationskanälen nicht bekannt waren, behauptet selbst die Klägerin nicht. Obwohl ihr bewusst sein musste, dass jedenfalls in der mit salafistischen Gruppierungen und Bestrebungen vertrauten „Szene“ zumindest ihre führenden Mitglieder als Verantwortliche der Veröffentlichungen unter der Bezeichnung „Jama'atu Berlin‘ wahrgenommen werden, zeigt sie nicht im Ansatz auf, sich von den von Frau H. verbreiteten Inhalten und der Zuschreibung zu den Mitgliedern – insbesondere den geistigen Führungsmitgliedern – der Klägerin distanziert zu haben. Diese Inhalte entsprachen auch ihrem ideologischen Verständnis. Sie sind ihr nach allem zuzurechnen.

[71] 3. Zu Recht hat der Beklagte ebenfalls den Verbotsgrund des Sich-Richtens gegen den Gedanken der Völkerverständigung (§ 3 Abs. 1 Satz 1 Alt. 3 VereinsG) als erfüllt angesehen. Seine diesbezüglichen Ausführungen in der angefochtenen Verbotsverfügung rechtfertigen das Verbot der Klägerin – selbständig tragend – auch dann, wenn man ihre Behauptung, die Telegram- und

Instagram-Kanäle „@Jamaa3atuBerlin“ seien allein von Frau H. ohne Absprache Dritter betrieben worden, als gegeben unterstellt.

[72] a) Die objektiven Voraussetzungen des Verbotsgrunds der Völkerverständigungswidrigkeit sind erfüllt, wenn die ihren Charakter prägende Tätigkeit oder der Zweck einer Vereinigung geeignet ist, den Gedanken der Völkerverständigung schwerwiegend, ernst und nachhaltig zu beeinträchtigen. Das ist der Fall, wenn der Zweck oder die Tätigkeit darauf gerichtet ist, das friedliche Zusammenleben der Völker im Sinne von Art. 26 Abs. 1 Satz 1 GG zu stören, aber auch dann, wenn sein Zweck oder seine Tätigkeit der friedlichen Überwindung der Interessengegensätze von Völkern zuwiderläuft. Dies ist vor allem dann gegeben, wenn Gewalt oder vergleichbar schwerwiegende völkerrechtswidrige Handlungen aktiv propagiert, gefördert und in das Verhältnis von Völkern hineingetragen werden, insbesondere zur Tötung von Menschen aufgefordert wird. In einem solchen Fall ist es für die Erfüllung des objektiven Verbotstatbestandes nicht erforderlich, dass der Verein selbst Gewalt ausübt. Der Verbotsgrund bezieht sich nicht nur auf die friedlichen Beziehungen der Bundesrepublik Deutschland zu fremden Völkern, sondern gleichermaßen auf den Frieden zwischen diesen. Wenn das objektiv gegen den Gedanken der Völkerverständigung gerichtete Verhalten von einem entsprechenden Willen der Vereinigung getragen wird, ist der Verbotsgrund auch in subjektiver Hinsicht verwirklicht (vgl. BVerwG, Urteil vom 14.5.2014, aaO Rn 54 mwN; BVerfG, Beschluss vom 13.7.2018, aaO Rn 112 mwN).

[73] b) Daran gemessen war zum Zeitpunkt des Erlasses der Verbotsverfügung der Verbotsgrund der Völkerverständigungswidrigkeit erfüllt.

[74] aa) Wie der Beklagte in der angefochtenen Verfügung (S. 36–62) im Einzelnen dargelegt hat, wurden namens der Vereinigung „Jama'atu Berlin“ Äußerungen getätigt oder Äußerungen Dritter verbreitet, in denen der bewaffnete Jihad befürwortet, ein Märtyrerkult propagiert, der IS unterstützt, der Antisemitismus befürwortet, Terroranschläge legitimiert und zur Tötung von Menschen und zur Vernichtung von Staaten aufgerufen wurde.

[75] Belegt wird dies etwa durch das Bittgebet vom 5.3.2019, in dem zum bewaffneten Kampf gegen Ungläubige aufgerufen und der Märtyrerkult propagiert wird. Gleiches gilt für die Verherrlichung von Selbstmordattentaten des IS am 20.3.2019 durch die mit einer glorifizierenden Bemerkung versehene Abbildung eines Fahrzeugs zur Verübung eines Selbstmordattentats (sog. SVBIED) und die Glorifizierung des Kampfes des IS vom 21.3.2019 sowie die Veröffentlichung einer (deutsch-sprachigen) Audio-Botschaft eines IS-Kämpfers vom 24.3.2019. Weiterer Beleg ist der den Jihad verherrlichende Post „UNS OBLIEGT DOCH NUR JENEN ZU FOLGEN; DIE VOR UNS WAREN“ sowie die am 5.5.2019

veröffentlichte „Ramadan-Botschaft“ von Anwar Al-Alaki, in der der Kämpfer gedacht werden soll, die den bewaffneten Jihad führen. Auch die Veröffentlichung des Gedichts von Abu Mus'ab Az-Zarqawi, dem früheren Führer von Al-Qaida im Irak, in dem der Jihad propagiert wird, sowie der Post vom 31.10. 2019, in dem der frühere Anführer des IS Abu Bakr al Baghdadi geehrt wird, stützen die Annahme der Völkerverständigungswidrigkeit.

[76] Zutreffend hat der Beklagte die aus diesen Verlautbarungen resultierende Beeinträchtigung des Gedankens der Völkerverständigung als schwerwiegend, ernst und nachhaltig bewertet.

[77] Diese Veröffentlichungen im Namen der „Jama'atu Berlin“ auf den von Frau H. betriebenen Instagram- und Telegram-Kanälen sind der Klägerin ebenfalls zurechenbar. Die obigen Ausführungen zum Verbotsgrund des § 2 Abs. 1 Satz 1 Alt. 2 VereinsG (siehe zu B. II. 2 b) bb)) gelten für den Verbotsgrund der Alternative 3 der Regelung in gleicher Weise, weshalb darauf Bezug genommen werden kann.

[78] bb) Der Verbotsgrund der Völkerverständigungswidrigkeit ist darüber hinaus bereits ungeachtet der Veröffentlichungen unter der Bezeichnung „Jama'atu Berlin“ auf den Instagram- und Telegram-Kanälen gleichen Namens erfüllt, weshalb es auf die von der Klägerin beantragte Beweiserhebung für die Feststellung auch dieses Verbotsgrundes nicht ankam.

[79] Am 2.7.2020 veröffentlichte Herr E. auf youtube ein Video mit dem Titel „Das Folgen, der falschen Gelehrten, ist keine Entschuldigung\Abu Umar“. Dieses Video ist mit einem szenebekannten Nashid der IS-Medienstelle Ajnaad unterlegt, in der es u.a. um die Gefangennahme und Tötung von Apostaten geht.

[80] Bei der auf dem Telegram-Kanal „Ahl al Sunnah wal Jamaah“ veröffentlichten Freitagspredigt des Herrn E. vom 20.3.2020 wurde, wie oben bereits erwähnt, im Hintergrund ein Nashid abgespielt, dessen Text zwar nur schwer verständlich, dessen Melodie aber klar zu erkennen war. Sein in der salafistischen bzw. jihadistischen Szene bekannter und in der Verfügung wiedergegebener Text spricht sich gegen den Gedanken der Völkerverständigung aus, indem er den Märtyrerkult propagiert und zur Gewaltausübung und Tötung von „Tyrannen“ und Juden aufruft.

[81] Mit demselben Nashid ist die Predigt von Herrn E. vom 24.5.2020 unterlegt, die gleichfalls auf dem Telegram-Kanal „Ahl al Sunnah wal Jamaah“ und zudem auf YouTube veröffentlicht wurde.

[82] X. postet am 2.2.2020 in Gruppenchat „Unterhaltung Brüder“ der Männer des Unterrichtskreises, dass die „dreckige, undankbare Menschheit“, die

sich gegenüber Allah auflehne, vernichtet werden solle. Er legitimiert damit Terroranschläge und die Gewaltanwendung zwischen den Völkern.

[83] Am 24.5.2020 postet N. im selben Chat ein Video, in dem offenbar hinterbliebene Frauen und Kinder von IS-Kämpfern im Al-Hawl-Camp in Syrien zu sehen sind. In der dazu verfassten Sprachnachricht bittet Herr N. um Spenden für die gefangenen Geschwister im Al-Hawl-Camp. Er ruft Allah dazu auf, diese zu befreien und „die dreckigen Kuffar", die sie eingesperrt haben, im Diesseits und im Jenseits zu vernichten.

[84] Diese der Vereinigung zurechenbaren Äußerungen beschränken sich nicht auf eine bloße Meinungskundgabe, sondern sind geeignet, den Gedanken der Völkerverständigung schwerwiegend, ernst und nachhaltig zu beeinträchtigen. Sie sind vom Willen der Mitglieder getragen und erfüllen daher den subjektiven Tatbestand des Verbotsgrundes. Einer kämpferisch-aggressiven Haltung bedarf es für die Erfüllung des Verbotsgrundes der Völkerverständigungswidrigkeit nicht.

[85] 4. Das Verhältnismäßigkeitsprinzip, dem im Rahmen eines Vereinsverbots bereits auf Tatbestandsebene Rechnung zu tragen ist (vgl. BVerwG, Urteil vom 14.5.2014 -6 A 3.13-), ist unter Berücksichtigung der Religionsfreiheit (Art. 4 Abs. 1 und 2 GG), insbesondere der religiösen Vereinigungsfreiheit, gewahrt. Der Beklagte hat insoweit unbeanstandet ausgeführt, dass ein milderes Mittel als das Vereinsverbot, namentlich Maßnahmen gegen einzelne Vereinsmitglieder, nicht ausgereicht hätten, der von der Vereinigung ausgehenden Gefahr zu begegnen. Hierauf kann Bezug genommen werden.

[86] III. Da das Verbot der Klägerin keinen materiell-rechtlichen Bedenken begegnet, erweisen sich die weiteren in der angefochtenen Verfügung getroffenen Regelungen (Auflösung der Klägerin, Verbot der Bildung von Ersatzorganisationen, Kennzeichenverbot, Beschlagnahme und Einziehung des Vereinsvermögens), die ihre Rechtsgrundlagen in § 3 Abs. 1 Satz 1 Halbs. 2 und Satz 2 Nr. 1, § 8 Abs. 1 und § 9 Abs. 1 Satz 1 VereinsG finden, als rechtmäßig. Dies gilt gleichermaßen für das konkretisierte Betätigungsverbot und das Gebot, den Betrieb der in Ziff. 5 der Verbotsverfügung genannten Internetseiten unverzüglich abzuschalten. Soweit sich die Klägerin von der Vereinigung „Jama'atu Berlin" distanziert, fehlt es im Übrigen wiederum an einer Verletzung in eigenen Rechten, soweit ein Handeln unter dieser Bezeichnung untersagt worden ist.

20
1. Die im privatrechtlichen Beschäftigungsverhältnis mit der Kirche ausgeübte Repetententätigkeit ist für die Einstellung als Pfarrer auf Probe nicht förderlich.
2. Eine im privatrechtlichen Beschäftigungsverhältnis mit der Kirche ausgeübte Repetententätigkeit ist nicht mit der Tätigkeit von Kandidaten/Kandidatinnen im Predigtamt vergleichbar.

§§ 10 Abs. 1, 11 Nr. 3a BeamtVG
VG Göttingen, Urteil vom 6. April 2023 -4 A 6/21-[1]

Der Kläger begehrt die Anerkennung von Vordienstzeiten als ruhegehaltsfähige Dienstzeit.

Der Kläger schloss 1990 sein Studium der Theologie ab. In dem Zeitraum von 1992 bis 1995 war er als Repetent der Evangelisch-Lutherischen Landeskirche C-Stadt an der theologischen Fakultät der Universität A-Stadt tätig. Von 1995 bis 1997 absolvierte er seinen Vorbereitungsdienst als Kandidat der Theologie (Vikariat) und legte erfolgreich seine zweite theologische Prüfung ab. 1997 wurde er zum Pfarrer auf Probe ernannt und im Jahre 2003 in das Pfarrdienstverhältnis auf Lebenszeit berufen.

Am 9.5.2019 beantragte der Kläger bei der Norddeutschen Kirchlichen Versorgungskasse für Pfarrer und Kirchenbeamte (NKVK), seine Repetententätigkeit im Zeitraum von 1992 bis 1995 als ruhegehaltsfähige Dienstzeit anzuerkennen.

Dies lehnte die NKVK mit Bescheid vom 22.8.2019 mit der Begründung ab, dass diese Tätigkeit entgegen der Voraussetzung nach § 10 BeamtVG nicht mitbestimmend für seine Ernennung zum Beamten (Pfarrer) gewesen sei. Den hiergegen eingelegten Widerspruch wies die NKVK mit Widerspruchsbescheid vom 27.11.2020 mit der gleichen Begründung zurück. Der Kläger sei allein deshalb als Pfarrer eingestellt worden, weil er die hierfür notwendigen Einstellungsvoraussetzungen wie Studium der Theologie, erstes Examen, Vikariat und zweites Examen erfolgreich absolviert habe. Er könne sich auch nicht auf eine Gleichbehandlung mit Kandidaten des Predigtamtes (KdP) berufen. Deren Tätigkeit fände im Gemeindedienst statt und es liege nicht nur ein ein funktioneller innerer, sondern auch ein zeitlicher Zusammenhang mit der später übertragenen ersten Pfarrstelle vor. Denn die KdP würden den Vorbereitungsdienst bereits vor

1 Amtl. Leitsätze. BeckRS 2023, 10497; juris.
Das Urteil ist rechtskräftig

https://doi.org/10.1515/9783111651354-020

Ausübung ihrer Tätigkeit als KdP absolvieren und die spätere Verbeamtung finde in der Regel ohne zeitliche Unterbrechung zu der Tätigkeit als KdP statt, weshalb diese Tätigkeit als ruhegehaltsfähig anerkannt werde. Der Kläger habe bei der Repetententätigkeit auch keine besonderen wissenschaftlichen Fachkenntnisse erworben, die eine notwendige Voraussetzung für die Wahrnehmung seines Amtes als Pfarrer gewesen wäre. Eine Anerkennung als ruhegehaltsfähige Dienstzeit nach § 11 Nr. 3a BeamtVG scheide deshalb ebenfalls aus. Ebenso wenig rechtfertigten die konkreten Umstände – z.B. aufgrund einer entsprechenden Stellenausschreibung – bei der Einstellung des Klägers zum Pfarrer auf Probe die Annahme, die wissenschaftlichen Kenntnisse des Klägers seien notwendige Einstellungsvoraussetzung gewesen. Die Repetententätigkeit könne auch nicht nach § 28 BVG-EKD ganz oder teilweise als ruhegehaltsfähig berücksichtigt werden, weil sie für das erste Amt förderlich gewesen wäre. Denn auch insoweit fehle der notwendige Zusammenhang zu der ersten Stelle des Klägers als Pfarrer.

Mit der am 7.1.2021 erhobenen Klage verfolgt der Kläger sein Begehren weiter und rügt insbesondere seine Ungleichbehandlung gegenüber Kandidaten im Predigtamt. Diese hätten genauso wie er Studium, erstes Examen, Vikariat und zweites Examen erfolgreich absolviert. Demzufolge müssten auch sie als Pfarrer eingestellt worden sein, weil sie die notwendigen Einstellungsvoraussetzungen hierfür erfüllt hätten. Dennoch würden ihre Dienstzeiten als KdP als ruhegehaltsfähig anerkannt. Dies sei nach der eigenen Argumentation der Beklagten nicht nachvollziehbar.

Entgegen der Darstellung der Beklagten bestehe zwischen seiner Repetentätigkeit an der theologischen Fakultät der Universität A-Stadt und seiner Übernahme in das Pfarramt auch ein Zusammenhang. Denn er habe diese Tätigkeit im Auftrag der Beklagten ausgeübt. Ebenso sei seine Promotion, die er während dieser Zeit geschrieben habe, für seine spätere Tätigkeit im Pfarramt von Bedeutung und von der Beklagten gewünscht gewesen. Seine Repetententätigkeit und seine Promotion seien deshalb förderlich im Sinne von § 28 Abs. 2 BVG-EKD gewesen. Es sei nicht ersichtlich, dass die Beklagte mit Blick hierauf nach § 28 Abs. 2 BVG-EKD eine Ermessensentscheidung getroffen habe.

Seine Repetententätigkeit habe auch einen Bezug zu seiner ersten Pfarrstelle gehabt. Denn die Beklagte habe ihm mit Blick auf seine vorherigen Tätigkeiten wie Studium, drei Semester wissenschaftlicher Mitarbeiter am Lehrstuhl Professor K., 37 Monate Repetententätigkeit, Promotion und Vikariat eine Stelle als Pfarrer auf Probe mit dem Ziel der Berufung in ein Pfarrdienstverhältnis auf Lebenszeit angeboten. Hätte er, der Kläger, gewusst, dass seine Repetententätigkeit nicht als ruhegehaltsfähig anerkannt würde, hätte er diese Tätigkeit verlängert oder sich anderweitig beschäftigen lassen, um die Wartezeit in der gesetzlichen Rentenversicherung (60 Monate) erfüllen zu können. Im Übrigen hätte die Beklagte ihn darauf hinweisen müssen, dass seine Repetententätigkeit nicht ruhegehaltsfähig sei.

Die Klage hatte keinen Erfolg.

Aus den Gründen:

[14] Dem Kläger steht gegenüber der Beklagten kein Anspruch auf Anerkennung seiner Repetententätigkeit im Zeitraum F. 1992 bis G. 1995 als ruhegehaltsfähige Dienstzeit zu (§ 113 Abs. 5 Satz 1 VwGO). Der Ablehnungsbescheid vom 22.8.2019 und der Widerspruchsbescheid vom 27.11.2020 sind rechtmäßig und verletzen den Kläger daher nicht in seinen Rechten (§ 113 Abs. 1 Satz 1 VwGO).

[15] Ein Anspruch des Klägers auf Anerkennung seiner Repetententätigkeit als ruhegehaltsfähig ergibt sich nicht daraus, dass der Kläger – wie er in der mündlichen Verhandlung vom 6.4.2023 erstmals vorgetragen hat – diese Tätigkeit in einem öffentlich-rechtlichen Dienstverhältnis ausgeübt hätte. Für ein öffentlich-rechtliches Dienstverhältnis spricht nicht, dass die Vergütung des Klägers nach A13 bemessen wurde. Ebenso wenig spricht der Umstand, dass die Beklagte ihn bei der Zusatzversorgungskasse der Evangelisch-Lutherischen Landeskirche C-Stadt angemeldet hat, für eine öffentlich-rechtliche Tätigkeit. Hieraus geht im Gegenteil hervor, dass der Kläger als Repetent privatrechtlich beschäftigt war. Denn bei der Zusatzversorgung durch die Zusatzversorgungskasse handelt es sich um eine Zusatzversorgung für privatrechtlich Beschäftigte der Landeskirche C-Stadt, die neben einer Versorgung durch den gesetzlichen Rentenversicherungsträger steht. Wäre der Kläger als Repetent in einem öffentlich-rechtlichen Dienstverhältnis beschäftigt gewesen, hätte er in der öffentlich-rechtlichen Altersversorgungsstelle der Landeskirche C-Stadt angemeldet werden müssen und – was vor allem entscheidend ist – eine Ernennungsurkunde über seine Berufung in ein öffentlich-rechtliches Dienstverhältnis erhalten müssen. Diese Voraussetzungen liegen aber unstreitig nicht vor.

[16] Einschlägige Rechtsvorschriften für das Klagebegehren sind vielmehr das Kirchengesetz über die Besoldung und Versorgung der Pfarrerinnen und Pfarrer sowie der Kirchenbeamtinnen und Kirchenbeamten in der Evangelischen Kirche in Deutschland (Besoldungs- und Versorgungsgesetz der EKD – BVG-EKD) in der Bekanntmachung der Neufassung vom 15.4.2021 (ABl. EKD S. 101), Berichtigung vom 15.5.2021 (ABl. EKD S. 132) i.V.m. dem Beamtenversorgungsgesetz (BeamtVG).

[17] Gemäß § 1 Abs. 1 Satz 1 BVG-EKD regelt das Kirchengesetz die Besoldung und Versorgung der Pfarrerinnen und Pfarrer in einem öffentlich-rechtlichen Pfarrdienstverhältnis, der Kirchenbeamtinnen und Kirchenbeamten, der Vikarinnen und Vikare in einem öffentlich-rechtlichen Dienstverhältnis sowie der Anwärterinnen und Anwärter der Evangelischen Kirche in Deutschland, der Gliedkirchen und gliedkirchlichen Zusammenschlüsse. Nach § 2 Abs. 1 BVG-EKD richten sich Besoldung und Versorgung nach den entsprechend anzuwendenden Bestimmungen des für die Bundesbeamtinnen und Bundesbeamten jeweils geltenden Besoldungs- und Versorgungsrechts, soweit in diesem Kirchengesetz oder aufgrund dieses Kirchengesetzes nicht etwas anderes bestimmt ist.

[18] Nach § 10 Abs. 1 BeamtVG sollen auch folgende Zeiten als ruhegehaltfähig berücksichtigt werden, in denen ein Beamter vor der Berufung in das Beamtenverhältnis im privatrechtlichen Arbeitsverhältnis im Dienst eines öffentlich-rechtlichen Dienstherrn ohne von dem Beamten zu vertretende Unterbrechung tätig war, sofern diese Tätigkeit zu seiner Ernennung geführt hat:

[19] 1. Zeiten einer hauptberuflichen in der Regel einem Beamten obliegenden oder später einem Beamten übertragenen entgeltlichen Beschäftigung oder

[20] 2. Zeiten einer für die Laufbahn des Beamten förderlichen Tätigkeit.

[21] Für eine Anerkennung der streitbefangenen Tätigkeit als ruhegehaltsfähig kommt hier allein eine Anerkennung nach Nummer 2 in Betracht.

[22] Voraussetzung dabei ist, dass zwischen der Tätigkeit im privatrechtlichen Arbeitsverhältnis und der Ernennung in funktioneller und zeitlicher Hinsicht ein innerer Zusammenhang bestanden hat. Der funktionelle Zusammenhang besteht dann, wenn die Ernennung wesentlich auf die Fähigkeiten und Erfahrungen zurückzuführen ist, die der Beamte durch die vordienstliche Tätigkeit erworben hat. Die vordienstliche Tätigkeit stellt einen wesentlichen Grund für die Ernennung dar, wenn sie die spätere Dienstausübung als Beamter/Beamtin entweder ermöglicht oder doch erleichtert und verbessert hat. Das Erfordernis des funktionellen Zusammenhangs zwischen vordienstlicher Tätigkeit und Ernennung umfasst die weitere gesetzliche Voraussetzung, dass es sich dabei um eine für die Laufbahn des Beamten förderliche Tätigkeit gehandelt haben muss. In zeitlicher Hinsicht muss die förderliche Tätigkeit der Ernennung unmittelbar vorangegangen sein und es darf keine vom Beamten zu vertretende Unterbrechung vorgelegen haben. Dabei ist mit der Ernennung die Ernennung zum Beamten auf Probe gemeint, nicht die Ernennung zum Beamten auf Widerruf bei Eintritt in den Vorbereitungsdienst (VG Bayreuth, Urteil vom 29.9.2020 -B K 19.385- mit umfangreichen weiteren Rechtsprechungshinweisen).

[24] Hieran gemessen erfüllt die Tätigkeit des Klägers als Repetent am Fachbereich Theologie der Universität A-Stadt die Voraussetzungen des § 10 Abs. 1 Satz 1 BeamtVG nicht. Es fehlt sowohl an dem notwendigen funktionellen (dazu unter a) als auch an dem zeitlichen (dazu unter b) Zusammenhang.

[25] a) Die Ernennung des Klägers unter Berufung in das Pfarrdienstverhältnis auf Probe mit Wirkung vom 1.11.1997 ist nicht wesentlich auf die Fähigkeiten und Erfahrungen zurückzuführen, die der Kläger durch seine Tätigkeit als Repetent erworben hat.

[26] Es ist grundsätzlich davon auszugehen, dass die für eine Laufbahn erforderlichen Fähigkeiten und Kenntnisse vollumfänglich und in ausreichendem Maße im Vorbereitungsdienst erworben und durch die Laufbahnprüfung nachgewiesen werden. Kenntnisse und Erfahrungen, die – wie im Fall des Klägers – vor Beginn des Vorbereitungsdienstes erworben wurden, treten dann regelmäßig in den Hintergrund und stehen nicht im erforderlichen funktionellen Zusammenhang zu dem maßgeblichen Beamtendienst (s. VG Bayreuth, aaO mit weiteren Rechtsprechungshinweisen).

[27] Etwas anderes kann allenfalls dann gelten, wenn die Vortätigkeit gewissermaßen eine Bedingung für den Eintritt in den Vorbereitungsdienst gewesen ist. Das kann beispielsweise dann der Fall sein, wenn der Vorbereitungsdienst vornehmlich Angehörigen des öffentlichen Dienstes offensteht, die als Angestellte über bestimmte Vorerfahrungen verfügen (s. VG Bayreuth, aaO mit weiteren Rechtsprechungshinweisen).

[28] Vorliegend ist nicht davon auszugehen, dass die Tätigkeit des Klägers als Repetent Grundlage für seinen Eintritt in den Vorbereitungsdienst mit dem Ziel, die Befähigung für die Laufbahn des höheren Dienstes zu erlangen (s. § 8 Verordnung über die Laufbahnen der Kirchenbeamtinnen und Kirchenbeamten der Evangelischen Kirche in Deutschland (Laufbahnverordnung der EKD-LBVO) vom 3.9.2010 (Abl. EKD 2010 S. 294) in der Änderungsfassung vom 12.11.2014 (Abl. EKD 2014 S. 361)) war, sondern seine Übernahme in die Laufbahn des höheren Dienstes aufgrund des vorangegangenen Studiums bzw. des in diesem erworbenen Abschlusses erfolgte. Es ist weder vorgetragen noch erkennbar, dass die Zulassung zum Vorbereitungsdienst für die Laufbahn des höheren Dienstes früheren Angestellten oder Arbeitern im Dienst eines öffentlichen Dienstherrn vorbehalten war oder dass der Kläger wegen der vorher geleisteten Tätigkeit als „Repetent" bei der Beklagten zum Vorbereitungsdienst zugelassen wurde. Dass die Vorbeschäftigungszeit – wie der Kläger meint – nach dem Übertritt in den höheren Pfarrdienst noch in dem Sinne fortgewirkt habe, dass die in dieser Zeit erworbenen Fähigkeiten und Kenntnisse zumindest mit maßgebend für seine Ernennung gewesen seien, bleibt eine reine Behauptung und ist nicht

belegt. Steht – wie im vorliegenden Fall – die Zulassung zum beamtenrechtlichen Vorbereitungsdienst allen Bewerbern offen, die die sonstigen Voraussetzungen dafür erfüllen, so kann im Allgemeinen davon ausgegangen werden, dass für die der Ableistung des Vorbereitungsdienstes folgende Anstellung des Beamten im funktionellen Sinn die während des Vorbereitungsdienstes erworbenen und durch die Prüfung nachgewiesenen Fähigkeiten und Kenntnisse allein ausreichen und ausschlaggebend sind. Fähigkeiten und Erfahrungen, die in einem dem Vorbereitungsdienst vorangegangenen privatrechtlichen Arbeitsverhältnis erworben worden sind, treten demgegenüber zurück und haben für die spätere Beamtenernennung nicht mehr die für die Anrechnung gemäß § 10 BeamtVG erforderliche Bedeutung (vgl. VG Bayreuth, aaO).

[29] Darüber hinaus war die vom Kläger im privatrechtlichen Arbeitsverhältnis verrichtete Tätigkeit, bei der es offenbar hauptsächlich um die Erstellung seiner Dissertation ging – lt. Verwaltungsvorgang beantragte und erhielt der Kläger eigens zur Fertigstellung seiner Dissertation eine Verlängerung seiner Repetententätigkeit von zwei auf drei Jahre für seine spätere Tätigkeit als Pfarrer – auch nicht förderlich. Die Einzelrichterin ist davon überzeugt, dass der Kläger seine Dissertation überwiegend im privaten Interesse geschrieben hat, um einen Doktortitel zu erlangen. In den Verwaltungsvorgängen der Beklagten finden sich keinerlei Anhaltspunkte dafür, dass die Beklagte ein eigenes besonderes oder überwiegendes Interesse daran hatte, einen promovierten Pfarrer auf Probe einzustellen. Auch, soweit der Kläger während seiner Repetententätigkeit an der Universität A-Stadt im Wintersemester Klausurenkurse im Fach Dogmatik und im Sommersemester eine Übung angeboten hatte, steht auch diese Lehrtätigkeit in keinerlei Zusammenhang mit dem späteren Aufgabenbereich als Pfarrer, weshalb sie ebenfalls nicht als förderlich i.S.v. § 10 Abs. 1 Nr. 2 BeamtVG bewertet werden kann. An dem Ergebnis ändert auch nichts, dass sich in der Versorgungsakte des Klägers eine Gesprächsnotiz vom 2.2.2004 findet, wonach KVR in einem Gespräch mit Mitarbeiter/innen des NKVK und LKA erklärt habe, dass Repetenten immer im kirchlichen Interesse tätig seien (Bl. 23 Beiakte 001). Die Frage, ob die Repetententätigkeit i.S.v. § 10 Abs. 1 Nr. 2 BeamtVG förderlich ist, ist nicht mit einem kirchlichen Interesse an der Tätigkeit gleichzusetzen. Nach alledem war die Tätigkeit des Klägers als Repetent nicht im vorgenannten Sinne kausal für die Übernahme in das Pfarrdienstverhältnis zum 1.11.1997.

[30] b) Unabhängig davon fehlt es zudem an dem notwendigen inneren zeitlichen Zusammenhang zwischen der Vordiensttätigkeit und der Ernennung zum Beamten auf Probe. Dieser ist nur dann gegeben, wenn sich an die in § 10 BeamtVG genannte Tätigkeit unmittelbar eine Beamtentätigkeit oder eine nicht

vom Beamten zu vertretende Unterbrechung bis zur Beamtenernennung anschließt. Daher sind Beschäftigungszeiten, an die sich zunächst noch Tätigkeiten im Sinne der § 11 und § 12 BeamtVG anschließen, später nicht auf die ruhegehaltsfähige Dienstzeit anzurechnen (VG Bayreuth, aaO Rn 27 mit weiteren Rechtsprechungshinweisen). Vorliegend hat sich an die streitgegenständliche Tätigkeit des Klägers als Repetent aber zunächst der Vorbereitungsdienst angeschlossen.

[31] Soweit sich der Kläger darauf beruft, dass sein Werdegang und die Nichtberücksichtigung seiner streitigen Vordienstzeiten mit einer Ungleichbehandlung gegenüber „Kandidaten im Predigtamt" einhergehe, liegt eine Verletzung des Gleichbehandlungsgrundsatzes i.S.v. Art. 3 Abs. 1 des Grundgesetzes (GG) nicht vor.

[32] Regelungen zum „Kandidaten des Predigtamtes" finden sich im Kirchengesetz über die Rechtsstellung und die Ausbildung der Kandidaten und Kandidatinnen für das Amt des Pfarrers und der Pfarrerin (Kandidatengesetz – KandG) vom 26.10.1990 (KABl. 1990, S. 131), zuletzt geändert durch Artikel 4 des Kirchengesetzes vom 26.11.2021 (KABl. 2021, S. 143, 145). Danach kann, wer die zweite Theologische Prüfung bestanden hat und nicht alsbald in das Dienstverhältnis zum Pfarrer auf Probe berufen wird, auf seinen Antrag vom Landeskirchenamt zum Kandidaten des Predigeramtes nach näherer Bestimmung des § 29 oder § 30 ernannt werden, wenn ein kirchliches Bedürfnis besteht (§ 28 Abs. 1 KandG). Der Kandidat des Predigtamtes ist ehrenamtlich tätig (§ 29 KandG), es sei denn, er wird in ein öffentlich-rechtliches Dienst- und Treueverhältnis zur Landeskirche auf Widerruf berufen. In diesem Fall erhält er oder sie Bezüge nach Maßgabe der für die öffentlich-rechtlich Bediensteten der Landeskirche geltenden Bestimmungen sowie nach Maßgabe der Rechtsverordnung gemäß § 31 (§ 30 KandG).

[33] Auch wenn dies in den zitierten Vorschriften nicht ausdrücklich vorgesehen ist, werden Kandidaten des Predigtamtes lt. Angabe des Beklagtenvertreters in der mündlichen Verhandlung überwiegend in einem privatrechtlichen Arbeitsverhältnis beschäftigt, sodass insoweit noch eine Vergleichbarkeit mit dem Kläger gegeben ist. Eine Vergleichbarkeit scheidet aber deshalb aus, weil eine Tätigkeit im Predigtamt voraussetzt, dass die Kandidaten den Vorbereitungsdienst bereits absolviert und die zweite Theologische Prüfung bestanden haben. Der Kläger hat seinen Vorbereitungsdienst aber erst nach seiner Repetententätigkeit absolviert und auch die zweite Theologische Prüfung erst danach bestanden. Für den Fall, dass Kandidaten des Predigtamtes gemäß § 30 KandG in ein öffentlich-rechtliches Dienst- und Treueverhältnis zur Landeskirche auf Widerruf berufen werden, scheidet eine Vergleichbarkeit mit dem Klä-

ger ebenfalls aus. Denn in diesem Fall folgt die Anerkennung der Dienstzeit im Predigtamt als ruhegehaltsfähig bereits daraus, dass in einem öffentlich-rechtlichen Dienstverhältnis geleistete Dienstzeiten entsprechend den Regelungen für Bundesbeamte ruhegehaltsfähig sind (§ 2 Abs. 1 BVG-EKD i.V.m. § 6 BVG).

[34] Zudem ist die Tätigkeit im Predigtamt im Gegensatz zur Repetententätigkeit für die spätere Tätigkeit als Pfarrer oder Pfarrerin auch förderlich. Denn die Kandidaten werden mit dem Dienst in einer Kirchengemeinde beauftragt, nehmen gegebenenfalls an Sitzungen des Kirchenvorstandes (§ 28 Abs. 6 KandG) und an den Beratungen des Pastorenkonvents sowie an den Pastorenkonferenzen als Gast teil (§ 28 Abs. 7 KandG). Demnach bereitet die Tätigkeit als Kandidat des Predigtamtes offensichtlich auf die spätere Tätigkeit als Pfarrer bzw. Pfarrerin vor und dürfte damit unzweifelhaft förderlich für diese Tätigkeit sein.

[35] Der Kläger hat auch keinen Anspruch darauf, dass seine Repetententätigkeit nach § 11 Nr. 3a) BeamtVG als ruhegehaltsfähige Dienstzeit berücksichtigt wird. Danach kann die Zeit, während der ein Beamter vor der Berufung in das Beamtenverhältnis auf wissenschaftlichem, künstlerischem, technischem oder wirtschaftlichem Gebiet besondere Fachkenntnisse erworben hat, die die notwendige Voraussetzung für die Wahrnehmung seines Amtes bilden, als ruhegehaltsfähige Dienstzeit berücksichtigt werden. Hier kommt allein die erste Alternative von Nr. 3a) in Betracht. Es gibt allerdings keinerlei Anhaltspunkte dafür, dass die vom Kläger während der Repetententätigkeit erworbenen wissenschaftlichen Fachkenntnisse die notwendige Voraussetzung für die Wahrnehmung seines Amtes als Pfarrer bilden.

[36] „Notwendig“ sind besondere Fachkenntnisse im Sinne der Vorschrift nur dann, wenn sie für die Erfüllung der dem Beamten/der Beamtin übertragenen Aufgaben zwingend gefordert waren, sei es aus tatsächlichen Gründen oder aufgrund von Laufbahn- oder Prüfungsvorschriften. Nicht ausreichend ist es hingegen, wenn sie „nur“ nützlich, dienlich oder förderlich waren. Entscheidend ist, ob dem Beamten/der Beamtin das Amt auch ohne diese Fachkenntnisse übertragen worden wäre (vgl. Nds. OVG, Urteil vom 5.11.2013 -5 LB 57/13-). Der Begriff des „Amtes“ ist in diesem Sinne auf das Amt bzw. den Dienstposten bezogen, dessen Übertragung die anstellende Behörde konkret in Aussicht genommen hat und den sie dem Betreffenden/der Betreffenden als ersten zugewiesen hat (vgl. Nds. OVG, aaO). Dabei reicht es nach der Rechtsprechung des Nds. OVG aus, wenn die Einstellung aufgrund tatsächlicher Gründe besondere Fachkenntnisse zwingend vorausgesetzt hat. Daher scheidet die Einordnung als „notwendig“ nicht schon aus, weil die Repetententätigkeit keine zwingende Voraussetzung für die Wahrnehmung des Amtes als Pfarrer auf Probe ist. Denn

es sind auch solche Erfordernisse zu berücksichtigen, die für das Berufsfeld nicht regelmäßig, aber im Einzelfall aufgrund konkreter Bedürfnisse des Einstellenden gefordert werden. So hat das Nds. OVG die im Rahmen einer vordienstlichen Berufstätigkeit erworbenen EDV-Kenntnisse eines Berufsschullehrers als „notwendig" eingestuft (s. Nds. OVG, aaO), obwohl für eine Einstellung als Berufsschullehrer für Betriebswirtschaft und Informatik grundsätzlich die im Studium erworbenen EDV-Kenntnisse ausgereicht hätten. Entscheidend war aber, dass die Schule für die Besetzung der konkreten Stelle unter anderem wegen eines geplanten Ausbaus des EDV-Konzeptes der Schule eine Person gesucht hat, die besondere Kenntnisse im EDV-Bereich hat. Wegen dieses speziellen Anforderungsprofils war sie gerade an den Kläger herangetreten (vgl. Nds. OVG, aaO, insb. Rn 35).

[37] Ein vergleichbarer Fall liegt hier nicht vor. Es ist nicht ersichtlich und wurde vom Kläger auch nicht vorgetragen, dass die Beklagte den Kläger insbesondere aufgrund der während seiner Repetententätigkeit erworbenen wissenschaftlichen Fachkenntnisse in das öffentlich-rechtliche Dienstverhältnis als Pfarrer auf Probe berufen hat. Diese Fachkenntnisse bilden daher nicht die notwendige Voraussetzung für die Wahrnehmung seines Amtes als Pfarrer. Demnach liegen bereits die Tatbestandsvoraussetzungen von § 11 Nr. 3a) BeamtVG nicht vor, sodass die Beklagte auch keine Ermessensentscheidung mehr treffen musste.

[38] Der Kläger kann sein Begehren auch nicht auf § 28 Abs. 2 Satz 1 und Satz 2 BVG-EKD stützen. Nach § 28 Abs. 2 Satz 1 BVG-EKD können Zeiten einer hauptberuflichen Beschäftigung als ruhegehaltsfähig berücksichtigt werden, soweit sie für das zuerst übertragene kirchliche Amt förderlich sind. Nach Satz 2 können ergänzend zu den §§ 10 und 11 des Beamtenversorgungsgesetzes andere Zeiten einer hauptberuflichen Beschäftigung, die für das zuerst übertragene kirchliche Amt förderlich sind, ganz oder teilweise berücksichtigt werden.

[39] Demnach handelt es sich um eine Ermessensvorschrift, weshalb der Kläger unter Berücksichtigung von § 49 Abs. 2 BeamtVG zur Zeit gar keinen Anspruch auf eine Ermessensentscheidung der Beklagten nach dieser Vorschrift hat. Nach § 49 Abs. 2 BeamtVG dürfen Entscheidungen über die Bewilligung von Versorgungsbezügen aufgrund von Kannvorschriften erst beim Eintritt des Versorgungsfalles getroffen werden; vorherige Zusicherungen sind unwirksam.

[40] Unabhängig davon liegen aber auch die Tatbestandsvoraussetzungen von § 28 Abs. 2 BVG-EKD nicht vor. Es kann dahingestellt bleiben, ob – wie der Kläger meint – der Begriff „förderlich" im Sinne dieser Vorschrift anders und weiter auszulegen ist als in den §§ 10, 11 BeamtVG, weil ansonsten für diese Vorschrift gar kein Anwendungsbereich verbliebe. Denn auch § 28 Abs. 2 BVG-

EKD fordert neben der Förderlichkeit den zeitlichen Zusammenhang der förderlichen Beschäftigung mit dem zuerst übertragenen kirchlichen Amt. An diesem zeitlichen Zusammenhang fehlt es hier aber (s.o.).

[41] Entgegen der Ansicht des Klägers war die Beklagte auch nicht aufgrund ihrer Fürsorgepflicht verpflichtet, dem Kläger ohne entsprechenden Antrag mitzuteilen, welche Berufszeiten ruhegehaltsfähig sind. So weit reicht die Fürsorgepflicht nicht. Vom Kläger konnte erwartet werden, dass er sich eigenständig um seine Altersversorgung und die damit zusammenhängenden Fragen kümmert.

21

1. Kommt eine aufgrund Vereinsmitgliedschaft und zur Förderung des Vereinszwecks zu erbringende fremdbestimmte, weisungsgebundene Tätigkeit ihrer Verbindlichkeit nach einer arbeitsvertraglichen Pflicht gleich, ist jedenfalls dann zwingend von einem Arbeitsverhältnis auszugehen, wenn die beschäftigte Person nicht aufgrund ihrer Arbeitsleistung ähnlich einem Arbeitnehmer sozial geschützt ist. Als unabdingbarer Mindestschutz auf Entgeltebene ist dabei der gesetzliche Mindestlohn zu garantieren.

2. Die verfassungsrechtlichen Gewährleistungen gemäß Art 140 GG i.V.m. Art. 137 Abs. 3 WRV und Art. 4 Abs. 1 und 2 GG eröffnen die Möglichkeit, Mitglieder eines Ordens oder Singularinstituts der katholischen Kirche oder evangelische Diakonissen in kirchlichen Einrichtungen nicht als Arbeitnehmer zu beschäftigen, obwohl sie weisungsgebundene Arbeit in persönlicher Abhängigkeit verrichten. Dies gilt, wenn der Dienst ausschließlich vom religiösen Bekenntnis geprägt ist. Weltanschauungsvereinigungen sind verfassungsrechtlich Religionsgesellschaften insofern gleichgestellt.

3. Unter Religion oder Weltanschauung ist eine mit der Person des Menschen verbundene Gewissheit über bestimmte Aussagen zum Weltganzen sowie zur Herkunft und zum Ziel des menschlichen Lebens zu verstehen. Die Religion legt eine den Menschen überschreitende und umgreifende („transzendente") Wirklichkeit zugrunde, während sich die Weltanschauung auf innerweltliche („immanente") Bezüge beschränkt. Neben dem transzendenten Bezug ist auch ein Mindestmaß an Systembildung und Weltdeutung notwendig.

4. Religionsgesellschaften i.S.v. Art. 137 WRV, die mit dem im Grundgesetz ebenfalls verwendeten Begriff der Religionsgemeinschaft (Art. 7 Abs. 3 Satz 2 GG) identisch sind, sind Verbände mit dem Zweck, gemeinsam religiöse Überzeugung zu betätigen. Der Zusammenschluss muss auf eine umfassende Überzeugung des ihn prägenden religiösen Konsenses durch ein Bekenntnis nach

https://doi.org/10.1515/9783111651354-021

außen abzielen und die umfassende Erfüllung aller religiös motivierten Aufgaben, die er stellt, anstreben.
5. Eine spirituelle Gemeinschaft, die nicht auf einem Mindestmaß an Systembildung und Weltdeutung beruht, ist weder aufgrund des durch Art. 140 GG i.V.m. Art. 137 Abs. 3 WRV garantierten Selbstbestimmungsrechts noch aufgrund der der korporativen Religionsfreiheit des Art. 4 Abs. 1 und 2 GG berechtigt, sich eine innere Ordnung zu schaffen, nach deren Maßgabe ausschließlich vom Gemeinschaftszweck geprägte Dienste nicht dem staatlichen Arbeitsrecht unterworfen sind.

Artt. 4 Abs. 1 und 2, 140 GG, Art. 137 Abs. 3 WRV, § 611a Abs. 1 BGB
BAG, Urteil vom 25. April 2023 -9 AZR 253/22-[1]

Die Klägerin verlangt von dem Beklagten die Zahlung gesetzlichen Mindestlohns für die Zeit vom 1.1.2017 bis zum 30.6.2020.

Der Beklagte ist ein gemeinnütziger Verein mit Sitz in H. In seiner Satzung heißt es auszugsweise:

> „Präambel
> ‚Yoga V‘, die ‚Wissenschaft des Yoga‘, hat sich in Indien in vielen Jahrhunderten entwickelt.
> Die Weisheit, Übungen und Techniken des Yoga können gerade im Leben des modernen westlichen Menschen sehr wertvoll sein. Die Wissenschaft des Yoga in ihrem gesamten Spektrum umfasst Techniken auf den Gebieten der Gesundheitsvorsorge, Heilung, Körper- und Energie-Arbeit, Psychologie, Selbstfindung, Selbstverwirklichung und der spirituellen und religiösen Entwicklung für ein Leben in Harmonie mit den kosmischen Gesetzen.
> Der Yoga V e.V. steht in der Tradition des indischen Arztes und Yoga Meisters Swami S und bezieht in seiner Arbeit Yoga in seinem ganzen Spektrum sowohl klassischer wie auch moderner Entwicklungen mit ein. Yoga ist ein ganzheitliches, offenes Übungssystem, das mit Techniken, Weisheitslehren, Philosophiesystemen und Praktiken aus Indien und anderen östlichen und westlichen Kulturen verbunden werden kann und wird. Dazu gehören insbesondere, aber nicht nur, Ayurveda, Vastu (indische Wohnraumlehre) und andere vedische Wissenschaften; tibetische Medizin, Thai Medizin, Shiatsu, Tai Chi, westliche Schulmedizin, Naturheilkunde und andere Medizinsysteme; Ernährungskunde, Massage, Wellness-Wissenschaften; westliche Psychotherapie und Psychologie einschl. Sterbebegleitung; westliche und östliche Philosophie; Tanz, bildende Kunst, Literatur, Theater und Musik aus verschiedenen Kulturen; spirituelle Praktiken aus Buddhismus,

---

1 Amtl. Leitsätze. BAGE 180, 349; juris; NZA 2023, 1175.
Das Urteil ist rechtskräftig. Die unter dem Aktenzeichen -1 BvR 2244/23- eingelegte Verfassungsbeschwerde wurde durch Beschluss des BVerfG vom 2.7.2024 nicht zur Entscheidung angenommen. Vgl. auch die Parallelentscheidung BAG, Urteil vom 25.4.2023 (-9 AZR 254/22-).

Hinduismus, Christentum, Taoismus und anderen Weltreligionen; Sport, fernöstliche Selbstverteidigungskünste; Ethnologie, Anthropologie, Geschichtswissenschaft und andere universitäre Wissenschaften. Durch diese Verbindungen kann Yoga auch einen wertvollen Beitrag zur Völkerverständigung und zum Dialog der Kulturen leisten. Im Zeitalter der Spezialisierung kann Yoga zur Verbindung und Integration beitragen.
Wie im klassischen Indien kann die Übung des Yoga auch mit beruflicher Ausbildung, Weiterbildung und Fortbildung, Erlernen von Fremdsprachen und anderen beruflichen Fähigkeiten verbunden werden.
Der Yoga V e.V. ist einem humanistisch-spirituellen Welt- und Menschenbild verpflichtet, das von Respekt zu allen Menschen unabhängig ihrer religiösen, kulturellen, ethnischen Herkunft und sexuellen Orientierung geprägt ist und steht auf der Basis des Grundgesetzes der Bundesrepublik Deutschland und der freiheitlich-demokratischen Grundordnung.
Die im Yoga V e.V. vereinigten Mitglieder fühlen sich verpflichtet, den Menschen durch die Verbreitung der Wissenschaft des Yoga und verwandter Übungs-systeme zu dienen.
...
§ 2 Zweck des Vereins
Der Zweck des Vereins ist die Volksbildung durch die Verbreitung des Wissens, der Lehre, der Übungen und der Techniken des Yoga und verwandter Disziplinen sowie die Förderung der Religion. Der Verein verfolgt ausschließlich und unmittelbar gemeinnützige Zwecke im Sinne des Abschnitts ‚steuerbegünstigte Zwecke' der Abgabenordnung. Der Satzungszweck wird insbesondere verwirklicht durch
(1) Errichtung von Zentren, in denen Yoga und verwandte Diszi-plinen gelehrt werden
(2) Errichtung von Yoga Seminarhäusern
(3) Schaffung von Yoga V Sevaka Gemeinschaften, in denen in alter indischer religiöser Ashram- und Kloster-Tradition Menschen in Lebensgemeinschaften zusammenleben, die sich ganz der spirituell-religiösen Praxis widmen im Sinne von Sadhana (spirituelle Übung), Satsang (gemeinsame Meditation, Mantrasingen, Lesung, Lichtzeremonie), Sattwa (spiritueller Lebensstil) und Seva (uneigennütziger Dienst). Durch solche funktionierende Sevaka Gemeinschaften werden friedvolle geschützte Orte geschaffen und gewahrt, an denen auf Grundlage gemeinsamer Werte, Prinzipien und gelebter Ashramregeln die uralte spirituell-religiöse Tradition von Yoga Vedanta praktiziert und gelehrt wird
(4) Durchführung von Kursen, Workshops, Wochenenden, Seminaren, Veranstaltungen und Vorträgen, in denen die verschiedensten Aspekte des Yoga und verwandter Disziplinen gelehrt werden, sowohl im In- wie auch im Ausland
(5) Durchführung von Ausbildungen, Weiterbildungen und Fortbildungen, auch im Hochschulbereich, auf dem Gebiet des Yoga und verwandter Disziplinen
(6) Durchführung von Kursen, Workshops, Wochenenden, Seminaren, Veranstaltungen, Vorträgen, Ausbildungen, Weiterbildungen und Fortbildungen auf gesundheitlichen, psychologischen, kulturellen, beruflichen, spirituellen, philo-sophischen, religiösen und anderen Gebieten, die auch von Volkshochschulen und anderen volksbildnerisch gemeinnüt-zigen Bildungsträgern durchgeführt werden könnten, sofern diese Veranstaltungen in Zusammenhang mit Yoga im weiteren Sinn stehen oder Yoga Übungen ein wichtiger Teil der Veranstaltungen ausmachen
(7) Durchführung von spirituellen und religiösen Übungen, religiösen Ritualen, Studium der klassischen Yoga und Vedanta Schriften, spirituelle Unterweisung, Klausuren, Retreats, Kasualien, spirituellen und religiösen Ausbildungen

(8) Durchführung von Forschungsarbeiten, die sich mit der Wirkung der Yoga-Übungen (auch im Zusammenhang mit verwandten Disziplinen) beschäftigen
(9) Einladung von Gastreferent/innen, Lehrer/innen und Meister/innen aus dem In- und Ausland
(10) Organisierung von Kongressen auf dem Gebiet des Yoga und verwandter Disziplinen
(11) Aufbau von Yoga-Bibliotheken sowie eines Yoga-Museums
(12) Verbreitung von Schriften und Veröffentlichungen über Yoga, und verwandte Disziplinen
..."

Zur Verwirklichung seiner Zwecke betreibt der Beklagte Zentren und Seminarhäuser. Als Vereinsmitglieder gehören ihm rund 240 Sevakas an. Die Mitgliedschaft bei dem Beklagten steht Gläubigen aller Religionen offen. Sevakas leben in Yoga V Ashrams und Zentren in indischer Ashram- und Klostertradition zusammen, um sich dort der Übung und Verbreitung der Yoga V Lehre zu widmen. Sie verfügen in den Ashrams über Unterkünfte für sich bzw. ihre Familien. Am Vereinssitz in H befinden sich Seminarräume, Gemeinschaftsräume (z.B. zur Einnahme der Mahlzeiten) und Unterkünfte für die „Sevaka Gemeinschaft" sowie für Gäste. In den Seminarräumen werden für externe Gäste kostenpflichtige Seminare und Schulungen für Yogalehrer durchgeführt.

Für Sevakas gelten Regeln, die in der sog. Yoga V Smriti niedergelegt sind. In deren Teil A (unwiderrufliche Regeln) sind mit der möglichst weiten Verbreitung des Yoga, der Ermöglichung schnellen spirituellen Wachstums für ernsthafte Aspiranten durch Schaffung von Sevaka Gemeinschaften („geistliche Genossenschaften") in Ashrams und Yoga-Zentren sowie der Vergrößerung der Kräfte des Friedens und des Verständnisses auf der Erde durch Aufbau weiterer Lichtpunkte im Lichtnetz der Erde in Verbundenheit mit anderen spirituellen und ökologischen Traditionen die Hauptziele des Yoga V bezeichnet. Für die spirituelle Entwicklung der Sevakas gelten die sog. „vier großen S", nämlich Satsang (regelmäßige Teilnahme an gemeinsamer Meditation, Mantra-Singen, Arati), Sadhana (tägliche oder fast tägliche Praxis von Asanas und Pranayama), Seva (selbstloser Dienst im Ashram/Yoga-Zentrum) und Sattwa („reiner" Lebensstil ohne Fleisch, Fisch, Tabak, illegale Drogen, Alkohol sowohl in als auch außerhalb der Yoga V Gemeinschaft). In Teil B der Smriti werden die allgemeinen Grundsätze aus deren Teil A konkretisiert. Teil C enthält ergänzende Empfehlungen.

Smriti werden nach Beschlüssen der Sevaka-Versammlung weiterentwickelt. Im streitrelevanten Zeitraum enthielten sie auszugsweise folgende Bestimmungen:

„Der Yoga V e.V. ist einem humanistisch-spirituellen Welt- und Menschenbild verpflichtet, das von Respekt zu allen Menschen unabhängig ihrer religiösen, kulturellen, ethnischen Herkunft geprägt ist und steht auf der Basis des Grundge-setzes der Bundesrepublik Deutschland und der freiheitlich-demokratischen Grundordnung.
P.3. Sevaka bei Yoga V - ideal für spirituelles und menschliches Wachstum
...
In einem Yoga Ashram zu leben und dabei zugleich anderen, sich selbst und der Gemeinschaft zu dienen, ist nicht einfach ein Job, den man acht Stunden lang macht und sich dann seinen anderen Interessen und Hobbys widmet. Es ist eine grundsätzliche Lebenseinstellung und -aufgabe, bei der es kein separates Privat- und Berufsleben gibt, sondern alles zu einem erfüllten spirituellen Leben verschmilzt. Du solltest bereit sein, Dich voll zu engagieren und Dich ganz einzubringen. ...
B.3. Seva – das uneigennützige Dienen
B.3.1. Seva/Karma Yoga: Seva Inhalt und Aufgabenbereich
...
Seva heißt uneigennütziges Dienen. Seva öffnet das Herz, reinigt, vermindert das Ego, bereitet so die notwendige Voraussetzung, dass höhere spirituelle Erfahrung und zügige spirituelle Entwicklung möglich wird. Du bist Sevaka Mitglied des gemeinnützigen Yoga V e.V., kein ‚Arbeitnehmer'. ...
B.3.4. Sevafreie Zeit
...
a. Es gibt einen Richtwert von 5 sevafreien Wochen pro Jahr. ...
..."

Als Leistung zur Daseinsfürsorge gewährt der Beklagte Sevakas Unterkunft und Verpflegung. Auf das monatliche Taschengeld i.H.v. bis zu 390,00 € wird bei Führungsverantwortung ein Aufschlag i.H.v. bis zu 180,00 € gezahlt. Sevakas sind gesetzlich kranken-, arbeitslosen-, renten- und pflegeversichert. Nach dreijähriger Zugehörigkeit zu einer Sevaka Gemeinschaft schließt der Beklagte für den jeweiligen Sevaka eine zusätzliche Altersversorgung ab, an die jährliche Beiträge iHv. 1.470,00 € abgeführt werden. Sevakas mit längerer Sevakamitgliedschaft im Rentenalter können weiterhin im Ashram leben. Können sie keine Seva mehr leisten, haben sie abhängig von der Rentenhöhe einen Kostenbeitrag i.H.v. monatlich 450,00 bis 550,00 € für Unterkunft und Verpflegung zu leisten.

Der Beklagte ist Alleingesellschafter der Yoga V GmbH, die über einen Internetshop diverse Produkte vertreibt. Gewinne führt sie an den Beklagten ab. Für die bei der Yoga V GmbH anfallenden Tätigkeiten werden auch Sevakas des Beklagten eingesetzt.

Die Klägerin ist Volljuristin. Sie bewarb sich bei dem Beklagten mit dem Ziel, ganzheitliches Yoga zu lernen, zu leben und an andere Menschen weiterzugeben. In dem zwischen den Parteien geschlossenen „Vertrag über die Mitarbeit als Sevaka-Mitglied in der Yoga V Ashram Gemeinschaft" vom 29.2.2012 heißt es auszugsweise:

„Präambel
Dieser Vertrag dient keinem Erwerbszweck, er ist Vereinbarung über die Mitgliedschaft in einer freien Vereinigung im Sinne des Grundgesetzes Artikel 9 (Vereinigungs- und Koalitionsfreiheit) und angelehnt an die Grundlagen für die Ausübung der Religionsfreiheit im Sinne des Artikels 18 der ‚Allgemeinen Erklärung der Menschenrechte' der Vereinten Nationen (UNO)...
Vergleichbar mit einer religiösen Gemeinschaft, sind alle Personen, die sich unserer Gemeinschaft anschließen, Mitglieder, die ihre Kraft, ihr Können und ihren guten Willen dafür einsetzen, die Lehre des Yoga in der Tradition von Swami S und Swami V zu verbreiten.
Das Mitglied der Yoga V Ashram Gemeinschaft (Sevaka) ist sich bewusst, dass seine/ihre Motivation ist, sich durch spirituelle Praxis in der Tradition von Swami S und Swami V geistig zu vervollkommnen sowie uneigennützigen Dienst zu leisten.
Er/sie wird Sevaka beim Yoga V e.V., weil er sich persönlich entwickeln will und nicht, um einer Erwerbstätigkeit im Sinne eines rein materiellen Zugewinns nachzugehen.
...
§ 3 Regeln für Sevakas, die Mitglieder der Yoga Gemeinschaft - Yoga V Smriti
Das spirituelle Zusammenleben und die demokratischen Grundsätze haben die Erstellung von weiteren Regeln innerhalb der Gemeinschaft nötig gemacht. Diese Regeln sind in der Yoga V Smriti, den Yoya V Sevaka Regeln, zusammengefasst.
...
§ 4 Die ‚vier großen S'
(1) Das Leben in einer Yoga V-Gemeinschaft ist durch die 4 großen ‚S' gekennzeichnet. Damit die geistige und persönliche Entwicklung optimal unterstützt und die bewährte Tradition gewahrt bleibt, verpflichtet sich der/die Sevaka insbesondere zu:
- Satsang:
- Sadhana:
- Sattwa:
- Seva: Uneigennütziger Dienst im Rahmen der spirituellen Gemein-schaft für die Verbreitung des Yoga und der Verbreitung von spirituellem Wissen. Dienen statt Erwerbsarbeit.

...
§ 9 Direktionsrecht
(1) Im Rahmen des Seva hat das Mitglied dienstliche Vorgesetzte (z.B. Ashram- und Zentrumsleiter, Teamleiter und Bereichsleiter). Obwohl das Mitglied bei wichtigen Entscheidungen in der SV, oder GSV gleichberechtigtes Stimmrecht (siehe § 5) hat, verpflichtet es sich, im Seva-Bereich den Anordnungen seiner Vorgesetzten Folge zu leisten.
...
§ 11 Taschengeld, Kosten für Verpflegung und Unterkunft
(1) Das Mitglied erhält ein Taschengeld plus Sozialversicherung, Unterkunft und Verpflegung. Dies ist ein gemäß den Yoga V Sevaka Regeln (Yoga V Smriti) beschlossener Nettobetrag nach Abzug von Sozialversicherungsbeiträgen und Kosten, für Unterkunft und Verpflegung. Der genaue Betrag ergibt sich aus den Bestimmungen der Yoga V Smriti Teil B.

> ...
> § 14 Sevazeit
> Die regelmäßige Sevazeit beträgt grundsätzlich 42 Stunden wöchentlich, wobei der Unterricht und andere Dienste auch an Wochenenden und Feiertagen stattfinden und geleistet werden. ...
> § 19 Nebentätigkeit
> Um sich ganz der spirituellen Entwicklung widmen zu können, darf das Mitglied grundsätzlich keiner anderen bezahlten Tätigkeit (Nebentätigkeit) nachgehen, Ausnahmen hiervon sind in der Yoga V Smriti Teil B geregelt.
> § 21 Anspruchsfristen
> Grundsätzlich ist ein Anspruchsdenken nicht im Sinne dieser Vereinbarung. Will eine Partei dieses Vertrages jedoch dennoch Ansprüche geltend machen, muss sie dies innerhalb von spätestens sechs Monaten nach Fälligkeit dieser Ansprüche oder – bei Beendigung dieses Vertrages – drei Monate nach Vertrags-beendigung tun, ansonsten verfallen die Ansprüche. Werden die Ansprüche von der anderen Seite zurückgewiesen, müssen sie innerhalb von weiteren drei Monaten gerichtlich geltend gemacht werden, sonst verfallen sie ebenfalls.
> ...“

Unter dem 23.7.2015 bestätigte die Klägerin ihre Mitgliedschaft durch Abgabe einer vom Beklagten vorformulierten Erklärung. Entsprechende Erklärungen wurden allen Sevakas vorgelegt und von diesen unterschrieben.

Die Klägerin lebte vom 1.3.2012 bis zum 30.6.2020 als Sevaka im Yoga-Ashram des Beklagten in H. Sie nahm einen spirituellen Namen an, der ihr in einer Zeremonie verliehen und bei der internen Kommunikation verwendet wurde. Die Klägerin leistete für den Beklagten im Rahmen ihrer Seva verschiedene Dienste. Seit 2017 war sie stellvertretende Teamleiterin bei der Seminarplanung und im Zertifikatebüro, später plante sie Unterricht und war ab August 2017 dem Team Social media/Onlinemarketing zugeordnet. Ab Oktober 2017 wurde ihr die stellvertretende Teamleitung und ab September 2018 die Teamleitung im Onlinemarketing übertragen. Im September 2019 wurde die Klägerin dem Guroseva-Team zugeordnet, in dem sie während ihrer Seva-Zeit teilweise spirituelle Rituale durchführte. Nach Abschluss verschiedener Ausbildungen wurde sie am 30.1.2020 im Rahmen einer sog. Brahmachrya-Weihe zur Priesterin (Purohita) ernannt und war befugt, verschiedene Rituale zu vollziehen. Ab April 2020 wurde ihr die Seminarplanung für das Jahr 2021 übertragen. Daneben befasste sie sich mit datenschutzrechtlichen Themen.

Am 12.6.2020 kündigte die Klägerin das Rechtsverhältnis der Parteien zum 30.6.2020. Der Beklagte erteilte ihr unter dem 10.7.2020 eine Arbeitsbescheinigung gemäß § 312 SGB III, in der er ihr eine regelmäßige wöchentliche Arbeitszeit von 25 Stunden bescheinigte.

Die Klägerin hat die Auffassung vertreten, der Beklagte habe ihre Tätigkeit mit dem gesetzlichen Mindestlohn zu vergüten, da zwischen den Parteien ein Arbeitsverhältnis bestanden habe. Die Sevaka Gemeinschaft sei nicht als religiöse Gemeinschaft zu qualifizieren. Bei dem Beklagten stehe vielmehr die wirtschaftliche Ausrichtung mit dem Ziel der Vermarktung von Yoga im Vordergrund. Sevakas würden als Arbeitskräfte eingesetzt und unterlägen dem Direktionsrecht des Beklagten. Die Yoga V GmbH, für die sie tätig geworden sei, habe mit dem Beklagten einen gemeinsamen Betrieb unterhalten. Die Klägerin hat behauptet, weit mehr als 42 Wochenstunden Arbeitsleistungen erbracht zu haben.

Die Klägerin hat zuletzt beantragt, den Beklagten zu verurteilen, an sie 46.118,54 € brutto nebst Zinsen i.H.v. fünf Prozentpunkten über dem jeweiligen Basiszinssatz seit dem 7.10.2020 zu zahlen.

Der Beklagte hat seinen Klageabweisungsantrag darauf gestützt, dass die Klägerin ihre im Rahmen der Seva geleistete Arbeit nicht als Arbeitnehmerin, sondern aufgrund ihrer Vereinsmitgliedschaft geleistet habe. Die Klägerin sei durch ihren Vereinsbeitritt Mitglied einer hinduistischen Klostergemeinschaft geworden, die der Religionsfreiheit nach Art. 4 Abs. 1 und 2 GG und dem Selbstbestimmungsrecht aus Art. 140 GG i.V.m. Art. 137 WRV unterliege. Yoga Vedanta sei eine Strömung des Hinduismus. Ebenso wie die Mitglieder einer christlich-klösterlichen Gemeinschaft lebten Sevakas in einer geistlichen Genossenschaft, in der sie gemeinnützigen Dienst an der Gesellschaft leisteten. Als Verein, der sich nach demokratischen Grundsätzen eine eigene Ordnung gegeben habe, habe er die Rechte und Pflichten seiner Mitglieder durch Satzung festgelegt. Der durch Seva zu leistende Vereinsbeitrag führe nicht zu einer Umgehung zwingender arbeitsrechtlicher Bestimmungen. Die Satzung gewähre den Sevakas einen Schutzstandard, der mit dem von Arbeitnehmern vergleichbar sei. Gleiches gelte für die sozialversicherungsrechtliche Absicherung. Die Klägerin sei dem Verein beigetreten, um Yoga und Spiritualität ganzheitlich zu leben, nicht jedoch, um Erwerbseinkünfte zu erzielen, wie dies für ein Arbeitsverhältnis kennzeichnend sei. Dem Einsatz der Klägerin bei der Yoga V GmbH habe ein Auftragsverhältnis zugrunde gelegen.

Die Klägerin hat in erster Instanz den Beklagten und die Yoga V GmbH gesamtschuldnerisch auf Zahlung von 200.124,30 € brutto in Anspruch genommen. Nach Rücknahme der gegen die Yoga V GmbH gerichteten Klage hat das Arbeitsgericht den Beklagten – unter Klageabweisung im Übrigen – zur Zahlung von 46.118,54 € brutto nebst Zinsen verurteilt. Auf die Berufung des Beklagten hat das Landesarbeitsgericht die Klage insgesamt abgewiesen. Mit der Revision begehrt die Klägerin die Wiederherstellung des erstinstanzlichen Urteils. Das Rechtsmittel führte zur Aufhebung und Zurückverweisung.

Aus den Gründen:

[16] Die Revision der Klägerin ist begründet. Das Landesarbeitsgericht durfte der Berufung des Beklagten mit der gegebenen Begründung nicht stattgeben. Die Klägerin hat in der Zeit vom 1.1.2017 bis zum 30.6.2020 einen Anspruch gegen den Beklagten auf Zahlung des gesetzlichen Mindestlohns nach § 1 Abs. 1 i.V.m. § 22 Abs. 1 Satz 1 MiLoG für jede tatsächlich geleistete Arbeitsstunde. Entgegen der Auffassung des Landesarbeitsgerichts war sie Arbeitnehmerin und unterfiel damit dem persönlichen Anwendungsbereich des Mindestlohngesetzes. Auf der Grundlage der getroffenen Feststellungen kann der Senat die Höhe des Anspruchs der Klägerin nicht beziffern. Dies führt zur Aufhebung des Berufungsurteils und zur Zurückverweisung der Sache an das Berufungsgericht.

[17] I. Das Landesarbeitsgericht hat angenommen, die Klägerin habe gegenüber dem Beklagten keinen Anspruch auf Zahlung des allgemeinen gesetzlichen Mindestlohns, weil zwischen den Parteien kein Arbeitsverhältnis bestanden habe. Die Klägerin habe für den Beklagten auf vereinsrechtlicher Grundlage als Mitgliedsbeitrag nach § 58 Nr. 2 BGB weisungsgebundene, fremdbestimmte Arbeit in persönlicher Abhängigkeit geleistet. Sie sei ihrer Tätigkeit nicht mit der für das Vorliegen eines Arbeitsverhältnisses typischen Erwerbsabsicht nachgegangen. Mit ihrem Beitritt zur Beklagten habe sich die Klägerin spirituell weiterentwickeln wollen, um Befreiung und Erleuchtung zu erreichen. Die Ableistung von Diensten auf Grundlage ihrer Vereinsmitgliedschaft habe nicht dazu geführt, dass zwingende arbeitsrechtliche Schutzbestimmungen umgangen worden seien. Zudem habe die Klägerin vereinsrechtlich auf die Willensbildung des Beklagten Einfluss nehmen können. Von besonderer Bedeutung für die Beurteilung des Rechtsverhältnisses der Parteien sei, dass der Beklagte eine Religionsgemeinschaft sei und sich auf die Glaubensfreiheit gemäß Art. 4 GG sowie auf das Selbstverwaltungsrecht der Religionsgemeinschaften aus Art. 140 GG i.V.m. Art. 137 Abs. 3 WRV berufen könne. Sie sei deshalb berechtigt, sich – ähnlich christlich-religiösen Klostergemeinschaften – eine innere Ordnung zu geben, auf deren Grundlage die Mitglieder uneigennützig unter Gewährleistung einer Mindestdaseinsfürsorge Dienste leisteten.

[18] II. Die Ausführungen des Landesarbeitsgerichts halten einer revisionsrechtlichen Prüfung nicht stand. Die Klägerin war für den maßgeblichen Klagezeitraum Arbeitnehmerin i.S.v. § 1 Abs. 1 i.V.m. § 22 Abs. 1 Satz 1 MiLoG. Weder

die Vereinsmitgliedschaft der Klägerin noch die religiöse oder weltanschauliche Ausrichtung des Beklagten stehen der Annahme eines Arbeitsverhältnisses entgegen.

[19] 1. Der persönliche Anwendungsbereich des Mindestlohngesetzes erstreckt sich nach § 22 Abs. 1 Satz 1 MiLoG auf Arbeitnehmerinnen und Arbeitnehmer.

[20] a) Der Bestimmung liegt der nationale Arbeitnehmerbegriff des § 611a Abs. 1 BGB zugrunde (BAG 19.1.2022 -5 AZR 217/21- Rn 11; 18.11.2020 -5 AZR 103/20- Rn 17, BAGE 173, 32).

[21] aa) Nach § 611a Abs. 1 BGB wird ein Arbeitnehmer durch den Arbeitsvertrag im Dienste eines anderen zur Leistung weisungsgebundener, fremdbestimmter Arbeit in persönlicher Abhängigkeit verpflichtet (Satz 1). Das Weisungsrecht kann Inhalt, Durchführung, Zeit und Ort der Tätigkeit betreffen (Satz 2). Weisungsgebunden ist, wer nicht im Wesentlichen frei seine Tätigkeit gestalten und seine Arbeitszeit bestimmten kann (Satz 3). Der Grad der persönlichen Abhängigkeit hängt dabei auch von der Eigenart der jeweiligen Tätigkeit ab (Satz 4). Für die Feststellung, ob ein Arbeitsvertrag vorliegt, ist eine Gesamtbetrachtung aller Umstände vorzunehmen (Satz 5). Zeigt die tatsächliche Durchführung des Vertragsverhältnisses, dass es sich um ein Arbeitsverhältnis handelt, kommt es auf die Bezeichnung im Vertrag nicht an (Satz 6).

[22] bb) Die Parteien einer privatrechtlichen Vereinbarung über die Erbringung von Dienst- bzw. Arbeitsleistungen sind danach nicht frei darin, den Vertragstyp unabhängig von den vereinbarten Bedingungen, unter denen die Leistung erbracht werden soll, und der tatsächlichen Vertragsdurchführung zu bestimmen. Sie sind an die zwingenden Vorgaben des § 611a Abs. 1 BGB gebunden. Ist die Leistung weisungsgebundener, fremdbestimmter Arbeit in persönlicher Abhängigkeit materieller Vertragsgegenstand oder leistet der Beschäftigte abweichend von den getroffenen Vereinbarungen tatsächlich solche Arbeit, liegt ein Arbeitsverhältnis i.S.v. § 611a Abs. 1 BGB vor (vgl. BAG 1.12.2020 -9 AZR 102/20- Rn 39 mwN, BAGE 173, 111).

[23] cc) Zur Abgrenzung des Arbeitsverhältnisses von anderen Vertragsverhältnissen (z.B. freier Dienstvertrag, Werkvertrag u.a.) ist nach § 611a Abs. 1 Satz 5 BGB stets eine wertende Gesamtbetrachtung vorzunehmen, bei der den Besonderheiten des Einzelfalls Rechnung zu tragen ist. Die Gerichte für Arbeitssachen haben bei ihrer Entscheidung, ob ein Arbeitsverhältnis vorliegt, im Rahmen dieser Gesamtbetrachtung neben der Würdigung tatsächlicher Umstände auch die Besonderheiten oder Eigenarten einer Tätigkeit in Branchen und Bereichen mit besonderem verfassungsrechtlichen Schutz zu berücksichtigen (BT-Drs. 18/9232 S. 32). Sie sind von Verfassungs wegen gehalten, die durch

das Grundgesetz eingeräumten Rechte interpretationsleitend zu berücksichtigen, damit deren wertsetzender Gehalt auch auf der Rechtsanwendungsseite gewahrt bleibt. Verfassungsrechtliche Garantien können den Grundrechtsträgern bei der Festlegung des Vertragstyps einen größeren rechtlichen Spielraum eröffnen. Dies hat der Senat zuletzt unter dem Gesichtspunkt der Pressefreiheit entschieden für die Prüfung, ob der Redakteur einer Zeitung als Arbeitnehmer oder als freier Mitarbeiter beschäftigt wird (BAG 30.11.2021 -9 AZR 145/21- Rn 36). Auch der korporativen Religions- bzw. Bekenntnisfreiheit aus Art. 4 Abs. 1 und 2 GG und dem Selbstbestimmungsrecht von Religions- oder Weltanschauungsgesellschaften aus Art. 140 GG i.V.m. Art. 137 Abs. 3 WRV (vgl. BVerfG 22.10.2014 -2 BvR 661/12- Rn 96, BVerfGE 137, 273, KirchE 64, 305; BAG 14.2.1978 -1 AZR 280/77- zu II 6 der Gründe, BAGE 30, 122, KirchE 16, 324; Richardi KirchenArbR 8. Aufl. § 5 Rn 6) ist in der Gesamtbetrachtung angemessenes Gewicht beizumessen.

[24] b) Die Tatsacheninstanzen haben bei der Prüfung des Arbeitnehmerstatus einen weiten Beurteilungsspielraum. Ihre Würdigung ist in der Revisionsinstanz nur darauf zu überprüfen, ob sie den Rechtsbegriff des Arbeitnehmers selbst verkannt, Denkgesetze oder allgemeine Erfahrungssätze verletzt, bei der Subsumtion den Rechtsbegriff wieder aufgegeben oder wesentliche Umstände außer Betracht gelassen haben (BAG 30.11.2021 -9 AZR 145/21- Rn 41).

[25] 2. Unter Zugrundelegung dieses Maßstabs hält die angefochtene Entscheidung einer revisionsrechtlichen Prüfung nicht stand. Die Klägerin hat sich zwar ausdrücklich auf mitgliedschaftlicher Vertragsgrundlage zur Leistung weisungsgebundener, fremdbestimmter Arbeit in persönlicher Abhängigkeit verpflichtet. Die formell auf vereinsrechtlicher Grundlage vereinbarten, auf einen Austausch von Leistung und Gegenleistung gerichteten mitgliedschaftlichen Pflichten der Parteien begründen aber einen Arbeitsvertrag. Dem stehen – entgegen der Annahme des Landesarbeitsgerichts – weder die Vereinsautonomie des Beklagten noch dessen spirituelle Ausrichtung und das damit begründete, ordensähnlich organisierte Lebensmodell entgegen.

[26] a) Das Landesarbeitsgericht ist im Ausgangspunkt zu Recht davon ausgegangen, dass die Klägerin aufgrund privatrechtlichen Vertrags als Mitglied des Beklagten zur Leistung weisungsgebundener, fremdbestimmter Arbeit in persönlicher Abhängigkeit verpflichtet war. Dies ergibt die Auslegung des zwischen den Parteien geschlossenen Vertrags (§§ 133, 157 BGB).

[27] aa) Bei rein formaler Betrachtung sollte durch den zwischen den Parteien geschlossenen „Vertrag über die Mitarbeit als Sevaka-Mitglied in der Yoga V Ashram Gemeinschaft“ kein Arbeitsverhältnis, sondern eine Vereinsmitgliedschaft begründet werden. Dementsprechend sehen die auf das Rechtsverhältnis

anzuwendenden Smriti unter B.3. ausdrücklich vor, dass ein Sevaka „Mitglied des gemeinnützigen Yoga V e.V." und „kein Arbeitnehmer" sei. Nach Maßgabe seiner Präambel dient der Vertrag der Parteien „keinem Erwerbszweck". Die Vereinbarung über die Mitgliedschaft in einer freien Vereinigung i.S.d. Vereinigungs- und Koalitionsfreiheit sei „angelehnt an die Grundlagen für die Ausübung der Religionsfreiheit im Sinne des Artikels 18 der ‚Allgemeinen Erklärung der Menschenrechte' der Vereinten Nationen (UNO)". Vergleichbar mit einer religiösen Gemeinschaft seien alle Mitglieder, die ihre Kraft, ihr Können und ihren guten Willen dafür einsetzten, die Lehre des Yoga in der Tradition von Swami S und Swami V zu verbreiten. Das Mitglied der Yoga V Ashram Gemeinschaft (Sevaka) sei sich bewusst, dass seine/ihre Motivation darin bestehe, sich durch spirituelle Praxis in der Tradition von Swami S und Swami V geistig zu vervollkommnen sowie uneigennützigen Dienst zu leisten. Mitglieder würden Sevakas beim Beklagten, um sich persönlich zu entwickeln, und nicht, um einer Erwerbstätigkeit im Sinne eines rein materiellen Zugewinns nachzugehen. Durch die schriftliche Bestätigung der „Mitgliedschaft" im Jahr 2015 sollte dieser Vertragsinhalt nicht abgeändert, sondern bekräftigt werden.

[28] bb) Abweichend von der formalen Vertragsbezeichnung war der materielle Vertragsinhalt auf die Erbringung fremdbestimmter, weisungsgebundener Arbeit in persönlicher Abhängigkeit gerichtet. Bei der vertraglich geschuldeten Seva handelte es sich nicht nur um einen unabhängig von den zwingenden Vorschriften des Arbeitsrechts regelbaren Mitgliedsbeitrag, sondern um in persönlicher Abhängigkeit durchzuführende Tätigkeiten, die ihrem äußeren Erscheinungsbild nach mit denen eines Arbeitsverhältnisses identisch sind.

[29] (1) Nach § 14 des Vertrags war die Klägerin verpflichtet, für den Beklagten wöchentlich 42 Stunden Dienst in Form von Seva zu verrichten. Seva diente schwerpunktmäßig der Durchführung und Sicherstellung des Seminarbetriebs sowie der Vermarktung von Yoga-Produkten. Gegenstand der Seva waren gemäß B.3.1. der in Bezug genommenen Smriti Tätigkeiten in Küche, Haushalt, Garten, Gebäudeunterhaltung, Werbung, Buchhaltung, Boutique etc. sowie die Durchführung von Yogaunterricht und die Leitung von Seminaren. Bei alledem – so die Smriti – hatte das Wohl der Gäste, für die diese Leistungen vorrangig zu erbringen waren, im Mittelpunkt zu stehen („ihre Anliegen haben immer Priorität vor allem anderen"). Nebentätigkeiten bei Dritten waren der Klägerin nach § 19 des Vertrags untersagt. Bei der Verrichtung der Seva unterlag sie nach § 9 Abs. 1 des Vertrags dem Direktionsrecht ihrer dienstlichen Vorgesetzten.

[30] (2) Als Gegenleistung für Seva erhielt die Klägerin nach Maßgabe der vertraglich in Bezug genommenen Smriti neben freier Kost und Logis ein monatliches Taschengeld. Der Gegenleistungscharakter zeigt sich daran, dass Seva-

kas, die Rente beziehen und nicht mehr in der Lage sind, Seva zu leisten, kein Taschengeld erhalten, sondern zu den Kosten für Unterkunft und Verpflegung einen monatlichen Betrag i.H.v. 450,00 bis 550,00 € beitragen müssen. „Teilzeit-Sevakas" in Rente, die ca. vier Stunden am Tag bzw. ca. 24 Stunden in der Woche „mithelfen", bleiben Teil der Ashram Gemeinschaft, erhalten jedoch kein Taschengeld. Auch dies dokumentiert den inneren Zusammenhang zwischen der Arbeitsleistung und der Gewährung der geldwerten Vorteile. Mit der Teilzeitbeschäftigung können Unterkunft und Verpflegung noch erarbeitet werden, das Taschengeld jedoch nicht mehr.

[31] (3) Der Vertrag war somit darauf angelegt, dass die Klägerin dem Beklagten ihre gesamte Arbeitskraft zur Verfügung stellt und seine Leistungen ihr einziges Arbeitseinkommen darstellen sollten. Die vom Beklagten gewährten Leistungen in Form von Verpflegung, Unterkunft und Taschengeld sollten es der Klägerin ermöglichen, ihren Lebensunterhalt zu bestreiten. Die Entgeltlichkeit der Arbeitsleistung war -- ebenso wie in einem Arbeitsverhältnis – dazu bestimmt, die wirtschaftliche Existenz der Klägerin zu sichern. Dem steht nicht entgegen, dass die Klägerin mit ihrem Vereinsbeitritt weder vorrangig bezweckte, einer Erwerbstätigkeit nachzugehen, noch eine angemessene Gegenleistung für die versprochenen Dienste erwartete, sondern sich in erster Linie persönlich entwickeln, die spirituellen Lehren des Yoga verbreiten und nach Selbstverwirklichung streben wollte. Dass neben materiellen Interessen auch immaterielle Interessen die Klägerin zum Vereinsbeitritt bewogen haben, spricht nicht gegen das Vorliegen eines Arbeitsverhältnisses (vgl. dazu BAG 29.8.2012 -10 AZR 499/11- Rn 16, BAGE 143, 77). Unerheblich ist, dass die geldwerten Leistungen keine angemessene Vergütung für die von der Klägerin geleistete Arbeit darstellen. Eine unangemessene Vergütung kann nicht Rechtfertigung dafür sein, einen Beschäftigten vom Schutzbereich zwingender arbeitsrechtlicher Bestimmungen auszunehmen.

[32] b) Entgegen der Auffassung des Landesarbeitsgerichts gestatten es die Besonderheiten der Vereinsautonomie nicht, die fremdbestimmt, weisungsgebunden und in persönlicher Abhängigkeit zu leistenden Tätigkeiten der Klägerin abweichend von den Vorgaben des § 611a Abs. 1 BGB als Mitgliedsbeitrag (§ 58 Nr. 2 BGB) zu regeln.

[33] aa) Mit Blick auf die grundgesetzlich geschützte Vereinsautonomie (Art. 9 Abs. 1 GG) hat die Rechtsprechung des Bundesarbeitsgerichts es zugelassen, dass die Mitglieder von Vereinen auf vereinsrechtlicher Grundlage zu Arbeitsleistungen in fremdbestimmter persönlicher Abhängigkeit verpflichtet werden, ohne Arbeitnehmer zu sein. Die mitgliedschaftliche Bindung an einen Verein kann ein Arbeitsverhältnis i.S.v. § 611a Abs. 1 BGB jedoch nur unter der

Voraussetzung eines gleichwertigen arbeitsrechtlichen Schutzes ausschließen (vgl. zu DRK-Schwestern BAG 21.2.2017 -1 ABR 62/12- Rn 40 ff., BAGE 158, 121; 6.7.1995 -5 AZB 9/93- zu B I 2 b und c der Gründe, BAGE 80, 256; zu Scientology BAG 26.9.2002 -5 AZB 19/01- zu B II 1 der Gründe, BAGE 103, 20, KirchE 41, 93; 22.3.1995 -5 AZB 21/94- zu B II 3 der Gründe, BAGE 79, 319, KirchE 33, 93; zu Telefonseelsorge im Ehrenamt BAG 29.8.2012 -10 AZR 499/11- Rn 18, BAGE 143, 77, KirchE 60, 76). Eine formell mitgliedschaftlich begründete Arbeitsverpflichtung darf nicht zu einer Umgehung zwingender arbeitsrechtlicher Schutzbestimmungen führen. Die in die Statusbeurteilung nach § 611a Satz 5 BGB einzubeziehenden Freiheiten des Art. 9 Abs. 1 GG gestatten in einem solchen Fall keine Abweichung von dem Status, den das Gesetz für abhängige Arbeit auf privatautonomer Grundlage vorsieht.

[34] (1) Die Mitgliedschaft in einem Verein wird privatautonom durch eine Beitritts- und Aufnahmeerklärung begründet (BAG 21.2.2017 -1 ABR 62/12- Rn 26, BAGE 158, 121; BGH 29.6.1987 -II ZR 295/86- zu 1 der Gründe, BGHZ 101, 193; ErfK/Preis 23. Aufl. § 611a BGB Rn 147; Staudinger/Schwennicke (2019) § 38 Rn 105). Die Rechte und Pflichten der Vereinsmitglieder und des Vereins bestimmen sich im Allgemeinen aus der Satzung des Vereins (§ 25 BGB). Aufgrund der allgemeinen Freiheit rechtsgeschäftlichen Handelns kann sich der Verein in freier Selbstbestimmung eine eigene innere Ordnung geben (BAG 6.7.1995 -5 AZB 9/93- zu B I 2 b der Gründe, BAGE 80, 256). Dies umfasst grundsätzlich das Recht des Vereins, den von jedem Mitglied zu leistenden Vereinsbeitrag in Form von fremdbestimmter, weisungsgebundener Tätigkeit – insbesondere Arbeitsdienste zur Förderung des Vereinszwecks – festzulegen (vgl. ErfK/Preis 23. Aufl. § 611a BGB Rn 148; Wank/Maties NZA 2007, 353 [355]).

[35] (2) Abgrenzungsschwierigkeiten ergeben sich, wenn die tatsächliche Ausgestaltung der als Vereinsbeitrag zu erbringenden Dienstleistungen dem Erscheinungsbild eines Arbeitsverhältnisses entspricht. Erzeugt die vereinsrechtliche Dienstpflicht gemessen am Maßstab des § 611a Abs. 1 BGB eine Verbindlichkeit, die einer arbeitsvertraglichen Pflicht gleichkommt, steht der zwingende Charakter des Arbeitsrechts der Annahme entgegen, das Vereinsmitglied werde außerhalb eines Arbeitsverhältnisses tätig. Das daraus abzuleitende Gebot zur Nutzung der arbeitsrechtlichen Form führt grundsätzlich zu einem Verbot, die Pflicht zur Erbringung fremdbestimmter, weisungsgebundener Tätigkeit in persönlicher Abhängigkeit in anderer rechtlicher Form als der eines Arbeitsvertrags unter Anwendung des arbeitsrechtlichen Schutzregimes zu vereinbaren. Durch rechtliche Gestaltung darf nicht eine arbeitsvertragsgleiche Verpflichtung zur Arbeitsleistung geschaffen werden, ohne dem Dienstleistenden den arbeitsrechtlichen Schutz einzuräumen (Schwarze RdA 2020, 38, 41).

Die Verdichtung der vereinsrechtlich begründeten persönlichen Arbeitspflicht zur arbeitsvertragsgleichen Verpflichtung zur Arbeitsleistung unter Ausklammerung zwingender arbeitsrechtlicher Schutzregel führt zu einer objektiven Funktionswidrigkeit des Rechtsgeschäfts und damit dazu, dass – gegebenenfalls neben der Vereinsmitgliedschaft – ein Arbeitsverhältnis vorliegt, das den allgemeinen arbeitsrechtlichen Schutzvorschriften unterliegt (vgl. BAG 6.7.1995 -5 AZB 9/93- zu B I 2 b der Gründe, BAGE 80, 256; 22.3.1995 -5 AZB 21/94- zu B II 3 der Gründe, BAGE 79, 319).

[36] (3) Dies hat zur Folge, dass anstelle oder gegebenenfalls zusätzlich zur formal begründeten Vereinsmitgliedschaft jedenfalls dann tatsächlich ein Arbeitsverhältnis vorliegt, wenn ein Verein seinen in erheblichem Umfang zur Arbeit in persönlicher Abhängigkeit verpflichteten Mitgliedern weder einen Anspruch auf angemessene Vergütung noch einen Anspruch auf Versorgung einräumt (BAG 22.3.1995 -5 AZB 21/94- zu B II 3 a der Gründe, BAGE 79, 319). Seit Inkrafttreten des Mindestlohngesetzes tritt diese Folge unabhängig von einer Versorgungszusage und deren Inhalt bereits dann ein, wenn der gesetzliche Mindestlohn als unabdingbarer Mindestschutz auf Entgeltebene nicht garantiert ist. Der allgemeine gesetzliche Mindestlohn schützt Arbeitnehmer umfassend vor den Folgen einer unangemessen niedrigen Vergütung. Die Normierung eines angemessenen Verhältnisses von Arbeitsleistung und Arbeitsentgelt bezweckt die Existenzsicherung durch Arbeitseinkommen als Ausdruck der Menschenwürde (Art. 1 Abs. 1 Satz 1 GG), die letztlich auch die sozialen Sicherungssysteme entlasten soll (BT-Drs. 18/1558 S. 28; BAG 25.5.2016 -5 AZR 135/16- Rn 30, BAGE 155, 202). Der durch das MiLoG vermittelte Mindestschutz bei der Einkommenshöhe für Arbeitsverhältnisse ist zur Vermeidung einer objektiven Funktionswidrigkeit der rechtsgeschäftlichen Beziehung auch bei einer arbeitsvertragsgleichen Tätigkeit in Vereinsstrukturen zu wahren.

[37] bb) Durch die (formell) mitgliedschaftlich begründete Arbeitsverpflichtung der Klägerin werden zwingende arbeitsrechtliche Schutzbestimmungen umgangen. Die für das Rechtsverhältnis geltenden Bestimmungen in Satzung, Smriti und Mitgliedsvertrag gewährleisten nicht den arbeitsrechtlich gebotenen Mindestschutz. Der Beklagte hat der Klägerin den allgemeinen gesetzlichen Mindestlohn vorenthalten, indem er ihr lediglich das satzungsmäßig vorgesehene Taschengeld zahlte. Die Sachleistungen in Gestalt von Kost und Logis bleiben insoweit unberücksichtigt. Dem Ziel des Mindestlohngesetzes entsprechend, jedem Arbeitnehmer ein existenzsicherndes Monatseinkommen zu gewährleisten, fordern §§ 1 und 2 MiLoG mit dem Begriff der „Zahlung“ und der Nennung eines Eurobetrags in „brutto“ eine Entgeltleistung in Form von Geld (BAG 24. Juni 2021 - 5 AZR 505/20 - Rn 30 mwN, BAGE 175, 193).

[38] cc) Es bedarf daher keiner abschließenden Entscheidung des Senats, ob daran festzuhalten ist, dass Dienstleistenden für ihre arbeitsvertragsgleiche Tätigkeit nicht von vornherein unmittelbar durch das Gesetz der vollständige arbeitsrechtliche Schutz eingeräumt wird, sondern lediglich ein durch die Vereinssatzung vermittelter arbeitsvertragsähnlicher Mindestschutz im Sinne eines Umgehungsschutzes genügt (krit. Mestwerdt NZA 2014, 281 [283]; Schaub ArbR-HdB/Vogelsang 19. Aufl. § 8 Rn 19).

[39] c) Das Landesarbeitsgericht hat bei der Beurteilung des zwischen den Parteien begründeten Vertragstyps im Rahmen der Gesamtwürdigung aller Umstände i.S.v. § 611a Abs. 1 Satz 5 BGB zu Unrecht das Selbstbestimmungsrecht von Religionsgemeinschaften aus Art. 4 Abs. 1 und 2 i.V.m. Art. 140 GG und Art. 137 Abs. 3 WRV in die Prüfung einbezogen. Diese grundgesetzlichen Freiheiten sind vorliegend keine Umstände, die im Rahmen der Gesamtabwägung der Annahme eines Arbeitsverhältnisses entgegenstehen und eine fremdbestimmte, weisungsabhängige Tätigkeit in persönlicher Abhängigkeit außerhalb eines Arbeitsverhältnisses legitimieren. Auch die entsprechend verfassungsrechtlich gewährleistete Weltanschauungsfreiheit berechtigt nicht zur Beschäftigung in der Seva ohne den zwingenden arbeitsrechtlichen Mindestschutz. Der Beklagte ist weder Religions- noch Weltanschauungsgemeinschaft. Er darf sich daher keine innere Ordnung schaffen, nach deren Maßgabe ausschließlich vom religiösen bzw. weltanschaulichen Bekenntnis geprägte Dienste nicht dem staatlichen Arbeitsrecht unterworfen sind.

[40] aa) Art. 140 GG i.V.m. Art. 137 Abs. 3 WRV garantiert den Religionsgemeinschaften die Freiheit, ihre Angelegenheiten innerhalb der Schranken des für alle geltenden Gesetzes selbständig zu ordnen und zu verwalten. Dieses Recht umfasst alle Maßnahmen, die der Sicherung der religiösen Dimension des Wirkens im Sinne des Selbstverständnisses der Religionsgemeinschaft und der Wahrung der unmittelbaren Beziehung der Tätigkeit zum Bekenntnis dienen. Der Staat erkennt die Religionsgemeinschaften als Institutionen mit dem originären Recht der Selbstbestimmung an, die ihrem Wesen nach unabhängig vom Staat sind und ihre Gewalt nicht von ihm herleiten. Dies gilt auch dann, wenn sie sich zur Erfüllung ihres Auftrags und ihrer Sendung privatrechtlicher Formen bedienen und die Tätigkeiten und getroffenen Maßnahmen in den weltlichen Bereich hineinwirken. Die Religionsgemeinschaften können selbst frei und autonom darüber bestimmen, welche Dienste sie in welchen Rechtsformen ausüben wollen, und sind nicht auf spezifische Gestaltungsformen beschränkt. Religiöse Orden können insofern eine mögliche Variante und Form durch die Religion geprägter Dienste darstellen (vgl. BVerfG 22.10.2014 -2 BvR 661/12- Rn 95 f., BVerfGE 137, 273, KirchE 64, 505).

[41] bb) Die durch Art. 140 GG inkorporierten Artikel der Weimarer Reichsverfassung sind vollgültiges Verfassungsrecht und von gleicher Normqualität wie die sonstigen Verfassungsbestimmungen. Sie sind – mit Selbststand gegenüber der korporativen Religionsfreiheit des Art. 4 Abs. 1 und 2 GG – untrennbarer Bestandteil des Religions- und Staatskirchenrechts des Grundgesetzes, welches das für eine freiheitliche Demokratie wesentliche Grundrecht der Religionsfreiheit ohne Gesetzesvorbehalt in den Katalog der Grundrechte übernommen und es so gegenüber der Weimarer Reichsverfassung erheblich gestärkt hat. Beide Gewährleistungen bilden ein organisches Ganzes, wobei Art. 4 Abs. 1 und 2 GG den leitenden Bezugspunkt des deutschen staatskirchenrechtlichen Systems darstellt. Zwischen der Glaubensfreiheit und den inkorporierten Normen der Weimarer Reichsverfassung besteht eine interpretatorische Wechselwirkung. Die Weimarer Kirchenartikel sind einerseits funktional auf die Inanspruchnahme und Verwirklichung des Grundrechts der Religionsfreiheit angelegt und andererseits wird der Gewährleistungsgehalt des Art. 4 Abs. 1 und 2 GG durch Art. 140 GG i.V.m. den inkorporierten Artikeln der Weimarer Reichsverfassung institutionell konkretisiert und ergänzt (BVerfG 30.6.2015 -2 BvR 1282/11- Rn 89 f., BVerfGE 139, 321, KirchE 65, 432).

[42] cc) Diese verfassungsrechtlichen Gewährleistungen eröffnen die Möglichkeit, Mitglieder eines Ordens oder Singularinstituts der katholischen Kirche oder evangelische Diakonissen in kirchlichen Einrichtungen nicht als Arbeitnehmer zu beschäftigen, obwohl sie weisungsgebundene Arbeit in persönlicher Abhängigkeit verrichten. Für Personen, die in ein besonderes Rechtsverhältnis zur Kirche treten, um in der Nachfolge Christi zu leben, kann die Kirche eine Lebensordnung schaffen, auf die staatliches Recht nicht zur Anwendung gelangt, weil der Dienst ausschließlich vom religiösen Bekenntnis geprägt wird (BAG 7.2.1990 -5 AZR 84/89- BAGE 64, 131, KirchE 28, 14; 14.2.1978 -1 AZR 280/77- zu II 6 der Gründe, BAGE 30, 122, KirchE 16, 324; Richardi KirchenArbR 8. Aufl. § 5 Rn 6). Diese Grundsätze sind nicht auf christliche Religionsgemeinschaften beschränkt, sondern gelten ebenso für andere Religionen. Auch deren Mitglieder können vom staatlichen Mindestschutz des Arbeitsrechts ausgenommen sein, wenn ihr Dienst ausschließlich vom religiösen Bekenntnis geprägt ist.

[43] dd) Weltanschauungsvereinigungen sind verfassungsrechtlich Religionsgesellschaften gleichgestellt (Art. 140 GG i.V.m. Art. 137 Abs. 7 WRV), ebenso wie die Freiheit des weltanschaulichen Bekenntnisses der Freiheit des religiösen Bekenntnisses gleichsteht (Art. 4 Abs. 1 GG). Verfassungsrechtlich gilt deshalb für die einen das gleiche wie für die anderen (BVerwG 23.3.1971 -I C 54.66- BVerwGE 37, 344, KirchE 12, 64).

[44] ee) Unter Religion oder Weltanschauung ist eine mit der Person des Menschen verbundene Gewissheit über bestimmte Aussagen zum Weltganzen sowie zur Herkunft und zum Ziel des menschlichen Lebens zu verstehen. Die Religion legt eine den Menschen überschreitende und umgreifende („transzendente") Wirklichkeit zugrunde, während sich die Weltanschauung auf innerweltliche („immanente") Bezüge beschränkt (BAG 22.3.1995 -5 AZB 21/94- zu B I 1 b der Gründe, BAGE 79, 319, KirchE 33, 92; BVerwG 27.3.1992 -7 C 21/90- zu 2 a aa der Gründe, BVerwGE 90, 112). Ein religiöser, von Art. 4 GG geschützter Glaube ist nicht bereits in jeder animistischen Naturvorstellung und jedem magischen Weltbezug zu sehen. Neben dem transzendenten Bezug ist auch ein Mindestmaß an Systembildung und Weltdeutung notwendig. Von einem religiösen Glauben kann erst gesprochen werden, wenn die Stellung des Menschen, seine existentielle Sinnsuche unter Verwendung transzendenter Perspektiven so thematisiert wird, dass eine Verhaltensdisposition sich darauf stützen kann (Dürig/Herzog/Scholz/Di Fabio GG Stand Januar 2023 Art. 4 GG Rn 65). Entsprechendes gilt für weltanschauliche Überzeugungen. Ein Gedankensystem wird erst dadurch zur Weltanschauung, wenn es sich mit Fragen nach dem Sinnganzen der Welt und insbesondere des Lebens der Menschen in dieser Welt befasst und zu sinnentsprechenden Werturteilen hinführt. Überzeugungen zu einzelnen Teilaspekten des Lebens – z.B. zum Gedanken der Toleranz – mögen im Einzelfall zwar Ausdruck einer weltanschaulichen Gesamtkonzeption sein; ohne die Einbettung in einen entsprechenden Zusammenhang vermögen sie hingegen den Begriff Weltanschauung nicht auszufüllen (BVerwG 19.2.1992 -6 C 5/91- zu 2 a bb der Gründe, BVerwGE 89, 368). Dies gilt auch für die Vermittlung rein geistiger Techniken (Kahl, Waldhoff/Walter/Mückl BK Stand Dezember 2022 Art. 4 Rn 125). Eine reine Lebensweise und die Durchführung spiritueller Praktiken sind danach ohne Einbettung in einen Gesamtkontext für sich gesehen weder Religion noch Weltanschauung.

[45] ff) Religionsgesellschaften i.S.v. Art. 137 WRV, die mit dem im Grundgesetz ebenfalls verwendeten Begriff der Religionsgemeinschaft (Art. 7 Abs. 3 Satz 2 GG) identisch sind, sind Verbände mit dem Zweck, gemeinsam religiöse Überzeugung zu betätigen. Auf die soziale Relevanz, Organisationsform oder zahlenmäßige Stärke einer solchen Gruppierung kommt es nicht an. Erforderlich ist, dass die Vereinigung von einem gewissen religiösen Konsens getragen wird, der sich auf den Sinn menschlicher Existenz bezieht und wesentliche Prinzipien der Lebensgestaltung umfasst. Der Zusammenschluss muss auf eine umfassende Überzeugung des ihn prägenden religiösen Konsenses durch ein Bekenntnis nach außen abzielen und die umfassende Erfüllung aller religiös motivierten Aufgaben, die er stellt, anstreben (Dürig/Herzog/Scholz/Korioth GG

Stand Januar 2023 Art. 140 GG Art. 137 WRV Rn 14; von Campausen/de Wall Religionsverfassungsrecht 5. Aufl. § 15 Rn 4). Allein die Behauptung und das Selbstverständnis, eine Gemeinschaft bekenne sich zu einer Religion und sei eine Religionsgemeinschaft, sind nicht ausreichend. Vielmehr muss es sich nach dem geistigen und äußeren Erscheinungsbild auch tatsächlich um eine Religion und Religionsgemeinschaft handeln. Dies im Streitfall zu prüfen und zu entscheiden, obliegt – als Anwendung einer Regelung der staatlichen Rechtsordnung – den staatlichen Organen und damit letztlich den Gerichten (BVerfG 5.2.1991 -2 BvR 263/86- zu C I der Gründe, BVerfGE 83, 341, KirchE 29, 9). Diese Vorgaben geltend entsprechend für Weltanschauungsgemeinschaften.

[46] gg) Gemessen an diesen Grundsätzen handelt es sich bei dem Beklagten weder um eine Religions- noch um eine Weltanschauungsgemeinschaft.

[47] (1) Es wird bereits nicht hinreichend deutlich, dass die vom Beklagten angeführte spirituelle Gemeinschaft auf einem Mindestmaß an Systembildung und Weltdeutung beruht.

[48] (a) Der Beklagte hat nichts zu den Grundlagen seiner Gewissheit über bestimmte Aussagen zum Weltganzen sowie zur Herkunft und zum Ziel des menschlichen Lebens vorgetragen. Er beschränkt sich auf formelhafte Beschreibungen, wie Yoga Vedanta sei eine der Hauptrichtungen des Hinduismus und Yoga der Oberbegriff für alle Methoden der geistigen Entwicklung. Bei Yoga handele es sich um die religiöse und spirituelle Praxis innerhalb der Hindukultur und den spirituellen Heilsweg. Eine bestimmte Überzeugung über den Sinn und die Bewältigung des menschlichen Lebens wird daraus ebenso wenig deutlich wie aus dem Hinweis, die Sevakas lebten in spirituellen Gemeinschaften in der indischen religiösen Ashram- und Klosterkultur zusammen. Es bleibt unklar, auf welchem existentiellen Verständnis der Welt und des Sinnes menschlichen Lebens die gewählte Lebensform beruht. Es stellt danach für sich gesehen weder eine Religion noch eine bestimmte Weltanschauung dar, dass Sevakas, die in einer spirituell geprägten, klosterähnlich organisierten Gemeinschaft nach bestimmten Verhaltensregeln zusammenleben, Yoga in der Tradition von Swami S und Swami V praktizieren und vermitteln.

[49] (b) Auch die Satzung des Beklagten zeigt nicht das Vorliegen eines bestimmten Bekenntnisses religiöser oder weltanschaulicher Art auf. Sie spricht vielmehr dagegen.

[50] (aa) Nach der Satzung ist das Wirken des Beklagten darauf ausgerichtet, einem breiten Publikum durch die „Weisheit, Übungen und Techniken des Yoga" Mittel an die Hand zu geben, die „im Leben des modernen westlichen Menschen sehr wertvoll sein" können. Wenn in der Präambel der Satzung darauf hingewiesen wird, die Wissenschaft des Yoga umfasse in ihrem gesamten

Spektrum Techniken auf den Gebieten der Gesundheitsvorsorge, Heilung, Körper- und Energie-Arbeit, Psychologie, Selbstfindung, Selbstverwirklichung und der spirituellen und religiösen Entwicklung für ein Leben in Harmonie mit den kosmischen Gesetzen, hat der nicht näher bezeichnete religiöse Aspekt als einer von vielen nur untergeordnete Bedeutung. Entsprechendes gilt für die in der Satzung aufgeführte Definition von Yoga als „ein ganzheitliches, offenes Übungssystem, das mit Techniken, Weisheitslehren, Philosophiesystemen und Praktiken aus Indien und anderen östlichen und westlichen Kulturen verbunden werden kann und wird". In diesem Zusammenhang verweist die Satzung „insbesondere, aber nicht nur," auf „Ayurveda, Vastu (indische Wohnraumlehre) und andere vedische Wissenschaften; tibetische Medizin, Thai Medizin, Shiatsu, Tai Chi, westliche Schulmedizin, Naturheilkunde und andere Medizinsysteme; Ernährungskunde, Massage, Wellness-Wissenschaften; westliche Psychotherapie und Psychologie einschl. Sterbebegleitung; westliche und östliche Philosophie; Tanz, bildende Kunst, Literatur, Theater und Musik aus verschiedenen Kulturen; spirituelle Praktiken aus Buddhismus, Hinduismus, Christentum, Taoismus und anderen Weltreligionen; Sport, fernöstliche Selbstverteidigungskünste; Ethnologie, Anthropologie, Geschichtswissenschaft und andere universitäre Wissenschaften."

[51] (bb) Die Satzung enthält danach eine Aufzählung verschiedener Glaubens- und Überzeugungsrichtungen, die weder als Einzelpositionen näher erläutert noch als Gesamtheit in einen inneren Sinnzusammenhang gestellt werden. Ein systemisches Gesamtgefüge religiöser bzw. weltanschaulicher Elemente und deren innerer Zusammenhang mit der Yoga V Lehre lassen sich nicht hinreichend erkennen. Aufgrund des breiten Spektrums beziehungslos nebeneinandergestellter Glaubens- und Überzeugungsrichtungen, die sich ggf. sogar gegenseitig ausschließen, beruht das Lebensmodell der Sevaka Gemeinschaft nicht auf einem bestimmten Bekenntnis im Sinn eines existentiellen Verständnisses der Welt und des Sinns menschlichen Lebens. Für die Annahme einer Religion oder Weltanschauung genügt es nicht, wenn die Gemeinschaft ihr Leben und Wirken zwar an für sich betrachtet fundierten Grundwerten ausrichtet, diese sich aber auf nicht näher erläuterte Schlagwörter beschränken, zwischen denen kein Sinnzusammenhang hergestellt wird.

[52] (2) Der Eigenschaft des Beklagten als Religions- oder Weltanschauungsgemeinschaft steht zudem entgegen, dass eine gemeinsame religiöse oder weltanschauliche Zielsetzung nicht das bestimmende Element seiner Tätigkeit ist. Der Beklagte ist kein Zusammenschluss von Personen mit gemeinsamer religiöser Anschauung oder gemeinsamer Weltanschauung im Sinne positiver Überzeugungen. Das Leben in Gemeinschaft dient nicht der Verwirklichung

gemeinsamer religiöser oder weltanschaulicher Ziele seiner Mitglieder. Es liegt zwar die für geistliche (Kloster- und Ordens-) Gemeinschaften typbildende vollständige Verflechtung von Arbeitsleben und persönlicher Lebensgemeinschaft vor. Diese ist jedoch nicht darauf ausgerichtet, dass die Mitglieder des Beklagten auf der Grundlage eines gemeinsamen religiösen oder weltanschaulichen Bekenntnisses eine unter ihnen bestehende Übereinstimmung über Sinn und Bewältigung des menschlichen Lebens bezeugen. Die Mitgliedschaft bei dem Beklagten ist vielmehr multikonfessionell ausgestaltet. Sie setzt insbesondere keine bestimmte Religionszugehörigkeit voraus, sondern ermöglicht Gläubigen aller Religionen, ihre religiösen Ansichten weiterzuführen. Es besteht kein gemeinsamer Bezugspunkt, von dem aus Yoga V und die daran angepasste Lebensweise als Mittel zur Erreichung eines gemeinsamen existentiellen und spirituellen Ziels zu praktizieren ist. Jedes Mitglied kann – unabhängig von und parallel zu den Überzeugungen der anderen Mitglieder – seine Lebensweise anhand einer frei festgelegten Kombination aus den in der Präambel der Satzung aufgeführten Glaubensrichtungen und Überzeugungen ausrichten. Der Ashram und die dort praktizierten Rituale sind danach nicht Ausdruck eines gemeinsamen Bekenntnisses, sondern der äußere Rahmen für die Ausübung und Verbreitung von Yoga.

[53] (3) Da es bei dem Beklagten bereits an einem engen Konnex zu einem durch Glauben oder Weltanschauung definierten Selbstverständnis fehlt, kommt es nicht darauf an, ob – wie die Klägerin annimmt – dem Beklagten der besondere Schutz aus Art. 4 Abs. 1 und 2 GG und Art. 140 GG i.V.m. den inkorporierten Artikeln der Weimarer Reichsverfassung abzusprechen ist, weil er wie andere Wirtschaftssubjekte am marktwirtschaftlichen Geschehen teilnimmt und bei ihm der durch Art. 4 Abs. 1 und 2 GG geschützte religiöse oder weltanschauliche Auftrag in der Gesamtschau der Tätigkeiten gegenüber anderen – vorwiegend gewinnorientierten – Erwägungen erkennbar in den Hintergrund tritt (vgl. dazu BVerfG 22.10.2014 -2 BvR 661/12- Rn 94, BVerfGE 137, 273, KirchE 64, 305).

[54] d) Für das Vorliegen eines Arbeitsverhältnisses mit dem Beklagten ist es unerheblich, ob die Klägerin die Tätigkeiten für die Yoga V GmbH als Erfüllungsgehilfin des Beklagten aufgrund eines mit diesem bestehenden Dienstvertrags oder in einem gemeinsamen Betrieb verrichtete. In beiden Fällen bliebe – anders als bei einer unerlaubten Arbeitnehmerüberlassung gemäß § 9 Abs. 1 i.V.m. § 10 Abs. 1 Satz 1 AÜG – das mit dem Beklagten begründete Arbeitsverhältnis in seinem Bestand unberührt (vgl. zu Erfüllungsgehilfen BAG 27.9.2022 -9 AZR 468/21- Rn 32; vgl. zum Gemeinschaftsbetrieb BAG 24.5.2022 -9 AZR 337/21- Rn 45).

[55] III. Die Entscheidung des Landesarbeitsgerichts erweist sich nicht aus anderen Gründen als richtig. Die in Höhe des Mindestlohns geltend gemachten Entgeltansprüche der Klägerin sind nicht – ganz oder teilweise – wegen Nichteinhaltung der im Mitgliedsvertrag enthaltenen Ausschlussfristenregelung verfallen. Die Ausschlussfristenregelung ist jedenfalls insoweit unwirksam, als sie die Geltendmachung des Anspruchs auf den gesetzlichen Mindestlohn (§ 3 Satz 1 MiLoG) sowie Ansprüche auf Entgeltfortzahlung im Krankheitsfall nach § 3 Abs. 1 EFZG (BAG 20.6.2018 -5 AZR 377/17- Rn 19 ff., BAGE 163, 99) und an gesetzlichen Feiertagen nach § 2 Abs. 1 EFZG (BAG 30.1.2019 -5 AZR 43/18- Rn 37 ff., BAGE 165, 205) jeweils in Höhe des gesetzlichen Mindestlohns beschränkt. Entsprechendes gilt für einen Anspruch auf Vergütung wegen Annahmeverzugs in Höhe des gesetzlichen Mindestlohns (BAG 13.7.2022 -5 AZR 498/21- Rn 16). Ansprüche auf Urlaubsentgelt muss der Arbeitnehmer aufgrund der in Bewilligung von bezahltem Erholungsurlaub enthaltenen „Zahlungszusage" nicht im Sinne einer Verfallklausel geltend machen (BAG 30.1.2019 -5 AZR 43/18- Rn 45, aaO).

[56] IV. Der Senat ist an einer eigenen Sachentscheidung gehindert (§ 563 Abs. 3 ZPO). Auf der Grundlage der Feststellungen des Landesarbeitsgerichts lässt sich nicht abschließend über die Höhe des Mindestlohnanspruchs der Klägerin entscheiden. Der Sachverhalt ist nicht vollständig aufgeklärt. Das Landesarbeitsgericht hat – auf der Grundlage seiner Argumentationslinie konsequent – nicht die Anzahl der vergütungspflichtigen Stunden festgestellt. Der Senat kann deshalb nicht beurteilen, in wie vielen Stunden die Klägerin tatsächlich ihre Arbeitsleistung erbracht hat bzw. in welchem Umfang Ausfallzeiten (z.B. Entgeltfortzahlung im Krankheitsfall, Urlaub) zu vergüten sind. Dies führt zur Zurückverweisung der Sache an das Berufungsgericht (§ 563 Abs. 1 ZPO).

[57] 1. Im fortgesetzten Berufungsverfahren wird sich das Landesarbeitsgericht – gegebenenfalls nach weiterem Sachvortrag der Parteien und Erhebung der schon bislang angebotenen Beweise – unter umfassender Würdigung des beiderseitigen Tatsachenvortrags die tatrichterliche Überzeugung bilden müssen, in welchem zeitlichen Umfang die Klägerin vergütungspflichtige Arbeit für den Beklagten geleistet hat bzw. inwieweit einer der Tatbestände vorgelegen hat, der eine Vergütungspflicht ohne Arbeit regelt (z.B. § 1 BUrlG, §§ 615, 616 Satz 1 BGB, § 2 Abs. 1, § 3 Abs. 1 EFZG).

[58] 2. Der Arbeitnehmer trägt für die Behauptung, er habe die geschuldete Arbeit verrichtet, die Darlegungs- und Beweislast. Seiner Darlegungslast genügt er, indem er vorträgt, an welchen Tagen er von wann bis wann Arbeit geleistet oder sich auf Weisung des Arbeitgebers zur Arbeit bereitgehalten hat. Mit dem

Vortrag, zu bestimmten Zeiten gearbeitet zu haben, behauptet der Arbeitnehmer regelmäßig zugleich, während der genannten Zeiten die vertraglich geschuldete Arbeitsleistung erbracht zu haben. Das ist für die erste Stufe der Darlegung ausreichend. Sodann ist es Sache des Arbeitgebers, im Rahmen einer abgestuften Darlegungslast substantiiert zu erwidern und im Einzelnen vorzutragen, welche Arbeiten er dem Arbeitnehmer zugewiesen hat und an welchen Tagen der Arbeitnehmer von wann bis wann diesen Weisungen – nicht – nachgekommen ist. Trägt er nichts vor oder lässt er sich nicht substantiiert ein, gelten die vom Arbeitnehmer vorgetragenen Arbeitsstunden gemäß § 138 Abs. 3 ZPO als zugestanden (stRspr., vgl. z.B. BAG 4.5.2022 -5 AZR 474/21- Rn 24 mwN; 26.6.2019 -5 AZR 452/18- Rn 39 mwN, BAGE 167, 158).

[59] 3. Unter der Voraussetzung des § 287 Abs. 2 ZPO wird das Landesarbeitsgericht eine Schätzung der Arbeitszeit in Betracht ziehen können, wenn aufgrund unstreitigen Sachvortrags oder nach § 286 Abs. 1 ZPO für wahr erachteten Sachvortrags der Klägerin feststeht, dass diese i.d.R. die vertraglich vereinbarte Arbeitszeit erfüllt hat, aber nicht jede einzelne Arbeitsstunde belegen kann (vgl. BAG 24.6.2021 -5 AZR 505/20- Rn 51 mwN, BAGE 175, 193).

22

1. Die Kirchen haben nicht die Rechtsmacht, eine normative Wirkung ihrer Regelungen im privaten Arbeitsverhältnis anzuordnen. Wählen sie die privatrechtliche Ausgestaltung ihrer Arbeitsverhältnisse, so haben sie auch nur die privatrechtlichen Gestaltungsmittel.
2. Verweisungen auf die für die betriebliche Altersversorgung beim Arbeitgeber geltenden Bestimmungen sind im Regelfall dynamisch. Sie verweisen, soweit keine gegenteiligen Anhaltspunkte bestehen, auf die jeweils beim Arbeitgeber geltenden Regelungen.
3. Die Regelung in einem Dienstvertrag, wonach die zusätzliche Altersversorgung nach dem in der Evangelisch-Lutherischen Landeskirche Sachsens geltenden Recht gewährt wird, ist als dynamische Bezugnahme auf die jeweils beim Arbeitgeber geltenden Regelungen der betrieblichen Altersversorgung zu verstehen.
4. Die Auslegung einer solchen formulararbeitsvertraglichen Regelung ergibt, dass von der Bezugnahme nur Regelungen erfasst werden sollen, die den Grundsätzen des Vertrauensschutzes und der Verhältnismäßigkeit und damit – soweit keine Rechtsgründe entgegenstehen – dem diese Grundsätze konkretisierenden dreistufigen Prüfungsschema des Senats für Eingriffe in bestehende Versorgungsrechte entsprechen.

https://doi.org/10.1515/9783111651354-022

5. Das einem kirchlichen Arbeitgeber nach Art 140 GG i.V.m. Art. 137 Abs. 3 Satz 1 WRV zustehende Recht, seine Angelegenheiten selbständig innerhalb der Schranken des für alle geltenden Gesetzes zu ordnen und zu verwalten, steht dieser Auslegung nicht entgegen.

Art. 140 GG, Art. 137 Abs 3 Satz 1 WRV, §§ 1, 2 Abs. 1 und 5 BetrAVG,
§§ 307 Abs. 1 Satz 1, 308 Nr. 4 BGB
BAG, Urteil vom 9. Mai 2023 -3 AZR 226/22-[1]

Die Parteien streiten darüber, ob die Beklagte der Klägerin über die von einer Zusatzversorgungskasse gezahlte Betriebsrente hinaus weitere Leistungen der betrieblichen Altersversorgung gewähren muss.

Die im Dezember 1955 geborene Klägerin war seit dem 15.10.1986 zunächst als Sachbearbeiterin bei der Beklagten – der Evangelisch-Lutherischen Landeskirche Sachsens (Körperschaft des öffentlichen Rechts) – in deren Kirchenamtsratsstelle D und ab dem Jahr 2008 in ihrem Grundstücksamt beschäftigt. Die wesentlichen Arbeitsbedingungen richteten sich zunächst nach dem Arbeitsvertrag für kirchliche Angestellte vom 17.10.1986.

Mit Wirkung zum 1.7.1991 trat die „Verordnung über die Gewährung eines kirchlichen Treuegeldes an kirchliche Angestellte und Arbeiter im Ruhestand und ihrer Witwen (Witwer) (Treuegeld-Verordnung)“ vom 11.6.1991 (ABl. S. A 58) in Kraft. Diese bestimmte in der zum 1.1.1993 in Kraft getretenen Fassung der „Zweiten Verordnung zur Änderung der Treuegeld-Verordnung vom 11.6.1991“ vom 17.6.1993 (ABl. S. A 86) u.a.:

> „§ 1
> (1) Kirchliche Angestellte und Arbeiter im Ruhestand – im folgenden Mitarbeiter genannt – erhalten zu ihrer Rente aus der gesetzlichen Rentenversicherung ein kirchliches Treuegeld aus kirchlichen Mitteln nach Maßgabe dieser Verordnung.
> ...
> § 2
> (1) Das kirchliche Treuegeld wird gewährt, wenn der Mitarbeiter nach mindestens 10jähriger ununterbrochen im kirchlichen Dienst verbrachten Tätigkeit als vollbeschäftigter Mitarbeiter das gesetzliche Rentenalter erreicht hat.
> ...

1 Amtl. Leitsätze. juris; NZA 2023, 1189.
Das Urteil ist rechtskräftig.

> § 7
> (1) Als kirchliches Treuegeld wird nach 10jähriger ununterbrochen im kirchlichen Dienst verbrachter Tätigkeit als Vollbeschäftigter ein Grundbetrag von 80,– DM monatlich gewährt, der sich für jedes weitere Dienstjahr um je 8,– DM monatlich erhöht. Für ein nicht vollendetes Dienstjahr werden bis zu 6 Monaten Dienstzeit 4,– DM und darüber 8,– DM gewährt."

Nach § 11 Abs. 2 der Treuegeld-Verordnung vom 11.6.1991 wurde das Kirchengesetz über die zusätzliche kirchliche Altersversorgung der kirchlichen Mitarbeiter und ihrer Witwen (Witwer) (Mitarbeiterversorgungsgesetz – MAVG) vom 27.10.1981 außer Kraft gesetzt.

Unter dem 20.1.1993 vereinbarten die Parteien einen neuen „Dienstvertrag", der nach einem auf das Schriftstück maschinenschriftlich aufgesetzten Zusatz in „Fortsetzung des bisherigen Arbeitsverhältnisses" und „im Sinne eines Nachtrages" zum bisherigen Arbeitsvertrag gelten soll. Nach § 1 des Dienstvertrags war die Klägerin seit dem 15.10.1986 bei der Beklagten bei der Kirchenamtsratsstelle D – Büro für Baupflege – als vollbeschäftigte Mitarbeiterin eingestellt. Im Übrigen enthielt der Dienstvertrag ua. folgende Regelungen:

> „§ 2
> (1) Für das Dienstverhältnis gelten das Kirchengesetz über die Regelung der privatrechtlichen Dienstverhältnisse der Mitarbeiter der Evangelisch-Lutherischen Landeskirche Sachsens (Landeskirchliches Mitarbeitergesetz – LMG –) vom 26.3.1991 (Amtsblatt Seite A 35) und die Kirchliche Dienstverordnung (KDVO) vom 16.7.1992 (Amtsblatt Seite A 81) sowie die sonstigen Arbeitsrechtsregelungen in der jeweils geltenden Fassung.
> ...
> § 5
> Die zusätzliche Altersversorgung wird nach dem in der Evangelisch-Lutherischen Landeskirche Sachsens geltenden Recht gewährt."

Mit Wirkung vom 1.7.1994 trat die „Verordnung über die Treuegeldgewährung an kirchliche Mitarbeiter als Kirchliche Altersversorgung (VKAV)" vom 7.6.1994 (ABl. S. A 159) in Kraft (im Folgenden VKAV 1994). Die VKAV 1994 bestimmt auszugsweise:

> „§ 1 Geltungsbereich
> (1) Diese Verordnung gilt für die privatrechtlich beschäftigten Mitarbeiter und Mitarbeiterinnen der Evangelisch-Lutherischen Landeskirche Sachsens.
> (2) Kirchliche Altersversorgung erhalten als Leistungsberechtigte:
> a) Mitarbeiter und Mitarbeiterinnen, deren Dienstverhältnisse unter den Geltungsbereich der Kirchlichen Dienstvertrags-ordnung (KDVO) der Evangelisch-Lutherischen Landeskirche Sachsens vom 16. Juli 1992 in der jeweils geltenden Fassung fallen, sowie
> ...

§ 3 Anspruchsvoraussetzungen bei Bezug von Vollrente wegen Alters
Kirchliche Altersversorgung wird gewährt, wenn der Mitarbeiter oder die Mitarbeiterin eine mindestens zehnjährige ununterbrochene Dienstzeit im kirchlichen Dienst (anspruchsbegründende Dienstzeit) nachweist und eine Vollrente wegen Alters aus der gesetzlichen Rentenversicherung bezieht.

...

§ 5 Kirchliche Dienstzeiten
(1) Als kirchliche Dienstzeiten gem. § 4 Buchst. a) zählen die Zeiten einer beruflichen Beschäftigung:
a) bei den Kirchgemeinden, Kirchenbezirken und Gliedkirchen sowie sonstigen kirchlichen Körperschaften, Anstalten und Stiftungen innerhalb des Gebietes des ehemaligen Bundes der Evangelischen Kirchen,

...

§ 10 Mindestversorgung
Als Mindestversorgung erhalten Leistungsberechtigte den Grundbetrag von 100,– DM monatlich bei 10 Jahren und 10,– DM monatlich für jedes weitere Jahr anspruchsbegründender Dienstzeit gemäß §§ 3 und 5 dieser Verordnung.

...

§ 11 Beginn und Ende der Leistungen
(1) Der Anspruch auf Kirchliche Altersversorgung entsteht mit dem Zeitpunkt, von dem an Vollrente wegen Alters, Berufs- oder Erwerbsunfähigkeitsrente zusteht.

...

§ 23 Inkrafttreten
(1) Diese Verordnung tritt am 01. Juli 1994 in Kraft.
(2) Gleichzeitig tritt die Verordnung über die Gewährung eines kirchlichen Treue-geldes an kirchliche Angestellte und Arbeiter im Ruhestand und ihrer Witwen (Witwer) (Treuegeld-Verordnung) vom 11. Juni 1991 (ABl. S. A 58) in der Fassung der Zweiten Verordnung zur Änderung der Treuegeld-Verordnung vom 17. Juni 1993 (ABl. S. A 86) außer Kraft.“

Die betriebliche Altersversorgung bei der Beklagten wurde durch die „Ordnung über die Kirchliche Altersversorgung (KAV)“ vom 26.11.1996 (ABl. S. A 270) mit Wirkung zum 1.1.1997 geändert (im Folgenden KAV 1997). Die KAV 1997 sah für die in ihrem § 1 Abs. 2 aufgeführten Arbeitnehmer – zu denen die Klägerin nicht gehörte – die Gewährung einer Gesamtversorgung durch die Beklagte vor. Daneben regelt § 20 KAV 1997, dass die Rentenzahlungen jeweils zum 1.7. eines Jahres um ein Prozent erhöht werden und sich die Gesamtversorgungsstufen bei allgemeinen Rentenerhöhungen jeweils um den Prozentsatz erhöhen, um den sich die Leistungen aus der gesetzlichen Rentenversicherung erhöhen. § 24 KAV 1997 lautet:

„§ 24 Inkrafttreten, Außerkrafttreten
Diese Ordnung tritt am 1. Januar 1997 in Kraft. Gleichzeitig tritt die Verordnung über Treuegeldgewährung an kirchliche Mitarbeiter als Kirchliche Altersversorgung (VKAV) vom 7. Juni 1994 (ABl. S. A 159) außer Kraft.“

Ebenfalls Ende des Jahres 1996 beschloss die Landessynode der Beklagten das „Kirchengesetz über die Zusatzversorgung der kirchlichen Mitarbeiter im Bereich der Evangelisch-Lutherischen Landeskirche Sachsens (Zusatzversorgungsgesetz – ZVG)“ vom 21.11.1996 (ABl. S. A 244) (im Folgenden ZVG 1997). Das zum 1.1.1997 in Kraft getretene ZVG 1997 bestimmt u.a.:

> „§ 1
> (1) Mitarbeiter, die nach dem 31. Dezember 1996 zu der Evangelisch-Lutherischen Landeskirche Sachsens, einer ihrer Kirchgemeinden, Kirchgemeindeverbände, Kirchenbezirke oder sonstigen Körperschaften in einem privatrechtlichen Anstellungs- oder Ausbildungsverhältnis stehen, erhalten unter der in § 3 genannten Voraussetzung eine zusätzliche Alters- und Hinterbliebenenversorgung nach Maßgabe der Bestimmungen der Kirchlichen Zusatzversorgungskasse Darmstadt.
> ...
> § 2
> Die Evangelisch-Lutherische Landeskirche Sachsens tritt für sich, ihre Kirchgemeinden, Kirchgemeindeverbände, Kirchenbezirke und sonstige Körperschaften der Kirchlichen Zusatzversorgungskasse Darmstadt gemäß der zwischen ihr und der Zusatzversorgungskasse geschlossenen Beteiligungsvereinbarung bei.
> § 3
> Die kirchlichen Anstellungsträger gemäß § 1 sind verpflichtet, ihre Mitarbeiter, soweit sie der Zusatzversorgungspflicht gemäß der Satzung der Kirchlichen Zusatzversorgungskasse Darmstadt unterliegen, bei dieser Kasse zur Zusatzversorgung anzumelden und die jeweilige Umlage zu zahlen.
> ...
> § 5
> Die landeskirchlichen Vorschriften über eine Treuegeldgewährung an kirchliche Mitarbeiter bleiben unberührt.“

Arbeitnehmer, für die die KAV 1997 keine Übergangsregelung enthält und die folglich keine Leistungen nach der KAV 1997 erhalten sollten, wurden entsprechend der Vorgaben des ZVG 1997 zum 1.1.1997 bei der Kirchlichen Zusatzversorgungskasse Darmstadt – Anstalt des öffentlichen Rechts – (im Folgenden Zusatzversorgungskasse) angemeldet; deren Leistungen bestimmen sich nach der jeweils gültigen Satzung. Diese sah entsprechend der Regelung, die die Tarifvertragsparteien des öffentlichen Dienstes für die Versorgungsanstalt des Bundes und der Länder (VBL) für die neuen Bundesländer und den östlichen Teil Berlins mit Wirkung zum 1.1.1997 gefunden hatten, ab diesem Zeitpunkt die Gewährung einer Gesamtversorgung vor. Dieses Gesamtversorgungssystem wurde zum 1.1.2001 durch ein Punktemodell abgelöst. Auch diese Neuregelungen folgten der von den Tarifvertragsparteien des öffentlichen Dienstes für die VBL gefundenen Lösung. Zudem sah § 62 Abs. 2 der Satzung der Zusatzversorgungskasse für die Jahre 2002 bis 2005 die Möglichkeit der Zahlung verminderter Beiträge vor, denen verminderte Anwartschaften gegenüberstehen. Davon hat die Beklagte aufgrund eines Beschlusses ihrer Arbeitsrechtlichen Kommission vom 22.5.2002 (ABl. S. A 132) Gebrauch gemacht.

Im Nachgang zum Urteil des Senats vom 14.7.2015 (-3 AZR 517/13-) wurde die KAV 1997 durch die „Verordnung zur Änderung der Ordnung über die Kirchliche Altersversorgung (KAV)" vom 18.10.2016 (ABl. S. A 195) geändert. Diese bestimmt u.a.:

> „§ 1
> 1. § 1 wird wie folgt geändert:
> a) Der Absatz 2 Buchstabe e abschließende Punkt wird durch ein Komma ersetzt und folgender Buchstabe f angefügt:
> ...
> f) Mitarbeiterinnen und Mitarbeiter sowie ehemalige und ausgeschiedene Mitarbeiterinnen und Mitarbeiter, deren Dienstverhältnis am 1. Januar 1997 unter den Geltungsbereich der Kirchlichen Dienstvertragsordnung (KDVO) fiel, die darüber hinaus die Voraussetzungen der Buchstaben a bis e nicht erfüllen und bei denen die Leistungen der kirchlichen Zusatzversorgungskasse hinter denen, die durch die Verordnung über die Treuegeldgewährung an kirchliche Mitarbeiter als Kirchliche Altersversorgung (VKAV) in der bis zum 31. Dezember 1996 geltenden Fassung gewährt werden könnten, zurückbleiben.
> ...
> 4. Abschnitt IV wird wie folgt gefasst:
> Abschnitt IV Ergänzungsregelungen
> § 23 Ergänzungsleistung nach § 1 Absatz 2 Buchstabe f
> (1) Die Leistungen für anspruchsberechtigte Mitarbeiterinnen und Mitarbeiter nach § 1 Absatz 2 Buchstabe f werden in der Höhe gewährt, in der die Leistungen einer kirchlichen Zusatzversorgungskasse im Einzelfall hinter denen, die durch die Verordnung über die Treuegeldgewährung an kirchliche Mitarbeiter als Kirchliche Altersversorgung (VKAV) in der bis zum 31. Dezember 1996 geltenden Fassung beansprucht werden könnten, zurückbleiben. Hierzu wird zunächst der Anspruch auf Kirchliche Altersversorgung ermittelt, der sich nach der VKAV unter Berücksichtigung der tatsächlichen Dienstzeit ergeben hätte. Geht dieser Anspruch über die tatsächlichen Leistungen einer kirchlichen Zusatzversorgungskasse hinaus, wird die Differenz als Ergänzungsleistung gewährt. Nach Beginn der Zahlung erhöht sich die Ergänzungsleistung jeweils zum 1. Juli eines Jahres um 1 Prozent.
> (2) Bei der Beantragung der Ergänzungsleistung nach Absatz 1 sind sowohl die Leistungen aus der gesetzlichen Rentenversicherung durch Vorlage des Rentenbescheides als auch die Leistungen der kirchlichen Zusatzversorgungskasse durch Vorlage des Leistungsbescheides jeweils zum Zeitpunkt des Rentenbeginns nachzuweisen."

Mit Ablauf des 30.6.2019 schied die Klägerin aus dem Arbeitsverhältnis mit der Beklagten aus und bezieht seit dem 1.7.2019 eine Altersrente für besonders langjährige Versicherte aus der gesetzlichen Rentenversicherung sowie – ausweislich der Rentenmitteilung der EZVK vom 9.7.2019 – aus der Zusatzversorgungskasse eine monatliche Versorgungsrente i.H.v. 242,56 € brutto.

Auf Antrag der Klägerin führte die Beklagte zur Prüfung eines Anspruchs auf Ergänzungsleistung nach § 1 Abs. 2 Buchst. f, § 23 KAV 1997 eine Vergleichsberechnung durch. Diese führte zu dem Ergebnis, dass der Klägerin als Mindestversorgung nach § 10 VKAV 1994 bei Eintritt in die Versorgungsphase 168,96 € monatlich zugestanden hätten.

Die Klägerin hat mit ihrer Klage ab dem 1.7.2019 für die Dienstzeit bis zum 31.12.1996 ein erdientes, unverfallbares monatliches Treuegeld i.H.v. 94,53 € brutto und ab dem 1.7.2020 ein solches i.H.v. 98,51 € brutto verlangt. In diesen aus der VKAV 1994 rührenden Anspruch habe durch das ZVG 1997 nicht wirksam eingegriffen werden können, weil ihr in der durch dieses ab 1.1.1997 eingeführte Versorgung über die Zusatzversorgungskasse keine Startgutschrift erteilt worden sei. Deshalb bestehe der Anspruch nach der VKAV 1994 weiter und die bis zum 31.12.1996 erdiente Anwartschaft sei entsprechend der in § 20 KAV 1997 enthaltenen Regelung zur Anpassung der Rentenleistungen anzupassen.

Die Klägerin hat beantragt, die Beklagte zu verurteilen, an sie 1.528,32 € brutto nebst Zinsen i.H.v. fünf Prozentpunkten über dem Basiszinssatz jährlich aus jeweils 94,53 € seit dem 1.8., 1.9., 1.10., 1.11., 1.12.2019, 1.1., 1.2., 1.3., 1.4., 1.5., 1.6., 1.7.2020, aus weiteren jeweils 98,51 € seit dem 1.8., 1.9., 1.10. sowie 1.11.2020 zu zahlen. Die Beklagte hat Klagabweisung beantragt.

Das Arbeitsgericht hat die Klage abgewiesen, das Landesarbeitsgericht hat die hiergegen gerichtete Berufung der Klägerin zurückgewiesen. Mit der vom Landesarbeitsgericht zugelassenen Revision verfolgt die Klägerin ihren Klageantrag weiter.

Die Revision hatte keinen Erfolg.

Aus den Gründen:

[17] Die zulässige Revision der Klägerin ist unbegründet. Das Landesarbeitsgericht hat die Berufung der Klägerin gegen das klageabweisende Urteil des Arbeitsgerichts zu Recht zurückgewiesen. Die zulässige Klage ist nicht begründet.

[18] I. Die Revision ist zulässig. Die Revisionsbegründung setzt sich mit dem angefochtenen Urteil in ausreichendem Maße auseinander, soweit es die Frage der wirksamen Ablösung der VKAV 1994 durch die KAV 1997 und das ZVG 1997 betrifft. Von der Revisionsbegründung kann nur eine Auseinandersetzung mit den vorhandenen Entscheidungsgründen des Landesarbeitsgerichts verlangt werden. Die Revisionsbegründung zeigt hinreichend deutlich auf, dass die Klägerin – entgegen dem Landesarbeitsgericht – davon ausgeht, die ursprüngliche Versorgungsordnung VKAV 1994 gelte fort, weil die KAV 1997 und das ZVG 1997

in erdiente Besitzstände eingegriffen hätten. Der Eingriff liege darin, dass der Klägerin für die Betriebszugehörigkeit bis zum 31.12.1996 keine Rentenanwartschaft zugebilligt werde. Stünde dies einer wirksamen Ablösung entgegen, würde dies dem angefochtenen Urteil den Boden insgesamt entziehen.

[19] II. Die Revision bleibt in der Sache ohne Erfolg. Das Landesarbeitsgericht hat die Berufung gegen das Urteil des Arbeitsgerichts zu Recht zurückgewiesen. Die zulässige Klage ist unbegründet. Entgegen der Auffassung der Klägerin wurde die VKAV 1994 durch die KAV 1997 und das ZVG 1997 wirksam abgelöst. Durch die Ablösung wurde weder in den erdienten Teilbetrag noch in die erdiente Dynamik oder künftige Zuwächse eingegriffen. Vielmehr erhält die Klägerin nach der KAV 1997 i.V.m. dem ZVG 1997 eine höhere Leistung der betrieblichen Altersversorgung, als sie sie nach der VKAV 1994 erhalten würde. Damit sind die durch das vom Senat entwickelte dreistufige Prüfungsschema bestimmten Grenzen eingehalten. Weitere Unwirksamkeitsgründe sind von der Klägerin nicht dargetan und auch sonst nicht ersichtlich.

[20] 1. Zwischen den Parteien gilt das kirchliche Recht der betrieblichen Altersversorgung in seiner für die Beklagte jeweils geltenden Fassung.

[21] a) Dies folgt nicht aus den kirchlichen Rechtssetzungsakten selbst. Die Kirchen haben nicht die Rechtsmacht, eine normative Wirkung ihrer Regelungen im privaten Arbeitsverhältnis anzuordnen. Wählen sie die privatrechtliche Ausgestaltung ihrer Arbeitsverhältnisse, so haben sie auch nur die privatrechtlichen Gestaltungsmittel (BAG 14.7.2015 -3 AZR 517/13- Rn 19 mwN).

[22] b) Die Geltung der jeweiligen kirchenrechtlichen Regelungen folgt aus § 5 des „Dienstvertrags" der Parteien vom 20.1.1993, der als Jeweiligkeitsklausel zu verstehen ist.

[23] aa) Nach ständiger Rechtsprechung des Senats sind Verweisungen auf die für die betriebliche Altersversorgung beim Arbeitgeber geltenden Bestimmungen im Regelfall dynamisch. Sie verweisen, soweit keine gegenteiligen Anhaltspunkte bestehen, auf die jeweils beim Arbeitgeber geltenden Regelungen. Das Verständnis einer solchen Bezugnahme als dynamische Verweisung auf die jeweils geltenden Versorgungsregelungen ist sachgerecht und wird in der Regel den Interessen der Parteien eher gerecht als eine statische Verweisung auf einen im Zeitpunkt des Vertragsabschlusses bestehenden Rechtszustand. Nur so wird eine einheitliche Anwendung der Versorgungsordnung auf alle von ihr erfassten Arbeitnehmer und Versorgungsempfänger des Arbeitgebers sichergestellt. Der Arbeitgeber will im Zweifel die betriebliche Altersversorgung nach einheitlichen Regeln, d.h. als System, erbringen. Ein solches System darf nicht erstarren. Dies ist bei der Auslegung dahingehender Vereinbarungen zu berücksichtigen. Deshalb ist für den Regelfall eine dynamische Verweisung anzuneh-

men (BAG 17.6.2008 -3 AZR 553/06- Rn 24; 27.6.2006 -3 AZR 255/05- Rn 18 mwN, BAGE 118, 326; 23.9.1997 -3 AZR 529/96- zu I 2 der Gründe). Will der Arbeitgeber eine Versorgung unabhängig von der jeweils geltenden allgemeinen Versorgungsordnung zusagen, muss er dies deutlich zum Ausdruck bringen (BAG 23.4.2013 -3 AZR 23/11- Rn 22; 18.9.2012 -3 AZR 415/10- Rn 25, BAGE 143, 90).

[24] bb) Danach ist die Klausel in § 5 des Dienstvertrags vom 20.1.1993 als dynamische Bezugnahme auf die jeweils bei der Beklagten geltenden Regelungen der betrieblichen Altersversorgung zu verstehen. Es bestehen keine Anhaltspunkte dafür, dass die Arbeitsvertragsparteien lediglich die am Tag des Vertragsschlusses geltende Versorgungsregelung, also die rückwirkend zum 1.1.1993 in Kraft getretene Treuegeld-Verordnung idF der Zweiten Verordnung zur Änderung der Treuegeld-Verordnung vom 17.6.1993, in Bezug nehmen wollten. Dafür fehlt es – unabhängig davon, ob dies für sich genommen ausreichend wäre – schon an einer konkreten Bezeichnung der zum Zeitpunkt des Vertragsschlusses bei der Beklagten geltenden Versorgungsregelungen.

[25] 2. Dementsprechend richtete sich die zusätzliche Altersversorgung der Klägerin nach § 5 des Dienstvertrags vom 20.1.1993 seit dem 1.7.1994 nach der VKAV 1994. Es kann dahinstehen, ob die Klägerin zu diesem Zeitpunkt aufgrund der dynamischen Bezugnahme in ihrem Dienstvertrag bereits eine Anwartschaft auf ein Treuegeld nach der Treuegeld-Verordnung vom 11.6.1991 idF der Zweiten Verordnung zur Änderung der Treuegeld-Verordnung vom 17.6.1993 erworben hatte. Selbst wenn dies der Fall gewesen sein sollte, wäre die Treuegeld-Verordnung vom 11.6.1991 idF der Zweiten Verordnung zur Änderung der Treuegeld-Verordnung vom 17.6.1993 zum 1.7.1994 für die Klägerin wirksam durch die VKAV 1994 abgelöst worden. Die Klägerin macht ausschließlich Ansprüche aus der VKAV 1994 gegen die Beklagte geltend und lässt die vorherige Ablösung der Treuegeld-Verordnung durch die VKAV 1994 gegen sich gelten.

[26] 3. Die Regelungen der VKAV 1994 galten nach dem 1.1.1997 für die zusätzliche Altersversorgung der Klägerin nicht weiter. Nach § 24 Satz 2 KAV 1997 trat die VKAV 1994 zum 1.1.1997 außer Kraft. Die von § 1 Abs. 2 KAV 1997 erfassten Mitarbeiter erhielten stattdessen eine zusätzliche Altersversorgung nach den §§ 4 ff. KAV 1997. Die nicht unter § 1 Abs. 2 KAV 1997 fallenden Mitarbeiter – wie ursprünglich die Klägerin – wurden entsprechend den Vorgaben des ZVG 1997 ab dem 1.1.1997 bei der Zusatzversorgungskasse versichert. Ihre Ansprüche auf Leistungen der betrieblichen Altersversorgung sollten sich demnach ausschließlich nach den jeweils geltenden Satzungsbestimmungen der Zusatzversorgungskasse richten. § 5 des Dienstvertrags der Klägerin erfasst diese Änderungen.

[27] a) Die Auslegung von § 5 des Dienstvertrags ergibt, dass von der Bezugnahme nur Regelungen erfasst werden sollen, die den Grundsätzen des Vertrauensschutzes und der Verhältnismäßigkeit und damit – soweit keine Rechtsgründe entgegenstehen – dem diese Grundsätze konkretisierenden dreistufigen Prüfungsschema des Senats für Eingriffe in bestehende Versorgungsrechte entsprechen.

[28] aa) § 5 des Dienstvertrags ist Bestandteil eines Formulararbeitsvertrags. Bereits das äußere Erscheinungsbild des Dienstvertrags der Parteien vom 20.1.1993 begründet damit eine tatsächliche Vermutung für das Vorliegen einer Allgemeinen Geschäftsbedingung i.S.d. § 305 Abs. 1 BGB (vgl. BAG 12.2.2015 -6 AZR 831/13- Rn 17, BAGE 150, 380). Nach Art. 229 § 5 Satz 2 EGBGB unterliegt die Verweisungsklausel daher der Inhaltskontrolle nach §§ 307 ff. BGB. Denn mit der Verweisung auf das jeweils geltende Recht in der Evangelisch-Lutherischen Landeskirche Sachsens hat die Beklagte sich die Möglichkeit vorbehalten, die Arbeitsbedingungen einseitig durch ihre Organe zu ändern. Die Verweisung erfasst nicht nur auf dem sog. „Dritten Weg", d.h. durch Beschlüsse der Arbeitsrechtlichen Kommission zustande gekommene Regelungen, sondern auch Bestimmungen, die durch einseitige kirchliche Rechtsetzungsakte erlassen wurden.

[29] bb) Eine Verweisung auf die jeweils geltenden Regelungen für die betriebliche Altersversorgung des Arbeitgebers hält nur dann einer Inhaltskontrolle nach § 308 Nr. 4 BGB oder § 307 Abs. 1 Satz 1 BGB stand, wenn die in Bezug genommenen Änderungen den Grundsätzen des Vertrauensschutzes und der Verhältnismäßigkeit entsprechen. Nur in diesem Fall ist der in der Jeweiligkeitsklausel liegende Änderungsvorbehalt für den Arbeitnehmer als Vertragspartner des Verwenders zumutbar. Dies beruht darauf, dass der Arbeitnehmer erwarten kann, für die durch seine Betriebszugehörigkeit bereits erbrachten Vorleistungen auch die ihm versprochene Gegenleistung zu erhalten, soweit dem nicht Gründe auf Seiten des Arbeitgebers entgegenstehen, die seine schützenswerten Interessen überwiegen (BAG 14.7.2015 -3 AZR 517/13- Rn 27; 18.9.2012 -3 AZR 415/10- Rn 30 ff., BAGE 143, 90).

[30] cc) Es ist davon auszugehen, dass der kirchliche Arbeitgeber als Verwender der Jeweiligkeitsklausel nur eine rechtlich zulässige Regelung vereinbaren will. Daher ist – soweit keine gegenteiligen Anhaltspunkte vorliegen – eine dynamische Verweisung auf die geltenden Versorgungsregelungen so auszulegen, dass davon nur Regelungen erfasst sein sollen, die den von der Rechtsprechung entwickelten Grundsätzen des Vertrauensschutzes und der Verhältnismäßigkeit entsprechen. Aus diesen Grundsätzen folgt, dass die Gründe, die den Eingriff rechtfertigen sollen, um so gewichtiger sein müssen, je stärker der Be-

sitzstand ist, in den eingegriffen wird (vgl. BAG 18.9.2012 -3 AZR 415/10- Rn 34, BAGE 143, 90). Die bei Einschnitten in Versorgungsrechte zu beachtenden Grundsätze des Vertrauensschutzes und der Verhältnismäßigkeit hat das Bundesarbeitsgericht für Versorgungsanwartschaften durch ein dreistufiges Prüfungsschema konkretisiert (stRspr. seit BAG 17.4.1985 -3 AZR 72/83- zu B II 3 c der Gründe, BAGE 49, 57), das in derartigen Fällen grundsätzlich anzuwenden ist. Den abgestuften Besitzständen der Arbeitnehmer sind danach entsprechend abgestufte unterschiedlich gewichtete Eingriffsgründe des Arbeitgebers gegenüberzustellen (vgl. etwa BAG 14.7.2015 -3 AZR 517/13- Rn 28; 10.3.2015 -3 AZR 56/14- Rn 35 mwN).

[31] b) Danach erfasst § 5 des Dienstvertrags nur solche abändernden Versorgungsregelungen, die einer Prüfung anhand des vom Bundesarbeitsgericht entwickelten dreistufigen Prüfungsschemas standhalten. Anhaltspunkte dafür, dass die Beklagte sich weitergehende Änderungen vorbehalten wollte, liegen nicht vor (vgl. zu einem insoweit wortgleichen Formularvertrag der Beklagten BAG 14.7.2015 -3 AZR 517/13- Rn 29).

[32] c) Das der Beklagten nach Art. 140 GG i.V.m. Art. 137 Abs. 3 Satz 1 WRV zustehende Recht, ihre Angelegenheiten selbständig innerhalb der Schranken des für alle geltenden Gesetzes zu ordnen und zu verwalten, steht dieser Auslegung nicht entgegen (vgl. dazu ausführlich BAG 14.7.2015 -3 AZR 517/13- Rn 30 ff., KirchE 66, 11). Dies wird von der Beklagten auch nicht in Abrede gestellt.

[33] d) Danach ist die Wirksamkeit der Ablösung der VKAV 1994 anhand des dreistufigen Prüfungsschemas des Senats zu überprüfen. Rechtsgründe, dieses Prüfungsschema auf die streitbefangene Ablösung nicht anzuwenden, bestehen nicht.

[34] aa) Das Betriebsrentengesetz findet auf das Versorgungsverhältnis der Parteien Anwendung. Die Beklagte hat der Klägerin durch § 5 des Dienstvertrags vom 20.1.1993 und damit nach dem 31.12.1991, dem Zeitpunkt des Inkrafttretens der §§ 1 bis 18 BetrAVG nach der Anlage I Kapitel VIII Sachgebiet A Abschn. III Nr. 16 Buchst. a und b des Einigungsvertrags im Gebiet nach Art. 3 des Einigungsvertrags am 1.1.1992, eine Zusage auf Leistungen der betrieblichen Altersversorgung erteilt. Anhaltspunkte für eine abweichende Auslegung der vertraglichen Regelung sind weder dargetan noch ersichtlich.

[35] bb) Für die Anwendbarkeit des dreistufigen Prüfungsschemas ist es nach der – von der Beklagten im vorliegenden Rechtsstreit nicht mehr in Zweifel gezogenen – Rechtsprechung des Senats unerheblich, ob die Anwartschaft der Klägerin auf Versorgungsleistungen nach der VKAV 1994 im Zeitpunkt der Ablösung durch die KAV 1997 am 1.1.1997 nach § 1 Abs. 1 Satz 1 BetrAVG in der bis

zum 31.12.2000 geltenden Fassung unverfallbar war (BAG 14.7.2015 -3 AZR 517/13- Rn 41 mwN, KirchE 66, 11).

[36] cc) Der Prüfung der die VKAV 1994 ablösenden Regelungen anhand des dreistufigen Prüfungsschemas steht schließlich nicht entgegen, dass es sich bei diesen um kirchenarbeitsrechtliche Bestimmungen handelt (dazu ausführlich BAG 14.7.2015 -3 AZR 517/13- Rn 42 ff. mwN, KirchE 66, 11).

[37] dd) Soweit die Beklagte mit der Einführung ihres kirchlichen Zusatzversorgungssystems ab dem 1.1.1997 die Regelungen nachvollzogen hat, die die Tarifvertragsparteien des öffentlichen Dienstes ab diesem Tag für den öffentlichen Dienst der neuen Bundesländer und des östlichen Teils Berlins geschaffen haben, rechtfertigt dies ebenfalls keine Abweichung vom dreistufigen Prüfungsschema (dazu ausführlich BAG 14.7.2015 -3 AZR 517/13- Rn 45 ff. mwN, KirchE 66, 11).

[38] e) Die Ablösung der VKAV 1994 durch § 24 Satz 2 KAV 1997 und das ZVG 1997 i.V.m. den am 1.1.1997 geltenden Satzungsbestimmungen der Zusatzversorgungskasse verstößt nicht gegen die Grundsätze des Vertrauensschutzes und der Verhältnismäßigkeit, wie sie durch das dreistufige Prüfungsschema des Bundesarbeitsgerichts konkretisiert sind.

[39] aa) Nach dem dreistufigen Prüfungsschema sind den abgestuften Besitzständen der Arbeitnehmer entsprechend abgestufte, unterschiedlich gewichtete Eingriffsgründe des Arbeitgebers gegenüberzustellen (vgl. etwa BAG 10.3.2015 -3 AZR 56/14- Rn 35 mwN). Der unter der Geltung der bisherigen Ordnung und in dem Vertrauen auf deren Inhalt bereits erdiente und entsprechend § 2 Abs. 1, Abs. 5 Satz 1 BetrAVG ermittelte Teilbetrag kann hiernach nur in seltenen Ausnahmefällen entzogen werden. Das setzt zwingende Gründe voraus. Zuwächse, die sich – wie etwa bei endgehaltsbezogenen Zusagen – dienstzeitunabhängig aus variablen Berechnungsfaktoren ergeben (erdiente Dynamik), können nur aus triftigen Gründen geschmälert werden. Für Eingriffe in dienstzeitabhängige, noch nicht erdiente Zuwachsraten genügen sachlich-proportionale Gründe (vgl. etwa BAG 30.9.2014 -3 AZR 998/12- Rn 24 mwN).

[40] bb) Die KAV 1997 sowie das ZVG 1997 i.V.m. den ab dem 1.1.1997 geltenden Satzungsbestimmungen der Zusatzversorgungskasse greifen zum entscheidenden Zeitpunkt des Eintritts in den Ruhestand zum 1.7.2019 weder in den bis zum Ablösungszeitpunkt von der Klägerin erdienten Teilbetrag noch in eine bis dahin erdiente Dynamik oder in die künftigen dienstzeitabhängigen Zuwächse ein.

[41] (1) Es liegt kein Eingriff in den erdienten Teilbetrag vor.

[42] (a) Der von der Klägerin nach § 10 Satz 1 VKAV 1994 am 1.1.1997 bereits erdiente Teilbetrag der Mindestversorgung beläuft sich auf 51,34 €.

[43] Nach § 10 Satz 1 VKAV 1994 setzt sich die Mindestversorgung aus einem Grundbetrag i.H.v. 100,00 DM monatlich für die ersten zehn anspruchsbegründenden Dienstjahre und jeweils weiteren 10,00 DM monatlich für jedes weitere anspruchsbegründende Dienstjahr zusammen. Vom Beginn der Betriebszugehörigkeit am 15.10.1986 bis zum Eintritt in den Ruhestand am 1.7.2019 ergeben sich insgesamt 32 anrechnungsfähige volle Dienstjahre. Daraus folgt eine erreichbare Mindestversorgung i.H.v. 320,00 DM. Die mögliche Betriebszugehörigkeit i.S.v. § 2 Abs. 1 BetrAVG umfasst 392 volle Monate. Die tatsächliche Betriebszugehörigkeit vom Beginn der Betriebszugehörigkeit bis zum Zeitpunkt der Ablösung am 31.12.1996 umfasst 123 Monate. Dies ergibt einen Quotienten von 0,3138 (123 Monate : 392 Monate) und damit einen zeitanteilig erdienten Anspruch i.H.v. 100,41 DM (320,00 DM x 0,3138); dies entspricht 51,34 €.

[44] (b) Nach der Neuregelung erreicht die Klägerin eine monatliche Versorgungsrente i.H.v. 242,56 €. Da dieser Betrag höher ist als der zum 31.12.1996 erdiente Teilbetrag nach § 10 Satz 1 VKAV 1994 i.H.v. 51,34 €, führen die neuen Versorgungsregelungen nicht zu einem Eingriff in den bereits erdienten Teilbetrag.

[45] (2) Ein Eingriff in die erdiente Dynamik liegt ebenfalls nicht vor. Denn die Mindestversorgung nach § 10 VKAV 1994 hängt nicht von dienstzeitunabhängigen Faktoren, wie etwa dem Endgehalt, ab. § 10 VKAV 1994 sieht vielmehr eine Festbetragsregelung für jedes anrechnungsfähige Dienstjahr vor.

[46] (3) Die Neuregelung greift auch nicht in die künftigen dienstzeitabhängigen Zuwächse ein. Bei unveränderter Weitergeltung der VKAV 1994 hätte die Klägerin nach § 10 VKAV 1994 eine Mindestversorgung i.H.v. 320,00 DM (entspricht 163,61 €) erreichen können. Demgegenüber beläuft sich ihre Versorgungsrente auf 242,56 €.

[47] cc) Da die neue Versorgungsordnung der Klägerin höhere Ansprüche zubilligt als die vorherige, bedarf es für die Wirksamkeit der Ablösung keiner Gründe i.S.d. dreistufigen Prüfungsschemas des Senats. Soweit die Klägerin in der Revision geltend macht, es sei keine Ablösung der VKAV 1994 durch die KAV 1997 und das ZVG 1997 erfolgt, verkennt sie, dass im Grundsatz die neuere Versorgungsregelung die ältere Versorgungsregelung ablöst. Dies wird von § 24 Satz 2 KAV 1997 auch ausdrücklich angeordnet. Nur wenn durch die neuen Versorgungsregelungen in Besitzstände i.S.d. dreistufigen Prüfungsschemas eingegriffen wird, bedarf die Ablösung durch die Neuregelung einer Rechtfertigung. Dies ist jedoch vorliegend nicht der Fall, da die Klägerin nach der Neuregelung eine höhere Versorgung für ihre gesamte Betriebszugehörigkeit erhält, als sie sie bei Fortgeltung der alten Versorgungsregelung für ihre gesamte Betriebszugehörigkeit beanspruchen könnte. An diesem Ergebnis ändert sich auch

nichts, weil der Klägerin nach der neuen Versorgungsregelung, keine – von ihr so bezeichnete – „Startgutschrift" aus der VKAV 1994 durch die neue Versorgungsregelung zuerkannt wird. Entscheidend für die Beurteilung der Wirksamkeit einer Ablösung von Versorgungsregelungen ist einzig, ob die Neuregelung bei Eintritt des Versorgungsfalls im konkreten Einzelfall mindestens gleiche Versorgungsleistungen gewährt. Führt – wie vorliegend – die Neuregelung für die gesamte Betriebszugehörigkeit zu höheren Ansprüchen als die vorherige Versorgungsregelung, sind die Grundsätze des Vertrauensschutzes und der Verhältnismäßigkeit gewahrt. Mangels einer fortbestehenden Anwartschaft aus der VKAV 1994 muss eine solche auch nicht dynamisiert werden. Es kann deshalb dahinstehen, ob eine solche Pflicht anderenfalls bestünde.

[48] f) Die Wirksamkeit der Umstellung vom Gesamtversorgungs- auf ein Punktesystem in den Satzungsbestimmungen der Zusatzversorgungskasse zum 1.1.2001 und die Herabsetzung der Beiträge im Rahmen des Punktesystems durch den Beschluss der Arbeitsrechtlichen Kommission vom 22.5.2002 hat die Klägerin nicht angezweifelt und nicht zum Gegenstand des Rechtsstreits gemacht.

23

1. Hat das Finanzamt aufgrund irriger Beurteilung des Sachverhalts in einem Feststellungsbescheid den Zeitpunkt des grunderwerbsteuerbaren Erwerbsvorgangs fehlerhaft angegeben und wurde der Feststellungsbescheid deshalb in der Folge wegen Rechtswidrigkeit gerichtlich aufgehoben, kann es nach § 174 Abs. 4 Satz 1 und 3 der Abgabenordnung in einem weiteren Feststellungsbescheid die richtigen steuerlichen Folgerungen aus der Aufhebung innerhalb eines Jahres nach Aufhebung des Feststellungsbescheides ziehen.

2. Führt die Errichtung einer neuen Kirchengemeinde durch Vereinigung anderer Kirchengemeinden dazu, dass sich unmittelbar oder mittelbar mindestens 95 % (heute: 90 %) der Anteile an grundbesitzenden Gesellschaften bei der neu errichteten Kirchengemeinde vereinigen, unterliegt diese Anteilsvereinigung zu dem Zeitpunkt nach § 1 Abs. 3 Nr. 2 des Grunderwerbsteuergesetzes (GrEStG) der Grunderwerbsteuer, an dem die staatliche Anerkennung wirksam erteilt wird.

3. Die Besteuerung der Vereinigung von mindestens 95 % von Anteilen an grundbesitzenden Gesellschaften nach § 1 Abs. 3 Nr. 2 GrEStG als Folge der staatlich anerkannten Bildung oder Veränderung von Kirchengemeinden verstößt nicht gegen das verfassungsrechtlich garantierte kirchliche Selbstbestimmungsrecht (Art. 140 des Grundgesetzes – GG – i.V.m. Art. 137

https://doi.org/10.1515/9783111651354-023

Abs. 3 der Verfassung des Deutschen Reichs – WRV –) und auch nicht gegen die verfassungsrechtlich garantierte Kirchengutsgarantie (Art. 140 GG i.V.m. Art. 138 Abs. 2 WRV).
4. Erhält im Zuge der Vereinigung von Kirchengemeinden die neu errichtete Kirchengemeinde Vermögenswerte, liegt keine freigebige Zuwendung der Gesellschaftsanteile von den aufgelösten Kirchengemeinden an die neu errichtete Kirchengemeinde im Sinne der Steuerbefreiungsvorschrift des § 3 Nr. 2 Satz 1 GrEStG vor.
5. § 4 Nr. 1 GrEStG ist nur auf den Erwerb von Grundstücken, nicht auf Anteilsvereinigungen anzuwenden.

Art. 140 GG, Artt. 137 Abs. 3, 138 Abs .2 WRV, can 121, 515 § 2 CIC,
§§ 89 Abs. 2, 174 Abs. 4, 181 Abs. 1 Satz 1 AO,
§§ 1 Abs. 3 Nr. 2, 3 Nr. 2 Satz 1, 4 Nr. 1 GrEStG 1997 vom 24.3.1999,
§ 7 Abs. 1 Nr. 1 ErbStG 1997, §§ 1, 4, 6 KathKiGemVbgBek NW
BFH, Urteil vom 10. Mai 2023 -II R 24/21-[1]

I. Die Klägerin und Revisionsklägerin (Klägerin) ist eine Kirchengemeinde mit dem Status einer Körperschaft des öffentlichen Rechts. Sie wurde durch Urkunde des zuständigen Bischofs vom ... (Errichtungsurkunde) errichtet. Nach Nr. 1 der Errichtungsurkunde wurde die Klägerin nach Anhörung aller unmittelbar Beteiligten und des Priesterrats (gemäß can. 515 § 2 Codex Iuris Canonici – CIC) durch die Vereinigung verschiedener Kirchengemeinden, unter anderem der Kirchengemeinde A und der Kirchengemeinde B neu errichtet (gemäß can. 121 CIC). Die vereinigten Kirchengemeinden waren ebenfalls Körperschaften des öffentlichen Rechts. Nach Nr. 3 der Errichtungsurkunde wurden das gesamte Vermögen der vereinigten Kirchengemeinden (einschließlich aller Forderungen, Verbindlichkeiten und Immobilien), die Kirchenbücher und die Akten der Klägerin zugeführt. Durch Urkunde vom ... erkannte der zuständige Regierungspräsident die bischöfliche Urkunde an, sodass nach §§ 1, 4, 6 der Vereinbarung über die staatliche Mitwirkung bei der Bildung und Veränderung katholischer Kirchengemeinden zwischen dem Land Nordrhein-Westfalen und den Diözesen im Land Nordrhein-Westfalen vom 21.11.1960 (Gesetz- und Verordnungsblatt für das Land Nordrhein-Westfalen 1960, Ausgabe A, Nr. 46, S. 426 – KathKiGemVbgBek NW) die Klägerin mit diesem Tag die Rechte einer Körperschaft des öffentlichen Rechts erhielt.

1 Amtliche Leitsätze. juris; DStRE 2023, 1190.
Das Urteil ist rechtskräftig.

Die Kirchengemeinde A war mit 80 % und die Kirchengemeinde B mit 20 % am Stammkapital der grundbesitzenden F-GmbH beteiligt. Die F-GmbH erwarb, errichtete und betrieb katholische caritative Einrichtungen. Die F-GmbH war Alleingesellschafterin der ebenfalls grundbesitzenden F-Krankenhaus-GmbH. Einige der Grundstücke lagen weder im Zuständigkeitsbereich des vormals beteiligten Finanzamts noch im Zuständigkeitsbereich des Beklagten und Revisionsbeklagten (Finanzamt – FA), in dessen Bezirk sich die Klägerin befindet.

Vor der Errichtung der Klägerin hatte die F-GmbH einen Antrag auf verbindliche Auskunft beim zuständigen Finanzamt bezüglich der grunderwerbsteuerrechtlichen Behandlung gestellt und mitgeteilt, die Kirchengemeinde A beabsichtige, ihre Anteile an der F-GmbH unentgeltlich auf die Kirchengemeinde B zu übertragen. Das zuständige Finanzamt teilte der F-GmbH am 26.4.2007 mit, dass dieser Vorgang nach § 3 Nr. 2 des Grunderwerbsteuergesetzes in der im Streitzeitraum gültigen Fassung (GrEStG) grunderwerbsteuerbefreit sei.

Nach einer Außenprüfung betreffend die Feststellung der Besteuerungsgrundlagen für die Grunderwerbsteuer und die Grundbesitzwerte war der Prüfer der Auffassung, durch den Übergang des Kirchenvermögens auf die Klägerin seien 100 % der Anteile an der F-GmbH in der Hand der Klägerin vereinigt worden. Dabei handle es sich um einen nach § 1 Abs. 3 Nr. 2 GrEStG steuerbaren Erwerbsvorgang. Betroffen seien sowohl die Grundstücke der F-GmbH als auch die der F-Krankenhaus-GmbH. Im Betriebsprüfungsbericht vom 13.3.2013 waren die betroffenen Grundstücke und die zur Grunderwerbsteuerfestsetzung berufenen Finanzämter aufgeführt.

Am 18.4.2013 erließ das damals zuständige Finanzamt einen Bescheid über die gesonderte Feststellung von Besteuerungsgrundlagen für die Grunderwerbsteuer. In dem Feststellungsbescheid gab es an, die Besteuerungsgrundlagen würden „gem. § 17 GrEStG gesondert festgestellt für die Vereinigung der Anteile durch die Urkunde des Bischofs von ... vom ... und der Zustimmungsurkunde des zuständigen Regierungspräsidenten von ... vom ... am ... (Steuerstichtag)“ und den durch die „Vereinigung der Anteile i.S.v. § 1 Abs. 3 Nrn. 1 oder 2 GrEStG“ der „F-GmbH, Z verwirklichten Erwerbsvorgang“. Dem Bescheid beigefügt war als Anlage der Betriebsprüfungsbericht mit dem Hinweis, dieser sei Bestandteil des Bescheids.

Der hiergegen erhobene Einspruch wurde als unbegründet zurückgewiesen. Das Klageverfahren vor dem Finanzgericht (FG), währenddessen es zu einem gesetzlichen Beteiligtenwechsel kam, blieb erfolglos (Urteil des FG Münster vom 7.6.2017 -8 K 3992/14 GrE-). Der Bundesfinanzhof (BFH) hob mit Urteil vom 4.3.2020 -II R 35/17- (BFHE 268, 545, BStBl II 2020, 514) das FG-Urteil vom 7.6.2017 -8 K 3992/14 GrE-, die Einspruchsentscheidung vom 14.11.2014 und den

Feststellungsbescheid vom 18.4.2013 auf, weil seiner Auffassung nach der im Feststellungsbescheid vom 18.4.2013 angegebene Steuerstichtag (...) unzutreffend war. Zutreffender Steuerstichtag sei der ..., weil die Klägerin erst zu diesem Zeitpunkt durch die Anerkennung des Regierungspräsidenten rechtlich wirksam errichtet worden sei.

Am 27.8.2020 erließ das FA unter Berufung auf § 174 Abs. 4 Satz 1 und 2 der Abgabenordnung (AO) einen neuen Bescheid über die gesonderte Feststellung der Besteuerungsgrundlagen für die Grunderwerbsteuer, diesmal auf den Stichtag .... Unter „Erläuterungen" führte das FA an, es sei bei Erlass des Bescheids vom 18.4.2013 davon ausgegangen, dass die Kirchenvereinigung mit Anordnung des zuständigen Bischofs vom ... vollzogen worden sei. Dieser Irrtum habe zur Aufhebung des Bescheids durch den BFH geführt. Nach § 174 Abs. 4 Satz 1 und 2 AO könnten, da aufgrund irriger Beurteilung des Steuerstichtags der Feststellungsbescheid vom 18.4.2013 aufgrund eines Rechtsbehelfs der Klägerin aufgehoben worden sei, durch Erlass des neuen Feststellungsbescheids die richtigen steuerlichen Folgen gezogen werden. Im Übrigen entsprachen Inhalt und Feststellungen im Bescheid vom 27.8.2020 denen im Feststellungsbescheid vom 18.4.2013.

Der gegen den Feststellungsbescheid vom 27.8.2020 erhobene Einspruch wurde als unbegründet zurückgewiesen (Einspruchsentscheidung vom 18.1.2021). Die Klage vor dem FG blieb ebenfalls erfolglos. Das Urteil ist in Entscheidungen der Finanzgerichte 2021, 1571 veröffentlicht.

Mit ihrer Revision macht die Klägerin eine Verletzung von § 1 Abs. 3 Nr. 2, § 3 Nr. 2 und § 4 Nr. 1 GrEStG geltend. Der Vorgang sei nicht nach § 1 Abs. 3 Nr. 2 GrEStG steuerbar. Die Überführung der Geschäftsanteile beruhe nicht auf einem Rechtsvorgang des bürgerlichen oder öffentlichen Rechts, wie es die Vorschrift voraussetze. Die Errichtung der Klägerin durch das bischöfliche Dekret vom ... sei ein rein innerkirchlicher Vorgang. Die staatliche Anerkennung vom ... beschränke sich nach § 6 KathKiGemVbgBek NW auf die Anerkennung der neu errichteten Kirchengemeinde als Körperschaft des öffentlichen Rechts, betreffe aber nicht die Zuweisung des Kirchenvermögens.

Zudem stünde das kirchliche Selbstbestimmungsrecht (Art. 140 des Grundgesetzes – GG – i.V.m. Art. 137 Abs. 3 der Verfassung des Deutschen Reichs – WRV –) einer Erweiterung des Anwendungsbereichs des § 1 Abs. 3 Nr. 2 GrEStG auf die veränderte Zuordnung von Grundstücken allein auf Grundlage innerkirchlicher Rechtsvorgänge entgegen. Bei der Vereinigung und Neugründung von Kirchengemeinden nach Kirchenrecht nähmen die Kirchen deshalb nicht am allgemeinen Rechtsverkehr teil (vgl. Beschluss des Hanseatischen Oberlandesgerichts Hamburg vom 21.6.1982 -2 W 6/81-). Eine erhebliche steuerliche

Belastung mit Grunderwerbsteuer würde sie davon abhalten, aufgrund des demographischen Wandels notwendige Umstrukturierungsmaßnahmen durchzuführen und stelle deshalb eine faktische Beschränkung ihres Selbstbestimmungsrechts dar. Sie sei nicht nur hinsichtlich des „Wie" der Umstrukturierungen beschränkt, sondern bereits dahingehend, „ob" eine Umstrukturierung vorgenommen werden könne. Nicht die einzelne Kirchengemeinde, sondern die Kirche als solche sei als grunderwerbsteuerrelevanter Rechtsträger anzusehen, sodass es bei der Neubildung von Kirchengemeinden nie zu einem Rechtsträgerwechsel kommen könne.

Jedenfalls sei der Vorgang nach § 3 Nr. 2 Satz 1 GrEStG von der Besteuerung ausgenommen, da es sich um eine freigebige Zuwendung – wie in der verbindlichen Auskunft des zuständigen Finanzamts vom 26.4.2007 angeführt – handle. Die Vereinigung sei nicht aufgrund einer unilateralen Entscheidung des Bischofs, sondern durch eine zumindest von den Kirchengemeinden mitgetragene Entscheidung erfolgt. Die Kirchengemeinden hätten sich auch autonom vereinigen können.

Außerdem sei der Erwerbsvorgang nach § 4 Nr. 1 GrEStG von der Grunderwerbsteuer befreit. Die Vorschrift sei nach ihrem Sinn und Zweck auszulegen und auch auf die Vereinigung von Anteilen an einer grundbesitzenden Kapitalgesellschaft anwendbar. Der Übergang der Anteile an der F-GmbH sei aus Anlass des Übergangs von öffentlich-rechtlichen Aufgaben erfolgt. Die neu errichtete Klägerin nehme anstelle der aufgelösten Gemeinden nun alle seelsorgerischen und gottesdienstlichen Aufgaben der bisherigen Kirchengemeinden wahr. Die Grundstücke dienten caritativen Zwecken und somit nicht einem Betrieb gewerblicher Art. Diese Befreiung von der Grunderwerbsteuer sei auch unter dem Aspekt des verfassungsrechtlich garantierten kirchlichen Selbstbestimmungsrechts und dem institutionellen Schutz der Kirche geboten.

Der Erwerbstatbestand sei schließlich durch eine interpolierende Betrachtungsweise nach § 3 Nr. 2 Satz 1 i.V.m. § 4 Nr. 1 GrEStG steuerbefreit. Im Streitfall sei ursprünglich geplant gewesen, dass die Kirchengemeinde A ihre Anteile an der F-GmbH unentgeltlich auf die Kirchengemeinde B übertrage. Dieser Erwerbsvorgang sei als freigebige Zuwendung steuerbefreit gewesen. Im Anschluss seien dann 100 % der Anteile an der F-GmbH auf die Klägerin übertragen worden. Dieser Rechtsvorgang sei nach § 4 Nr. 1 GrEStG steuerbefreit. Eine Missbrauchsabsicht sei nicht ersichtlich.

Die Klägerin beantragt, die Vorentscheidung, den Feststellungsbescheid vom 27.8.2020 und die Einspruchsentscheidung vom 18.1.2021 aufzuheben.

Das Gericht hat die Revision zurückgewiesen.

Aus den Gründen:

[16] II. Die Revision ist unbegründet und war daher zurückzuweisen (§ 126 Abs. 2 der Finanzgerichtsordnung – FGO–). Das FG hat zutreffend entschieden, dass der Feststellungsbescheid vom 27.8.2020 rechtmäßig ist und die Klägerin nicht in ihren Rechten verletzt. Dem Erlass des angefochtenen Feststellungsbescheids steht keine Feststellungsverjährung entgegen (nachfolgend unter II.1.). Die unmittelbare Vereinigung aller Anteile an der grundbesitzenden F-GmbH und die dadurch bedingte mittelbare Vereinigung aller Anteile an der grundbesitzenden F-Krankenhaus-GmbH in der Hand der Klägerin unterliegen der Grunderwerbsteuer (nachfolgend unter II.2.). Steuerbefreiungstatbestände greifen nicht ein (nachfolgend unter II.3.).

[17] 1. Das FG hat zutreffend ausgeführt, dass der Feststellungsbescheid vom 27.8.2020 nach § 174 Abs. 4 Satz 1 und 2 AO erlassen werden konnte und nach § 174 Abs. 4 Satz 3 AO nicht der Ablauf der Feststellungsfrist entgegenstand.

[18] a) Ist aufgrund irriger Beurteilung eines bestimmten Sachverhalts ein Steuerbescheid ergangen, der aufgrund eines Rechtsbehelfs oder sonst auf Antrag des Steuerpflichtigen durch die Finanzbehörde zu seinen Gunsten aufgehoben oder geändert wird, so können aus dem Sachverhalt nachträglich durch Erlass oder Änderung eines Steuerbescheids die richtigen steuerlichen Folgerungen gezogen werden. Dies gilt auch dann, wenn der Steuerbescheid durch das Gericht aufgehoben oder geändert wird. Der Ablauf der Festsetzungsfrist ist unbeachtlich, wenn die steuerlichen Folgerungen innerhalb eines Jahres nach Aufhebung oder Änderung des fehlerhaften Steuerbescheids gezogen werden (§ 174 Abs. 4 Satz 1 bis 3 AO). Die Regelung findet nach § 181 Abs. 1 Satz 1 AO sinngemäß auch auf Feststellungsbescheide Anwendung. Eine irrige Beurteilung eines Sachverhalts im Sinne der genannten Vorschrift liegt vor, wenn sich die Beurteilung eines bestimmten Sachverhalts nachträglich als unrichtig erweist. Sachverhalt im Sinne des § 174 Abs. 4 Satz 1 AO ist der einzelne Lebensvorgang, an den das Gesetz steuerliche Folgen knüpft. Der Begriff des „bestimmten Sachverhalts" ist dabei nicht auf eine einzelne steuererhebliche Tatsache oder ein einzelnes Merkmal beschränkt, sondern erfasst den einheitlichen, für diese Besteuerung maßgeblichen Sachverhaltskomplex. Unerheblich ist, ob der für die rechtsirrige Beurteilung ursächliche Fehler im Tatsächlichen oder im Rechtlichen lag. Der Steuerpflichtige soll im Falle seines Obsiegens mit einem gewissen Rechtsstandpunkt an seiner Auffassung festgehalten werden, soweit derselbe Sachverhalt zu beurteilen ist (BFH-Urteil vom 20.11.2019 -XI R 49/17- Rz 17 f.). Eine Korrekturmöglichkeit ist im Rahmen der Ertragsteuer

danach etwa dann zu bejahen, wenn ein bestimmter Sachverhalt in einem anderen Besteuerungszeitraum als bisher geschehen zu erfassen ist und einem Rechtsbehelf aus diesem Grund stattgegeben wird (vgl. BFH-Urteil vom 19.5.2005 -IV R 17/02- BFHE 209, 384, BStBl II 2005, 637, unter I.2.a, zur Erfassung der einkommensteuerrechtlichen Betriebsveräußerung im Ganzen in einem anderen Streitjahr).

[19] Hat das Finanzamt aufgrund der irrigen Beurteilung des Stichtags, an dem die Grunderwerbsteuer entsteht, in einem Bescheid über die gesonderte Feststellung von Besteuerungsgrundlagen für die Grunderwerbsteuer den Zeitpunkt, auf den der Grundbesitz der Gesellschaft nach § 8 Abs. 2 Satz 1 Nr. 3 GrEStG zu bewerten ist, fehlerhaft angegeben und wurde der Feststellungsbescheid deshalb in der Folge wegen Rechtswidrigkeit gerichtlich aufgehoben, ist der Ablauf der Feststellungsfrist nach § 174 Abs. 4 Satz 3 AO unbeachtlich, wenn das Finanzamt innerhalb eines Jahres nach Aufhebung des Feststellungsbescheids die Besteuerungsgrundlagen auf den zutreffenden Steuerstichtag feststellt.

[20] b) Nach diesen Grundsätzen konnte das FA den Feststellungsbescheid vom 27.8.2020 erlassen. Die Voraussetzungen des § 174 Abs. 4 Satz 1 bis 3 AO waren erfüllt.

[21] Das FA hatte ursprünglich irrig angenommen, dass die Vereinigung von mindestens 95 % der Anteile der grundbesitzenden GmbHs bereits am Tag der Unterzeichnung der Errichtungsurkunde (XX.XX.XXXX) verwirklicht wurde. Diesen Bescheid hat der BFH aufgrund der Revision der Klägerin in dem Verfahren -II R 35/17- der Klägerin am 4.3.2020 aufgehoben, da die unmittelbare Vereinigung aller Anteile der F-GmbH und die dadurch bedingte mittelbare Vereinigung aller Anteile der F-Krankenhaus-GmbH bei der Klägerin erst mit dem Tag der staatlichen Anerkennung am YY.YY.YYYY wirksam wurde (BFH-Urteil vom 4.3.2020 -II R 35/17- BFHE 268, 545, BStBl II 2020, 514, Rz 17). In dem nunmehr angefochtenen Feststellungsbescheid hat das FA die richtigen steuerlichen Folgerungen gezogen und mit dem YY.YY.YYYY den zutreffenden Steuerstichtag angegeben. Der Ablauf der Feststellungsfrist stand dem nicht entgegen. Das FA hat ihn am 27.8.2020 erlassen, somit innerhalb eines Jahres nach Aufhebung des Feststellungsbescheids vom 18.4.2013 durch den BFH am 4.3.2020.

[22] 2. Das FG hat zutreffend angenommen, dass die unmittelbare Vereinigung aller Anteile an der grundbesitzenden F-GmbH und die dadurch bedingte mittelbare Vereinigung aller Anteile an der grundbesitzenden F-Krankenhaus-GmbH in der Hand der Klägerin der Grunderwerbsteuer nach § 1 Abs. 3 Nr. 2 GrEStG unterliegen.

[23] a) Gehört zum Vermögen einer Gesellschaft ein inländisches Grundstück, so unterliegt der Steuer, soweit eine Besteuerung nach § 1 Abs. 2a GrEStG nicht in Betracht kommt, die Vereinigung unmittelbar oder mittelbar von mindestens 95 % der Anteile der Gesellschaft, wenn kein schuldrechtliches Geschäft im Sinne des § 1 Abs. 3 Nr. 1 GrEStG vorausgegangen ist (§ 1 Abs. 3 Nr. 2 GrEStG).

[24] Der Tatbestand knüpft zwar an die Vereinigung von Gesellschaftsanteilen an, erfasst aber die infolge der Vereinigung der Anteile der Gesellschaft mit Grundbesitz in einer Hand spezifisch grunderwerbsteuerrechtlich veränderte Zuordnung von Grundstücken. Derjenige, in dessen Hand sich die Anteile vereinigen, wird so behandelt, als habe er die Grundstücke von der Gesellschaft erworben, deren Anteile sich in seiner Hand vereinigen (vgl. BFH-Urteil vom 4.3.2020 -II R 35/17- BFHE 268, 545, BStBl II 2020, 514, Rz 13). Die Vereinigung von Anteilen in einer Hand im Sinne von § 1 Abs. 3 Nr. 2 GrEStG setzt nicht voraus, dass der Erwerber sämtliche Anteile der grundstücksbesitzenden Gesellschaft unmittelbar in seine Hand bekommt. Es genügt, dass dies ganz oder teilweise mittelbar durch Zwischenschaltung einer Gesellschaft oder mehrerer Gesellschaften geschieht, an der oder an denen der Erwerber seinerseits direkt oder indirekt beteiligt ist (BFH-Urteil vom 4.3.2020 -II R 35/17- BFHE 268, 545, BStBl II 2020, 514, Rz 14).

[25] b) Erhält eine neu errichtete Kirchengemeinde durch Vereinigung von Kirchengemeinden (vgl. § 1 KathKiGemVbgBek NW), die unmittelbar oder mittelbar Anteile an grundbesitzenden Gesellschaften halten, das Vermögen der vereinigten und anschließend aufgelösten Kirchengemeinden (can. 121 CIC) und vereinigen sich dadurch unmittelbar oder mittelbar mindestens 95 % der Anteile der grundbesitzenden Gesellschaften bei der neu errichteten Kirchengemeinde, unterliegt die Anteilsvereinigung der Grunderwerbsteuer nach § 1 Abs. 3 Nr. 2 GrEStG zu dem Zeitpunkt, an dem die staatliche Anerkennung gemäß § 6 KathKiGemVbgBek NW wirksam erteilt wird.

[26] Für die Erfüllung des Tatbestands des § 1 Abs. 3 Nr. 2 GrEStG ist es ausreichend, dass die Anteilsvereinigung Folge des innerkirchlichen Umstrukturierungsvorgangs ist. § 1 Abs. 3 Nr. 2 GrEStG setzt seinem Wortlaut nach gerade keinen Rechtsvorgang des bürgerlichen oder des öffentlichen Rechts voraus. Maßgeblich ist allein der fiktive Erwerb der Grundstücke aufgrund der Vereinigung der Anteile an der grundbesitzenden Gesellschaft. Er knüpft nicht an den Rechtsvorgang des Erhalts der Vermögenswerte an, sondern an die dadurch hervorgerufene Folge der erstmaligen Vereinigung von mindestens 95 % der Anteile der grundbesitzenden Gesellschaften bei der neu errichteten Kirchen-

gemeinde und die dadurch hervorgerufene veränderte Zuordnung der Grundstücke der Gesellschaften an sie.

[27] Diese veränderte Zuordnung wird in dem Zeitpunkt wirksam, in dem mit der staatlichen Anerkennung die neu gebildete Kirchengemeinde für den staatlichen Bereich rechtlich wirksam wird. Nach § 6 KathKiGemVbgBek NW erhält die neu gebildete Kirchengemeinde ab dem Zeitpunkt der staatlichen Anerkennung den Status einer Körperschaft des öffentlichen Rechts. Sie kann infolgedessen am Rechtsverkehr teilnehmen und den Grunderwerbsteuertatbestand nach § 1 Abs. 3 Nr. 2 GrEStG verwirklichen. Die staatliche Anerkennung entfaltet die Wirkungen einer Genehmigung im Sinne des § 14 Nr. 2 GrEStG. Die Grunderwerbsteuer nach § 1 Abs. 3 Nr. 2 GrEStG entsteht somit zu dem Zeitpunkt, der in der kirchlichen Errichtungsurkunde angegeben ist, frühestens jedoch an dem Tage der staatlichen Anerkennung. Von diesem Zeitpunkt an kann die neu errichtete Kirchengemeinde Schuldnerin der Grunderwerbsteuer im Sinne des § 13 Nr. 5 Buchst. a GrEStG sein (vgl. BFH-Urteil vom 4.3.2020 -II R 35/17- BFHE 268, 545, BStBl II 2020, 514, Rz 18, KirchE 75, 130).

[28] c) Die Besteuerung der Vereinigung von mindestens 95 % von Anteilen an grundbesitzenden Gesellschaften nach § 1 Abs. 3 Nr. 2 GrEStG als Folge der staatlich anerkannten Bildung oder Veränderung von Kirchengemeinden verstößt nicht gegen das verfassungsrechtlich garantierte kirchliche Selbstbestimmungsrecht (Art. 140 GG i.V.m. Art. 137 Abs. 3 WRV). Durch die Besteuerung erfolgt kein Eingriff in dessen Schutzbereich.

[29] aa) Das kirchliche Selbstbestimmungsrecht garantiert den Kirchen die Freiheit, ihre Angelegenheiten innerhalb der Schranken des für alle geltenden Gesetzes selbständig zu ordnen und zu verwalten. Hierzu rechnet alles, was materiell, der Natur der Sache oder der Zweckbestimmung nach als eigene Angelegenheit der Kirche anzusehen ist, wobei das Selbstverständnis der Kirchen und Religionsgemeinschaften für die Qualifizierung einer Angelegenheit als eigene im Sinne des Art. 137 Abs. 3 WRV maßgebend ist. Das Ordnen und Verwalten umfasst das Recht der Kirchen, alle eigenen Angelegenheiten gemäß den spezifischen kirchlichen Ordnungsgesichtspunkten, also auf der Grundlage des kirchlichen Selbstverständnisses, rechtlich zu gestalten. Hierunter fallen alle Maßnahmen, die in Verfolgung der vom kirchlichen Grundauftrag her bestimmten Aufgaben zu treffen sind, beispielsweise Vorgaben struktureller Art, die Personalauswahl und die mit derartigen Entscheidungen untrennbar verbundene Vorsorge zur Sicherstellung der religiösen Dimension des Wirkens im Sinne kirchlichen Selbstverständnisses. Die Garantie freier Ordnung und Verwaltung der eigenen Angelegenheiten erweist sich als notwendige Sicherung, die der Freiheit des religiösen Lebens und Wirkens die zur Wahrnehmung dieser

Aufgaben unerlässliche Freiheit der Bestimmung über Organisation, Normsetzung und Verwaltung hinzufügt BVerfG, Nichtannahmebeschluss vom 17.10.2007 -2 BvR 1095/05- Deutsches Verwaltungsblatt – DVBl – 2007, 1555, unter B.II.4.a und b, KirchE 50, 247). Auch wenn dieses Recht den Kirchen gewährleistet, alle eigenen Angelegenheiten gemäß den spezifischen kirchlichen Ordnungsgesichtspunkten rechtlich zu gestalten, gehören die Regelungen des materiellen Steuerrechts zu dem für alle geltenden Recht, das daher auch die Kirchen als juristische Personen des öffentlichen Rechts zu beachten haben (vgl. BVerfG-Beschluss vom 4.10.1965 -1 BvR 498/62- BVerfGE 19, 129, unter III.4., KirchE 7, 242; BFH-Urteil vom 17.5.2017 -V R 52/15- BFHE 258, 124, BStBl II 2018, 218, Rz 30, KirchE 68, 267; BFH-Beschluss vom 7.8.2019 -V B 7/18- Rz 5 ff., KirchE 74, 104).

[30] bb) Die Anwendung von § 1 Abs. 3 Nr. 2 GrEStG auf die Bildung und Änderung von Kirchengemeinden, die zu einer unmittelbaren oder mittelbaren Vereinigung von mindestens 95 % der Anteile von grundbesitzenden Gesellschaften führt, verletzt nicht das Selbstbestimmungsrecht der Kirche. Den Kirchen bleibt es unbenommen, ihre Angelegenheiten selbst zu organisieren und nach innerkirchlichem Recht Pfarreien zu errichten, aufzuheben und zu ändern (vgl. can. 515 § 2 CIC) mit der gesetzlich angeordneten Folge, dass die neu errichtete Kirchengemeinde Güter und Vermögen von aufgelösten Pfarreien erhält (vgl. can. 121 CIC). Die Vereinigung, Auflösung und Neuerrichtung von Kirchengemeinden nach Kirchenrecht ist ein rein innerkirchlicher Organisationsakt; insoweit nimmt die Kirche nicht am allgemeinen Rechtsverkehr teil. § 1 Abs. 1 KathKiGemVbgBek NW bringt zum Ausdruck, dass die Bildung und die Veränderung von Kirchengemeinden, um für den staatlichen Bereich rechtlich wirksam zu werden, der staatlichen Anerkennung bedürfen. Daraus ergibt sich aber auch, dass mit der Anerkennung der Bildung oder Änderung der Kirchengemeinde die dadurch bedingten rein innerkirchlichen Änderungen – zum Beispiel die veränderte Zuordnung von Vermögen, insbesondere von Grundstücken – für den staatlichen Bereich wirksam werden. § 6 KathKiGemVbgBek NW regelt überdies, dass die neu errichtete Kirchengemeinde (erst) mit der Anerkennung den Status einer Körperschaft des öffentlichen Rechts erhält. Ab diesem Zeitpunkt unterliegt sie dann wie andere Körperschaften des öffentlichen Rechts den staatlichen Regelungen, unter anderem dem Grunderwerbsteuergesetz.

[31] Werden bei einer Kirchengemeinde erstmals mindestens 95 % der Anteile an grundbesitzenden Gesellschaften vereinigt, die vorher zum Vermögen von aufgelösten Kirchengemeinden gehörten, sind diese Anteile auch zivilrechtlich der einzelnen neu errichteten Kirchengemeinde als Körperschaft des öffentlichen Rechts zuzuordnen und nicht der Institution „Kirche“ als solche. Zu die-

sem Zeitpunkt, an dem die neu errichtete Kirchengemeinde Teil des staatlichen Bereichs wird, wird der Tatbestand des § 1 Abs. 3 Nr. 2 GrEStG verwirklicht. Es gibt dann keinen Grund, die Kirchengemeinde von einer Belastung mit Grunderwerbsteuer zu verschonen. Es liegen keine „rein innerkirchlichen Angelegenheiten" mehr vor, für die ein staatliches Gesetz für die Kirche überhaupt keine Schranke ihres Handelns bilden kann (BVerfG-Nichtannahmebeschluss vom 17.10.2007 -2 BvR 1095/05- DVBl 2007, 1555, unter B.II.4.c, KirchE 50, 247).

[32] d) Ebenso wenig greift die Besteuerung in die Kirchengutsgarantie nach Art. 140 GG i.V.m. Art. 138 Abs. 2 WRV bezüglich des für Wohltätigkeitszwecke bestimmten Vermögens ein. Steuerbelastungen fallen zwar grundsätzlich in den Schutzbereich der Eigentumsgarantie des Art. 14 GG (BVerfG-Beschluss vom 18.1.2006 -2 BvR 2194/99- BVerfGE 115, 97, unter C.II.). Art. 138 Abs. 2 WRV schützt das Vermögen der Religionsgesellschaften aber nur in dem Umfang, wie es nach Maßgabe des einschlägigen zivilen oder öffentlichen Rechts begründet ist (BVerfG-Beschluss vom 13.10.1998 -2 BvR 1275/96- BVerfGE 99, 100, unter C.II.1.e, KirchE 35, 49). Zum öffentlichen Recht gehört auch das Steuerrecht, sodass die Kirchengutsgarantie nach Art. 138 Abs. 2 WRV von vornherein durch diejenigen Steuerbelastungen begrenzt ist, die für alle gelten.

[33] e) Danach unterliegt die Anteilsvereinigung nach § 1 Abs. 3 Nr. 2 GrEStG der Grunderwerbsteuer.

[34] aa) Die Steuer ist mit der staatlichen Anerkennung am ... entstanden. An diesem Tag wurden die Folgen aus der im innerkirchlichen Bereich stattfindenden Neuerrichtung der Klägerin für den staatlichen Bereich wirksam. Folge der Wirksamkeit im staatlichen Bereich war, dass die Klägerin zivilrechtlich nunmehr Eigentümerin aller Anteile an der F-GmbH war und grunderwerbsteuerrechtlich eine unmittelbare Vereinigung aller Anteile der F-GmbH und eine mittelbare Vereinigung aller Anteile der F-Krankenhaus-GmbH bei der Klägerin stattfand und der gesamte Grundbesitz der F-GmbH der Klägerin unmittelbar sowie der gesamte Grundbesitz der F-Krankenhaus-GmbH der Klägerin mittelbar über die F-Krankenhaus-GmbH zugeordnet war.

[35] bb) Eine Steuerpflicht gemäß § 1 Abs. 3 Nr. 4 GrEStG, wonach der Übergang unmittelbar oder mittelbar von mindestens 95 % der Anteile der Gesellschaft auf einen anderen der Grunderwerbsteuer unterliegt, ist hingegen – anders, als die Klägerin meint – nicht gegeben. Im Streitfall waren die Anteile der F-GmbH vor der Neugründung der Klägerin und dem dadurch erfolgten Vermögensübergang von den aufgelösten Kirchengemeinden auf die Klägerin nicht alle vereinigt, sondern gehörten anteilig jeweils den Kirchengemeinden A (zu 80 %) und B (zu 20 %). Ein Übergang von bereits mindestens zu 95 % vereinigten Anteilen auf die Klägerin lag daher nicht vor.

[36] cc) Dem Erlass des Feststellungsbescheids steht auch die nach § 89 Abs. 2 AO erteilte verbindliche Auskunft vom 26.4.2007 nicht entgegen. Die verbindliche Auskunft wurde zu einem anderen Sachverhalt erteilt als demjenigen, der letztlich verwirklicht worden ist. Sie betraf die grunderwerbsteuerrechtliche Behandlung der unentgeltlichen Übertragung von Anteilen der F-GmbH von der Kirchengemeinde A auf die Kirchengemeinde B und nicht die tatsächlich durchgeführte Vereinigung der Anteile der F-GmbH unmittelbar und der Anteile der F-Krankenhaus-GmbH mittelbar bei der Klägerin im Zuge von deren Neuerrichtung unter Auflösung der Kirchengemeinden A und B.

[37] 3. Das FG hat schließlich zutreffend entschieden, dass Steuerbefreiungstatbestände nicht greifen.

[38] a) Nach § 3 Nr. 2 Satz 1 GrEStG sind von der Besteuerung ausgenommen der Grundstückserwerb von Todes wegen und Grundstücksschenkungen unter Lebenden im Sinne des Erbschaftsteuer- und Schenkungsteuergesetzes (ErbStG).

[39] aa) Die Steuerbefreiung des § 3 Nr. 2 Satz 1 GrEStG ist dem Grunde nach auch auf eine Anteilsvereinigung im Sinne des § 1 Abs. 3 Nr. 2 GrEStG anzuwenden, die auf einer schenkweisen Übertragung von Gesellschaftsanteilen beruht. In einem solchen Fall liegt zwar keine Grundstücksschenkung im Sinne des § 1 Abs. 1 Nr. 2 i.V.m. § 7 Abs. 1 Nr. 1 ErbStG vor. Denn der Schenkungsteuer unterliegt nicht der durch die schenkweise Anteilsübertragung ausgelöste fiktive Grundstückserwerb, sondern die freigebige Zuwendung der Gesellschaftsanteile. Grunderwerbsteuerrechtlich ist jedoch der fiktive Erwerb der Gesellschaftsgrundstücke durch den Anteilserwerber steuerbar. Dieser fiktive Erwerb der Gesellschaftsgrundstücke beruht ebenso wie der Erwerb der Gesellschaftsanteile auf einer Schenkung (vgl. BFH-Urteil vom 22.2.2017 -II R 52/14- BFHE 257, 363, BStBl II 2017, 653, Rz 14, zu § 1 Abs. 3 Nr. 1 GrEStG).

[40] bb) Erhält – wie im Streitfall – im Zuge der Vereinigung von Kirchengemeinden die neu errichtete Kirchengemeinde Vermögenswerte – unter anderem Anteile an grundbesitzenden Kapitalgesellschaften – von den aufgelösten Kirchengemeinden gemäß can. 121 CIC, liegt keine freigebige Zuwendung der Gesellschaftsanteile von den aufgelösten Kirchengemeinden an die neu errichtete Kirchengemeinde im Sinne des § 3 Nr. 2 Satz 1 GrEStG vor. Die vereinigten Kirchengemeinden wenden der neu errichteten Kirchengemeinde die Gesellschaftsanteile nicht zu. Der Vermögensübergang auf die neu errichtete Kirchengemeinde erfolgt aufgrund gesetzlicher Anordnung und nicht aufgrund einer Leistung der vereinigten Gemeinden an die neu errichtete Kirchengemeinde. Daher fehlt es auch an einer Doppelbelastung eines Lebenssachverhalts mit

Erbschaft- und Schenkungsteuer einerseits sowie Grunderwerbsteuer andererseits, die § 3 Nr. 2 Satz 1 GrEStG vermeiden will.

[41] b) Nach § 4 Nr. 1 GrEStG ist der Erwerb eines Grundstücks durch eine juristische Person des öffentlichen Rechts von der Besteuerung ausgenommen, wenn das Grundstück aus Anlass des Übergangs von öffentlich-rechtlichen Aufgaben oder aus Anlass von Grenzänderungen von der einen auf die andere juristische Person übergeht und nicht überwiegend einem Betrieb gewerblicher Art dient.

[42] aa) Nach ihrem Wortlaut erfasst die Vorschrift nur Erwerbsvorgänge, die sich auf Grundstücke beziehen. Anteilsvereinigungen oder -übergänge nach § 1 Abs. 3 GrEStG begünstigt sie hingegen nicht (vgl. Viskorf/Kugelmüller-Pugh, § 4 GrEStG, Rz 13 (20. Aufl. 2021)). Der Wortlaut des § 4 Nr. 1 GrEStG ist eindeutig. Anders als die Befreiungsvorschrift des § 4 Nr. 4 GrEStG (Zusammenschluss kommunaler Gebietskörperschaften), in die der Gesetzgeber Erwerbsvorgänge nach § 1 Abs. 3 Nr. 2 und 4 GrEStG ausdrücklich aufgenommen hat, enthält § 4 Nr. 1 GrEStG keinen Verweis auf Tatbestände des § 1 Abs. 3 GrEStG.

[43] bb) Eine erweiternde Auslegung (teleologische Extension) der Vorschrift auf von ihrem Wortlaut nicht erfasste Sachverhalte kommt nicht in Betracht. Dem Zweck des § 4 Nr. 1 GrEStG entspricht es, seine Anwendung auf den Erwerb von Grundstücken zu beschränken und Anteilsvereinigungen aus der Steuerbegünstigung auszunehmen.

[44] aaa) Eine erweiternde Auslegung setzt eine Regelungslücke voraus. Die Norm muss gemessen an ihrem Zweck unvollständig, das heißt ergänzungsbedürftig sein. Ihre Ergänzung darf nicht einer vom Gesetzgeber beabsichtigten Beschränkung auf bestimmte Tatbestände widersprechen. Dass eine gesetzliche Regelung rechtspolitisch als verbesserungsbedürftig anzusehen ist („rechtspolitische Fehler"), reicht nicht aus. Die Unvollständigkeit muss sich vielmehr aus dem gesetzesimmanenten Zweck ergeben und kann auch bei einem eindeutigen Wortlaut vorliegen. Die Gesetzeslücke ist in einer dem Gesetzeszweck, der Entstehungsgeschichte und der Gesetzessystematik entsprechenden Weise durch Analogie, teleologische Extension oder Reduktion zu schließen. Dies ist Aufgabe der Fachgerichte (BFH-Urteil vom 29.11.2017 -II R 14/16 -, BFHE 260, 372, BStBl II 2018, 362, Rz 17).

[45] bbb) Diese Voraussetzungen sind im Zusammenhang mit § 4 Nr. 1 GrEStG nicht erfüllt. Es fehlt an einer Regelungslücke. Die Beschränkung des Anwendungsbereichs dieser Norm auf den Erwerb von Grundstücken ist nicht sinnwidrig. Sie entspricht der Absicht des Gesetzgebers, der allein den Erwerb von Grundstücken begünstigen wollte und den § 1 Abs. 3 GrEStG nicht in die Begünstigung aufgenommen hat. Nach § 4 Abs. 1 Nr. 5 des Grunderwerbsteuer-

gesetzes 1940 – GrEStG 1940 – (RGBl I 1940, 585) war von der Besteuerung ausgenommen der Erwerb eines Grundstücks durch eine Körperschaft des öffentlichen Rechts, wenn das Grundstück aus Anlass des Übergangs von Aufgaben oder aus Anlass von Grenzänderungen von der einen auf die andere Körperschaft überging. Nach den Gesetzesmaterialien (RStBl 1940, 387) sollte der Übergang von Grundstücken zwischen Reich, Ländern, Gemeinden und sonstigen Körperschaften des öffentlichen Rechts steuerfrei bleiben, wenn der Übergang aus Anlass einer Aufgabenverschiebung eintrat. Die Intention war danach die grunderwerbsteuerrechtliche Privilegierung der öffentlichen Hand bei Eigentumswechsel an Grundstücken innerhalb der öffentlichen Hand bei Übergang von Verwaltungsaufgaben (BFH-Urteil vom 9.11.2016 -II R 12/15- BFHE 255, 540, BStBl II 2017, 211, Rz 19). § 4 Nr. 1 des Grunderwerbsteuergesetzes idF ab dem 1.1.1983, der § 4 Abs. 1 Nr. 5 GrEStG 1940 nahezu entsprach, wurde durch Art. 15 Nr. 2 des Steuerentlastungsgesetzes 1999/2000/2002 vom 24.3.1999 (BGBl I 1999, 402) neu geregelt. Er wurde auf alle juristischen Personen des öffentlichen Rechts erweitert und es wurde die zusätzliche Voraussetzung eingefügt, dass das Grundstück nicht überwiegend einem Betrieb gewerblicher Art dienen darf. Die Steuerbegünstigung des Erwerbs von Grundstücken – und nicht von Anteilsvereinigungen – wurde jedoch beibehalten.

[46] ccc) Auch wenn man bei § 1 Abs. 3 Nr. 2 GrEStG einen fiktiven Erwerb der Grundstücke der Gesellschaft durch den Anteilserwerber annimmt (vgl. hierzu BFH-Urteil vom 22.2.2017 -II R 52/14- BFHE 257, 363, BStBl II 2017, 653, Rz 14), ist § 4 Nr. 1 GrEStG nicht anwendbar, wenn – fiktiver – Veräußerer eine juristische Person des Privatrechts, zum Beispiel eine GmbH, ist. Das gilt auch dann, wenn im Zeitpunkt der Übertragung des Grundstücks eine juristische Person des öffentlichen Rechts alleiniger Gesellschafter der juristischen Person des privaten Rechts ist. Die Steuerbefreiung erfordert als Veräußerer und als Erwerber des Grundstücks jeweils juristische Personen des öffentlichen Rechts (BFH-Urteil vom 9.11.2016 -II R 12/15- BFHE 255, 540, BStBl II 2017, 211, Rz 16). Hält eine juristische Person des öffentlichen Rechts alle Anteile an einer juristischen Person des privaten Rechts, wird der private Rechtsträger der Grundstücke trotzdem nicht zu einer juristischen Person des öffentlichen Rechts und damit nicht selbst zum begünstigten Rechtsträger (vgl. BFH-Urteil vom 9.11.2016 -II R 12/15- BFHE 255, 540, BStBl II 2017, 211, Rz 22).

[47] ddd) Ein weiteres Verständnis des § 4 Nr. 1 GrEStG ergibt sich nicht daraus, dass § 3 Nr. 2 Satz 1 GrEStG auch auf die freigebige Zuwendung von Gesellschaftsanteilen Anwendung findet, wenn diese zu einer Anteilsvereinigung nach § 1 Abs. 3 Nr. 2 GrEStG führt. § 3 Nr. 2 Satz 1 GrEStG hat eine andere Zielsetzung als § 4 Nr. 1 GrEStG. § 3 Nr. 2 Satz 1 GrEStG soll als allgemeine Ausnahme

von der Besteuerung die doppelte Besteuerung desselben Lebenssachverhalts mit Erbschaft- und Schenkungsteuer sowie Grunderwerbsteuer vermeiden (vgl. oben unter II.3.a aa und bb). § 4 Nr. 1 GrEStG hingegen gehört zu den in § 4 GrEStG verfassten besonderen Ausnahmen von der Besteuerung. Mit diesen wollte der Gesetzgeber nur die dort spezifisch geregelten Sachverhalte von der Grunderwerbsteuer befreien.

[48] eee) § 4 Nr. 1 GrEStG kann nicht deshalb dahingehend ausgelegt werden, dass er eine Anteilsvereinigung nach § 1 Abs. 3 Nr. 2 GrEStG umfasse, weil § 4 Nr. 4 GrEStG sich neben dem Übergang von Grundstücken auch auf den Übergang von Gesellschaftsanteilen bezieht. Der Wortlaut von § 4 Nr. 4 GrEStG enthält im Gegensatz zu § 4 Nr. 1 GrEStG ausdrücklich eine Verweisung auf den Übergang von Gesellschaftsanteilen nach § 1 Abs. 3 Nr. 2 und 4 GrEStG als unmittelbare Rechtsfolge eines Zusammenschlusses. Er ist zudem ausdrücklich auf Gebietskörperschaften und die Aufhebung der Kreisfreiheit von Gemeinden beschränkt worden. Nur diese spezifischen Konstellationen wollte der Gesetzgeber dort von der Besteuerung ausnehmen. Auf eine Vereinigung von Kirchengemeinden ist § 4 Nr. 4 GrEStG weder anwendbar noch erlaubt er eine erweiterte Auslegung von § 4 Nr. 1 GrEStG auf eine solche Vereinigung.

[49] fff) § 4 Nr. 1 GrEStG ist nicht aufgrund einer verfassungskonformen Auslegung nach Art. 140 GG i.V.m. Art. 137 Abs. 3 WRV auf eine Anteilsvereinigung nach § 1 Abs. 3 Nr. 2 GrEStG als Folge der Vereinigung von Kirchengemeinden zu beziehen. § 4 Nr. 1 GrEStG gehört zu den staatlichen Vorschriften, durch die die innerkirchliche Selbstbestimmung nicht berührt wird (vgl. oben unter II.2.c).

[50] cc) Danach ist im Streitfall die durch die staatlich anerkannte Vereinigung der Kirchengemeinden bewirkte Anteilsvereinigung nicht nach § 4 Nr. 1 GrEStG steuerbefreit.

[51] c) Der Rechtsvorgang ist schließlich auch nicht aufgrund einer Zusammenschau – Interpolation – mehrerer Steuerbefreiungsnormen, die für sich allein nicht erfüllt sind, von der Steuer befreit.

[52] aa) Eine Steuerbefreiung aufgrund interpolierender Betrachtung kann sich insbesondere ergeben, wenn sich der tatsächlich verwirklichte Grundstückserwerb als abgekürzter Weg darstellt und die unterbliebenen Zwischenerwerbe, wenn sie durchgeführt worden wären, ebenfalls steuerfrei wären. Dieser Auslegungsmethode sind jedoch Schranken gesetzt. So darf diese immer nur an einen real verwirklichten, nicht aber an einen fiktiven Sachverhalt anknüpfen. Des Weiteren darf kein Gestaltungsmissbrauch im Sinne des § 42 AO vorliegen (BFH-Urteil vom 16.12.2015 -II R 49/14- BFHE 251, 513, BStBl II 2016, 292, Rz 9).

[53] bb) Eine Steuerbefreiung aufgrund einer Zusammenschau von § 3 Nr. 2 Satz 1 GrEStG und § 4 Nr. 1 GrEStG scheidet danach im Streitfall aus. Die Anteilsvereinigung nach § 1 Abs. 3 Nr. 2 GrEStG stellt sich nicht als abgekürzter Weg dar. Zudem ist § 4 Nr. 1 GrEStG auf die Vereinigung von Anteilen nach § 1 Abs. 3 Nr. 2 GrEStG nicht anwendbar.

24

1. Die Prüfung der mitarbeitervertretungsrechtlichen Rechtsgrundlagen hat ausschließlich durch die kirchlichen Gerichte für Arbeitssachen zu erfolgen, die nach § 2 Abs. 2 KAGO unter anderem zuständig sind für Rechtsstreitigkeiten aus dem Mitarbeitervertretungsrecht.
2. Der Rechtsweg zu den staatlichen Gerichten ist dann eröffnet, soweit die Parteien um die Anwendung staatlichen Rechts streiten.
3. Zur individualrechtlichen Konsequenz eines veränderten MAV-Freistellungsumfangs

§ 48 Abs. 1 ArbGG, §§ 133, 157 BGB, § 17 Abs. 2 GVG, § 2 Abs. 2 KAGO,
§ 15 Abs. 3 Satz 1 MAVORahmenO
ArbG München, Urteil vom 11. Mai 2023 -31 Ca 9426/22-[1]

Die Parteien streiten über die Wirksamkeit einer Versetzung, die vertragsgemäße Beschäftigung des Klägers sowie die Frage, ob der Kläger für die gesamte Amtsperiode der Mitarbeitervertretung vollständig von der Arbeitsleistung freigestellt ist.

Der am 12.6.1975 geborene Kläger ist bei der Beklagten seit dem 1.1.1995 beschäftigt, zuletzt als Heilerziehungspfleger. Sein durchschnittliches monatliches Bruttoeinkommen beträgt 4.556,56 €.

Bei der Beklagten besteht eine Mitarbeitervertretung mit 15 Mitgliedern. Der Kläger wurde zuletzt für die Amtsperiode vom 1.8.2021 bis 31.5.2025 in die Mitarbeitervertretung gewählt.

Die Mitarbeitervertretung der Beklagten (im Folgenden: MAV) beschloss am 20.5.2021 zunächst, dass der Kläger im Umfang von 30 Wochenstunden von der dienstlichen Tätigkeit freigestellt wird. Mit weiterem Beschluss der MAV vom 30.6.2022 wurde festgelegt, dass eine Freistellung des Klägers nur noch im Um-

1 Leitsätze der Redaktion KirchE. juris; ZMV 2023, 350.
Das Urteil ist rechtskräftig. Das LAG hat die Berufung mit Urteil vom 14.9.2023 (-9 Sa 284/23-) zurückgewiesen.

https://doi.org/10.1515/9783111651354-024

fang von 12,3 Stunden erfolgt. An der Sitzung am 30.6.2022 nahmen 12 Mitglieder der MAV teil; für den Beschluss stimmten 11 Mitglieder. Der Beklagten wurde der Beschluss mit Schreiben vom 1.7.2022 mitgeteilt.

In der 12. Änderung zum Dienstvertrag vom 29.7.1999 wurde zwischen den Parteien unter dem 14.7.2021 Folgendes vereinbart:

> „[...]
> Zu § 4a):
> Der Mitarbeiter wird ab 01. August 2021 bis 31. Mai 2025 teilzeitbeschäftigt mit 30 Stunden in der Woche.
> Grund der Befristung: MAV-Tätigkeit für eine Amtsperiode
> Ab 01. Juni 2025 ist der Mitarbeiter vollzeitbeschäftigt nach § 1 Abs. (1) der Anlage 5 AVR.
> Zu § 7:
> Der Mitarbeiter ist angestellt als Heilerziehungspfleger und ab 01. August 2021 mit seiner Arbeitszeit von 30 Wochenstunden für die Aufgaben der Mitarbeitervertretung freigestellt. Diese Freistellung ist befristet bis 31. Mai 2025 (Ablauf der gegenwärtigen Amtsperiode). Herr F. ist in der Gestaltung seiner Arbeitszeit als MAV-Mitglied frei.
> [...]“

Mit seiner Klage vom 25.10.2022, beim Arbeitsgericht München, eingegangen am 2.11.2022, wendet der Kläger sich gegen eine Versetzung und begehrt vertragsgemäße Beschäftigung sowie die Feststellung, dass er für die gesamte Amtsperiode der MAV vollständig von der Arbeitsleistung freigestellt ist.

Der Kläger trägt vor, dass er einen 100%igen Freistellungsanspruch für die Amtsperiode vom 1.8.2021 bis 31.5.2025 habe. Durch die Änderung des Dienstvertrages habe die Beklagte den Kläger arbeitsvertraglich freigestellt. Die Freistellung sei lediglich an die Mitgliedschaft in der MAV gebunden, nicht jedoch an einen etwaigen Freistellungsbeschluss des Gremiums. Der Kläger sei somit für 30 Stunden pro Woche für die Tätigkeit der MAV freigestellt.

Es werde bestritten, dass die individualvertragliche Regelung an den MAV-Beschluss gebunden sei und nur der Klarstellung dienen solle. Die Beklagte sei aufgrund der Regelung des § 15 MAVO nicht verpflichtet, einen vertraglichen Zusatz mit den Mitgliedern der MAV, die eine Freistellung erhielten, abzuschließen. Die Beklagte habe sich jedoch entschieden, dem Kläger eine Individualregelung zukommen zu lassen, die ausweislich des Wortlauts nicht an eine Bedingung, insbesondere nicht an einen wirksamen MAV-Beschluss, geknüpft sei. Im Wege des Weisungsrechts könne dem Kläger daher die Freistellung nicht genommen werden.

Zu beachten sei auch, dass die Freistellung mit einer zuvor besprochenen Arbeitszeitreduzierung auf 30 Stunden einhergegangen sei. Der Wille der Parteien an einer Freistellung per se sei dahingehend auch nicht an die MAV-Entscheidung geknüpft worden.

Da sich der Freistellungsanspruch aus der MAVO ergebe, hätte die Beklagte auch keine Individualvereinbarung mit dem Kläger schließen müssen. Die Individualvereinbarung zwischen den Parteien führe daher eher dazu, dass die Parteien sich darüber einig gewesen seien, dass der Kläger unabhängig von einer ggf. kollektiven Änderung der Freistellungskontingente eine Vollfreistellung im Wege der Individualzusage erhalten solle. Die Beklagte habe gewollt, dass der Kläger für seine Tätigkeit bei der MAV freigestellt sei und habe hierfür eine eigene individuelle Regelung getroffen.

Der Zusatz „für die Aufgaben der Mitarbeitervertretung" stelle nicht per se eine Verknüpfung mit der Freistellung aus der MAVO dar. Denn die individuelle Regelung zwischen den Parteien könne auch dann einen Sinn ergeben, wenn der Arbeitsanfall aufgrund der Tätigkeit in der MAV derart hoch sei, dass dies nur durch eine (weitere) Vollfreistellung bewältigt werden könne. Eine solche Möglichkeit bestehe auch nach § 38 BetrVG. Es sei auch im vorliegenden Fall daher nicht unvorstellbar, eine Freistellung mit einem Arbeitnehmer zu vereinbaren, wenn dies nicht von einem Beschluss gedeckt sei. Der Arbeitgeber könne vertraglich mit dem Arbeitnehmer alles vereinbaren, soweit dies vom Gesetz gedeckt sei. Bei der Zusatzvereinbarung zwischen dem Kläger und der Beklagten handele es sich zudem um eine Individualabrede nach § 305b BGB. Solch eine Zusatzvereinbarung verdränge die kirchlichen Ordnungen.

Auf die Fehlerhaftigkeit des Beschlusses der MAV komme es daher nur an, sofern das Gericht vorliegend eine Abhängigkeit der individuellen Regelung von der kollektiven Entscheidung des Gremiums sehe. Auch auf kollektivrechtlicher Ebene könne dem Kläger nach den Regelungen der MAVO eine vollständige Freistellung jedoch nicht mehr entzogen werden. Die Änderung der Freistellungskontingente der MAV mit Beschluss vom 30.6.2022 sei nach § 15 MAVO nicht möglich. Diese Bestimmung regele bereits keine Möglichkeit des Wechsels der Freistellung ausgehend vom Wortlaut. Denn gem. § 15 Abs. 3 Satz 3 MAVO gelte die vereinbarte Freistellung für die gesamte Dauer der Amtszeit. In der Literatur werde zwar vertreten, dass ein chronologischer Wechsel in der Person denkbar sei, verneint werde jedoch ein Wechsel im Umgang mit der Freistellung des einzelnen freigestellten Mitglieds. Da ein Wechsel im Umfang der Freistellung nicht möglich sei, könne auch die MAV eine solche Entscheidung nicht per Beschluss durchführen. Der Beschluss sei daher nichtig. Zudem sei ein einzelner Beschluss für die Neuverteilung der Freistellungskontingente nicht ausreichend. Sofern überhaupt eine Neuverteilung möglich sei, erfordere diese zwei Beschlüsse, nämlich zunächst einen Beschluss zur Abberufung und anschließend einen Beschluss zur Neuverteilung. Die Umverteilung im Wege eines Beschlusses sei nicht möglich. Ferner würde der Grundsatz der vertrauensvollen

Zusammenarbeit bei einer vermeintlichen Abberufung eines MAV-Mitglieds die Einholung des Einverständnisses des jeweiligen Mitglieds erfordern. Vorliegend sei die Abberufung des Klägers ohne Rücksprache mit diesem erfolgt. Auch dies stelle einen offensichtlichen Verstoß gegen § 15 MAVO dar.

Da der Kläger weiterhin für den Zeitraum bis 31.5.2025 von seiner Arbeitsleistung zu 100 % freigestellt sei, sei die Versetzung des Klägers ab dem 19.9.2022 in die Förderstätte Gruppe 23 rechtswidrig. Der Kläger sei auf arbeitsrechtlicher Ebene ausschließlich dazu verpflichtet, die Tätigkeit für die MAV zu erbringen.

Die Klage sei auch richtigerweise beim Arbeitsgericht München erhoben worden. Es handele sich um eine individualrechtliche Streitigkeit des Klägers mit der Beklagten um die Frage der Freistellung in der Zeit der Tätigkeit in der MAV. Diese Freistellung beruhe auf einer individualrechtlichen Zusage. Die Frage der ordnungsgemäßen Änderung des Freistellungskontingents des Klägers sei eine inzidente Frage, die sich im Wege der Auslegung der Individualregelung stelle und dahingehend auch von den staatlichen Arbeitsgerichten zu prüfen sei.

Das Gericht hat die Klage abgewiesen.

Aus den Gründen:

[40] I. Das erforderliche Rechtsschutzbedürfnis für eine Klage vor dem staatlichen Arbeitsgericht ist gegeben. Ob das erforderliche Feststellungsinteresse nach § 256 Abs. 1 ZPO für die Feststellungsanträge unter Ziffer 1. und 2. vorliegt, kann dahingestellt bleiben.

[41] 1. Ein Rechtsschutzbedürfnis für die Anrufung des staatlichen Arbeitsgerichts ist gegeben. Die Beklagte hat insoweit zwar ausgeführt, dass es sich vorliegend um eine Streitigkeit zwischen dem Kläger und der MAV über die Wirksamkeit ihrer Beschlussfassung handele. Für eine solche Streitigkeit sei nicht die staatliche Arbeitsgerichtsbarkeit, sondern nach § 2 Abs. 2 KAGO das kirchliche Arbeitsgericht zuständig.

[42] Mit dieser Argumentation hat die Beklagte keine Rechtswegrüge i.S.v. § 17a Abs. 3 GVG erhoben. Die Bestimmungen des § 48 Abs. 1 ArbGG i.V.m. §§ 17–17b GVG regeln nur das Verhältnis der verschiedenen staatlichen (fachgerichtlichen) Rechtswege untereinander, nicht dagegen das Verhältnis der staatlichen Gerichtsbarkeit zu den von einer Kirche im Rahmen ihrer Selbstbestimmung (Art. 140 GG, Art. 137 WRV) errichteten Kirchengerichten (BAG vom 15.6.2017 -7 AZB 56/16- Rn 16, KirchE 69, 298).

[43] Der Rechtsweg zu den staatlichen Gerichten ist im vorliegenden Fall eröffnet, soweit die Parteien um die Anwendung staatlichen Rechts streiten. Soweit dagegen Ansprüche auf die MAVO gestützt werden, ist die Zuständigkeit der kirchlichen Gerichte für Arbeitssachen nach § 2 Abs. 2 KAGO gegeben; insoweit wären die Anträge wegen fehlenden Rechtsschutzbedürfnisses unzulässig. Parallele Zuständigkeiten der kirchlichen und der staatlichen Gerichtsbarkeit können sich ergeben, wenn der Kläger ein bestimmtes Rechtsschutzziel sowohl auf eine kirchliche als auch auf eine staatliche Rechtsgrundlage stützt. Etwas anderes folgt nicht aus § 48 Abs. 1 ArbGG i.V.m. § 17 Abs. 2 Satz 1 GVG. Nach § 17 Abs. 2 Satz 1 GVG entscheidet das Gericht des zulässigen Rechtswegs den Rechtsstreit unter allen in Betracht kommenden rechtlichen Gesichtspunkten. In entsprechender Geltung des § 17 Abs. 2 Satz 1 GVG kommt damit den Gerichten für Arbeitssachen ggf. eine verfahrensüberschreitende Sachentscheidungskompetenz zu, wenn Gegenstand des Verfahrens ein einheitlicher Streitgegenstand im Sinne eines einheitlichen prozessualen Anspruchs ist (BAG vom 30.4.2014 -7 ABR 30/12-).

[44] Vorliegend ist das Rechtsschutzbedürfnis daher gegeben, weil der Kläger die Ansprüche auf eine arbeitsvertragliche Regelung, nämlich die 12. Änderung zum Dienstvertrag vom 14.7.2021 stützt und die Parteien insoweit über die Anwendung staatlichen Rechts streiten. Die zwischen den Parteien streitige Frage, ob es sich bei der geänderten Regelung des Arbeitsvertrages um eine bloße Klarstellung oder eine Individualvereinbarung handelt, ist nach staatlichem Recht zu beurteilen. Wie nachfolgend noch zu zeigen sein wird, ist es in diesem Zusammenhang nicht erforderlich, die Frage der Wirksamkeit des Beschlusses der MAV zu prüfen.

[45] 2. Bezüglich der unter Ziffer 1. und 2. gestellten Feststellungsanträge kann letztlich dahingestellt bleiben, ob insoweit das erforderliche Feststellungsinteresse nach § 256 Abs. 1 ZPO vorliegt. Das Feststellungsinteresse gem. § 256 Abs. 1 ZPO ist nur für ein stattgebendes Urteil echte Prozessvoraussetzung. Für die Abweisung einer Feststellungsklage ist ein Feststellungsinteresse jedenfalls dann nicht erforderlich, wenn auch die in Betracht kommende Leistungsklage abzuweisen wäre (BAG vom 12.2.2003 -10 AZR 299/02-).

[46] II. Die Klage ist unbegründet. Der Kläger hat aufgrund der Vereinbarung in der 12. Änderung zum Dienstvertrag vom 14.7.2021 keinen Anspruch auf Freistellung von seiner dienstlichen Tätigkeit im Umfang von 30 Wochenstunden für die Aufgaben der MAV bis zum Ende der Amtsperiode der MAV am 31.5.2025. Dementsprechend hat der Kläger auch keinen Anspruch auf Beschäftigung als vollständig freigestelltes Mitglied der MAV, und die Beklagte war

berechtigt, dem Kläger ab dem 19.9.2022 eine Tätigkeit in der Förderstätte Gruppe 23 im Bereich Arbeit und Förderung zuzuweisen.

[47] 1. Aus der Regelung unter „Zu § 7" der 12. Änderung des Dienstvertrages vom 14.7.2021 hat der Kläger keinen eigenständigen Anspruch auf vollständige Freistellung von seiner dienstlichen Tätigkeit für die Aufgaben der MAV bis zum Ende der Amtsperiode der MAV am 31.5.2025. Diese Regelung ist vielmehr dahingehend auszulegen, dass sie lediglich klarstellend die Freistellung nach der vorangegangenen Beschlussfassung der MAV vom 20.5.2021 umgesetzt hat. Ein Freistellungsanspruch des Klägers kann sich daher nur auf der Grundlage eines entsprechenden MAV-Beschlusses ergeben. Die ursprünglich von der MAV beschlossene Freistellung des Klägers im Umfang von 30 Wochenstunden ist von der MAV jedoch mit Beschluss vom 30.6.2022 auf lediglich 12,3 Wochenstunden geändert worden. An diesen MAV-Beschluss ist die Beklagte unabhängig von dessen Wirksamkeit gebunden.

[48] a) Die Regelung unter „Zu § 7" der Vertragsänderung vom 14.7.2021 ist dahingehend auszulegen, dass ihr nur klarstellender Charakter zukommt und sie keinen eigenständigen Freistellungsanspruch des Klägers begründet.

[49] aa) Nach § 133 und § 157 BGB ist bei der Auslegung von Willenserklärungen und Verträgen der wirkliche Wille der Erklärenden zu erforschen. Dabei ist vom Wortlaut der Erklärung auszugehen und in erster Linie der ihm zu entnehmende objektiv erklärte Parteiwille zu berücksichtigen. Bei der Willenserforschung sind aber auch der mit der Absprache verfolgte Zweck, die Interessenlage der Parteien und die sonstigen Begleitumstände zu berücksichtigen, die den Sinngehalt der gewechselten Erklärungen erhellen können (vgl. nur BGH vom 27.1.2010 -VIII ZR 58/09- sowie vom 22.2.2022 -X ZR 102/19-). Keine Anwendung finden vorliegend demgegenüber die für die Auslegung von Allgemeinen Geschäftsbedingungen entwickelten Grundsätze. Denn auch der Kläger geht von dem Vorliegen einer Individualabrede nach § 305b BGB aus.

[50] bb) Unter Zugrundelegung dieser Auslegungsgrundsätze kann nicht davon ausgegangen werden, dass die Parteien mit der Bestimmung unter „Zu § 7" der Vertragsänderung eine eigenständige Regelung der Freistellung des Klägers vereinbaren wollten. Vielmehr ergibt die Auslegung, dass der Regelung nur klarstellender Charakter zukommt.

[51] (1) Bereits der Wortlaut spricht für eine Auslegung in o.g. Sinne. So deutet die Formulierung „Der Mitarbeiter ist [...] ab 01. August 2021 mit seiner Arbeitszeit von 30 Wochenstunden für die Aufgaben der Mitarbeitervertretung freigestellt." darauf hin, dass der Regelung kein konstitutiver Charakter zukommen soll, sondern die Parteien insoweit auf den umzusetzenden Beschluss der MAV vom 20.5.2021 Bezug nehmen, der eine entsprechende Freistellung des

Klägers vorgesehen hat. Hätten die Parteien die Formulierung „wird [...] freigestellt“ gewählt, würde dies demgegenüber für eine eigenständige Vereinbarung sprechen. Dementsprechend wurde für die Vereinbarung der Teilzeitbeschäftigung des Klägers unter „Zu 4a)“ auch diese Formulierung verwendet („Der Mitarbeiter wird [...]“). Soweit es weiter heißt: „Diese Freistellung ist befristet bis 31. Mai 2025 (Ablauf der gegenwärtigen Amtsperiode).“ ist dies nicht zwingend dahingehend zu verstehen, dass ein Ende der Freistellung ausschließlich mit dem Ende der Amtsperiode der MAV eintreten kann. Dadurch wird lediglich zum Ausdruck gebracht, dass die Freistellung jedenfalls mit dem Ablauf der gegenwärtigen Amtsperiode endet. Keine Aussage wird zu anderen, die Freistellung ggf. beendenden Umständen (wie z.B. auch einem Ausscheiden des Klägers aus der MAV) getroffen.

[52] (2) Etwas anderes ergibt sich auch dann nicht, wenn man den mit der Vertragsänderung verfolgten Zweck, die Interessenlage der Parteien und die sonstigen Begleitumstände zugrunde legt. So ist insbesondere zu berücksichtigen, dass kein Grund ersichtlich ist, weshalb die Beklagte dem Kläger unabhängig von einer von der MAV beschlossenen Freistellung einen eigenständigen Freistellungsanspruch zukommen lassen sollte. Mangels anderweitiger Anhaltspunkte spricht vielmehr bereits der zeitliche Ablauf dafür, dass die Parteien mit der Regelung vom 14.7.2021 lediglich die Beschlussfassung der MAV vom 20.5.2021 umsetzen wollten. Hierauf deutet auch hin, dass zeitgleich mit der Regelung unter „Zu § 7“ unter „Zu 4a)“ eine Teilzeittätigkeit des Klägers im Umfang von 30 Wochenstunden, also im gleichen Umfang wie die von der MAV beschlossene Freistellung des Klägers, vereinbart wurde. Die Parteien wollten hier offensichtlich eine Deckungsgleichheit zwischen der vereinbarten Arbeitszeit des Klägers sowie der von der MAV beschlossenen Freistellung und dadurch eine vollständige Freistellung des Klägers erreichen.

[53] Dem Kläger ist zwar zuzugeben, dass die Beklagte selbstverständlich die Möglichkeit hat, MAV-Mitglieder auch über die in § 15 MAVO vorgesehenen Freistellungskontingente hinaus freizustellen. Anhaltspunkte dafür, dass vorliegend eine derartige weitergehende Freistellung des Klägers gewollt war, bestehen jedoch nicht und wurden auch vom Kläger nicht dargelegt. Eine derartige zusätzliche Freistellung wird auf Antrag der MAV nur dann gewährt werden, wenn die MAV geltend machen kann, dass ansonsten eine ordnungsgemäße Durchführung der Aufgaben der MAV nicht möglich ist. Ein solcher Antrag der MAV wurde jedoch auch vom Kläger nicht behauptet. Da die Vertragsänderung vor dem Beginn der Amtsperiode der MAV am 1.8.2021 vereinbart wurde, können zu diesem Zeitpunkt derartige Umstände auch noch nicht aufgetreten sein.

[54] Gegen eine solche Auslegung spricht auch nicht, dass die Beklagte – wie der Kläger zu Recht ausführt – eine derartige Regelung nicht hätte treffen müssen, da sich ein Freistellungsanspruch in dem Umfang von 30 Wochenstunden im Zeitpunkt der Vertragsänderung auch aus der MAVO ergeben hätte. Eine solche (klarstellende) Regelung erscheint vielmehr durchaus sinnvoll, um deutlich zu machen, dass beide Seiten den (ursprünglichen) MAV-Beschluss anerkennen und umsetzen wollen.

[55] Ebenfalls nicht eingewendet werden kann gegen eine solche Auslegung, dass die Regelung unter „Zu § 7" die Freistellung nicht unter eine Bedingung stellt und diese insbesondere nicht ausdrücklich an den MAV-Beschluss vom 20.5.2021 geknüpft hat. Kommt der Regelung – wie ausgeführt – lediglich klarstellender Charakter zu, ist dies nämlich gerade nicht erforderlich, weil kein eigenständiger Anspruch des Klägers begründet wird.

[56] b) Ist die Regelung unter „Zu § 7" wie ausgeführt dahingehend auszulegen, dass ihr lediglich klarstellender Charakter zukommt und sie keinen eigenständigen Freistellungsanspruch des Klägers begründet, entfällt die Grundlage für die vollständige Freistellung des Klägers mit der Änderung des Freistellungsumfangs des Klägers auf 12,3 Wochenstunden durch den MAV-Beschluss vom 30.6.2022. Unerheblich ist in diesem Zusammenhang, ob der MAV-Beschluss vom 30.6.2022 wirksam ist oder gegen § 15 Abs. 3 MAVO oder die Grundsätze der vertrauensvollen Zusammenarbeit innerhalb der MAV verstößt. Da jedenfalls kein offensichtlich unwirksamer Beschluss der MAV vorliegt, was bereits durch die gegensätzlichen Rechtsauffassungen der Parteien zu der Frage, ob eine Änderung des Freistellungsumfangs der MAV-Mitglieder während der Amtsperiode möglich ist, deutlich wird, ist jedenfalls davon auszugehen, dass die Beklagte an den ihr mitgeteilten Änderungsbeschluss der MAV gebunden ist und die beschlossene Neu-Verteilung des Freistellungskontingents entsprechend umzusetzen hat. Der Kläger ist insoweit auch nicht schutzlos gestellt, sondern hätte die Möglichkeit, die Wirksamkeit der Beschlussfassung der MAV vor dem kirchlichen Arbeitsgericht überprüfen zu lassen (vgl. § 2 Abs. 2 KAGO; Eichstätter Kommentar, 1. Aufl., MAVO, § 15 Rn 94). Für diese Sichtweise spricht auch, dass dem staatlichen Arbeitsgericht wohl die Überprüfung der Wirksamkeit des MAV-Beschlusses auf Grundlage des § 15 Abs. 3 MAVO verwehrt ist. Denn die Prüfung der mitarbeitervertretungsrechtlichen Rechtsgrundlagen hat ausschließlich durch die kirchlichen Gerichte für Arbeitssachen zu erfolgen, die nach § 2 Abs. 2 KAGO unter anderem zuständig sind für Rechtsstreitigkeiten „aus dem Mitarbeitervertretungsrecht" (BAG vom 30.4.2014 -7 ABR 30/12-).

[57] 2. Die Beklagte war berechtigt, dem Kläger ab dem 19.9.2022 eine Tätigkeit als Heilerziehungspfleger in der Förderstätte Gruppe 23 im Bereich Arbeit

und Förderung zuzuweisen. Selbst wenn es sich dabei um eine Versetzung gehandelt haben sollte, wäre diese daher wirksam. Der Kläger hat sich insoweit lediglich darauf berufen, dass die Versetzung aufgrund der vollständigen Freistellung des Klägers bis zum 31.5.2025 rechtswidrig sei. Entsprechend den obigen Ausführungen ist der Kläger jedoch aufgrund des Beschlusses der MAV vom 30.6.2022 nur noch im Umfang von 12,3 Wochenstunden freigestellt; ein darüber hinausgehender Freistellungsanspruch des Klägers besteht nicht. Die Beklagte war daher berechtigt, dem Kläger Arbeitsaufgaben im Umfang von jedenfalls 17,7 Wochenstunden zuzuweisen. Anhaltspunkte dafür, dass dem Kläger Arbeitsaufgaben über diesen Umfang hinaus zugewiesen wurden, bestehen nicht.

25

1. Praktische Konkordanz zwischen den Grundrechten einer dem Schutz des ungeborenen Lebens verpflichteten Versammlung in der Nähe einer Schwangerschaftskonfliktberatungsstelle und dem allgemeinen Persönlichkeitsrecht beratungssuchender Frauen lässt sich nur unter Berücksichtigung der Umstände des jeweiligen Einzelfalles herstellen.
2. Einen absoluten Schutz vor Konfrontation mit dem Versammlungsthema garantiert Art. 2 Abs. 1 i.V.m. Art. 1 GG den Betroffenen dabei nicht.

Artt. 1 Abs. 1, 2 Abs. 1, 8 Abs. 1 GG
BVerwG, Beschluss vom 23. Mai 2023 -6 B 33/22-[1]

Die Beteiligten streiten um die Zulässigkeit zeitlicher und örtlicher Beschränkungen einer Versammlung der Bürgerinitiative „40 Days for Life“ zum Thema „Lebensrecht ungeborener Kinder“ gegenüber dem Eingang zu einer Beratungsstelle von pro familia Deutsche Gesellschaft für Familienplanung, Sexualpädagogik und Sexualberatung e.V. (im Folgenden: pro familia) auf der anderen Straßenseite.

Die Klägerin, eine Staatsangehörige der Republik Kroatien, meldete diese Versammlung für die Bürgerinitiative Anfang 2019 bei der Beklagten für den Zeitraum vom 6.3. bis zum 14.4.2019 jeweils von 9 bis 13 Uhr mit einem täglichen stillen Gebet sowie einer Mahnwache an. Als Kundgebungsmittel gab sie Plakate an. Weder war die Verteilung von Informationsmaterial beabsichtigt noch eine aktive Ansprache von Frauen. Zu jenem Thema hatten bereits im

1 Amtl. Leitsätze. juris; NVwZ 2023, 1427.
Das Urteil ist rechtskräftig.

https://doi.org/10.1515/9783111651354-025

Frühjahr und Herbst 2018 ähnliche Versammlungen dieser Bürgerinitiative in räumlicher Nähe zur Beratungsstelle von pro familia stattgefunden.

Mit Bescheid vom 28.2.2019 erließ die Beklagte die Auflage (II. A Ziffer 1 der Verfügung), dass die Versammlung während der Beratungszeiten (an Werktagen Montag bis Freitag von 7.15 bis 18 Uhr) nur außerhalb direkter Sichtbeziehung zum Gebäudeeingang von pro familia durchgeführt werden dürfe. In einem der Verfügung als Anhang beigefügten Plan markierte sie die für die Versammlung ausgeschlossenen Gehwegbereiche. In II. A Ziffer 2 des Bescheides drohte sie für den Fall einer Zuwiderhandlung unmittelbaren Zwang an. Außerdem ordnete sie die sofortige Vollziehung der Auflage an. Zur Begründung stützte sich die Beklagte auf § 15 Abs. 1 VersG. Ohne die zeitliche und örtliche Beschränkung ginge von der Versammlung eine unmittelbare Gefährdung der öffentlichen Sicherheit aus. Zu den Schutzgütern gehöre das von Art. 2 Abs. 1 i.V.m. Art. 1 Abs. 1 GG gewährleistete allgemeine Persönlichkeitsrecht der die Beratungsstelle aufsuchenden schwangeren Frauen. Das teilweise als „Spießrutenlauf" empfundene Passieren einer Versammlung von Abtreibungsgegnern, die mit Plakaten und direktem Blickkontakt in der Nähe der Beratungsstelle stünden und die ratsuchenden Frauen anschauten, griffe in die Privatsphäre der betroffenen Frauen ein. Diese unmittelbare Gefahr könne auf verhältnismäßige Weise dadurch abgewendet werden, indem die Versammlung während der Beratungszeiten außerhalb direkter Sichtbeziehungen zum Eingang der Beratungsstelle stattfinde. Der anschließend erhobene Widerspruch, ein gerichtliches Eilrechtsschutzverfahren sowie die Klage gegen die Ziffern 1 und 2 unter II. A des Bescheides vor dem Verwaltungsgericht sind erfolglos geblieben.

Auf die Berufung der Klägerin hat der Verwaltungsgerichtshof das erstinstanzliche Urteil geändert und festgestellt, dass die versammlungsrechtlichen Auflagen in der Ziffer 1 sowie die Androhung unmittelbaren Zwangs in Ziffer 2 unter II. A des Bescheides der Beklagten vom 28.2.2019 rechtswidrig gewesen sind (NVwZ 2022, 1746).

Die Klage sei als Fortsetzungsfeststellungsklage zulässig. Der Klägerin stehe ein berechtigtes Interesse an der Feststellung zu. Es liege ein tiefgreifender Eingriff in Grundrechte vor, der sich typischerweise so kurzfristig erledige, dass gerichtlicher Rechtsschutz in einem Hauptsacheverfahren regelmäßig nicht erlangt werden könne. Zwar könne sich die Klägerin nicht auf die in Art. 8 Abs. 1 GG geschützte Versammlungsfreiheit berufen, weil dieses Grundrecht nur für Deutsche gelte. Ihr werde aber über eine unionskonforme Auslegung von Art. 2 Abs. 1 GG derselbe Schutz gewährt, der Deutschen durch Art. 8 Abs. 1 GG zukomme. Die im Streit stehende Auflage greife schwerwiegend in die geschützte

Versammlungsfreiheit ein. Es sei den Veranstaltern gerade um die Versammlung an diesem Ort gegangen. Zudem liege auch eine Wiederholungsgefahr vor.

Die Klage sei begründet. Die versammlungsrechtliche Auflage und die Androhung des unmittelbaren Zwangs seien rechtswidrig gewesen und verletzten die Klägerin in ihren Rechten. Die Voraussetzungen des als Rechtsgrundlage der örtlichen und zeitlichen Beschränkung in Betracht kommenden § 15 Abs. 1 VersG lägen nicht vor. Zwar handele es sich bei der Veranstaltung der Klägerin um eine Versammlung. Allerdings habe es an einer unmittelbaren Gefährdung der öffentlichen Sicherheit bei ihrer Durchführung gefehlt. Die von den Grundrechten geprägte Werteordnung sei bei der Auslegung des einfachen Rechts zu beachten. Hier habe keine Verletzung des allgemeinen Persönlichkeitsrechts der schwangeren Frauen gedroht. Das in Art. 2 Abs. 1 i.V.m. Art. 1 Abs. 1 GG geschützte allgemeine Persönlichkeitsrecht der eine Schwangerschaftskonfliktberatungsstelle aufsuchenden Frauen könne zwar durch eine Versammlung von Abtreibungsgegnern betroffen sein. Nicht erst eine sogenannte „Gehsteigbelästigung" durch aktives Zugehen und Ansprechen von Frauen berühre das allgemeine Persönlichkeitsrecht. Auch psychischer Druck, der durch optische und akustische Wahrnehmung vermittelt werde, betreffe das allgemeine Persönlichkeitsrecht. Gerade in der Frühphase der Schwangerschaft befänden sich die meisten Frauen in einer besonderen seelischen Lage, in der es in Einzelfällen zu schweren Konfliktsituationen komme. Hinzu trete das durch das allgemeine Persönlichkeitsrecht geschützte Geheimhaltungsinteresse hinsichtlich der bestehenden Frühschwangerschaft und des in Erwägung gezogenen Schwangerschaftsabbruchs.

Jedoch führe nicht jeder Eingriff zu einer Verletzung. Gegenläufige Grundrechtspositionen könnten im Rahmen der Bildung praktischer Konkordanz zu einer Rechtfertigung von Eingriffen führen. Es lasse sich bei der Herstellung praktischer Konkordanz zwischen dem Persönlichkeitsrecht der Schwangeren und der durch die Meinungs- und Religionsfreiheit unterstützten Versammlungsfreiheit nicht abstrakt feststellen, dass eine Versammlung zulässig sei oder nicht. Vielmehr komme es auf die Art und Weise der Versammlung im Einzelfall an. Es sei davon auszugehen, dass diese so lange zulässig sei, als sie den die Beratungsstelle aufsuchenden Frauen nicht die eigene Meinung aufdränge und zu einem physischen und psychischen Spießrutenlauf für sie führe. Dies wäre dann der Fall, wenn die Frauen durch die Versammlung in eine unausweichliche Situation gerieten, in der sie sich direkt und unmittelbar angesprochen sehen müssten. Eine derartige unausweichliche Situation sei dann gegeben, wenn die Versammlung so nahe an dem Eingang der Beratungsstelle stattfinde, dass die Versammlungsteilnehmer den Frauen direkt ins Gesicht sehen könnten und die Frauen dem Anblick der als vorwurfsvoll empfundenen Plakate sowie Parolen und dem Anhören der Gebete und Gesänge aus nächster Nähe ausgesetzt seien.

Danach habe keine Verletzung des allgemeinen Persönlichkeitsrechts gedroht. Zwar hätte ein Eingriff vorgelegen, weil die schwangeren Frauen beim Betreten hätten gesehen werden können und hierdurch sowie durch die Versammlung an sich psychischer Druck auf die Frauen ausgeübt worden wäre. Dieser Eingriff wäre aber durch die gegenläufigen Grundrechtspositionen gerechtfertigt gewesen, da keine unausweichliche Situation entstanden wäre. Die Beratungsstelle liege an einer 17 Meter breiten Straße, die vierspurig und vielbefahren sei. Die Versammlung sollte auf der gegenüberliegenden Straßenseite stattfinden. Angemeldet gewesen seien bis zu 20 Teilnehmer für stille Gebete, wobei zum Teil kleine Plakate mitgeführt werden sollten. Frauen auf der anderen Straßenseite wären dadurch nicht in eine unausweichliche Situation gekommen und hätten der Versammlung und ihrer Wirkung durch ein Abwenden des Blicks entkommen können. Auch das Beratungskonzept des Schwangerschaftskonfliktgesetzes werde durch die Versammlung nicht beeinträchtigt. Dass schwangere Frauen von der Beratung abgeschreckt werden könnten, werde bloß behauptet. Konkrete Vorfälle seien nicht benannt worden. Auch ein Verstoß gegen die Frauenrechtskonvention liege nicht vor. Demgemäß sei auch die Androhung des unmittelbaren Zwangs rechtswidrig gewesen und habe die Klägerin in ihren Rechten verletzt.

Hiergegen wendet sich die Beklagte mit ihrer Beschwerde gegen die Nichtzulassung der Revision im angegriffenen Urteil, mit der sie eine grundsätzliche Bedeutung der Rechtssache sowie eine Divergenz geltend macht.

Die Nichtzulassungsbeschwerde hatte keinen Erfolg.

Aus den Gründen:

[11] II. Die auf die Zulassungsgründe der grundsätzlichen Bedeutung der Rechtssache (1.) und der Divergenz (2.) gestützte Beschwerde der Beklagten gegen die Nichtzulassung der Revision hat keinen Erfolg.

[12] 1. Eine Zulassung der Revision wegen grundsätzlicher Bedeutung nach § 132 Abs. 2 Nr. 1 VwGO setzt voraus, dass die Beschwerde eine Rechtsfrage des revisiblen Rechts von allgemeiner, über den Einzelfall hinausreichender Bedeutung aufwirft, die sich in dem erstrebten Revisionsverfahren als entscheidungserheblich erweist (stRspr., vgl. BVerwG, Beschluss vom 2.10.1961 -8 B 78.61-BVerwGE 13, 90 [91]). Das Darlegungserfordernis des § 133 Abs. 3 Satz 3 VwGO

verlangt für die Geltendmachung dieses Zulassungsgrundes die Bezeichnung einer konkreten Rechtsfrage, die für die erstrebte Revisionsentscheidung erheblich sein wird, und Ausführungen zu dem Grund, der ihre Anerkennung als grundsätzlich bedeutsam rechtfertigen soll. Die Beschwerde muss erläutern, dass und inwiefern die angestrebte Revisionsentscheidung zur Klärung einer bisher revisionsgerichtlich nicht beantworteten fallübergreifenden Rechtsfrage des revisiblen Rechts führen kann (stRspr., vgl. BVerwG, Beschlüsse vom 9.7.2019 -6 B 2.18- NVwZ 2019, 1771 Rn 7 und vom 8.1.2021 -6 B 48.20- KommJur 2021, 149 [150]). Ein derartiger Klärungsbedarf besteht nicht, wenn die Rechtsfrage auf der Grundlage der bundesgerichtlichen Rechtsprechung eindeutig beantwortet werden kann (stRspr., vgl. BVerwG, Beschluss vom 27.1.2015 -6 B 43.14- Buchholz 421.0 Prüfungswesen Nr. 421 Rn 8 mwN).

[13] Die Beschwerde erachtet folgende Fragen als grundsätzlich bedeutsam:

„Unter welchen Umständen ist von einem sog. ‚Spießrutenlauf' der betroffenen Schwangeren auszugehen und wann beginnt ein solcher ‚Spießrutenlauf' im Sinne des Beschlusses des BVerfG (BVerfG Beschluss vom 8.6.2010 -1 BvR 1745/06-)?",

„Ist bei der Abwägung der Eingriffswirkungen auf die Grundrechte der betroffenen Personen im Rahmen der praktischen Konkordanz auf die generell abstrakte Wirkung des Grundrechtseingriffs bei einem durchschnittlichen Grundrechtsträger abzustellen oder ist bei der Grundrechtsabwägung die konkrete Situation der üblicherweise betroffenen Grundrechtsträger zu berücksichtigen?" sowie

„Ist bei der Abwägung der Grundrechte im Lichte der Rechtsprechung des Bundesverfassungsgerichtes zu berücksichtigen, dass sich die betroffenen Grundrechtsträgerinnen aufgrund einer gesetzlichen Pflicht in den Wahrnehmungsbereich der Versammlung begeben und damit zur erheblichen Einschränkung ihres Rechts auf Wahrung des allgemeinen Persönlichkeitsrechtes verpflichtet werden?".

[14] Sie führt dazu aus, das Berufungsgericht nehme im Rahmen der Güterabwägung der betroffenen Grundrechte auf die Entscheidung des Bundesverfassungsgerichts vom 8.6.2010 -1 BvR 1745/06- Bezug. Welche Umstände bei abtreibungskritischen Versammlungen vor Beratungsstellen nach dem Schwangerschaftskonfliktgesetz in die Abwägung konkret einzustellen seien, sei bislang höchstrichterlich noch nicht geklärt, aber angesichts der von der Klägerin regelmäßig in einer Vielzahl von Kommunen im gesamten Bundesgebiet durchgeführten Versammlungen von generellem Interesse. Das Berufungsurteil versäume es, der Versammlungsbehörde für die künftige Handhabung Maßstäbe an die Hand zu geben. Vielmehr verweise es darauf, bei der Herstellung praktischer Konkordanz lasse sich nicht abstrakt feststellen, dass jede Form der Versammlung zulässig oder unzulässig sei. Es komme darauf an, in welcher Art und Weise die Versammlung im Einzelfall stattfinden solle, wobei davon auszu-

gehen sei, dass eine Versammlung solange zulässig sei, als sie den die Beratungsstelle aufsuchenden Frauen nicht ihre Meinung aufdränge und zu einem physischen oder psychischen Spießrutenlauf für diese führe.

[15] a) Die erste der genannten Fragen zielt schon nicht unmittelbar auf die Klärung einer allgemeinen Rechtsfrage des revisiblen Rechts. Zum einen ist die Metapher des „Spießrutenlaufs", die zur plastischen Verdeutlichung einer tatsächlichen Konfrontationssituation verwendet wird, deskriptiver Natur und mangels normativen Gehalts kein Rechtsbegriff. Zum anderen lassen sich die Umstände, unter denen von einer mit diesem Bild angesprochenen Verdichtung eines Grundrechtskonflikts auszugehen ist, nur im Einzelfall bestimmen und sind einer allgemeinen Klärung in einem Revisionsverfahren nicht zugänglich.

[16] Sollte die Frage dahingehend zu verstehen sein, dass es um die Gewinnung verallgemeinerungsfähiger Obersätze für den Ausgleich der miteinander konkurrierenden Grundrechtspositionen der in der Beratungsstelle ratsuchenden schwangeren Frauen sowie der Teilnehmer einer Versammlung zum Schutz des ungeborenen Lebens und damit letztlich um die Anwendung des § 15 Abs. 1 VersG ginge, führte dies die Beschwerde gleichfalls nicht zum Erfolg. § 15 VersG gilt zwar mangels ersetzender versammlungsrechtlicher Regelungen in Baden-Württemberg gemäß Art. 125a Abs. 1 Satz 1 GG, Art. 74 Abs. 1 Nr. 3 GG a.F. als Bundesrecht fort und gehört zum revisiblen Recht (§ 137 Abs. 1 VwGO). Ob aber die Versammlungsfreiheit mit einer – wie hier – den Ort und die Zeit der Versammlung regelnden Auflage eingeschränkt werden darf, weil eine konkrete Gefahr für die öffentliche Sicherheit oder Ordnung besteht, beurteilt sich nach den zur Zeit des Erlasses der Verfügung erkennbaren konkreten Umständen. Versammlungsrechtliche Auflagen sind ein Mittel, um unter Berücksichtigung der Umstände des jeweiligen Einzelfalls eine praktische Konkordanz zwischen dem Grundrecht der Versammlungsfreiheit und den Rechten Dritter sowie den betroffenen öffentlichen Belangen herzustellen (BVerwG, Urteil vom 24.5.2022 -6 C 9.20- BVerwGE 175, 346 Rn 24; BVerfG, Beschluss vom 5.9.2003 -1 BvQ 32/03- NVwZ 2004, 90 [92]). Die hierbei zu beachtenden Grundsätze sind in der höchstrichterlichen Rechtsprechung geklärt.

[17] Die Grundrechte bilden hierbei – wie vom Berufungsgericht zu Recht angenommen – eine „objektive Wertordnung" und sind von den Fachgerichten bei der Auslegung des Fachrechts zur Geltung zu bringen (stRspr., vgl. BVerfG, Beschluss vom 11.4.2018 -1 BvR 3080/09- BVerfGE 148, 267 Rn 32 mwN). Die sich in den vorliegenden Fallgestaltungen gegenüberstehenden Grundrechtspositionen sind in der höchstrichterlichen Rechtsprechung hinreichend verdeutlicht und werden im angefochtenen Urteil zutreffend aufgezeigt (UA S. 21 ff.):

Den Teilnehmern der von der Klägerin angemeldeten Versammlung steht die von Art. 8 Abs. 1 GG geschützte Versammlungsfreiheit zu, die für die Klägerin als Unionsbürgerin ebenfalls gewährleistet ist, sei es durch eine entsprechende Anwendung des Art. 8 Abs. 1 GG (Jarass, in: Jarass/Pieroth, GG, 17. Aufl. 2022, Art. 8 Rn 11 mwN) oder durch eine unionskonforme Auslegung des Art. 2 Abs. 1 GG (Dreier, in: Dreier, GG, 3. Aufl. 2013, Vorbem. vor Art. 1 GG Rn 55 und 115 f., Art. 2 Abs. 1 Rn 17 mwN; kritisch Depenheuer, in: Dürig/Herzog/Scholz, GG, Stand September 2022, Art. 8 Rn 119; vgl. zu Art. 12 Abs. 1 GG: BVerfG, Beschluss vom 4.11.2015 -2 BvR 282/13, 2 BvQ 56/12- NJW 2016, 1436 [1437] mwN). Aus der grundrechtlich verbürgten Versammlungsfreiheit folgt das Recht der Grundrechtsträger, insbesondere des Veranstalters, selbst über Ort, Zeitpunkt, Art und Inhalt der Versammlung zu bestimmen (stRspr., vgl. BVerwG, Urteile vom 25.10.2017 -6 C 46.16- BVerwGE 160, 169 Rn 25 und vom 24.5.2022 -6 C 9.20- BVerwGE 175, 346 Rn 19 mwN). Dazu zählt, sich genau dort versammeln zu dürfen, wo es denjenigen „weh tut", gegen die sich der Protest richtet (Depenheuer, in: Dürig/Herzog/Scholz, GG, Stand September 2022, Art. 8 Rn 173). Bloße Belästigungen Dritter, die sich aus der Gruppenbezogenheit der Grundrechtsausübung ergeben und sich ohne Nachteile für den Versammlungszweck nicht vermeiden lassen, müssen hingenommen werden (BVerfG, Urteil vom 22.2.2011 -1 BvR 699/06- BVerfGE 128, 226 [261]). Auch im Rahmen einer Versammlung sind allerdings Tätigkeiten unzulässig, die anderen eine Meinung mit nötigenden Mitteln aufdrängen. Das Versammlungsrecht gibt dem Einzelnen kein Recht zum Übergriff in den geschützten Rechtskreis Dritter (vgl. BVerwG, Urteil vom 24.5.2022 -6 C 9.20- BVerwGE 175, 346 Rn 24; Depenheuer, in: Dürig/Herzog/Scholz, GG, Stand September 2022, Art. 8 Rn 63 mwN). Beschränkungen sind im Lichte der grundlegenden Bedeutung dieses Grundrechts im freiheitlichen demokratischen Staat auszulegen und auf dasjenige zu begrenzen, was zum Schutz gleichwertiger Rechtsgüter unter strikter Wahrung der Verhältnismäßigkeit notwendig ist (BVerfG, Urteil vom 22.2.2011 -1 BvR 699/06- BVerfGE 128, 226 [259] sowie Beschluss vom 14.5.1985 -1 BvR 233/81, 1 BvR 341/81- BVerfGE 69, 315 [348 f.]). Im vorliegenden Fall treten zur Versammlungsfreiheit unterstützend die von Art. 5 Abs. 1 Satz 1 GG gewährleistete Meinungsfreiheit und die in Art. 4 Abs. 1 GG geschützte Religionsfreiheit der Teilnehmer hinzu (zur Grundrechtskonkurrenz: Jarass, in: Jarass/Pieroth, GG, 17. Aufl. 2022, Art. 8 Rn 2 sowie Art. 4 Rn 6a mwN).

[18] Auf Seiten der die Beratungsstelle nach dem Schwangerschaftskonfliktgesetz aufsuchenden Frauen geht es demgegenüber um das von Art. 2 Abs. 1 i.V.m. Art. 1 Abs. 1 GG geschützte allgemeine Persönlichkeitsrecht, das in vielschichtiger Weise betroffen sein kann. Es ergänzt als „unbenanntes" Freiheitsrecht die speziellen („benannten") Freiheitsrechte und schützt Elemente der Persönlichkeit, die nicht Gegenstand der besonderen Freiheitsgarantien des Grundgesetzes sind, diesen aber in ihrer konstituierenden Bedeutung für die Persönlichkeit nicht nachstehen. Damit sichert es die Grundbedingungen dafür, dass der Einzelne seine Identität und Individualität selbstbestimmt finden, entwickeln und wahren kann (stRspr., vgl. BVerfG, Urteile vom 19.4.2016 -1 BvR 3309/13- BVerfGE 141, 186 Rn 32 und vom 26.2.2020 -2 BvR 2347/15- BVerfGE 153, 182 Rn 205 ff. mwN). Hierzu gehört – wie das Berufungsgericht

zutreffend ausführt – nicht nur das Geheimhaltungsinteresse der schwangeren Frauen hinsichtlich der bestehenden Frühschwangerschaft und eines von ihnen möglicherweise in Erwägung gezogenen Abbruchs der Schwangerschaft. Das allgemeine Persönlichkeitsrecht verlangt darüber hinaus auch die Berücksichtigung der besonderen seelischen Lage, in der sich Schwangere gerade in der Frühphase einer Schwangerschaft oftmals befinden, wenn sie typischerweise eine anerkannte Beratungsstelle nach dem Schwangerschaftskonfliktgesetz aufsuchen. Diese kann in Einzelfällen zu schweren Konfliktfällen führen, die als höchstpersönlich empfunden werden. Denn die Umstände erheblichen Gewichts, die einer Frau das Austragen eines Kindes bis zur Unzumutbarkeit erschweren können, bestimmen sich nicht nur nach objektiven Komponenten, sondern auch nach ihren physischen und psychischen Befindlichkeiten und Eigenschaften (vgl. BVerfG, Urteil vom 28.5.1993 -2 BvF 2/90 u.a.- BVerfGE 88, 203 [265 f.].). Andererseits verbürgt das allgemeine Persönlichkeitsrecht nicht den Schutz gegen alles, was die selbstbestimmte Persönlichkeitsentwicklung auf irgendeine Weise beeinträchtigen könnte (BVerfG, Urteil vom 19.4.2016 -1 BvR 3309/13- BVerfGE 141, 186 Rn 32). Es gibt in einer pluralistischen Gesellschaft kein Recht darauf, von der Konfrontation mit abweichenden religiösen Vorstellungen oder Meinungen gänzlich verschont zu bleiben. Ein von politischen Diskussionen oder gesellschaftlichen Auseinandersetzungen unbeschwertes Inneres ist kein Belang, zu dessen Schutz der Staat Grundrechtspositionen einschränken darf. Unerheblich sind damit Störungen Dritter, die darin liegen, dass diese mit ihnen unliebsamen Themen konfrontiert werden. Erst recht ausgeschlossen sind Verbote zu dem Zweck, bestimmte Meinungsäußerungen ihres Inhalts wegen zu unterbinden (vgl. BVerfG, Urteil vom 22.2.2011 -1 BvR 699/06- BVerfGE 128, 226 [266]; zur negativen Glaubensfreiheit vgl. Beschluss vom 27.1.2015 -1 BvR 471/10- BVerfGE 138, 296 Rn 104).

[19] Somit hängt die grundrechtliche Beurteilung von Konfliktfällen der vorliegenden Art davon ab, inwieweit auf der einen Seite eine dem Schutz ungeborenen Lebens verpflichtete Versammlung darauf zielt, Adressatinnen eine bestimmte Meinung aufzudrängen, und inwiefern auf der anderen Seite die Adressatinnen eine solche Versammlung – über die bloße Konfrontation mit dem Thema hinaus – als einen unausweichlichen persönlichen Übergriff physischer oder psychischer Art verstehen dürfen, der das Aufsuchen einer Beratungsstelle einem „Spießrutenlauf" gleichen lässt. Ob diese Voraussetzungen vorliegen, ist tatrichterlich anhand der jeweils maßgeblichen – von Fall zu Fall unterschiedlichen – Einzelumstände zu klären und entzieht sich generalisierender Festlegungen auf einer fallübergreifenden Ebene (vgl. bereits BVerwG,

Beschluss vom 22.7.2013 -6 B 3.13- Buchholz 310 § 132 Abs. 2 Ziff. 1 VwGO Nr. 55 Rn 6 zu „Gehsteigberatungen“).

[20] b) Anhand dieser Rechtsprechung zeigt die Beschwerde einen weitergehenden Klärungsbedarf mit ihrer zweiten Frage nicht auf. Die Frage rechtfertigt daher ebenfalls nicht die Revisionszulassung. Im Übrigen unterstellt die Beschwerde mit ihrer Behauptung, Beratungsstellen würden üblicherweise von Menschen in einer psychischen Ausnahmesituation sowie überproportional häufig von Opfern von Sexualstraftaten und auch Minderjährigen besucht, Tatsachen, die das Berufungsgericht nicht festgestellt hat. Sind aber Tatsachen, die vorliegen müssten, damit die mit der Nichtzulassungsbeschwerde angesprochene Frage sich in einem Revisionsverfahren stellen könnte, von der Vorinstanz nicht festgestellt worden, so kann die Revision mangels Klärungsfähigkeit dieser Fragen nicht wegen grundsätzlicher Bedeutung zugelassen werden (BVerwG, Beschlüsse vom 17.3.2000 -8 B 287.99- BVerwGE 111, 61 [62] und vom 6.11.2020 -6 B 32.20-).

[21] c) Auch die dritte Frage erweist sich als im Revisionsverfahren nicht klärungsfähig. Sie legt zugrunde, dass ein bei der Herstellung der praktischen Konkordanz abwägungsrelevanter Belang – Konzept der verpflichtenden Beratung vor einer Abtreibung – vom Berufungsgericht nicht in die Abwägung eingestellt worden sei, was auf einen Fehler im rechtlichen Maßstab hinführen soll. Erneut geht die Beschwerde von unzutreffenden Tatsachen aus. Keineswegs hat das angefochtene Urteil den von der Beschwerde bezeichneten Umstand – wie behauptet – „in der gesamten Abwägung ... vollständig unberücksichtigt“ gelassen. Nicht nur die Wortwahl im Rahmen der Ausführungen zur Betroffenheit des allgemeinen Persönlichkeitsrechts, wonach „ratsuchende“ Frauen die „Schwangerschaftskonfliktberatungsstelle“ wegen „des in Erwägung gezogenen Schwangerschaftsabbruchs“ aufsuchen (wörtlich UA S. 22), verdeutlicht, dass dem Berufungsgericht das gesetzliche Konzept der verpflichtenden Beratung vor einem Abbruch der Schwangerschaft deutlich vor Augen gestanden hat. Der Verwaltungsgerichtshof hat das Beratungskonzept des Schwangerschaftskonfliktgesetzes darüber hinaus sogar eigenständig als Belang der öffentlichen Sicherheit in den Blick genommen (UA S. 25 f.). Der Verweis der Beschwerde auf die vierzigtägige Dauer der Versammlung, die mit der Frist des § 218a Abs. 1 Nr. 3 StGB konfligiere, so dass Frauen von der „zeitkritischen Pflichtberatung abgehalten“ werden könnten, dringt ebenfalls nicht durch. Denn das Berufungsgericht hat den Vortrag, Frauen würden durch die Versammlung vor der Beratungsstelle abgeschreckt werden, ausdrücklich als bloße Behauptung der Beklagten zurückgewiesen, die sich nicht auf konkrete Vorfälle zurückführen lasse (UA S. 26). Im Übrigen folgt aus der von der Beschwerde

zitierten Resolution 2439 (2022) des Europarats vom 31.5.2022 „Access to abortion in Europe: stopping antichoice harassment“ schon deshalb keine Maßstabsverschiebung, weil es sich lediglich um eine Empfehlung handelt.

[22] Soweit die Beschwerde das Abwägungsergebnis des Berufungsgerichts kritisiert, bezweifelt sie der Sache nach lediglich die inhaltliche Richtigkeit des angefochtenen Urteils. Solche Zweifel stellen aber keinen Revisionszulassungsgrund nach § 132 Abs. 2 VwGO dar.

[23] 2. Eine Abweichung i.S.d. § 132 Abs. 2 Nr. 2 VwGO liegt vor, wenn die Entscheidung der Vorinstanz auf einem abstrakten Rechtssatz beruht, der im Widerspruch zu einem Rechtssatz steht, den das Bundesverwaltungsgericht, der Gemeinsame Senat der obersten Gerichtshöfe des Bundes oder das Bundesverfassungsgericht in Anwendung derselben Rechtsvorschrift aufgestellt hat. Zwischen den beiden Gerichten muss ein prinzipieller Auffassungsunterschied über den Bedeutungsgehalt einer bestimmten Rechtsvorschrift oder eines bestimmten Rechtsgrundsatzes bestehen. Die Behauptung einer fehlerhaften oder unterbliebenen Anwendung von Rechtssätzen, die ein in § 132 Abs. 2 Nr. 2 VwGO genanntes Gericht in seiner Rechtsprechung aufgestellt hat, genügt den Zulässigkeitsanforderungen einer Divergenzrüge hingegen nicht (stRspr., vgl. BVerwG, Beschlüsse vom 19.8.1997 -7 B 261.97- NJW 1997, 3328 sowie vom 22.7.2020 -6 B 9.20- Buchholz 402.41 Allgemeines Polizeirecht Nr. 118 Rn 12 jeweils mwN).

[24] Gemessen hieran genügt das Beschwerdevorbringen schon nicht den Darlegungsanforderungen. Die Beschwerde behauptet, das angefochtene Urteil weiche von dem Urteil des Bundesverfassungsgerichts vom 25.2.1975 -1 BvF 1/74 u.a.- ab, wonach die Schwangerschaft zur Intimsphäre der Frau gehöre (BVerfG, Urteil vom 25.2.1975 -1 BvF 1/74 u.a.- BVerfGE 39, 1 [42]). Denn das Berufungsgericht habe nicht festgestellt, welche Sphäre des allgemeinen Persönlichkeitsrechts betroffen sei. Es habe die Einordnung der Schwangerschaft in den Bereich der Intimsphäre verkannt. Einen der Einordnung der Schwangerschaft durch das Bundesverfassungsgericht widersprechenden, das angefochtene Urteil tragenden Rechtssatz benennt die Beschwerde damit nicht. Mit ihrem Vorbringen kritisiert die Beschwerde lediglich im Gewande der Divergenzrüge die Anwendung materiellen Rechts in dem hier vorliegenden Fall. Hiermit vermag sie eine Zulassung gemäß § 132 Abs. 2 Nr. 2 VwGO nicht zu erreichen.

26

1. Auch eine im Wege eines formellen Gesetzes erlassene bzw. geänderte Rechtsverordnung nimmt einheitlich den Rang einer Verordnung ein und stellt eine im Wege eines Normenkontrollantrags nach § 47 Abs. 1 Nr. 2 VwGO, soweit landesrechtlich zugelassen, überprüfbare Rechtsvorschrift dar.
2. Für die nachträgliche Einbeziehung der geänderten Fassung einer bereits in einem fristgerecht eingeleiteten Normenkontrollverfahren angegriffenen Norm ist die einjährige Antragsfrist des § 47 Abs. 2 Satz 1 VwGO jedenfalls dann nicht einzuhalten, wenn die ursprünglich angegriffene Norm und die einbezogene Änderungsfassung eine nach materiellem Recht unteilbare Regelung treffen.
3. Art. 80 Abs. 4 GG erlaubt den Ländern ausdrücklich auch eine Regelung durch Gesetz, soweit durch Bundesgesetz Landesregierungen ermächtigt werden, Rechtsverordnungen zu erlassen. Im Rahmen dieser bundesrechtlichen Ermächtigung bestehen auch keine Bedenken gegen die Regelung durch den Landesgesetzgeber im Verordnungswege, wenn es sich um eine Anpassung im Rahmen einer Änderung eines Sachbereichs durch den zuständigen Gesetzgeber handelt, der parlamentarische Gesetzgeber die Vorschriften über das Gesetzgebungsverfahren einhält und er sich in den Grenzen der Ermächtigungsgrundlage hält.
4. Nach Einschätzung des zuständigen Landesgesetzgebers und den auf dieser Grundlage schlüssigen und vertretbaren Annahmen des Verordnungsgebers besteht angesichts der gewandelten kulturellen Funktionen öffentlicher Bibliotheken als niederschwellig zugängliche, nichtkommerzielle Orte der Kultur jedenfalls in Nordrhein-Westfalen an Sonn- und Feiertagen ein Bedürfnis für die Nutzung derartiger Bibliotheksräume an Ort und Stelle jenseits der vorausschauend an Werktagen möglichen Ausleihe von Medien, welches auch unter Berücksichtigung des Schutzes der Arbeitnehmer und der Sonn- und Feiertagsruhe die in § 1 Abs. 1 Nr. 11 Bedarfsgewerbeverordnung (juris: SonntBedBefrV NW) vorgesehene Beschäftigung von Arbeitnehmern in solchen öffentlichen Bibliotheken an diesen Tagen als erforderlich i.S.d. § 13 Abs. 1 Nr. 2 Buchst. a und Abs. 2 Satz 1 ArbZG erscheinen lässt.

https://doi.org/10.1515/9783111651354-026

Art. 140 GG, Art. 139 WRV, §§ 10 Abs. 1 Nr. 5, 6 und 7, 13 Abs. 1 Nr. 2 Buchst a, 13 Abs. 2 Satz 1 ArbZG, §§ 47, 48 Abs. 4, 5 und 6 KulturG NW, § 1 Abs. 1 Nr. 11 SonntBedBefrV NW, § 47 Abs. 2 Satz 1 VwGO
OVG NW, Urteil vom 1. Juni 2023 -4 D 94/20.NE-[1]

Die Antragstellerin, eine bundesweit tätige Dienstleistungsgewerkschaft, wendet sich mit ihrem Normenkontrollantrag gegen § 1 Abs. 1 Nr. 11 der Verordnung über die Zulassung der Beschäftigung von Arbeitnehmern an Sonn- und Feiertagen zur Befriedigung täglicher oder an diesen Tagen besonders hervortretender Bedürfnisse der Bevölkerung (Bedarfsgewerbeverordnung), der eine Sonn- und Feiertagsöffnung öffentlicher Bibliotheken in Erfüllung ihrer kulturellen Funktionen als Orte der Kultur vorsieht.

Der Antragsgegner fasste durch Art. 1 des Gesetzes zur Stärkung der kulturellen Funktion der Öffentlichen Bibliotheken und ihrer Öffnung am Sonntag (Bibliotheksstärkungsgesetz) vom 29.10.2019 (GV. NRW. S. 852) § 10 des Kulturfördergesetzes NRW wie folgt neu:

> „(1) Die öffentlichen Bibliotheken sind nach Maßgabe der Bestimmungen ihres Trägers Orte der Kultur. Insofern dienen sie
> 1. dem Informationszugang und lebenslangen Lernen,
> 2. der Begegnung, Kommunikation, dem kulturellen Austausch und der gesellschaftlichen Integration,
> 3. der Leseförderung sowie der Vermittlung von Medien- und Informationskompetenz,
> 4. der Vermittlung von allgemeiner, interkultureller und staatsbürgerlicher Bildung sowie
> 5. der demokratischen Willensbildung und gleichberechtigten Teilhabe, insbesondere durch ein vielfältiges Presseangebot.
> Sie können insbesondere im ländlichen Raum und in kleinen Städten und Gemeinden zu Zentren der Kultur weiterentwickelt werden und insofern dazu dienen, dass an ihnen verschiedene kulturelle Aktivitäten aus der regionalen Umgebung angeboten werden können.
> (2) Das Land fördert die öffentlichen Bibliotheken in ihren Funktionen nach Absatz 1. Das Land unterstützt die öffentlichen Bibliotheken insbesondere bei der Vermittlung von Informations- und Medienkompetenz, der Leseförderung, der Entwicklung neuer Dienstleistungen, insbesondere von Dienstleistungen, die nicht Ausleihe oder Rückgabe sind, und der Modernisierung der technischen Infrastruktur. Das Nähere regelt das für Kultur zuständige Ministerium in einer Förderrichtlinie.

---

1 Amtl. Leitsätze. juris; GewArch 2023, 425.
Das Urteil ist rechtskräftig. Das BVerwG hat die Revision mit Urteil vom 11.12.2024 (-- 8 CN 2.23-) zurückgewiesen.

(3) Das Land unterhält eine zentrale Fachstelle für öffentliche Bibliotheken, welche die Aufgabe hat, Konzepte und Programme zur Sicherung und zum Ausbau öffentlicher Bibliotheken zu entwickeln und zu vermitteln sowie insbesondere kleinere Bibliotheken in allen bibliotheksfachlichen Fragen zu informieren, zu beraten und zu unterstützen."

Gleichzeitig fügte der Antragsgegner durch Art. 2 des Bibliotheksstärkungsgesetzes § 1 Abs. 1 der Bedarfsgewerbeverordnung folgende Nr. 11 an:

„in öffentlichen Bibliotheken, soweit sie ihre Funktionen nach § 10 Absatz 1 des Kulturfördergesetzes NRW vom 18. Dezember 2014 (GV. NRW. S. 917), geändert durch Gesetz vom 23. Januar 2018 (GV. NRW. S. 90), erfüllen, bis zu 6 Stunden."

Dem Vorhaben zugrunde lag ein Gesetzesentwurf der Fraktionen von CDU und FDP vom 2.4.2019 (LT-Drs. 17/5637). Öffentliche Bibliotheken seien als hoch frequentierte Kultureinrichtungen in Nordrhein-Westfalen Orte der Begegnung, der Kommunikation und – vor allem aufgrund ihrer Niederschwelligkeit – der gesellschaftlichen Integration. Gerade Familien nutzten gemeinsam die Bibliothek, um damit aktive Familienarbeit zu betreiben. Zugleich hielten Bibliotheken unverzichtbare Informationsquellen für die politische Meinungsbildung und die demokratische Teilhabe in Form von nur vor Ort nutzbaren Presseerzeugnissen und anderen Medien tagespolitischen Inhalts bereit und ermöglichten so weiten Teilen der Bevölkerung, ihr Grundrecht auf Informationsfreiheit in Anspruch zu nehmen und damit mündig am politischen Leben teilzunehmen. Im Internet seien neben sehr vielen guten Informationsangeboten viele zweifelhafte Quellen vorhanden, die die Entstehung und die Verbreitung von sog. Fake News begünstigten, zu denen das fachlich ausgewählte Informationsangebot der öffentlichen Bibliotheken ein notwendiges Korrektiv von besonderer Bedeutung darstelle. Öffentliche Bibliotheken seien Bildungseinrichtungen, die Medien- und Informationskompetenz gerade an Kinder und Jugendliche vermittelten. *(wird ausgeführt)*

Nach der Rechtsprechung des Bundesverwaltungsgerichts (Urteil vom 26.11.2014 -6 CN 1.13- Rn 40) sei eine Sonntagsöffnung öffentlicher Bibliotheken gemäß § 13 Abs. 1 Nr. 2 Buchst. a i.V.m. § 13 Abs. 2 Satz 1 ArbZG zwar nicht statthaft, wenn sie der Erfüllung bloß konsumtiver Freizeitbedürfnisse der Bevölkerung ähnlich derer einer Videothek diene, die bei vorausschauender Planung werktäglich befriedigt werden könne. Das Bibliotheksstärkungsgesetz folge dieser Rechtsprechung und stelle für die Öffnung von öffentlichen Bibliotheken an Sonn- und Feiertagen daher besonders auf deren kulturelle Funktion als Bildungs-, Begegnungs- und Kommunikationsort jenseits ihrer Ausleihfunktion ab. Bei öffentlichen Bibliotheken liege vor diesem Hintergrund ein rechtfertigender Sachgrund für die Sonntagsöffnung vor, weil ohne diese Öffnung an

Sonn- oder Feiertagen besonders hervortretende Bedürfnisse der Bevölkerung, die in der Wahrnehmung der in Art. 1 dieses Gesetzes im Einzelnen geregelten kulturellen Funktionen der öffentlichen Bibliotheken lägen, nicht befriedigt werden könnten. Hinsichtlich der Funktion öffentlicher Bibliotheken als Stätten staatsbürgerlicher Bildung und der Unterstützung der demokratischen Willensbildung könne je nach politischer Lage das Bedürfnis bestehen, sich zeitnah zu einem Thema der öffentlichen Meinungsbildung zu informieren, weil die sozialen Prozesse der Meinungsbildung eine spontane Information erforderten. Es sei verfassungsrechtlich anerkannt, dass Prozesse spontaner Meinungsbildung – wie etwa in einer durch Art. 8 Abs. 1 GG geschützten Spontandemonstration – verfassungsrechtlich ebenso geschützt seien wie die Prozesse geplanter Meinungsbildung. *(wird ausgeführt)*

Durch die Beschränkung der Sonn- und Feiertagsöffnung von öffentlichen Bibliotheken auf sechs Stunden werde gewährleistet, dass Bibliotheksmitarbeiter nicht vollständig auf eine Sonntagsruhe verzichten müssten und auch Gelegenheit zum Gottesdienstbesuch hätten. Insoweit werde sowohl dem Schutz der Arbeitnehmer als auch der Sonn- und Feiertagsruhe ausreichend Rechnung getragen. Soweit kirchliche Bibliotheken vormittags im Zusammenhang mit den Gottesdiensten durch den Einsatz von ehrenamtlich tätigen Personen geöffnet seien, würden sie durch die Zeitvorgaben in der Bedarfsgewerbeverordnung nicht beeinträchtigt.

Der Gesetzesentwurf war nach erster Lesung im Landtag am 11.4.2019 an den Ausschuss für Kultur und Medien – federführend – sowie an den Ausschuss für Arbeit, Gesundheit und Soziales und an den Innenausschuss überwiesen worden. Der Ausschuss für Kultur und Medien hatte am 4.7.2019 eine öffentliche Anhörung von Sachverständigen durchgeführt, an der sich die beiden mitberatenden Ausschüsse nachrichtlich beteiligt hatten. Die öffentliche Anhörung der Sachverständigen nebst einer Übersicht der geladenen Sachverständigen und deren im Vorfeld abgegebenen Stellungnahmen ist im Ausschussprotokoll 17/693 dokumentiert, auf welches bezüglich des genauen Inhalts verwiesen wird. Im Rahmen der Stellungnahmen und der mündlichen Anhörung wurde der Gesetzentwurf breit unterstützt. Anschließend hatten die damit befassten Ausschüsse dem Gesetzesentwurf jeweils einstimmig zugestimmt. Der Gesetzentwurf war sodann in zweiter Lesung am 9.10.2019 einstimmig angenommen worden.

Mit dem Gesetz zum Erlass eines Kulturgesetzbuches sowie zur Änderung und Aufhebung weiterer Vorschriften (Kulturrechtsneuordnungsgesetz) vom 1.12.2021 (GV. NRW. S. 1353) hat der Antragsgegner unter Art. 1 das Kulturgesetzbuch für das Land Nordrhein-Westfalen (Kulturgesetzbuch NRW) erlassen, unter Art. 2 das Kulturfördergesetz NRW aufgehoben sowie unter Art. 7 in § 1 Abs. 1 Nr. 11 Bedarfsgewerbeverordnung die Wörter „§ 10 Absatz 1 des Kulturfördergesetzes NRW vom 18.12.2014 (GV. NRW. S. 917), geändert durch Gesetz vom 23.1.2018 (GV. NRW. S. 90),“ durch die Wörter „§ 47 und § 48 Absätze 4 bis 6 des Kulturgesetzbuches vom 1.12.2021 (GV. NRW. S. 1353) in der jeweils geltenden Fassung“ ersetzt.

Die Antragstellerin hat am 28.5.2020 den vorliegenden Normenkontrollantrag gestellt.

Zur Begründung ihres Normenkontrollantrags führt die Antragstellerin aus, der Antrag sei zulässig. Insbesondere sei sie antragsbefugt, weil sie geltend machen könne, in ihrem subjektiven Recht aus Art. 9 Abs. 1 und 3 GG, konkretisiert durch Art. 140 GG i.V.m. Art. 139 WRV, verletzt zu sein. Durch § 1 Abs. 1 Nr. 11 Bedarfsgewerbeverordnung werde die Sonn- und Feiertagsarbeit in öffentlichen Bibliotheken zugelassen. Die Tätigkeit in öffentlichen Bibliotheken gehöre zu den Dienstleistungen im Öffentlichen Dienst und falle damit in ihren gewerkschaftlichen Tätigkeitsbereich. Der Antrag sei auch begründet, weil die angegriffene Norm rechtswidrig sei. In formeller Hinsicht hätte § 1 Abs. 1 Nr. 11 Bedarfsgewerbeverordnung weder durch ein formelles Landesgesetz eingefügt noch geändert werden dürfen. Nach der Rechtsprechung des Bundesverfassungs- und des Bundesverwaltungsgerichts sei der Erlass bzw. die Änderung einer Rechtsverordnung durch ein formelles Gesetz nur zulässig, wenn sowohl ein förmliches Gesetz als auch eine auf ihm beruhende Verordnung in einem einheitlichen Vorgang geändert und aufeinander abgestimmt würden. Dies sei hier unzweifelhaft nicht geschehen, weil die Verordnungsermächtigung im Arbeitszeitgesetz unverändert geblieben sei und nicht zur Disposition des Landesgesetzgebers stehe. In materieller Hinsicht genüge § 1 Abs. 1 Nr. 11 Bedarfsgewerbeverordnung bereits nicht dem verfassungsrechtlichen Bestimmtheitsgebot. Insbesondere lasse sich die Beschränkung der Sonn- und Feiertagsöffnung auf eine Nutzung der öffentlichen Bibliotheken an Ort und Stelle weder § 1 Abs. 1 Nr. 11 Bedarfsgewerbeverordnung noch § 47 und § 48 Abs. 4 bis 6 Kulturgesetzbuch NRW entnehmen, sodass reine Ausleihbibliotheken ebenfalls profitieren könnten. Insbesondere sei nicht eindeutig, ob die Bibliotheken nur dann Orte der Kultur seien, wenn sie eine oder mehrere der genannten Funktionen ausübten. So sei für die Verantwortlichen vor Ort auch nicht zu erkennen, welche öffentlichen Bibliotheken aufgrund der Regelungen öffnen dürften und welche nicht, wodurch sie sich dem Risiko eines Ordnungswidrigkeitsverfahrens gemäß § 22 Abs. 1 Nr. 5 ArbZG aussetzten. Die angegriffene Norm sei zudem rechtswidrig, weil § 1 Abs. 1 Nr. 11 Bedarfsgewerbeverordnung nicht die allgemeinen und speziellen Voraussetzungen der Ermächtigungsgrundlage in § 13

Abs. 1 Nr. 2 Buchst. a ArbZG erfülle. Insbesondere habe das Bundesverwaltungsgericht mit seinem Urteil vom 26.11.2014 -6 CN 1.13- bereits entschieden, dass die Voraussetzungen für eine sonn- und feiertägliche Öffnung öffentlicher Bibliotheken gemäß § 13 Abs. 1 Nr. 2 Buchst. a ArbZG grundsätzlich nicht vorlägen. Es sei nicht erforderlich, Bibliotheken auch an Sonn- und Feiertagen zu öffnen, um an diesen Tagen besonders hervortretende Bedürfnisse der Bevölkerung zu befriedigen und anderenfalls eintretende erhebliche Schäden zu vermeiden. Die angegriffene Norm sei nicht abweichend zu bewerten, weil der Antragsgegner ihren Anwendungsbereich auf öffentliche Bibliotheken mit Funktionen nach § 47 und § 48 Abs. 4 bis 6 Kulturgesetzbuch NRW beschränke, also die besondere Bedeutung der Bibliotheken im Sinne des Kulturgesetzbuchs NRW betont habe. Es sei bereits zu bezweifeln, dass ein besonderes Bedürfnis an einer sonn- und feiertäglichen Öffnung von Bibliotheken in einem wesentlichen Teil der Bevölkerung bestehe. Dieses ergebe sich insbesondere nicht aus dem Bedürfnis, sich zeitnah und spontan zu einem Thema der öffentlichen Meinungsbildung gerade an einem Sonn- oder Feiertag in Bibliotheken zu informieren, weil hierzu heutzutage zahlreiche weitere Medien zur Verfügung stünden. Auch von einem bei Nichtöffnung entstehenden erheblichen Schaden sei nicht auszugehen. Der Antragsgegner habe in seiner Begründung insoweit nur auf die besondere Bedeutung von Bibliotheken verwiesen. Schließlich habe der Gesetzgeber durch die besondere Erwähnung von wissenschaftlichen Präsenzbibliotheken in § 10 Abs. 1 Nr. 7 ArbZG eine bewusste Unterscheidung zwischen diesen und öffentlichen Bibliotheken und damit eine Entscheidung zu Lasten der öffentlichen Bibliotheken getroffen. Das vom Antragsgegner verfolgte staatliche Interesse an der Kulturförderung sei zwar zu begrüßen, jedoch enthalte § 13 Abs. 1 Nr. 2 Buchst. a ArbZG gerade keine Ermächtigungsgrundlage dafür, dieses Ziel durch die Gestattung von Sonn- und Feiertagsöffnungen zu verfolgen.

Der Normenkontrollantrag hat keinen Erfolg.

Aus den Gründen:

[34] A. Die aufgrund der gerichtlichen Hinweise erfolgte Anpassung des Antrags ist, unabhängig davon, ob es sich hierbei um eine Antragsänderung entsprechend § 91 VwGO handelt, jedenfalls gemessen an den Voraussetzungen des § 91 VwGO zulässig. Der Antragsgegner hat in der mündlichen Verhandlung in die Einbeziehung von Art. 7 des Kulturrechtsneuordnungsgesetzes vom 1.12.2021 (GV. NRW. S. 1353) in den Antrag eingewilligt.

[35] B. Der hiernach von der Antragstellerin nunmehr ausschließlich gestellte Antrag, § 1 Abs. 1 Nr. 11 der Bedarfsgewerbeverordnung vom 5.5.1998, eingefügt durch Bibliotheksstärkungsgesetz vom 29.10.2019 (GV. NRW. S. 852), in der Fassung gemäß Art. 7 des Kulturrechtsneuordnungsgesetzes vom 1.12.2021 (GV. NRW. S. 1353), für unwirksam zu erklären, ist zulässig (dazu I.), aber unbegründet (dazu II.).

[36] I. Der Antrag ist zulässig. Insbesondere ist der Antrag statthaft (unter 1.), ist die Antragstellerin antragsbefugt (unter 2.) und war für die Einbeziehung der aktuellen Fassung von § 1 Abs. 1 Nr. 11 Bedarfsgewerbeverordnung die einjährige Antragsfrist des § 47 Abs. 2 Satz 1 VwGO nicht zu beachten (unter 3.).

[37] 1. Der Antrag ist gemäß § 47 Abs. 1 Nr. 2 VwGO und §§ 109a, 133 Abs. 3 Satz 2 JustG NRW statthaft. Bei der nunmehr angegriffenen aktuellen Fassung des § 1 Abs. 1 Nr. 11 Bedarfsgewerbeverordnung handelt es sich um eine ab dem 1.1.2019 bekannt gemachte, im Rang unter dem Landesgesetz stehende andere Rechtsvorschrift, für deren Überprüfung das Oberverwaltungsgericht in einem Normenkontrollverfahren zuständig ist.

[38] Nichts anderes ergibt sich daraus, dass die nunmehr angegriffene aktuelle Fassung des § 1 Abs. 1 Nr. 11 Bedarfsgewerbeverordnung erstmals durch Art. 2 des Bibliotheksstärkungsgesetzes vom 29.10.2019 (GV. NRW. S. 852) eingefügt und durch Art. 7 des Kulturrechtsneuordnungsgesetzes vom 1.12.2021 (GV. NRW. S. 1353) geändert wurde. Auch eine im Wege eines formellen Gesetzes erlassene bzw. geänderte Rechtsverordnung nimmt einheitlich den Rang einer Verordnung ein und stellt eine im Wege eines Normenkontrollantrags nach § 47 Abs. 1 Nr. 2 VwGO, soweit – wie hier – landesrechtlich zugelassen, überprüfbare Rechtsvorschrift dar (vgl. BVerwG, Urteil vom 16.1.2003 -4 CN 8.01- BVerwGE 117, 313).

[40] 2. Die Antragstellerin ist als Dienstleistungsgewerkschaft auch antragsbefugt, weil sie geltend machen kann, durch § 1 Abs. 1 Nr. 11 Bedarfsgewerbeverordnung in eigenen Rechten verletzt zu sein. § 1 Abs. 1 Nr. 11 Bedarfsgewerbeverordnung gestaltet den Schutz der Sonn- und Feiertagsruhe in öffentlichen Bibliotheken, wodurch der die Dienstleistungen im Öffentlichen Dienst umfassende gewerkschaftliche Tätigkeitsbereich der Antragstellerin (vgl. § 3 Nr. 1, § 4 Nr. 1 i.V.m. Punkt 1.4 der Anlage 1 der Satzung) betroffen ist (vgl. BVerwG, Urteil vom 26.11.2014 -6 CN 1.13- BVerwGE 150, 327).

[42] 3. Für die Einbeziehung der aktuellen Fassung von § 1 Abs. 1 Nr. 11 Bedarfsgewerbeverordnung war schließlich die einjährige Antragsfrist des § 47 Abs. 2 Satz 1 VwGO – die vorliegend nach Bekanntmachung des Kulturrechtsneuordnungsgesetzes am 14.12.2021 (GV. NRW. S. 1353) bereits vor Anpassung

der Anträge durch die Antragstellerin am 20.1.2023 abgelaufen war – nicht zu beachten.

[43] Bezogen auf das Erfordernis der Fristwahrung bei Änderung des Antragsgegenstands stützt sich der Senat auf die eine vergleichbare Interessenlage betreffende höchstrichterliche Rechtsprechung zur Anfechtungsklage. Für nachträglich in eine Anfechtungsklage einbezogene Änderungsverwaltungsakte wird die (erneute) Wahrung der Klagefrist in der Rechtsprechung des Bundesverwaltungsgerichts jedenfalls dann nicht verlangt, wenn die nach der Änderung oder Ersetzung verbleibenden Bestandteile des ursprünglich und fristgerecht angefochtenen Bescheids und die Regelungsbestandteile des Änderungs- oder Ersetzungsbescheids nach materiellem Recht unteilbar sind. Die Prozesslage unterscheidet sich dann im Hinblick auf die Zielsetzungen des § 74 Abs. 1 VwGO, für Rechtsfrieden und Rechtssicherheit zu sorgen sowie ein wirkungsvolles behördliches und gerichtliches Verfahren zu gewährleisten, wesentlich von der Situation vor Klageerhebung. Der von dem ursprünglichen Verwaltungsakt Betroffene hat mit der Klageerhebung bereits zum Ausdruck gebracht, dass er diesen nicht hinnehmen will. Solange er auf dessen Änderung nicht mit einer Erledigungserklärung reagiert, kann ungeachtet einer Überschreitung der Klagefrist bei der Einbeziehung des weiteren Bescheids angenommen werden, dass sich sein Abwehrwille unverändert auf die gesamte unteilbare Regelung erstreckt, sodass weder die Behörde noch etwa betroffene Dritte mit dem Eintritt der Bestandskraft des Änderungs- oder Ersetzungsbescheids rechnen können. Eine vergleichbare Unsicherheit, ob der Betroffene den Eintritt der Bestandskraft aufhalten wird, wie sie vor Klageerhebung besteht und durch § 74 Abs. 1 VwGO zeitlich begrenzt werden soll, ist hier also nicht gegeben. Deshalb wäre es unbillig, dem Kläger die Last aufzuerlegen, sein Klagebegehren während des Rechtsstreits ständig unter Kontrolle zu halten und auf Änderungsverwaltungsakte, die unter Umständen nicht einmal etwas an den mit dem ursprünglichen Verwaltungsakt verbundenen Einwirkungen auf seine Rechtssphäre ändern und im Einzelfall zudem nicht einmal mit einer Rechtsbehelfsbelehrung versehen sind, bereits vor der Antragstellung in der mündlichen Verhandlung zu reagieren (vgl. BVerwG, Urteile vom 11.11.2020 -8 C 22.19- BVerwGE 170, 311 und vom 18.3.2009 -9 A 31.07-).

[45] Das für Änderungsverwaltungsakte entwickelte Kriterium der inhaltlichen Teil- bzw. Trennbarkeit wurde vom Bundesverwaltungsgericht auch im Zusammenhang mit der Einbeziehung von Änderungen eines Bebauungsplans in ein bereits anhängiges Normenkontrollverfahren herangezogen. Es hat betont, dass die ursprünglich angegriffene Norm und die geänderte oder ergänzte Norm trotz inhaltlichen Zusammenhangs formal selbstständig seien und zu-

mindest bei inhaltlicher Trennbarkeit durch einen ausdrücklichen Antrag in ein bereits anhängiges Normenkontrollverfahren unter Einhaltung der Sachurteilsvoraussetzungen, wie der Antragsfrist gemäß § 47 Abs. 2 Satz 1 VwGO, einzuführen seien (vgl. BVerwG, Urteil vom 16.12.1999 -4 CN 7.98- BVerwGE 110, 193, wiederaufgegriffen durch Beschluss vom 22.5.2006 -4 BN 10.06-).

[47] Historie sowie Sinn und Zweck der Antragsfrist für das Normenkontrollverfahren zeigen, dass die Antragsfrist des § 47 Abs. 2 Satz 1 VwGO – ebenso wie die Klagefrist des § 74 Abs. 1 Satz 2 VwGO – dem Rechtsfrieden, der Rechtssicherheit sowie der Effektivität des behördlichen und gerichtlichen Verfahrens dienen soll. Die Einführung der Antragsfrist durch das Sechste Gesetz zur Änderung der Verwaltungsgerichtsordnung und anderer Gesetze vom 1.11.1996 (BGBl. I S. 1626) und ihre nachfolgende Verkürzung durch das Gesetz zur Erleichterung von Planungsvorhaben für die Innenentwicklung der Städte vom 21.12.2006 (BGBl. I S. 3316) hatten den Zweck, die Zulässigkeit einer Normenkontrolle nur in engem zeitlichen Zusammenhang mit dem Erlass der Rechtsvorschrift vorzusehen. Hierdurch soll vermieden werden, dass Normen, die bereits lange praktiziert wurden und auf deren Rechtsgültigkeit sowohl die Behörden als auch die Bürger vertraut haben, als Rechtsgrundlage für nicht bestandskräftige Entscheidungen entfallen und dies zu erheblichen Beeinträchtigungen der Rechtssicherheit führen kann. Im Übrigen soll es bei den außerhalb von § 47 VwGO gegebenen Rechtsschutzmöglichkeiten und der in diesen Verfahren gegebenen Befugnis der Verwaltungsgerichte bleiben, die Rechtsvorschrift inzident auf ihre Vereinbarkeit mit höherrangigem Recht zu prüfen (vgl. BVerwG, Urteil vom 6.4.2016 -4 CN 3.15- sowie Beschlüsse vom 29.6.2015 -4 BN 31.14- und vom 22.7.2013 -7 BN 1.13-; BT-Drs. 13/3993, S. 10, sowie BT-Drs.16/2496, S. 17 f.).

[49] Hiervon ausgehend unterscheidet sich die Prozesslage bei der nachträglichen Einbeziehung der geänderten Fassung einer fristgerecht angegriffenen Norm in ein Normenkontrollverfahren, wenn die ursprünglich angegriffene Norm und die einbezogene Änderungsfassung eine nach materiellem Recht unteilbare Regelung treffen, im Hinblick auf die Zielsetzungen des § 47 Abs. 2 Satz 1 VwGO – wie bei der nachträglichen Einbeziehung eines Änderungsverwaltungsakts in eine Anfechtungsklage, wenn der ursprünglich angegriffene Verwaltungsakt und der einbezogene Änderungsverwaltungsakt eine nach materiellem Recht unteilbare Regelung treffen, im Hinblick auf die Zielsetzungen des § 74 Abs. 1 VwGO – ebenfalls wesentlich von der Situation vor Antragstellung. Der Antragsteller hat mit dem Antrag gegen die ursprünglich angegriffene Norm bereits zum Ausdruck gebracht, dass sich sein Abwehrwille unverändert auf die gesamte unteilbare Regelung erstreckt, sodass weder Behörden noch Bürger mit dem Eintritt der Unanfechtbarkeit der Änderungsfas-

sung im Wege des Normenkontrollantrags rechnen können. Dem Antragsteller wäre es in einer solchen Situation ebenso wenig zuzumuten, sein Antragsbegehren ständig unter Kontrolle zu halten und auf Änderungen, die unter Umständen nicht einmal etwas an den mit der ursprünglich angegriffenen Norm verbundenen Einwirkungen auf seine Rechtssphäre ändern und – anders als Verwaltungsakte – niemals mit einer Rechtsbehelfsbelehrung versehen und an ihn persönlich gerichtet, sondern lediglich in der gesetzlich vorgesehenen Form bekannt zu machen sind, bereits vor der Antragstellung in der mündlichen Verhandlung zu reagieren.

[50] In einer solchen Situation ist es nur konsequent, die zur nachträglichen Einbeziehung von Änderungsverwaltungsakten vom Bundesverwaltungsgericht entwickelten und für Bebauungspläne ebenfalls angedachten Grundsätze auf nachträglich in ein Normenkontrollverfahren einbezogene geänderte Fassungen einer angegriffenen Norm zu übertragen und die Zulässigkeit der Einbeziehung jedenfalls dann nicht von der Beachtung der Antragsfrist des § 47 Abs. 2 Satz 1 VwGO abhängig zu machen, wenn die ursprünglich angegriffene Norm und die einbezogene Änderungsfassung eine nach materiellem Recht unteilbare Regelung treffen.

[51] Gemessen an diesen Maßstäben handelt es sich bei der ursprünglich angegriffenen Norm des § 1 Abs. 1 Nr. 11 der Bedarfsgewerbeverordnung vom 5.5.1998, eingefügt durch Art. 2 des Bibliotheksstärkungsgesetzes vom 29.10.2019 (GV. NRW. S. 852) in der nachträglich einbezogenen aktuellen Fassung gemäß Art. 7 des Kulturrechtsneuordnungsgesetzes vom 1.12.2021 (GV. NRW. S. 1353) um eine nach materiellem Recht unteilbare Regelung, bei deren Änderung die Antragsfrist des § 47 Abs. 2 Satz 1 VwGO nicht zu beachten war, um sie in das fristgerecht eingeleitete Antragsverfahren einbeziehen zu können.

[52] Durch Art. 2 des Bibliotheksstärkungsgesetzes wurde § 1 Abs. 1 Bedarfsgewerbeverordnung folgende Nr. 11 angefügt:

> „in öffentlichen Bibliotheken, soweit sie ihre Funktionen nach § 10 Absatz 1 des Kulturfördergesetzes NRW vom 18. Dezember 2014 (GV. NRW. S. 917), geändert durch Gesetz vom 23. Januar 2018 (GV. NRW. S. 90), erfüllen, bis zu 6 Stunden.“

[54] Durch Art. 7 des Kulturrechtsneuordnungsgesetzes vom 1.12.2021 (GV. NRW. S. 1353) wurden in § 1 Abs. 1 Nr. 11 Bedarfsgewerbeverordnung lediglich die Wörter „§ 10 Absatz 1 des Kulturfördergesetzes NRW vom 18.12.2014 (GV. NRW. S. 917), geändert durch Gesetz vom 23.1.2018 (GV. NRW. S. 90),“ durch die Wörter „§ 47 und § 48 Absätze 4 bis 6 des Kulturgesetzbuches vom 1.12.2021 (GV. NRW. S. 1353) in der jeweils geltenden Fassung“ ersetzt. Während die Zulassung der Beschäftigung an Sonn- und Feiertagen in öffentlichen Bibliotheken selbst

in der ursprünglich angegriffenen Fassung von § 1 Abs. 1 Nr. 11 der Bedarfsgewerbeverordnung eingeführt wurde, wurden durch die geänderte aktuelle Fassung ohne nennenswerte inhaltliche Änderung lediglich die von § 1 Abs. 1 Nr. 11 der Bedarfsgewerbeverordnung in Bezug genommenen Funktionen öffentlicher Bibliotheken ersetzt. Durch Art. 7 des Kulturrechtsneuordnungsgesetzes vom 1.12.2021 (GV. NRW. S. 1353) wurde gerade keine vollständige Neufassung von § 1 Abs. 1 Nr. 11 der Bedarfsgewerbeverordnung, sondern lediglich eine partielle Ersetzung einzelner Worte vorgenommen, die dazu führt, dass beide Fassungen nur im Zusammenhang miteinander zu verstehen sind. Deshalb musste die Antragstellerin sowohl die in der Ursprungsfassung eingeführte Zulassung der Beschäftigung an Sonn- und Feiertagen in öffentlichen Bibliotheken als auch die in der aktuellen Fassung ersetzte Bezugnahme auf die Neuregelung der Funktionen öffentlicher Bibliotheken angreifen. Die abhängige Beschäftigung an Sonn- und Feiertagen in öffentlichen Bibliotheken stand sowohl für Behörden als auch Bürger bereits mit dem jedenfalls fristgerecht gestellten Normenkontrollantrag gegen die ursprünglich angegriffene Fassung erkennbar auf dem Prüfstand.

[55] II. Der Normenkontrollantrag ist jedoch unbegründet. Die nunmehr angegriffene aktuelle Fassung von § 1 Abs. 1 Nr. 11 Bedarfsgewerbeverordnung ist wirksam und verstößt nicht gegen höherrangiges Recht.

[56] Die aktuelle Fassung von § 1 Abs. 1 Nr. 11 Bedarfsgewerbeverordnung ist formell rechtmäßig (unter 1.) und erfüllt die materiell-rechtlichen Voraussetzungen der Verordnungsermächtigung (unter 2.).

[57] Rechtsgrundlage der angegriffenen aktuellen Fassung von § 1 Abs. 1 Nr. 11 Bedarfsgewerbeverordnung ist § 13 Abs. 1 Nr. 2 Buchst. a, Abs. 2 Satz 1 ArbZG. Gemäß § 13 Abs. 1 Nr. 2 Buchst. a ArbZG kann die Bundesregierung durch Rechtsverordnung mit Zustimmung des Bundesrates zur Vermeidung erheblicher Schäden unter Berücksichtigung des Schutzes der Arbeitnehmer und der Sonn- und Feiertagsruhe über die Ausnahmen nach § 10 hinaus weitere Ausnahmen abweichend von § 9 für Betriebe, in denen die Beschäftigung von Arbeitnehmern an Sonn- oder Feiertagen zur Befriedigung täglicher oder an diesen Tagen besonders hervortretender Bedürfnisse der Bevölkerung erforderlich ist, zulassen und die zum Schutz der Arbeitnehmer und der Sonn- und Feiertagsruhe notwendigen Bedingungen bestimmen. Gemäß § 13 Abs. 2 Satz 1 ArbZG können die Landesregierungen durch Rechtsverordnung entsprechende Bestimmungen erlassen, soweit die Bundesregierung von der Ermächtigung des Absatzes 1 Nr. 2 Buchst. a keinen Gebrauch gemacht hat.

[58] 1. Die aktuelle Fassung von § 1 Abs. 1 Nr. 11 Bedarfsgewerbeverordnung ist formell rechtmäßig.

[59] Nach § 13 Abs. 1 Nr. 2 Buchst. a, Abs. 2 Satz 1 ArbZG i.V.m. Art. 80 Abs. 4 GG durfte der Erlass von § 1 Abs. 1 Nr. 11 Bedarfsgewerbeverordnung zulässigerweise durch das Land im Verordnungsweg [unter a)] durch Landesgesetz erfolgen [unter b)].

[60] a) Auf der Grundlage von § 13 Abs. 1 Nr. 2 Buchst. a, Abs. 2 Satz 1 ArbZG durfte eine Rechtsverordnung durch das Land erlassen werden, weil die Bundesregierung von der Ermächtigung des § 13 Abs. 1 Nr. 2 Buchst. a ArbZG bisher keinen Gebrauch gemacht hat.

[61] Dabei wird die Landeskompetenz für den Erlass der Norm auch nicht dadurch in Frage gestellt, dass in der bundesrechtlichen Regelung des § 10 Abs. 1 Nr. 7 ArbZG ausdrücklich nur für wissenschaftliche Präsenzbibliotheken eine Ausnahme vom Beschäftigungsverbot an Sonn- und Feiertagen geregelt ist. Schon nach dem Wortlaut von § 13 Abs. 1 Nr. 2 Buchst. a, Abs. 2 Satz 1 ArbZG erlaubt die Ermächtigung ausdrücklich, über die in § 10 ArbZG genannten Ausnahmen hinaus weitere Regelungen zu treffen. Die Regelungskompetenz der Landesregierungen ist inhaltlich nicht eingeschränkt, sondern sie wird ihnen in demselben Umfang übertragen, wie sie der Bundesregierung zusteht (vgl. BVerwG, Urteil vom 26.11.2014 -6 CN 1.13- BVerwGE 150, 327).

[63] Zudem kann aus der Entscheidung des Gesetzgebers, in § 10 ArbZG keine Ausnahme zu Gunsten öffentlicher Bibliotheken vorgesehen zu haben, nicht die Schlussfolgerung gezogen werden, er habe damit zugleich die Wertung getroffen, insoweit überwiege der Sonntagsschutz die Belange der öffentlichen Bibliotheken und der Bevölkerung, die ihre Dienstleistungen nachfrage. Dass ausweislich der Plenarprotokolle zur ersten und zweiten Lesung (LT-Protokolle 17/56, 17/68) des ursprünglichen Gesetzesentwurfs sowie der Kabinettvorlage hierzu bislang keine Bundesregelung über eine Aufnahme öffentlicher Bibliotheken in den Ausnahmekatalog des § 10 ArbZG geschaffen worden ist, stellt kein beredtes Schweigen dar. Der Bundesgesetzgeber hat die Regelung nicht gesetzlich bestimmter weiterer Sachverhalte dem (Landes-) Verordnungsgeber überlassen (vgl. BT-Drs. 12/5888, S. 29 f., sowie BT-Drs. 12/6990, S. 43 f.; dazu auch: BVerwG, Urteil vom 26.11.2014 -6 CN 1.13- BVerwGE 150, 327).

[65] b) Der Verordnungsgeber hat auch nicht dadurch die Grenzen der Verordnungsermächtigung in § 13 Abs. 1 Nr. 2 Buchst. a, Abs. 2 Satz 1 ArbZG an die Landesregierung überschritten, dass sowohl die ursprüngliche als auch die aktuelle Fassung von § 1 Abs. 1 Nr. 1 Bedarfsgewerbeverordnung durch ein formelles Landesgesetz erlassen bzw. geändert worden sind. Denn der Landesgesetzgeber hat sich hiermit in den Grenzen der ihm durch Bundesgesetz in Verbindung mit Art. 80 Abs. 4 GG eingeräumten Ermächtigungsgrundlage gehalten. Art. 80 Abs. 4 GG erlaubt den Ländern ausdrücklich auch eine Rege-

lung durch Gesetz, soweit – wie hier – durch Bundesgesetz Landesregierungen ermächtigt werden, Rechtsverordnungen zu erlassen. Vor dem Hintergrund dieser bundesrechtlichen Ermächtigung des Landesgesetzgebers zu einer die Verordnungsermächtigung in Anspruch nehmenden Gesetzgebung bestehen auch keine Bedenken gegen die Regelung durch den Landesgesetzgeber im Verordnungswege.

[66] Möglichkeiten und Grenzen des zuständigen Gesetzgebers, eine Verordnung im Wege eines formellen Gesetzes zu erlassen bzw. zu ändern, sind in der jüngeren Rechtsprechung des Bundesverfassungs- und des Bundesverwaltungsgerichts geklärt (vgl. BVerfG, Beschluss vom 13.9.2005 -2 BvF 2/03- BVerfGE 114, 196 [206 ff.]; BVerwG, Urteile vom 15.12.2016 -2 C 31.15- BVerwGE 157, 54 und vom 16.1.2003 -4 CN 8.01- BVerwGE 117, 313).

[68] Im Hinblick auf den Grundsatz der Formenstrenge der Rechtsetzung, wonach dem parlamentarischen Gesetzgeber bei der Rechtsetzung eine freie Formenwahl nicht zusteht, kann die Bestimmung einer vom Parlament erlassenen Norm zur Verordnung zwar nur hingenommen werden, wenn es sich um eine Anpassung im Rahmen einer Änderung eines Sachbereichs durch den zuständigen Gesetzgeber handelt, der parlamentarische Gesetzgeber die Vorschriften über das Gesetzgebungsverfahren einhält und er sich in den Grenzen der Ermächtigungsgrundlage hält. Die Änderung einer Verordnung durch den parlamentarischen Gesetzgeber unabhängig von sonstigen gesetzgeberischen Maßnahmen ist unzulässig (vgl. BVerwG, Urteil vom 15.12.2016 -2 C 31.15- BVerwGE 157, 54; BVerfG, Beschluss vom 13.9.2005 -2 BvF 2/03- BVerfGE 114, 196.

[70] Diese Voraussetzungen sind hier allerdings gegeben. Zutreffend ist im ursprünglichen Gesetzesentwurf wegen des erforderlichen Sachzusammenhangs zur gleichzeitig erfolgten Änderung des Kulturfördergesetzes eine Änderung der Bedarfsgewerbevorordnung im ordnungsgemäßen Gesetzgebungsverfahren durch Parlamentsgesetz als zulässig angesehen worden.

[71] Ein derartiger sachlicher Zusammenhang ist nicht nur dann anzunehmen, wenn sowohl ein förmliches Gesetz als auch eine auf ihm beruhende Verordnung in einem einheitlichen Vorgang geändert und aufeinander abgestimmt werden. Hiergegen spricht schon, dass auch in der mit den Beteiligten erörterten grundlegenden Entscheidung des Bundesverfassungsgerichts zu diesen Fragen ein sachlicher Zusammenhang bejaht wurde, obwohl die im dort streitgegenständlichen Beitragssicherungsgesetz vom 23.12.2002 (BGBl. I S. 4637) vorgesehene Änderung der Bundespflegesatzverordnung auf der Verordnungsermächtigung in § 16 Abs. 1 Nr. 1 KHG beruhte, das Krankenhausfinanzierungs-

gesetz selbst im Beitragssicherungsgesetz aber gerade nicht geändert wurde (vgl. BVerfG, Beschluss vom 13.9.2005 -2 BvF 2/03- BVerfGE 114, 196).

[73] Auch die Herleitung der in der Rechtsprechung des Bundesverfassungs- und des Bundesverwaltungsgerichts anerkannten Befugnis des Gesetzgebers zum Erlass bzw. zur Änderung einer Rechtsverordnung spricht gegen ein derart enges Verständnis des hierfür notwendigen sachlichen Zusammenhangs. Hintergrund dieser Befugnis des Gesetzgebers zum Erlass bzw. zur Änderung einer Rechtsverordnung ist, dass es zur Gestaltungsfreiheit des Parlaments gehört, sein Änderungsvorhaben umfassend selbst zu verwirklichen, sofern dabei dem Grundsatz der Formenstrenge der Rechtssetzung und dem Prinzip der Rechtssicherheit Rechnung getragen wird. Wäre es darauf beschränkt, nur förmliche Gesetze zu ändern oder zu erlassen, so müsste das Änderungsvorhaben entweder zerteilt werden, um den Gesetzesänderungen die von der Exekutive zu erledigenden Verordnungsänderungen nachfolgen zu lassen; oder der parlamentarische Gesetzgeber müsste die bislang durch Verordnung geregelten Gegenstände wieder in förmliches Gesetzesrecht übernehmen bzw. daneben erstmals förmliches Gesetzesrecht schaffen (vgl. BVerfG, Beschluss vom 13.9.2005 -2 BvF 2/03- BVerfGE 114, 196).

[75] Ob der Erlass bzw. die Änderung des Gesetzes sowie der Verordnung auf derselben Gesetzgebungskompetenz beruht, ist vor diesem Hintergrund für den erforderlichen sachlichen Zusammenhang unerheblich. Weder der Grundsatz der Formenstrenge der Rechtssetzung noch das Prinzip der Rechtssicherheit gebieten es, von einer nach Einschätzung des Gesetzgebers sachlich gebotenen Regelung im Verordnungsweg im sachlichen Zusammenhang mit einem anderen Gesetzesvorhaben Abstand nehmen zu müssen, nur weil die Gesetzgebungskompetenz für beide Regelungen auf verschiedenen Kompetenznormen beruht. Hier zu differenzieren und einen sachlichen Zusammenhang nur dann anzunehmen, wenn der Erlass bzw. die Änderung des Gesetzes und der Verordnung aufgrund derselben Gesetzgebungskompetenz erfolgen, könnte im Gegenteil eine Verfahrensweise des parlamentarischen Gesetzgebers begünstigen, Rechtsnormen zu schaffen, die einen zweifelhaften thematischen Zusammenhang zu ihrem Regelungsort aufweisen. Eine systematisch wünschenswerte klare Strukturierung des geltenden Rechts könnte so Schaden nehmen (vgl. zu Letzterem: BVerwG, Urteil vom 15.12.2016 -2 C 31.15- BVerwGE 157, 54).

[77] Ausweislich des ursprünglichen Gesetzesentwurfs (vgl. LT-Drs. 17/5637, S. 8), sollte mit dem Bibliotheksstärkungsgesetz im Wege eines Gesetzgebungsverfahrens ein einheitliches Änderungsvorhaben umgesetzt werden. Es sollten die Funktionen der öffentlichen Bibliotheken durch eine Änderung des Kulturfördergesetzes als im öffentlichen Interesse liegende Aufgaben gesetzlich aner-

kannt und künftig in das Förderhandeln des Landes einbezogen (Art. 1 Bibliotheksstärkungsgesetz) sowie zugleich die rechtlichen Voraussetzungen für eine Sonn- und Feiertagsöffnung durch eine Änderung der Bedarfsgewerbeverordnung geschaffen werden (Art. 2 Bibliotheksstärkungsgesetz). Sowohl für Art. 1 als auch für Art. 2 Bibliotheksstärkungsgesetz stand dem Antragsgegner die notwendige, wenn auch nicht identische, Gesetzgebungskompetenz zu. Für Art. 1 folgte sie aus seiner Kulturhoheit aus Art. 70 GG, für Art. 2 aus dem Recht des Antragsgegners gemäß Art. 80 Abs. 4 GG, von einer bundesgesetzlichen Ermächtigung an die Landesregierungen zum Erlass einer Rechtsverordnung – hier § 13 Abs. 1 Nr. 2 Buchst. a, Abs. 2 Satz 1 ArbZG – auch durch Gesetz Gebrauch zu machen. Während sich der Antragsgegner im Hinblick auf die Änderung des Kulturfördergesetzes für eine Regelung durch einfaches Landesgesetz entschieden hat, hat er von seiner Gesetzgebungskompetenz aus § 13 Abs. 1 Nr. 2 Buchst. a, Abs. 2 Satz 1 ArbZG i.V.m. Art. 80 Abs. 4 GG in der Form Gebrauch gemacht, eine Regelung in die bereits bestehende Bedarfsgewerbeverordnung im Wege eines formellen Gesetzes einzufügen. Mit § 1 Abs. 1 Nr. 11 Bedarfsgewerbeverordnung hat er eine Verordnungsregelung getroffen, die er in formeller Hinsicht selbst aufgrund einer ihm zukommenden Gesetzgebungskompetenz gemäß Art. 80 Abs. 4 GG i.V.m. § 13 Abs. 1 Nr. 2 Buchst. a, Abs. 2 Satz 1 ArbZG als formelles Gesetz hätte erlassen können. Ein derartiges formelles „Bedarfsgewerbegesetz" allein zu Gunsten der öffentlichen Bibliotheken neben der im Übrigen unverändert als Rechtsverordnung fortbestehenden Bedarfsgewerbeverordnung würde jedoch mehr zu Verwirrung als zu einer klaren Strukturierung des geltenden Rechts führen. Verfassungsrechtlich geboten war eine solche Regelungstechnik in formeller Hinsicht jedenfalls nicht.

[80] Für die spätere Änderung im Zusammenhang mit der Schaffung eines Kulturgesetzbuchs NRW durch das Kulturrechtsneuordnungsgesetz vom 1.12.2021 (GV. NRW. S. 1353) gilt nichts anderes.

[81] Die mithin kompetenzgemäß erlassene aktuelle Fassung von § 1 Abs. 1 Nr. 11 Bedarfsgewerbeverordnung durch das Kulturrechtsneuordnungsgesetz wurde auch ordnungsgemäß bekanntgemacht. Sowohl das Bibliotheksstärkungsgesetz vom 29.10.2019 (GV. NRW. S. 852) als auch das Kulturrechtsneuordnungsgesetz vom 1.12.2021 (GV. NRW. S. 1353) wurden im Gesetz- und Verordnungsblatt für das Land Nordrhein-Westfalen bekannt gemacht, wie es Art. 71 der Verfassung für das Land Nordrhein-Westfalen für Gesetze und Rechtsverordnungen vorsieht.

[82] 2. Die materiell-rechtlichen Voraussetzungen der Verordnungsermächtigung nach § 13 Abs. 1 Nr. 2 Buchst. a, Abs. 2 Satz 1 ArbZG [unter a)] liegen hier vor [unter b)].

[83] a) Nach § 13 Abs. 1 Nr. 2 Buchst. a und Abs. 2 Satz 1 ArbZG können die Landesregierungen über die Ausnahmen in § 10 ArbZG hinaus durch Rechtsverordnung weitere Ausnahmen von dem Verbot einer Beschäftigung von Arbeitnehmern an Sonn- und Feiertagen zur Vermeidung erheblicher Schäden unter Berücksichtigung des Schutzes der Arbeitnehmer und der Sonn- und Feiertagsruhe für Betriebe zulassen, in denen eine solche Beschäftigung zur Befriedigung täglicher oder an diesen Tagen besonders hervortretender Bedürfnisse der Bevölkerung erforderlich ist.

[84] Nach höchstrichterlicher Klärung zu den Voraussetzungen dieser Verordnungsermächtigung besteht ein enger sachlicher Zusammenhang zwischen einerseits den Gründen, aus denen eine Beschäftigung von Arbeitnehmern an Sonn- und Feiertagen ausnahmsweise zugelassen werden darf, und andererseits den Schäden, deren Vermeidung die Zulassung einer Ausnahme dienen soll. Die Schäden bestehen darin, dass Bedürfnisse der Bevölkerung nur unzureichend befriedigt werden. Zu diesen Bedürfnissen gehören auch solche, welche die Möglichkeit betreffen, die Freizeit an Sonn- und Feiertagen nach eigenen Vorstellungen zu nutzen. Wird die Freizeitgestaltung jedenfalls für beachtliche Teile der Bevölkerung beeinträchtigt, kann dies einen Schaden darstellen, zu dessen Vermeidung eine Ausnahme durch Verordnung zugelassen werden kann. Dass von der Ermächtigung (nur) zur Vermeidung erheblicher Schäden Gebrauch gemacht werden darf, steuert dabei ebenso wie die vorgeschriebene Berücksichtigung des Schutzes der Arbeitnehmer und der Sonn- und Feiertagsruhe die Anforderungen, die an Bedeutung und Gewicht des Bedürfnisses zu stellen sind, dessen sonst unterbleibende Befriedigung die Zulassung einer Ausnahme vom Beschäftigungsverbot rechtfertigen soll. Im Sinne des § 13 Abs. 1 Nr. 2 Buchst. a ArbZG „erforderlich" ist die Befriedigung täglich oder an diesen Tagen besonders hervortretender Bedürfnisse der Bevölkerung nur, wenn ihr Unterbleiben einen erheblichen Schaden darstellt. Insoweit hat der Gesetzgeber den Gestaltungsspielraum des Verordnungsgebers bei der Auswahl der Bedürfnisse eingeschränkt, deren Befriedigung eine Ausnahme rechtfertigen soll. Bedürfnisse der Bevölkerung, die an Sonn- und Feiertagen besonders hervortreten, sind insbesondere solche, die der Freizeitgestaltung dienen. Der Schutz der Sonn- und Feiertage nach Art. 140 GG i.V.m. Art. 139 WRV ist nicht auf einen religiösen oder weltanschaulichen Sinngehalt der Sonn- und Feiertage beschränkt. Die Regelung zielt in der säkularisierten Gesellschafts- und Staatsordnung auch auf die Verfolgung profaner Ziele wie die der persönlichen Ruhe, Besinnung, Erholung und Zerstreuung. An den Sonn- und Feiertagen soll grundsätzlich die Geschäftstätigkeit in Form der Erwerbsarbeit, insbesondere der Verrichtung abhängiger Arbeit, ruhen, damit der Einzelne diese Tage allein

oder in Gemeinschaft mit anderen ungehindert von werktäglichen Verpflichtungen und Beanspruchungen nutzen kann. Die Bürger sollen sich an Sonn- und Feiertagen von der beruflichen Tätigkeit erholen und das tun können, was sie individuell für die Verwirklichung ihrer persönlichen Ziele und als Ausgleich für den Alltag als wichtig ansehen (vgl. BVerwG, Urteil vom 26.11.2014 -6 CN 1.13- BVerwGE 150, 327).

[86] Der Verordnungsgeber kann bei dem Ausgleich gegenläufiger Schutzgüter im Rahmen seines Gestaltungsspielraums auf eine geänderte soziale Wirklichkeit, insbesondere auf Änderungen im Freizeitverhalten, Rücksicht nehmen (vgl. BVerwG, Urteil vom 26.11.2014 -6 CN 1.13- BVerwGE 150, 327).

[88] Allerdings führt der Schutz der Verwirklichung von Freizeitwünschen der Bürger insoweit zu einem Konflikt, als diese auf die Bereitstellung von Leistungen angewiesen sind, die den Arbeitseinsatz der Anbieter solcher Leistungen erfordern (vgl. BVerfG, Urteil vom 1.12.2009 -1 BvR 2857/07- BVerfGE 125, 39).

[90] Nach dem in Art. 139 WRV bestimmten Schutzauftrag an den Gesetzgeber, der für die Arbeit an Sonn- und Feiertagen unter anderem ein Regel-Ausnahme-Verhältnis statuiert, hat grundsätzlich die typische „werktägliche Geschäftigkeit“ an Sonn- und Feiertagen zu ruhen. Der verfassungsrechtlich garantierte Sonn- und Feiertagsschutz ist nur begrenzt einschränkbar. Ausnahmen von der Sonn- und Feiertagsruhe sind nur zur Wahrung höher- oder gleichwertiger Rechtsgüter möglich; in jedem Falle muss der ausgestaltende Gesetzgeber aber ein hinreichendes Niveau des Sonn- und Feiertagsschutzes wahren (vgl. BVerfG, Urteil vom 1.12.2009 -1 BvR 2857/07- BVerfGE 125, 39, KirchE 54, 402).

[92] Für die gesetzliche Ordnung von Lebensbereichen ist der Gesichtspunkt des Sonntagsschutzes aber kein isolierter – absolut zu setzender – Maßstab, dem sich alle anderen für die Regelung des jeweiligen Lebensbereichs bedeutsamen Gesichtspunkte schlechthin unterzuordnen hätten. Der Sonntagsschutz stellt vielmehr ein verfassungsgesetzlich vorgeschriebenes Regelungselement dar, das der Gesetzgeber im Rahmen der ihm zukommenden Gesetzgebungsmacht mit den anderen für den zu regelnden Lebensbereich bedeutsamen Regelungselementen zum Ausgleich bringen und damit im Gesamtzusammenhang der gesetzlichen Ordnung durch eine eigenständige gesetzgeberische Entscheidung konkretisieren muss. Art, Umfang, Intensität und nähere inhaltliche Ausgestaltung des gesetzlichen Sonntagsschutzes sind damit der spezifischen Regelungsmacht des Normgebers überantwortet und unterliegen seinem gesetzgeberischen Ermessen. Dieses gesetzgeberische Ermessen findet seine Grenzen darin, dass einerseits die durch das Grundgesetz festgelegte besondere Zweckbestimmung des Sonntags hinreichend gewährleistet und dadurch der

Sonntag als Institution hinreichend geschützt sein muss, und dass andererseits die zum Schutz des Sonntags getroffenen Regelungen nicht unverhältnismäßig sein dürfen. In diesem Rahmen hat der Gesetzgeber insbesondere darüber zu entscheiden, ob bestimmte Tätigkeiten an Sonntagen verboten sein sollen oder ob sie beschränkt oder uneingeschränkt zulässig sein sollen (vgl. BVerwG, Urteile vom 25.8.1992 -1 C 38.90- BVerwGE 90, 337, und vom 15.3.1988 -1 C 25.84- BVerwGE 79, 118, KirchE 26, 39).

[94] Dementsprechend werden einfachrechtlich schon seit jeher an Sonn- und Feiertagen Arbeiten gestattet, die aus gesellschaftlichen oder technischen Gründen notwendig sind. Diese Arbeiten „trotz des Sonntags“ sind in Grenzen durchaus zulässig. Daneben ist auch die „Arbeit für den Sonntag“ anerkannt, die etwa in der Hotel- und Gastronomiebranche und im Bereich der Sicherstellung der Mobilität des Einzelnen dazu dient, den Bürgern eine individuelle Gestaltung ihres Tages der Arbeitsruhe und der seelischen Erhebung zu ermöglichen. Stets aber muss ein hinreichendes Niveau des Sonn- und Feiertagsschutzes gewahrt bleiben (vgl. BVerfG, Urteile vom 1.12.2009 -1 BvR 2857/07- BVerfGE 125, 39, KirchE 54, 402, und vom 9.6.2004 -1 BvR 636/02- BVerfGE 111, 10, KirchE 45, 282).

[97] Zur Wahrung dieses Mindestniveaus genügen ein bloß wirtschaftliches Umsatzinteresse von Verkaufsstelleninhabern und ein alltägliches Erwerbsinteresse potenzieller Käufer grundsätzlich nicht, um Ausnahmen von dem verfassungsunmittelbar verankerten Schutz der Arbeitsruhe und der Möglichkeit zu seelischer Erhebung an Sonn- und Feiertagen zu rechtfertigen. Darüber hinaus müssen Ausnahmen als solche für die Öffentlichkeit erkennbar bleiben und dürfen nicht auf eine weitgehende Gleichstellung der sonn- und feiertäglichen Verhältnisse mit den Werktagen und ihrer Betriebsamkeit hinauslaufen. Dem Regel-Ausnahme-Gebot kommt generell umso mehr Bedeutung zu, je geringer das Gewicht derjenigen Gründe ist, zu denen der Sonn- und Feiertagsschutz ins Verhältnis gesetzt wird und je weitergreifend die Ausnahme vom Sonn- und Feiertagsschutz ausgestaltet ist (vgl. BVerfG, Urteil vom 1.12.2009 -1 BvR 2857/07- BVerfGE 125, 39, KirchE 54, 402).

[99] Vor diesem verfassungsrechtlichen Hintergrund und mit Rücksicht auf den Grundsatz des Vorbehalts des Gesetzes hat der Gesetzgeber unter anderem im Arbeitszeitgesetz selbst geregelt, was für die Wahrung des Sonn- und Feiertagsschutzes und die Schutzpflichten für dadurch konkretisierte Grundrechte wesentlich ist. Er hat festgelegt, dass das Verbot einer Beschäftigung von Arbeitnehmern an Sonn- und Feiertagen die Regel ist, eine solche Beschäftigung nur als Ausnahme zugelassen werden kann. Er hat in § 13 Abs. 1 ArbZG festgelegt, welche gegenläufigen Belange hinreichendes Gewicht haben, um eine

Ausnahme zu rechtfertigen, darunter in Nr. 2 Buchst. a die Befriedigung von täglichen oder an Sonn- und Feiertagen besonders hervortretenden Bedürfnissen der Bevölkerung. Er hat hierzu weitere Voraussetzungen festgelegt, welche die Durchbrechung des Sonn- und Feiertagsschutzes als Ausnahme sichern. Auf die Zahl der Betroffenen allein kommt es dabei nicht an. Maßgeblich ist, ob das mit der Ausnahme verfolgte Ziel ein solches Gewicht hat, dass auch die Beschäftigung einer großen Zahl von Arbeitnehmern an Sonn- und Feiertagen gerechtfertigt erscheint, und ob die Beschäftigung an Sonn- und Feiertagen ihren Ausnahmecharakter behält. Die hierfür notwendigen Vorgaben hat der Gesetzgeber dem Verordnungsgeber durch die begrenzenden Voraussetzungen der Ermächtigung gemacht (vgl. BVerwG, Urteil vom 26.11.2014 -6 CN 1.13- BVerwGE 150, 327).

[101] Danach genügt ein alltäglich zu befriedigendes Erwerbsinteresse potenzieller Kunden grundsätzlich auch nicht, um im Rahmen der Verordnungsermächtigung gemäß § 13 Abs. 1 Nr. 2 Buchst. a ArbZG Ausnahmen von dem verfassungsunmittelbar verankerten Schutz der Sonn- und Feiertage zu rechtfertigen. Dieser Schutz muss nicht allein deshalb zurückstehen, weil die Betroffenen ihren an Sonn- oder Feiertagen bestehenden Bedarf zwar an Werktagen decken könnten, ihn aber nicht an diesen Tagen, sondern aufgrund eines spontanen Entschlusses an Sonn- oder Feiertagen decken wollen. Unter Berücksichtigung des Schutzes der Arbeitnehmer und der Sonn- und Feiertagsruhe tritt kein erheblicher Schaden im Sinne der gesetzlichen Ermächtigungsgrundlage ein, wenn Wünsche nach einer bestimmten Freizeitgestaltung nur durch vorausschauende Planung realisiert werden können (vgl. BVerwG, Urteile vom 26.11.2014 -6 CN 1.13- BVerwGE 150, 327, und vom 19.4.1988 -1 C 50.86- BVerwGE 79, 236).

[103] Die Einschätzung des Verordnungsgebers, die Beschäftigung von Arbeitnehmern in öffentlichen Bibliotheken an Sonn- und Feiertagen sei unter Berücksichtigung des Schutzes der Arbeitnehmer und der Sonn- und Feiertagsruhe erforderlich, um an diesen Tagen besonders hervortretende Bedürfnisse der Bevölkerung zu befriedigen und andernfalls eintretende erhebliche Schäden zu vermeiden, unterliegt nur eingeschränkter verwaltungsgerichtlicher Kontrolle; insbesondere darf das Gericht keine eigene Einschätzung vornehmen. Es hat jedoch zu prüfen, ob die bei Erlass der Rechtsverordnung vorgenommenen Annahmen schlüssig und vertretbar sind. Beides ist anhand der Umstände zu beurteilen, die der Verordnungsgeber dem Erlass der Verordnung zugrunde gelegt hat (vgl. zu Ladenöffnungen an Sonntagen: BVerwG, Urteile vom 11.11.2015 -8 CN 2.14- BVerwGE 153, 183, vom 12.12.2018 -8 CN 1.17- BVerwGE 164, 64, sowie vertiefend vom 22.6.2020 -8 CN 1.19- BVerwGE 168, 338).

[105] b) Nach Einschätzung des zuständigen Landesgesetzgebers und den auf dieser Grundlage schlüssigen und vertretbaren Annahmen des Verordnungsgebers besteht angesichts der gewandelten kulturellen Funktionen öffentlicher Bibliotheken als niederschwellig zugängliche, nichtkommerzielle Orte der Kultur [unter aa)] jedenfalls in Nordrhein-Westfalen an Sonn- und Feiertagen ein Bedürfnis für die Nutzung derartiger Bibliotheksräume an Ort und Stelle [unter bb)] jenseits der vorausschauend an Werktagen möglichen Ausleihe von Medien [unter cc)], welches auch unter Berücksichtigung des Schutzes der Arbeitnehmer und der Sonn- und Feiertagsruhe eine Beschäftigung von Arbeitnehmern in solchen öffentlichen Bibliotheken an diesen Tagen als erforderlich erscheinen lässt [unter dd)]. Die Regelung genügt auch dem Bestimmtheitsgebot [unter ee)].

[106] aa) Nach § 1 Abs. 1 Nr. 11 Bedarfsgewerbeverordnung in der aktuellen Fassung dürfen abweichend von § 9 ArbZG Arbeitnehmerinnen und Arbeitnehmer an Sonn- und Feiertagen bis zu sechs Stunden in öffentlichen Bibliotheken beschäftigt werden, soweit sie ihre Funktionen nach § 47 und § 48 Abs. 4 bis 6 des Kulturgesetzbuchs NRW vom 1.12.2021 (GV. NRW. S. 1353) in der jeweils geltenden Fassung erfüllen sowie die Arbeiten für den Betrieb unerlässlich sind und nicht an Werktagen durchgeführt werden können.

[107] Der Kreis der von der Regelung in § 1 Abs. 1 Nr. 11 Bedarfsgewerbeverordnung in der aktuellen Fassung erfassten öffentlichen Bibliotheken ist hierdurch auf solche Bibliotheken beschränkt, die die gesetzlich in § 47 und § 48 Abs. 4 bis 6 des Kulturgesetzbuchs NRW beschriebenen Funktionen in einem so nennenswerten Umfang anbieten, dass wegen der deswegen dort möglichen Erfüllung des zu erwartenden Nutzungsbedürfnisses an Ort und Stelle eine Öffnung an Sonn- und Feiertagen gerechtfertigt erscheint.

[108] Gemäß § 47 Kulturgesetzbuch NRW sind Bibliotheken zur Benutzung bestimmte und erschlossene Sammlungen von Büchern sowie anderen Medien- und Informationsangeboten, auch digitaler Art. Sie tragen in besonderer Weise zur Verwirklichung des Grundrechts aus Art. 5 Abs. 1 Satz 1 des Grundgesetzes bei, sich aus allgemein zugänglichen Quellen ungehindert unterrichten zu können (Abs. 1). Als Bildungs- und Informationseinrichtungen unterstützen Bibliotheken das selbstbestimmte lebensbegleitende Lernen, die Leseförderung sowie die Vermittlung von Medien- und Informationskompetenz (Abs. 2). Als Kultureinrichtungen stellen sie Räume für Begegnungen, Kommunikation, Integration und Kreativität zur Verfügung, gestalten diese aktiv und bieten ein vielfältiges Programm an. Sie haben auch die Funktion eines Dritten Orts im Sinne von § 14 Abs. 4 Satz 1 Kulturgesetzbuch NRW (Abs. 3). Als Gedächtnisinstitutionen pflegen, bewahren und erschließen Bibliotheken wertvolle Altbestände und Samm-

lungen und machen sie der Öffentlichkeit in analoger oder digitaler Form zugänglich (Abs. 4).

[109] Gemäß § 48 Abs. 4 bis 6 Kulturgesetzbuch NRW leisten öffentliche Bibliotheken durch ein fachlich kuratiertes Informationsangebot einen wichtigen Beitrag zur Sicherung der Informationsfreiheit. Daher sind sie bei der Auswahl ihrer Medien unabhängig und an Weisungen nicht gebunden (Abs. 4). Öffentliche Bibliotheken sind unter Beachtung des Hausrechts und im Rahmen der Benutzungsregelungen ihrer Träger frei zugänglich. Sie ermöglichen Nutzerinnen und Nutzern einen niedrigschwelligen und ungehinderten Zugang zu Informationen und tragen so wesentlich zur Vermittlung von allgemeiner, interkultureller und staatsbürgerlicher Bildung bei. Zudem ermöglichen und unterstützen sie die demokratische Willensbildung und gleichberechtigte Teilhabe sowie die gesellschaftliche Integration. Das Land unterstützt die Öffentlichen Bibliotheken bei der nutzerfreundlichen Ausweitung der Öffnungszeiten (Abs. 5). Als Orte der Begegnung, der Kommunikation, des kulturellen Austausches und der gesellschaftlichen Integration können Bibliotheken zentrale Orte der Kultur und der außerschulischen Bildung sein und dazu beitragen, kulturelle Aktivitäten in der Region zu bündeln und zugänglich zu machen.

[110] Neben dieser umfangreichen gesetzlichen Umschreibung kultureller Funktionen einer öffentlichen Bibliothek in § 47 und § 48 Abs. 4 bis 6 Kulturgesetzbuch NRW werden ihre kulturellen Funktionen durch den der erstmaligen Einführung von § 1 Abs. 1 Nr. 11 Bedarfsgewerbeverordnung zugrunde liegenden ursprünglichen Gesetzesentwurf weiter dahingehend konkretisiert, dass nur die Nutzung von Bibliotheksräumen an Ort und Stelle jenseits der klassischen Ausleihfunktion die sonntägliche Öffnung rechtfertigen soll. Öffentliche Bibliotheken seien Orte der Kultur. Als sog. Dritte Orte dienten sie der Begegnung, der Kommunikation, der gesellschaftlichen Integration, der Information, der (staatsbürgerlichen) Bildung, als Stätten der Familie sowie als kulturelle Veranstaltungsorte. Sie böten zu diesen Zwecken Menschen aus unterschiedlichen sozialen Kontexten auch im ländlichen Raum und in kleinen Städten einen zentralen, besonders niederschwellig zugänglichen, nichtkommerziellen Raum für nichtkonsumtive Freizeitgestaltung. All diese Nutzungsbedürfnisse vor Ort könnten an Sonntagen nur durch eine Öffnung der Bibliotheken erfüllt werden. Insofern könne eine Sonntagsarbeit von Bibliotheksmitarbeitern durch zumutbare planerische Vorkehrungen der Bevölkerung nicht vermieden werden (vgl. zur ursprünglich angegriffenen Fassung insbesondere: LT-Drs. 17/5637, S. 7, 10 ff. und 14. Durch die Neufassung sollte ausweislich des Gesetzesentwurfs nur eine „sprachliche Anpassung im Sinne der Vereinheitlichung vorgenommen“ werden: LT-Drs. 17/13800, S. 82, 135).

[112] Auf dieser Grundlage geht Herr T. von der Universitätsbibliothek der FernUniversität Hagen in seiner Stellungnahme (LT-Stellungnahme 17/1667, S. 3) zutreffend davon aus, dass Bibliotheken, die allein eine Buchausleihe für die häusliche Lektüre anböten, von der geplanten nordrhein-westfälischen Regelung nicht profitieren würden. Hiermit übereinstimmend meint auch der Berufsverband Information Bibliothek e.V. (LT-Stellungnahme 17/1683, S. 2), dass viele Bibliotheken weder von der Raumkapazität noch von den personellen wie sonstigen Ressourcen her in der Lage sein würden, sonn- und feiertags zu öffnen. Ein Bedürfnis für eine Sonn- und Feiertagsöffnung hänge stark von den jeweiligen Rahmenbedingungen vor Ort ab. Hierauf hat auch die Arbeitsgemeinschaft der kommunalen Spitzenverbände in Nordrhein-Westfalen in ihrer Stellungnahme hingewiesen (LT-Stellungnahme 17/1663, S. 2 f.).

[113] bb) An der Nutzung öffentlicher Bibliotheken, die die vorbeschriebenen kulturellen Funktionen als niederschwellig zugängliche, nichtkommerzielle Orte der Kultur erfüllen, besteht ein an Sonn- und Feiertagen besonders hervortretendes Bedürfnis im Sinne der Verordnungsermächtigung.

[114] Die öffentlichen Bibliotheken, die die in dem Gesetzesentwurf sowie in den § 47 und § 48 Abs. 4 bis 6 Kulturgesetzbuch NRW beschriebenen kulturellen Funktionen erfüllen, ermöglichen als niederschwellig zugängliche, nichtkommerzielle Orte der Kultur weiten Teilen der Bevölkerung in vielfältiger Weise, ihre Freizeit individuell zu gestalten. Sie tragen damit zur Verfolgung profaner Ziele wie der persönlichen Ruhe, Besinnung, Erholung und Zerstreuung der Bevölkerung bei. Neben der Nutzung der vor Ort vorgehaltenen und fachlich ausgewählten Medien ermöglichen sie als Orte der Kultur die Begegnung und die Kommunikation mit anderen Menschen, die gemeinsame Nutzung des Medienangebots unter fachlicher Aufsicht des Bibliothekspersonals sowie die Teilnahme an vor Ort organisierten Kultur- und Bildungsveranstaltungen. Sonn- und Feiertage bieten die nötige Zeit und Muße, um öffentliche Bibliotheken zu diesen Zwecken und losgelöst von anderen werktäglichen Verpflichtungen an Ort und Stelle zu nutzen. Ohne eine Sonn- und Feiertagsöffnung würde die Freizeitgestaltung für beachtliche Teile der Bevölkerung entsprechend beeinträchtigt (vgl. zu Letzterem: BVerwG, Urteile vom 26.11.2014 -6 CN 1.13- BVerwGE 150, 327, und vom 19.4.1988 -1 C 50.86- BVerwGE 79, 236).

[116] Eine Sonn- und Feiertagsöffnung stellt sich nicht lediglich als begrüßenswert und nützlich dar. Vielmehr wird das Fehlen einer solchen Öffnung als Mangel empfunden (vgl. BVerwG, Urteil vom 14.11.1989 -1 C 14.88- zum Vorliegen eines Bedürfnisses im Sinne der Vorgängernorm des § 105e Abs. 1 GewO, welche durch § 13 Abs. 1 Nr. 2 Buchst. a ArbZG übernommen wurde, vgl. BR-Drs. 507/93, S. 91, BT-Drs. 12/5888, S. 30).

[118] cc) Die Annahme des ursprünglichen Gesetzesentwurfs, wenn und soweit öffentliche Bibliotheken ortsgebundene Leistungen anböten, könne dem gerade an Sonn- und Feiertagen bestehenden Bedürfnis an der Nutzung dieser kulturellen Funktionen nicht ohne Sonn- und Feiertagsöffnung durch hinreichende planerische Vorkehrungen Rechnung getragen werden (vgl. LT-Drs. 17/5637, Seite 14, letzter Absatz), ist schlüssig und vertretbar. Anders als ein – dem Besuch einer Videothek ähnlicher – Bibliotheksbesuch zum Zwecke der vorausschauend an Werktagen möglichen Medienausleihe, ist der Besuch einer öffentlichen Bibliothek zur Nutzung ihrer kulturellen Funktionen an Ort und Stelle nicht lediglich auf einen vergleichsweise kurzen Aufenthalt zur Auswahl der zu entleihenden Medien beschränkt, sondern gerade auf ein längeres Verweilen in den Bibliotheksräumen ohne Zeitdruck ausgerichtet. Sie ähnelt damit eher dem Besuch eines Museums, das zur Befriedigung eines an Sonn- und Feiertagen bestehenden Bedürfnisses geöffnet sein darf (vgl. zur Abgrenzung zwischen Videotheken und Kinos: BVerwG, Urteil vom 19.4.1988 -1 C 50.86- BVerwGE 79, 236).

[122] Konkret wird die Annahme, das Bedürfnis nach einer derartigen Nutzung lasse sich nicht ohne Sonntagsöffnung durch planerische Vorkehrungen erfüllen, von den im Gesetzgebungsverfahren herangezogenen Materialien und Stellungnahmen sowie den im gerichtlichen Verfahren durch den Antragsgegner vorgelegten vorbereitenden Materialien getragen.

[123] Die im ursprünglichen Gesetzgebungsverfahren befragten Sachverständigen – mit Ausnahme der Antragstellerin (LT-Stellungnahme 17/1673) – waren einhellig der Auffassung, dass gerade die Sonn- und Feiertagsöffnungen der öffentlichen Bibliotheken, die ihre kulturellen Funktionen als niederschwellig zugängliche, nichtkommerzielle Orte der Kultur erfüllten, für die (gemeinsame) Nutzung an Ort und Stelle einen erheblichen Besucherstrom aus verschiedensten gesellschaftlichen Gruppen anziehen. Eine zeitlich und mengenmäßig vergleichbar intensive Nutzung ist regelmäßig an Werktagen nicht festzustellen. Auch stehen neben den öffentlichen Bibliotheken nur wenige solcher Räume an Sonn- und Feiertagen nichtkommerziell zur Verfügung. Besonders eindrücklich zeigen dies die Erfahrungen aus den Pilotprojekten in Mönchengladbach, Dinslaken und Berlin. In Mönchengladbach beendete das Pilotprojekt zur Sonntagsöffnung den Besucherrückgang. Sowohl aus Mönchengladbach als auch aus Dinslaken wurde berichtet, dass am Sonntag konstant mehr Personen die Bibliothek besuchten als am Samstag. Auch aus Berlin wurde von enormen Besucherzahlen am Sonntag berichtet sowie davon, dass der Sonntag andere Benutzergruppen anziehe als die Werktage. Im Einzelnen:

[124] Ausweislich der Stellungnahme des Verbands der Bibliotheken des Landes NRW e.V. zum ursprünglichen Gesetzesentwurf (LT-Stellungnahme 17/1658, S. 1) werden Bibliotheken seit vielen Jahren intensiv als Lern- und Arbeitsorte, aber auch als Orte der Kommunikation und der Kreativität genutzt. Gerade Familien hätten meist nur am Sonntag die Möglichkeit, gemeinsam in die Bibliothek zu gehen und dort nicht nur das Medienangebot, sondern auch die anderen vielfältigen Angebote vor Ort zu nutzen. Öffentliche Bibliotheken in Nordrhein-Westfalen, die eine Öffnung an Sonntagen auf alternativen Wegen ausprobiert hätten, hätten erlebt, dass das Angebot vor allem von Berufstätigen, Familien, Flüchtlingen, Schülern und Studenten intensiv genutzt werde. Ähnlich hat sich der Direktor der Stadt- und Landesbibliothek Dortmund in seiner Stellungnahme (LT-Stellungnahme 17/1656, S. 1) geäußert und ergänzend angeführt, öffentliche Bibliotheken seien in ihrer Funktion als wichtige Begegnungs- und kulturelle Veranstaltungsorte in ihren Kommunen den Museen und Theatern gleichzusetzen. Familien hätten am Sonntag die Möglichkeit, gemeinsam in die öffentlichen Bibliotheken zu kommen, um dort Zugang zu dem vielfältigen Medienangebot zu finden. Zudem ermöglichten sie es allen Bürgern, ihr Grundrecht auf Informationsfreiheit wahrzunehmen, indem sie die dazu notwendigen Angebote und Infrastruktur vor Ort zur Verfügung stellten. Auch die Stadt- und Landesbibliothek in Dortmund werde seit vielen Jahren intensiv als Lern- und Arbeitsort genutzt. Gerade berufstätige Menschen nutzten hier die Gelegenheit zur Weiterbildung oder Information. Dies solle auch am Sonntag möglich sein.

[125] In der Stellungnahme der Arbeitsgemeinschaft der kommunalen Spitzenverbände in Nordrhein-Westfalen (LT-Stellungnahme 17/1663, S. 2) hieß es, öffentliche Bibliotheken in Nordrhein-Westfalen seien hochfrequentierte Orte kommunaler Bildung und Kultur. Sie erzielten ausweislich des Spartenberichts „Museen, Bibliotheken und Archive“ der bundesweiten Kulturstatistik im Bund die meisten physischen Besuche und nähmen in der Vermittlung von Information und Bildung einen zentralen Platz ein. Zugleich komme ihrer Funktion als Austausch- und Begegnungsraum stetig wachsende Bedeutung zu, insbesondere bei der aktuell notwendigen Stärkung des gesellschaftlichen Zusammenhalts.

[1269 Das Katholische Büro NRW und das Evangelische Büro NRW (LT-Stellungnahme 17/1655, S. 2) bestätigen in ihrer gemeinsamen Stellungnahme, dass die vorgesehene Sonntagsöffnung für hauptamtlich betriebene öffentliche Bibliotheken der Kommunen die konsequente Weiterentwicklung der öffentlichen Bibliothek als niedrigschwelliger, konsumfreier und öffentlicher Begegnungs- und Kulturraum fördere. Auch aus der Erfahrung der kirchlichen öffentlichen Büchereien könne bestätigt werden, dass gerade am Sonntag Familien gerne gemeinsam die kirchlichen öffentlichen Büchereien besuchten.

[127] Ausweislich der Stellungnahme der Stadtbibliothek Mönchengladbach (LT-Stellungnahme 17/1694) stelle der ursprüngliche Gesetzesentwurf die Funktion der öffentlichen Bibliotheken zeitgemäß dar. Profil, Ausstattung und Funktion öffentlicher Bibliotheken hätten sich in den letzten Jahren stark geändert. Besucher kämen immer weniger nur, um Medien auszuleihen. Bibliotheken würden als Lern- und Arbeitsorte, Kulturorte, Orte des intergenerativen und interkulturellen Austausches genutzt und dringend benötigt, im digitalen Zeitalter und angesichts aktueller gesellschaftlicher Herausforderungen, wie Migration und Segregation, mehr denn je. Sie gehörten zu den wenigen, oft einzigen öffentlichen Räumen, die besonders niederschwellig zugänglich, neutral und kommerzfrei seien. Angesichts veränderter gesellschaftlicher Rahmenbedingungen – Ganztagsschulen, Arbeitswelt – hätten viele Menschen – besonders Familien, Berufstätige, Schüler, Studierende – nur am Wochenende, vor allem am Sonntag, Zeit, die Bibliothek zu besuchen. Die Stadtbibliothek Mönchengladbach öffne an ihrem Standort Rheydt seit Ende 2011 regelmäßig am Sonntagnachmittag mit Personal eines Personaldienstleisters, zunächst bis 2016 als Pilotprojekt, danach im Regelbetrieb. Nach einem Stopp der deutlichen Besucherrückgänge hätten sich konstant hohe Besucherzahlen eingestellt, sonntags besuchten mehr Menschen die Bibliothek als samstags und es gebe viele begeisterte Besucherrückmeldungen. Neben Familien kämen auch sehr viele junge Menschen, ganz besonders mit Migrationshintergrund. Hier zeige sich die hohe integrative Leistung und präventive Funktion der Bibliothek. Die Evaluation habe in Mönchengladbach die Funktion der Bibliothek als interkultureller, intergenerativer Begegnungs- und Kommunikations- sowie Bildungsort empirisch belegt. Sie spiele sonntags eine besonders große Rolle: 81 % nutzten die Bibliothek als Treffpunkt und Lernort. Sachlich belastbare Informationen seien angesichts extremer Tendenzen in der Gesellschaft und der Informationsunwucht durch soziale Medien heute wichtiger denn je. Auf der Basis der inzwischen achtjährigen Erfahrung mit Samstags- und Sonntagsöffnung werde der Einsatz von bibliothekarischem Fachpersonal auch am Sonntag für unverzichtbar gehalten. In der öffentlichen Anhörung von Sachverständigen im Ausschuss für Kultur und Medien (APr 17/693, S. 5 ff.) wurde nochmals hervorgehoben, die Stadtteilbibliothek Rheydt werde sonntags sogar stärker angenommen, wodurch deutlich werde, dass eine verlängerte Öffnung am Samstagnachmittag allein für an Samstagen viel beschäftigte Familien gerade nicht genüge. In der von der TH Köln Ende 2014 hierzu durchgeführten wissenschaftlichen Evaluierung gaben 46,2 % der Befragten an, besonders am Wochenende und hier bevorzugt sonntags Zeit für den Bibliotheksbesuch zu haben. Dabei war für 31,9 % der Befragten der Bibliotheksbesuch an Sonntagen eher zufällig; 20,6 % gaben

dagegen an, am Wochenende besonders viel Zeit zu haben. Berufstätige besuchten überproportional häufig am Sonntag die Bibliothek (rund 57,9 %), bei den Schülern waren es immerhin 40,9 %. Nur 27,2 % der Besucher besuchten die Bibliothek allein; alle anderen gaben an, die Bibliothek mit Freunden, Kindern und/oder Partnern zu besuchen (vgl. Fühles-Ubach/Seidler-de Alwis, BuB 68 (05/2016), S. 258, 259).

[129] Diese Zahlen wurden durch die eigenen Erhebungen der Stadtteilbibliothek Mönchengladbach Rheydt aus den Jahren 2019 und 2020 bestätigt. Danach wurden – bei gleichzeitiger Öffnung auch am Samstagnachmittag – im Jahr 2019 durchschnittlich an einem Sonntag 301 Besucher registriert, während an einem Samstag in einem gleichlangen Zeitraum von ebenfalls vier Stunden nur durchschnittlich 240 Personen die Einrichtung nutzten. Im Januar 2020 wurden an einem Sonntag durchschnittlich 342 Besucher erfasst, während es an einem Samstag durchschnittlich nur 174 Besucher waren. Ganz besonders am Sonntag war eine deutlich höhere Aufenthaltsdauer der Besucher als in der Woche zu beobachten; bis zu zwei Stunden und mehr waren keine Ausnahme.

[130] Ähnlich verhält es sich mit den von dem Antragsgegner vorgelegten Erhebungen der Stadtbibliothek Dinslaken. Anlässlich einer Probeöffnung an Sonn- und Feiertagen von Oktober 2019 bis zum 15.3.2020 (ohne Bibliothekspersonal, nur mit einem Wachdienst) neben erweiterten Öffnungszeiten am Samstagnachmittag wurden im gesamten Zeitraum 2.500 Besucher nur am Sonntag und 4.500 Besucher insgesamt gezählt. Dabei befürworteten 78 % der Befragten eine zusätzliche Sonntagsöffnung als ganzjähriges Angebot.

[131] Herr T. von der Universitätsbibliothek der FernUniversität Hagen betont in seiner Stellungnahme (LT-Stellungnahme 17/1667, S. 1 f.), dass die Begründung für die Privilegierung der in § 10 Abs. 1 Nr. 7 ArbZG genannten wissenschaftlichen Präsenzbibliotheken, für die wissenschaftliche Arbeit könne auch an Sonn- und Feiertagen auf die dort nur vor Ort nutzbaren Bestände nicht verzichtet werden, durch die Digitalisierung überholt sei. Die Bedeutung der Sonntagsöffnung wissenschaftlicher Präsenzbibliotheken liege inzwischen darin, dass sie als konsumfreie öffentlich zugängliche Lern- und Begegnungsräume gut angenommen würden. Einen vergleichbaren Funktionswandel hätten auch die öffentlichen Bibliotheken durch die Digitalisierung erfahren. Dass auch hier mit der Digitalisierung und dem Angebot der Onleihe bereits Ausleihmöglichkeiten an Sonn- und Feiertagen und damit vergleichbare Alternativen wie bei den digitalisierten Ressourcen der wissenschaftlichen Bibliotheken existierten und trotzdem die politische Forderung nach einer Sonntagsöffnung nicht verstumme, zeige eindrücklich, dass es – wie bei der wissenschaftlichen Präsenzbibliothek – gerade der öffentlich zugängliche Raum mit seinen vielfäl-

tigen Möglichkeiten der Kreativität, der Begegnung, der Kommunikation und gesellschaftlichen Integration sei, der den Wert einer öffentlichen Bibliothek als Einrichtung präge. Dieser könne dann am besten genutzt werden, wenn er möglichst vielen Menschen zu einer Zeit zugänglich sei, in der sie die Möglichkeit hätten, die Einrichtung auch tatsächlich zu nutzen, also an den arbeitsfreien Wochenenden, vor allem aber am Sonntag, wo keine Besorgungen anstünden und gerade Familien Zeit für gemeinsame Aktivitäten hätten.

[132] Ausweislich der Stellungnahme des Vorstands und Managementdirektors der Stiftung Zentral- und Landesbibliothek Berlin (LT-Stellungnahme 17/1651) wird die Amerika-Gedenkbibliothek als deren besucherstärkster Standort seit dem 24.9.2017 sonntags von 11:00 bis 17:00 Uhr auf der Grundlage von § 10 Abs. 1 Nr. 5 ArbZG für die Durchführung von Veranstaltungen durch einen Kooperationspartner geöffnet. Traditionell klassische Bibliotheksarbeit durch das Bibliothekspersonal dürfe nicht stattfinden. Die Medien des Freihandbestands stünden den Besuchern aber komplett zur Nutzung zur Verfügung; die Ausleihe und Rückgabe von Medien laufe ausschließlich im Selbstbedienungsbetrieb. Im Durchschnitt kämen sonntags rund 2.000 Besucher. Diese stünden teilweise kurz vor Beginn der Öffnungszeit in „Menschentrauben“ vor dem Eingang. Dabei würden sonntags neben den „üblichen" Besuchern insbesondere Familien erreicht, die die Gelegenheit für einen gemeinsamen Ausflug in ihren Kultur- und Bildungsort nutzten.

[133] Der Berufsverband Information Bibliothek e.V. (LT-Stellungnahme 17/1683, S. 1 f., 3) hat ausgeführt, dass die Beschreibung der veränderten Funktionen der Öffentlichen Bibliotheken im Gesetzentwurf zeitgemäß, modern und hochaktuell sei. Zu Recht werde darauf hingewiesen, dass sie sowohl „hoch frequentierte Kultureinrichtungen“ seien, aber auch „Bildungseinrichtungen, die Medien- und Informationskompetenz gerade an Kinder und Jugendliche vermitteln“. Zudem agierten sie als kommunale Kuratorinnen des Öffentlichen Raumes, indem sie die bereits vorhandenen Funktionen des inhaltlich wie räumlich attraktiven und informativen „gesellschaftlichen Begegnungsortes“ der Diskussion, der politischen Meinungsbildung und der Befähigung zur demokratischen Teilhabe ausbauten. Bereits an geöffneten Samstagen würden Bibliotheken stark überproportional genutzt. Pilotversuche zur Öffnung an Sonntagen in Bremen und Berlin sowie Lösungen, wie sie in Nordrhein-Westfalen bspw. in Siegburg, Witten und Mönchengladbach-Rheydt ohne den Einsatz von Fachpersonal gefunden worden seien, belegten eine hohe Akzeptanz der Sonntagsöffnung durch die Bürger der jeweiligen Kommune. Gerade die im Gesetzentwurf skizzierten Herausforderungen, die Öffentliche Bibliotheken gegenwärtig und zukünftig bewältigen wollten und sollten, ließen eine

weitere Deprofessionalisierung nicht zu. Erweiterte Öffnungszeiten vor allem zu hochfrequentierten Zeiten seien daher im Regelfall mit (zusätzlichem) qualifiziertem Personal abzudecken und nicht durch den Einsatz von prekär beschäftigten Hilfskräften und Wachleuten.

[134] Die Direktorin der Stadtbibliothek Köln führte in der öffentlichen Anhörung im Ausschuss für Kultur und Medien (LT-Ausschussprotokoll APr 17/693, S. 12) aus, dass die dort eingeführte Montagsöffnung zu enorm hohen Besucherzahlen am Montag geführt habe. Von Anfang an nutzten im Schnitt montags 1.800 Menschen nur den Ort „Bibliothek". Extrem viele junge Menschen kämen, die in Gruppen zusammenarbeiteten. Dass Bibliotheken kein kommerzieller Ort seien, mache sie besonders, weil es hiervon in der Stadt nur sehr wenige gebe. Genau deshalb sei gerade an den Sonntagen das Zugänglichmachen solcher Räume notwendig.

[1359 Schließlich waren öffentliche Bibliotheken ausweislich der vom Antragsgegner vorgelegten Erhebungen des Statistischen Bundesamtes zu Besuchen an Theatern in der Spielzeit 2017/2018 (25.872.000 Besucher insgesamt), in Museen in den Jahren 2016 und 2017 (111.877.000 und 114.376.000 Besucher insgesamt) und in öffentlichen Bibliotheken für die Jahre 2016 bis 2018 (121.162.000, 120.489.000 und 120.780.000 Besuche) die kulturellen Einrichtungen mit den höchsten Besuchszahlen. Die Zahl der Besuche öffentlicher Bibliotheken in Nordrhein-Westfalen lag dabei in den Jahren 2016 und 2018 in der Größenordnung von 25.000.000, nachdem es im Jahr 2000 noch nur 20.789.000 gewesen waren. Die Zahl der Entleiher war von 1.835.000 im Jahr 2000 auf 1.554.000 im Jahr 2018 gesunken, was die vermehrte Nutzung der Bibliotheken als Orte der Kultur statistisch belegt.

[136] Die Stellungnahme der Antragstellerin zum Gesetzesentwurf (LT-Stellungnahme 17/1673) zieht die Schlüssigkeit und Vertretbarkeit der Annahmen des Verordnungsgebers nicht in Zweifel. Ihre Auffassung, angesichts der vielfältigen Möglichkeiten, Angebote der Bibliotheken online zu finden, auszuleihen oder herunterzuladen, bedürfe es keiner Sonntagsöffnung der öffentlichen Bibliotheken, blendet das empirisch belegte breite Bedürfnis aus, die Räumlichkeiten öffentlicher Bibliotheken gerade auch an Sonntagen als Orte der Kultur, der Kommunikation und der Begegnung nutzen zu können (S. 3 der Stellungnahme). Auch in ihrer Antragsbegründung stellt die Antragstellerin letztlich ebenfalls nur das Bedürfnis in Frage, sich zeitnah und spontan zu einem Thema der öffentlichen Meinungsbildung gerade an einem Sonn- oder Feiertag in Bibliotheken zu informieren, weil hierzu heutzutage zahlreiche weitere Medien zur Verfügung stünden. Auf das Bedürfnis für die Nutzung der kulturellen Funktionen der öffentlichen Bibliotheken als Orte der Kultur an Sonn-

und Feiertagen, auf das die Verordnung gestützt ist, geht sie dabei nicht weiter ein.

[137] dd) Angesichts des gerade an Sonn- und Feiertagen bestehenden, nicht an Werktagen zu befriedigenden Bedürfnisses, ist die weitere Annahme des Gesetzgebers, dieses Bedürfnis rechtfertige auch unter Berücksichtigung des Schutzes der Arbeitnehmer und der Sonn- und Feiertagsruhe eine Beschäftigung von Arbeitnehmern in öffentlichen Bibliotheken, ebenfalls schlüssig und nachvollziehbar. Das hohe Gewicht dieses Bedürfnisses [unter (1)] überwiegt die Beeinträchtigungen des Schutzes der Arbeitnehmer und der Sonn- und Feiertagsruhe [unter (2)].

[138] (1) Dem Bedürfnis an der Nutzung der kulturellen Funktionen öffentlicher Bibliotheken als niedrigschwellig zugängliche, nichtkommerzielle Orte der Kultur an Sonn- und Feiertagen kommt im Vergleich zum Schutz der Arbeitnehmer und der Sonn- und Feiertagsruhe ein hohes Gewicht zu.

[139] Mit der sonn- und feiertäglichen Inanspruchnahme der kulturellen Funktionen einer öffentlichen Bibliothek als Ort der Kultur geht bereits keine typisch werktägliche Geschäftigkeit einher, die den Ausnahmecharakter einer Beschäftigung an Sonn- und Feiertagen in Frage stellen könnte. Vielmehr dient ein solcher Bibliotheksbesuch gerade dazu, die Zweckbestimmung der Sonn- und Feiertage als Tage der Arbeitsruhe und seelischen Erhebung zu verwirklichen, indem sie den Besuchern einen niederschwellig zugänglichen, nichtkommerziellen Raum zur individuellen Gestaltung ihres Tages der Arbeitsruhe und der seelischen Erhebung zur Verfügung stellt. Nach der in dem ursprünglichen Gesetzesentwurf in diesem Zusammenhang zitierten Rechtsprechung des Bundesverfassungsgerichts ist gerade ein wesentlicher – das Sozialstaatsprinzip konkretisierender und einen Bezug zur Menschenwürde aufweisender – Aspekt des Sonn- und Feiertagsschutzes, dass er dem ökonomischen Nutzendenken eine Grenze zieht und dem Menschen um seiner selbst willen dient (vgl. BVerfG, Urteil vom 1.12.2009 -1 BvR 2857/07- BVerfGE 125, 39, KirchE 54, 402).

[141] Auch Herr T. von der Universitätsbibliothek der FernUniversität Hagen hebt in seiner Stellungnahme (LT-Stellungnahme 17/1667, S. 3) hervor, schon nach der älteren katholischen Moraltheologie sei die Nutzung von Bibliotheken an Sonn- und Feiertagen mit dem traditionellen religiösen Gebot der Sonntagsheiligung vereinbar gewesen.

[142] Im Ausgangspunkt vergleichbar auf die neuzeitliche Interpretation durch die öffentlich-rechtlich verfassten christlichen Religionsgemeinschaften abstellend: BVerfG, Urteil vom 1.12.2009 -1 BvR 2857/07- BVerfGE 125, 39, KirchE 54, 402).

[143] Der Besuch einer öffentlichen Bibliothek als niederschwellig zugänglicher, nichtkommerzieller Ort der Kultur an Sonn- und Feiertagen stellt damit – unabhängig davon, dass er nicht durch vorausschauende Planungen an Werktagen ermöglicht werden kann – gerade kein (alltäglich zu befriedigendes) Erwerbsinteresse potenzieller Kunden dar, das grundsätzlich nicht genügt, um Ausnahmen von dem verfassungsunmittelbar verankerten Schutz der Sonn- und Feiertage zu rechtfertigen (vgl. BVerwG, Urteil vom 26.11.2014 -6 CN 1.13- BVerwGE 150, 327, sowie bereits BVerfG, Urteil vom 1.12.2009 -1 BvR 2857/07- BVerfGE 125, 39, KirchE 54, 402).

[145] Die von alltäglichen Erwerbsinteressen zu unterscheidenden Interessen an den kulturellen Funktionen öffentlicher Bibliotheken als Orte der Kultur und Stätten der Familie, auf die der ursprüngliche Gesetzesentwurf wesentlich abstellt, dienen der Begegnung, der Kommunikation, der gesellschaftlichen Integration, der Information, der (staatsbürgerlichen) Bildung und damit den ebenso wie die Sonntagsruhe verfassungsrechtlich geschützten Rechten aus der Meinungs- und Informationsfreiheit (Art. 5 Abs. 1 Satz 1 GG), der Kunst- und Wissenschaftsfreiheit (Art. 5 Abs. 3 Satz 1 GG), des elterlichen Erziehungsrechts (Art. 6 Abs. 2 Satz 1 GG) sowie des Demokratieprinzips (Art. 20 Abs. 1 GG).

[146] Auch stellt der ursprüngliche Gesetzesentwurf unter Berücksichtigung der Stellungnahmen der Sachverständigen nachvollziehbar darauf ab, dass die Nutzung der Bibliotheken als niedrigschwellig zugängliche, nichtkommerzielle Orte der Kultur an Sonntagen vor allem für sozial Benachteiligte von hoher Bedeutung ist. Sie stellt gerade für diese Gruppe und im Vergleich zu den in § 10 Abs. 1 Nr. 4 bis 7, 9 ArbZG geregelten Ausnahmen vom Verbot der Sonn- und Feiertagsbeschäftigung eine der wenigen kostenlosen witterungsunabhängigen Aufenthaltsmöglichkeiten an Sonn- und Feiertagen dar, um beispielsweise beengten Wohnverhältnissen zu entfliehen. Für diese relevante Bevölkerungsgruppe stellt sich eine Sonn- und Feiertagsöffnung in besonderem Maße als wichtig und nicht lediglich als begrüßenswert und nützlich dar.

[147] Dies gilt vor allem vor dem Hintergrund, dass mit der Sonn- und Feiertagsöffnung von öffentlichen Bibliotheken zur Wahrnehmung ihrer kulturellen Funktionen vielen gesellschaftlichen Problemen – wie der mangelnden gesellschaftlichen und kulturellen Integration, einem Mangel an nichtkommerziellen Begegnungsräumen gerade für Familien und sozial Schwache und der demokratiegefährdenden Verbreitung von Desinformation durch sog. Fake News – in Form einer effektiveren Nutzung hierfür geeigneter bestehender Räume entgegengewirkt werden kann. Sowohl die Lösung der aufgezeigten gesellschaftlichen Probleme als auch die empirisch belegte effektivere Nutzung von geeigne-

ten öffentlichen Bibliotheken zu diesen Zwecken liegen im gesamtgesellschaftlichen Interesse.

[148] (2) Demgegenüber kommt den Beeinträchtigungen des Schutzes der Arbeitnehmer und der Sonn- und Feiertagsruhe im gegebenen Fall ein verhältnismäßig geringes Gewicht zu.

[149] Die Regelung betrifft bereits nicht alle öffentlichen Bibliotheken, sondern nur solche, die die gesetzlich in § 47 und § 48 Abs. 4 bis 6 des Kulturgesetzbuchs NRW beschriebenen Funktionen in einem so nennenswerten Umfang anbieten, dass wegen der deswegen dort möglichen Erfüllung des zu erwartenden Nutzungsbedürfnisses an Ort und Stelle eine Öffnung an Sonn- und Feiertagen gerechtfertigt erscheint. Selbst diese Bibliotheken müssen sonn- und feiertags nicht öffnen. Vielmehr kann jeder Träger einer von der Regelung erfassten Bibliothek beispielsweise in Abhängigkeit von der jeweiligen personellen Ausstattung und nach Beteiligung der Beschäftigten entscheiden, ob und gegebenenfalls in welchem Umfang er von der im Verordnungsweg geschaffenen Ermächtigung Gebrauch machen möchte.

[150] Durch die Beschränkung der Sonn- und Feiertagsöffnung von öffentlichen Bibliotheken auf sechs Stunden ist im Übrigen gewährleistet, dass Bibliotheksmitarbeiter nicht vollständig auf eine Sonn- und Feiertagsruhe verzichten müssen. Auch ist die Sonn- und Feiertagsöffnung öffentlicher Bibliotheken, die besondere kulturelle Funktionen anbieten und empirisch belegt gerade an Sonn- und Feiertagen viele Nutzer anziehen, schon wegen ihres regelmäßig gegebenen örtlichen Alleinstellungsmerkmals nicht mit dem Einsatz einer besonders großen Anzahl von Arbeitnehmern verbunden. Dies gilt umso mehr im Hinblick darauf, dass bereits derzeit in der Rechtspraxis eine Sonn- und Feiertagsöffnung von öffentlichen Bibliotheken zum Zwecke der Durchführung von Veranstaltungen oder mit Hilfe eines Wachdienstes auf der Grundlage von § 10 Abs. 1 Nr. 5 und Nr. 13 ArbZG akzeptiert wird, die ebenfalls den Einsatz einer jedenfalls nicht wesentlich geringeren Zahl von Arbeitnehmern erfordert. Durch eine weitgehend bloße Verlagerung des Arbeitseinsatzes von einer Gruppe von Arbeitnehmern auf eine andere ist weder im Hinblick auf den Schutz der Arbeitnehmer noch auf den Schutz der Sonn- und Feiertagsruhe etwas gewonnen. Durch den Einsatz bibliothekarischen Fachpersonals würde jedoch die Qualität des Bibliotheksangebots – wie mit dem ursprünglichen Gesetzesentwurf angestrebt und von den Sachverständigen nahezu einhellig befürwortet – gerade in Zeiten besonders intensiver Nutzung an Sonn- und Feiertagen erheblich steigen (vgl. zum begrenzten Nutzen für den Sonn- und Feiertagsschutz bei der Verlagerung des Einsatzes von einer Gruppe von Arbeitnehmern auf die andere: BVerwG, Urteil vom 29.3.1966 -1 C 8.65- BVerwGE 24, 15).

[152] Zudem hat der Gesetzgeber mit den in § 10 Abs. 1 Nr. 5 bis 7 ArbZG ausdrücklich geregelten Ausnahmen für kulturelle Einrichtungen selbst zum Ausdruck gebracht, dass er eine Beschäftigung von Arbeitnehmern an Sonn- und Feiertagen in an Ort und Stelle zu nutzenden kulturellen Einrichtungen zur Befriedigung eines an Sonn- und Feiertagen bestehenden relevanten Bedürfnisses in der Bevölkerung als gerechtfertigt ansieht (vgl. zur Abgrenzung zwischen Videotheken und Kinos: BVerwG, Urteil vom 19.4.1988 -1 C 50.86- BVerwGE 79, 236).

[154] Vor diesem Hintergrund kommt dem vom Berufsverband Information Bibliothek e.V. (LT-Stellungnahme 17/1683, S. 3) erwähnten Gesichtspunkt keine entscheidende Bedeutung mehr zu, dass von zahlreichen Beschäftigten Rand- oder Sonderarbeitszeiten nicht nur als Belastung, sondern auch als Chance für die Vereinbarkeit von Arbeit und individuellen, flexiblen Lebensentwürfen, im Einzelfall sogar für die Vereinbarkeit von Familie und Beruf angesehen würden.

[155] ee) § 1 Abs. 1 Nr. 11 Bedarfsgewerbeverordnung genügt schließlich auch mit Blick auf den Ordnungswidrigkeitstatbestand in § 22 Abs. 1 Nr. 5 ArbZG den besonderen Bestimmtheitsanforderungen an bußgeldbewehrte Vorschriften in Art. 103 Abs. 2 GG.

[156] Art. 103 Abs. 2 GG, der gewährleistet, dass eine Tat nur bestraft werden kann, wenn die Strafbarkeit bestimmt war, bevor die Tat begangen wurde, ist auf Ordnungswidrigkeitentatbestände anwendbar. Seine Bedeutung erschöpft sich nicht im Verbot der gewohnheitsrechtlichen oder rückwirkenden Strafbegründung. Er enthält für die Gesetzgebung ein striktes Bestimmtheitsgebot sowie ein damit korrespondierendes, an die Rechtsprechung gerichtetes Verbot strafbegründender Analogie. Damit hat er auch eine freiheitsgewährleistende Funktion, indem alle am Rechtsverkehr Teilnehmenden vorhersehen können sollen, welches Verhalten verboten und mit Strafe bedroht ist. In seiner Funktion als Bestimmtheitsgebot enthält Art. 103 Abs. 2 GG die Verpflichtung, wesentliche Fragen der Strafwürdigkeit oder Straffreiheit im demokratisch-parlamentarischen Willensbildungsprozess zu klären und die Voraussetzungen der Strafbarkeit so konkret zu umschreiben, dass Tragweite und Anwendungsbereich der Straftatbestände zu erkennen sind und sich durch Auslegung ermitteln lassen. Die allgemeinen rechtsstaatlichen Grundsätze, dass der Gesetzgeber im Bereich der Grundrechtsausübung alle wesentlichen Entscheidungen selbst treffen und Rechtsvorschriften so genau fassen muss, wie dies nach der Eigenart der zu ordnenden Lebenssachverhalte mit Rücksicht auf den Normzweck möglich ist, gelten danach für den grundrechtssensiblen Bereich des materiellen Strafrechts besonders strikt. Das Bestimmtheitsgebot des Art. 103 Abs. 2 GG

verlangt daher, den Wortlaut von Strafnormen so zu fassen, dass der Normadressat im Regelfall bereits anhand des Wortlauts der gesetzlichen Vorschrift voraussehen kann, ob ein Verhalten strafbar ist oder nicht. Allerdings muss der Gesetzgeber auch im Strafrecht in der Lage bleiben, der Vielgestaltigkeit des Lebens Herr zu werden. Müsste er jeden Straftatbestand stets bis ins Letzte ausführen, anstatt sich auf die wesentlichen Bestimmungen über Voraussetzungen, Art und Maß der Strafe zu beschränken, bestünde die Gefahr, dass die Gesetze zu starr und kasuistisch würden und dem Wandel der Verhältnisse oder der Besonderheit des Einzelfalls nicht mehr gerecht werden könnten. Daher verbietet Art. 103 Abs. 2 GG die Verwendung unbestimmter, konkretisierungsbedürftiger Begriffe bis hin zu Generalklauseln nicht. Jedoch muss gewährleistet sein, dass mit Hilfe der üblichen Auslegungsmethoden und unter Berücksichtigung gefestigter Rechtsprechung eine zuverlässige Grundlage für die Auslegung und Anwendung der fraglichen Norm gewonnen werden kann. Der Grad der für eine Norm jeweils erforderlichen Bestimmtheit lässt sich dabei nicht abstrakt festlegen, sondern hängt von den Besonderheiten des jeweiligen Tatbestandes einschließlich der Umstände ab, die zur gesetzlichen Regelung geführt haben, wobei der Gesetzgeber die Strafbarkeitsvoraussetzungen umso genauer festlegen und präziser bestimmen muss, je schwerer die von ihm angedrohte Strafe ist. Auch der Kreis der Normadressaten ist von Bedeutung (vgl. BVerfG, Beschluss vom 19.11.2021 -1 BvR 781/21- BVerfGE 159, 223).

[158] Sollten in Nordrhein-Westfalen – wie vom Antragsgegner in der mündlichen Verhandlung ausgeführt – keine reinen Ausleihbibliotheken mehr existieren, würde es sich bei der von der Antragstellerin vorgetragenen Bestimmtheitsproblematik ohnehin nur um ein Scheinproblem handeln. Sollte diese Einschätzung des Antragsgegners nicht zutreffen, sind die von § 1 Abs. 1 Nr. 11 Bedarfsgewerbeverordnung erfassten öffentlichen Bibliotheken trotz der Verwendung von unbestimmten Begriffen in § 47 und § 48 Abs. 4 bis 6 des Kulturgesetzbuchs NRW jedenfalls mit Hilfe des ursprünglichen Gesetzentwurfs zuverlässig in dem Sinne bestimmbar, dass nur solche öffentlichen Bibliotheken erfasst werden sollen, die die gesetzlich in § 47 und § 48 Abs. 4 bis 6 des Kulturgesetzbuchs NRW beschriebenen Funktionen in einem so nennenswerten Umfang anbieten, dass wegen der deswegen dort möglichen Erfüllung des zu erwartenden Nutzungsbedürfnisses an Ort und Stelle eine Öffnung an Sonn- und Feiertagen gerechtfertigt erscheint. Dass eine konkretere Beschreibung der von § 1 Abs. 1 Nr. 11 Bedarfsgewerbeverordnung erfassten öffentlichen Bibliotheken, die jedenfalls reine Ausleihbibliotheken und sonstige Bibliotheken nicht einschließen soll, die etwa aus räumlichen Gründen keinen genügenden Anreiz für eine nennenswerte sonntägliche Nutzung an Ort und Stelle bieten, angesichts

der Vielgestaltigkeit der im Land vorhandenen öffentlichen Bibliotheken abstrakt-generell im Verordnungswege ohne eine starre und kasuistische Aufzählung möglich wäre, ist weder ersichtlich noch von der Antragstellerin aufgezeigt. Zudem hat der Antragsgegner in der mündlichen Verhandlung für den Senat nachvollziehbar ausgeführt, die Regelung habe in der Praxis bei der Umsetzung vor Ort bislang nicht zu Problemen geführt. Ein relevantes Missbrauchspotential besteht schon mit Blick auf die Kosten sonntäglicher Bibliotheksöffnungen sowie die strikte Rechtsbindung der öffentlichen Bibliotheksträger nach Art. 20 Abs. 3 GG nicht. Die Gefahr sachlich nicht zu rechtfertigender Öffnungen trotz im Einzelfall fehlender Nachfrage ist vor diesem Hintergrund so sehr zu vernachlässigen, dass mögliche Abgrenzungsschwierigkeiten im Einzelfall nicht den Schluss auf eine verfassungswidrige Unbestimmtheit rechtfertigen.

27

Die Ordnungsbehörde darf die Einäscherung eines Verstorbenen im Weg des Sofortvollzugs nach § 55 Abs. 2 VwVG NRW veranlassen, wenn sich die bestattungspflichtigen Hinterbliebenen weigern, eine Erdbestattung oder Einäscherung des Leichnams innerhalb der zehntägigen Frist nach § 13 Abs. 3 Satz 1 BestG NRW zu veranlassen.

Artt. 1 Abs. 1, 2 Abs. 1, 4 Abs. 1 und 2 GG, §§ 8 Abs. 1, 8 Abs. 1 Satz 2, 13 Abs. 3, 13 Abs. 3 Satz 1, 14 Abs. 1 Satz 2, 15 Abs. 7 BestattG NW, § 55 Abs 2 VwVG NW
OVG NW, Beschluss vom 1. Juni 2023 -19 B 541/23-[1]

Mit ihrer Beschwerde wenden sich die Antragsteller gegen die ordnungsbehördliche Veranlassung der Einäscherung des Leichnams ihres am ...April 2023 verstorbenen Sohnes. Der Leichnam ist seitdem unbestattet. Er befindet sich in den Kühlräumen eines Bestattungsinstituts. Die gesetzliche Einäscherungsfrist von zehn Tagen nach § 13 Abs. 3 Satz 1 BestG NRW ist seit über sechs Wochen abgelaufen. Abgelaufen ist inzwischen auch die bis zum 31.5.2023 verlängerte Einäscherungsfrist, welche die Antragsgegnerin nach § 13 Abs. 3 Satz 3 BestG NRW kurz nach Kenntniserlangung von dem Todesfall im öffentlichen Interesse ausgesprochen hat. Mit Rücksicht auf diese Fristverlängerung hat der Senat beiden

1 Amtl. Leitsatz. juris; NJW 2023, 2897; NVwZ-RR 2023, 796.
Der Beschluss ist rechtskräftig.

https://doi.org/10.1515/9783111651354-027

Beteiligten Gelegenheit zur abschließenden Stellungnahme ebenfalls bis zum 31.5.2023 gegeben und für die Zeit nach ihrem Ablauf die vorliegende Beschwerdeentscheidung angekündigt.

Das Gericht hat die Beschwerde zurückgewiesen.

Aus den Gründen:

[2] Die Beschwerde ist gemäß § 146 Abs. 1 und 4 VwGO zulässig, aber unbegründet. Der Senat prüft nach § 146 Abs. 4 Sätze 1 und 6 VwGO nur die dargelegten Gründe. Hiernach lässt der Senat ungeprüft, ob das Verwaltungsgericht zu Recht den gestellten Antrag auf Erlass einer einstweiligen Anordnung nach § 123 Abs. 1 VwGO als für den begehrten Eilrechtsschutz statthaft angesehen hat, weil sich die Antragsteller nicht gegen eine Ordnungsverfügung, sondern gegen eine angekündigte Vollstreckungsmaßnahme im Weg des Sofortvollzugs nach § 55 Abs. 2 VwVG NRW wehren (vgl. dazu Schoch, in Schoch/Schneider, VwGO, 43. Ergänzungslieferung August 2022, § 80, Rn 53a).

[4] Denn die Antragsteller haben keine Beschwerderüge gegen die vorbezeichnete Feststellung des Verwaltungsgerichts erhoben. Im Gegenteil haben sie in ihrer Beschwerdebegründung vom 31.5.2023 ausdrücklich auf ihren Sachantrag im erstinstanzlichen Verfahren hingewiesen, mit dem sie mit anwaltlicher Vertretung und erklärtermaßen in Kenntnis der Ankündigung der Antragsgegnerin, den Leichnam zwecks Einäscherung abholen zu lassen, ausdrücklich den Erlass einer auf Unterlassung und Duldung gerichteten einstweiligen Anordnung nach § 123 Abs. 1 VwGO beantragt hatten, dass der Leichnam noch bis zum Ablauf des 1.7.2023 gekühlt beim Bestattungsunternehmen aufbewahrt werden darf.

[5] Jedenfalls ist die Antragsgegnerin auf der Grundlage der derzeitigen Aktenlage berechtigt, die ordnungsbehördliche Einäscherung des Leichnams des verstorbenen Sohnes der Antragsteller im Weg des Sofortvollzugs nach § 55 Abs. 2 VwVG NRW zu veranlassen. Nach der gefestigten Rechtsprechung der nordrhein-westfälischen Verwaltungsgerichte darf die Ordnungsbehörde die Einäscherung eines Verstorbenen im Weg des Sofortvollzugs nach § 55 Abs. 2 VwVG NRW veranlassen und ist diese Maßnahme aus hygienischen Gründen im Sinn dieser Vorschrift zur Abwehr einer gegenwärtigen Gefahr notwendig, wenn sich die bestattungspflichtigen Hinterbliebenen weigern, eine Erdbestattung oder Einäscherung des Leichnams innerhalb der zehntägigen Frist nach § 13 Abs. 3 Satz 1 BestG NRW zu veranlassen (vgl. OVG NRW, Urteil vom 22.7.2015 -19 A 2438/13-, Beschluss vom 10.11.2021 -19 A 1624/20-; VG Köln, Urteil vom

30.5.2012 -9 K 1361/11; VG Düsseldorf, Urteile vom 4.3.2013 -23 K 4915/12 -und vom 29.3.2010 -23 K 2976/09-; VG Aachen, Urteil vom 20.8.2007 -6 K 1554/06-; zum Wegfall der Voraussetzungen des § 55 Abs. 2 VwVG NRW nach der Einäscherung vgl. auch OVG NRW, Beschlüsse vom 5.9.2022 -19 E 322/22- vom 5.12.2017 -19 E 111/17- und vom 1.7.2015 -19 A 2635/11-).

[7] Der Sache nach hat das Verwaltungsgericht das Vorliegen dieser Voraussetzungen im angefochtenen Beschluss zutreffend bejaht. Keine Zweifel am objektiven Vorliegen einer gegenwärtigen Gefahr nach § 55 Abs. 2 VwVG NRW ergeben sich insbesondere aus dem Einwand der Antragsteller, sie hielten es „aufgrund eigener Einschätzung und nach der Einschaltung eines lange Jahre in China lebenden und mit der chinesischen Medizin bestens vertrauten Heilpraktikers“, den sie mit Namen bezeichnen und der den Leichnam am 9.5.2023 begutachtet und akupunktiert habe, „für möglich, jedenfalls nicht absolut ausgeschlossen“, „dass ihr Sohn noch nicht verstorben ist, sondern dass er sich ... möglicherweise im Zustand einer Anabiose, auch Kryptobiose genannt,“ befinde. Hierzu hat bereits das Verwaltungsgericht zutreffend festgestellt, diese ohne nähere Konkretisierung als rein subjektive Vermutung in den Raum gestellte Möglichkeit entbehre angesichts der ärztlichen, staatsanwaltschaftlichen und standesamtlichen Todesfeststellungen jeder wissenschaftlichen Grundlage.

[8] Auch die Beschwerdebegründung der Antragsteller vom 31.5.2023 enthält hierzu nur die Konkretisierung in der eidesstattlichen Versicherung der Antragstellerin zu 1., sie habe ihren Sohn beim Bestattungsunternehmen nach dem ...April 2023 mehrmals besucht und jedes Mal an seinem Handgelenk und auf der Halsschlagader seinen Puls gefühlt, was sie habe vermuten lassen, dass er sich in einem Anabiosezustand befinde. Diese Formulierung enthält zunächst einmal nur eine Tätigkeitsbeschreibung, aber keine ausdrückliche Ergebnisfeststellung. Selbst wenn sie als die Behauptung der Antragstellerin zu 1. gemeint sein sollte, am Leichnam einen Pulsschlag erspürt zu haben, wertet der Senat diese Behauptung nach Aktenlage als unglaubhaft, weil die Antragsteller keine Angaben zu einer sich dann aufdrängenden sofortigen ärztlichen Objektivierung machen. Bezeichnenderweise enthält auch die unter dem 31.5.2023 unterzeichnete eidesstattliche Versicherung des leitenden Mitarbeiters T. beim Bestattungsunternehmen keine Bestätigung dieser Behauptung.

[9] Zutreffend hat das Verwaltungsgericht weiter festgestellt, dass die angekündigte ordnungsbehördliche Veranlassung der Einäscherung des Leichnams des Sohnes der Antragsteller mit dessen über den Tod hinaus fortwirkenden Grundrechten ebenso vereinbar ist wie mit den Grundrechten der Antragsteller. Das gilt insbesondere für deren Glaubensfreiheit aus Art. 4 Abs. 1 und 2 GG, auf welche sie sich mit dem Hinweis berufen, sie seien ebenso wie ihr

verstorbener Sohn gläubige Christen und glaubten daran, „dass Jesus Christus nach seiner Auferstehung bereits (scheinbar) Verstorbenen seinerzeit zum Wiederaufleben verholfen" habe, wozu sie eine nach ihren Angaben von ihrem Sohn unterzeichnete „Bestattungsverfügung" vom 25.8.2022 vorlegen, nach welcher er „verfüg[t], das[s] ich im Zustand der Anabiose aufbewahrt werde, damit ich auferstehen kann wie Jesus Christus", weil ihm „bewusst [sei], dass es den Tod nicht gibt", „eine Bestattung jedweder Art ist für mich Mord. Aus diesem Grund wird es für mich keine Feuer, Erdbestattung oder eine sonstige Beerdigung geben, im Namen Jesus Christus."

[10] Eine solche geltend gemachte Glaubensüberzeugung genießt nur dann den Schutz des genannten Grundrechts, wenn der Betreffende substantiiert und nachvollziehbar darlegt, dass er die in Rede stehende Verhaltensweise (hier nach dem Willen der Antragsteller ein Hinausschieben einer Bestattung auf die Zeit nach Ablauf des 1.7.2023, also drei Monate nach Todeseintritt) nach gemeinsamer Glaubensüberzeugung der konkreten Religionsgemeinschaft als für sich verpflichtend empfindet (vgl. BVerfG, Kammerbeschluss vom 9.5.2016 -1 BvR 2202/13- NVwZ 2016, 1804 (Hauskirchenbestattung), KirchE 67, 313; zum Personalausweisrecht vgl. auch OVG NRW, Beschluss vom 22.2.2023 -19 E 843/22-).

[12] An einer solchen Darlegung fehlt es hier. Die Antragsteller machen keine Angaben zu der Frage, inwiefern die geltend gemachte Glaubensüberzeugung mit den religiösen Geboten der römisch-katholischen Kirche im Einklang steht, als deren Mitglied der Verstorbene melderechtlich erfasst war.

[13] Selbst wenn die genannte Glaubensüberzeugung trotz Fehlens dieser Voraussetzung dem Schutzbereich der vorbehaltlos gewährleisteten Glaubensfreiheit aus Art. 4 Abs. 1 und 2 GG unterfiele, stünde sie – worauf bereits das Verwaltungsgericht zutreffend abgestellt hat – im Konflikt mit dem überragend wichtigen Gemeinwohlbelang des Schutzes der öffentlichen Gesundheit (Art. 2 Abs. 2 GG), der als verfassungsimmanente Schranke die Glaubensfreiheit begrenzt. Dieser Gemeinwohlbelang rechtfertigt es im vorliegenden Fall, sowohl einen hinreichenden Grund für eine weitere Verlängerung der Einäscherungsfrist nach § 13 Abs. 3 Satz 3 BestG NRW als erst recht auch einen besonderen Fall im Sinn der Ausnahmebestimmungen vom Friedhofszwang in § 14 Abs. 1 Satz 2, § 15 Abs. 7 BestG NRW zu verneinen (vgl. insoweit zu den baurechtlichen Ausnahmebestimmungen für die Genehmigung einer Krypta einer Kirche im Industriegebiet als Bestattungsort BVerfG, Kammerbeschluss vom 9.5.2016, aaO, Rn 53, KirchE 67, 313).

[15] Das gilt unabhängig von einer Glaubhaftmachung der Behauptung der Antragsteller in der Beschwerdebegründung vom 31.5.2023, es bestünden kei-

nerlei Anhaltspunkte für eine bei ihrem Sohn vorliegende Seuche oder ernste Infektionsgefahr.

[16] Vereinbar ist die angekündigte ordnungsbehördliche Veranlassung der Einäscherung des Leichnams auch mit den übrigen postmortal fortwirkenden Persönlichkeitsrechten der Antragsteller und ihres Sohnes. Legt man die zitierte „Bestattungsverfügung" zugrunde, sind sein Wunsch nach einer individuellen, von der Üblichkeit abweichenden „Aufbewahrung im Zustand der Anabiose" nach dem Tod sowie das Totenfürsorgerecht seiner Eltern, diesem Wunsch nach Möglichkeit Rechnung zu tragen, nur im Ausgangspunkt von deren Grundrechten auf allgemeine Handlungsfreiheit aus Art. 2 Abs. 1 GG geschützt. Der mit dem grundsätzlichen Friedhofszwang und den dabei einzuhaltenden Bestattungsfristen verbundene Eingriff in diese Grundrechte ist Teil der verfassungsmäßigen Ordnung im Sinn des Art. 2 Abs. 1 GG, weil er durch überwiegende Gründe des Gemeinwohls gerechtfertigt ist (vgl. BVerwG, Urteil vom 26.6.1974 -VII C 36.72- BVerwGE 45, 224 (Friedhofszwang Hamburg), KirchE 14, 97; OVG NRW, Beschluss vom 15.10.2001 -19 A 571/00- OVGE 48, 228 (zu § 2 Abs. 1 LeichenVO NRW); OVG Rhpf, Urteil vom 6.10.2022 -7 A 10437/22.OVG- DVBl. 2023, 480 (Hofkapelle); SächsOVG, Beschluss vom 9.3.2018 -3 A 1057/17- SächsVBl. 2018, 225; ThürOVG, Urteil vom 23.4.2015 -3 KO 341/11- ThürVBl. 2016, 193; Stelkens/Seifert, Die Bestattungspflicht und ihre Durchsetzung: Neue und alte Probleme, DVBl. 2008, 1537 (1539).

28

1. Eine Moschee, deren Fassadengestaltung sich einer westlichen Formensprache unter Verzicht auf Ornamente, Verzierungen und sonstigen schmückenden Beiwerks bedient und durch das Wechselspiel zwischen glatter Fassade und schlanken hohen Fensteröffnungen den Eindruck besonderer Schlichtheit erzielt, stellt ein Werk der Baukunst gem. § 2 Abs. 1 Nr. 4, Abs. 2 UrhG dar.
2. Dabei ist unschädlich, dass schlanke Fenster bei Moscheen kein unbekanntes Gestaltungselement sind, wenn gerade dadurch eine besondere eigenschöpferische Wirkung erzielt wird.
3. Der nachträgliche Anbau eines Glas-Vordachs entstellt das Bauwerk bzw. dessen Fassade i.S.d § 14 UrhG.

https://doi.org/10.1515/9783111651354-028

§§ 133, 157 BGB, §§ 2 Abs. 1 Nr. 4, 2 Abs. 2, 14, 39 Abs. 1, 97 Abs. 1 UrhG
OLG Köln, Urteil vom 2 Juni 2023 -I-6 U 162/22, 6 U 162/22-[1]

I. Die Parteien streiten um die urheberrechtliche Zulässigkeit der nachträglichen Anbringung eines Vordaches aus Glas und Metall an der J.Moschee in M. durch den Beklagten.

Der Kläger ist Architekt und entwarf diese Moschee im Auftrag des Beklagten, der als Bauherr der Moschee fungierte und diese betreibt.

Nachdem mehrere frühere Entwürfe anderer Architekten zum Neubau einer Moschee in M. nicht die Zustimmung aller Entscheidungsträger fanden, wurde der Entwurf des Klägers von allen Beteiligten, insbesondere der Stadt M., gebilligt.

Der Beklagte wünschte im Nachgang Änderungen an dem Entwurf des Klägers, etwa die Verbreiterung der Fenster. Dies lehnte der Kläger ab unter dem Hinweis, dass sein Entwurf nur so umgesetzt werden könne, wie von ihm geplant. Der Beklagte entschloss sich dann, den Kläger mit der Umsetzung seines Entwurfs zu beauftragen. Im Bauverlauf stellte die Stadt M. bestimmte Anforderungen an die Breite der Fenster, die einen brandschutzrechtlichen Hintergrund hatten.

Die Parteien schlossen nach der Verhandlung des Vertragstextes mit verschiedenen Entwürfen im Juni 2008 einen Architektenvertrag. Dieser enthält u.a. die folgenden Klauseln:

> „§ 4 Schutz des Architektenwerkes und des Verfassers
> 4.1 Vom Architekten erbrachte Leistungen und Arbeitsergebnisse dürfen nur für das in § 1 beschriebene Bauvorhaben verwendet werden.
> 4.2 Der Architekt ist berechtigt – auch nach Beendigung dieses Vertrages –, das Bauwerk oder die bauliche Anlage in Abstimmung mit dem Bauherrn zu betreten, um fotografische oder sonstige Aufnahmen zu fertigen. Dem Architekten steht das Recht zu, auf den Planunterlagen, am Bauwerk oder an baulichen Anlagen namentlich genannt zu werden. Der Bauherr ist zur Veröffentlichung des vom Architekten geplanten Bauwerks nur unter Namensangabe des Architekten berechtigt.
> 4.3 Der gesetzliche Urheberrechtsschutz bleibt unberührt.
> (...)

1 Amtl. Leitsätze. juris; GRUR 2023, 1012; NZBau 2023, 737.
Das Urteil ist rechtskräftig.

> § 13 Urheberrecht
> (1) Dem Architekten verbleiben alle Rechte, die ihm nach dem Urheberrechtsgesetz zustehen, sofern sie nicht nach dem Inhalt dieses Vertrages oder auf Grund einer Sondervereinbarung auf den Bauherren übertragen worden sind. Urheberrecht an dem Bild der nach dem Vertrag vereinbarten Baumaßnahme hat der Bauherr.
> (2) Der Bauherr hat das Recht, die Planung für die in § 1 beschriebene Baumaßnahme zu nutzen. Er ist berechtigt, die Leistungen der Architekten zu den vereinbarten Zwecken zu verwenden und an den erstellten baulichen und sonstigen Anlagen Änderungen und Ergänzungen unter Wahrung der geistigen Eigenart vorzunehmen, die der Bauherr mit Rücksicht auf deren Verwendung für zweckmäßig hält. Eine besondere Vergütung wird in diesem Fall nicht geschuldet.
> (3) Veränderungen von Teilen des Bauwerks, durch die das Urheberrecht der Architekten tangiert sind, sind ohne Mitwirkung der Architekten unzulässig.
> (4) Der Bauherr ist zur Veröffentlichung des von den Architekten geplanten Bauwerks nur unter dessen Namensangabe berechtigt. Die Architekten haben bei Veröffentlichung den Namen des Bauherren anzugeben.“

Die Moschee wurde 2018 fertiggestellt und eröffnet. Anfang Januar 2022 ließ der Beklagte an der südwestlichen Ecke, westlich vom Eingangsbereich und über dem Eingang des von dem Beklagten dort betriebenen Cafés ein Vordach aus Metall und Glas errichten, das die Besucher des Cafés vor Regen schützen soll.

Der Kläger ließ den Beklagten am 10.1.2022 wegen dieser Veränderung anwaltlich abmahnen und zur Beseitigung auffordern. Das Vordach entfernte der Beklagte nicht.

Der Kläger hat erstinstanzlich behauptet, seine Planung unterscheide sich von den vorausgegangenen Entwürfen anderer Architekten und entworfenen bzw. realisierten Moscheen in Deutschland. Der Betrieb einer Außengastronomie sei zwischen den Parteien nie thematisiert worden. Insbesondere habe der Beklagte ihn anlässlich eines – seinem Inhalt nach streitigen – Gesprächs am 15.1.2019 nicht darauf hingewiesen, ein Vordach im Eingangsbereich des Cafés errichten zu wollen. In der Sache hat der Kläger im Wesentlichen die Auffassung vertreten, die streitgegenständliche Fassade genieße genauso wie die Moschee im Übrigen urheberrechtlichen Schutz, da sich das Bauwerk von anderen Moscheen in Deutschland aufgrund seiner westlichen Formensprache vorbildlos abhebe. Das vom Beklagten angebrachte Vordach stelle mit Blick auf die Fassade und die verwendeten Materialien einen Fremdkörper dar, welcher das Werk insgesamt entstelle.

Der Beklagte hat dagegen behauptet, das Vordach diene dem Witterungsschutz und verhindere das Eindringen von Feuchtigkeit in das Bauwerk. Er hat gemeint, die Moschee sei nicht urheberrechtlich geschützt, da sich der Kläger an den Entwürfen Dritter und den Vorgaben der Stadt M. orientiert habe und außerdem die meisten neu gebauten Moscheen in Deutschland bereits in westlicher Formensprache gestaltet seien. Insofern fehle eine eigene geistige Schöpfung des Klägers. Jedenfalls entstelle das Vordach nicht die Wesenszüge der Planung. Schließlich ergebe sich die Berechtigung zur Errichtung aus den vertraglichen Vereinbarungen.

Das Landgericht hat der auf Beseitigung des Vordachs gerichteten Klage stattgegeben.

Zur Begründung hat es im Wesentlichen ausgeführt: Die J.Moschee insgesamt, auch der hier betroffene Teilabschnitt der Fassade, sei als Werk der Baukunst urheberrechtlich geschützt. Die hinreichende Individualität des Bauwerks ergebe sich aus der westlichen Formensprache, derer sich der Kläger in der Planung bedient habe und die das Bauwerk von anderen Moscheen in Deutschland abhebe. Die Gestaltungsfreiheit sei auch nicht durch technische Vorgaben beschränkt gewesen. Vielmehr sei ersichtlich, dass der betroffene Teilabschnitt eine einheitliche und zusammengehörende Gestaltung besitze, die auf der freien künstlerischen Gestaltung des Künstlers beruhe. Eine überragende Gestaltung im Vergleich zu anderen Bauwerken sei zwar nicht erforderlich, nichtsdestotrotz sei die Moschee als überdurchschnittlich individuell einzuordnen. Diese Beurteilung könne das Gericht aufgrund eigener Sachkunde und ohne sachverständige Hilfe vornehmen. Eine Anlehnung an den Planungsentwurf eines anderen Architekten in der Art, dass demgegenüber die eigene schöpferische Leistung des Klägers in den Hintergrund tritt, sei nicht zu erkennen. Durch das Anbringen des Vordaches verletze der Beklagte den Kläger in dessen Rechten aus §§ 14 und 39 UrhG. Das Vordach greife in den geistig-ästhetischen Gesamteindruck ein, weil durch das Vordach ein abweichender Eindruck von der Gebäudeseite entstehe. Der Eingriff sei auch schwerwiegend, da das Vordach nicht nur die klare Formgebung des Eingangsbereichs konterkariere, sondern auch durch seine Neigung einen unansehnlichen Kontrast zur rechtwinkligen Planung des Dachs des hervorragenden Eingangs erzeuge. Die Interessen des Klägers als Urheber seien insofern gefährdet, als das Vordach als Teil der Planung angesehen und dem Kläger zugeschrieben werde. Demgegenüber seien die Interessen des Beklagten nicht gleichwertig oder vorrangig. Nichts anderes ergebe sich aus § 13 Abs. 2 Satz 2 des zwischen den Parteien geschlossenen Vertrages. Eine „Wahrung der geistigen Eigenart" i.S.d. Vertrages liege nicht vor. Die Klausel sei inhaltsgleich zu den gesetzlichen Vorgaben auszulegen. Da in den geistig-ästhetischen Gesamteindruck eingegriffen werde, könne die Klausel auch keine zweckmäßigen Änderungen oder Ergänzungen rechtfertigen. Hierfür sprächen auch § 13 Abs. 3 und § 4.3 des Vertrages. Vor diesem Hintergrund bedürfe es keiner weiteren Beweiserhebung zu der Frage, welche weiteren mündlichen Abreden zwischen den Parteien getroffen wurden.

Im Übrigen rechtfertige auch ein praktisches Bedürfnis des Beklagten den Eingriff nicht. Soweit nämlich – dies unterstellt – Feuchtigkeit in das Gebäude eindringe, sei der Beklagte gehalten, werkvertragliche Mängelrechte gegen den Kläger geltend zu machen, was dieser jedoch nicht getan habe. Der Eingriff sei auch rechtswidrig.

Gegen dieses Urteil richtet sich die Berufung des Beklagten, mit der er die Abweisung der Klage erstrebt.

Das Gericht hat die Berufung zurückgewiesen.

Aus den Gründen:

[32] II. Die zulässige Berufung hat in der Sache keinen Erfolg. Dem Landgericht ist zunächst darin zu folgen, dass es sich bei der Moschee, wie auch der streitgegenständlichen Fassade, um ein urheberrechtlich geschütztes Werk handelt (dazu 1.). Ferner hat die Kammer zu Recht einen Anspruch auf Beseitigung des Vordaches bejaht (dazu 2.).

[33] 1. Die Auffassung der Kammer, dass der für einen Beseitigungsanspruch aus § 97 Abs. 1 UrhG erforderliche urheberrechtliche Schutz vorliegend gem. § 2 Abs. 1 Nr. 4, Abs. 2 UrhG gegeben ist, ist nicht zu beanstanden.

[34] a) Es liegt ein Werk der Baukunst i.S.d. Vorschrift vor. Danach sind Werke der Baukunst geschützt, sofern sie persönliche geistige Schöpfungen darstellen. Einer persönlich geistigen Schöpfung steht nicht per se entgegen, dass sich die Planung und Errichtung des Gebäudes an Vorgaben zu orientieren hat, die sich aus dem Gebrauchszweck, der Funktion, der technischen Konstruktion oder auch dem Umfeld des Gebäudes ergeben (Dreier/Schulze/Schulze, UrhG, 7. Aufl. 2022, § 2 Rn 183). Erforderlich, aber auch ausreichend, ist eine eigenschöpferische Leistung, die über die Lösung einer fachgebundenen technischen Aufgabe durch Anwendung der einschlägigen technischen Lösungsmittel hinausgeht, das geschaffene Bauwerk also aus der Masse des alltäglichen Bauschaffens heraussticht (BGH, Urteil vom 2.10.1981 -I ZR 137/79-GRUR 1982, 107 [109] – Kirchen-Innenraumgestaltung, KirchE 19, 67). Für die Feststellung der danach erforderlichen Eigentümlichkeit ist im Einzelfall eine Gesamtbetrachtung aller Gestaltungselemente vorzunehmen (BeckOK UrhR/Rauer, 37. Ed. 15.10.2022, § 2 Rn 116). Dabei sind umso höhere Anforderungen an die Eigentümlichkeit und Individualität zu stellen, je mehr das Gebäude bereits durch Beschränkungen wie die oben genannten vorgegeben ist. Bezugspunkt der Gesamtabwägung sind nicht andere Bauwerke jeglicher Art, sondern solche,

die dem zu beurteilenden Gebäude nach Art und Zweck zumindest ähneln (OLG Dresden, Urteil vom 13.11.2012 -11 U 853/12- GRUR-RR 2013, 51 mwN).

[35] Gemessen hieran zeichnet sich jedenfalls die gegenständliche Fassade der Moschee durch eine derartige Eigentümlichkeit und Individualität aus. Der Kläger bediente sich bei der Planung einer westlichen Formensprache, was in der konkreten Form im Vergleich zu den bis dato in Deutschland erbauten Moscheen einzigartig war. Dies wird, worauf das Landgericht zu Recht abgestellt hat, unmittelbar anschaulich: Denn die dort abgebildeten in Deutschland gelegenen Moscheen sind trotz teilweise ebenfalls rechteckig-schlichten Baukörpern, teils sogar mit der Anmutung eines Bürogebäudes, insbesondere hinsichtlich der Gestaltung der Fenster (Ausgestaltung mit Rundbögen) und weiterer Ornamentik (mehrere Türme und dies aufnehmende Fenstergestaltungen) bzw. in ihrer Farbigkeit gerade nicht von der Schlichtheit auch der Fassadengestaltung geprägt, die die in Rede stehende Moschee ausmacht. Leichte Ähnlichkeiten weist allein die Moschee in Hannover auf, wobei auch hier aufgrund des stärker verschachtelten Aufbaus und einer Vielzahl dem Betrachter sich präsentierender – unterschiedlich großer – Sichtöffnungen nicht der ruhige und nüchterne Eindruck entsteht, der die J.Moschee prägt. Die Hinweise des Beklagten auf „moderne islamische Sakralbauten mit westlicher Formensprache ... in O., A., in Y. und in M." sind nicht mit aussagekräftigen Beschreibungen oder Bildern hinterlegt, was aber unter dem Gesichtspunkt der Vorlage konkreter Entgegenhaltungen erforderlich gewesen wäre (BGH GRUR 2008, 984, 985 Rn 17 – St. Gottfried, KirchE 51, 119).

[36] Soweit mit der Berufung erstmals derartige Bilder (der E.Moschee W. sowie der D.Moschee in C.) vorgelegt werden, rechtfertigt dies keine abweichende Beurteilung. Die E.Moschee verfügt über einen deutlich gedrungeneren, fast quaderförmigen Baukörper, bei dem die Fenster zwar auch hoch und schmal sind, jedoch die Fassade – ebenso wie bei der D.Moschee – deutlich unruhiger und durch die Fenster stärker dominiert wird, während vorliegend gerade das Wechselspiel aus glatter schlichter Fassade auf der westlichen Seite und den Fensteröffnungen im östlichen Bereich prägend ist.

[37] Dabei steht der Schutzfähigkeit nicht der in der Berufung wiederholte erstinstanzliche Vortrag des Beklagten entgegen, schlanke Fenster seien auch bei Moscheen kein unbekanntes Gestaltungselement. Denn auch allgemeinbekannte, gemeinfreie Gestaltungselemente können urheberrechtsschutzfähig sein, wenn dadurch eine besondere eigenschöpferische Wirkung und Gestaltung erzielt wird (stRspr., BGH, Urteil vom 19.1.1989 -I ZR 6/87- GRUR 1989, 416, 417 – Bauaußenkante). Dies gilt sogar dann, wenn – wie der Beklagte geltend macht – die Gestaltungselemente im Rahmen eines Architektenwettbewerbes

bereits von anderen Wettbewerben vorgeschlagen wurden (BGH, ebd.). Trotz der allgemeinen Bekanntheit schlanker Fenster erreicht der Kläger durch die Gestaltung der Fassade insgesamt eine besondere eigenschöpferische Wirkung. Die Fassade zeichnet sich insoweit nicht nur durch die westliche Formensprache, sondern auch durch ihre im Vergleich zu den „durchschnittlichen" Moscheen besondere Schlichtheit aus. Insbesondere von vorne betrachtet links und über dem Eingangsbereich lässt die Fassade Ornamente, Verzierungen oder sonstige schmückende Fassadengestaltungen vermissen. Trotz dieser Schlichtheit ist das Gebäude insgesamt dennoch als Moschee erkennbar, nicht zuletzt wegen des Minaretts.

[38] Die mit der Berufungsbegründung gegen diese Einordnung vorgebrachten Einwendungen des Beklagten greifen nicht durch:

[39] aa) Dem Beklagten ist zwar zuzugeben, dass sich aus den Eigenschaften des Grundstückes selbst (Eckgrundstück in einer Baulücke) im Ausgangspunkt Einschränkungen für die schöpferische Gestaltung des Gebäudes, insbesondere hinsichtlich der Lage, ergaben. Der Kläger musste die Planung der Moschee an die örtlichen Voraussetzungen anpassen. Gleichwohl folgten hieraus weder Einschränkungen für die konkrete Gebäudeform, noch für Form und Verzierung der Fassade, noch für Form und Anordnung der Fenster. Gerade diese machen hier jedoch maßgeblich die schöpferische Gestaltungshöhe aus, weshalb es auch nicht allein darauf ankommt, ob andere Moscheen ebenfalls „westliche Formensprache" teilweise aufgreifen.

[40] bb) Der Einwand des Beklagten, die Gestaltungsfreiheit des Klägers sei aufgrund der Vorstellungen der Stadt M. und wegen brandschutzrechtlicher Bestimmungen, die eine weitere Abstimmung mit der örtlichen Feuerwehr erforderten, eingeschränkt gewesen, überzeugt nicht. Die Stadt M. gab – unstreitig – in Abstimmung mit der Feuerwehr nur eine Fensterbreite von 90 cm und die Ausrichtung des Gebäudes vor, was der Kläger auch einhielt. Dies stellt indes keine Vorgabe zur Gestaltung im Sinne einer künstlerischen Wegweisung, sondern lediglich eine öffentlich-rechtliche Mindestanforderung dar, die den Gestaltungsspielraum des Klägers nicht derart einengte, dass seine Tätigkeit als bloße Umsetzung städtischer Vorgaben erschien. Hiermit steht es in Einklang, dass der Kläger vorgetragen hat, dass er die Fenster ursprünglich noch schmaler geplant hatte und ihm die Mindestbreite allein wegen der Eigenschaft als zweiter Rettungsweg vorgegeben worden war.

[41] Soweit der Beklagte meint, religiöse Vorgaben für die Gestaltung eines muslimischen Gotteshauses (z.B. getrennter Fraueneingang oder die Ausrichtung auf Mekka) seien zwingende Vorgaben gewesen, trifft dies zwar im Ausgangspunkt zu. Nichtsdestotrotz schließen diese Vorgaben für sich genommen

noch nicht die Eigentümlichkeit oder Individualität derartiger Gotteshäuser aus. Dies erschließt sich zum einen anhand der von den Parteien eingereichten Lichtbilder verschiedener Moscheen, die sehr unterschiedliche Anmutungen aufweisen und nicht zuletzt anhand des Umstandes, dass die im Rahmen des Architektenwettbewerbs eingereichten Entwürfe ebenfalls eine große Bandbreite aufweisen. Plastisch zeigt sich dies auch an der Zentralmoschee in Köln, für deren Errichtung der Dachverband des Beklagten dieselben religiösen Vorgaben beachtet haben dürfte und die von den Beteiligten einvernehmlich als urheberrechtlich geschützt angesehen wird. Zudem beziehen sich die religiösen Vorgaben ersichtlich nicht auf die Gestaltung der äußeren Fassade.

[42] cc) Soweit der Beklagte geltend macht, dem Kläger seien finanziell Grenzen gesetzt gewesen, was ihn zu einer äußerst kostengünstigen und auf die reine Funktionalität beschränkte Bauausführung gezwungen habe, handelt sich um neuen Sachvortrag in zweiter Instanz, zu dem sich der Kläger in der Berufungserwiderung zulässigerweise mit Nichtwissen erklärt hat. Zulassungsgründe für diesen neuen Sachvortrag hat der Beklagte entgegen § 520 Abs. 3 Satz 2 Nr. 4 ZPO mit der Berufungsbegründung und auch später nicht vorgetragen. Ungeachtet dessen wäre der Vortrag auch bei Zulassung nicht geeignet, einen erheblich eingeschränkten oder auf „Null" reduzierten Gestaltungsspielraum des Klägers zu begründen.

[43] dd) Die einzelnen berücksichtigungsfähigen Einschränkungen der klägerischen Gestaltungsfreiheit (Eigenschaften des Grundstücks, städtebauliche Vorgaben, religiöse Vorgaben) schränkten auch in einer Gesamtschau den Kläger nicht derart ein, dass eine hinreichend schöpferische Gestaltung nicht möglich gewesen wäre. Denn trotz der Beschränkungen war der Raum offen für unterschiedliche Gestaltungsmöglichkeiten, was sich bereits daraus ergibt, dass im Rahmen des Architektenwettbewerbs unterschiedliche Planungen und Konzepte vorgeschlagen wurden. Aus dem Architektenwettbewerb ging zudem kein erster Platz hervor. Offenbar bestand insoweit ein großer Gestaltungsspielraum, den zunächst keiner der Architekten zum Gefallen des Beklagten (und der Stadt M.) genutzt hatte. Soweit der Beklagte in diesem Zusammenhang meint, der Kläger habe lediglich den Entwurf des zweitplatzierten Büros B. „fortentwickelt", ergibt sich bereits aus der Ansicht des Entwurfs B., dass dies nicht zutrifft, weil dieser zwar ebenfalls eine eher nüchtern-sachliche Formensprache ohne hervorstechende Ornamente gewählt hat, ihm jedoch die dem klägerischen Entwurf innewohnende einheitliche Schlichtheit der Fassade durch das mittig vorgesehene kubusartige Treppenhaus mit Glasfassade fehlt. Zudem unterbrechen die augenfälligen verglasten Elemente im Erdgeschoss im westlichen und östlichen Bereich die Einheitlichkeit der Fassade. Aus diesen Gründen

steht der Entwurf B. der Annahme einer eigenschöpferischen Tätigkeit des Klägers nicht entgegen.

[44] b) Anders als der Beklagte meint, war das Landgericht nicht gemäß § 139 Abs. 1 ZPO zu einem vorherigen Hinweis dazu verpflichtet, dass es aufgrund eigener Sachkunde und ohne Einholung eines Sachverständigengutachtens zu entscheiden beabsichtigte. Denn es war für den Beklagten offenkundig, dass die Kammer aufgrund eigener Sachkunde zu entscheiden beabsichtigte, nachdem sie in der mündlichen Verhandlung vom 22.9.2022 ihre Einschätzung offengelegt hatte, dass die Moschee urheberrechtlich geschützt sein dürfte. Unabhängig von in Aussicht gestellten Gesprächen im Anschluss an die mündliche Verhandlung sollte das Verfahren jedoch fortgesetzt werden. Ferner bestimmte die Kammer einen Verkündungstermin. Hieraus folgt, dass der Beklagte von einer Entscheidung ohne Einholung eines Sachverständigengutachtens ausgehen musste. Auch der Beklagte hatte diese grundsätzliche Möglichkeit bereits erkannt (es sei davon auszugehen, dass „die Fachkammer ja ohne Einholung eines Sachverständigengutachtens selbst beurteilen kann", ob die erforderliche Gestaltungshöhe erreicht sei. Dass der Beklagte später eine abweichende Auffassung vertreten und ein Sachverständigengutachten zu den sich aus der Umgebung der Moschee ergebenden (niedrigen bzw. fehlenden) Gestaltungsanforderungen und zur Vorgabe von Fenstern und Ausrichtung durch die Stadt M. angeboten hat, ändert nichts daran, dass ihm die grundsätzliche Möglichkeit eines „Durchentscheidens" vor Augen stand. Zu einem vorherigen Hinweis, welcher zwischen den Parteien streitigen Rechtsauffassung es zuneigt, ist das Gericht nicht verpflichtet (Greger, in: Zöller, ZPO, 34. Aufl. 2022, § 139 Rn 8). Aus den vorgenannten Gründen stellt die Entscheidung auch keine Überraschungsentscheidung dar.

[45] Wie für das Landgericht besteht auch für den Senat keine Veranlassung zur Einholung entsprechender Gutachten, weil seine Mitglieder ständig mit Urheberrechtssachen befasst sind und daher aus eigener Sachkunde die Frage der Gestaltungshöhe beurteilen können. Auf die zutreffenden Ausführungen des Landgerichts (unter Hinweis auf BGH NJW 2022, 782, 788 Rn 51 – Zugangsrecht des Architekten) kann Bezug genommen werden.

[46] 2. Das Landgericht hat weiter zutreffend angenommen, dass das Vordach die Rechte des Klägers aus §§ 14, 39 UrhG verletzt. Das Vordach entstellt das Bauwerk. Eine Entstellung gemäß § 14 UrhG liegt vor, wenn der geistig-ästhetische Gesamteindruck des Werkes beeinträchtigt wird (dazu a)), die Beeinträchtigung geeignet ist, die Interessen des Urhebers zu gefährden (dazu b)) und eine Interessenabwägung zu Lasten des Beeinträchtigenden ausfällt (dazu c)).

[47] Der Kläger ist als Rechteinhaber aktiv- und der Beklagte als Verletzer passivlegitimiert.

[48] a) Das Vordach beeinträchtigt den geistig-ästhetischen Gesamteindruck des Bauwerks bzw. von dessen Fassade, was der Beklagte auch mit der Berufung nicht mehr in Abrede stellt. Eine Beeinträchtigung liegt bei jeder objektiv nachweisbaren Änderung des vom Urheber bestimmten Gesamteindrucks vor (Dreier/Schulze/Schulze, UrhG, 7. Aufl. 2022, § 14 Rn 10). Das neben dem Eingangsbereich befindliche, gut sichtbare Vordach ändert den vom Kläger geschaffenen Gesamteindruck, indem es die bewusst schlicht gehaltene Fassade durch ein zusätzliches Bauelement ergänzt, das zudem nicht den Neigungswinkel des Dachs des Eingangsbereichs aufnimmt. Das Dach befindet sich außerdem von vorne betrachtet links neben dem Eingangsbereich und damit an einem Teil der Fassade, welcher – abgesehen von der Eingangstür zum Café – frei von jeglichen Verzierungen und Fenstern sein sollte und der den schlichten Gesamteindruck maßgeblich prägt. Gerade die Fassade ist neben der Struktur des Baukörpers jedoch der Kernbereich des von § 14 UrhG gegen Entstellung geschützten Werks (vgl. Bullinger, in: Wandtke/Bullinger, UrhG, 6. Aufl. 2022, § 14 Rn 28).

[49] b) Die Beeinträchtigung gefährdet auch die Interessen des Klägers als Urheber. Eine Gefährdung wird grundsätzlich bereits durch die Änderung des Gesamteindrucks indiziert. Die Indizwirkung kann zwar entfallen, wenn der Urheber zu erkennen gegeben hat, dass ihm an der Aufrechterhaltung des ursprünglichen Werkzustandes nichts liegt. Dies kann der Fall sein, wenn sich derjenige, der die Beeinträchtigung vorgenommen hat, auf eine vertragliche Änderungsbefugnis berufen kann (vgl. OLG Y., Urteil vom 26.9.1991 -29 U 2285/89- GRUR Int 1993, 332 [333] – Christoph Columbus). Abgesehen davon, dass eine vertragliche Änderungsbefugnis des Beklagten gerade nicht anzunehmen ist (hierzu sogleich), hat der Kläger durch die anwaltliche Abmahnung, die nach seiner unbestrittenen Darstellung unmittelbar nach Kenntnisnahme von der Anbringung des Vordachs erfolgte, klar zum Ausdruck gebracht, dass er ein Interesse an der Beibehaltung der bisherigen Fassadengestaltung hat. Die Interessen des Klägers werden dementsprechend auch dadurch gefährdet, dass das der übrigen Formensprache widersprechende Vordach ihm als dessen Schöpfung zugerechnet wird.

[50] c) Schließlich ist das Landgericht mit Recht zu dem Ergebnis gelangt, dass die Interessen des Klägers im Rahmen der erforderlichen (BGH GRUR 2008, 984, 986 Rn 25 – St. Gottfried) umfassenden Interessenabwägung hinter die Belange des Beklagten zurückzutreten haben. Eine Interessenabwägung ist insbesondere bei Bauwerken angezeigt, die von vornherein vom Architekten

gegen Honorar für einen fremden Eigentümer entworfen werden. In diesen Fällen ist das urheberrechtliche Erhaltungsinteresse gegen die Interessen des Eigentümers abzuwägen (OLG Dresden, Urteil vom 13.11.2012 -11 U 853/12- GRUR-RR 2013, 51, 52).

[51] aa) Vertragliche Vereinbarungen zwischen den Beteiligten sind insofern abwägungsrelevant, als eine Veränderung des Werkes die Urheberinteressen in der Regel nicht verletzen kann, wenn der Urheber ihr zuvor ausdrücklich zugestimmt hat (BGH GRUR 1989, 106, 107 – Oberammergauer Passionsspiele II). Die Kammer hat jedoch zutreffend den zwischen den Parteien bestehenden Vertrag dahin ausgelegt, dass dieser das Vorhaben nicht rechtfertigt, und insbesondere mit Recht angenommen, dass der „geistigen Eigenart" i.S.v. § 13 Abs. 2 des Vertrages dieselbe Bedeutung wie dem „geistig-ästhetischen Gesamteindruck" beizumessen ist. Danach ist die geistige Eigenart dann nicht mehr gewahrt ist i.S.d. Vertrages, wenn der Gesamteindruck beeinträchtigt ist.

[52] Nach §§ 133, 157 BGB ist bei der Auslegung von Willenserklärungen der wirkliche Wille der Parteien und der objektive Empfängerhorizont unter Berücksichtigung von Treu und Glauben und der Verkehrssitte zu erforschen. Beidseitige Verträge sind nicht einseitig, sondern nach beiden Seiten hin interessengerecht auszulegen. Diesen Maßstab hat das Landgericht beachtet. Das Auslegungsergebnis steht im Einklang mit dem Wortlaut des § 13 Abs. 2 des Vertrages. Denn die Begrifflichkeiten „geistige Eigenart" und „geistig-ästhetischer Gesamteindruck" weisen einen ähnlichen Sinngehalt auf, weshalb das Verständnis des Landgerichts überzeugt. Soweit die Berufung eine Differenzierung zwischen der „Bestimmung des Umfangs einer Änderungsbefugnis", die § 13 Abs. 2 des Vertrags zugewiesen sei, einerseits und dem „geistig-ästhetischen Gesamteindruck", der im Rahmen von § 14 UrhG allein die Frage betreffe, ob ein Eingriff in die Rechte des Urhebers vorliege, andererseits befürwortet, erscheint eine solche Abgrenzung künstlich und kaum durchführbar. Denn indem die Parteien in § 13 Abs. 2 des Architektenvertrags die „geistige Eigenart" als Grenze der Änderungsbefugnis eingeführt und in § 4.3 zuvor darauf abgestellt haben, dass der gesetzliche Urheberrechtsschutz unberührt bleibe, was § 13 Abs. 3 sodann noch einmal aufgreift, haben sie ein Regelungsgefüge geschaffen, das einer Auslegung bedarf, die die tendenziell widersprüchlichen Aussagen dieser Regelungen in praktische Konkordanz bringt. Diesen Anforderungen wird die landgerichtliche Argumentation gerecht. Hierbei ist zu berücksichtigen, dass der finale Vertragstext erst nach mehrfachen Änderungen durch die Parteien zustande kam und daher als geschriebener Ausdruck der beiderseitigen Interessenlage anzusehen ist, die mithin die allseitig interessengerechte Auslegung vorprägt. Insofern spricht insbesondere die von dem Be-

klagten zitierte Vorgängerklausel dagegen, dass die Parteien von einer einseitigen und nur wenig eingeschränkten Änderungsbefugnis ausgingen. Diese Vorgängerklausel lautete:

> „Der Bauherr ist außerdem berechtigt, mit vollständiger Auszahlung des nach diesem Vertrag vereinbarten Honorars das Bauvorhaben nach seiner Fertigstellung ohne Mitwirkung des Architekten ständig zu modernisieren und/oder in sonstiger Weise aktuelle Anforderungen anzupassen."

[54] Dass diese Klausel gerade nicht Bestandteil des Vertrags wurde, ist ein starker Beleg dafür, dass die vertraglichen Klauseln – wie es das Landgericht getan hat – im Lichte des § 14 UrhG auszulegen sind, der dem Urheber einen relativ starken Schutz bietet. Dies wird, wie oben schon angedeutet, unterstützt durch die Gesamtschau von § 4.3 („Der gesetzliche Urheberrechtsschutz bleibt unberührt.") und auch § 13 Abs. 1 („Dem Architekten verbleiben alle Rechte, die ihm nach dem Urheberrechtsgesetz zustehen, sofern sie nicht nach dem Inhalt dieses Vertrages oder auf Grund einer Sondervereinbarung auf den Bauherren übertragen worden sind."), die ebenfalls den Schluss nahelegt, dass die Parteien einen grundsätzlich umfassenden Schutz des Urheberrechts und damit eine starke Stellung des Klägers beabsichtigten. Bezogen auf § 13 Abs. 2 des Vertrages, welcher den Beklagten zu „Änderungen und Ergänzungen unter Wahrung der geistigen Eigenart" ohne Mitwirkung des Klägers befugt, bedeutet dies, dass § 13 Abs. 2 Fälle betrifft, die weniger einschneidend sind als die mitwirkungsbedürftigen Veränderungen des § 13 Abs. 3. Daher entspricht es der beiderseitigen Interessenlage der Parteien, insofern den gleichen Maßstab anzusetzen, wie er bei der weiten Beurteilung der Beeinträchtigung des geistig-ästhetischen Gesamteindrucks bemüht wird.

[55] Auch hinsichtlich der Auslegung des § 13 Abs. 3 des Vertrages ist dem Landgericht beizutreten. Eine Missachtung des objektiven Erklärungsgehalts, wie es der Beklagte annimmt, ist nicht erkennbar. Denn das Wort „Mitwirkung" i.S.d. § 13 Abs. 3 kann mit dem Landgericht sehr wohl als eine Form der aktiven Beteiligung verstanden werden. Auch wenn zuzugeben ist, dass der Wortlaut dieses Begriffs in verschiedenen Kontexten unterschiedlich starke Beteiligungsformen ausdrücken kann (etwa im Personalvertretungsrecht, vgl. § 66 Abs. 1 LPVG i.V.m. § 72 LPVG NRW ggü. § 73 LPVG), so ist doch zum einen vorliegend nichts dafür ersichtlich, dass die Parteien sich die vorstehende begriffliche Differenzierung vor Augen geführt haben. Jedenfalls kommt dies im Wortlaut des Vertrags nicht zum Ausdruck. Für eine starke Stellung des Klägers spricht zudem die systematische Auslegung (s.o.). Eine Anhörung im Sinne einer bloßen Förmelei und ohne eine Widerspruchsmöglichkeit (wie der Beklagte es favori-

siert) widerspräche nicht nur der ausdrücklichen Vereinbarung, dass das Urheberrecht grundsätzlich unberührt bleiben soll (§ 4.3, § 13 Abs. 1), sondern ginge auch einseitig zu Lasten des Klägers, da dessen Urheberrecht hierdurch ausgehöhlt würde. Auch trägt eine solche Auslegung nicht dem im Urheberrecht anerkannten Grundsatz des Änderungsverbotes (BGH, Urteil vom 31.5.1974 -I ZR 10/73- GRUR 1974, 675, 676 – Schulerweiterung) Rechnung.

[56] Der in diesem Zusammenhang weiter vorgebrachte Einwand des Beklagten, der hiesige Fall einer unterlassenen bzw. verweigerten Mitwirkung sei im Wege der ergänzenden Vertragsauslegung zu regeln, überzeugt nicht. Es ist nicht davon auszugehen, dass sich die Parteien darauf geeinigt hätten, dass der Kläger Änderungen nicht widersprechen könne, zu denen er nach Treu und Glauben seine Einwilligung zur Änderung nicht versagen könnte. Denn es gilt gerade der Grundsatz des Änderungsverbots (siehe oben). Die Gestaltung des Werkes liegt allein im schöpferischen Belieben des Urhebers. Anders als bei Änderungen i.S.v. § 39 UrhG, die der Urheber gemäß § 39 Abs. 2 UrhG unter Umständen nicht verweigern kann, sieht § 14 UrhG eine solche Einschränkung nicht vor. Die Vorschrift schützt einen Kern des Urheberpersönlichkeitsrechts, der auch bei vertraglichen Vereinbarungen vor solchen Maßnahmen schützt, die im Einzelfall die berechtigten Interessen des Urhebers gefährden (Dreier/Schulze/Schulze, 7. Aufl. 2022, UrhG § 39 Rn 3). Der Kläger hätte auf diesen Schutz mithin nicht verzichten können. Im Ergebnis kann diese Frage indes offenbleiben, weil angesichts der erheblichen Beeinträchtigung durch die Anbringung des Vordachs bereits nicht angenommen werden kann, dass der Kläger nach Treu und Glauben zu dessen Duldung verpflichtet ist.

[57] Auf die Frage, ob es sich – wie der Kläger meint – bei § 13 um Allgemeine Geschäftsbedingungen handele (§ 305 Abs. 1 Satz 1 BGB), sodass Zweifel bei der Auslegung gemäß § 305c Abs. 2 BGB zu Lasten des Beklagten gingen, kommt es gleichermaßen nicht an.

[58] bb) Im Wege der Interessenabwägung ist außerdem die Schöpfungshöhe berücksichtigungsfähig. Je größer die Gestaltungshöhe ist, desto eher ist eine Gefährdung der urheberpersönlichkeitsrechtlichen Interessen anzunehmen (BGH, BGH GRUR 2008, 984, 986 Rn 25 – St. Gottfried). Das Landgericht hat dies im Rahmen der Abwägung zwar nicht ausdrücklich berücksichtigt, jedoch in anderem Zusammenhang zutreffend festgestellt, dass die J.Moschee eine im Vergleich zu den vorgelegten Vergleichsgebäuden überdurchschnittliche Schöpfungshöhe aufweist, was zu Lasten des Beklagten zu berücksichtigen ist. Für diese Beurteilung bedurfte es nicht der Begutachtung durch einen Sachverständigen (siehe oben).

[59] cc) In die Abwägung sind ferner Art und Umfang bzw. das Ausmaß des Eingriffs einzustellen (BGH, aaO Rn 28 – St. Gottfried). Insofern ist mit dem Landgericht von einem schwerwiegenden Eingriff auszugehen. Das Vordach stellt einen Fremdkörper dar, da es die beabsichtigte Schlichtheit der im Übrigen glatten, weißen Fassade konterkariert. Dieser Fremdkörper befindet sich auffällig auf der repräsentativen Seite des Eingangsbereichs, welche den Eindruck des Bauwerks im öffentlichen Raum prägt. Der Fremdkörper springt nicht nur den Besuchern der Moschee, sondern auch vorübergehenden Passanten und auf zu veröffentlichenden Bildern (die i.d.R. von der repräsentativen Vorderseite angefertigt werden, etwa durch die Presse oder für den Internetauftritt des Beklagten) sofort ins Auge. Das Vordach fügt sich auch deshalb nicht in den übrigen Gesamteindruck der Moschee ein, da es durch seine Neigung einen auffälligen Kontrast zu dem flachen Dach des Eingangsbereichs darstellt. Der Kontrast sticht umso mehr heraus, als das Dach unmittelbar an den Eingangsbereich angrenzt. Schließlich ist zu berücksichtigen, dass sich das verwendete Material (Glas und dunkles Metall) von den übrigen Baustoffen unterscheidet.

[60] dd) Auch der Gebrauchszweck des Werkes findet in der Abwägung Berücksichtigung (BGH, aaO Rn 38 – St. Gottfried). Soweit der Beklagte meint, die Kammer habe die Zweckrichtung der Moschee insgesamt und die des Cafés nur unzureichend berücksichtigt, trifft dies nicht zu. Denn die Kammer hat das in erster Linie betroffene Interesse des Beklagten daran, dass Gemeindemitglieder vor dem Café überdacht Heißgetränke konsumieren oder sonst verweilen, berücksichtigt. Dieses Interesse ist jedoch als nicht besonders schwerwiegend zu gewichten. Denn das Café erfüllt grundsätzlich auch ohne Vordach seinen Zweck als Begegnungs- und Austauschstätte. Das Vordach fördert mithin nicht den zugrundeliegenden Gebrauchszweck (vgl. mit ähnlicher Argumentation OLG Y., Urteil vom 26.9.1991 -29 U 2285/89- GRUR Int 1993, 332, 333 – Christoph Columbus). Ein Vordach erweiterte den Raum für Begegnung nur um wenige Meter und auch nur zu solchen Zeiten, zu denen ein Dach wetter- und platzbedingt (etwa da der Innenraum vollständig belegt ist) notwendig ist. Zudem stand der Zweck des Cafés allen Beteiligten bereits zu Beginn der Planungen vor Augen. Da sich nach dem unbestrittenen Vortrag des Klägers – nach seinem Schreiben vom 13.2.2008 – der Beklagte damit einverstanden erklärte, dass allein nach den Plänen des Klägers gebaut würde, ist mithin das Interesse des Beklagten an einer nachträglichen Veränderung der Fassadengestaltung geringer zu bewerten. Die Moschee ist auch ohne das Vordach vollumfänglich nutzbar. Insbesondere wird durch die baulichen Umstände die Durchführung der Gottesdienste etc. in der gewünschten Form nicht erschwert, was als besonders gewichtiges geistliches Interesse zu einem Zurücktreten der Belange des Urhe-

bers führen könnte (vgl. LG Hannover GRUR-RR 2021, 72, 78 Rn 97 – Lüpertz-Kirchenfenster, KirchE 76, 417). Angesichts des erheblichen Eingriffs in das Werk des Klägers ist es dementsprechend nicht ausreichend, wenn sich der Beklagte in eher allgemeiner Form auf „gewichtige und berechtigte Anforderungen, die sich aus dem „Gebrauchszweck" des Cafés ergeben haben" beruft. Diese Anforderungen werden nicht näher konkretisiert und beschränken sich daher, wie das Landgericht zutreffend angenommen hat, im Wesentlichen darauf, dass ein Regenschutz für Besucher des Cafés nunmehr gewünscht wird, was dem Beklagten indes bereits im Planungsstadium auch als bautechnischem Laien (zumal in seinem Vorstand architektonischer Sachverstand vorhanden war) vor Augen hätte stehen müssen und daher eine so weitreichende eigenmächtige Abänderung der Fassadengestaltung nicht rechtfertigt. Der Senat kann zwar den von dem Vorstand des Beklagten im Rahmen der mündlichen Verhandlung vor dem Senat angeführten Gesichtspunkt, wonach das Café auch Empfangsraum für Besuchergruppen ist, für die es einen niedrigschwelligen Zugang zu dem Sakralgebäude darstellt und ihnen das Einlassen auf die Moschee erleichtert, nachvollziehen. Auch dieser Aspekt führt jedoch nicht zu einer Beeinträchtigung des Gebrauchszwecks in einem Maße, dass es die vorgenommene erhebliche Änderung rechtfertigt.

[61] ee) Mit Recht hat das Landgericht auch den Vortrag des Beklagten dazu, dass der Wind das an der Fassade ablaufende Regenwasser häufig über den Außenzugang des Cafés in das Gebäude hineindrückte, nicht als entscheidend für die Abwägung angesehen. Zwar ist auch das Interesse des Eigentümers, sein Eigentum vor Schäden zu bewahren, in der Abwägung mit zu berücksichtigen (vgl. bzgl. § 39 UrhG OLG Frankfurt, Urteil vom 24.10.1985 -6 U 69/85- GRUR 1986, 244 – Verwaltungsgebäude; Dreier/Schulze/Schulze, aaO, § 14 Rn 26). Denn vorliegend stehen bereits keine derart erheblichen Feuchtigkeitsschäden, wie sie in der vorzitierten Entscheidung des Oberlandesgerichts Frankfurt verfahrensgegenständlich waren, im Raum. Der Umstand, dass bei Regen und offenstehenden Türen Wasser in die Innenräume eingetragen werden kann, wenn die Tür nicht durch ein Vordach geschützt ist, ist für sich genommen bereits keine schlüssige Darlegung eines Mangels, weil es – gerichtsbekannt und allgemeinkundig – vielfach Haus- oder Geschäftseingänge gibt, bei denen es sich in genau gleicher Weise verhält. Insoweit geht es um eine – selbst wenn man den Vortrag des Beklagten unterstellt – derartig geringfügige Beeinträchtigung, dass diese jedenfalls die konkret angebrachte Vordachgestaltung (über die allein zu entscheiden ist) mit ihrer erheblich beeinträchtigenden Wirkung nicht rechtfertigen kann. Ob der Beklagte zu einer anderen Gestaltung auch ohne Zustimmung des Klägers berechtigt wäre, ist nicht Gegenstand des vorlie-

genden Verfahrens. Denn hat sich der Bauherr für eine bestimmte Planung entschieden, so geht es im Rahmen der Interessenabwägung nur noch darum, ob dem betroffenen Urheber die konkret geplanten Änderungen des von ihm geschaffenen Bauwerks zuzumuten sind (vgl. BGH ZUM 2012, 33, 34 Rn 6 – Teilabriss des Stuttgarter Hauptbahnhofs). Den Beweisangeboten des Beklagten muss daher nicht nachgegangen werden, ohne dass es auf die weitere Begründung des Landgerichts, wonach insoweit vorrangig Werkvertragsrecht anzuwenden sei, entscheidend ankommt.

[62] ff) Die vom Beklagten vorgebrachten Allgemeinwohlbelange in Gestalt der bauordnungsrechtlichen Zulässigkeit der gegenständlichen Fassade sind nicht zu berücksichtigen. Denn Vortrag zur bauordnungsrechtlichen Zulässigkeit des Café-Eingangsbereichs hat der Beklagte erstmals in der Berufungsbegründung gehalten. Aus diesem Grund hat dies die erkennende Kammer weder übersehen (§ 531 Abs. 2 Nr. 1 ZPO), noch konnte der Beklagte dies aufgrund eines Verfahrensfehlers nicht schon vortragen (§ 531 Abs. 2 Nr. 1 ZPO). Die Verspätung des Vorbringens beruht auch auf der Nachlässigkeit des Beklagten (§ 531 Abs. 2 Nr. 3 ZPO), dem die baulichen Gegebenheiten bereits erstinstanzlich genau bekannt waren. Gründe für die Zulassung sind in der Berufungsbegründung auch insoweit nicht aufgeführt.

[63] gg) Weitere berücksichtigungsfähige Interessen sind nicht ersichtlich. Insbesondere spricht zugunsten des Beklagten nicht die Religionsfreiheit (Art. 4 Abs. 1 GG), die bei Sakralbauten grundsätzlich einschlägig sein kann (vgl. BGH GRUR 2008, 984, 987 Rn 33 – St. Gottfried). Der sachliche Schutzbereich ist bereits nicht eröffnet, da der Betrieb des Cafés nicht, auch nicht mittelbar, der freien Religionsausübung dient. Erst recht bedarf es hierzu keines Vordaches vor dem Eingangsbereich des Cafés.

[64] d) Dem Landgericht ist schließlich darin zu folgen, dass die Urheberrechtsverletzung auch widerrechtlich ist. Die Widerrechtlichkeit wird durch die Verletzung indiziert. Rechtfertigungsgründe, insbesondere schuldrechtliche oder sonstige Gestattungen, sind weder vorgetragen noch sonst ersichtlich (zum Ganzen vgl. Dreier/Schulze/Specht-Riemenschneider, aaO, § 97 Rn 14 f.).

29

1. In Fällen sexuellen Missbrauchs von Kindern und Jugendlichen durch Geistliche haftet die Anstellungskörperschaft in entsprechender Anwendung von § 839 Abs. 1 Satz 1 BGB i.V.m. Art. 34 GG.

2. Im Falle des jahrelangen sexuellen Missbrauchs durch einen Geistlichen, der das weitere Leben des Betroffenen prägte und weiterhin prägt und das ins-

https://doi.org/10.1515/9783111651354-029

besondere mannigfaltige psychische Beeinträchtigungen hervorrief, ist ein Schmerzensgeld in Höhe von 300.000 € angemessen.
3. Mit dem auf eine unbeschränkte Klage insgesamt zuzuerkennenden Schmerzensgeld werden nicht nur alle bereits eingetretenen, sondern auch alle erkennbaren und objektiv vorhersehbaren künftigen Verletzungsfolgen aus der Schädigungshandlung abgegolten.

Art. 34 GG, § 839 Abs. 1 Satz 1 BGB,
§§ 249 Satz 2, 847 Abs. 1 Satz 1 BGB vom 01.01.1964
LG Köln, Urteil vom 13. Juni 2023 -5 O 197/22-[1]

Der Kläger wurde von 1972 bis 1979 insgesamt 320-mal von dem zwischenzeitlich verstorbenen Pfarrer Z., dessen Dienstherr das beklagte Erzbistum war, sexuell missbraucht.

Der Kläger lernte Pfarrer Z. im Jahr 1970 als Messdiener kennen. Ab 1971 nahm der Kläger an allen Freizeiten teil, die ihm im Rahmen der Jugend- und Ministrantenarbeit von Pfarrer Z. angeboten wurden. Im Jahr 1972 kaufte Pfarrer Z. eine ehemalige Dorfschule in D./W. bei J. in der B. Die Kinder und Jugendlichen der Kirchengemeinde halfen beim Renovieren, so dass sie ab 1973 dort regelmäßig Freizeiten verbringen konnten. Es waren ausschließlich männliche Kinder und Jugendliche eingeladen.

Die erste Freizeit fand 1971 auf der U. in der B. statt. Pfarrer Z. setzte in dieser Freizeit ein sogenanntes Femegericht ein. Alle Kinder und Jugendlichen, die sich in der Freizeit etwas hatten zu Schulden kommen lassen, z.B. Zank, Streit untereinander, wurden vom Pfarrer verurteilt. Strafen waren kaltes Abduschen, Ausziehen, Einschmieren mit Schuhcreme und ähnliches. Es geschah dabei auch immer wieder, dass die Jungen bis auf die Unterhose ausgezogen, mit den Händen an einen Baum gebunden und von allen anderen mit schmerzhaftem Schinkenklopfen bestraft wurden. Pfarrer Z. schaute nicht nur belustigt, sondern lüstern zu, gab die Anweisungen und ergötzte sich an dem Anblick des gedemütigten und gequälten Kindes oder Jugendlichen.

In der ehemaligen Dorfschule verbrachte der Kläger mit Pfarrer Z. zwischen 1972 und 1979 viele Tage und Wochen und zusammengerechnet Monate. Dieser setzte den Kläger als Oberministrant und als sogenannten Leiter seines Dorfhauses ein.

1 Amtl. Leitsätze. juris; NJW 2023, 2496; NVwZ 2023, 1524.
Das Urteil ist rechtskräftig. Vgl. auch die Besprechung von Janssen, in NJW 2023, 2459.

1972 forderte er den Kläger zum ersten Mal auf, sich auszuziehen. Er wollte nachsehen, ob dessen Genitalien sich richtig entwickelt hätten. Damit würde er ihm, dem Kläger, einen Arztbesuch ersparen. Es blieb nicht nur beim Nachsehen, sondern er berührte und streichelte seine Genitalien; das war dem jungen Kläger natürlich äußerst peinlich und unangenehm.

Im Dachgeschoss hatte es bis zum Ausbau eine Sirene gegeben. Der noch vorhandene Sirenenpfahl diente nun als Marterpfahl, an den Kinder und Jugendliche gefesselt wurden. Hier wurden sie ausgezogen und z.B. mit Zahnpasta oder Schuhcreme eingeschmiert. Auch hier wurde der Kläger gefesselt und missbraucht, indem Pfarrer Z. dessen Penis rieb und den Kläger penetrierte.

Später wurde der Kläger aufgefordert, den Pfarrer symbolisch zu fesseln, der sich vorher ausgezogen hatte, und seinen Penis bis zur Ejakulation zu masturbieren. Bei anderer Gelegenheit wurde der Kläger bis auf die Unterhose ausgezogen, bekam einen schwarzen Sack über den Kopf gezogen und wurde an den Händen nach oben aufgehangen. In diesem Zustand wurde er vom Pfarrer in den Leisten gekitzelt.

Abends forderte Pfarrer Z. den Kläger regelmäßig auf, noch einmal zu ihm zu kommen, um ihm eine Gute Nacht zu wünschen. Dieses Ritual erfolgte in den Freizeiten in D./B. jeden Abend. Verbunden damit war, dass der Kläger sich ausziehen musste und Pfarrer Z. sich ebenfalls entkleidete. Er musste jedes Mal auf Aufforderung masturbieren und danach musste der Kläger das Gleiche bei ihm tun. Oft benutzte der Pfarrer auch einen Rasierapparat, um seinen und des Klägers Penis zu erigieren. Häufig schloss sich dann noch eine Vergewaltigung an. Anschließend wurde der Kläger dann zu Bett geschickt.

Ein anderes Mal wurden der Kläger und ein gleichaltriger Freund von dem Pfarrer aufgefordert, sich nackt auszuziehen und sich gegenseitig an den Geschlechtsteilen zu berühren. Pfarrer Z. sah dabei zu und sich ergötzte sich an dem Anblick.

Im Jahr 1980 erstattete der Stiefvater eines anderen Kindes Anzeige wegen Missbrauchs gegen Pfarrer Z., der daraufhin aus der Gemeinde entfernt und in die Universitätsklinik T. als Krankenhausseelsorger versetzt wurde. Weitere Untersuchungen durch das beklagte Erzbistum, insbesondere ob es andere Missbrauchsopfer gab, fanden nicht statt.

Von 1979 bis 1985 studierte der Kläger Katholische Theologie, Biologie und Erziehungswissenschaften in P. 1984 erhielt er das Diplom in Katholischer Theologie. Im Jahr 1985 folgte das Erste Staatsexamen für die Sekundarstufen I/II in Erziehungswissenschaft, Katholischer Religionslehre und Biologie. Von 1985 bis 1988 wurde der Kläger zum Pastoralreferenten im Erzbistum T. ausgebildet. 1986 erhielt er die Missio Canonica für die Klassen eins bis dreizehn. Im selben Jahr lernte er seine spätere Frau kennen. Im Jahr 1988 bestand der Kläger die Zweite Dienstprüfung. In den Jahren 1985 bis 1988 war der Kläger als Pastoralassistent und Pastoralreferent und ab 2000 bis heute in der Krankenhausseelsorge tätig.

Im Jahr 1991 entschloss sich der Kläger (vermittelt über das beklagte Erzbistum) zu einer Psychoanalyse bei Dr. N. in O. Bis 1995 nahm er an 111 Einzelsitzungen, 87 Gruppensitzungen (1,5 Std), 15 Selbsterfahrungswochenenden und zwei Selbsterfahrungswochen teil. 1995 beendete der Kläger die Therapie wegen Meinungsverschiedenheiten mit dem Therapeuten.

In den Jahren 2002 bis 2012 war der Kläger wiederum in Therapie bei Frau Dr. R. in M., da man ihm bei seiner Ausbildung zum Supervisor im beklagten Erzbistum zu verstehen gegeben hatte, dass es ihm ohne weitere Therapie nicht möglich sei, professionell als Supervisor zu arbeiten. Bei Frau Dr. R. absolvierte der Kläger mit seiner Frau von 2002 bis 2012 eine Gruppentherapie. Wie immer übernahm die Beklagte sämtliche Kosten. Der Kläger nahm an 111 Sitzungen, seine Frau an 93 Sitzungen teil. Die Therapie endete schließlich mit einer Sitzung am 18.2.2011, in der der Kläger den Pfarrer Z. mit seinen Taten konfrontierte.

Im Anschluss zeigte der Kläger gegen den Rat der Therapeutin den Pfarrer wegen der Missbräuche an.

Auf einen Entschädigungsantrag des Klägers vom 7.5.2012 zahlte das beklagte Erzbistum an ihn einen Betrag von 5.000,–€.

Infolge des Missbrauchs entwickelte sich bei dem Kläger eine schwere Neurodermitis. Er leidet körperlich zudem an schweren Migräneattacken mit Aura (Sehstörungen) und an einer Hypertonie. Des Weiteren besteht bei ihm eine posttraumatische Belastungsstörung. Im Jahr 2004 wurde ein Grad der Behinderung von 50% anerkannt.

Wegen der gesundheitlichen und psychosomatischen Folgen musste der Kläger zwischen 2005 und 2019 insgesamt fünf mehrwöchige Rehabilitationsmaßnahmen absolvieren. Er war immer wieder über mehrere Wochen arbeitsunfähig, zuletzt im November 2020 und Februar 2021.

Am 14.12.2021 gab es auf Wunsch des Weihbischofs F. ein Gespräch mit dem Kläger, dessen wesentlicher Gegenstand ein Antrag war, den der Kläger kurz zuvor dem Erzbistum übersandt hatte und in dem er Schmerzensgeld- und Schadensersatzansprüche geltend gemachte hatte, die der jetzigen Klage entsprachen.

Durch Beschluss der Unabhängigen Kommission für Anerkennungsleistungen (UKA) im Mai 2022 wurde nach Widerspruch des Klägers und Antrag auf höhere Entschädigung die Zahlung auf insgesamt 25.000,–€ Euro festgesetzt. Ihm wurden daher weitere 20.000,–€ gezahlt.

Der Kläger ist der Ansicht, das beklagte Erzbistum hafte einerseits aus Amtshaftung für die Taten des verstorbenen Pfarrers. Es treffe eine Garanten- und Einstandspflicht gegenüber dem Kläger für die Handlungen des Pfarrers Z. Andererseits liege auch ein Organisationsverschulden vor. Das beklagte Erzbistum habe es wissentlich unterlassen, zu untersuchen und laufend zu kontrollieren, was in ihrem Bistum vorgegangen sei, und sich nicht um die Missbrauchsopfer gekümmert.

Zur Höhe des Schmerzensgeldes meint der Kläger, es müssten hier auch pönale Elemente mitberücksichtigt werden. Nur adäquat hohe Schmerzensgelder würden die Beklagte künftig davon abhalten, ihre Garantenpflichten zu verletzen. Es sei ein sehr hohes Schmerzensgeld auszuurteilen, so wie es bei Verletzung von Persönlichkeitsrechten schon lange ständige Rechtsprechung sei. Der sexuelle Missbrauch des Klägers sei eine massive Verletzung seines allgemeinen Persönlichkeitsrechts.

Der Kläger beantragt, das beklagte Erzbistum zu verurteilen,

1. an ihn ein Schmerzensgeld in Höhe von 750.000,–€ nebst Zinsen in Höhe von fünf Prozentpunkten über dem jeweiligen Basissatz ab Rechtshängigkeit zu zahlen, abzüglich am 7.5.2012 gezahlter 5.000,–€ und am 20.5.2022 gezahlter weiterer 20.000,–€, sodass 725.000,–€ verbleiben;

2. festzustellen, dass das beklagte Erzbistum verpflichtet ist, dem Kläger allen materiellen und jeden weiteren immateriellen Schaden zu ersetzen, der dem Kläger aus den Schadensereignissen (sexuellen Missbrauchs) von 1972 bis 1979 entstanden ist und in der Zukunft noch entsteht, soweit die Ansprüche nicht auf Sozialversicherungsträger übergegangen sind;

3. an ihn Schadensersatz für vorgerichtliche Tätigkeiten des anwaltlichen Beistandes und jetzigen Prozessbevollmächtigten in Höhe von 7.285,42 € zu zahlen.

Die Klage hatte teilweise Erfolg.

Aus den Gründen

[45] Die Klage ist nach der teilweisen Rücknahme in vollem Umfang zulässig. Sie ist im erkannten Umfang begründet.

[46] I. Dem Antrag auf Feststellung der Ersatzpflicht für zukünftige Schäden kann das Feststellungsinteresse nicht abgesprochen werden. Insbesondere hat das beklagte Erzbistum, auch wenn es in der Vergangenheit die dem Kläger entstandenen Behandlungskosten übernommen hat, insofern kein titelersetzendes Anerkenntnis abgegeben.

[47] Auch ist die Möglichkeit eines weiteren Schadenseintritts gegeben; darüber hinaus kann eine hinreichende Schadenswahrscheinlichkeit im Rahmen der Zulässigkeit nicht gefordert werden (vgl. BGH NJW 2001, 1431).

[48] II. 1. Der Kläger hat Anspruch auf Schadenersatz gegen das beklagte Erzbistum aus § 839 Abs. 1 Satz 1 BGB i.V.m. Art. 34 GG.

[49] Die Haftungsvorschriften des § 839 BGB und des Art. 34 GG finden bei Amtspflichtverletzungen kirchlicher Beamter entsprechende Anwendung. Voraussetzung der Amtshaftung ist, dass der Schädiger, mag er auch kein Beamter im kirchenbeamtenrechtlichen Sinne sein, im Rahmen von kirchlichen Aufgaben tätig geworden ist, die außerhalb des rein fiskalischen Tätigkeitsbereiches der Kirche liegen und deren Erfüllung sich mithin als Ausübung eines öffentlichen Amtes im Sinne von Art. 34 GG darstellt (BGH, Entscheidung vom 30.1.1961 -III ZR 227/59- VersR 1961, 437; Urteil vom 20.2.2003 -III ZR 224/01- BGHZ 154, 54-64 Rn 7, KirchE 43, 105).

[50] Korporierte Religionsgemeinschaften haben einen öffentlich-rechtlichen Status und sind mit bestimmten hoheitlichen Befugnissen ausgestattet. Sie verfügen damit über besondere Machtmittel und einen erhöhten Einfluss in Staat und Gesellschaft. Ihnen liegen deshalb die besonderen Pflichten des Grundgesetzes zum Schutz der Rechte Dritter näher als anderen Religionsgemeinschaften (BVerfG NJW 2001, 429, KirchE 38, 502).

[51] Von den korporierten Religionsgemeinschaften wird auch außerhalb des ihnen übertragenen Bereichs hoheitlicher Befugnisse (Kirchensteuer, Friedhofswesen etc.) in weitergehendem Umfang als von jedem Bürger Rechtstreue verlangt. Zwar sind sie insoweit an die einzelnen Grundrechte nicht unmittelbar gebunden. Die Zuerkennung des Status der Körperschaft des öffentlichen Rechts bindet sie jedoch an die Achtung der fundamentalen Rechte der Person, die Teil der verfassungsmäßigen Ordnung ist. Angesichts der ihnen zur Verfügung stehenden besonderen Machtmittel und ihres erhöhten Einflusses in Staat und Gesellschaft liegen ihnen die besonderen Pflichten des Grundgesetzes zum Schutze Dritter näher als anderen Religionsgesellschaften (BGH NJW 2001, 3537, KirchE 39, 245).

[52] Dementsprechend können insbesondere die Fälle sexuellen Missbrauchs von Kindern und Jugendlichen durch Geistliche Amtshaftungsansprüche auslösen, da es sich um allgemeingültige, drittschützende Pflichten handelt, andere Personen nicht an ihren Rechtsgütern zu schädigen (Gerecke/Roßmüller, NJW 2022, 1911 Rn 5). Dabei tritt § 839 BGB als Anspruchsgrundlage an die Stelle der anderenfalls in Betracht kommenden deliktischen Schadensersatzansprüche nach § 823 Abs. 2 BGB i.V.m. §§ 176, 176a und 182 StGB (seit dem

1.8.2002 auch nach § 825 BGB n.F.; Staudinger/Wöstmann (2020) BGB § 839, Rn 756).

[53] a) Der zwischenzeitlich verstorbene Pfarrer Z. hat drittbezogene Amtspflichten verletzt. Er hat den Kläger im Zusammenhang mit der Ausübung seines Priesteramtes missbraucht (zur Unterscheidung von hoheitlichem und rein fiskalischem Handeln vgl. BGH NJW-RR 1989, 921). Auch die Durchführung von Freizeiten mit Messdienern erfolgt im Rahmen des priesterlichen Dienstes und stellt daher die Ausübung eines öffentlichen Amtes dar und nicht nur eine reine kircheninterne Handlung (so auch Jaeger, VersR 2022, 1130f. mwN).

[54] Soweit V. (NJOZ 2010, 1859) den Standpunkt vertritt, bei Übergriffen, die der Kleriker im Rahmen seiner ihm als Seelsorger übertragenen Aufgaben, z.B. während der Vorbereitung einer Messe (Messdiener) begangen habe, oder die im Rahmen einer von der Pfarrei durchgeführten Jugendfreizeit erfolgt seien, liege keine öffentlich-rechtliche Tätigkeit vor, so dass eine Haftung der Kirche gem. § 839 BGB, Art. 34 GG ausscheide, vermag dies angesichts der insbesondere durch den BGH für eine entsprechende Anwendung des Amtshaftungsrechts angeführten Gründe nicht zu überzeugen.

[55] Soweit der Kläger außerdem vorgetragen hat, von Pfarrer Z. in Urlaube eingeladen und dort ebenfalls sexuell missbraucht worden zu sein, ist ein Zusammenhang mit seiner dienstlichen Tätigkeit nicht hinreichend dargelegt worden. Darüber hinaus ist das Vorbringen nicht ausreichend substantiiert, denn es werden keine Daten und sonstige Details zu diesen Vorfällen mitgeteilt. Derartige Missbräuche sind seitens des beklagten Erzbistums auch nicht unstreitig gestellt worden.

[56] b) Dagegen sieht die Kammer keine für die bei dem Kläger eingetretenen Schäden kausalen weiteren Pflichtverletzungen des beklagten Bistums. Dass die Taten oder zumindest die Neigungen des Pfarrers schon spätestens 1979 bekannt geworden waren, wird nicht substantiiert dargelegt.

[57] Dem Kläger mag darin Recht zu geben sein, dass das beklagte Bistum sofort aktiv werden muss, wenn es auch nur von einem (begründeten) Verdacht solcher Fälle erfährt. Dass dies im Fall des Pfarrers Z. vor 1980 der Fall war, legt der Kläger indessen nicht ausreichend dar. Der diesbezügliche Vortrag („Der Beschuldigte sei auch schon in seiner Zeit als Kaplan ‚auffällig' geworden"; „Es gab Getuschel in der Gemeinde.") ist zu allgemein gehalten.

[58] Soweit der Kläger meint, in dem „K.-Gutachten" werde unbestreitbar belegt, dass Pfarrer Z. schon lange vorher als Kaplan in den Jahren 1958 bis 1970 auffällig geworden sei und das beklagte Erzbistum positive Kenntnis von der großen Gefahr, die von ihm ausging, besessen habe, ist diese Interpretation vom Wortlaut des Gutachtens nicht gedeckt.

[59] Entsprechend unsubstantiiert ist auch die Behauptung des Klägers: „Die Beklagte, ihre unmittelbaren und mittelbaren Täter, wussten von diesen Missbräuchen, um die es hier geht, spätestens seit den sechziger Jahren.“

[60] Die Anzeige wegen Missbrauchs eines anderen Opfers wurde im Jahr 1980 erstattet, woraufhin Pfarrer Z. auch umgehend aus der Gemeinde entfernt und in der Universitätsklinik T. als Krankenhausseelsorger eingesetzt wurde. Dass in diesem Zusammenhang die Einleitung von Untersuchungen o.ä. unterlassen wurde, kann für die 1979 beendeten Taten zum Nachteil des Klägers und die hierauf beruhenden Schäden nicht mehr kausal geworden sein.

[61] Ohne jeden konkreten Anlass bestand keine Verpflichtung, das Haus in der B. zu kontrollieren. Dies würde quasi alle Priester unter Generalverdacht stellen, obwohl nur die allerwenigsten die ihnen anvertrauten Menschen missbraucht haben. Entsprechendes gilt für den Vorwurf, der Pfarrer sei vor seiner Einstellung und während seiner Tätigkeit niemals überprüft worden, ob er geeignet war, insbesondere mit Kindern und Jugendlichen umzugehen.

[62] c) Da aufgrund des unstreitigen Sachverhalts von vorsätzlichem Verhalten des Pfarrers auszugehen ist, liegt das erforderliche Verschulden zweifelsfrei vor.

[63] Sofern man – entgegen den vorherigen Ausführungen – eine weitere (eigene) Pflichtverletzung des beklagten Erzbistums annehmen wollte, könnte entgegen der Ansicht des Klägers jedenfalls nicht von (bedingt) vorsätzlichem Verhalten ausgegangen werden. Hierzu hätten die maßgeblichen Bediensteten mit den Missbrauchstaten rechnen und diese billigend in Kauf nehmen müssen. Nach Ansicht der Kammer liegen hierfür keine greifbaren Anhaltspunkte vor, so dass allenfalls von bewusster Fahrlässigkeit gesprochen werden könnte („wird schon gutgehen“).

[64] 2. Rechtsfolge des so begründeten Anspruchs ist zum einen die Ersatzpflicht des beklagten Erzbistums für die materiellen Schäden aus § 249 Satz 2 BGB in der Fassung vom 1.1.1964, zum anderen die Verpflichtung zur Zahlung von Schmerzensgeld aus § 847 Abs. 1 Satz 1 BGB in der Fassung vom 1.1.1964.

[65] Die durch das Zweite Gesetz zur Änderung schadensersatzrechtlicher Vorschriften im Bürgerlichen Gesetzbuch geänderten Vorschriften, hier §§ 249 Abs. 2 Satz 1, 253 Abs. 2 BGB, sind nur anzuwenden, wenn das schädigende Ereignis nach dem 31.7.2002 stattgefunden hat (Art. 8 Abs. 1 Nr. 2 EGBGB). Vorliegend geht es um Ereignisse aus den Jahren 1972 bis 1979.

[66] a) Die von dem Kläger beantragte Feststellung der Ersatzpflicht des beklagten Erzbistums für ihm zukünftig entstehende materielle Schäden ist nicht von der Wahrscheinlichkeit des Eintritts dieser Schäden abhängig (vgl. BGH, Urteil vom 17.10.2017 -VI ZR 423/16- BGHZ 216, 149–174, Rn 49 mwN).

[67] Dagegen hält die Kammer den Antrag auf Feststellung der Ersatzpflicht für zukünftige immaterielle Schäden bereits deshalb für unbegründet, weil mit dem auf eine unbeschränkte Klage insgesamt zuzuerkennenden Schmerzensgeld nicht nur alle bereits eingetretenen, sondern auch alle erkennbaren und objektiv vorhersehbaren künftigen Verletzungsfolgen aus der Schädigungshandlung abgegolten werden (BGH, Urteil vom 20.1.2004 -VI ZR 70/03- Rn 9 mwN).

[68] Der Grundsatz der Einheitlichkeit des Schmerzensgeldes gebietet es, die Höhe des dem Geschädigten zustehenden Anspruchs aufgrund einer ganzheitlichen Betrachtung der den Schadensfall prägenden Umstände unter Einbeziehung der absehbaren künftigen Entwicklung des Schadensbildes zu bemessen. Lediglich solche Verletzungsfolgen, die zum Beurteilungszeitpunkt noch nicht eingetreten waren und deren Eintritt objektiv nicht vorhersehbar war, mit denen also nicht oder nicht ernstlich gerechnet werden musste und die deshalb zwangsläufig bei der Bemessung des Schmerzensgeldes unberücksichtigt bleiben müssen, werden von der vom Gericht ausgesprochenen Folge nicht umfasst und können deshalb die Grundlage für einen Anspruch auf weiteres Schmerzensgeld sein (BGH, Urteil vom 20.1.2015 -VI ZR 27/14- Rn 8 mwN).

[69] Insbesondere angesichts des seit den streitgegenständlichen Taten verstrichenen langen Zeitraums, in dem der Kläger sich kontinuierlich in Behandlung befunden hat, kann nach Ansicht der Kammer mit an Sicherheit grenzender Wahrscheinlichkeit ausgeschlossen werden, dass mit weiteren, nicht vorhersehbaren Verletzungsfolgen zu rechnen ist.

[70] b) Gemäß § 847 Abs. 1 Satz 1 BGB a.F., der verfassungsrechtlich nicht zu beanstanden ist (BVerfG, Nichtannahmebeschluss vom 8.3.2000 -1 BvR 1127/96- Rn 6), kann der Verletzte im Falle der Verletzung des Körpers oder der Gesundheit sowie im Falle der Freiheitsentziehung auch wegen des Schadens, der nicht Vermögensschaden ist, eine billige Entschädigung in Geld verlangen.

[71] Auch nach dieser Vorschrift war bereits allgemein anerkannt, dass eine Entschädigung wegen immaterieller Schäden auch dann zu gewähren ist, wenn Körperverletzung, Freiheitsentziehung, Eingriffe in die sittliche Integrität nicht nur physische, sondern psychische Beeinträchtigungen zur Folge hatten (BGH, Beschluss vom 6.7.1955 -GSZ 1/55- BGHZ 18, 149–168, Rn 17).

[72] Die Schadensersatzpflicht für psychische Auswirkungen einer Verletzungshandlung setzt nicht voraus, dass sie eine organische Ursache haben; es genügt vielmehr die hinreichende Gewissheit, dass die psychisch bedingten Ausfälle ohne die Vorfälle nicht aufgetreten wären. Nicht erforderlich ist, dass die aus der Verletzungshandlung resultierenden (haftungsausfüllenden) Folge-

schäden für den Schädiger vorhersehbar waren (BGH, Urteil vom 30.4.1996 -VI ZR 55/95- BGHZ 132, 341–353, Rn 14).

[73] c) Der unbestimmte Rechtsbegriff der „billigen Entschädigung" ist im Ergebnis nach dem Wortlaut, systematisch, historisch und teleologisch dahin auszulegen, dass bei der Bemessung der „billigen Entschädigung" durch den Richter alle Umstände des Einzelfalls berücksichtigt werden dürfen. Davon zu unterscheiden ist die Frage, wie die einzelnen Umstände bei der Bemessung des Schmerzensgeldes zu gewichten sind (BGH, Beschluss vom 16.9.2016 -VGS 1/16- BGHZ 212, 48–70, Rn 53).

[74] Dabei stehen die Höhe und das Maß der Lebensbeeinträchtigung ganz im Vordergrund. Bei den unter dem Gesichtspunkt der Billigkeit zu berücksichtigenden Umständen hat die Rücksicht auf Größe, Heftigkeit und Dauer der Schmerzen, Leiden und Entstellungen stets das ausschlaggebende Moment zu bilden; der von dem Schädiger zu verantwortende immaterielle Schaden, die Lebensbeeinträchtigung, steht im Verhältnis zu den anderen zu berücksichtigenden Umständen immer an der Spitze (BGH, Beschluss vom 16.9.2016 -VGS 1/16- BGHZ 212, 48–70, Rn 54).

[75] Daneben können aber auch alle anderen Umstände berücksichtigt werden, die dem einzelnen Schadensfall sein besonderes Gepräge geben, wie der Grad des Verschuldens des Schädigers, im Einzelfall aber auch die wirtschaftlichen Verhältnisse des Geschädigten oder diejenigen des Schädigers. Ein allgemein geltendes Rangverhältnis aller anderen zu berücksichtigenden Umstände lässt sich nicht aufstellen, weil diese Umstände ihr Maß und Gewicht für die Höhe der billigen Entschädigung erst durch ihr Zusammenwirken im Einzelfall erhalten (BGH, Beschluss vom 16.9.2016 -VGS 1/16- BGHZ 212, 48–70, Rn 55).

[76] Denn es geht bei der Bemessung der billigen Entschädigung um eine Gesamtbetrachtung. Erst dadurch, dass der (Tat-)Richter im ersten Schritt alle Umstände des Falles in den Blick nimmt, dann die prägenden Umstände auswählt und gewichtet, dabei gegebenenfalls auch die (wirtschaftlichen) Verhältnisse der Parteien zueinander in Beziehung setzt, ergibt sich im Einzelfall, welche Entschädigung billig ist (BGH, Beschluss vom 16.9.2016 -VGS 1/16- BGHZ 212, 48–70, Rn 56).

[77] Bei der konkreten Bemessung des Schmerzensgeldes ist weiter eine Orientierung an in anderen Fällen von der Rechtsprechung zugebilligten Beträgen nicht nur zulässig, sondern wenigstens als Ausgangspunkt im Rahmen des zu beachtenden Gleichheitsgrundsatzes als Orientierungsrahmen auch erforderlich (BGH, Urteil vom 19.12.1969 -VI ZR 111/68- BeckRS 1969, 30379971).

[78] Allerdings können die Entscheidungen in vergleichbaren Fällen lediglich als grobe Orientierungshilfe dienen, jedoch nicht zum Zwecke der schema-

tischen Übernahme (OLG München, Urteil vom 1.7.2005 -10 U 2544/05- SVR 2006, Heft 5, 180).

[79] Die auf der Grundlage dieser Gesamtbetrachtung für das sich insgesamt darbietende Schadensbild einheitlich festzusetzende Entschädigung lässt sich nicht rein rechnerisch ermitteln (BGH, Urteil vom 22.3.2022 -VI ZR 16/21- Rn 8 mwN).

[80] Ebenso wenig wird eine taggenaue Berechnung des Schmerzensgeldes diesen Grundsätzen gerecht (BGH, Urteil vom 15.2.2022 -VI ZR 937/20- Rn 15).

[81] d) Zunächst ist mit Blick auf den konkreten Sachverhalt festzuhalten, dass vergleichbare Entscheidungen, in denen es um langjährigen, vielfachen und schweren sexuellen Missbrauch durch einen Geistlichen geht, nicht existieren. Es können lediglich andere Fälle von sexuellem Missbrauch Minderjähriger bei der Bewertung berücksichtigt werden, wobei eine Vergleichbarkeit der Sachverhalte generell schwerfällt. Das Täterprofil, aber auch die Dauer, die Intensität sowie die Folgen der Tat fallen regelmäßig sehr unterschiedlich aus.

[82] Als grobe Orientierungshilfe kann einerseits ein Urteil des Landgerichts E. dienen, in dem das Gericht auf ein Schmerzensgeld in Höhe von 150.000,–€ erkannt hat. Daneben wurden die Angeklagten wegen Vergewaltigung, sexueller Nötigung, Geiselnahme und Menschenhandel zu einer Gesamtfreiheitsstrafe von 14 Jahren verurteilt (LG E. vom 2.7.2008 -101 Js 35958/06-1-6/07- unveröffentlicht).

[83] Auch in die Wertung einbezogen werden kann ein Urteil des Landgerichts X., in dem das Gericht nach der brutalen Vergewaltigung einer 16 Jahre alten schwangeren Frau, die vom Täter 72 Stunden immer wieder mit dem Tod bedroht wurde, ein Schmerzensgeld in Höhe von 100.000,–€ zugesprochen hat (LG X. Urteil vom 5.2.2013 -16 O 95/12- BeckRS 2013, 3421 Rn 50). Das Opfer erlitt eine schwere posttraumatische Belastungsstörung, wobei im Urteilszeitpunkt davon ausgegangen wurde, dass eine langjährige Fortführung der psychotherapeutischen Behandlung erforderlich werden würde.

[84] Die deutliche Abweichung von den bisher in Fällen sexueller Gewalt zugesprochenen maximalen Schmerzensgeldbeträgen begründete das Landgericht X. damit, dass Verletzungen der sexuellen Selbstbestimmung häufig zu gravierenden und zum Teil die Opfer ihr Leben lang begleitenden psychischen Beeinträchtigungen führten. Ähnlich einem Rollstuhlfahrer, der sein Leben komplett umstellen müsse, trage ein Opfer extremer sexueller Gewalt dieses Erlebnis tagtäglich in sich und stelle sein Leben, wenn auch möglicherweise unbewusst, in vielfältiger Hinsicht um. Da sich dies aber nicht immer in konkreten Krankheitsbildern niederschlage und oft auch vom Opfer selbst gar nicht wahrgenommen werde, sei es Aufgabe der Gerichte, gerade diese unspezifi-

schen Folgen der Verletzungshandlung in Form eines allgemein höheren Schmerzensgeldes bei Fällen extremer sexueller Gewalt zu berücksichtigen. Das Landgericht X. hielt die Auswirkungen der vorliegenden Tat, insbesondere unter Berücksichtigung der Tat als solcher, für geeignet, ein mindestens gleichartiges Ausgleichs- und Genugtuungsinteresse zu begründen (LG X. aaO mwN).

[85] Diese Begründung kann auch im vorliegenden Fall fruchtbar gemacht werden. Der Kläger erfuhr in seiner Kindheit und Jugend extreme sexuelle Gewalt, die sein weiteres Leben prägte und weiterhin prägt. Insoweit hält es das Gericht für zulässig und erforderlich, im hiesigen Fall bei der Bewertung eines angemessenen Schmerzensgeldes auch ausgeurteilte Schmerzensgeldbeträge in Bezug auf deren Höhe und die zugrundeliegenden Beeinträchtigungen in den Blick zu nehmen. Hohe Schmerzensgelder wurden u.a. bei lebensverändernden körperlichen Beeinträchtigungen ausgeworfen, die häufig auch mit einem Persönlichkeitsverlust einhergingen. Veröffentlichte Verfahren zu Schwerstschadensfällen, bei denen die Betroffenen irreversibel schwerste körperliche und geistige Behinderungen erlitten und dadurch die Möglichkeit eines Lebens als selbstbestimmte Persönlichkeit verloren hatten, ergaben lange Zeit rechtskräftig titulierte Schmerzensgeldbeträge von bis zu 500.000,–€ nebst einer monatlichen Schmerzensgeldrente von 500,–€ (OLG Zweibrücken, 22.4.2008 -5 U 6/07- MedR 2009, 88; OLG T., 20.12.2006 -5 U 130/01- VersR 2007, 219; OLG Hamm, 21.5.2003 -3 U 122/02- VersR 2004, 386; OLG München, 19.9.2005 -1 U 2640/05- MedR 2006, 211; OLG O., 26.4.2007 -8 U 37/05- VersR 2008, 534).

[86] Das Oberlandesgericht T. (Beschluss vom 10.12.2014 -I-5 U 75/14-) erachtete in einem Fall ein Schmerzensgeld von insgesamt etwa 600.000,–€ für erforderlich, in dem nach einem schweren Autounfall ein zweijähriger Junge einen hypoxischen Hirnschaden erlitten hatte. In diesem Umfang sei das Schmerzenzgeld erforderlich, um den massiven vom Kläger erlittenen geistigen und körperlichen Schäden angemessen Rechnung zu tragen, an denen der Kläger sein Leben lang ohne Hoffnung auf Besserung leiden werde, aufgrund derer er lebenslänglich rund um die Uhr auf fremde Hilfe angewiesen sei, durch die ihm jede Chance auf ein selbstbestimmtes Leben genommen worden sei und die seine Persönlichkeit weitgehend zerstört habe.

[87] Das Landgericht L. hielt bei jungen Patienten, die infolge eines Behandlungsfehlers schwerste Hirnschädigungen erlitten hatten, ein Schmerzensgeld in Höhe von 800.000,–€ für angemessen. Dieser Betrag sprenge das allgemeine Entschädigungsgefüge nicht, sondern stelle für den konkreten Einzelfall eine gebotene Fortschreibung dar (LG L., Urteil vom 6.11.2019 -5 O 376/18-).

[88] Darüber hinaus wurde nunmehr auch in einem Fall schwerster körperlicher Beeinträchtigungen ohne Persönlichkeitsverlust ein sehr hohes Schmer-

zensgeld ausgeurteilt. Ein fünfjähriger Junge erhielt aufgrund eines Behandlungsfehlers einen Schmerzensgeldbetrag von insgesamt 800.000,–€. Ihm mussten beide Unterschenkel amputiert werden, außerdem musste er sich bereits bis zum Tage der gerichtlichen Entscheidung 16 Operationen unterziehen. Das Oberlandesgericht H. hielt das Schmerzensgeld in dieser Höhe auch ohne vollständigen Verlust der Persönlichkeit für angemessen, da der Junge zukünftig bis an sein Lebensende ganz erhebliche Belastungen, Schmerzen und Einschränkungen im dauerhaften Bewusstsein des Verlustes zu ertragen habe (OLG H., Urteil vom 18.3.2020 -5 U 196/18-).

[89] Die Beeinträchtigungen, die mit derart schwerwiegenden dauerhaften körperlichen Beeinträchtigungen und Leiden einhergehen, sind zwar dem Grunde nach nicht mit dauerhaften psychischen Beeinträchtigungen zu vergleichen. Denn die Schädigungen wirken sich mitunter in der möglichen Lebensgestaltung und generell im Alltäglichen unterschiedlich aus. Allerdings hält es das Gericht für sinnvoll, prägende Ereignisse, die aufgrund psychologischer Beeinträchtigung das gesamte Leben beeinflussen, der Höhe nach in eine angemessene Relation zu den ausgeurteilten Beträgen zu setzen. Unter Berücksichtigung dieses Grundsatzes muss, insbesondere in Abweichung zum benannten Urteil des Landgerichts X., das Schmerzensgeld im vorliegenden Fall weitaus höher ausfallen. Dies gebietet die besondere Sachverhaltskonstellation. Die Dauer und Häufigkeit der sexuellen Gewalt, die gegenüber dem Kläger über viele Jahre anhielt, ist bei der Bemessung besonders zu berücksichtigen. Denn gerade die unvorstellbare psychische Belastung, die sich auf Grundlage der ständigen Erwartung neuer sexueller Gewaltexzesse über Jahre hinweg beim Kläger festigen musste, ist neben dem Gewaltakt selbst im besonderen Maße in die Wertung einzubeziehen. Dies gilt auch für die konkrete und besondere Täter-Opfer Beziehung.

[90] Demgegenüber kann indessen nicht unberücksichtigt bleiben, dass der Kläger im vorliegenden Fall trotz der ganz erheblichen psychischen und physischen Folgeschäden nicht in einem den Fallkonstellationen der vorstehend zitierten Entscheidungen entsprechenden Maße beeinträchtigt ist. Seine Persönlichkeit wurde zweifellos massiv verletzt, aber nicht zerstört. Er konnte zumindest insofern ein „normales" Leben führen, als er eine Ausbildung ergriffen und abgeschlossen hat, eine Familie gegründet hat und lange Jahre in dem erlernten Beruf tätig war. Wie die durchgeführten Therapien zeigen, die für den Kläger zweifelsohne eine erhebliche zusätzliche Belastung darstellten, gab es auch immer einen Hoffnungsschimmer, dass er die furchtbaren Erlebnisse irgendwann würde verarbeiten können. Nach seinem eigenen Vortrag hat sich der

Kläger dies auch noch von dem vorliegenden Verfahren und der gerichtlichen Entscheidung erhofft.

[919 e) Ausgehend von den unter c) dargestellten Grundsätzen und unter Berücksichtigung der unter d) angeführten Entscheidungen hält die Kammer im vorliegenden Fall ein Schmerzensgeld in Höhe von 300.000,–€ für angemessen.

[92] Dabei hat sich die Kammer insbesondere von folgenden Erwägungen leiten lassen:

[93] Der Kläger stand unter psychischem Druck und befand sich aufgrund der autoritären Stellung des Pfarrers, aber auch dessen Rolle als „Ersatzvater" in einer Zwangslage. Sowohl wegen seiner Gläubigkeit als auch aufgrund der ihm eingeräumten engen Vertrauensstellung war der Kläger von dem Pfarrer abhängig.

[94] Die über einen langen Zeitraum und in großer Zahl erfolgten vorsätzlich begangenen Missbräuche, die regelmäßig mit Vergewaltigungen einhergingen, verursachten dem Kläger nicht nur körperliche Schmerzen, sondern er fühlte auch Scham, Erniedrigung, Hilflosigkeit und Angst.

[95] Der Kläger benötigt seit über 30 Jahren ständig therapeutische Hilfe; neben zahlreichen ambulanten Sitzungen nahm er zwischen 2005 und 2019 an insgesamt fünf mehrwöchigen Rehabilitationsmaßnahmen teil. Er leidet unter einer posttraumatischen Belastungsstörung und mehreren chronischen Krankheiten (Neurodermitis, Migräne, Hypertonie).

[96] Daneben bestehen mannigfaltige psychische Beeinträchtigungen, die auch aus der Belastung der Beziehungen zu den Geschwistern des Klägers herrühren. Das eigene Familienleben des Klägers wurde ebenfalls stark negativ beeinflusst.

[97] Dagegen sieht die Kammer keinen Anlass, bei der Bemessung des Schmerzensgeldes auch das Regulierungsverhalten des beklagten Erzbistums zu berücksichtigen.

[98] Der generelle Umgang der Kirche mit den bekannt gewordenen Missbrauchsfällen kann in diesem Rahmen keine Berücksichtigung finden.

[99] Den hier streitgegenständlichen Schmerzensgeldanspruch hat der Kläger erstmals Ende 2021 geltend gemacht. Substantiierten Vortrag zu konkret erhobenen Ansprüchen vor diesem Zeitpunkt leistet er nicht mit Ausnahme des Jahres 2012, in dem ihm aber auch eine – zu geringe – Entschädigung zugebilligt wurde.

[100] Dass das beklagte Bistum im Rahmen der vorgerichtlichen Gespräche zunächst einen Amtshaftungsanspruch abgelehnt und auf die von ihm eingerichtete Unabhängige Kommission für Anerkennungsleistungen verwiesen hat,

woraufhin ein weiterer Betrag an den Kläger gezahlt wurde, war zumindest vertretbar.

[101] Im Rahmen des anschließenden Klageverfahrens hat das beklagte Erzbistum dann die Missbrauchstaten nicht bestritten und die Einrede der Verjährung zurückgenommen, wodurch zeitnah die gerichtliche Entscheidung möglich wurde. Dass das beklagte Erzbistum sowohl zur Klageerwiderung als auch zur Duplik jeweils um Fristverlängerungen nachgesucht hat, fällt ebenso wenig maßgeblich ins Gewicht wie der geringe äußere Umfang dieser Schriftsätze.

[102] Entgegen der Ansicht des Klägers ist das Schmerzensgeld vorliegend schließlich nicht aus Gründen der Prävention oder Bestrafung zu erhöhen. Da ausschließlich auf die Pflichtverletzungen des Pfarrers abzustellen ist, ist für eine Abschreckung oder Pönalisierung gegenüber dem lediglich nach Art. 34 GG haftenden Erzbistum kein Raum.

[103] Auf die Frage, ob und inwieweit aufgrund der Entwicklungen der vergangenen Jahre davon ausgegangen werden kann, dass dem beklagten Erzbistum die Missbrauchsproblematik nunmehr hinreichend deutlich bewusst ist und deshalb eine Wiederholung von Taten, wie sie dem Kläger widerfahren sind, ausgeschlossen ist, kam es daher nicht an.

[104] 3. Der Zinsanspruch ergibt sich aus §§ 288 Abs. 1, 291 BGB.

[105] Außergerichtliche Rechtsanwaltskosten können als weitere Schadensposition gefordert werden, ohne dass es insofern auf Verzug ankäme. Der Höhe nach sind diese aus einem Geschäftswert von 300.000,–€ bei einer 1,3-fachen Geschäftsgebühr zuzüglich Auslagenpauschale und Umsatzsteuer berechtigt.

[106] 4. Nachdem das beklagte Erzbistum die Einrede der Verjährung - zulässiger Weise - zurückgenommen hat, brauchte auf diesen Punkt nicht mehr eingegangen zu werden.

[107] Insbesondere sieht die Kammer keinen Anlass, zu der Frage Stellung zu nehmen, ob die Geltendmachung der Verjährungseinrede im vorliegenden Fall rechtsmissbräuchlich oder aus anderen Gründen unbeachtlich gewesen wäre.

30

1. Kirchensteuern sind als Sonderausgaben im Jahr der Zahlung und nicht im Jahr der Steuerentstehung abzugsfähig. Das gilt auch für Fälle außerordentlicher Einkünfte wie Veräußerungsgewinnen (Anschluss an die BFH-Rechtsprechung).

https://doi.org/10.1515/9783111651354-030

2. Dies gilt auch für die rückwirkende Besteuerung von Einbringungsgewinnen gemäß § 22 Abs. 2 UmwStG. Diese Fallkonstellation unterscheidet sich nicht wesentlich von den bereits entschiedenen Fällen.

Artt. 1 Abs. 1, 3 Abs. 1, 20 Abs. 1 GG, § 175 Abs. 1 Satz 1 Nr. 2 AO,
§§ 10 Abs. 1 Nr. 4, 10b Abs. 1 Satz 9, 11 Abs. 2, 37 EStG 2009, EStG VZ 2014,
§ 22 Abs. 2 UmwStG 2006
FG Hamburg, Urteil vom 15. Juni 2023 -3 K 156/21-[1]

Die Beteiligten streiten über die steuerliche Berücksichtigung von gezahlter Kirchensteuer. Der Kläger war im Streitjahr Mitglied der Evangelisch-Lutherischen Kirche in Norddeutschland.

I. Der Kläger war Gesellschafter der A GmbH (A GmbH). Im Jahr 2014 brachte er (...) Anteile im Weg eines qualifizierten Anteilstausches in die B GmbH (B GmbH) ein. Der Ansatz der Anteile erfolgte auf Antrag gemäß § 21 Abs. 1 Satz 2 des Umwandlungssteuergesetzes (UmwStG) zum Buchwert.

Die B GmbH veräußerte Anteile hiervon in den Jahren 2018 und 2019 innerhalb der Sperrfrist gemäß § 22 Abs. 2 Satz 1 UmwStG mit der Folge, dass der Kläger Einbringungsgewinne rückwirkend auf das Veranlagungsjahr der Einbringung, 2014, zu versteuern hatte.

1. Aus der Anteilsveräußerung zum Stichtag 15.1.2018 ergab sich ein „Einbringungsgewinn II" (§ 22 Abs. 2 Satz 3 UmwStG) i.H.v. (...) €.

Der Kläger zeigte dem Beklagten die Veräußerung an und beantragte mit Schreiben vom 13.6.2019, die Einkommensteuerfestsetzung für 2014 gemäß § 175 Abs. 1 Satz 1 Nr. 2 der Abgabenordnung (AO) zu ändern.

Der Beklagte änderte am 1.7.2019 den ursprünglichen Bescheid über Einkommensteuer, Solidaritätszuschlag und Kirchensteuer für 2014 vom 20.8.2015 entsprechend. Nachdem der Kläger mit Schriftsatz vom 12.8.2019 seine Erklärung zum Einbringungsgewinn noch einmal korrigiert hatte, erließ der Beklagte am 28.8.2019 einen insoweit nochmals geänderten Einkommensteuerbescheid für 2014 (Anl. A1), in dem er die Einkommensteuer auf (...) € und die Kirchensteuer auf (...) € festsetzte. Der Kläger beglich die sich aus den Änderungsbescheiden wegen des Einbringungsgewinns ergebenden Nachzahlungsbeträge, darunter Kirchensteuer i.H.v. insgesamt (...) €, vollständig im Jahr 2019.

Der Einkommensteuerbescheid 2014 vom 28.8.2019 wurde bestandskräftig.

1 Amtl. Leitsätze. juris; DStRE 2024, 776; DStZ 2024, 10; EFG 2024, 140.
Das Urteil ist rechtskräftig.

2. Die B GmbH veräußerte zum Stichtag 13.9.2019 weitere sperrfristbehaftete Anteile. Hieraus ergab sich für den Kläger ein nachträglicher zu versteuernder Veräußerungsgewinn i.H.v. (...) €.

Der Kläger zeigte dem Beklagten die Veräußerung an und beantragte mit Schreiben vom 6.1.2021 die rückwirkende Änderung des Einkommensteuerbescheids 2014.

Der Beklagte änderte den Einkommensteuerbescheid des Klägers für 2014 am 11.5.2021 (Anl. A2) erneut im Hinblick auf einen höheren „Einbringungsgewinn II" von nunmehr insgesamt (...) €. Der Beklagte setzte Einkommensteuer i.H.v. (...) € sowie Kirchensteuer i.H.v. (...) € fest. Der Kläger zahlte die Differenz zur zuvor festgesetzten Kirchensteuer i.H.v. (...) € im Jahr 2021.

II. 1. Der Kläger legte gegen den geänderten Bescheid vom 11.5.2021 am 7.6.2021 Einspruch ein (Anl. A3), mit dem er geltend machte, die durch den im Veranlagungszeitraum 2014 rückwirkend zu versteuernden Einbringungsgewinn verursachten Kirchensteuerzahlungen seien als Sonderausgaben, § 10 Abs. 1 Nr. 4 des Einkommensteuergesetzes (EStG), bereits im Veranlagungsjahr 2014 abzuziehen – unbeschadet der erst später erfolgten tatsächlichen Zahlung und des in § 11 EStG geregelten Zu- und Abflussprinzips. Zur Vermeidung sonst eintretender Wertungswidersprüche zu dem Prinzip der wirtschaftlichen Verursachung sei Kirchensteuer in demselben Jahr zu berücksichtigen, für das sie festgesetzt werde. Das Zu- und Abflussprinzip gelte nicht uneingeschränkt, wie sich in der Norm selbst und durch das Bestehen einer Vielzahl sachlich begründeter Abweichungen zeige. § 11 EStG könne dann keine Anwendung finden, wenn Steuern rückwirkend festzusetzen seien – so wie in § 22 UmwStG geregelt. § 11 EStG bzw. § 10 Abs. 1 Nr. 4 EStG wiesen insofern eine planwidrige Regelungslücke auf, die durch eine analoge Anwendung von § 175 Abs. 1 Nr. 2 AO zu schließen sei.

2. Der Beklagte wies den Einspruch mit der Einspruchsentscheidung vom 13.7.2021 als unbegründet zurück. Kirchensteuer sei als Sonderausgabe aufgrund der gesetzlichen Regelung in § 10 Abs. 1 Nr. 4 i.V.m. § 11 Abs. 2 EStG im Jahr der Zahlung abzugsfähig. Eine vom Kläger geltend gemachte planwidrige, im Wege der Analogie zu schließende Regelungslücke für eine Berücksichtigung im Jahr der – nachträglichen – Gewinnentstehung gebe es nicht.

III. Der Kläger hat dagegen am 12.8.2021 Klage erhoben.

Die Klage hatte keinen Erfolg.

Aus den Gründen:

[28] Die Klage ist zulässig, aber unbegründet.

[29] Der Beklagte hat die für das Streitjahr 2014 nachträglich festgesetzte und in den Jahren 2019 und 2021 gezahlte Kirchensteuer zu Recht nicht als Sonderausgabe im Veranlagungszeitraum 2014 berücksichtigt.

[30] I. Sonderausgaben mindern nach § 2 Abs. 4 EStG den Gesamtbetrag der Einkünfte zum Zwecke der Ermittlung des zu versteuernden Einkommens. Hierzu gehört nach § 10 Abs. 1 Nr. 4 EStG auch die gezahlte Kirchensteuer.

[31] Die vom Kläger begehrte Berücksichtigung der streitgegenständlichen Kirchensteuerzahlung ist allerdings nicht im Veranlagungsjahr 2014 zu gewähren, weil die Kirchensteuer nicht im Jahr 2014, sondern erst in späteren Veranlagungszeiträumen, 2019 bzw. 2021, gezahlt wurde.

[32] 1. Grundsätzlich sind Aufwendungen der privaten Lebensführung – zu denen Kirchensteuerzahlungen gehören – ertragsteuerlich nicht berücksichtigungsfähig, § 12 Nr. 1 EStG (stRspr., vgl. BFH, Beschluss vom 21.9.2009 -GrS 1/06-BFHE 227, 1, BStBl II 2010, 672, Rn 32), soweit nichts anderes bestimmt ist – wie etwa in § 10 Abs. 1 Nr. 2–5, 7, 9, Abs. 1a Nr. 1, §§ 10a, 10b, §§ 33–33b EStG.

[33] Eine solche Bestimmung enthält § 10 Abs. 1 Nr. 4 EStG für Kirchensteuern. Nach dem ersten Halbsatz dieser Norm unterfällt „gezahlte Kirchensteuer" den als Sonderausgaben geltenden Aufwendungen und ist daher berücksichtigungsfähig.

[34] 2. Sonderausgaben sind erst im Zeitpunkt ihrer Zahlung steuerlich berücksichtigungsfähig.

[35] a) Dies ergibt sich zum einen aus dem Begriff der „Aufwendung" und zum anderen aus dem Zweck des § 10 EStG, der darin liegt, bestimmte, die wirtschaftliche Leistungsfähigkeit des Steuerpflichtigen dauerhaft mindernde Privatausgaben – Sonderausgaben – vom Abzugsverbot des § 12 Nr. 1 EStG auszunehmen (BFH, Urteil vom 3.8.2016 -X R 35/15- BFH/NV 2016, 1704, mwN).

[36] b) Auch nach dem Wortlaut der speziellen Regelung in § 10 Abs. 1 Nr. 4 EStG sind als Sonderausgaben nur „gezahlte" Kirchensteuern zu berücksichtigen. Gezahlt sind Kirchensteuern dann, wenn der Steuerpflichtige bei der Finanzkasse Einzahlungen auf diese Steuern geleistet hat (BFH, Urteil vom 5.2.1960 -VI 204/59 U- BFHE 70, 374, BStBl III 1960, 140, KirchE 5, 135).

[37] c) Zudem gilt generell, dass Ausgaben für das Kalenderjahr abzusetzen sind, in dem sie geleistet worden sind („Abflussprinzip"; § 11 Abs. 2 Satz 1 EStG). Das Abflussprinzip gilt auch für Sonderausgaben (stRspr., BFH, Urteil vom 7.11.2001 -XI R 24/01- BFHE 197, 175, BStBl II 2002, 351, mwN). Ausnahmen vom

Abflussprinzip bedürfen einer gesetzlichen Regelung (BFH, Urteil vom 7.11.2001 -XI R 24/01- BFHE 197, 175, BStBl II 2002, 351, mwN).

[38] d) Dass Sonderausgaben grundsätzlich im Zeitpunkt ihrer Zahlung abgezogen werden, entspricht zudem dem subjektiven Nettoprinzip als Ausprägung des Leistungsfähigkeitsprinzips.

[39] aa) Es ist ein grundsätzliches Gebot der Steuergerechtigkeit, dass die Besteuerung nach der wirtschaftlichen Leistungsfähigkeit ausgerichtet wird. Die für die Lastengleichheit im Einkommensteuerrecht maßgebliche finanzielle Leistungsfähigkeit bemisst der einfache Gesetzgeber zunächst nach dem objektiven Nettoprinzip. Danach unterliegt der Einkommensteuer grundsätzlich nur das Nettoeinkommen, nämlich der Saldo aus den Erwerbseinnahmen einerseits und den (betrieblichen/beruflichen) Erwerbsaufwendungen andererseits. Nach dem aus Art. 1 Abs. 1 i.V.m. Art. 20 Abs. 1, Art. 3 Abs. 1 GG abgeleiteten Prinzip der Steuerfreiheit des Existenzminimums, dem sogenannten subjektiven Nettoprinzip (vgl. hierzu BVerfG, Beschluss vom 14.6.2016 -2 BvR 290/10- BStBl II 2016, 801, Rz 39; BFH, Urteil vom 14.12.2022 -X R 25/21- BFHE 279, 169; Urteil vom 4.2.2010 -X R 10/08- BFHE 228, 317, BStBl II 2010, 617, Rn 31) sind sodann die privaten existenzsichernden Aufwendungen bei der Besteuerung zu berücksichtigen.

[40] bb) Die Berücksichtigung von Abzugsbeträgen, die dem subjektiven Nettoprinzip Rechnung tragen sollen, ist nach Maßgabe des Jahressteuerprinzips darauf ausgerichtet, einem Steuerpflichtigen zu ermöglichen, den aus seinen subjektiven Lebensumständen erwachsenden Aufwand aus seinem Einkommen mit Vorrang vor einer Steuerzahlung zu decken. Die mit den entsprechenden Abzugsnormen verbundenen Steuerentlastungen sind daher am Jahressteuerprinzip auszurichten (vgl. BFH, Beschluss vom 9.4.2010 -IX B 191/09- BFH/NV 2010, 1270; BFH, Beschluss vom 14.3.2008 -IX B 247/07- BFH/NV 2008, 1147, mwN).

[41] cc) Aus den Entscheidungen des Gesetzgebers für den Grundsatz der Abschnittsbesteuerung und für das in § 11 Abs. 2 EStG normierte Abflussprinzip folgt, dass sich – sofern das Ertragsteuerrecht nicht eine Zuordnung in andere Veranlagungszeiträume vorsieht – ein Abzugsbetrag steuerlich nicht oder nur teilweise auswirkt, wenn den Ausgaben im Jahr ihrer Verausgabung ein zu geringer Gesamtbetrag der Einkünfte gegenübersteht. Ein den gesetzlichen Wertungen widersprechendes Ergebnis ist darin nicht zu erkennen (vgl. BFH, Beschluss vom 12.7.2017 -VI R 36/15- BFHE 258, 151, BStBl II 2017, 979).

[42] Wirken sich dem subjektiven Nettoprinzip Rechnung tragende Abzugsbeträge in dem Veranlagungszeitraum, in dem sie geleistet werden, mangels eines hinreichenden Gesamtbetrags der Einkünfte nicht aus, sieht das Gesetz

keine Möglichkeit vor, den restlichen Betrag in einen anderen Veranlagungszeitraum zu übertragen oder – ähnlich der Regelung in § 82b der Einkommensteuer-Durchführungsverordnung (EStDV) – auf mehrere Veranlagungszeiträume zu verteilen. Es gilt der Grundsatz, dass derjenige, der keine positiven Einkünfte erzielt, auch keine privaten Aufwendungen abziehen kann, und zwar sowohl intra- als auch interperiodisch (BFH, Beschluss vom 12.7.2017 -VI R 36/15- BFHE 258, 151, BStBl II 2017, 979, mwN).

[43] Folglich gilt etwa die Regelung für den Verlustabzug in § 10d EStG – im Rahmen des objektiven Nettoprinzips – nur für negative Einkünfte, nicht aber für – nach dem subjektiven Nettoprinzip berücksichtigungsfähige – außergewöhnliche Belastungen oder Sonderausgaben. Eine Gesetzeslücke, die eine analoge Anwendung von Vorschriften wie z.B. § 7 EStG, § 82b EStDV oder § 10d EStG für subjektive Belastungen nahelegen würde, liegt nicht vor (vgl. BFH, Beschluss vom 12.7.2017 -VI R 36/15- BFHE 258, 151, BStBl II 2017, 979, Rn 21, mwN).

[44] 3. Auf dieser Grundlage ist es nach ständiger Rechtsprechung auch ausgeschlossen, die in einem Veranlagungszeitraum gezahlte Kirchensteuer bereits in einem früheren Veranlagungszeitraum als Sonderausgabe abzuziehen. Eine anderweitige Auslegung der Regelungen kommt angesichts des eindeutigen Gesetzeswortlauts von § 10 Abs. 1 Nr. 4, § 11 Abs. 2 Satz 1 EStG nicht in Betracht (BFH, Beschluss vom 8.10.2007 -XI B 112/06- BFH/NV 2008,43, mwN). Die vom Kläger angesprochene Rechtsprechung zu Sonderausgaben, die nach ihrer Zahlung in einem späteren Veranlagungsjahr erstattet werden, betrifft nicht den streitigen Grundsatz, dass Sonderausgaben nicht vor ihrer Zahlung berücksichtigungsfähig sind, und ist daher für den vorliegenden Fall unbeachtlich.

[45] a) Für einen Fall, in dem – wie vorliegend – Steuern für einen Veräußerungsgewinn erst nach Ablauf des Veranlagungszeitraums, in dem die Veräußerung stattgefunden hat, festgesetzt und gezahlt worden waren, hat der BFH ausdrücklich entschieden, dass der Abzug der Kirchensteuer im Jahr der Veräußerung ausgeschlossen ist (Beschluss vom 8.10.2007 -XI B 112/06- BFH/NV 2008,43, mwN).

[46] b) Auch für Streitjahre nach dem Jahr 2006, in dem die Rückwirkungsregeln in § 22 UmwStG eingeführt wurden, entscheidet der BFH unverändert in ständiger Rechtsprechung, dass es in bestimmten Fällen dazu kommen kann, dass gezahlte Sonderausgaben sich steuerlich nicht auswirken, obwohl eine tatsächliche und endgültige wirtschaftliche Belastung vorliegt (BFH, Urteil vom 3.8.2016 -X R 35/15- BFH/NV 2016, 1704, Streitjahre 2010, 2011). Denn es ist den Sonderausgaben wesensimmanent, dass sie beim Fehlen hinreichender positi-

ver Einkünfte keine steuerliche Auswirkung haben (BFH, Beschluss vom 24.3.2015 -X B 4/15- BFH/NV 2015, 952, Streitjahr 2008). Es ist weder verfassungswidrig noch sachlich unbillig, wenn sich beim Steuerpflichtigen die Kirchensteuer, die er erst nach dem Veranlagungsjahr, für das sie festgesetzt worden ist, gezahlt hat, deshalb nicht als Sonderausgabe auswirkt, weil die Einkommensteuer Null beträgt (vgl. BFH, Beschluss vom 24.3.2015 -X B 4/15- BFH/NV 2015, 952, Streitjahr 2008).

[47] c) Es ist demnach festzustellen, dass von jeher – und auch schon vor Einführung von § 22 Abs. 2 UmwStG – nicht gewährleistet ist, dass die durch einen Veräußerungsgewinn bedingte Kirchensteuer im Jahr der Veräußerung von der Bemessungsgrundlage abgezogen werden kann.

[48] Ein Abzug bei der Veranlagung für das Jahr der Veräußerung unterbleibt vielmehr immer dann, wenn die (Kirchen-) Steuer für die zu versteuernden Einkünfte nicht durch Vorauszahlungen oder Steuerabzug bereits im Veranlagungszeitraum der Einkünfteerzielung geleistet wird – was regelmäßig bei außerordentlichen Einkünften, wie z.B. Veräußerungsgewinnen, der Fall sein kann.

[49] Deswegen kann dem Kläger nicht gefolgt werden, wenn er meint, der Gesetzgeber, der im Gesetzgebungsverfahren für das UmwStG 2006 zunächst den Einbringungsgewinn im Jahr der Veräußerung habe versteuern wollen, habe bei der Umplanung zu der dann Gesetz geworden Regelung einer Besteuerung im Jahr der Einbringung übersehen, welche Konsequenzen dies für die Abzugsfähigkeit von Kirchensteuer hat.

[50] 4. Eine Abweichung von den gesetzlichen Regelungen und der gefestigten Rechtsprechung, die sich der erkennende Senat zu eigen macht, ist auch durch die Besonderheiten einer Besteuerung gemäß § 22 UmwStG und die dort geregelte Rückwirkung nicht angezeigt.

[51] a) § 22 Abs. 2 UmwStG ergänzt – unter anderem – die Regelung in § 21 UmwStG für die Bewertung von Anteilen beim Anteilstausch. Nach § 21 Abs. 1 Satz 1 UmwStG hat die übernehmende Gesellschaft die eingebrachten Anteile mit dem gemeinen Wert anzusetzen und für die einbringende Person gilt dieser Wert als Veräußerungspreis der eingebrachten Anteile und als Anschaffungskosten der erhaltenen Anteile, § 21 Abs. 2 Satz 1 UmwStG.

[52] Als Ausnahme zum Regelfall, dass stille Reserven im Jahr der Einbringung bzw. des Anteilstausches zu versteuern sind, erlaubt § 21 Abs. 1 Satz 2 UmwStG dem Steuerpflichtigen unter bestimmten Voraussetzungen auf seinen Antrag, die eingebrachten Anteile abweichend mit einem niedrigeren als dem gemeinen Wert anzusetzen.

[53] Werden die eingebrachten Anteile innerhalb von sieben Jahren seit der Einbringung im Sinne des § 22 Abs. 2 Satz 1 UmwStG durch die übernehmende Gesellschaft veräußert, wird der sog. Einbringungsgewinn II besteuert. Zu diesem Zweck wird der Einbringungsgewinn zum Zeitpunkt der Einbringung bestimmt und um ein Siebtel je abgelaufenem Zeitjahr seit der Einbringung vermindert und als Gewinn aus der Veräußerung von Anteilen besteuert – rückwirkend auf das Jahr der Einbringung und ohne Anwendung der Vergünstigungen gemäß § 16 Abs. 4 oder § 34 EStG (vgl. BeckOK UmwStG/ Dürrschmidt, 25. Ed. 15.6.2023, UmwStG § 22 Rn 1129). Im Ergebnis steht die Vergünstigung des § 22 Abs. 2 UmwStG also unter dem Vorbehalt einer gewissen Haltensdauer.

[54] b) Eine durch einen Analogieschluss – ob im Rahmen von § 22 Abs. 2 UmwStG, § 11 Abs. 2 EStG oder § 175 Abs. 1 Satz 1 Nr. 2 AO – zu schließende planwidrige Gesetzeslücke im Hinblick auf die fehlende Rückwirkung der Zahlung von Kirchensteuern, besteht nicht.

[55] aa) Eine solche Lücke liegt vor, wenn eine Regelung, gemessen an ihrem Zweck, unvollständig, d.h. ergänzungsbedürftig ist und wenn ihre Ergänzung nicht einer vom Gesetzgeber beabsichtigten Beschränkung auf bestimmte Tatbestände widerspricht. Hiervon zu unterscheiden ist der sog. rechtspolitische Fehler, der gegeben ist, wenn sich eine gesetzliche Regelung zwar als rechtspolitisch verbesserungsbedürftig erweist, aber doch nicht – gemessen an der dem Gesetz immanenten Teleologie – als planwidrig unvollständig und ergänzungsbedürftig. Ob eine Regelungslücke anzunehmen ist, ist unter Heranziehung des Gleichheitsgrundsatzes zu ermitteln, wobei für den danach erforderlichen Vergleich auf die Wertungen des Gesetzes, insbesondere die Entstehungsgeschichte des Gesetzes zurückzugreifen ist (BFH, Urteil vom 1.9.2021 -III R 18/21- BFHE 273, 542, BStBl II 2022, 117).

[56] bb) Eine planwidrige Lücke kann für Fälle wie den zu entscheidenden nicht festgestellt werden. Das Auseinanderfallen der Entstehung der Steuern für außerordentliche Einkünfte und ihrer Zahlung ist, wie oben ausgeführt, auch in Fällen ohne Rückwirkung der Regelfall.

[57] Es ist – wie sich aus der oben zitierten Rechtsprechung ergibt – kein Plan des Gesetzgebers ersichtlich, nach dem die gesetzlich vorgesehene einkommensteuerliche Berücksichtigung von Kirchensteuer grundsätzlich im (unmittelbaren) Konnex mit den sie auslösenden Einkünften und gegebenenfalls über das subjektive Nettoprinzip hinaus zu erfolgen hat.

[58] Dass – wie der Kläger meint – die Zuordnung von (Einnahmen und) Ausgaben auf den Zeitpunkt der Zahlung in § 11 EStG lediglich aus Vereinfachungsgründen geschaffen und gegebenenfalls als nachrangig hinter einem – vom Kläger als fundamental bezeichneten – Grundsatz der Zuordnung von Ein-

nahmen und Ausgaben zu steuerlich relevanten Aktivitäten zurückzutreten hat, findet sich weder im Gesetz noch in der Rechtsprechung. Der BFH geht im Gegenteil davon aus, dass ein allgemeines Korrespondenzprinzip, welches eine von Zu- und Abfluss losgelöste Gesamtbetrachtung eines Vorganges ermöglicht, dem Einkommensteuergesetz fremd ist (BFH, Urteil vom 13.1.2011 -VI R 63/09- BFH/NV 2011, 743; Urteil vom 26.2.2002 -IX R 20/98- BFHE 198, 425, BStBl II 2002, 796).

[59] cc) Nicht belegt ist die vom Kläger vorgetragene Ansicht, es widerspreche dem Willen des Gesetzgebers, dass Steuerpflichtige infolge der Rückwirkungsanordnung steuerliche Nachteile haben. Vielmehr sieht das Gesetz in § 22 Abs. 2 UmwStG sogar vor, dass gewisse persönliche Vergünstigungen entfallen, denn in Satz 3 der Vorschrift ist bestimmt, dass bei der Versteuerung des „Einbringungsgewinns II" § 16 Abs. 4 und § 34 EStG nicht anzuwenden sind – § 16 Abs. 4 EStG enthält eine persönliche Begünstigung für Steuerpflichtige ab einem gewissem Alter; die Begünstigungsnorm § 34 EStG mildert Härten wegen der Abschnittsbesteuerung für einmalige Einkommen, darunter insbesondere solche, die über mehrere Jahre generiert wurden.

[60] dd) Im Übrigen ist zu anzumerken, dass aufgrund der Rückwirkungsanordnung für die Besteuerung des Einbringungsgewinns die Abzugsfähigkeit von Kirchensteuer keinesfalls prinzipiell ausgeschlossen wird, sondern sich nur – je nach Umfang der Einbringungsgewinne und den Einkommensverhältnissen des Steuerpflichtigen in den Folgejahren – die Wahrscheinlichkeit erhöht, dass sich die Kirchensteuer nicht in voller Höhe steuerlich auswirkt. Ob und in welcher Höhe dem Kläger bei der Veranlagung der Zahlungsjahre 2019 und 2021 ein Abzug der Kirchensteuer möglich war, ist nicht bekannt und für die Entscheidung auch ohne Erheblichkeit. Ebenso kann dahinstehen und ist an dieser Stelle nicht abschließend zu prüfen, ob es dem Kläger, anders als er meint, möglich gewesen wäre, des Auseinanderfallens von Besteuerungsjahr und Jahr der Steuerzahlung durch Vorauszahlungen zu vermeiden.

[61] ee) Ergänzend kann darauf hingewiesen werden, dass es die freiwillige Entscheidung eines Steuerpflichtigen ist, bei einer Einbringung abweichend von dem Regelfall der Anteilsbewertung nach dem gemeinen Wert von der Möglichkeit des Ansatzes zu den niedrigeren Buchwerten Gebrauch zu machen. Die Möglichkeit, dass es noch zu einer nachträglichen Gewinnbesteuerung auf der Grundlage des gemeinen Wertes kommt, wählt der Steuerpflichtige willentlich selbst im Rahmen einer aktiven Steuergestaltung.

[62] Dass sich durch diese Steuergestaltung die Wahrscheinlichkeit erhöht, dass sich die nach einer Veräußerung von Anteilen vor Ablauf der Sieben-

Jahres-Frist erfolgende Zahlung von Kirchensteuer nicht in voller Höhe steuerlich auswirkt, wird bei der Gestaltungsentscheidung zu berücksichtigen sein.

[63] 5. Ein Anspruch des Klägers auf Rückwirkung der Kirchensteuerzahlung kann auch nicht unter dem Gesichtspunkt des Gleichheitsgrundsatzes (Art. 3 GG) aus § 10b Abs. 1 Satz 9 EStG abgeleitet werden.

[64] § 10b Abs. 1 EStG regelt den Abzug von Zuwendungen (Spenden und Mitgliedsbeiträge) zur Förderung steuerbegünstigter Zwecke im Sinne der §§ 52 bis 54 AO als Sonderausgaben. Nach Satz 9 der Vorschrift können abziehbare Zuwendungen, die die Höchstbeträge nach Satz 1 überschreiten oder die den um die Beträge nach § 10 Absatz 3 und 4, §§ 10c und 10d EStG verminderten Gesamtbetrag der Einkünfte übersteigen, im Rahmen von Höchstbeträgen in den folgenden Veranlagungszeiträumen als Sonderausgaben abgezogen werden. Diese Bestimmung geht dem Abflussprinzip vor.

[65] Da das Streitjahr keine den Zeitpunkten der streitigen Zahlungen, 2019 und 2021, folgender Veranlagungszeitraum ist, sondern zeitlich früher liegt, entspricht bereits die Rechtsfolge der Vorschrift nicht dem Begehren des Klägers. Weiterer Ausführungen zu Unterschieden zwischen Kirchensteuern einerseits und Zuwendungen i.S.v. § 10b Abs. 1 EStG andererseits (vgl. dazu BFH, Urteil vom 21.7.2016 -X R 43/13- BFHE 255, 27, BStBl II 2017, 256, KirchE 68, 9) bedarf es daher an dieser Stelle nicht.

[66] II. Da die Kirchensteuer nach alldem nur im Veranlagungszeitraum ihrer Zahlung zu berücksichtigen ist, kann offenbleiben, ob bzw. in welchem Umfang der begehrten Änderung des angefochtenen letzten Änderungsbescheids die Bestandskraft der vorherigen Festsetzungen entgegensteht.

31

Eine Glaubensüberzeugung genießt nur dann den Schutz von Art. 4 GG, wenn der Betreffende substantiiert und nachvollziehbar darlegt, dass er die in Rede stehende Verhaltensweise nach gemeinsamer Glaubensüberzeugung der konkreten Religionsgemeinschaft als für sich verpflichtend empfindet.

Art. 4 Abs. 1 GG, § 123 VwGO
OVG NW, Beschluss vom 23. Juni 2023 -19 B 372/23-[1]

1 Amtl. Leitsatz. BeckRS 2023, 15087; juris.
Der Beschluss ist rechtskräftig. Der Verfassungsgerichtshof für das Land Nordrhein-Westfalen hat den Antrag auf Erlass einer einstweiligen Anordnung mit Beschluss vom 16.11.2026

https://doi.org/10.1515/9783111651354-031

Der Beschwerdeführer wendet sich gegen § 4 Abs. 4 a) der Friedhofsordnung für die Kriegsgräberstätten Hürtgen und Vossenack des Kreises Düren vom 13.9.2022 (nachfolgend „FO 2022").

§ 4 Abs. 4 a) FO 2022 sieht vor, dass auf den Kriegsgräberstätten insbesondere nicht gestattet ist, Kränze oder Blumen, Vasen oder andere Zeichen der Trauerbekundung an den Hochkreuzen, den Gedenksteinen oder dem Sarkophag in Vossenack niederzulegen. Gemäß § 4 Abs. 5 FO 2022 kann die Friedhofsverwaltung Ausnahmen zulassen, soweit sie mit dem Zweck der Kriegsgräberstätten und der Ordnung auf ihnen vereinbar sind. § 7 FO ordnet an, dass ordnungswidrig im Sinne von § 5 Abs. 2 Kreisordnung NRW handelt, wer vorsätzlich oder fahrlässig gegen die in den §§ 1 bis 5 FO festgelegten Verbote und Gebote handelt. Unter dem 16.3.2023 erließ der Kreis Düren eine „Dienstanweisung für die Friedhofsverwaltung und den/die Friedhofswärter/-in der Kriegsgräberstätten Hürtgen und Vossenack", wonach Zeichen der Trauerbekundung von Angehörigen und aus dem Bekanntenkreis der Bestatteten unter die Ausnahmeregelung gemäß § 4 Abs. 5 FO fallen und keiner vorherigen Genehmigung bedürfen.

Der vom Antragsteller ersuchte verwaltungsgerichtliche Eilrechtsschutz, der darauf gerichtet war, dem Kreis Düren im Wege der einstweiligen Anordnung aufzugeben, es zu unterlassen, vom Antragsteller auf den Kriegsgräberstätten in Hürtgen und/oder Vossenack niedergelegte „Zeichen der Trauerbekundung", insbesondere Pflanzen und Grablichter, zu entfernen, blieb erfolglos.

Auch die gegen die Versagung vorläufigen Rechtsschutzes erhobene Beschwerde hatte keinen Erfolg.

Aus den Gründen:

Die Beschwerde ist gemäß § 146 Abs. 1 und 4 VwGO zulässig, aber unbegründet. Der Senat prüft nach § 146 Abs. 4 Sätze 1 und 6 VwGO nur die dargelegten Gründe. Diese Gründe rechtfertigen es nicht, dem Antrag des Antragstellers auf Erlass einer einstweiligen Anordnung nach § 123 VwGO unter Abänderung des angefochtenen Beschlusses stattzugeben und dem Antragsgegner vorläufig zu untersagen, vom Antragsteller auf den Kriegsgräberstätten I. und/oder W. nie-

(-96/23.VB-3-) abgelehnt. Auch die beim Verfassungsgerichtshof für das Land Nordrhein-Westfalen eingelegte Verfassungsbeschwerde wurde mit Beschluss vom 20.2.2024 (-79/23.VB-3-) zurückgewiesen.

dergelegte „Zeichen der Trauerbekundung", insbesondere Pflanzen und/oder Grablichter, zu entfernen oder entfernen zu lassen, insbesondere, wenn die Niederlegung an dem jeweiligen Hochkreuz, den jeweiligen Grab- oder Gedenksteinen oder dem Sarkophag in W. erfolgt.

Das Verwaltungsgericht hat den Erlass der beantragten einstweiligen Anordnung abgelehnt, weil es am Rechtsschutzbedürfnis für den begehrten, dem verwaltungsgerichtlichen Verfahren grundsätzlich fremden, vorbeugenden Rechtschutz fehle. Zudem erkenne die Kammer keine besondere Eilbedürftigkeit und damit keinen Anordnungsgrund.

Der Senat lässt offen, ob der Antragsteller sich mit seiner Beschwerdebegründung mit Erfolg darauf berufen kann, dass ihm entgegen der erstinstanzlichen Feststellung ein Rechtsschutzbedürfnis zusteht. Er macht jedenfalls im Ausgangspunkt zutreffend geltend, dass bei drohenden behördlichen Realakten – in Abgrenzung zum sonst im Verwaltungsrechtsschutz grundsätzlich nachgängigen Rechtsschutz – das für die vorbeugende Unterlassungsklage erforderliche qualifizierte Rechtsschutzinteresse regelmäßig gegeben sein dürfte. Droht die Verletzung grundrechtlich geschützter Rechtspositionen durch ein tatsächliches Verwaltungshandeln, ist die vorbeugende Unterlassungsklage zulässig, wenn die befürchtete Handlung zu einer Beeinträchtigung von relevantem Gewicht führt und ein weiteres Zuwarten mit nicht zumutbaren Nachteilen verbunden wäre (vgl. BVerwG, Urteil vom 25.9.2008 -BVerwG 3 C 35.07- BVerwGE 132, 64; Sächs. OVG, Urteil vom 24.2.2010 -F 7 D 23/07-; Bay. VGH, Beschluss vom 3.4.2006 -24 ZB 06.50-; Wöckel, in Eyermann, VwGO, 16. Aufl. 2022, vor § 40, Rn 25 mwN).

Ob diese qualifizierten Anforderungen an das Rechtsschutzinteresse hier gegeben sind, bedarf indessen keiner abschließenden Entscheidung. Denn der Antragsteller hat auch unter Berücksichtigung seines Beschwerdevorbringens nicht die tatsächlichen Voraussetzungen für das Vorliegen eines Anordnungsgrundes in einer die Vorwegnahme der Hauptsache rechtfertigenden Weise glaubhaft gemacht (§ 123 Abs. 3 i.V.m. § 920 Abs. 2, § 294 ZPO). Er hat nicht glaubhaft gemacht, dass ihm ohne den Erlass der beantragten einstweiligen Anordnung schlechthin unzumutbare Nachteile drohen.

Solche Nachteile liegen nicht in einer drohenden Entfernung und Vernichtung von auf den Kriegsgräberstätten I. und W. durch den Antragsteller abgelegten „Zeichen der Trauerbekundung", einschließlich etwaiger ordnungswidrigkeitsrechtlicher Sanktionen. Es fehlt bereits an einer besonderen zeitlichen Dringlichkeit hinsichtlich der Niederlegung von Blumen, Pflanzen, Kränzen, Grablichtern oder sonstigen Grabschmucks, hinsichtlich derer der Antragsteller vorbeugend die Unterlassung der Beseitigung begehrt. Der Antragsteller benennt keine konkreten Umstände, weshalb für ihn gerade ein zeitnahes Ablegen von solch herausragender Bedeutung sein soll, die das Abwarten eines Hauptsacheverfahrens unzumutbar machen würde. Allein die von ihm angeführte teilweise erhebliche Dauer von verwaltungsgerichtlichen Klageverfahren reicht insoweit nicht aus. Auch liegt kein besonderer individueller Bezug zu den verfahrensgegenständlichen Kriegsgräberstätten – etwa wegen dort bestatteter Verwandter oder anderer ihm persönlich nahestehender Personen – vor, der möglicherweise das Anliegen des Antragstellers, gerade dort der Verstorbenen durch das Niederlegen von Grabschmuck zu gedenken, als zeitlich dringlich erscheinen lassen könnte. Der Antragsteller trägt selbst vor, dass er auf die Kriegsgräberstätte W. erst über die Aufarbeitung der Geschichte seiner Familie und deren Bezüge zum Zweiten Weltkrieg aufmerksam geworden sei, als er im Zusammenhang damit auf die Geschichte des K. F. und dessen überregionale Bekanntheit als erster Wärter der Kriegsgräberstätte gestoßen sei. Eine verwandtschaftliche oder sonstige individuelle Verbundenheit zu den dort bestatteten Verstorbenen macht der Antragsteller in diesem Zusammenhang nicht geltend und ist auch nicht ersichtlich. Die (an anderen Orten gelegenen) Gräber seiner verstorbenen Familienmitglieder besucht er nach seinem eigenen Vortrag vielmehr regelmäßig und gedenkt dieser durch das Ablegen von Blumen an deren Grabstätten und das Entzünden von Kerzen dort und in der Kirche. Diese Art des Gedenkens ist in keiner Weise eingeschränkt.

Ein Abwarten des Hauptsacheverfahrens ist weiter auch deswegen zumutbar, weil der Antragsteller die Möglichkeit hat, nach § 4 Nr. 5 der Friedhofsordnung für die Kriegsgräberstätten I. und W. vom 13.9.2022 (FO) eine Ausnahme von dem Verbot der Niederlegung von Grabschmuck und anderen Zeichen der Trauerbekundung nach § 4 Nr. 4 a) FO zu beantragen. Darauf hat der Antragsgegner ihn bereits im Verwaltungsverfahren unter dem 3.2.2023 hingewiesen und dies im gerichtlichen Verfahren mit Schriftsatz vom 6.3.2023 nochmals betont und eine kurzfristige Bescheidung im Fall einer Antragstellung zugesagt. Anhaltspunkte dafür, dass der Antragsgegner die Zulassung einer Ausnahme versagen würde – sofern die Ausnahme mit dem Zweck der Kriegsgräberstätten und der Ordnung auf ihnen vereinbar ist –, sind nicht ersichtlich. Eine solche Antragstellung ist dem Antragsteller auch ohne Weiteres zumutbar, zumal er nach eigenem Vorbringen nur einmal im Quartal die Kriegsgräberstätten I. und W. besucht, um dort Blumen und/oder Grabkerzen abzulegen. Dass er das Genehmigungserfordernis für rechtswidrig hält, führt nicht zur Unzumutbarkeit und ist für das Vorliegen eines Anordnungsgrundes ohne Belang.

Die vom Antragsteller geltend gemachten Grundrechtsbeeinträchtigungen – er beruft sich auf die Glaubens- und Bekenntnisfreiheit (Art. 4 Abs. 1 und 2 GG), das Eigentumsgrundrecht (Art. 14 Abs. 1 GG), die Meinungsfreiheit (Art. 5 Abs. 1 GG) und die allgemeine Handlungsfreiheit (Art. 2 Abs. 1 GG) - verlangen keine abweichende Beurteilung. Soweit die genannten Grundrechte überhaupt in ihrem Schutzbereich betroffen sind, besteht nur eine geringe, für die Dauer eines Hauptsacheverfahrens zumutbar hinzunehmende Eingriffsintensität. Eine Glaubensüberzeugung genießt nur dann den Schutz von Art. 4 GG, wenn der Betreffende substantiiert und nachvollziehbar darlegt, dass er die in Rede stehende Verhaltensweise (hier Ablegen von Blumen und/oder Grabkerzen an Gedenksteinen oder Kriegsgräbern ohne besondere individuelle Verbundenheit mit den Verstorbenen) nach gemeinsamer Glaubensüberzeugung der konkreten Religionsgemeinschaft als für sich verpflichtend empfindet (vgl. BVerfG, Kammerbeschluss vom 9.5.2016 -1 BvR 2202/13- NVwZ 2016, 1804 (Hauskirchenbestattung), KirchE 67, 313; vgl. auch OVG NRW, Beschlüsse vom 1.6.2023 -19 B 541/23- KirchE 81, 421) und vom 22.2.2023 -19 E 843/22- jeweils mwN).

An einer solchen Darlegung fehlt es hier. Der vom Antragsteller herangezogene „universelle Brauch des Totengedenkens“ reicht insoweit nicht aus. Das Entfernen von Blumen oder Grabkerzen, die der Antragsteller lediglich gelegentlich (viermal pro Jahr) und zudem in Kenntnis einer drohenden Beseitigung durch den Antragsgegner niederlegen will, führt ferner auf eine allenfalls geringe Intensität der – überdies gerechtfertigten –- Eingriffe in die Eigentumsfreiheit und die allgemeine Handlungsfreiheit. Die Freiheit der Meinungsäußerung wird, unabhängig davon, ob dem Ablegen des Grabschmucks ein meinungsäußernder Charakter zukommt, lediglich in ihrer Form, nicht ihrem Inhalt nach beschränkt und findet ihre Schranken zudem in den Vorschriften der allgemeinen Gesetze und den Eigentumsschutzvorschriften.

32

1. Der Kündigungsberechtigte kann sowohl bei einer außerordentlichen als auch bei einer ordentlichen Kündigung auf ein auf bestimmte Gründe gestütztes und konkret bestehendes Kündigungsrecht verzichten. Der Verzicht kann ausdrücklich oder konkludent durch eine empfangsbedürftige Willenserklärung des Kündigungsberechtigten erfolgen.

2. Die außerordentliche Kündigung eines bei einer evangelischen Landeskirche beschäftigten Domkantors wegen Überlegungen zur Inanspruchnahme einer Leihmutterschaft in einem südamerikanischen Land ist dann treuwidrig, wenn der Arbeitgeber in einem Personalgespräch erklärt hat, keine dienstrechtlichen Konsequenzen hieraus zu ziehen, und damit ein Kündigungsverzicht vorlag.

https://doi.org/10.1515/9783111651354-032

§§ 242, 626 Abs. 1 BGB
LAG Niedersachsen, Urteil vom 27. Juni 2023 -10 Sa 762/22-[1]

Die Parteien streiten um die Wirksamkeit einer fristlos, hilfsweise mit sozialer Auslauffrist ausgesprochenen außerordentlichen Kündigung und um Weiterbeschäftigung.

Die Parteien verbindet seit dem 15.9.1999 ein Arbeitsverhältnis. Der Dienstvertrag nimmt das Gemeinsame Mitarbeitergesetz und die Dienstvertragsordnung der Beklagten in der jeweils geltenden Fassung in Bezug. Der Kläger wurde als „Domkantor (A-Kirchenmusikerstelle)" eingestellt. Gemäß § 2 Abs. 2 des Dienstvertrages ist er an das Bekenntnis und Recht der Beklagten gebunden sowie „in seinem dienstlichen Handeln und in seiner Lebensführung dem Auftrag des Herrn verpflichtet, das Evangelium in Wort und Tat zu bezeugen". Zu den Tätigkeiten des Klägers gehörten die Leitung der kirchenmusikalischen Arbeit am Dom mit der Gesamtleitung der Domsingschule, die Leitung des Kantorats mit zwei weiteren hauptamtlichen Kirchenmusikern, die Gruppenleitung des Domchors, der Jugendkantorei, der Kurrenden und des Domsinfonieorchesters einschließlich der Durchführung von Proben, Konzerten und Freizeiten. Ferner war er zuständig für die Gremienarbeit und die Kooperation mit kirchlichen und kulturellen Einrichtungen, das Orgelspiel bei Gottesdiensten und Andachten und die Ausbildung von Orgelschülern.

Ende des Jahres 2020 teilte der Kläger mehreren Personen innerhalb der Gemeinschaft des Doms mit, dass er zusammen mit seinem Ehemann plane, sich seinen persönlichen Kinderwunsch im Wege einer Leihmutterschaft zu erfüllen. Im Mai 2021 ließ er im Anschluss an eine Abendandacht Herrn Pater M. wissen, dass er und sein Ehemann die Umsetzung ihres Kinderwunsches planten und in Kolumbien bereits Leihmütter in Aussicht hätten, und dass sie planten, im Herbst 2021 nach Kolumbien zu fliegen, um in einer bereits ausgesuchten Klinik diese Pläne anzugehen. Eine solche Reise erfolgte im Januar 2022, wobei der Kläger und sein Ehemann eine kolumbianische Klinik für Reproduktionsmedizin aufsuchten und Kontakt zu zwei Frauen aufnahmen, die sich eine sogenannte Ersatzmutterschaft vorstellen konnten. Ende Januar 2022 berichtete der Kläger dem Landesbischof der Beklagten von dieser Reise. Am 2.2.2022 erklärte die Leiterin der Personalabteilung, Frau OLKR B., dem Kläger in einem Personalgespräch, sein Kinderwunsch werde durch das Domkuratorium zwar missbilligt; jedoch würden keine dienstrechtlichen Konsequenzen gezogen. Mit

---

1 Amtl. Leitsätze. BeckRS 2023, 15321; juris.
Das Urteil ist rechtskräftig.

Schreiben vom 17.2.2022 erklärte der Landesbischof der Beklagten dem Kläger rechtliche und ethische Bedenken gegen eine Ersatzmutterschaft. Das Schreiben enthält den Satz: „Das Kollegium hat zwar aus verschiedenen Gründen von einer außerordentlichen Kündigung abgesehen, hält jedoch die Glaubwürdigkeit Ihres Dienstes am Dom trotzdem für schwer beschädigt“. Dem stellte der Kläger mit Schreiben vom 20.2.2022 seinen Standpunkt gegenüber. Mit E-Mail vom 24.2.2022 teilte der Kläger gegenüber dem Landesbischof, Frau OLKR B. und Frau G. mit, er habe den angesprochenen Prozess abgebrochen, weil er Schaden von seiner Person und seiner Kirche abwenden wolle. Am Folgetag teilte Frau G. ca. 500 oder 600 Adressaten aus dem Kreis der Domsingschule durch elektronische Post mit, der Kläger und sein Ehemann hätten in Kolumbien einen Vertrag mit einer Klinik abgeschlossen, bei dem es um zwei Kinder gehe, die durch In-vitro-Fertilisation gezeugt und von zwei Leihmüttern ausgetragen würden. Es handele sich bei der gewählten Leihmutterschaft um eine kommerzielle Form; sowohl die beteiligten Frauen als auch die Kinder würden zu Waren degradiert und dadurch in ihrer Menschenwürde beschädigt. Außerdem werde die schwache Position von Frauen in einem Schwellenland ausgenutzt; Frauenrechte würden untergraben. Der Vorstand der Domstiftung untersuche, inwieweit dieses Verhalten arbeitsrechtliche Konsequenzen zur Folge haben müsse. Mit Schreiben vom 8.3.2022 teilte der Kläger dem Landesbischof der Beklagten mit, der Rückzug aus dem Prozess der Ersatzmutterschaft sei in der Annahme erfolgt, dass der Landesbischof zeitnah die Veröffentlichungen des Privatlebens des Klägers stoppen werde; das habe er nicht getan, sondern es sei auch nach dem Rückzug die Familienplanung des Klägers in Rundmails öffentlich gemacht worden. Der Kläger fuhr fort: „Die vergangenen Tage meiner Freistellung haben in mir einen Denkprozess ausgelöst, der noch nicht abgeschlossen ist. Auf jeden Fall ziehe ich meinen angekündigten Rückzug aufgrund der vergangenen Ereignisse zurück. Vor Abschluss meiner Überlegungen sehe ich mich noch nicht imstande, zu entscheiden, ob ich den Prozess abbrechen oder vorsetzen [sic] werde“. Im Folgenden führte der Kläger aus, nach welchen Richtlinien er vorgehen würde, sollte er sich für eine Vaterschaft mit Hilfe einer Ersatzmutter entscheiden. In einem Gespräch, das er am 10.3.2022 unter anderem mit dem Landesbischof der Beklagten und Frau OLKR B. führte, blieb der Kläger bei seinem in dem Schreiben eingenommenen Standpunkt. Die an dem Gespräch Beteiligten äußerten ihre grundsätzliche Bereitschaft, ein Mediationsverfahren durchzuführen. Am 14.3.2022 erklärte der Kläger in einer an dem Vorstand der Domstiftung gerichteten E-Mail, er habe in dem Gespräch nicht seinen „Rückzug vom Rückzug“ erklärt, sondern sich dahin geäußert, dass er sich wegen einer massiven Schädigung seiner Persönlichkeitsrechte derzeit nicht in der Lage sehe, eine Entscheidung zu treffen. Am 16.3.2022 beteiligte die Beklagte ihre Mitarbeitervertretung zur außerordentlichen Kündigung, die fristlos, hilfsweise mit sozialer Auslauffrist ausgesprochen werden sollte. Nachdem die Mitarbeitervertretung erklärt hatte, keine weitere Erörterung zu beantragen, kündigte die Beklagte das Arbeitsverhältnis am 22.3.2022 fristlos, hilfsweise mit sozialer Auslauffrist zum 31.10.2022.

Das Arbeitsgericht hat der vom Kläger gegen die Kündigung erhobenen Klage stattgegeben.

Die daraufhin von der Beklagten eingelegte Berufung blieb erfolglos.

Aus den Gründen:

[21] I. Die gemäß §§ 8 Abs. 2, 64 Abs. 1, 2 ArbGG statthafte Berufung der Beklagten ist von dieser fristgemäß und formgerecht eingelegt und begründet worden (§ 66 Abs. 1, 2 ArbGG, §§ 519, 520 Abs. 1, 2 ZPO) und damit insgesamt zulässig.

[22] II. Die Berufung ist nicht begründet. Im Ergebnis und in Teilen der Begründung zutreffend hat das Arbeitsgericht erkannt, dass der Beklagten ein wichtiger Grund für die außerordentliche Kündigung des Arbeitsverhältnisses nicht zur Seite steht.

[23] 1. Das Vorliegen eines wichtigen Grundes ist nach der ständigen Rechtsprechung des Bundesarbeitsgerichts in zwei Stufen zu prüfen. Zunächst ist festzustellen, ob der Sachverhalt „an sich“, d.h. typischerweise, als wichtiger Grund geeignet ist. Sodann bedarf es der weiteren Prüfung, ob dem Kündigenden die Fortsetzung des Arbeitsverhältnisses unter Berücksichtigung der konkreten Umstände des Falles und unter Abwägung der Interessen beider Vertragsteile – jedenfalls bis zum Ablauf der Kündigungsfrist – zumutbar ist oder nicht (für viele Kammer 9.5.2023 -10 Sa 758/22-; 11.12.2018 -10 Sa 204/18-; BAG 16.7.2015 -2 AZR 85/15- Rn 21; 21.11.2013 -2 AZR 797/11- Rn 15; 25.10.2012 -2 AZR 700/11- Rn 13).

[24] 2. Der Kündigungsberechtigte kann sowohl bei einer außerordentlichen als auch bei einer ordentlichen Kündigung auf ein auf bestimmte Gründe gestütztes und konkret bestehendes Kündigungsrecht verzichten (BAG 6.3.2003 -2 AZR 128/02- Rn 23 mwN; 9.3.1995 -2 AZR 644/94- Rn 37; KR/Fischermeier 12. Aufl. § 626 Rn 69; ErfK/Müller-Glöge 23. Aufl. 2023, § 620 BGB Rn 30 f.). Der Verzicht kann ausdrücklich oder konkludent durch eine empfangsbedürftige Willenserklärung des Kündigungsberechtigten erfolgen. Nach der Rechtsprechung des Bundesarbeitsgerichts erlischt das Kündigungsrecht durch Verzicht insgesamt, wenn der Kündigungsberechtigte wegen des ihm bekannten Kündi-

gungssachverhaltes eine Abmahnung ausspricht und sich die für die Kündigung maßgebenden Umstände nicht später geändert haben (BAG 6.3.2003 -2 AZR 128/02- Rn 23; 10.12.1992 -2 ABR 32/92- Rn 103).

[25] Bei einem Verzicht auf die Kündigung ändert sich die Rechtslage hinsichtlich eines vorhandenen Kündigungsgrundes nicht. Der Verzichtende legt sich aber gegenüber dem Vertragspartner fest, aus einer ihm günstigen Tatsachenlage keine Konsequenzen zu ziehen. Eine Kündigung trotz Verzichts ist ein Fall unzulässiger Rechtsausübung i.S.v. § 242 BGB in der Form des Verbotes widersprüchlichen Verhaltens (venire contra factum proprium, vgl. ErfK/Müller-Glöge 23. Aufl. 2023 § 620 BGB Rn 30 mwN). Er kann deswegen zur Rechtfertigung einer späteren Kündigung auf solche Gründe nur dann unterstützend zurückgreifen, wenn weitere kündigungsrechtlich erhebliche Umstände eintreten oder nachträglich bekannt werden (BAG 10.12.1992 -2 ABR 32/92- Rn 103).

[26] 3. Bei Anwendung dieser Grundsätze ist es der Beklagten verwehrt, eine Kündigung darauf zu stützen, dass der Kläger und sein Ehemann die Umsetzung ihres Kinderwunsches erwogen oder planten und deshalb eine Reise nach Kolumbien unternahmen, um eine Klinik für Reproduktionsmedizin aufzusuchen sowie Kontakt zu Frauen aufzunehmen, die sich eine Ersatzmutterschaft vorstellen konnten. Dabei kommt es vorliegend nicht darauf an, ob die Beklagte grundsätzlich berechtigt wäre, einem Arbeitnehmer zu kündigen, der sich die Inanspruchnahme einer Leihmutterschaft offenhält, ob und welche Vorbereitungshandlungen des Arbeitnehmers Voraussetzungen für die Kündigung wären sowie ob zwischen „kommerzieller" und „altruistischer" Leihmutterschaft zu unterscheiden wäre. Die Beklagte verzichtete nämlich wirksam darauf, den Sachverhalt für den Ausspruch einer Kündigung heranzuziehen.

[27] a) Nachdem der Kläger im Januar 2022 dem Landesbischof der Beklagten von der Reise nach Kolumbien berichtet hatte, teilte die Beklagte ihm in einem Personalgespräch vom 2.2.2022 mit, das Domkuratorium habe am Vortag beschlossen, seinen Kinderwunsch durch Leihmutterschaft zwar zu missbilligen, aber keine dienstrechtlichen Konsequenzen zu ziehen.

[28] b) Diese Erklärung durfte der Kläger so auffassen, dass sein Verhalten bzw. seine Einstellung zu einer möglichen Inanspruchnahme einer Leihmutterschaft zwar nicht gebilligt und möglicherweise auch als arbeitsrechtlich relevant angesehen wurde, jedoch ungeachtet dieser Wertung nicht mit Sanktionen belegt werden würde. Er konnte weiter davon ausgehen, dass dieser Kündigungsverzicht alle diejenigen Tatsachen umfasste, die der Beklagten in diesem Zusammenhang bekannt geworden waren, als das Personalgespräch stattfand. Ihren Verzicht auf dienstrechtliche Maßnahmen stellte die Beklagte auch nicht unter eine Bedingung etwa des Inhalts, dass der Kläger von seiner Position zur

Leihmutterschaft Abstand nehmen müsse oder dass die Parteien ein Mediationsverfahren erfolgreich abschlössen.

[29] c) Die Beklagte war in der Erklärung des Kündigungsverzichts wirksam vertreten, nämlich durch die Leiterin der Personalabteilung ihres Landeskirchenamtes, die später auch die Kündigung aussprach.

[30] 4. Die nach dem Personalgespräch vom 2.2.2022 hinzugetretenen Umstände sind schon an sich nicht geeignet, einen wichtigen Grund für eine außerordentliche Kündigung abzugeben.

[31] a) In Betracht kommen insoweit – auch aufgrund der zweiwöchigen Ausschlussfrist gemäß § 626 Abs. 2 BGB – nur das Schreiben des Klägers an den L. der Beklagten vom 8.3.2022 und das vom Kläger zwei Tage später mit Vertretern der Beklagten geführte Gespräch, in welchem er seinen in dem Schreiben eingenommenen Standpunkt bekräftigte.

[32] b) Dieses Verhalten des Klägers stellt bereits keinen „an sich" wichtigen Grund für eine außerordentliche Kündigung des Arbeitsverhältnisses dar.

[33] aa) Zwar kommt es bei Arbeitnehmern im kirchlichen Dienst grundsätzlich in Betracht, dass ihr außerdienstliches Verhalten kündigungsrelevant sein kann. Private Lebens- und Verhaltensweisen der Kirche angehörender Arbeitnehmer, die den tragenden Grundsätzen der kirchlichen Glaubens- und Sittenlehre widersprechen, sind geeignet, die Glaubwürdigkeit der Kirche zu beeinträchtigen und damit zu vereiteln, dass sie ihrem Verkündigungsauftrag gerecht werden kann (BVerfG 4.6.1985 -2 BVR 1703/83 u.a.- Rn 63, KirchE 23, 105). Zum Schutz der Integrität der Dienstgemeinschaft und zur Wahrung der Glaubwürdigkeit der Kirche und ihrer Verkündigung in der Öffentlichkeit nehmen kirchliche Arbeitgeber für sich in Anspruch, arbeitsvertraglich gegenüber ihren Arbeitnehmern besondere Loyalitätserwartungen einzufordern, um die Beachtung der tragenden Grundsätze ihrer jeweiligen Glaubens- und Sittenlehre zu gewährleisten. Diese sogenannten Loyalitätsobliegenheiten begründen nicht vertragliche Nebenpflichten in Bezug auf die Erbringung der rechtsgeschäftlich zugesagten Dienstleistungen, sondern betreffen allgemein das – auch außerdienstliche – Verhalten des Arbeitnehmers. Ihnen fehlt regelmäßig die Qualität erzwingbarer Rechtspflichten. Ihre Missachtung durch den Arbeitnehmer führt jedoch unter Umständen dazu, dass die Fortsetzung des Arbeitsverhältnisses mit dem illoyalen Mitarbeiter für den kirchlichen Arbeitgeber unzumutbar wird und ihn zur Kündigung berechtigt. Im Falle der Verletzung einer Loyalitätsobliegenheit kommt sowohl eine ordentliche als auch eine außerordentliche Kündigung des Arbeitsverhältnisses in Betracht (BVerfG 22.10.2014 -2 BVR 661/12- Rn 6–8 mwN, KirchE 64, 305).

[34] bb) Durch sein an den Landesbischof der Beklagten gerichtetes Schreiben vom 8.3.2022 und durch seine in dieselbe Richtung gehenden Ausführungen im Gespräch vom 10.3.2022 verletzte der Kläger nicht seine Loyalitätsobliegenheit gegenüber der Beklagten.

[35] (1) Der Kläger äußerte schriftlich wie mündlich, er sehe sich derzeit nicht in der Lage, zur Inanspruchnahme einer Leihmutterschaft eine Entscheidung zu treffen, und halte sich die Entscheidung dazu offen. Dies entspricht der Haltung, wie sie der Kläger bereits eingenommen hatte, als er am 2.2.2022 das aus diesem Anlass anberaumte Personalgespräch führte. Wie ausgeführt, ist die Beklagte nach Treu und Glauben gehindert, diese Haltung des Klägers entgegen ihrer Zusage nunmehr als wichtigen Grund für eine außerordentliche Kündigung zu verwenden. Sie setzt sich hierdurch zu ihrem vorangegangenen Verhalten in Widerspruch.

[36] (2) Das von der Beklagten als „Rückzug vom Rückzug" bezeichnete Verhalten des Klägers erfolgte nicht öffentlich. Das Schreiben vom 8.3.2022 war ausschließlich an den Landesbischof der Beklagten und damit an deren leitenden Geistlichen gerichtet. Die Teilnehmer des am 10.3.2022 geführten Gesprächs gehörten sämtlich zum engsten Leitungskreis der Beklagten und stellten ebenfalls keine Öffentlichkeit dar.

[37] (3) Ohne Erfolg beruft sich die Beklagte darauf, die Erklärungen des Klägers machten deutlich, dass ihm all ihre Bemühungen nicht ausreichten, um von seinen Plänen abzulassen, und zeugten von einer neuen, deutlich tiefgreifenderen Gleichgültigkeit gegenüber ihrem Ethos. Nachdem sie vorbehaltlos erklärt hatte, Pläne bezüglich einer Leihmutterschaft nicht als Kündigungsgrund zu verwerten, muss gleiches auch für ihre enttäuschte Erwartung gelten, den Kläger doch noch auf Dauer umzustimmen. Anderenfalls hätte sie in dem Personalgespräch vom 2.2.2022 einen entsprechenden Vorbehalt deutlich artikulieren oder von vornherein davon absehen müssen, den Verzicht auf personalrechtliche Maßnahmen zu erklären.

[38] (4) Auch dass der Kläger von seiner am 24.2.2022 abgegebenen Erklärung abrückte, Pläne zu einer Leihmutterschaft nicht weiterzuverfolgen, stellt keinen eigenständigen Grund dar, der an sich geeignet wäre, die außerordentliche Kündigung zu rechtfertigen. Dabei kann es das Berufungsgericht zwar nachvollziehen, dass der Meinungsumschwung des Klägers bei der Beklagten Unmut auslöste, zumal der Kläger ihn nicht ethisch-moralisch oder theologisch begründete, sondern auf die aus seiner Sicht gegebene Verletzung seiner Persönlichkeitsrechte durch die Beklagte abstellte. Es bleibt jedoch dabei, dass die Beklagte ihren Verzicht darauf erklärt hatte, Überlegungen des Klägers zu einer Leihmutterschaft zum Kündigungsgrund zu machen. Das Schreiben des Klägers

vom 8.3.2022 und seine zwei Tage später erfolgten Äußerungen gehen entgegen der Auffassung der Beklagten nicht über dasjenige hinaus, was er zuvor zu der Thematik kommuniziert hatte. Insbesondere erklärte er nicht, nunmehr entschlossen zu sein, eine Leihmutterschaft in Anspruch zu nehmen. Auch formulierte er seine Rückkehr zu dem bereits zuvor von ihm eingenommenen Standpunkt nicht in einer provokanten oder gegen die Tendenz bzw. das Ethos der Beklagten gerichteten Weise. Dass sein Schreiben nur oder vorwiegend dazu gedient hätte, sich für den Umgang der Beklagten mit seinen persönlichen Daten zu revanchieren, ist nicht ersichtlich. Zwar stellt es einen entsprechenden Zusammenhang her, doch lässt sich dieser auch so deuten, dass der Kläger das Ziel, das er mit dem Verzicht auf seine Pläne erreichen wollte, nämlich den Schutz beider Parteien dieses Rechtsstreits, durch das Verhalten der Dompredigerin als vereitelt ansah.

[39] 5. Weitere, konkreter als zuvor auf die Inanspruchnahme einer Leihmutterschaft gerichtete Handlungen sind nicht Gegenstand der hier in Rede stehenden Kündigung. Ob solche Handlungen kündigungsgeeignet wären, ist hier folglich nicht zu entscheiden.

33

1. Das wirtschaftliche Umsatzinteresse der Ladeninhaber und das Shopping-Interesse der Kunden genügen grundsätzlich nicht, um Ausnahmen vom verfassungsrechtlichen Schutz der Arbeitsruhe und der Möglichkeit zur Erholung an Sonn- und Feiertagen zu rechtfertigen.
2. Es ist eine Prognoseentscheidung dahingehend anzustellen, ob die Anlassveranstaltung einen höheren Besucherstrom anzieht, als dies bei einer alleinigen Öffnung der Verkaufsstellen der Fall wäre. Dafür bedarf es eines auf valide Zahlen gestützten Vergleichs der Anzahl der Besucher die einerseits aufgrund der Veranstaltung und andererseits allein aufgrund der Öffnung der Verkaufsstellen zu erwarten sind.

Artt. 9 Abs. 3, 140 GG, Art. 139 WRV, § 5 Abs. 1 Nr. 1 LÖVerkZG ND
VG Braunschweig, Beschluss vom 30. Juni 2023 -1 B 248/23-[1]

Die Stadt W. hatte am 27.6.2023 kurzfristig eine Genehmigung für einen verkaufsoffenen Sonntag der Designer Outlets W. am 2.7.2023 erteilt und am

1 Amtl. Leitsätze. BeckRS 2023, 43639; juris.
Der Beschluss ist rechtskräftig.

https://doi.org/10.1515/9783111651354-033

30.6.2023 im Amtsblatt veröffentlicht. Zugleich hatte sie die sofortige Vollziehung der Genehmigung angeordnet. Daraufhin hatte die Gewerkschaft ver.di Anfechtungsklage gegen die Genehmigung erhoben und darüber hinaus im Wege des einstweiligen Rechtsschutzes beantragt, die aufschiebende Wirkung der Anfechtungsklage wiederherzustellen.

Der Antrag hatte Erfolg.

Aus den Gründen:

[2] Der Antrag auf Wiederherstellung der aufschiebenden Wirkung ist gemäß § 80a Abs. 3 VwGO i.V.m. § 80 Abs. 5 Satz 1 Var. 2 VwGO zulässig. Insbesondere ist die Antragstellerin gemäß § 42 Abs. 2 VwGO analog antragsbefugt. Sie kann geltend machen, durch die zur Prüfung gestellte Genehmigung in ihrem subjektiven Recht auf Koalitionsfreiheit gemäß Art. 9 Abs. 3 Satz 1 Grundgesetz (GG) verletzt zu sein. § 5 NLöffVZG dient auch dem Schutz des Interesses von Vereinigungen und Gewerkschaften am Erhalt günstiger Rahmenbedingungen für gemeinschaftliches Tun und ist in diesem Sinne drittschützend (vgl. BVerwG, Urteil vom 11.11.2015 -8 CN 2/14- Beschluss des Gerichts vom 20.12.2021 -1 B 603/21- BeckRS 2021, 40524).

[3] Der Antrag ist auch begründet.

[4] Gemäß § 80 Abs. 5 Satz 1 Var. 2 VwGO kann das Gericht auf Antrag die aufschiebende Wirkung einer Anfechtungsklage in den Fällen, in denen – wie hier – die sofortige Vollziehung der Verfügung gemäß § 80 Abs. 2 Satz 1 Nr. 4 VwGO angeordnet worden ist, wiederherstellen, wenn das Ergebnis einer Interessenabwägung ergibt, dass das Interesse der Antragstellerin an der vorläufigen Aussetzung der Vollziehbarkeit eines angefochtenen Verwaltungsaktes (Aussetzungsinteresse) das Interesse der Allgemeinheit an der sofortigen Vollziehung des Verwaltungsaktes (Vollzugsinteresse) überwiegt. Im Rahmen der Interessenabwägung sind im Wege einer summarischen Prüfung die Erfolgsaussichten der Klage im Hauptsacheverfahren zu berücksichtigen. Bei einem Antrag auf Wiederherstellung der aufschiebenden Wirkung der Klage ist der Antrag darüber hinaus auch dann begründet, wenn die behördliche Anordnung der sofortigen Vollziehung formell rechtswidrig ist (vgl. BVerwG, Beschluss vom 2.6.1988 -4 C 1/88-; Niedersächsisches OVG, Beschluss vom 10.5.2010 -13 ME 181/09-; Beschluss vom 5.3.2008 -7 MS 115/07-).

[5] Die demnach vorzunehmende Interessenabwägung fällt hier zu Gunsten der Antragstellerin aus. Nach der im Verfahren zur Gewährung vorläufigen Rechtsschutzes allein möglichen und gebotenen summarischen Prüfung erweist

sich die angefochtene Genehmigung vom 27.6.2023 hinsichtlich der erlaubten sonntäglichen Verkaufsöffnung am E. anlässlich der Veranstaltung „G." aller Voraussicht nach als rechtswidrig. Sie verletzt die Antragstellerin in ihren Rechten (§ 113 Abs. 1 Satz 1 VwGO).

[6] Ob die Bekanntmachung den Anforderungen des § 5 des Niedersächsischen Gesetzes über Ladenöffnungs- und Verkaufszeiten (NLöffVZG) genügt, kann vorliegend dahinstehen, weil die weiteren Voraussetzungen des § 5 NLöffVZG nicht vorliegen.

[7] Die Antragsgegnerin stützt die Genehmigung der sonntäglichen Öffnung der F. anlässlich der Veranstaltung „G." am E. zwischen 13:00 Uhr und 18:00 Uhr auf § 5 Abs. 1 Nr. 1 NLöffVZG. Danach kann die zuständige Behörde auf Antrag zulassen, dass die Verkaufsstellen in der Gemeinde oder in Ortsbereichen über § 4 Abs. 1 NLöffVZG hinaus an Sonntagen geöffnet werden dürfen, wenn dafür ein besonderer Anlass vorliegt, der den zeitlichen und örtlichen Umfang der Sonntagsöffnung rechtfertigt.

[8] Die Veranstaltung „G." stellt keine rechtfertigende Anlassveranstaltung im Sinne des § 5 Abs. 1 Nr. 1 NLöffVZG für den zeitlichen und örtlichen Umfang der Sonntagsöffnung dar.

[9] Der in Art. 140 GG i.V.m. Art. 139 WRV enthaltene Schutzauftrag statuiert für die Arbeit an Sonn- und Feiertagen ein Regel-Ausnahme-Verhältnis; die typische „werktägliche Geschäftigkeit" hat an Sonn- und Feiertagen zu ruhen. Jede Ladenöffnung an einem Sonn- oder Feiertag bedarf eines dem Sonntagsschutz gerecht werdenden Sachgrundes. Ein bloß wirtschaftliches Umsatzinteresse der Verkaufsstelleninhaber und ein alltägliches Erwerbsinteresse („Shopping-Interesse") potentieller Käufer genügen grundsätzlich nicht, um Ausnahmen vom verfassungsunmittelbar verankerten Schutz der Arbeitsruhe und der Möglichkeit zu seelischer Erhebung an Sonn- und Feiertagen zu rechtfertigen. Je weitreichender die Freigabe der Verkaufsstellenöffnung in räumlicher und zeitlicher Hinsicht sowie in Bezug auf die einbezogenen Handelspartner und Warengruppen ist, umso höher muss angesichts der stärkeren werktäglichen Prägung des Tages das Gewicht der für die Ladenöffnung angeführten Sachgründe sein (Niedersächsisches OVG, Beschluss vom 5.10.2018 -7 ME 75/18- KirchE 72, 170).

[10] Das Bundesverwaltungsgericht geht in seinem Urteil vom 11.11.2015 (-8 CN 2/14-) davon aus, dass die Sonntagsöffnung von Verkaufsstellen mit uneingeschränktem Warenangebot „aus Anlass" eines Marktes, einer Messe oder einer ähnlichen Veranstaltung nur zulässig ist, wenn die für die Ladenöffnung am Sonntag anlassgebende Veranstaltung den Sonntag prägt und die Geschäftsöffnung sich als bloßer Annex zu dieser darstellt, die Ladenöffnung in

räumlichem Bezug zum konkreten Marktgeschehen verbleibt und prognostiziert werden kann, dass die Veranstaltung für sich genommen einen beträchtlichen Besucherstrom anzieht, der die bei einer alleinigen Öffnung der Verkaufsstellen zu erwartende Zahl der Ladenbesucher übersteigt (BVerwG, Urteil vom 11.11.2015 -8 CN 2/14- unter Hinweis auf BVerfG, Urteil vom 1.12.2009 -1 BvR 2857/07 und 1 BvR 2858/074- KirchE 54, 402; stRspr. des Niedersächsischen OVG, Beschluss vom 1.11.2019 -7 ME 56/19-; Beschluss vom 5.10.2018 -7 ME 75/18- KirchE 72, 170).

[11] Nach der Rechtsprechung des Niedersächsischen Oberverwaltungsgerichts (Beschluss vom 1.11.2019 -7 ME 56/19-) muss die Sonntagsöffnung einen bloßen Annex zu der Veranstaltung mit geringer prägender Wirkung darstellen:

[12] „Das Verwaltungsgericht hat seine Entscheidung – ebenfalls selbständig tragend – darauf gestützt, dass bei einer Berücksichtigung der vom Bundesverfassungsgericht für die Sonn- und Feiertagsarbeit aufgestellten Mindestanforderungen bei einer verfassungskonformen Auslegung dieser Norm bei einer Gesamtbetrachtung des Schutzkonzeptes des Landesgesetzgebers der Ausnahmecharakter nur gewahrt sei, sofern ein geeigneter Sachgrund vorliege. Dies wäre anzunehmen, wenn die Sonntagsöffnung im Stadtgebiet der Antragsgegnerin nach den Umständen einen bloßen Annex zu der aufgeführten Veranstaltung mit geringer prägender Wirkung darstelle. Erforderlich sei insoweit eine Veranstaltung, die selbst einen beträchtlichen Besucherstrom anziehe und deren öffentliche Wirkung gegenüber der typisch werktäglichen Geschäftigkeit der Ladenöffnung im Vordergrund stehe. Nach den Gesamtumständen liege der sonntäglichen Öffnung der Verkaufsstellen am 3.11.2019 in dem streitgegenständlichen Stadtgebiet der Antragsgegnerin anlässlich der Veranstaltung „Feuer und Eis" kein hinreichender Sachgrund zugrunde. Die sonntägliche Ladenöffnung stelle sich mithin nicht als bloßer Annex zu der anlassgebenden Veranstaltung dar. Es sei nicht erkennbar, dass die im Genehmigungsbescheid näher beschriebene Veranstaltung „Feuer und Eis" eine Ausstrahlungswirkung im Umfang und der Attraktivität der Öffnung der Verkaufsstellen habe. Aus dem angekündigten Programm ließen sich Gründe für einen rechtfertigenden Anlass für die Verkaufstätigkeit am Sonntag nicht ableiten. Es handele sich vielmehr um ein bloßes Begleitprogramm zur Sonntagsöffnung, das lediglich als Alibiveranstaltung herangezogen werden solle. Dementsprechend habe die Antragsgegnerin die Veranstaltung in ihrem Veranstaltungskalender unter der Überschrift „Feuer und Eis – Verkaufsoffener Sonntag" beworben, wobei der Zusatz „Verkaufsoffener Sonntag" inzwischen aus der Überschrift gestrichen worden sei. Durch die Formulierung in dem Beschreibungstext („Heute ist in der Oeseder City Erlebnis-Shoppen angesagt") werde deutlich, dass das Einkau-

fen im Vordergrund stehe und lediglich von weiteren Erlebnissen begleitet werden solle. Gegen eine prägende Wirkung der anlassgebenden Veranstaltung spreche zudem die geringe Anzahl an Attraktionen gegenüber der Vielzahl an Geschäften, die allein aufgrund der streitgegenständlichen Ausnahmegenehmigung (61) bzw. die überhaupt an dem streitgegenständlichen Sonntag öffnen dürften (83). Dabei fehle es einigen der geplanten Attraktionen, nämlich dem Dudelsackspieler und dem Stadtmaskottchen, außerdem an jedem thematischen Bezug zu der Veranstaltung „Feuer und Eis“.

[13] Die Beschwerde setzt dieser Beurteilung überzeugende Argumente nicht entgegen. Nach der Rechtsprechung des BVerwG (vgl. nur Urteil vom 12.12.2018 -8 CN 1.17-) muss bei Sonntagsöffnungen aus besonderem Anlass die anlassgebende Veranstaltung – und nicht die Ladenöffnung – das öffentliche Bild des betreffenden Sonntags prägen. Dies setzt voraus, dass die öffentliche Wirkung der Veranstaltung gegenüber der durch die Ladenöffnung ausgelösten, typisch werktäglichen Geschäftigkeit im Vordergrund steht, so dass die Ladenöffnung nur als ein Annex zur Veranstaltung erscheint. Wie das Verwaltungsgericht zu Recht ausgeführt hat, ist hinsichtlich der Veranstaltung „Feuer und Eis“ bzw. des schwerpunktmäßigen Themas „Eis“ am 3.11.2019 schon im Hinblick auf den Charakter der Veranstaltung nicht zu erkennen, dass sich die Ladenöffnung zu dieser lediglich als ein Annex darstellt. Vielmehr spricht bei der hier nur möglichen summarischen Prüfung des Sachverhalts Überwiegendes dafür, dass die Veranstaltung aus Angeboten besteht, die sich von einem typischen Begleitprogramm einer Ladenöffnung nicht abheben. Ergänzend zu den vom Verwaltungsgericht angeführten Beispielen (Dudelsackspieler, Stadtmaskottchen) ist auf die von der Antragsgegnerin in ihrer Beschwerdebegründung ausdrücklich hervorgehobene Modenschau hinzuweisen. Soweit die Antragsgegnerin geltend macht, durch die Darstellung aktueller Wintermode werde ein inhaltlicher Bezug zum Thema „Eis“ aufgegriffen, vermag dies nicht zu überzeugen. In der Bewerbung der Modenschau durch den Beigeladenen heißt es unter anderem wie folgt (vgl. Auszug aus dem Internet, GA Bl. 39 f.): „Ein attraktiver Anziehungspunkt im Sinne des Wortes wird die Wintermodenschau um 15 Uhr in Höhe des Cafés E. werden. Neben aktueller Damenmode präsentieren die ortsansässigen Geschäfte schicke Kinder- und Herrenmode, die in den von 13 bis 18 Uhr geöffneten Läden zum Verkauf steht.“ Diese Beschreibung spricht nicht dafür, dass es sich bei der Modenschau um eine – zumindest in erster Linie – Angebotsvariante zu dem Thema „Eis“ handelt, sondern für den Charakter einer Werbemaßnahme im Zuge der sonntäglichen Ladenöffnung. Auch anhand des von der Beschwerde in Bezug genommen Angebots an Brennholz und Dekoartikeln, des Aufbaus einer Feldschmiede und des Auftritts eines

Clowns in weißem Kostüm wird nicht deutlich, dass die anlassgebende Veranstaltung und nicht die Ladenöffnung das öffentliche Bild des Sonntags prägen wird."

[14] Gemessen an diesen Maßstäben ist die Genehmigung der sonntäglichen Verkaufsstellenöffnung anlässlich der Veranstaltung „G." sachlich nicht gerechtfertigt. Die Anlassveranstaltung ist für die beabsichtigte Verkaufsöffnung nicht prägend.

[15] Es mangelt bereits an einer Prognoseentscheidung. Eine solche ist von der Antragsgegnerin nicht vorgenommen worden. Zur Beurteilung, ob die Anlassveranstaltung eine prägende Wirkung entfaltet und die Ladenöffnung demgegenüber lediglich als Annex erscheint, bedarf es einer Prognose dahingehend, dass ein Vergleich der von der Veranstaltung und der von der bloßen Ladenöffnung angezogenen Besucher anzustellen ist. Dabei kommt es darauf an, dass die Veranstaltung für sich genommen – auch ohne die Ladenöffnung – einen erheblichen Besucherstrom anzieht, der die bei einer alleinigen Ladenöffnung – ohne die Veranstaltung – zu erwartende Besucherzahl übersteigt (Niedersächsisches OVG, Beschluss vom 1.11.2019 -7 ME 56/19-).

[16] Der Genehmigung vom 27.6.2023 ist ein solcher Vergleich nicht zu entnehmen, denn darin ist keinerlei Betrachtung der zu erwartenden Besucherströme enthalten. Valide, nachvollziehbare Zahlen sind der Begründung des Bescheides nicht zu entnehmen. Es bestehen deshalb bereits erhebliche Zweifel, ob zum Zeitpunkt der Entscheidungsfindung eine entsprechende Prognose – in Abwägung etwaiger unterschiedlicher Besucherströme – tatsächlich stattgefunden hat.

[17] Die gemeindliche Prognose unterliegt nur einer eingeschränkten verwaltungsgerichtlichen Kontrolle. Das Gericht hat jedoch zu prüfen, ob die bei der Entscheidung über die Freigabe der Ladenöffnung vorgenommene Prognose schlüssig und vertretbar ist (Niedersächsisches OVG, Beschluss vom 7.3.2019 -7 ME 9/19-). Selbst wenn zugunsten der Antragsgegnerin berücksichtigt wird, dass diese sich in ihrem Schreiben vom 30.6.2023, mit dem sie die sofortige Vollziehung angeordnet hat, auf die von der Veranstalterin prognostizierten Besucherzahlen beruft, vermag dies zu keinem anderen Ergebnis zu führen. In ihrem Antrag vom 6.6.2023 stellt die Veranstalterin einen Vergleich der Besucher an einem Samstag (10.8.2022) und an einem verkaufsoffenen Sonntag (2.10.2022) an und kommt zu dem Ergebnis, dass an dem verkaufsoffenen Sonntag 56,38% mehr Besucher zu verzeichnen waren. Dieser Vergleich ist jedoch nicht geeignet zu belegen, dass die Veranstaltung einen höheren Besucherstrom anzieht als dies bei einer alleinigen Öffnung der Verkaufsstellen der Fall wäre. Die Rechtsprechung fordert einen Vergleich der Anzahl der Besucher, die einer-

seits aufgrund der Veranstaltung und andererseits aufgrund der Öffnung der Verkaufsstellen anreisen. Die Veranstalterin vergleicht aber die Besucher, die am 10.8.2022 allein aufgrund der Öffnung der Verkaufsstellen angereist sind, mit den Besuchern, die am 2.10.2022 aufgrund einer Veranstaltung sowie geöffneter Verkaufsstellen angereist sind. Es ist nicht ersichtlich, welche Besucher am 2.10.2022 aufgrund der Veranstaltung und welche aufgrund der geöffneten Verkaufsstellen vor Ort waren.

[18] Zudem ist zu beachten, dass am heute beginnenden Wochenende auch der in dem Antrag vom 6.6.2023 erwähnte 85. Stadtgeburtstag der Stadt W. stattfindet, der wegen der damit verbundenen Musikveranstaltungen im Rahmen einer Prognose zu erwartender Besucherströme die zu prognostierende Anziehungskraft der Musikprogrammpunkte der Veranstaltung „G." auf etwaige Besucher eher mindern dürfte. Denn aus dem Veranstaltungsprogramm des Stadtgeburtstages (vgl. Internetauftritt unter: H.) sowie dem ursprünglichen Antrag der F. ergibt sich, dass im Rahmen des 85. Stadtgeburtstages am Samstag national bekannte Bands auftreten werden, während bei der Veranstaltung „G." lokale und regionale Straßenmusiker auftreten sollen.

[19] Aufgrund der Lage der betreffenden Verkaufsstätten ist auch nicht von einer Einbettung in die Veranstaltung des 85. Stadtgeburtstages auszugehen. Vielmehr entspricht es einer lebensnahen Betrachtung, dass musikalisch interessierte Besucher die musikalischen Angebote im Rahmen des 85. Stadtgeburtstages wahrnehmen und die musikalischen Darbietungen der regionalen Straßenmusiker ein Begleitprogramm zu der Nutzung der geöffneten Verkaufsstellen darstellen. Insgesamt spricht bei der hier nur möglichen summarischen Prüfung des Sachverhalts Überwiegendes dafür, dass das musikalische Angebot sowie die nicht näher beschriebene Sandskulpturenausstellung ein typisches Begleitprogramm einer Ladenöffnung darstellen. Vor dem Hintergrund, dass ungefähr H. Verkaufsstellen von der Öffnung umfasst wären kann nicht davon ausgegangen werden, dass die öffentliche Wirkung der Veranstaltung gegenüber der durch die Ladenöffnung ausgelösten, typischen werktäglichen Geschäftigkeit im Vordergrund steht, so dass die Ladenöffnung lediglich als ein Annex zu der Veranstaltung erscheint.

[20] Die Tatsache, dass die Antragstellerin im vergangenen Jahr kein Rechtsmittel gegen die Genehmigung einer ähnlichen Veranstaltung eingelegt hat, vermag zu keinem anderen Ergebnis zu führen. Die Verwaltung ist gemäß Art. 20 Abs. 3 GG an Recht und Gesetz gebunden und darf eine Genehmigung nur erteilen, wenn die gesetzlichen Voraussetzungen dafür vorliegen.

[21] Der Antragstellerin ist auch nicht vorzuwerfen, dass sie etwa rechtsmissbräuchlich erst zu einem Zeitpunkt um gerichtlichen Rechtsschutz nachge-

sucht hätte, der wegen der Kürze der verbleibenden Zeit bis zu der geplanten Veranstaltung den Interessen der betroffenen Gewerbetreibenden zuwider vermeidbaren Schaden hervorrufen würde. Denn die Antragsgegnerin hat die Genehmigung zur Sonntagsöffnung erst mit Bescheid vom 27.6.2023 erteilt und diese erst am heutigen Tag öffentlich bekanntgemacht. Die Antragsgegnerin hat es in der Hand, durch frühzeitigere Entscheidung über entsprechende Anträge gerichtlichen Entscheidungen über vorläufige Rechtsschutzanträge „in letzter Minute“ entgegenzuwirken und mehr Zeit für die gerichtliche Überprüfung zu eröffnen.

Sachregister

Die Seitenzahlen verweisen jeweils auf die erste Seite der Entscheidung.

https://doi.org/10.1515/9783111651354-034